EL PLURAL ES UNA LATA

J. Benito Fernández

EL PLURAL ES UNA LATA

Biografía de Juan Benet

SEVILLA • RENACIMIENTO
BIBLIOTECA DE LA MEMORIA

www.editorialrenacimiento.com
POLÍGONO NAVE EXPO, 17 • 41907 VALENCINA DE LA CONCEPCIÓN (SEVILLA)
(+34) 955 998 232 • editorial@editorialrenacimiento.com

Diseño de cubierta: Equipo Renacimiento, sobre una fotografía de Juan Benet en Praga (agosto, 1988), por Beatriz de Laiglesia

DEPÓSITO LEGAL: SE 1404-2024 • ISBN: 978-84-10148-58-1
Impreso en España • Printed in Spain

«Sus papeles, sus cartas, sus tesoros
languidecen en manos de sus herederos.
Deben ocultarse a toda mirada indiscreta.
[...]
—¿Le parece legítimo remover el pasado?
—¿Cómo llegar a él si no es indagando un poco?
No podemos dejar caer en el olvido la vida y la obra de los grandes hombres».

(*Los papeles de Aspern*, Henry James)

«La única biografía verdadera ha de
estar intensamente falsificada».

(*Infidelidad del regreso*, Juan Benet)

«Nunca antes me había yo dejado llevar. No me asusté porque sé a dónde conduce su entrada. Aferrado a esa mano tuya, no me asusto. Sin tu mano cálida, iré solo y con horror».

La pasión según G.H, Clarice Lispector

A Nuria Carballo, que con su refulgente mirada verde
me tendió la mano para entrar.

EN EL PASILLO DE LOS ESCALOFRÍOS

CADA VEZ que comienzo a escribir una biografía siento el vértigo del debutante, tengo las dudas del principiante, como los narradores más conspicuos ante el inicio de una nueva novela. Con esta biografía sabía que me enfrentaba a un trabajo difícil, el más difícil. Nunca el proceso de elaboración de un libro me causó tanta pesadumbre y desaliento. Quizá sea esta la biografía que más disgustos y desvelos –escalofríos– me ha proporcionado, pero también es de la que me siento más satisfecho, por ser la más completa.

Mi natalicio tuvo lugar en una casa de indianos. Mi bisabuelo materno –soy su homónimo– fue emigrante en Brasil y en 1932 mandó construir en Estás, parroquia de Tomiño (Pontevedra), una vivienda de estilo ecléctico, con cuatro fachadas, compuesta por una planta baja, primera y bajo cubierta. El cemento le permitió crear formas y tamaños en los paramentos que difícilmente habría logrado con la piedra: relieves de los arcos de las puertas, ménsulas de la galería, gotas, mútulos, figuras vegetales, geométricas. Avecindado en Madrid desde los cuatro años, de niño pasé los veranos en aquella casa. Como las alcobas estaban en la primera planta, siempre esperaba que subiese alguno de los mayores; no me gustaba ser el primero a la hora de irme a dormir ante aquel silencio de muerte. Si esa noche era excepcionalmente cruda y había tormenta con truenos y aguaceros que incluían el apagón eléctrico, mi terror se acentuaba. Había que subir unas pinas escaleras que llevaban a un largo corredor a oscuras. Tras un descansillo y otro pequeño tramo de tres escalones había un interruptor de porcelana con cable trenzado al que un arrapiezo como yo apenas alcanzaba. Con la luz apagada iba en busca de mi habitación, al fondo del pasillo la última a la derecha, la misma donde nací. Aunque alfombrado, el piso de madera producía todo tipo de ruidos que me asaltaban el alma. Sobre todo los provenientes del *faiado*, dominio de las sombras, donde dormían baúles que guardaban ropa de otra época, viejos retratos de parientes en Brasil, muebles en desuso y otros enseres inútiles empolvados, y habitado por palomas que, aprovechando algún listoncillo desbaratado en la celosía, se colaban por los ventanucos del bajo cubierta. Al pasar por delante de la puerta de la sala –así llamado un cuarto exánime, de función decorativa más que utilitaria–, donde había un reloj de pie con inquietante sonido del movimiento del péndulo y los engranajes, dos retratos ovales de los circunspectos bisabuelos, un sillón y dos butacas tapizados de terciopelo y la galería colmada de plantas sobre altos maceteros –con abundantes begonias de vistosas hojas, inmarcesibles, que indicaban mucho mimo en su cuidado–, un sobrecogimiento unido a un escalofrío sacudían mi talle. Cuando no me aguardaba el criado portugués, que faenaba en casa, oculto tras la puerta de su dormitorio –en la mitad del corredor a la izquierda– para, a mi paso, provocarme un susto con el consiguiente estremecedor grito de espanto.

Con Juan Benet, en noches negras, atravesé no sólo el corredor de altos techos de una casa silenciosa y arruinada, en penumbra, de paredes agrietadas y caedizas, con manchas de humedad y crujidos de la madera, asistido por el parsimonioso y monocorde sonido del péndulo. Recorrí varios pasillos interconectados que se bifurcan. Me abrí paso a través de las tinieblas. Durante el curso de esta labor han ocurrido diversas vicisitudes. El que comenzó siendo un libro fácil acabó siendo un libro lleno de dificultades.

Mientras escribía *El incógnito Rafael Sánchez Ferlosio* el personaje de Juan Benet Goitia cruzó la página en no pocas ocasiones. Llevado por mi afán indagatorio necesitaba localizar a los herederos del ingeniero y escritor. Entonces me vino a las mientes haberle escuchado al también escritor Marcos Giralt Torrente que él fue compañero de algún Benet en el Colegio Estudio. Al habla con Nicolás Benet Jordana, me dijo que quien podría recordar más era su hermano mayor, Ramón, el primogénito. Después de una conversación en la que revivió momentos con Rafael, me dijo que tenía alguna carta de éste a su padre de la que me podía facilitar copia. Nos dimos cita y congeniamos. Entonces Ramón me preguntó si nunca se me había ocurrido escribir la biografía de su padre. A lo que le respondí que primero debía concluir la que tenía entre manos y que, aunque a Benet sólo le había leído como articulista, su figura me interesaba mucho. Ramón se ofreció a colaborar pero me advirtió que yo tendría que preguntar a sus hermanos.

La imagen que tenía del ingeniero que escribía era la de altanero, áspero, de modos provocadores a sabiendas que eso podía molestar a los por él considerados necios. Un ser nada condescendiente con los «pusilánimes». Sin duda, propenso a la vanidad, a la mordacidad. Un gran histrión. Ante los entrevistadores fue un habitual impertinente. No fueron pocos los periodistas damnificados por la actitud despectiva que manifestaba en ciertas entrevistas. Un intransigente con los «imbéciles» y un infatigable polemista de retórica agresiva. Eso acrecentó mi interés por el personaje tan a contracorriente de la narrativa habitual. Un prófugo de la oficialidad cultural, un transgresor, un desobediente del credo dominante. Cierto es que en todo ello había algo de lucimiento impostado, quizá para incomodar a biempensantes. Aunque no era un dechado de primores, no sería yo quien cometiera la flagrante injusticia de valorar al escritor según su conducta.

Después de haber escrito la biografía de dos periféricos, como Leopoldo María Panero y Eduardo Haro Ibars, no me disgustaba la idea de completar la tetralogía con dos estilistas, dos clásicos de espesura sin concesiones a los hábitos del lector, como Rafael Sánchez Ferlosio y Juan Benet. Acabada mi labor con Ferlosio y logrado el consentimiento de los hermanos Benet Jordana, en diciembre de 2013, comencé a trabajar. Los Benet me facilitaron acceso a amigos y compañeros del padre. Ramón me dijo que la primera persona que debía entrevistar era su tía Marisol, la longeva de la familia. Con ella grabé varias horas en cuatro ocasiones en su domicilio madrileño y me proporcionó todos los materiales que estaban a su alcance. Toda una dama. Luego me entrevisté y grabé con Eugenio Benet (13 de marzo de 2014). Ya me había convertido en el biógrafo de Juan Benet. Cuando Marisol Benet Goitia cumplió 90 años, el 20 de marzo de 2014, la familia celebró un acto sorpresa en la Residencia de Estudiantes al que fui invitado por Eugenio. Allí conocí a la familia. Juana, la única hija, me hizo saber sus reticencias sobre una biografía de su padre, porque hay cosas que no se pueden contar, y me pidió que recogiese su testimonio al final, cuando ya todos hubieran hablado. No quiso facilitarme su número de teléfono. Sin embargo, Juana me contestó todos los correos que le envié. Como sus hermanos. Tras la celebración fui con Ramón, Eugenio, Nicolás y sus respectivas mujeres al bar Hispano, local frecuentado por el ingeniero y escritor. Lo cerramos.

Ramón, por decisión expresa suya, el 16 de mayo de 2014, me acompañó en la entrevista con el compañero y amigo de su padre, el ingeniero de caminos Alfio Martín Olarte. Jornadas después Ramón me advirtió de la presencia en Madrid de Claude Murcia, traductora al francés de la obra de Benet. Me citó a los cafés en un restaurante donde ambos habían comido. Con posterioridad y en otra fecha me entrevisté a solas con la señora Murcia. Once días más tarde, el 9 de junio, recibo una llamada telefónica de Ramón para comunicarme que no quiere seguir colaborando en el proyecto biográfico y me recomienda abandonarlo. No me da razones convincentes. Desconcertado, seguí con mi tarea, atravesando el oscuro pasillo. Eugenio me había facilitado un encuentro con Rafaela de Buen, viuda de Juan Jordana y cuñada de Benet, que viajó desde Chile para pasar unos días en Madrid. Luego de grabar la entrevista, en presencia de Eugenio, en el salón del hotel donde se hospedaba Rafaela, tomé una cerveza a solas con él y le comenté la decisión de su hermano Ramón cuatro días atrás. Me dijo que también se lo comunicó al resto en la finca de Zarzalejo, en la sierra oeste de Madrid.

Felipe González y Carmen Romero tuvieron muy estrecha relación con Juan Benet. Éste les visitó en la finca de Icona en Lubia (Soria), Coto de Doñana (Huelva) o La Bodeguilla; González pernoctó alguna vez en la casa del ingeniero en Zarzalejo y el matrimonio cenó en la madrileña calle de Pisuerga (El Viso), domicilio de Benet. Cuando González abandonó La Moncloa y se instaló en la calle de Gobelas 31, en el barrio residencial de El Plantío, sede de la dirección del PSOE, en su despacho lucía una fotografía del escritor. Escribí al jefe de prensa un correo electrónico para solicitar un encuentro con Felipe González y me contestó que el «presidente» no podía atender mi petición. Como la perseverancia es intrínseca en este oficio, insistí en si pudiera ser más adelante o abandonar mi pretensión; me respondió el 13 de febrero de 2014: «Por parte del presidente Felipe González creo que sí te puedes olvidar. A parte de la falta de tiempo, tampoco le gustan mucho este tipo de cosas. Saludos». El primer correo que envié a la asistente de Carmen Romero fue el 12 de febrero de 2014 y, tras persistir, me pidió remitirle un cuestionario por escrito, como primer paso; el 30 de abril me contestó definitivamente: «Me indica la Sra. Romero después de reflexionar sobre las preguntas que le hace no dispone de la información que le solicita y lamenta no poder ayudarle. Lamenta también la demora en la respuesta. Un saludo».

No transcurrió mucho tiempo cuando recibí negativas de algunos interlocutores. Me llegaron mensajes hirientes: «Los biógrafos sois muy pesados», «No quiero atenderte», «Tengo fotos que no te voy a enseñar», «Tú verás dónde te metes», «No te interesa nada saber...», «Eres un indiscreto» y otras impertinencias del mismo tenor. Todos ellos se refugiaron en su derecho al silencio. Hubo quienes no me dejaron grabar ni tomar notas, utilizando expresiones como «¿Qué importancia tiene que cenara en su casa Felipe González, qué interés puede tener el viaje que hicimos a tal sitio. No me gusta tu estrategia». Era tal el desaliento que dudé sobre la continuidad o no. Algún interlocutor se retractó y niega haber hablado conmigo. Otro me pidió no figurar en los agradecimientos y mantenerse en el anonimato. O quien no quiso meterse en «semejante avispero». Un chófer del ingeniero me dijo que no quería comprometerse. Y añadió: «Hay ciertas cosas que se ven, se escuchan y se callan». En varias ocasiones crucé un umbral con la convicción de que la persona entrevistada sabía mucho más de lo que me contó. Por el laconismo en sus respuestas, por las incomodidades y por las sugerencias hechas ante asuntos delicados, etcétera.

Pese a que la gloria de Benet fue su obra, no su vida, ésta no desmerece en absoluto. «¿Mi vida? No creo que tenga nada de particular, además mi propia vida me intimida y no veo ninguna razón para hablar públicamente de ella», le dijo a Lola Salvador en el remoto 1977. La vida de Benet fue poliédrica. Tanto su narrativa como su vida son excepcionales. Estamos ante un personaje de grandes dimensiones, como hombre y como intelectual. No he pretendido desmitificar al mito. Su accidentada vida está trufada de anécdotas jocosas y sucesos trágicos, los que aquí no se ocultan. En la historia de la Literatura ha habido casos de intencionada falsificación o enmascaramiento biográfico *pos mortem*.

Todavía estremecido por los escalofríos, al final recogí la declaración de ciento cuarenta y cinco interlocutores y recibí la irreemplazable ayuda de treinta y una personas e instituciones. ¿Pero por qué hablar de Juan Benet parece que automáticamente acarrea problemas? ¿Por qué cierran filas algunos benetianos? El nutrido grupo de militantes con que cuenta el escritor ¿pretende seguir caminando lenta y solemnemente llevando a hombros al santo sobre las andas que lo transportan? ¿A dónde van? ¿Quién fue Juan Benet?

Su profesión era la de ingeniero, «una profesión noble, no como otras», decía Benet. Un ingeniero que escribía. Como técnico no todos sus colegas coinciden en que fuera una eminencia. Él no disociaba la ingeniería de las demás actividades humanas. Como escritor tampoco existe unanimidad; para unos no sabía contar, era un novelista insoportable, para otros tenía todo lo que se le exige a un autor: enorme originalidad, una novelística personalísima. Desconcertaba a los lectores de la censura. Un controvertido personaje, sin duda. Se le ha tachado de huraño, insolente, distante, agresivo, asocial, corrosivo, discutidor, erizante, cascarrabias («Se está a gusto siendo cascarrabias. Da mucha tranquilidad [...] Me gusta ser cascarrabias porque el día está más lleno», dijo en TVE). Afectado de incontinencias varias, de prontos malhumorados, eutrapelias más o menos histriónicas, su buena relación con la insolencia era palmaria. Fueron sonados algunos de sus excesos e intemperancias. Durante una cena en el restaurante madrileño Casa Gallega, donde compartían mantel Luis Carandell, Esther Tusquets, José Agustín Goytisolo, Eduardo Chamorro, Carlos Barral, Juan Benet y alguien más, el osado personaje Barral presumía de sus dotes de navegador a bordo del Capitán Argüello en la costa tarraconense de Calafell, su particular territorio mítico, el imprevisible Benet, quien no rehuía ninguna polémica, le replicó que no tenía ni puñetera idea de lo que hablaba. Poco a poco se fueron acalorando con palabras cada vez más ofensivas. Parecía como si se hubieran estado guardando reproches y ambos aprovecharan la ocasión para echárselos a la cara. Reprimieron el impulso de los puños pero intercambiaron insultos y denuestos. La disputa fue legendaria.

Como uno de sus personajes, todo en rededor suyo padecía el azote de su mirada. De rostro vivo, fisonómicamente recordaba al de un pájaro, con mirada que lo abarcaba todo, de serena figura tallada por el arte de un sastre inglés –dignidad de su porte–, gran conversador, de erudición ilimitada, Benet conocía la terminología propia de cada rama del saber. Su interés por el arte le llevó a visitar numerosos museos. De discurso ágil, no exento de ironía, fue un hombre de interesante personalidad. Gran administrador del tiempo –sin un instante para el sosiego– y minucioso hasta el detalle; en sus agendas anotaba todo cada día –«Nada recordable», «Nada de particular»– hasta el número de páginas que escribía o la adquisición de unos zapatos. Hizo de la bufanda un modo de presentarse, de las chaquetas de tweed una seña de identidad; un incansable viajero, con vehículos de empaque –tuvo un Wolseley 4/44, un Jaguar MK2, un Daimler, una moto Jawa de 350 cc y una Kawasaki de 400 cc–; fue gran fumador de tabaco fuerte –Ducados, HU, puritos Café Crème o en pipa–, extremadamente puntilloso con los encendedores –él usaba un Zippo–. Se mordió las uñas hasta muy tardíamente. Con aspecto rimbombante, de gran munificiencia –solía dejar generosas propinas–, asiduo a bares nocturnos, trasnochador, no le gustaba madrugar –no era persona antes de las diez de la mañana–; presumir de esnob era su esnobismo preferido, toda una pomposa manera de ser socialdemócrata («los socialistas gobiernan con muchos errores, pero mejor que ningún otro Gobierno que yo recuerde haber conocido [...] Tal vez se vician con el poder y les gusta enfrascarse en él. Todo esto es verdad, pero nadie ha resuelto tantas cosas como ellos. Y además son más afines con mi manera de ser»).

En cuanto a hombre, Juan Benet cultivó el arte de las conquistas y dejó una profunda huella en no pocas mujeres. Fue un gran seductor que vivió muchas aventuras. Con una estatura imponente y su nariz de lechuza, fue un mujeriego nato e infiel persistente, pues el arte o la cultura no hacen mejor al ser humano. Por una dama quebrantaba su fidelidad. Siempre conservó una relación estrecha y afectuosa con sus ex amantes. Algunas han negado su relación con él, otras sencillamente lo han ocultado. Benet frecuentó esposas de diplomáticos, periodistas, escritoras, actrices, secretarias, profesoras, camareras, ociosas de apellidos célebres... El apartado femenino daría para un libro con entidad propia. Él decía ser temperamentalmente femenino: «Me fecunda cualquiera, a condición de que tenga cierto poder fecundador». A Benet quizá sea difícil amarle, imposible no admirarle.

Hay quien cree que Benet sólo hablaba con Benet, que era un ser inteligente pero jactancioso. Según Carlos Castilla del Pino, «su conversación giraba en torno a sí mismo», en palabras de Carmen Martín Gaite, le gustaba escucharse. Pero son varios interlocutores quienes sostienen que Benet en la intimidad era otro: una criatura deliciosa, apreciable, que derrochaba ternura. Cambiaba cuando tenía público, cuando había ruido externo. Entonces salía a relucir el otro Juan Benet. «Con frecuencia el escritor, aunque a la larga no lo consiga, pretende ser un hombre de conducta antisocial y egoísta, que sólo mira para sí mismo y no atiende sino a sus propias necesidades», escribió este difunto de obra viva, para quien «el plural es una lata».

Quien se deleitaba con el lenguaje de los prospectos –«Ingiera el comprimido ranurado», «Se excreta en la leche materna»– y la de los manuales de instrucciones de uso –«Penetre en el camarín», «Oprima el pulsador»– tenía una prosa casi siempre inyectada de inteligencia. Como la de Rafael Sánchez Ferlosio, la prosa de Juan Benet es *himaláyica*, por tanto no es para lectores con mal de altura. Es para lectores exigentes, preocupados por la expresión y el estilo. Benet, que sabía manejar la palabra, trabajaba el lenguaje con la ambición de una obra de arte; la suya es lo más alejado de la prosa administrativa y con ella logra una alta intensidad expresiva. Su prosa, su escritura creativa, se distingue de la prosa común, del habla, en cuanto que Benet, con una inesperada ramificación, de repente, convierte una frase mala en una frase redonda. Cuando parece que va a escribir una oración normal, da la sorpresa, engaña a la lengua y hace literatura. Emplea con frecuencia los verbos lixiviar o manumitir, los adjetivos didascálico o munificiente, le gustan los términos ínterin, empero, desafuero, memento, runa, recipendario, bausán, quia, piedemonte, o las expresiones «de consuno», «el ordinario», «me importa una higa», «tengo para mí», «en el entretanto», «de ese tenor», «es una lata»... Es un gran estilista que trabaja su obra sin grietas y sin fisuras, pero en la que apenas se traslucen elementos biográficos, excepto en *Una meditación*. El estilo es parte del talento y el estilo de Benet equivale a su propia vida. Según Darío Villanueva, dos son las notas caracterizadoras de la obra de Juan Benet: su dificultad y su excepcionalidad. Con sus airosos aparejos estilísticos, Benet no hace novela vanguardista, hace novela de la dificultad. Aunque la complejidad no ha de ser necesariamente aliado de la calidad, probablemente Benet sea el escritor más difícil de leer que ha dado la literatura en español. Pero no decepciona jamás y su lectura siempre compensa. No hace ninguna concesión al lector. Dueño de una obra difícil pero coherente, a Benet es recomendable leerle dos veces; es en la segunda lectura de cada una de sus obras cuando uno se da cuenta de todas las sugerencias que el autor propone al avezado lector. Todo está bajo esos textos, todo está oculto, dice sin decir. Como escribió Kafka: «Sólo deberíamos leer libros que nos muerden y nos pican. Si el libro que estamos leyendo no nos despierta de un puñetazo en la crisma, ¿para qué lo leemos? Un libro ha de ser un hacha para clavarla en el mar congelado que hay dentro de nosotros».

A Juan Benet le interesaban las novelas de pensamiento literario y el ensayo como expresión literaria del pensamiento. Tenía la idea de que la novela era un artificio verbal para lectores cultos, una obra de arte, no una simple mercancía. Para él, las novelas han de producir emociones; Benet despreciaba el entretenimiento sin más y no le divertían los juegos de palabras. No era un autor de desenlaces. Prefería el enigma a su solución. Reitero con el de Praga: Si el libro que tenemos entre manos no nos despierta de un puñetazo en los ojos, ¿para qué molestarnos en leerlo? Emulando a Robert Musil, sálteselo quien no estime las consideraciones introspectivas. Al ingeniero le gustaba la literatura pesada, no muy divertida, que costara leerla. A la vez solía decir: «Soy el escritor más pesado que conozco». Aunque gozó de prestigio, Benet no tenía público, vendía poco. «No, no me importa la amenidad. Hay que escribir para pocos. Quizá para uno. En cuanto el escritor se guía por el público está perdido», le dijo a Miguel Fernández Braso en una entrevista en *Pueblo* en 1969. Sin embargo, a su nombre tiene calles en Almería y Málaga, una plaza en Madrid, dos edificios en el campus de la madrileña Universidad Carlos III y la Presa Juan Benet del embalse del Porma (León). Pese a que nunca quiso tener discípulos, epígonos, sólo amigos, Juan Benet fue el genio tutelar de parte de una generación (Félix de Azúa).

Los escritores geniales pueden escribir párrafos tan largos como deseen, aunque la secuencia lógica de cada frase es sujeto, verbo, predicado. Algo que parece sencillo. Sin embargo, tanto Benet como Ferlosio se apuntan a la hipotaxis, a los párrafos inacabables, de muchas subordinadas, muchas líneas, que, a veces, nos hacen perder la ilación de ideas y hasta el resuello. A Benet podríamos aplicarle el aserto de su admirado Henri Bergson: «Hay veces que sólo Dios y yo entendemos lo que he escrito; hay otras que sólo Dios».

No sé si ateo declarado, como asevera Carmen Martín Gaite, pero Benet jamás abrazó la fe, ni tan siquiera en el tramo final. Sin embargo fue un consumado lector del Antiguo Testamento. Como en la tradición rabínica, los agnósticos judíos dedican muchas cogitaciones al asunto de Dios, Benet está fascinado con los mitos de la Biblia; disponía de un ejemplar del libro de los libros en la mesilla de noche. El escritor cuenta con obras de manifiestas connotaciones bíblicas, que salpican su personal mitología, como *Saúl ante Samuel*, *El ángel del Señor abandona a Tobías*, *La construcción de la torre de Babel*, el ensayo «La deuda de la novela hacia el poema religioso de la antigüedad» (*Del pozo y del Numa*), o de connotaciones religiosas, como *El caballero de Sajonia*, novela basada en ciertos episodios biográficos del teólogo alemán Martín Lutero, padre de la Reforma. También en *Una meditación* aparecen fogonazos bíblicos: Abraham e Isaac; *En la penumbra*: David y Betsabé. Y un pasaje sobre Job en *La inspiración y el estilo*.

Detrás del carácter aparentemente cáustico de Juan Benet, se escondía un remarcable sentido del humor; con gran talento para el humor socarrón, toda su obra está salpimentada de un incomparable humorismo: «Cabo Kennedy (de soltero Cañaveral)», «¿Jacinto Pradera? Me parece demasiado vegetal», «un gallo negro [...] nacido y educado en la Unión Soviética, con una irreprochable educación bolchevique», o los tan ensalzados pasajes cómicos de *Una meditación* en que el abuelo obsequia a los visitantes con el dichoso licor ni tan tónico, ni tan digestivo, ni tan suave. Ocurrente y divertido Benet. Por contra, la desolación. Quizá la Guerra Civil –indudablemente que la historia y la situación política afectan a la vida personal– fue la experiencia que más le influyó, fue su principal fuente de inspiración narrativa, también objeto de estudio por su parte. Él sabe bien de la melancolía que se siente ante las ruinas. Pormenoriza con hondura y delicadeza el transcurrir de la existencia, el temblor del tiempo, el correr de la vida. La idea de esa dimensión física, esa gema, que es el tiempo y que Benet desarrolla, engloba desde la ruina a la soledad. Tiene preferencia por el mundo perdido, desaparecido, de los viejos caserones ruinosos, su pequeño mundo soñado; tiene debilidad por el deterioro, la decadencia, el fracaso y la incertidumbre. Inviernos excepcionalmente crudos, corredores en penumbra, lugares deshabitados y agonizantes, pueblos desiertos y apagados, torres en ruinas, ermitas destruidas, andenes abandonados, fachadas salpicadas de agujeros, paisajes cubiertos de tinieblas, tufillo a humedad, taxis viejos y destartalados, olor intenso a interior cerrado. Benet es un maestro en la descripción de la ruina y su poder evocador, presente en su copiosa obra. Extrae la belleza de la fealdad. Y quien le enseñó qué es la ruina fue la lectura de Cornelio Tácito y Amiano Marcelino.

La formación literaria de Benet es harto considerable, conoce las determinaciones de la época y los recursos del lenguaje. Los más destacados autores que han influido en su obra son el citado Tácito, William Faulkner, Miguel de Cervantes, Fray José de Sigüenza, Jacques-Bénigne Bossuet, Euclides da Cunha y Alain Robbe-Grillet. Entre sus predilectos encontramos a Montesquieu, Marcel Proust, Franz Kafka, Charles Dickens, Antón Chejov, Roger Caillois, Louis-Ferdinand Céline,

Isaak Bábel, Julien Gracq, Thomas Bernhard o Rafael Sánchez Ferlosio. Pero también admira a Cayo Suetonio, Sexto Propercio, Plutarco de Queronea, William Shakespeare, Iván Turguénev, Laurence Sterne, Henri Bergson, Wilhelm Dilthey, Martin Heidegger, Edward Gibbon, Theodor Mommsen, Thomas Mann o Samuel Beckett. No puede soportar a Denis Diderot, Marqués de Sade, Voltaire, Gustave Flaubert, Honoré de Balzac, Stendhal, Émile Zola, Johann Wolfgang Goethe, Pedro Calderón de la Barca, Lope de Vega, Fiódor Dostoyevski, León Tolstói, James Joyce, Virginia Woolf, Jorge Luis Borges o Benito Pérez Galdós, a quienes dedicó desproporcionados menosprecios.

Sostiene Carmen Martín Gaite que resulta del todo imposible que un profesional de la ingeniería ocupadísimo y responsable como Benet lo fue siempre, «hubiera tenido tiempo, ni aun queriendo, de leer a fondo toda esa pléyade de autores que abarca desde Quevedo hasta Ramón Gómez de la Serna, Unamuno y Valle-Inclán, por no hablar de sus propios contemporáneos». De más está advertir que el acto de leer –como el de escribir– es un ejercicio en soledad, algo personal, individual, y al ingeniero pocas, muy pocas veces, le sorprendió alguien ajeno a la familia leyendo un libro. Además, apenas hacía mención sobre sus lecturas; tan sólo en privado: en sus agendas. A Benet, defensor del Grand Style, con mayúsculas iniciales, le habría gustado escribir *La rama dorada*, de James George Frazer y *La caída de Constantinopla 1453*, de Steven Runciman.

Las notas musicales tenían la potencia suficiente para encenderle la sangre y enternecerle el corazón. Juan Benet era un amante de la siesta y solía disfrutarla tumbado en una *chaise-longue* con música de Brahms de fondo. La música era algo muy consolador y le gustaba escucharla en soledad. Pero prefería la grabada a ir a una sala para presenciar una interpretación musical en vivo, aunque asistió a un recital privado que Arthur Rubinstein ofreció a un grupo de amigos. Para el escritor no había nada comparable a la emoción estética que le producía Franz Schubert, uno de sus preferidos. Tan es así que dedicó un pequeño ensayo, «Op. Posth» (*Puerta de tierra*), a las sonatas del compositor austríaco y la novela *Un viaje de invierno* al ciclo de *lieder Winterreise*. También admiraba a Richard Wagner, quien aparece como personaje en dos de sus obras de teatro: *El burlador de Calanda* y *El salario de noviembre*. Pero la melomanía del ingeniero y escritor no sólo se limitaba a la música clásica; adoraba los afamados tangos *Uno y Malena*, de Enrique Santos Discépolo y Homero Manzi respectivamente, dos de los letristas de tangos más importantes que dio Argentina. Y al final de sus fiestas Benet solía poner la canción *Vecchio frac*, interpretada por el sentimental Domenico Modugno. La ópera le suscitaba risoteo, el ballet lo aborrecía, el *rock and roll* lo ignoraba.

Se apagan los rumores en el espacio largo y estrecho. En diciembre de 2017 se publicó *El incógnito Rafael Sánchez Ferlosio. Apuntes para una biografía* y se lo comuniqué a los hijos del poliédrico Benet por si tenían interés en su lectura y así evitar prejuicios acerca de mi labor. Silencio. Sólo Ramón me respondió una vez leído. El 7 de mayo de 2018 se presentó el libro en el Instituto Cervantes de Madrid, donde se personó el primogénito de los Benet acompañado de su hijo varón. El martes 4 de diciembre, a petición mía, Ramón me hizo una visita guiada por la finca de Zarzalejo, no sin antes hacérselo saber a sus hermanos. Con motivo del veinticinco aniversario de la muerte del escritor, el 18 de diciembre el Colegio de Ingenieros de Caminos, Canales y Puertos organizó una exposición y una mesa redonda para rendir homenaje al colegiado número 631, Juan Benet Goitia. Al final del acto acabé a solas acodado en la barra de una cafetería con Eugenio Benet y se deshicieron los malos entendidos. Fin del inacabable pasillo.

J.B.F., *Madrid, enero de 2024*

AGRADECIMIENTOS

TODO lo que atesoran las páginas sucesivas se debe a la siempre impagable y desinteresada colaboración de estas personas:

J. A. González Sainz, Ignacio Gómez de Liaño, J.J. Armas Marcelo, Rosa Regás, Álvaro Pombo, José Esteban, Rosa Montero, Germán Gullón, Julio Llamazares (de inusitada largueza), Manuel de Lope, Soledad Puértolas, Gonzalo Hidalgo Bayal, Fernando Delgado (*in memoriam*), Eduardo Garrigues, Eduardo Mendoza, Barbara Probst Solomon (*in memoriam*), María Elena Bravo, Miguel Sáenz, Antonio Martínez Sarrión (*in memoriam*), Marcos Ricardo Barnatán, Jenaro Talens, Fernando Savater, Mariano Antolín Rato (siempre me descubre algo), Pere Gimferrer, Danubio Torres Fierro, José María Guelbenzu, Marcos Giralt Torrente, Pascale Casanova, Eduardo Martínez de Pisón, José María Álvarez, Jorge Lozano (*in memoriam*), Julia Escobar, Lola Salvador, Nora Catelli, Darío Villanueva, Blanca Andreu, Fernando Sánchez Dragó (*in memoriam*), Juan Cruz, José Luis Gallero, Francisco García Pérez, Julio Sánchez Alonso (*in memoriam*), Víctor Márquez Reviriego, Pilar del Río, Ángel Sánchez Harguindey, Luis Suñén, Álvaro Delgado-Gal, Borja Casani, Silvia Llopis, Juan Pedro Quiñonero, Emma Cohen (*in memoriam*), Lucía Bosé (*in memoriam*), Felicidad Alarcón, Francisco Regueiro, Montxo Armendáriz, Emilio Martínez-Lázaro, Manuel Matji, Antonio Isasi-Isasmendi (*in memoriam*), Gracia Querejeta, Luis de Pablo (*in memoriam*), Cristóbal Halffter (*in memoriam*), Frederic Amat, Enric Satué, María Corral, Marta Moriarty, Rafael Moneo, Rafael Manzano Martos, Alberto Oliart (*in memoriam*), Joaquín Leguina, Alfonso Guerra, Javier Solana, Agapito Ramos Cuenca, Adrián Baltanás, Manuel Varela Uña (*in memoriam*), Javier Abásolo (*in memoriam*), Mauricio Jalón, Beatriz de Moura, Jorge Herralde, Jesús Munárriz, Marisol Benet, Ramón Benet, Nicolás Benet, Eugenio Benet, Juana Benet, Luis Cavanna Benet, Rafaela de Buen (*in memoriam*), Fernando Chueca Aguinaga, Javier Rodríguez Ibrán, Alfio Martín Olarte, Diego de Llanos y de Alós (*in memoriam*), Enrique Pérez-Galdós, Gabino Guedán Gallar (*in memoriam*), Felipe Mendaña, Fernando Zabalza Ramos, Julio Martínez Calzón(*in memoriam*), Jesús de Haro Martínez, Fernando Sáenz Ridruejo, Jorge Sanjuán Piñol (*in memoriam*), Ignacio Pérez de Juan, Mariano Palancar

Penella (*in memoriam*), Jesús Cajete Baltar, Manuel Iglesias López, Juan Alberto Roibás, Joaquín Díez-Cascón Sagrado, Manuel Melis Maynar (*in memoriam*), Gabriel Bisellach, Manuel Romana Ruiz, Arturo de Castro Méndez, Francisco González Gamallo, Pablo Segovia, Antonio Menéndez Ondina, Jesús Méndez Sáez, Manuel González Rico, María Jesús Martín-Ampudia (*in memoriam*), Dionisio Ridruejo de Ros, Claude Murcia, Pedro Moreno, Pilar Gutiérrez Sánchez, Pilar Suárez-Carreño, Mercedes García-Arenal Rodríguez, Juan Domingo Fernández, Consuelo Giménez Sánchez, Juan González Posada, Alicia Gimeno, Rocío Martínez, Anna Sallés, María Luisa García Suárez, María Campillo, Jacobo Cortines, Fernando González Olivares, Virginia Careaga, Tomás Pollán, Diego Romero de Solís, Txaro Santoro, Carlos Suárez González, María Pía Lago Rodríguez y Beatriz de Laiglesia.

También estoy en deuda con la generosidad de Gðudbergur Bergsson, Enric Bou (de ilimitada paciencia), Eloísa Otero, Susana Rivera, Michi Strausfeld, Luis Martín-Santos Laffon, Belarmino de Paz, Pío Caro Baroja, Edi Clavo, Mireia Sentís, Miguel Somovilla, José María Moreiro, Aaron Shulman, Perico Romero de Solís, Christopher Domínguez Michael, Malva Flores, Javier Ozón, Nazario González Beltrán, los libreros Alberto Úbeda y Alberto Blanco, P. Enrique Torres Rojas (Colegio El Pilar), P. Fermín Gastaminza (Colegio Summa Aldapeta), Claudio Rodríguez Fer (Universidad de Santiago de Compostela), Jaime Olmedo (Real Academia de la Historia), Alfonso Toribio (Tribuna Ciudadana), Ana María Herrero Montero (Archivo Municipal de Oviedo), Fundación Juan March, Fundación José Ortega y Gasset-Gregorio Marañón, Beatriz García Paz, (Archivo y Biblioteca de la Fundación Pablo Iglesias), María José Rucio Zamorano (Servicio de manuscritos e incunables de la Biblioteca Nacional de España), Teresa Pérez López (Colegio mayor Isabel de España), Casa de León en Madrid, Servicio de Documentación de Diario de León, El País, La Nueva España, Heraldo de Aragón, Información, TVE, Biblioteca de la Universidad de La Rioja, Biblioteca Pública de Soria y José A. Santamera (Colegio Oficial de Ingenieros de Caminos Canales y Puertos de Madrid).

Mi gratitud a todos ellos.

Juan y Paco Benet vestidos de Comunión (1937). (Cortesía de Marisol Benet)

1

CASTELLANA 19

JUAN ANTONIO ARTURO JULIO BENET GOITIA nace cuando descansan todas las formas en la noche, a la una de la madrugada del viernes 7 de octubre de 1927 en Madrid, en el entresuelo del paseo de la Castellana 19, donde viven sus padres. Es hijo del abogado Tomás Benet y Benet (9 de marzo de 1895), barcelonés del antiguo municipio de San Gervasio de Cassolas, y de Teresa Goitia Ajuria (15 de abril de 1895), guipuzcoana de Villafranca de Oria, hoy Ordizia, emparentada con los propietarios de Ajuria Enea, Vitoria, actual residencia oficial del lendakari. Teresa y Tomás se casaron en la iglesia de San Ignacio de Loyola, San Sebastián, el 12 de octubre de 1921. El recién nacido tiene dos hermanos: Marisol (20 de marzo de 1924), natural de la madrileña calle de Hortaleza, y Paco (21 de octubre de 1926), originario de San Sebastián. El 7 de noviembre es bautizado en la parroquia de Santa Bárbara, situada en el número 1 de la calle de Bárbara de Braganza. Sus padrinos son el abogado y militar Eduardo Benzo Cano y su tía Mercedes Benet Benet.

Los árboles están desnudos de hojas. Por las semidesérticas calles de la capital –aún no tiene un millón de habitantes–, circulan escasos vehículos de tracción mecánica como los Adler Standard 6, Horch 303 de ocho cilindros, Pontiac Six, Dodge Victory o Citroën B12, tranvías y vehículos a tracción de sangre. El edificio de Telefónica es todavía un esqueleto. Después de un golpe de Estado de regia complicidad, España está gobernada por el general dictador Miguel Primo de Rivera. Hace dos meses que en tierras marruecas se rindió el caudillo rifeño Abd el-Krim y al fin llegó la pacificación.

Con motivo del primer aniversario del golpe de Estado del capitán general de Cataluña, el primero de septiembre de 1924, el abogado Tomás Benet y Benet, descontento con el Directorio Militar, escribió al rey Alfonso XIII para denunciar todo tipo de atropellos:

> ¡Nunca en el antiguo régimen, se llegó en el abuso caciquil cerca de los Municipios, a la exageración con que obra el actual Gobierno! [...] No podía, Señor, el pueblo español avenirse indiferente al fracaso de sus intentos de reacción. Tras el cambio de postura en Septiembre de 1923, advierte que no mejoró su suerte; que sigue el nepotismo en la administración, que la viciada vida política cambió tan sólo su etiqueta, que sus problemas de producción, de consumo, de Hacienda, de Gobierno, de economía, de instrucción, de paz y de progreso, se han agravado. La reacción se ha producido, manteniendo el veto al régimen que fue derribado por un movimiento militar, incurso en los mismos errores que quiso reparar [...] El país no quiere languidecer en el marasmo espiritual que la dictadura le impone; no quiere entregarse, tampoco, al renunciamiento fatal de sus instituciones tradicionales; no puede admitir el criterio de que a la Monarquía le incumba la responsabilidad en que quiere envolverla el Jefe del Gobierno militar; no aspira a un cambio brusco de situación, ni a que el desbordamiento de las exacerbadas pasiones nos suma en el caos, pero reclama de V. M. la inmediata y urgente liquidación de un régimen impopular e insostenible, la normalización de la vida política, la sustitución de los hombres y del sistema y la entrega del Gobierno a los que la opinión democrática señala para salvar a España, al Rey y al propio Ejército.
>
> Señor, a RR.PP. de V.M.[1]

Tomás Benet es secretario general de la Confederación Patronal Española y abogado de consorcios en ejercicio –pesqueros, panaderos, carniceros, taxistas, peluqueros, espectáculos y otros gremios–, con despacho en la calle del Marqués de Cubas 25, primero izquierda, sede de la Federación Española de Armadores de Buques de Pesca, de la que también es secretario general. Benet no oculta sus inquietudes políticas, se cartea con el conde de Romanones, tiene amistad con el general José Cavalcanti... En 1924 estuvo preso en una mazmorra del Cuartel de la Montaña, achacable a Severiano Martínez Anido, subsecretario del Ministerio de la Gobernación.

Por la proximidad al paseo de la Castellana 19, donde habitan una espaciosa y confortable vivienda de dos plantas, en la que los críos corretean por las amplias estancias, que incluye servicio doméstico y despacho del padre, el matrimonio Benet Goitia asiste al cine de la calle de Goya y al Príncipe Alfonso de la calle de Génova,

1. Real Academia de la Historia. Archivo Conde de Romanones. RR.PP. de V.M. es la fórmula usual de despedidas en las solicitudes o envíos al Rey: A los Reales Pies de Vuestra Majestad.

en el que en más de una ocasión ven cantar a Carlos Gardel en una de sus exitosas giras por España. De gran vida social, también concurren a fiestas en el hotel Palace o el Ritz, ataviados con sus mejores vestiduras. Teresa acostumbra a salir a merendar con sus amigas, pero de vuelta a casa recoge al marido, siempre entregado al trabajo en su bufete.

La dictadura de Primo de Rivera deslegitima la monarquía constitucional de Alfonso XIII y las elecciones municipales del 12 de abril de 1931 traen la Segunda República. Hacia las cuatro de la tarde de 14 de abril, «los pocos transeúntes que pasan por el cruce formado por la Castellana y la calle de Alcalá observan, con sorpresa, que una bandera asciende lentamente por el mástil del Palacio de Comunicaciones. Al otro lado de la Castellana está el Banco de España y en la otra esquina de Alcalá los jardines del palacio de Godoy, Ministerio de la Guerra. La bandera que asciende por el mástil es la bandera republicana».[2] Así lo describe en *La Veu* Josep Pla, corresponsal parlamentario enviado por Francisco Cambó a Madrid.

Tomás Benet se presentó a diputado en las listas conservadoras por Castellón, pero no salió elegido. Es un hombre derrochador. Pese a disponer de chófer, le gusta conducir automóviles veloces y cuenta con un Avions Voisin, un lujoso vehículo francés sólo al alcance de unos pocos, entre ellos el actor Rodolfo Valentino. Además del trabajo, Benet lleva una vida disoluta. Cuando ha de madrugar para asistir a los juicios, sale de casa enojado dando un portazo. Tiene mal genio y nada buen perder cuando juega al ajedrez con su esposa. Tampoco se prodiga en gestos cariñosos hacia su cónyuge. Una vez, tras una disputa del matrimonio en presencia de los niños, su hijo Juan, un arrapiezo de cuatro años, saltó del regazo de Teresa y le agarró de los pantalones al padre para advertirle: «Cuando yo sea mayor, no tratarás así a mi madre».[3] Un niño diferente.

El 2 de enero de 1932 una ola de frío azota toda España. En Madrid se alcanzan los siete grados bajo cero, y catorce en Burgos. El niño Juan a menudo está enfermo. La tía Flora, hermana de Teresa, que reside en Madrid, suele visitar a los Benet. Es una mujer muy alegre y divertida, algo chiflada, soltera, que adora a los críos. A Juan, cuando está convaleciente, le agasaja con juguetes y le entretiene con canciones infantiles antiguas.

El padre de Juan es un irreductible mujeriego y un persistente celoso. Cuando el matrimonio asiste a una gala, él a su mujer, de buena figura para lucir un elegante vestido de lentejuelas, no le consiente bailar con otro que se le acerque aunque sea

2. *Madrid - El advenimiento de la República,* Josep Pla. Alianza Editorial, Madrid, 1986.
3. *Recordando mi vida,* Teresa Goitia. La Gaya Ciencia, Barcelona, 1979.

amigo o conocido. Es una pareja apuesta. «Mi marido era guapo, inteligente, le gustaba mucho la pintura, me inició en ella; sabía muy bien hacer el amor, cosa primordial en el matrimonio (pero nunca fue mi camarada)».[4]

Pero llega lo irremediable. Los padres de Juan Benet, que ahora viven en un ático con dos terrazas en la plaza de las Cortes 5, donde el abogado también tiene su despacho, se separan apenas entra en vigor la ley aprobada el 25 de febrero; fue de los primeros divorcios de la República. Teresa Goitia se marcha con sus niños a la casa de su madre, doña Guadalupe Ajuria, quien vive con sus tres hijas solteras, Flora, Mariquis y Pili, en la calle de Montesquinza esquina con Alcalá Galiano. Posteriormente, Teresa alquila un piso en la calle de Hermosilla 11. Tomás Benet vive en un hotelito de tres plantas y jardín frontal de la calle Málaga número 12, al lado del baile al aire libre El Jardín Abascal, muy de moda. Los hijos, durante el curso están con la madre y los meses de julio y agosto con el padre, quien los lleva a un predio de unas diez hectáreas, situado en el valle del Maresme, entre Arenys de Mar y Canet (Barcelona), a casa de los abuelos Juan Benet Puchol y Juana Benet Caballero, que además de marido y mujer son primos.

En la madrugada del 10 de agosto de 1932 se produce un intento de golpe de Estado contra la Segunda República, encabezado desde Sevilla por el general José Sanjurjo, capitán general de Andalucía. El presidente del Consejo de Ministros, Manuel Azaña, conoce el plan por un desertor. En Madrid pequeños grupos armados intentan acceder al Ministerio de la Guerra y al Palacio de Comunicaciones. Tras un breve tiroteo en la plaza de Cibeles los rebeldes son detenidos. Al ver el fracaso de Madrid, los felones de Sevilla regresan a los cuarteles.

En 1934, Teresa, acuciada por las necesidades económicas pero mujer emprendedora, supera un examen de ingreso en el Ministerio de Asuntos Exteriores, a la vez que lleva un despacho de Lotería Nacional concedido por el Estado, en un estanco regentado por dos hermanas en la calle de Carranza.

El 19 de febrero de 1935, a las nueve y media de la mañana, el abogado Benet, tras una discusión con un cliente, propietario de un almacén de maderas al borde de la quiebra, en el vestíbulo del despacho de Marqués de Cubas 25 recibió dos disparos de pistola. Traslado a la Casa de Socorro, los facultativos le aprecian una herida en la región pectoral, con orificio de salida por el lado derecho. El agresor huyó y en los jardines del Hipódromo se quitó la vida de un balazo.

4. *Ibíd.*

Con frecuencia Tomás Benet visita a Miguel Maura en su domicilio de la calle de Montesquinza 20, entresuelo izquierda. Benet es miembro del Partido Republicano Conservador. El 12 de julio de 1936, José del Castillo Sáenz de Tejada, teniente de la Guardia de Asalto y militante socialista, es abatido a tiros por elementos reaccionarios. Un día después el diputado conservador, José Calvo Sotelo, que fuera ministro de la dictadura, es detenido en su domicilio por fuerzas de seguridad y algunos civiles; durante su traslado es eliminado de un disparo en la cabeza. La derecha ya tiene su protomártir y así le honra.

Tomás Benet regala a los chicos dos pistolas de juguete Brownie con cincuenta cartuchos cada una. El 16 de julio, cuando todavía se celebran solemnes misas y funerales en toda España por el insigne tribuno Calvo Sotelo, Paco y Juan, dos muchachos de la misma complexión –altos y delgados, uno rubio y el otro moreno–, juegan a dispararse y se ocultan tras las torres de salida de humos de la terraza del chalé. Según los recuerdos de Juan Benet,[5] ante los estruendos llegaron coches de guardias de asalto porque todo el vecindario estaba alarmado. Juan es muy infantil y callejero, un gran aficionado a los tebeos, Paco es más lector.

El 17 de julio Teresa Goitia, que vive en la calle de Claudio Coello, se presenta en el domicilio de Tomás Benet, donde también están sus hijos, para comunicarle que debe ocultarse porque tiene noticias desgraciadas; aunque desaprobó la dictadura están en su busca. El sábado 18 surge la fatalidad: golpe de Estado contra la Segunda República. Benet desaparece de su domicilio, donde queda el servicio y sus cuatro perros en el patio. El día después los niños son trasladados a Claudio Coello, a la casa materna. En las medrosas conversaciones de los ciudadanos, los nombres genéricos más frecuentes son miedo, muerte, vida, ruina, horror, tristeza, espanto, llanto, oscuridad, escombros. Y los verbos conjugados más habituales son delatar, pasear, matar. Asedio a la capital.

El abogado Benet está oculto en la vivienda de una amante de familia republicana hasta el 22 de septiembre. En agradecimiento por advertirle del peligro inminente, Tomás le escribe una carta a Teresa. El día 23 decide volver a su residencia de la calle de Málaga, pero le delata Manolo, su chófer y novio de Daniela, la doncella. A Benet le persiguen por la delación de un panadero, al que le había ganado un juicio. Es detenido en su despacho por un grupo encabezado por el panadero y conducido a la tétrica checa de los sótanos del Círculo de Bellas Artes en la calle de Alcalá 40, luego llevada a un palacio de Fomento 9. Parece abocado a una muerte sin remisión. Se incautaron de su automóvil, un Chrysler que un año antes le había

5. *Cartografía personal,* Juan Benet. Cuatro, ediciones. Valladolid, 1997.

comprado al duque de Alba. «Una sucia y miserable denuncia de un sujeto que había sido su chófer, le llevó a uno de aquellos fementidos tribunales populares y al consiguiente paseo terminando en una cuneta de la carretera de Vicálvaro».[6] Teresa, no sabe exactamente qué ha sido de su exmarido, ni tiene prueba fehaciente de su asesinato, razón por la que encarga a su sobrino el arquitecto Fernando Chueca Goitia, de veinticinco años, que vaya a unas dependencias de la Dirección General de Seguridad, en la calle de Víctor Hugo 4, a mirar unos álbumes a disposición de los familiares para que identifiquen a posibles cadáveres. Fotografías de víctimas ensangrentadas, rostros magullados con la boca y los ojos abiertos de pavor, labios apretados y puños cerrados de cólera, ropajes a jirones de maltrato. Son las muecas de la muerte. «Me quedé largamente mirando las facciones contraídas de Tomás Benet y toda la crueldad y miseria de la guerra latía en mis sienes. Mientras, mis ojos, como hechizados, no podían separarse de tan inverosímil fotografía».[7] Teresa ocultó lo sucedido a la muda mirada de sus hijos y, desde los primeros días del golpe, expone su vida al dar cobijo en su casa a personas comprometidas.

Por mediación del Ministerio gobernado por Julio Álvarez del Vayo, a Teresa Goitia la refugian en la embajada de Finlandia y luego le llevan a sus niños Paco y Juan. En distintos puntos de la capital se ven columnas de humo elevándose hacia el cielo. En las trincheras de la Casa de Campo se defiende la ciudad cercada. Las sirenas de alarma y el estruendo de los aviones empujan a los viandantes a correr a los refugios. El 4 de diciembre fuerzas de asalto republicanas entran en la embajada y detienen a más de cuatrocientas personas. Entonces se convirtió en la legación de Turquía, en la calle de Zurbano 21, esquina con Almagro. Su hija Marisol se quedó con sus tíos *Chomín* y Pilar en la embajada de Noruega, en José Abascal. Como la legación es la encargada de suministrar víveres a las otras representaciones, Marisol los sábados come huevos fritos, un manjar, mientras que sus hermanos, en la de Turquía, reciben muy mala alimentación. España está dividida en dos bandos irreconciliables.

En mayo de 1937 Paco y Juan reciben la primera comunión de la mano del sacerdote Rogelio Jaén, párroco de la iglesia de Santa Teresa y Santa Isabel, refugiado en la embajada turca. Marisol asistió en un coche facilitado por los noruegos. Repeinados y vestidos de igual modo, con traje de color beige compuesto por torera abotonada y pantalones bombachos, que su padre había comprado en El Dique Flotante,

6. *Retazos de una vida. Recuerdos de la Guerra*, Fernando Chueca Goitia. C.I.E. Dossat 2000, Madrid, 1996. Marisol Benet Goitia ha creído toda la vida que a su padre lo fusilaron en las tapias de La Moncloa.

7. *Ibíd.*

sastrería y camisería de alta costura de Barcelona; el cura, disfrazado de carabinero,[8] les dijo: «Os voy a dar la primera comunión y posiblemente la última». Dada la escasez, don Rogelio suele pedirle comida a doña Teresa. El sonido seco de algunos cañonazos en el frente y los *pacos* perturban la calma nocturna. Desde principios de año hasta los primeros días de septiembre han caído sobre la capital unas cinco mil bombas y obuses, con el desgraciado balance de setecientos sesenta y ocho muertos y cinco mil quinientos heridos. Teresa Goitia y sus dos hijos son trasladados a Valencia y en el puerto suben al vapor Karadenis con rumbo a Turquía. Les sirven comida en mal estado y pasan un hambre atroz. Teresa y una amiga deciden asaltar la despensa y así se alimentan unos días. Madre e hijos comen a escondidas pan, chorizo, queso y conservas en lata. Tras dejar atrás aquella monotonía azul, el barco estanca en Siracusa (Sicilia) y ordenan desembarcar a mujeres y niños; los hombres, desesperados, se lanzan al agua. A las señoras las llevan a un convento y a los varones a un campo de concentración. Paco y Juan son obsequiados con un traje del fascio y una bicicleta a cada uno; doña Teresa inmediatamente se desprende de los trajes, deja las bicicletas en tierra y embarcan en una nave de bandera italiana con destino a Sevilla, donde los Ajuria disponen de un negocio y les ayudan económicamente. Su hija Marisol sigue en la embajada de Noruega. Madre e hijos regresan a San Sebastián, del lado insurrecto, donde Teresa Goitia tiene familia. Se reintegra al Ministerio de Asuntos Exteriores, pero ha de pasar por Salamanca y Burgos. Sus hijos varones continúan en San Sebastián. En la misma clase, empiezan primero de bachillerato en el colegio Católico de Santa María, en la cuesta de Aldapeta, en el que conviven clérigos y seglares; en el aula hay aproximadamente cuarenta alumnos y las notas son semanales, característica de los colegios marianistas, lo que exige al alumno un esfuerzo constante. Al no encontrar un centro adecuado para sus vástagos, Teresa decide pedir traslado a San Sebastián. Su hijo Juan entabla amistad con Alberto Machimbarrena Romacho, perteneciente a una conocida familia donostiarra. Juan y Alberto pronto llevan a cabo todo tipo de fechorías: mediante una colecta, entre ambos reúnen un dinero con el que pagar a un sicario para deshacerse de un seglar que les lleva cada jueves por el Paseo Nuevo, junto a la bahía. Tienen idea de arrojarlo al mar. Un pescador aceptó la misión y cobró una cantidad, pero cuando volvieron a pasar por allí el hombre de mar miró impasible al profesor, sin intentar la más mínima maniobra, con el consiguiente desengaño de los mozalbetes.

En 1938, con doce años, Paco, de insobornable conciencia crítica, se convierte en un niño de izquierdas. De curiosidad inagotable, es mucho mejor estudiante que

8. *La sombra de la guerra. Escritos sobre la Guerra Civil española*, Juan Benet. Prólogo de Gabriel Jackson. Taurus, Madrid, 1999.

Juan, aunque éste no tiene un solo suspenso. El 17 de marzo Juan asiste a una misa de campaña en la ciudad para conmemorar la caída de Caspe (Zaragoza), en manos de los sublevados, tras dos días de duros combates. El parte oficial de guerra de los sediciosos, fechado en Salamanca el 5 de abril, dice: «Tropas del Cuerpo de Ejército de Aragón han vadeado el Ribagorzana y han ocupado los pueblos de Ibar de Noguera, rebasando Algerri hasta el kilómetro 14 de la carretera de Balaguer». Las tropas insurrectas logran nuevos éxitos en el frente de Cataluña. Largas colas de refugiados demacrados y hambrientos caminan sin descanso, cargados con sus enseres huyen de la barbarie y entran por la frontera francesa. Dimite Indalecio Prieto como ministro de Defensa Nacional. Toma el mando el presidente del Consejo de Ministros, don Juan Negrín. «En el frente de Madrid varios intentos de ataque han sido rechazados, siendo perseguido el enemigo por nuestras tropas, que, en el Parque del Oeste consiguieron ocupar gran parte de la línea avanzada de los rojos», informan desde el Cuartel General del Generalísimo, en Salamanca, a 20 de abril de 1938.

Destinada en el Ministerio en Burgos, cuya sede es la Casa del Cordón y el titular el general Francisco Gómez-Jordana y Souza, Teresa Goitia no se resigna y pretende que se haga justicia. En un juzgado del Madrid devastado, el 3 de mayo pone una denuncia por el asesinato del que fuera su marido. Asegura que fue detenido por «milicianos rojos de la CNT en su domicilio el 21 de septiembre de 1936, fue conducido a la checa de Fomento, de donde fue sacado y, según noticias, fue asesinado en el Palacete de La Moncloa. Su cadáver tenía una herida en la sien». Según doña Teresa, el cadáver fue hallado en La Moncloa y sobre las personas sospechosas en el crimen dice que «el asesino fue un tal Arias que llevó la ropa del interfecto usándola por un buen tiempo».[9]

En los exámenes de junio Paco obtiene un notable y Juan un aprobado. En septiembre Marisol deja atrás un Madrid sitiado y con una agitada actividad propagandística. El general José Miaja y el comisario de la Agrupación de Ejércitos, Jesús Hernández, hacen un llamamiento ante el nuevo invierno que se aproxima. Acecha un enemigo tan temible como las balas: el frío. Cuando Marisol llega a San Sebastián, una tía la interna en el elitista colegio de La Asunción de Miracruz.

Continúa la salida de españoles camino del exilio. En enero de 1939 abandonan César Augusto Jordana i Mayans –ingeniero, escritor y traductor al catalán de literatura inglesa; había dirigido la Oficina de Correcció de la Generalitat republicana–, su mujer Aurora Benet y Benet –hermana de Tomás– y sus hijos Nuria y Juan.

9. Esta fue la declaración de Teresa Goitia, aunque los datos no coinciden con nuestro relato, basado en las declaraciones de Marisol Benet Goitia y lo escrito por Fernando Chueca Goitia.

Tras pasar por Toulouse, donde todos los miembros de la Institució de les Lletres Catalanes, organismo al que perteneció Jordana, fueron acogidos por un Comité Universitario, se instalan en Roissy-en-Brie, en un castillo del siglo XVII habilitado para refugio de escritores, como Mercé Rodoreda, Anna Murià, Pere Calders, Pere Quart, Carles Riba, Agustí Bartra, Armand Obiols. Casi medio millón de españoles huyeron a Francia y fueron internados en campos de concentración o «campos de la vergüenza», donde el gobierno galo confinó a los que escapaban de la guerra.

El 28 de marzo los sublevados toman Madrid. En ningún lugar de España se ha padecido un hambre tan feroz como en la capital, treinta y dos meses hostigada, donde se comieron cortezas de naranja machacadas, mondas de patatas cocidas sin sal o cualquier herbaza hervida para engañar al estómago. Dos días después se distribuye comida mediante cartillas de abastecimiento, empieza el reparto en verdulerías y fruterías, llegan los primeros envíos de pescado fresco, ha dado comienzo la venta libre de huevos en numerosas tiendas, hasta racionar las primeras ciento veinte mil docenas llegadas, principiará la entrega de cincuenta mil litros diarios de leche fresca procedente de Santander, el reparto de carne, incluso de cerdo, se iniciará la apertura de cafés y bares.

Terminada la incivil guerra, doña Teresa regresa a un Madrid más que diezmado y, por muy breve tiempo, se instala en el que fuera domicilio de su exmarido, en el chalé de Málaga 12. El sueldo del Ministerio es exiguo, aunque trata de complementarlo con el despacho de lotería en un estanco, ahora en la calle del Pez. Con la herencia de su madre, doña Guadalupe, abre la chocolatería Maite, en la céntrica vía de Sevilla, establecimiento al que el madrileño es muy aficionado desde antiguo y más todavía después de los años de penuria. Acudió a una fábrica de galletas y adquirió toda la mercancía allí almacenada. Su nuevo domicilio, un oscuro entresuelo en la calle de Alfonso XII número 10, tiene un largo pasillo que llena de cajas de pastas. En el segundo piso viven sus sobrinos Fernando y Carmelo Chueca con su padre el ingeniero industrial Ángel Chueca Sainz, viudo de Carmen Goitia Ajuria, que murió cuando estaba embarazada de siete meses de su hijo Carmelo. En junio, una vez finalizado el curso, Marisol, Paco y Juan se reúnen con su madre. Juanito juega en El Retiro con el hijo del portero, un policía municipal.

En octubre los dos chicos prosiguen el bachillerato en el colegio de Nuestra Señora del Pilar de Madrid, un palacio neogótico de más de mil doscientos metros de pasillos y grandes salas, levantado sobre un solar superior a diez mil trescientos metros cuadrados –su fachada da a cuatro calles–, situado en el corazón del señorial y aristocrático barrio de Salamanca. Los amigos de Juanito –así le llaman, pese a su desmesurada estatura, realmente sobresaliente– son Eduardo Aleixandre Estelat,

Carlos María Brú Purón, Félix Costales Suárez-Llanos y Joaquín María Portas Babot. En su aula, la clase A, también está Luis Emilio Calvo-Sotelo Grondona, hijo del protomártir José Calvo Sotelo.

Tras el estallido de la Segunda Guerra Mundial la familia Jordana abandonó la Francia ocupada por la Alemania nazi y embarca en el Florida con rumbo a Buenos Aires. En el buque viaja toda clase de gente, emigrantes con variedad de atuendos; algunos rostros demacrados denotan hambruna. En baúles y cajas llevaban sus escasas pertenencias. Es un pasaje de desesperados. Durante la travesía, Aurora conoce a un médico español también exiliado con el que traba amistad. El presidente mexicano Lázaro Cárdenas, quizá en la mayor operación de solidaridad de la historia, desplegó en Francia un operativo diplomático para rescatar a los republicanos que habían quedado sin país. El gobierno mexicano fletó una serie de barcos que se llevaron a veinte mil españoles a México, tierra de oportunidad.

En el colegio, los aliadófilos o anglófilos, entre los que está Juan Benet, casi a diario siguen apasionadamente los movimientos tácticos de la contienda bélica en unos paneles que colocan en el Palacio de Linares, en la plaza de Cibeles, y se pelean con los partidarios de las potencias del Eje, germanófilos, acaudillados por el hijo de Calvo Sotelo. Para algunos compañeros, Juanito comienza a descollar y provoca cierta fascinación porque es el chico malo, de cierta crueldad, al que gusta chinchar a los demás.

El nuevo Estado, la nueva España, producto de la victoria militar, utiliza el terror y la represión como pilares centrales. Esa es la naturaleza del régimen franquista. En la posguerra persiste el espíritu de la guerra: aniquilar, exterminar. Encarcelamientos masivos, fusilamientos, paseos… Los vencidos son humillados y degradados hasta su negación como individuos. La única oposición la constituyen unos cientos de huidos sin otro objetivo que la propia supervivencia, pues escapan de los campos de concentración, de las cárceles y de las torturas, para refugiarse en las sierras y montes de Extremadura, Andalucía, Galicia, León, Asturias, Santander y Zamora.

El 4 de enero de 1940 parte de la familia Jordana llega en tren a Santiago de Chile, como otros escritores catalanes con sus respectivas familias. En el mismo mes en España, el general Francisco Franco le propone a su conmilitón José Moscardó recorrer la sierra de Madrid en busca de un lugar para honrar a los muertos del bando sublevado en la Guerra Civil, a los caídos en la gloriosa Cruzada librada por Dios y por España. A catorce kilómetros de El Escorial, en la vertiente septentrional de la sierra del Guadarrama, encuentran el paraje idóneo: Cuelgamuros. Lo bautizan como Valle de los Caídos, según la retórica franquista. Tres empresas –San Román, Banús y Estudios y Construcciones Molán– serán las encargadas de perforar la roca y construir la carretera, el monasterio, la exedra y el vestíbulo de la basílica. Utilizarán capataces, trabajadores especializados y también mano de obra de cientos de presos republicanos.

El espigado Juanito es un estudiante discreto, con aprobados y notables; rara vez obtiene algún suspenso. En las temidas puntuaciones semanales, que se entregan los sábados por la mañana, en una clase de cuarenta alumnos, él suele situarse en posiciones entre el veinte y el treinta. Sin embargo, su hermano Paco acostumbra a aparecer entre los primeros puestos, además de ejercer de gran lector; frecuenta a autores como Julio Verne, Emilio Salgari y Frederick Marryat.

El 1 de abril, primer aniversario del fin de la guerra, Franco y altos mandos de Falange Española Tradicionalista y de las JONS presiden la inauguración simbólica del Valle de los Caídos. El llamado Generalísimo presenta el proyecto ante representantes diplomáticos de Alemania, Italia y Portugal. Una vez entonados los rituales himnos y exclamaciones, Franco hace detonar el primer barreno explosivo con el que se da inicio de forma oficial a la construcción del monumento funerario. España vive un tiempo hostil, desabrido. Sin embargo, Teresa Goitia y sus hijos, acompañados de una muchacha, pasan el verano en San Sebastián, como los señoritos. Las clases más humildes madrileñas se conforman con las vacaciones a la orilla del río Manzanares. A los pocos días del regreso a Madrid, el 11 de septiembre, se celebra la boda de Francisco Donapetri y Pilar Goitia Ajuria, hermana de Teresa. Lo festejan con un almuerzo al que asisten la abnegada madre y sus hijos Marisol, Paco y Juan encorbatados, la tía Flora, el tío *Chomín*... De parte de la novia concurren los familiares Ángel Chueca Sainz y sus hijos Fernando, Carmelo y Miguel Ángel, el sacerdote que celebró el enlace.

En octubre Juanito inicia cuarto curso de bachillerato. En los registros de calificaciones empieza a tener observaciones del tutor como «nene», «ligero», «flojo», lo que significa que tiene un comportamiento infantil, anotaciones que ayudan al director a evaluar la conducta y aplicación de cada alumno.

En la España bronca de 1941 se prodigan las concentraciones sindicales, los viajes triunfales del Caudillo por el territorio nacional, las campañas contra la URSS en la prensa, la información sobre la Segunda Guerra Mundial, los elogios a la División Azul y las noticias de toros y de toreros. Pero lo que no recogen los periódicos es una conversación, en la primera quincena de marzo, en la madrileña ermita de San Antonio de la Florida, entre dos miembros de la Junta Política de la clandestina Falange Española Auténtica, Patricio González de Canales y Emilio Rodríguez Tarduchy, secretario general y presidente respectivamente. Dos desencantados del Caudillo, que no ven otra solución para España más que el magnicidio, porque piensan que el ambicioso y personalista Franco ha destrozado toda la obra de José Antonio y ha condenado a Manuel Hedilla, segundo jefe nacional y sucesor del fundador, a dos penas de muerte tras humillantes consejos de guerra. Pero Dionisio Ridruejo, director general de Propaganda en horas bajas, ha alertado a De Canales y Tarduchy de que el jefe del Estado tiene noticias acerca de grupos de falangistas que juegan a héroes. Los dos camaradas acuerdan que la fecha más viable para realizar el atentado es el primero de abril, mientras Franco presencia el desfile conmemorativo de la Victoria, donde permanece inmóvil a la vista de todo el mundo más tiempo que en ninguna otra fecha. Desecharon la colocación de una bomba en la tribuna porque causaría víctimas inocentes que harían impopular el atentado. ¿Pero cómo disparar contra el Generalísimo con la vigilancia obsesiva de ese día? Deciden optar por la noche del 1 de abril, porque el Caudillo acudirá a una representación de *Las mocedades del Cid*, en el Teatro Español, acompañado por su mujer, Carmen Polo, los miembros del Gobierno, representantes del Cuerpo Diplomático y de FET y de las JONS. La operación se realizará en el interior: un hombre solitario tratará de acercarse a Franco con una pistola Star del calibre nueve milímetros corto y disparará a quemarropa sobre él.

En los últimos días de marzo, en la calle de Alberto Aguilera 40, se reúnen los componentes de la Junta Política de la Falange Auténtica, cuyo orden del día es el siguiente: «*1.º* Estudio de la necesidad de eliminar o no al Jefe del Estado y de la situación que se generaría en caso afirmativo. *2.º* Realización de la operación. *3.º* Estudio de la posibilidad de disolución de la Junta en caso de no aprobarse la eliminación del Generalísimo».[10] Sometida a votación la ejecución del jefe del Estado, resultaron cuatro votos negativos y una abstención. El atentado, pues, no se llevará a efecto.

Reencuentro en Madrid con Alberto Machimbarrena, quien fuera compañero de clase en los marianistas de Aldapeta. Juan Benet cursa quinto de bachillerato y sus calificaciones aluden a «retrasos», mal comportamiento en las «filas», «juega en todas partes», «no sigue» las explicaciones, «estorba mucho y charla». Una pieza de alumno.

A las cuatro menos cuarto del domingo 13 de julio un gran gentío, con estandartes y banderas del Tercer Reich, despide en la estación del Norte de Madrid al primer grupo de voluntarios de la División Azul con dirección a la frontera francesa,

10. *Objetivo: matar a Franco (La Falange contra el Caudillo)*, Armando Romero Cuesta. Ediciones 99, Barcelona, 1976.

donde realizará el transbordo con destino a Alemania para luchar contra la Unión Soviética. Como soldado raso de los divisionarios está Dionisio Ridruejo.

De vuelta del trabajo, Teresa Goitia diariamente pasa delante del Palacio de la Bolsa, en la plaza de la Lealtad. En el jardincillo lateral hay un bar frecuentado por taxistas que llama su atención. Un día decide entrar y habla con el propietario porque está interesada en el traspaso. El hombre le pide la cantidad de cincuenta mil pesetas, que ella acepta. Posteriormente fue a la Bolsa para entrevistarse con el síndico-presidente Joaquín Ruiz Carrera, quien se muestra complacido con tal de quitarse de en medio al actual regente, un astroso poco bien visto por los frecuentadores de esa organización privada. Doña Teresa, sin apenas fondos, buscó un financista para hacer la reforma. Su sobrino Fernando Chueca fue quien hizo la obra y el encargado de la decoración. En el jardín colocó una barra al aire libre con un coqueto cenador, palomares, iluminó los árboles... El sábado 7 de marzo de 1942 a las ocho de la tarde, previo anuncio en el diario *Abc*, abre sus puertas El Coto, un elegante bar americano que por las mañanas dispone de un cuarteto de cuerda, uno de cuyos miembros es segundo violín de la Orquesta Nacional. Los nuevos salones interiores están engalanados de alfombras y lienzos, pues Teresa es coleccionista y degustadora de buena pintura. La alta sociedad madrileña, con la duquesa de Alba como asidua, le confiere al local un aire aristocrático; no tardan en colmar el recinto muchos diplomáticos, una casta privilegiada, que, entre palomas revoloteando y el aroma de los jardines aledaños, toma su *London dry gin* de Gordon's. Es lo más chic de la capital. Tal fue el éxito del establecimiento, que a los pocos días de la apertura había que darle veinticinco pesetas al botones para reservar un taburete, pues no había sillones.

Los Benet se mudan a Alberto Bosch número 3, a la espalda del museo de Prado, el barrio «más armónico y sedante de Madrid».[11] Madre e hijos son felices en la nueva casa, un último piso muy luminoso con terraza. Teresa llena la vivienda de obras de arte y de las paredes cuelgan cuadros originales de su amigo Benjamín Palencia. Los chicos reciben las visitas de amigos y de los primos Fernando y Carmelo.

En tiempos de guerra y de posguerra, las ciudades –más aún el Madrid hasta hace poco asediado– tienen un suministro de energía eléctrica muy débil y, en cuanto anochece, las casas se quedan a oscuras con frecuencia. Paco sale a la calle para leer a la luz de las farolas. Con los apagones, la familia cena en el descansillo de la escalera, donde hay luz. Teresa Goitia saca el mueble al rellano y, tras convocar al ritual

11. *Otoño en Madrid hacia 1950*, Juan Benet. Alianza, Madrid, 1987.

de reunirse a la mesa, el servicio les sirve la cena. A su hija Marisol le da una vergüenza espantosa. Juan, con su buen humor y sus ocurrencias, ameniza las veladas. Al final les acabaron imitando los vecinos. La inquilina del piso de abajo es la tenista Lilí Álvarez. Los chicos juegan con los vástagos de la numerosa familia Torán, que vive en la paralela calle de Espalter, y se lanzan objetos desde las terrazas. Doña Teresa está suscrita al diario monárquico *Abc*, pero su hijo Paco no lo quiere ni hojear. Juanito se aficiona a la lectura y devora libros de Edgar Allan Poe, Stendhal, Robert Louis Stevenson, Pío Baroja. Ha nacido como lector.

En España todavía se respira un clima bélico. El 13 de junio, el teniente general Agustín Muñoz Grandes, plenamente identificado con el nazismo, inaugura en El Pilar el monumento en honor de los caídos durante la contienda. Los alumnos, de indumentaria blanca, desfilan ante el general, ubicado en la engalanada escalinata principal, la que da a la calle de Castelló. Cuando los chicos disfrutan del recreo y salen al patio del colegio, Juanito siempre se ofrece a hacer de aliado en las peleas, mientras que la mayoría quieren ser alemanes. Paco Benet es un alumno aventajado, con gran olfato para todo; le contagia su curiosidad e inquietud a su hermano Juan, a quien le recomienda todo tipo de lecturas; es determinante para Juan. Su primo Fernando Chueca es depurado y le privan de ejercer la profesión de arquitecto durante cuatro años.

El 29 de septiembre Pío Baroja comienza a publicar sus memorias, «Desde la última vuelta del camino», en la revista *Semana*. En la prensa española abundan los anuncios sobre las enfermedades de la próstata y urinarias, el tratamiento de la sarna, de las grietas y rajas de los pezones y del alcoholismo, con la precisión de «vicio de la bebida».

Juan Benet, apasionado del dibujo, hace caricaturas de los profesores, del padre don Florentino Fernández, alias padre Tachuela. Dado el período de carencias y privaciones, algunos niños llevan tachuelas en las botas para no desgastar las suelas, pero dañan el piso del colegio –de baldosas–, por lo que el director les prohíbe llevarlas; además, don Florentino es muy bajito, de ahí su mote. Juan dibuja personajes grotescos y se auto caricaturiza en repetidas ocasiones; además tiene dotes de gran imitador. En 1943 su tutor hace observaciones del tenor: «filas, juega», «charla, estorba», «todos los días atrasado, a pesar de indicaciones», «un trasto por todas partes», «mejora poco». Y se añade una más novedosa «no juega nada» en los patios de recreo. Su hermano Paco no le va a la zaga, también tiene anotaciones semejantes en el registro: «estorba durante el estudio, filas». Pero llegado el mes de junio Paco, mucho más serio y rebelde que su hermano, decide abandonar El Pilar, concluido sexto de bachillerato con notas airosas. Sin embargo, él no se conforma con un notable. El guasón Juanito, cuando está en casa y llaman a la puerta, sigiloso observa por la mirilla y si al otro lado está doña Teresa de vuelta del trabajo, él, gamberro y humorístico, le anuncia desde dentro: «Si no cantas, no entras». Es quien divierte a la familia.

Alemania se hunde. En agosto, Hamburgo es destruida por las bombas, Hannover está sumida entre tristes escombros, Berlín, en ruinas. En septiembre se inicia el quinto año de guerra.

Paco Benet, después de prepararse por su cuenta, se presenta en Valladolid a los exámenes de séptimo y revalida y logra matrícula de honor. De su hermano Juan, cursando séptimo, el tutor apunta en el registro de notas: No presenta «escritos», «chistes» en clase, está «tirado por el suelo», «se roe las uñas». Las calificaciones de los exámenes especiales de fin del primer trimestre (diciembre de 1943) son las que siguen: Conducta y aplicación: 8, Religión: 7, Filosofía: 6, Lengua Española: 8, Geografía e Historia: 5,5, Matemáticas: 6, Latín: 6,5, Alemán: 7, Ciencias Naturales: 8, Física y Química: 7. En el segundo trimestre (Semana Santa 1944) obtiene los siguientes resultados: Instrucción Religiosa: 9, Filosofía: 9, Lengua Española: 8, Geografía e Historia: 7, Matemáticas: 6, Latín: 5, Griego:6,5, Alemán: 7, Ciencias Naturales: 6, Física y Química: 6,5. En junio realiza los exámenes del tercer trimestre, previos a la Reválida, con estas notas: Religión: 8, Filosofía: 8, Latín: 5,5, Griego: 7,5, Lengua Española: 7,5, Matemáticas: 6, Física y Ciencias Naturales: 7, Idioma: 7, Repaso de Idioma: 7.

Juan Benet termina el bachillerato en El Pilar sin jamás haber tenido que recurrir a la convocatoria de septiembre; pertenece a la trigésimo primera promoción y en la lista de alumnos que la integran, figura con preferencias por estudiar Derecho y Filosofía y Letras. Así lo recoge en cuaderno manuscrito a lápiz el profesor de Ciencias Naturales, Pedro Ruíz de Azúa. La anotación a lápiz da a entender que puede haber cambios.

El 10 de julio, Juan Benet verifica el examen de Estado ante el tribunal de profesores de la Universidad de Madrid con la calificación de Aprobado. Luego se marcha de vacaciones a San Sebastián, donde celebran la pedida de mano de Marisol. El pretendiente es el abogado Luis Cavanna. La pareja se fotografía con Juanito, con dieciséis años, en las calles de la capital donostiarra. Luego, madre e hijos se marchan a Ormáiztegui, localidad guipuzcoana con balneario. A Juan le entusiasma el viaducto de tramo recto y estructura metálica por el que pasa la línea férrea Irún-Madrid, levantado e ideado por el ingeniero Alexander Lavalley. Aquella construcción le hizo inclinarse por los estudios de ingeniería.

El 7 de octubre se solemniza el casamiento entre Marisol Benet Goitia y Luis Cavanna Arlegui, en la iglesia de San Jerónimo el Real, popularmente conocida como

Los Jerónimos, el día en que su hermano Juan cumple diecisiete años. El banquete se celebra en el hotel Palace y en El Coto.

Por su primo Fernando Chueca y su hermano Paco, por conductos distintos, el descollante Juanito frecuenta a Domingo Ortega, Domingo González Lucas (Domingo Dominguín), Alfonso Buñuel –cuando viaja a Madrid–, Paulino Garagorri, José Gallego-Díaz, Tomás Seral y Casas, Carlos Arniches Moltó, Juan Manuel Caneja, muy interesado en William Faulkner a través de las traducciones argentinas, José Suárez Carreño, que ya había alcanzado el premio Adonais de poesía y admirador de *La condition humaine*, de André Malraux. Asiste a una tertulia en el Café Gijón, en el paseo de Calvo Sotelo 21, y a la del poeta y crítico de arte nocherniego Fernando María de Milícua, en el Lion d'Or, en Alcalá 18. Y celebran banquetes modestísimos «en tascas de la calle de Echegaray o de Arlabán, donde cenábamos por la bonita cantidad de treinta pesetas».[12] Casa Ciriaco, Alberto, Labra son otras tabernas a las que son asiduos. Juanito muestra curiosidad por los *collages* de Alfonso Buñuel, que con recortes de revistas decimonónicas confecciona obras surrealistas.

El inteligentísimo pintor Jesús Olasagasti, que vive en San Sebastián pero con un hermano arquitecto en Madrid al que visita con cierta frecuencia, hace un retrato del más joven de los hijos de doña Teresa Goitia en su domicilio de Alberto Bosch. Con gran influencia de su maestro Daniel Vázquez Díaz, la obra del donostiarra es de suma limpieza compositiva.

Juan Benet inicia la preparación para el ingreso en la Escuela especial de Ingenieros de Caminos, Canales y Puertos. De cinco a seis acude todas las tardes a recibir una clase de matemáticas a la esquina de la calle de Espalter, a casa de la madre de don José Gallego-Díaz, doctor en Ciencias Exactas, que por su oposición al régimen se ve obligado a vivir de la enseñanza particular. La habitación tiene unas mesas, unas rústicas estanterías atestadas de libros y unas sillas de anea donde se sientan pocos alumnos con un cuaderno de apuntes sobre las rodillas, en los que garabatean a toda prisa los dictados del instructor que, en pie, escribe con tiza en un deteriorado hule negro clavado en la pared con cuatro chinchetas. Allí coincide con su amigo pilarista Félix Costales Suárez-Llanos. Para Benet, don José fue «el más brillante profesor que he tenido nunca». Otros alumnos, como Gabino Guedán Gallar, recuerdan al maestro como «un matemático de primera, pero muy raro. Hacía unos problemas complicadísimos».[13]

---

12. *Materia de recuerdos*, Fernando Chueca Goitia. Revista de Occidente, Madrid, 1967.

13. Declaraciones registradas en magnetófono el 11 de septiembre de 2014.

En noviembre, tras suspender el examen de Dibujo para entrar en la Escuela de Arquitectura, Paco Benet, a quien España le resulta irrespirable y siente verdadera asfixia política, decide marcharse a París, referencia y refugio, con una beca del Liceo Francés para estudiar Filosofía en La Sorbona.

Juan Benet en la orla del Colegio del Pilar (Madrid, 1944) (Archivo JBF)

Paco Benet en la orla del Colegio del Pilar (Madrid, 1944) (Archivo JBF)

2

EN LA ESCUELA

HAMBRE. Hambre es lo que impera en 1945. La Cartilla de Racionamiento es de uso corriente para los productos básicos de alimentación y primera necesidad. En España hay gente que muere literalmente famélica, por desnutrición, especialmente los pobres y vencidos.

Juan Benet continúa dibujando a lápiz y tiene un interés desmedido por la psicología de los monos. Influido por las indicaciones de su hermano Paco y de sus primos Carmelo y Fernando Chueca se inicia en la lectura de Franz Kafka y de Thomas Mann. Además de leer a Nietzsche, Flaubert y Balzac, ejercita sus primeros escarceos con la escritura. Con el atrevimiento que da la juventud, conoce a Pío Baroja por el procedimiento directo de presentarse en su casa. A partir de ahí acude a su tertulia con cierta frecuencia, pues son vecinos del barrio. Don Pío es amigo de la familia y vive en la calle de Alarcón 12, perpendicular a Alberto Bosch.

Después de leer *La metamorfosis*, en primavera, Benet se acerca a la librería de lance Tesoro, en la calle de San Bernardo, cerca de la glorieta de Quevedo, en busca libros de Kafka, de los psicólogos Kurt Koffka y Wolfgang Köhler y del naturalista francés Jean-Henri Fabre; entretanto hurga en los anaqueles, un mal gesto suyo hace caer un volumen al suelo, un ejemplar argentino de la editorial Santiago Rueda. Queda abierto y la página, casi en blanco, sólo tiene impreso: «Vardaman: Mi madre es un pez». Subrepticiamente se pone a leer en un rincón *Mientras agonizo* (*As I Lay Dying*). Acaba de descubrir a William Faulkner. Cuando logra reunir unos duros compra el libro y se encierra durante cuatro o cinco días sumergido en la lectura. No puede dormir. Benet se fija mucho en el estilo literario de Faulkner; no en las cosas que cuenta sino en cómo las cuenta. Faulkner será uno de los autores, si no el autor, que alimentará su pasión literaria, su padre nutricio. Entonces comienza a escribir en una máquina de la marca alemana Adler, cuyo logotipo es un águila, y se pone un techo muy alto al tratar de imitar cumbres literarias.

César Augusto Jordana y Aurora Benet se han separado. Él es reclamado por el gerente Antonio López Llausàs, de la Editorial Sudamericana, y se radica en Buenos Aires con su hija Nuria. Instalado en el cuarto de una pensión de la calle Virrey del Pino, en el tradicional barrio de Belgrano, con sus libros y sus recuerdos lee, traduce, redacta informes, corrige pruebas de imprenta o resuelve problemas matemáticos, para distraerse; como ingeniero de formación, es un entusiasta de los números irracionales y de los complejos; disfruta con los grandes juegos malabares de letras y fórmulas, resolviendo integrales, logaritmos, determinantes, diferenciales. Apenas pisa la calle, sólo para ir a la editorial y para pasear. A Nuria le afectó mucho la separación de sus padres.

Con la ciudad semidesértica, el 22 de agosto Marisol Benet y su primo Fernando Chueca toman el aperitivo con Teresa Goitia en El Coto. Tras una caldeada jornada, hacia las once de la noche Marisol da a luz a su hijo Luis, en la clínica del prestigioso ginecólogo Francisco Luque y Beltrán, en la avenida de la Reina Victoria 64. La acompañan su marido Luis Cavanna y su madre Teresa Goitia. Su hermano Juan celebra el alumbramiento en Arenys de Mar, donde pasa los meses de julio y agosto.

Acabadas las vacaciones, Juan prepara el ingreso en la Escuela especial de Ingenieros de Caminos, Canales y Puertos en una academia; con su madre va al cine una vez por semana a la sesión de noche. Las salas más próximas a la casa de Alberto Bosch, en el barrio de las Cortes, son Panorama, en la calle de los Cedaceros –a la que también va Azorín– y Gong, en la del Marqués de Cubas esquina a la de Los Madrazo. Al muchacho le gustan las películas del Oeste, le transportan a otra realidad o a lo irreal.

De no haber sido por el pintor Juan Manuel Díaz-Caneja y Betegón, que se lo presentó su hermano Paco, Juan no habría pasado de *Mientras agonizo*. Caneja era un faulkneriano feroz. Benet adquiere *Santuario* en edición de Espasa Calpe, al precio de siete pesetas; le entusiasma y se convierte en el propagandista de Faulkner. Lo compra en varias ocasiones porque se lo regala a los amigos. Pese a sus desacuerdos ideológicos, Caneja y Benet hicieron buena amistad. Éste le visita en su ático de la calle de Manuel Cortina 9, con terraza hacia la Telefónica. Son tiempos en los que el pintor frecuenta el club Riscal, donde algún ministro lleva a su amante. Pero el punto de encuentro es la librería-galería Clan, abierta por el novelista, poeta y editor zaragozano Tomás Seral y Casas, en Espoz y Mina 15. El local había sido ideado por Alfonso Buñuel, hermano del cineasta, y era un espacio de libertad para todos aquellos creadores que denostaban el franquismo. En el grupo de amigos, Domingo

Dominguín tiene gran influencia política sobre Juan Benet; intenta hacerle militante comunista pero no lo logra.

El 15 de abril de 1946 Benet se examina del grupo «Dibujo, idiomas y redacción» para acceder a la Escuela y logra la calificación de Aprobado. «Pertenecía en aquellos tiempos a un cuerpo muy especial, en cierto modo privilegiado; ingresábamos muy pocos en aquella Escuela de Caminos, y ya por el mero hecho de ingresar se pasaba de no ser nada a ser algo considerable: una especie de élite técnica, madrileña o española». La Escuela no depende del Ministerio de Educación sino de Obras Públicas y el ser ingeniero lleva consigo la mentalidad de casta, pero no porque los alumnos fuesen ungidos en las llamadas escuelas especiales, sino porque todos los estamentos de la sociedad así lo creen, aunque a los ojos del gran público se desconoce el ejercicio de la profesión. Lucen ingenieros en los consejos de administración, en las bodas de alcurnia, en las presidencias de los casinos... Además, están bien pagados.

En el apacible verano, en la casa de los abuelos Benet en Arenys de Mar, Juan lee mucho a Conrad en castellano, en las ediciones de Montaner y Simón. La elaborada prosa y el poderoso estilo del antaño marino mercante cautivan a Benet de forma indeleble.

Iniciado el curso académico y acompañado de Alberto Machimbarrena, estudiante de Ciencias Políticas y Económicas, Juan frecuenta la tertulia de Baroja dos veces por semana, a la que también asiste el sobrino Julio Caro. «En casa se hablaba de literatura y mi tío escuchaba con paciencia a Benet y consideraba mesuradas e inteligentes las opiniones de aquel joven».[14] Machimbarrena es amigo de la familia, pues conoció a Pío Caro Baroja, hermano de Julio, en un viaje en tren de Irún a Madrid. «Con mi hermano vino uno de Ciencias Políticas y Económicas que se llamaba Alberto Machimbarrena, es decir, que pertenecía a una familia de las más conocidas en San Sebastián desde hacía varias generaciones. Alberto o Albertito tenía inquietudes políticas y éxitos sociales, aunque lo de estudiar lo hacía de modo muy personal y laxo. Era buen comedor y bebedor y organizaba algún jaleo de vez en cuando. Solía traer a casa a otros amigos y estudiantes libres, independientes, poco acomodados a la sociedad madrileña. Uno que nos llamó pronto la atención era un muchacho altísimo y aguileño que a Clover, la contertulia inglesa, le hizo recordar, por el aspecto, a Aubrey Beardsley, el dibujante perverso y decadente. Era un estudiante de ingeniero, que, mucho después ha tenido además éxitos brillantes como

14. «Una visión desenfocada», Julio Caro Baroja. *Diario16*, 6 de enero de 93.

literato. Era Juan Benet Goitia, que hablaba muy bien, con desparpajo y que a mí más me recordaba a un inmenso pájaro irónico que otra cosa».[15] Hacia las siete y media de la tarde llegan paulatinamente los contertulios. Llaman a la puerta, abre una señorita y preguntan «¿Está don Pío?». Y ella indica el salón dónde se encuentra el escritor, porque se reúnen en función de las estaciones. Con el buen tiempo en un salón al fondo, que da a la calle de Alarcón, y en invierno en uno interior, más resguardado, con una estufa eléctrica. Don Pío, muy abrigado y sin desprenderse de la boina, se sienta en un sillón de orejas con una manta que le cubre las piernas y, con su sapiencia, participa y alienta la conversación. Al filo de las nueve y media finaliza la tertulia.

Entre tanto, Juan Benet continúa con la preparación para entrar en la Escuela especial de Ingenieros de Caminos y sigue con su afición al dibujo, pero contrae una infección intestinal; a causa de haber ingerido agua o alimentos contaminados, tiene fiebre tifoidea. Durante cuarenta días estuvo con molestias corporales, pérdida de apetito y con una elevadísima temperatura, al borde de la muerte. Al tiempo que su convalecencia, su hermana Marisol se abstiene de visitarle porque está embarazada. A finales de noviembre, con los fríos y el suelo cubierto de hojas húmedas de las acacias, Juan queda restablecido. Pocos días antes de las fiestas navideñas su hermano Paco llega a Madrid para reunirse con la familia, en el piso de Alberto Bosch.

España sigue marginada diplomáticamente en el exterior. El gobierno francés trata de vetar el ingreso español en la Organización de Naciones Unidas y el ministro galo de Asuntos Exteriores, Georges Bidault, mantiene cerrados los pasos fronterizos. En más de una ocasión Paco Benet entra en territorio nacional clandestinamente, monte a través.

Marisol sale del domicilio familiar (Fernández de la Hoz 29), para ponerse en manos del ginecólogo Luque y Beltrán. A las dos horas y cuarenta minutos del 9 de febrero de 1947, en la clínica de la avenida de la Reina Victoria, nace Tomás, segundo hijo del matrimonio Benet-Cavanna.

El general Franco no deja de recordar su triunfo y el 1 de abril lo conmemora con un enardecido discurso a la nación en el que anuncia que ha sido presentado en las Cortes un proyecto de ley de Sucesión en la jefatura del Estado. España será un reino, el regente será designado por el Generalísimo, deberá haber cumplido treinta años, profesará la religión católica y jurará las Leyes Fundamentales y los Principios del Movimiento Nacional.

15. *Los Baroja (Memorias familiares)*, Julio Caro Baroja. Editorial Caro Ragio, Madrid, 1997.

Más atento al magisterio de sus amigos mayores, a la lectura o a la escritura que ejercita con afán, el 26 de abril, Juan Benet se examina del grupo de «Matemáticas» para ingresar en la Escuela y obtiene la calificación de Eliminado, hecho nada sorprendente, pues para lograr el acceso se le ha de dedicar unas primaveras, según algunos testimonios.[16]

La actividad clandestina antifranquista se incrementa, pero el régimen sigue golpeando sin tregua. En el grupo de incondicionales se vive una contrariedad. El pintor Caneja, militante comunista, es detenido por promover la primera huelga obrera de posguerra en Vizcaya para el 1 de mayo. Con el cargo de «auxilio a la rebelión», Caneja ingresa en la nueva cárcel de Carabanchel.

El 9 de agosto Benet, desde San Sebastián, le escribe a mano una extensa misiva a su prima Nuria Jordana, en Santa Eulalia, Ibiza. Luego Juan viaja con su madre a la isla, donde se ha instalado la tía Aurora con su segundo marido, el doctor Luis Rodríguez Martín; Aurora está muy enferma y su hija Nuria ha venido de Argentina para cuidarla. Juan y su prima se empiezan a mirar con otros ojos. Aurora tiene especial propósito en emparejar a su hija con uno de sus sobrinos, Paco o Juan. Con posterioridad los primos comparten vacaciones y cosas en común en la finca del abuelo, en Arenys de Mar. Nuria usa el catalán como lengua.

Alfonso Buñuel, de enorme magnetismo personal y verbo plástico, se instala definitivamente en Madrid. A través de Alfonso, en el exclusivo y galante bar americano Pidoux (hoy Gran Vía 20), Fernando Chueca conoce a Pepín Bello, que ha llegado en un viaje relámpago desde Burgos, donde pone en marcha una fábrica de curtidos. El ambiente que les envuelve es de club inglés venido a menos. La voz de Pepín, un oscense de alma sevillana, íntimo de los Buñuel y referente indiscutible de la Residencia de Estudiantes, asalta los altos techos del recinto con columnas de zócalos de madera de roble.

El 19 de noviembre Fernando Chueca Goitia y la bilbaína Gregoria, Goya, Aguinaga Goiri, que se conocieron en el balneario navarro de Fitero, contraen matrimonio en la basílica de Nuestra Señora de Begoña. Juan Benet y su madre Teresa Goitia asisten a la boda celebrada en los salones del club social La Bilbaina, una sociedad de recreo y cultura con todos los servicios de un gran hotel, en un edificio de líneas eclécticas, ubicado en el centro de la ciudad vizcaína.

16. «La media de mi promoción (1953) para ingresar en la Escuela era de seis años. Había que someterse a un examen fortísimo». Declaraciones de Jorge Sanjuán Piñol, grabadas en magnetófono el 22 de octubre de 2014.

Todavía se producen numerosos fusilamientos; aumentan los *paseos*, y la aplicación de la «ley de fugas». Al frente de la represión está el general Camilo Alonso Vega, director general de la Guardia Civil. Las partidas de guerrilleros más célebres son exterminadas. Este año más de un millar de combatientes fueron aniquilados en toda España, aún sin contar las delaciones y los efectos de la «ley de fugas» en el medio rural contra campesinos acusados de enlaces y colaboradores del maquis. Cada dos o tres semanas, no es extraño ver en las cunetas y en los caminos cadáveres de labradores desbaratados por las torturas. Sin embargo, en la gran ciudad apenas hay eco de tan sanguinarias noticias. Sólo en determinados cenáculos.

Producto de una hemorragia cerebral, el 11 de marzo de 1948 muere Aurora Benet, en Santa Eulalia, Ibiza. Teresa Goitia invita a su sobrina Nuria Jordana a pasar una temporada en Madrid para que esté distraída y lleve el trance lo mejor posible. Nuria llega en la segunda quincena de abril y durante casi un mes se aloja en Alberto Bosch 3. Juan lleva a su prima al cine, al que es muy aficionada. Por las principales arterias de la ciudad comienzan a verse mujeres con elegantes medias sin costura que llaman la atención de los viandantes. Toda una novedad.

En París Paco Benet ha conocido al escritor Norman Mailer, recién llegado a la Sorbona, a quien le cuenta la idea de liberar en España a algún preso de la dictadura. En marzo Paco, Norman y su mujer Beatrice Silverman viajan en el coche del estadounidense a España con la idea de preparar la acción. Llevan propaganda antifranquista oculta en la rueda de repuesto del Peugeot. Estuvieron en Barcelona y Madrid; al novelista, la grisura de la atmósfera madrileña le espantó.

El 30 de abril Juan, armado de pluma estilográfica, regla de cálculo y útiles de dibujo, vuelve a presentarse al examen de ingreso del grupo de «Matemáticas» en la Escuela especial de Ingenieros de Caminos y logra la calificación de Admitido. Su madre le quiere regalar una moto, pero él prefiere presentar un pliego de pequeñas demandas, «siendo una de las más importantes de ellas la baja en la suscripción del diario que todas las mañanas aparece debajo de la puerta, gracias a los buenos oficios de un portero de derechas que en sus ratos de ocio ejercía de policía municipal. Aquel diario me sacaba de quicio».[17]

Juan Benet e Isabel Fernández Almansa, compañera del pintor de los poderosos ocres, visitan en la prisión de Carabanchel a Caneja. A través del enrejado, Juan le pone al corriente de sus amistades comunes. Isabel empieza a llamar a Benet *El Galgo*, por su estatura y desgarbada figura que destaca entre sus amigos mayores, a los

17. «Absolutamente necesario», en *Páginas impares*, Juan Benet. Alfaguara, 1996.

que se suma Pepín Bello. A veces este veinteañero acompaña a su anteriormente maestro José Gallego-Díaz y comen en la *brasserie* del Hotel Nacional, frente a la estación de Atocha. Con los ojos bien abiertos, Benet absorbe toda conversación de sus mayores. El viejo matemático y otros tres colegas, unidos por un exacerbado republicanismo, tienen una academia en la calle del Desengaño. En una ocasión, aquejado de una dolencia, Gallego-Díaz le pide a Benet que imparta un par de clases de matemáticas, dejando a su libre arbitrio las lecciones a dar. Después de repasar sus apuntes de años precedentes, nervioso e intimidado, comenzó su explicación de una abstrusa teoría. Ante la pregunta aparentemente inocua de un alumno de la primera fila, Benet se azaró, depositó la tiza en el cajetín, saludó con cierta circunspección y se retiró del aula, salió del centro y juró «para siempre no volver a padecer el rigor de la enseñanza».[18]

Norman Mailer presta el vehículo a su hermana Barbara y a una amiga llamada Barbara Probst Solomon, hija de una acaudalada familia judía y emparentada con el escritor Joseph Roth. En el mes de julio viajan desde París a España las dos chicas y Paco Benet con intención de liberar de la prisión al pintor Caneja, pero éste, a través de su mujer, les indicó que ante semejante locura era mejor que se pusieran en contacto con gente que les condujera al campo de trabajo de Cuelgamuros y les dio una lista de gente a rescatar; el más importante era el dirigente anarquista Manuel Amil Barciá. Paco escribe a su madre comunicándole que viajará a España con unas amigas estadounidenses para enseñarles Andalucía. Tras cruzar la frontera llegan a San Sebastián y de ahí a Madrid. Pero antes se acercan a El Barco de Ávila, donde Juan Benet y su madre pasan unos días huyendo del calor de la capital. Juan inmediatamente se apodera del montón de novelas que su hermano le ha traído de París. En Madrid ellas se hospedan en el hotel Palace y Paco en la casa de su madre; él les dice a las Bárbaras que tienen que encontrarse con el anarcosindicalista gallego Manuel Amil Barciá, que, fugado de Cuelgamuros, vive oculto y enfermo en una cueva cerca del campo de trabajos forzados. Amil desconfía de la juventud de sus libertadores y no quiere saber de ellos. Después de dos semanas en Madrid, optan por liberar de Cuelgamuros a los jóvenes Manuel Lamana y Nicolás Sánchez-Albornoz, antiguo compañero de clase de Paco, encarcelados por pertenecer a la Federación Universitaria Escolar.

Cada domingo los guardias llevaban a los presos en camión a la misa que se celebra en El Escorial. Paco, por la novia de Amil, tenía calculado el momento en que

18. «Barojiana», en *Otoño en Madrid hacia 1950*, Juan Benet. Alianza, Madrid, 1987.

los reclusos estarían en la fila para entrar a la iglesia. Lamana y Sánchez-Albornoz se separarían de la formación hasta llegar al coche con el motor en marcha, donde les esperaban las dos estadounidenses. Así fue. En Madrid se refugiaron en la casa de la tía Flora, en la calle de Pavía, vecina de la plaza de Oriente. Una vez en Barcelona, auxiliado por su prima Nuria Jordana, de vacaciones en la finca de Arenys de Mar, Paco se oculta en un hotel regentado por ciudadanos chinos. Manuel y Nicolás cruzan a pie la frontera por las montañas hasta llegar a territorio francés. Al cabo de cinco días aparecieron en la localidad francesa de Osséja. Cuando Paco recibe la noticia de que los cuatro están a salvo, la policía ya le anda buscando. Con su prima Nuria abandonan el hotel por una ventana y él sale de Barcelona camino de Zumárraga, localidad próxima a Ormáiztegui, donde veranea su madre y su hermano. La policía se le adelanta y se persona en el piso de Alberto Bosch y luego en el balneario. En cuanto los agentes se marchan, Teresa Goitia, con una gran cantidad de dinero en su bolso, se aposenta en la estación y a cada tren que llega grita por su hijo Paco. Hasta que lo encuentra y le impide que se apee. Madre e hijo bajan en la siguiente parada. Teresa llama a Alberto Machimbarrena a San Sebastián y éste lleva a Paco a Ondarroa, donde se esconde unos días en casa del otorrino Esteban Escola. A través de unos pescadores, a los que Teresa pagó como anticipo 25.000 pesetas con la condición de entregarles la misma cantidad cuando su hijo esté a salvo, lo pasan a Hendaya en una chalupa. Un mes después de la llegada de todos los demás, Paco aparece en Francia. Desde allí, con un arrojo impresionante, visita algunas de las delegaciones oficiales de España y, si en ellas encontraba algún amigo, utilizaba la valija diplomática para enviar a su hermano Juan libros y otras publicaciones impensables en el páramo franquista. Paco y Barbara se hacen novios y viven cerca de los jardines de Luxemburgo, en el hotel L'Observatoire, en el boulevard Saint-Michel, aunque él tiene una habitación en la rue Saint-Jacques, donde de vez en cuando se retira para trabajar. Nuria regresa a Buenos Aires y mantiene correspondencia cada vez más frecuente con su primo Juan; le envía largas misivas, le manda fotos y le llama por teléfono. Benet por las noches escribe novelas «impresionantes e intragables»,[19] según sus propias palabras.

Y mientras esto ocurría, el 25 de agosto tuvo lugar una reunión a bordo del Azor entre don Juan de Borbón y Francisco Franco para discutir el futuro del hijo, Juan Carlos, en España bajo la supervisión del dictador. Don Juan, eterno pretendiente al trono, se instaló en Estoril en febrero de 1946.

19. *Encuentros con las Letras* (RTVE). Entrevista de Fernando Sánchez Dragó, emitida el 14 de octubre de 1977.

El 30 de septiembre Juan Benet queda matriculado en la Escuela. Como el 1 de octubre se celebra la «Exaltación de Franco a la Jefatura del Estado», también conocido como «Día del Caudillo», el curso comienza el 2, día en que doña Teresa escribe al director: «Ingresado mi hijo, JUAN BENET GOITIA, en la Escuela Especial que V. tan dignamente dirige, me es muy grato ponerme a su entera disposición al empezar los estudios del mismo como alumno oficial y al propio tiempo ofrecerme a Vds. Como responsable de su conducta, que espero y deseo sea satisfactoria bajo todos los aspectos».[20]

Pocas fechas más tarde, con el tratamiento de camarada, Juan queda obligatoriamente afiliado al Sindicato Español Universitario tras satisfacer la segunda cuota semestral de veinticuatro pesetas. Juan Benet ya pertenece a ese grupo selecto dentro de la sociedad madrileña. Cada mañana va al cerro de San Blas, en el Retiro, y tiene la tarjeta de identidad número 453 de la Escuela de Ingenieros de Caminos, Canales y Puertos. Las tardes le quedan libres para el estudio, pero él se dedica a escribir.

El donostiarra Alberto Machimbarrena y Juan Benet flirtean con dos señoritas, las hermanas Meruéndano, residentes en la calle del Prado. Una tarde de sábado otoñal Alberto presenta a Juan y a Luis Martín-Santos Ribera, quien cursa el doctorado de Medicina en Madrid. Luis vive en una pensión en la calle del Barquillo 22 esquina a la de Prim y practica la cirugía como interno en el hospital de San Carlos. Ambos congenian de tal modo que Juan, con alta consideración de la amistad, no tarda en llevarlo a casa de su madre. «Había leído a Homero, a Dante, a Goethe, a Ortega, *La montaña mágica*, y se decía fervoroso admirador de Jakob Wassermann, un atocinado escritor judío alemán que por entonces nos servían las editoriales sudamericanas en platos de 600 páginas, que yo no logre terminar nunca, pese a haber sido educado en el conocido precepto de la mesa 'más vale que falte a que sobre'. A la sazón, Luis estaba concluyendo un poema en 100 cantos, en versos yámbicos, titulado *Las voces*. Lo escribió en unas hojas de color mostaza del tamaño de una tarjeta, y cuando me lo trajo a casa para que lo leyera, aquello más que un original parecía un fichero».[21] Cuando El Coto queda vacío, los dos amigos de indudable vocación literaria, leen sus cuentos –escritos «en comunidad»–[22] a los familiares de Benet.

El joven estudiante de ingeniería frecuenta las reuniones de sus mayores y se desenvuelve con desparpajo. Un día de febrero de 1949, a la hora vespertina, el antiguo pilarista Fernando-Guillermo de Castro se presenta en el Café Gijón con un

20. Cuartilla mecanografiada y firmada por Teresa Goitia.

21. «Una época troyana», en *En ciernes*, Juan Benet. Taurus, Madrid, 1976.

22. Así los califica Benet, en carta a Leandro Martín-Santos, el 31 de mayo de 1964 (*El amanecer podrido*, Luis Matín-Santos/Juan Benet. Galaxia Gutenberg, Barcelona, 2020).

manuscrito de su primera novela bajo el brazo con la intención de presentarlo al premio homónimo. Sentado de espaldas a la entrada del local está José García Nieto, secretario del certamen fundado por Fernando Fernán Gómez. A su lado se encuentra Juan Benet, quien se limita a saludar al joven con un arqueo de cejas. Ambos veinteañeros habían coincidido en los recreos de El Pilar. García Nieto invitó a sentarse al bisoño novelista. Benet, con desfachatez, agarró el texto encuadernado y lo hojeó con tranquilidad, ante al estupor del secretario del concurso. Luego lo posó sobre el velador contiguo.[23]

En la Escuela, en los altos del Observatorio, los estudiantes espían de lejos a las niñas del vecino colegio Isabel la Católica; en sus correrías alegres con sus agitados vestidos, a los futuros ingenieros los ojos les hacen chiribitas. Juan Benet sigue carteándose con su prima Nuria, en Buenos Aires, pero las misivas ya tienen un tono absolutamente apasionado: «Amor mío: déjame decirte cómo te quiero». Ante ciertas asignaturas, Benet está atemorizado, tiene dudas. Joaquín Serrano Tormo, a la vez que subsecretario de la Escuela imparte las clases de Geometría y proyectos de elementos, con las que los alumnos se aburren sobremanera. Además hay que trabajar duro, pues han de hacer láminas todos los días. Para eludir las clases de Geometría, aunque se pasa lista y se contabilizan las faltas de puntualidad, cuya acumulación se considera grave, Juan Benet se escapa con Jorge Sanjuán Piñol a los Billares del Callao, en los sótanos del cine de igual nombre. El local también conocido por los Burbbiks, firma de la cadena parisiense, dispone de treinta y dos mesas ante las que los jóvenes envueltos en humo imponen su particular chulería. Sujetos a los tacos de arce o fresno, allí respiran tipos de muy variada condición. Todo un nuevo mundo. Juan se aficiona al juego de las tres bolas sobre el verde tapete de la mesa. Otras mañanas las consume en interminables sesiones de dominó y su antipático estrépito en el bar Fomento, en la calle de Alfonso XII. O jugando a la pelota vasca con Jorge Sanjuán en un aula muy espaciosa.

En primavera Luis Martín-Santos, cada día más fascinado por la psiquiatría, decide dedicarse de lleno a la salud mental. Luis conoce a un grupo de gente literaria atraída por la filosofía existencialista, con la que Juan no tiene relación. Son invitados a una tertulia en el restaurante alemán Gambrinus (Zorrilla 7), que se celebra los sábados a las cinco de la tarde y se lee un texto semanal de Sartre y Heidegger. El núcleo de la tertulia lo componen Miguel Sánchez-Mazas Ferlosio, Alfonso Sastre, José (Pepín) Vidal-Beneyto, Emilio Lledó, Eva Forest, Víctor Sánchez de Zavala, Francisco Pérez Navarro y tantos otros. También se inclinan por el neorrealismo

23. «La miranda», Fernando-Guillermo de Castro. *Diario de Ibiza*, 5 de marzo de 2010.

italiano, leen a Galdós, Clarín, Unamuno, Machado, Baroja... Aunque Juan no tiene gran interés en la doctrina de Sartre, asiste con asiduidad por acompañar a Luis. Finalizada la reunión los dos amigos, de la mano de Francisco Pérez Navarro, acuden a otros lugares y conocen a otras gentes. En una de esas noches entran en contacto con Rafael Sánchez Ferlosio, Carmen Martín Gaite, Ignacio Aldecoa... La noche del sábado es lo más importante de la semana, es el momento de los excesos. Para salir a cenar a Casa Pedro, La Tienda de Vinos, Hylogui, El figón de Santiago o el Café Gijón, establecimientos asequibles, casas de comidas y cantinas del viejo Madrid, lleno de burdeles y pensiones baratas. O de salas de fiesta y bailes, como Pasapoga, Casablanca, Conga, Las Palmeras, J. Hay, Tarzán.

Pese al ajetreo tertuliano y nocherniego, Juan Benet acaba el primer curso de la Escuela con la calificación de Bueno. Es el momento de sus vacaciones. En verano, debido al crecimiento del tráfico, el Ayuntamiento de Madrid suprime los tranvías por el centro de la ciudad, las líneas de la Puerta del Sol, y son sustituidos por trolebuses. Juan Benet y Luis Martín-Santos, asiduos del Café Gijón, escriben un artículo apócrifo de Azorín –con firma falsa incluida– sobre un viaje del autor de *La voluntad* titulado «Gracián en tierras de La Arruba», fechado en agosto en El Escorial; lo metieron en un sobre con el remite del de Monóvar y lo echaron al buzón con destino a *Abc*. Pero ellos desconocían que José Martínez Ruiz enviaba su artículo en días fijos. En el periódico lo recibieron antes de lo esperado e inmediatamente telefonearon al autor por si deseaba que fuera adelantada la publicación.[24] Hasta ahí llegó la chanza.

Mientras Juan está metido de hoz y coz en pleno curso, a las dos y media de la madrugada del miércoles 16 de noviembre, sus amigos mayores fundan en el restaurante Labra de Madrid la Orden de Caballeros de Don Juan Tenorio, gobernados por un Comendador. El consejo de la orden lo componen quince caballeros y seis damas, el mismo número que los personajes del drama. Se titularán Caballeros del Consejo de la Estatua de Piedra. La Orden se reunirá periódicamente en unas cenas de ambiente donjuanesco, a las que hay que asistir vestido con algún detalle de la época y organizará viajes a lugares de evocación literaria o artística, como excursiones a Toledo, Sevilla, etcétera. Además convocará un galardón anual, el Gran Premio Mejía. Entre los caballeros se encuentran Carlos Arniches, Pepín Bello, Alfonso Buñuel, Fernando Chueca, Goya Aguinaga, Enrique Escardó, Paulino Garagorri, Luis Calvo, José Camón Aznar...

24. *Vidas y muertes de Luis Martín-Santos*, José Lázaro. Tusquets, Barcelona, 2009. Juan Benet conservó muchos años ese artículo en el portapapeles sobre la mesa de su escritorio.

Otro miércoles, el 30 de noviembre a las siete y media de la tarde, Juan Benet, Luis Martín-Santos y su novia la enfermera Rocío Laffon asisten a una de las doce conferencias que José Ortega y Gasset, bajo el título genérico «El hombre y la gente», imparte en el cine Barceló. En un abarrotado patio de butacas, los tres amigos se ubican en unas localidades esquinadas, entre un público selecto rendido al maestro. Ortega muestra a la concurrencia una manzana para disertar sobre la *Weltanschauung* o cosmovisión, visión del mundo. El filósofo advierte que ven el mismo fruto pero con distinta perspectiva. Cada uno ve una manzana diferente, cada uno depende de su propio puesto en el cosmos. A la salida se van a cenar y durante toda la sobremesa, haciendo uso de la manzana, no hacen otra cosa que remedar las frases, la voz, los gestos y la retórica de Ortega, de la forma más caricaturesca posible.

Poco antes de las doce de la noche del 31 de diciembre Juan Benet llega por primera vez a París. Entre los humos de las locomotoras, se apea en la estación de Austerlitz al grito de «¡Faulkner, Faulkner!» y al ver a su hermano Paco, convertido en exiliado político y ennoviado con Barbara Probst –hablan de casamiento–, se dan un gran abrazo. En tono jovial, Paco le dice que les ha fastidiado la Nochevieja. Más tarde despidieron el año con las doce uvas, pues aunque Paco decía no creer en esa tradición, le encargó a Barbara que comprara los frutos de la suerte. Teresa Goitia le envió dinero a Paco a través de Juan. Aquella noche, acompañados de una amiga de Barbara, fueron a la Place des Vosgues, tranquila y cubierta por un manto blanco; como adolescentes, se lanzan bolas de nieve y se revuelcan por el suelo. En otra jornada Juan anuncia que quiere comprar los libros de Faulkner que no encuentra en España, visitar la torre Eiffel y ver a las Bluebell Girls, bailarinas de cabaré, muy del gusto del provinciano que llega a París, lo que sonrojó a Paco. Éste le advierte a Juan que puede contraer la sífilis y que cuide con qué chicas sale. Se pasaron la semana con un tomavistas filmando en la localidad de Rambouillet o gateando por las cubiertas de la catedral de Chartres. En lo alto de la torre Eiffel, Barbara sufrió un desmayo, pues padece de acrofobia. Una noche van al Lido de los Campos Elíseos a ver a aquellas esbeltas bailarinas de hermosos atributos e interminables piernas que, muy ligeras de ropa, hacen cabriolas sobre el escenario a la vez que cantan animosas.

Durante la estancia parisiense, Juan se dedicó a escuchar las conversaciones en torno a unos cafés humeantes entre Paco, Pepe Martínez y Josep Pallach. El grupo de exiliados se reúne en el bulevar Saint-Michel y La Coupole, pero Juan a veces se escapa a jugar al dominó en el cafetín de un barrio de trabajadores argelinos, al otro lado del Sena. En los primeros días de 1950, con la mochila atestada de libros de Faulkner, a Juan le despiden en la Gare de l'Est. Tras pasar la frontera en Hendaya, en el andén de la estación de Irún, Benet se encuentra con el hispanista y profesor del Instituto Británico Charles David Ley, a quien conocía de vista del Café Gijón. Se le acercó para saludarle muy afectuoso, cruzaron unas palabras y luego Benet se volvió hacia dos conocidos, el pianista y director de orquesta Ataúlfo Argenta y el guitarrista Narciso Yepes. Los cuatro subieron al tren, ocuparon el mismo compartimento y pasaron el viaje en animada charla. Al amanecer, cuando a través de las ventanillas se veían de lejos las murallas de Ávila, Yepes desenfundó su guitarra y se puso a tocar durante más de una hora.

Al llegar al hosco Madrid Juan se encuentra con una ola de frío que alcanza los siete grados bajo cero y con la noticia de que el Ayuntamiento le ha propuesto a su primo Fernando Chueca Goitia ejecutar el proyecto de terminar la catedral de la Almudena. Gracias a ciertos contactos de su madre en el ministerio de Asuntos Exteriores, por medio de valija diplomática le escribe a su hermano para contarle que le retuvieron en la frontera de Hendaya; los agentes le preguntaron si era Benet Goitia y si conocía a Manuel Lamana y Nicolás Sánchez-Albornoz. Al confirmarles tal información y decirles que eran amigos suyos y unos chicos estupendos, le comunicaron que quedaba detenido. Sabían con todo detalle la fuga de Cuelgamuros y querían pescar a Benet Goitia. Juan les aclaró que se referían a su hermano Francisco, que vivía en París y que acababa de pasar una semana con él, lo que encolerizó a los uniformados. Para finalizar, Juan le indica a Paco que es un forajido muy buscado y que no debe acercarse a España. Desde la capital francesa, Paco le envía por valija el número 2 de la revista bimestral *Península*,[25] fundada por él y Pepe Martínez, en la que sale un relato de Juan Benet titulado «El bosque», acompañado de unos dibujos a pluma de Kafka, extraídos de *Franz Kafka*, de Max Brod.

Benet se suma a la Orden de Caballeros de Don Juan Tenorio, que cuenta con nuevos miembros, gobernados por el Comendador Pepín Bello. Representan pequeñas piezas en escenarios de Alcalá de Henares o en madrileños como el Museo Romántico o la Casa de Suecia.

El radiante 14 de abril, día en que a Caneja y otros reos les juzga un tribunal militar en el Ayuntamiento de Ocaña, Benet y Fernando Chueca acompañan en coche a Isabel Fernández Almansa hasta la localidad. Al comunicarles que Juan Manuel Díaz-Caneja y Betegón inmediatamente sería puesto en libertad, se fueron a visitar lugares de esparcimiento del Real Sitio de Aranjuez y comieron en la Rana Verde, a orilla del Tajo. Al regresar a Madrid llaman al psiquiatra Enrique Escardó para cenar juntos y así conmemorar tan señalada efeméride en un mesón de la plazuela de San

25. Correspondiente a marzo-abril de 1950. Paco Benet figura como secretario de redacción de *Península*, impresa en París, cuyo precio por ejemplar es de 130 francos.

Javier, junto a la calle de Segovia, donde se personó Caneja obsequiándoles con epítetos como «... miserables... cabrones... señoritos...».[26] Con la sentencia firme, le pusieron en libertad, le acompañaron a la estación y le entregaron un billete de tercera clase hasta Madrid-Atocha. Tanto el pintor como Benet son contertulios del doctor Escardó, represaliado tras la Guerra Civil; alejado de la psiquiatría, se refugió en su tertulia del hotel Wellington, donde cultiva las amistades de escritores y artistas. No pocas veces Benet exhorta a Caneja a presentarle a Domingo Dominguín, a lo que el pintor responde: «... toreros... señoritos», la mayor ofensa que entonces puede hacer un militante de izquierda. Al final, Domingo cayó seducido por el Partido Comunista, en cuyas filas se hizo amigo de Caneja.

El segundo año en la Escuela Juan Benet lo finaliza con la calificación de Bueno. Un profesor que le dejó huella fue Clemente Sáenz García, que impartía la asignatura de Geología. «Don Clemente parecía un aldeano soriano que acababa de dejar el campo; hacía gala de ello, era fantástico. Tenía aspecto de más mayor. Era un sabio. De geología aplicada a la ingeniería, fue el primero de España».[27]

Quizá heredada de sus padres, Benet, con innegable vocación plástica, se pone delante de un lienzo y, con el pincel en la mano parsimoniosa, pinta al óleo sobre tela (46 × 54 cm) un retrato de su prima Nuria, de mirada inquietante. De las mismas dimensiones, pincela otra tela de escena surrealista.

La sociedad española es atroz, acre y negra. Algunas tardes Martín-Santos, Benet y Rocío Laffon matan las horas en el Café Gijón, de paredes forradas en madera de roble; sentados a la mesa de mármol, sobre las que reposan tres pocillos más que escurridos y un cenicero atestado, los tres amigos tratan de escandalizar a los parroquianos de moral burguesa. A ella, rubia de aspecto extranjero –de padre francés–, la besaba en los labios Luis y acto seguido Juan, y así otra vez.[28] Otros días, Benet lleva al café a sus sobrinos Luis y Tomás Cavanna,[29] de seis y cinco años; entre una espesa humareda bajo los grandes espejos con marcos de madera, les lee *Emilio, o De la educación*, de Jean-Jacques Rousseau. Otro local que frecuenta es Cock, en la calle de la Reina, propiedad de Perico Chicote. Un establecimiento con solera de techos altos, majestuosas columnas, vidrieras, imponente chimenea y barra de madera noble en forma de ele con mostrador de mármol. El salón, con aire de pub inglés, está ocupado por mesas y sillas de madera, sofás y sillones, visitado por toreros, gente del

26. «*Caneja, Juan Manuel*», en Páginas impares, Juan Benet. Alfaguara, Madrid, 1996.
27. Declaraciones de Gabino Guedán Gallar, registradas en magnetófono el 11 de septiembre de 2014.
28. «La miranda», Fernando-Guillermo de Castro. *Diario de Ibiza*, 5 de marzo de 2010.
29. Según Marisol Benet, los llevaba al café «por lucirlos». Conversación grabada en magnetófono el 28 de enero de 2014.

cine, meretrices, literatos, políticos... Ante la escasez, una de las diversiones más habituales en Madrid es el ir de tascas, a tomar unos vasos. Benet y sus amigos frecuentan las tabernas castizas de Chamberí como La Gran Tasca, en la calle de Santa Engracia, o las del centro como Casa Ciriaco, en la calle Mayor, Casa Alberto, en la de las Huertas, o Casa Labra, en la de Tetuán, donde el vino se prodiga en largas cenas que traen el día antes de lo esperado.

En las primeras mañanas soleadas y frescas de noviembre un rebaño de merinos conducido por un par de perros y un pastor bajan por el paseo de la Castellana y el de Calvo Sotelo, transformados en vías pecuarias; para evitar el cruce de la plaza de Cibeles, sube por la calle de Héroes del 10 de Agosto, atraviesa la plaza de la Independencia, coronada por la Puerta de Alcalá, sigue por Alfonso XII, pasa por delante de la Escuela de Ingenieros de Caminos, no sin dejar de llamar la atención de los estudiantes, hasta Pacífico y Fuenlabrada.

En el sur más profundo de Estados Unidos, el 10 de noviembre William Faulkner logra el premio Nobel de Literatura. Un día después, sábado, a las diez de la noche, se celebra la cena de los Amigos de Don Juan Tenorio, regada con vinos de Jerez y Cariñena. Asisten Ricardo Labiaga, Carlos Arniches, Many Falces de Arniches, José Camón, María Luisa Camón, Fernando Chueca, Goya Aguinaga de Chueca, Eusebio Oliver, Carmena Teixeira de Oliver y María Victoria F. de Ortega. Concurren dos invitados ilustres: José Ortega y Gasset y Gregorio Marañón.[30]

La familia continúa en crecimiento. La mañana del 28 de noviembre, en el hospital La Milagrosa (Modesto Lafuente 14), nace Juan Carlos, el tercer hijo de Marisol Benet y Luis Cavanna. A pie de cama, Juan acompañó durante toda la noche a su hermana.

Luego de las fiestas navideñas, en 1951, el alumno Juan Benet Goitia continúa tercero de carrera y sus dos profesores más singulares son Alfonso Peña Boeuf, que imparte la asignatura de Cálculo de Estructuras, y Enrique Becerril y Antón-Miralles, de Hidrografía. Peña Boeuf, primer ministro de Obras Públicas de Franco, es un docente muy práctico e ilustra sus clases con muchas anécdotas, lo que a Juan le entusiasma. Es una persona llana, campechana e inteligente.

Suprimida la Cédula Personal se impone obligatoriamente el Documento Nacional de Identidad, cuya novedad es la inclusión de la huella dactilar del titular, un control administrativo de la ciudadanía. Aunque no es la primera persona a la que se le expide, Franco se reserva el número uno, su mujer Carmen Polo el dos y su hija

30. «Esta noche se reúnen los amigos de Don Juan Tenorio», *Pueblo*, 11 de noviembre de 1950.

Carmen el tres. El 20 de marzo se despacha el primer carné y como tiene carácter obligatorio, la secretaría de la Escuela da la orden de presentarse en el local de la calle de Joaquín García Morato 18, donde se encuentran las oficinas centrales. Un funcionario tocado con un mandil les toma el pulgar, lo impregna de tinta e imprime con su huella el espacio dedicado a tal fin. Esa obligatoriedad hace que entre estos futuros ingenieros se den los números más bajos del DNI, de cinco dígitos comenzados por uno.

Con fecha 25 de mayo de 1951 Benet atesora *Gambito de caballo*, con prólogo de Max Dickmann, editado por Emecé (Buenos Aires), con una supuesta dedicatoria de Faulkner en Jefferson: «To Juan Benet with affection from William Faulkner».[31] Juan escribe a lápiz en un cuaderno sobre su referente literario y luego pasa y amplía esas notas a máquina: «William Faulkner»,[32] texto prolijo e informado sobre el de New Albany, Misisipi, donde llama la atención lo temprano de sus conocimientos en un país culturalmente desértico. Con qué finura disecciona elementos descriptivos y expresivos como el espacio o el tiempo, en todos sus sentidos. Cómo encumbra los ocultamientos de Faulkner, el no decir, ese gran recurso de su arte. Pero Benet, muy influido por la lectura de *La rama dorada*, de sir James Frazer, empieza a escribir una novela titulada «El guarda».[33] Como en la obra de Frazer –el vigilante del bosque de la diosa Nemi, en el Lazio–, el protagonista es el guardián, un enamorado del monte que cuida y defiende los límites de una finca; corta el paso a los intrusos y los disuade. Se llama Numa, como el sabio rey de Frazer. De la lectura del clásico latino Publio Papinio Estacio le surge el nombre de Región. Entonces Benet idea el escenario ficticio, quizá simbólico, para moverse a placer, para hacer lo que le viene en gana.

Con tiempo para escribir, atender a las cenas, expediciones y vaivenes de la Orden de Caballeros de Don Juan Tenorio, que se resuelven en el marco de la poesía, en junio Juan Benet finaliza el tercer curso en la Escuela con la calificación de Bueno. Continúa pintando y, con las tijeras y la goma arábiga, improvisa *collages*. El 24 de julio Benet llega en tren a Barcelona y desde la finca de Arenys le escribe a su «Nuria querida» a Buenos Aires para comunicarle que emprenderá un viaje en solitario al Valle de Arán, vertiente norte de los Pirineos, con poco más equipaje que un saco y una Biblia.

31. La firma auténtica de Faulkner no tiene un solo rasgo de similitud con la de esta dedicatoria, lo que nos hace pensar en una broma más del madrileño. Pero aun así, logró engañar a más de un incauto.

32. *Una biografía literaria*, Juan Benet. Cuatro, Valladolid, 2007.

33. El original mecanografiado de «El guarda» no tiene fecha ni firma. La finalizará dos años después, en 1953.

El primero de agosto Benet entra en la caja de reclutamiento, pasa a la jurisdicción militar. Él no quiere hacer la *mili*. En septiembre, desde Madrid, mantiene correspondencia casi diaria de varias hojas de apretada letra con su prima; a Juan le pesa la distancia, transmite un doloroso sentimiento de lejanía, la añora. A lo largo de octubre y noviembre mantienen comunicación epistolar, en la que Juan le envía misivas pobladas de pictogramas que representan a Nuria, o a ambos en actitudes amatorias, o cada uno en una orilla (Europa-América) con las manos enlazadas, como un cable que une los dos continentes.

En el restaurante Lhardy (Carrera de San Jerónimo 8) se celebra la tercera cena penitencial de la Orden de los Caballeros de Don Juan Tenorio, cuyo menú ritual consiste en sopas de ajo, lubina del pescador, sombras de perdiz, tartas del purgatorio, rico vergel, café y licores. Todo regado con vinos de Jerez, Cariñena y Yepes (La Arruba).

El 1 diciembre Juan le escribe a Nuria y le dice que su madre se va a Nueva York en el plazo de un mes. «¿Por qué no vienes tú?», inquiere él. Ante la insistencia de Nuria, por carta, el mismo mes Juan le promete escribir una novela dedicada a ella, le informa que asiste al teatro Fontalba, en la Gran Vía, a un concierto de la Orquesta de Cámara de Stuttgart, dedicado a Johann Sebastian Bach, le envía algunos versos, le felicita las fiestas navideñas y le comunica que lee *Fisiología del Leviatán*, de Roger Caillois, traducido por su padre C. A. Jordana.

Teresa Goitia, un amigo, Paco y Juan Benet en El Coto (circa 1943)
(Cortesía de Marisol Benet)

3

DRAMATURGO

EN el mes de febrero de 1952 Teresa Goitia surca el Atlántico en el vapor Habana con rumbo a Estados Unidos para ver a su hijo, que tras el paso por Stanford estudia Antropología en la Universidad de Columbia. A su llegada al puerto de Baltimore la esperan Paco, su sobrino Fernando Chueca y Goya Aguinaga. Chueca disfruta de una beca Fulbright de la Real Academia de Bellas Artes de San Fernando. Teresa se aloja en el apartamento de su hijo en Nueva York y pasa una larga temporada, tres meses. Barbara Probst vive con sus padres en la misma ciudad –padre abogado y madre pintora–, aunque disponen de una espléndida propiedad en Long Island que utilizan en verano; los Probst dan una magnífica atención a doña Teresa. Juan le ha encargado a su madre una regla de cálculo.

A causa de su negligencia y de la poca simpatía que tiene por las Milicias Universitarias –asegura que no tuvo acceso–,[34] Juan decide hacer el servicio militar ordinario. Un caso insólito, pues pocos mozos con estudios superiores –«persona destacada»–[35] cumplen la *mili* corriente. Después de viajar en un tren de mercancías desde la estación de Delicias, vía Añover, el 14 de abril de 1952 se incorpora a la Escuela Central de Educación Física para prestar servicio en la compañía de Experiencias de Toledo, situada en la calle del Duque de Lerma sin número, extramuros. Ese mismo día le envía a Nuria una tarjeta postal con una vista de la ciudad y el puente de Alcántara sobre el Tajo, en la que le indica que dentro de dos fechas, domingo, irá por primera vez a Madrid, que no se precipite en lograr el pasaje para viajar a España, como le había pedido por carta, que aguarde.

En mayo doña Teresa regresa de Estados Unidos. Ahora es su hijo Juan quien, logrados los permisos pertinentes, emprende un viaje de un mes por distintos países europeos: Francia, Suiza e Italia. A Nuria le envía tarjetas postales desde

34. «Un vuelo», en *Páginas impares*, Juan Benet. Alfaguara, Madrid, 1996.
35. *Ibíd.*

Ginebra, Zúrich, lago de Salanfe, Dents du Midi, Paso de San Gotardo, lago de Como, catedral de Duomo y Niza. Al poco de regresar a Madrid, el 28 de junio, Juan y su madre son invitados a la boda de Luis Martín-Santos y Rocío Laffon Bayo, celebrada en la iglesia de San Jerónimo el Real. Entre los asistentes está la deslumbrante Solange Laffon Bayo, una de las tres hermanas de la novia, a quien Benet conoció siendo una colegiala y con la que, de figura juvenil y cuerpo moldeado de mujer, está impresionado el joven larguirucho, inteligente y soñador. Sin embargo, prosigue la correspondencia con su prima Nuria, cada vez más ardorosa. También se encuentra entre la concurrencia Alberto Machimbarrena y el psiquiatra Juan José López Ibor. Los padrinos son doña Gracia Bayo y Leandro Martín-Santos, teniente coronel de Sanidad. Tras la ceremonia se celebró un cóctel en la terraza del jardín del lujoso hotel Ritz. Benet, trajeado con una flor en la solapa y acompañado por la disparatada Solange,[36] de la que no retira su tierna mirada, departe con el viejo Adalbert Laffon de Gusse, por quien tiene gran estima; hombre de carácter, Adalbert es un bretón afincado en España después de huir de la Francia liberada por haber tenido ciertos devaneos con el régimen de Vichy; además, deplora al general De Gaulle. Se refugió en Carril, parroquia del municipio pontevedrés de Villagarcía de Arosa, donde tenía la propiedad de viveros de ostras que el pasado verano visitó Benet. Pero su domicilio habitual está en las inmediaciones de la madrileña fuente de Neptuno.

El 1 de julio Benet ha de incorporarse al cuartel. Entre sus conmilitones hay cierto número de delincuentes juveniles, lo que frente a los mandos le confiere algunas deferencias y el soldado de segunda Benet hace de maestro de primera enseñanza, escriba, redactor de cartas, mecanógrafo, proyectista de pequeñas obras... En el cuartel aprovecha para estudiar inglés con ayuda de su pequeño diccionario Collins y a la sombra de un olivo; cerca del campo de deportes, lee *Reflections on a golden eye*, de Carson McCullers, *A farewell to arms*, de Ernest Hemingway, *Jane Eyre*, de Charlotte Brönte, *The adventures of Roderick Random*, de Tobias Smollett, *Moby Dick*, de Herman Melville. Un día, el brigada de Mayoría, sabedor de sus conocimientos de inglés pero ignorante del alcance de los mismos, le ordenó a Benet traducir al castellano un folleto de unas veinte páginas y pasarlo a máquina. Se trataba del reglamento de un deporte que se jugaba con balón y que el mando había decidido imponer entre los oficiales de la Escuela de Educación Física, del que Benet se inventó la mayor parte de las normas. Al cabo de una semana entregó la traducción al brigada. Como cualquier otro soldado, hizo todo tipo de servicios;

36. *Vidas y muertes de Luis Martín-Santos*, José Lázaro. Tusquets, Barcelona, 2009.

además de matar un mulo moribundo, el mayor acto heroico en el Ejército fue haberse dirigido a un sargento de forma incorrecta. En vez de utilizar la expresión «mi sargento», Benet colocó el pronombre después del sustantivo y dijo «sargento mío», con el debido respeto –como exige el protocolo castrense– lo que sacó de quicio al suboficial.

Ante la proximidad de su domicilio, viaja con frecuencia a Madrid. El cuarto año en la Escuela, Juan Benet, a la vez que cumple el servicio militar en la especialidad de fusilero, lo acaba con la calificación de Desaprobado, algo inaudito, pues entonces son pocos los repetidores.

Nuria Jordana abandona Argentina, deja solo a su progenitor y viaja a España. El 7 de octubre embarca en el Salta, de la empresa Dodero Line, y va hacia el amor. Le advierte a su novio: «Si no nos casamos en el 53, me vuelvo con mi padre». Juan le informa que ha de acabar el servicio militar y la carrera; se debaten entre la sensatez, la cordura y la pasión de un próximo encuentro. Son momentos de incertidumbre. «No te me enojes porque con toda mi alma te deseo»,[37] le escribe ella después de diez días de travesía. El 24 de octubre llega al puerto de Barcelona y, una vez en Madrid, logra colocarse con un modisto en Costura Marbel (Lista 25) y vive en la pensión Fermina (Zorrilla 7), que le busca su tía Teresa Goitia, con quien cena todos los días. Juan va a la capital cada vez que tiene permiso en el cuartel. Formalizan el noviazgo y Nuria quiere casarse con él, pero doña Teresa lo impide por la juventud de Juan y por el parentesco entre ellos, pues también los abuelos paternos son primos carnales.

Nuria participa en las actividades de la Orden de Caballeros de Don Juan Tenorio. El sábado 29 de noviembre se celebra la cuarta cena penitencial en el Mesón de Fuencarral, una antigua casa de labranza del siglo XIX, de altos techos de madera y dos salones con chimenea, en la carretera de Colmenar Viejo, kilómetro 14,5; se sirven sopas de ajo, lenguados, perdiz, tarta y frutas. Luego se representa el drama «El burlador de Calanda», en un acto y cinco escenas breves, escrito por Juan Benet, quien remeda el título de Tirso de Molina, en homenaje a Alfonso Buñuel. La obra logró el Gran Premio Mejía en su primera convocatoria. El propio autor interpreta el papel del Marinero, Nuria Jordana el de Inés, Domingo Ortega de Don Juan Tenorio, El burlador de Calanda es Fernando Chueca, a Ricardo Wagner lo encarna Alfonso Buñuel, Severino Bello es el criado primero y Carlos Arniches el criado segundo. Paulino Garagorri dirige la escena y la asesoría técnica está a cargo de Ana María Custodio. Un Don Juan envejecido pasa las tardes sentado

37. Tarjeta postal del 17 de octubre de 1952, enviada desde Lisboa.

observando los movimientos de su hija Inés en el jardín. Su enamorado es un marinero inglés con quien juega al escondite, un pretendiente bisoño que ni siquiera se atreve a besarla, lo que desespera a Don Juan: «¿qué ves o qué te atrae en ese niño de primera comunión?»; el viejo conquistador quiere deshacerse del marinero y cita al burlador de Calanda... Nuria luce una falda larga de atrevidos estampados, prestada por Marisol. Doña Teresa e hija asisten entusiastas a la función. En la sección taurina del vespertino *Pueblo*, bajo el titular «Domingo Ortega interpreta Don Juan Tenorio», aparece la crítica de esta hilarante parodia del Tenorio: «La obra fue bordada por los intérpretes, y los espectadores subrayaron con aplausos ingeniosas frases y magníficos gestos y palabras de los actores».[38]

Como repetidor de cuarto curso, en 1953 Benet entabla amistad con Rafael López González, Ramón Ridruejo Gil y Ramón Méndez Llaneza. «A veces se *fumaban* alguna clase y subían al último piso de la Escuela para jugar a las cartas. Cada mañana yo iba a misa en la calle de los Hermanos Miralles, en el barrio de Salamanca. Mi marido me recogía a la salida y luego yo le acompañaba caminando hasta la Escuela. A veces nos encontrábamos a Juan Benet e íbamos juntos. Apenas tenía trato con nadie de la promoción, solo con mi marido, que también era otro raro. En alguna ocasión iba a casa de Juan, que estudiaba completamente tumbado en el suelo»,[39] revive Consuelo Giménez Sánchez. «Benet era una persona muy inteligente. Era agnóstico, muy relativista, casi casi podríamos decir *progre*. Estaba siempre con Ramón Ridruejo Gil, que era un viva la Pepa y Ramón Méndez Llaneza, un asturiano que le gustaba beber. También era de su pandilla José Luis Blanco Villoria, *Blanquito*, era pequeñito de estatura»,[40] rememora su compañero Jorge Sanjuán Piñol.

Benet necesita un permiso de salida al extranjero para hacer las prácticas de la Escuela. Con el debido respeto, se lo comunica a su capitán y él mismo redacta la instancia y el oficio. El 13 de mayo el secretario general de la Escuela solicita autorización al Estado Mayor del Ejército para que el alumno de cuarto año Juan Benet Goitia realice un viaje de ampliación de estudios por Francia, Italia, Alemania y Finlandia, «viaje que forma parte de las asignaturas correspondientes al año que cursa el interesado, especialmente en la de Obras Hidráulicas, siendo obligatorio realizarlo por todos los alumnos afectos al año que se cita, por cuya causa ruego a

38. *Pueblo*, 1 de diciembre de 1952.

39. Declaraciones de Consuelo Giménez Sánchez, viuda de Rafael López González, recogidas telefónicamente el 15 de abril de 2015.

40. Conversación con Jorge Sanjuán Piñol, registrada en magnetófono el 22 de octubre de 2014.

V.I. se sirva tenerlo presente a los efectos de la obtención del oportuno PERMISO MILITAR».[41]

El alumno Juan Benet finaliza el cuarto año con la calificación de Bueno. Dos profesores distinguidos fueron Eduardo Torroja Miret, un genio en Hormigón armado, y José Entrecanales Ibarra, titular de Geotecnia, cimientos y puentes de fábrica, una de las asignaturas más fuertes del curso. Entrecanales tenía admiración por el alumno Benet. «Don José Entrecanales me dijo un día: «Juan Benet era un bohemio, pero era de los tres o cuatro alumnos más inteligentes»,[42] así lo expresó Alberto Oliart. Sin embargo, su compañero Gabino Guedán, tras un gesto de sorpresa, manifestó: «Otra cosa es que a don José le impresionara su manera de ser en cuanto a la cultura, literatura, escritura, etcétera. A lo mejor por ahí sí. Yo nunca le he oído hablar de Juan Benet».[43]

A través del organismo internacional IAESTE (The International Association for the Exchange of Estudents for Technical Experience), que ofrece becas exiguas pero tramita prácticas remuneradas en empresas o instituciones de otros países, a finales de junio Benet viaja a París y luego a Ámsterdam, donde se aloja en la casa de su amigo el hispanista Ben Rekers. La ciudad, de múltiples propuestas, le parece muy interesante y, según le escribe a Nuria, «la más hermosa que he visto»,[44] pero considera el país triste, «tan triste que encanta».[45] El 1 de julio llega a Estocolmo y, en el barco S/S Wellamo, de la Finland Steamship Company, atraca en Helsinki el 5 de julio; en la capital finlandesa hará prácticas en la Empresa Municipal de Electricidad, Helsingin Kaupungin Sähkähläitos, que está construyendo una central térmica en la bahía, obra del maestro de la arquitectura Alvar Aalto. «Yo pedí para un laboratorio de obra, en el aprovechamiento integral del río Oulu, en Finlandia. Había dos presas. Al llegar a Helsinki en el barco Birger Jarl desde Estocolmo encontré a Benet haciendo cola en la taquilla de un banco para cambiar divisas. Oh, qué alegría. Era muy largo y le colgaba el flequillo. Había llegado en el siguiente barco al mío, con la misma procedencia, el Wellamo, según me dijo. Yo tenía que salir para Leppiniemi y él se quedaba en Helsinki. Estuvimos un día o más en la capital y luego de cuando en cuando nos comunicábamos por teléfono. Él se quedaba en Otaniemi, que es un barrio de Helsinki y yo bastante al norte, cerca de

41. Escrito mecanografiado del expediente académico de Juan Benet.
42. Conversación con Alberto Oliart grabada en magnetófono el 18 de junio de 2014.
43. Declaraciones de Gabino Guedán Gallar, grabadas en magnetófono el 11 de septiembre de 2014. Guedán trabajó durante cuarenta y cinco años en la empresa Entrecanales y Távora, fundada por José Entrecanales.
44. Carta manuscrita a Nuria Jordana, el 8 de julio de 1953.
45. *Ibíd.*

Hämeenlinna, en la presa de Nuoyya, que pertenece a la cuenca del Oulu»,[46] relata Jorge Sanjuán. A Juan, Helsinki no le gusta y así se lo hace saber a su novia; le parece una «ciudad fea, completamente rusa de color y forma».[47] Cree que toda la gente es parecida y no encuentra tipos tan extraños como en Ámsterdam o París. En Helsinki, por la radio, escucha el discurso de Gueorgui Malenkov, sucesor de Stalin, muerto el pasado 5 de marzo, y se entera de la caída del terrible Lavrenti Beria, desaparecido de la escena política soviética.

El trabajo de Benet consiste en ayudar a uno de los electricistas en el montaje de cables de los silos de carbón, soldando y enganchando tubos; desde las siete de la mañana hasta las cuatro de la tarde, con un sueldo de unos quinientos marcos semanales. Desde el sábado a mediodía aprovecha para viajar, se mueve en autobús. «Cómo no, conocí a una joven que trabajaba en un taller de dibujo y diseños para una fábrica de textiles».[48] Se llamaba Hjördis e invitó a Juan a pasar un fin de semana en la casa de sus padres, no lejos de la capital, para disfrutar del campo, de la sauna, de los cangrejos y del lago. Pero la dificultad del idioma y el no tener apuntado el nombre de la localidad, hicieron que Benet acabara perdido en el norte de la Karelia, cerca de la frontera rusa.

El 1 de agosto, acompañado de Jorge Sanjuán, Juan Benet embarca en el Wellamo para atravesar el golfo de Botnia y llegar a Estocolmo. «El propio rey bajó a esperarme a la estación y me besó en el oído»,[49] escribe un guasón Benet a Nuria, en Madrid.

Ya en España, Benet y unos amigos asisten a una corrida de toros organizada por Domingo Dominguín en San Sebastián, coincidiendo con una Semana Internacional del cine que se organiza por vez primera en la ciudad y que arranca el lunes 21 de septiembre. Las proyecciones tienen lugar en el teatro Victoria Eugenia y las fiestas de gran gala en los salones del Real Club de Tenis. Por allí andan Marujita Díaz, Paquita Rico, Emma Penella, María Asquerino, Carmen Sevilla, Francisco Rabal, Mario Cabré... El miércoles 23 el diario *Abc* publica un reportaje a grandes titulares: «¿Está Beria escondido en España?». Sobre el paradero de Lavrenti Beria, jefe de la policía política y del servicio secreto soviético (NKVD), el rotativo añade: «Se dice que pilotos que tomaron parte en nuestra guerra lo trajeron hasta el centro de la Mancha». A última hora de una tarde lluviosa tras el

46. Conversación con Jorge Sanjuán Piñol, registrada en magnetófono el 22 de octubre de 2014.

47. Carta manuscrita a Nuria Jordana, el 8 de julio de 1953.

48. *Otoño en Madrid hacia 1950*, Juan Benet. Alianza, Madrid, 1987.

49. Tarjeta postal del 4 de agosto de 1953.

fracaso de la corrida, un zumbón Domingo Dominguín telefoneó desde una cabina a los concurridos salones donde se celebraba un cóctel para las autoridades locales y los participantes en el acontecimiento cinematográfico. Entre la atónita concurrencia, el botones atravesaba los corros vociferando: «¡Don Laurencio Beria, al teléfono. Don Laurencio Beria, al teléfono!». El director de *Abc*, Torcuato Luca de Tena, fue cesado por el reportaje.

Retorno al cerrillo de San Blas. El 2 de octubre Benet se incorpora a la Escuela para iniciar el último curso de la carrera, pero se mantiene firme en la escritura; tiene otra obra de teatro, «El verbo vuelto carne», y un par de novelas absurdas y sin ninguna virtud, según él, si bien ha logrado «hacer un ejercicio puramente de silla, de banco, de máquina de escribir».[50]

Teresa Goitia recibe noticias desde Nueva York. En un telegrama, el 9 de octubre, su hijo Paco le comunica que se ha casado con la princesa persa Leila Farman-Farmaian. Leila es hija de un sultán con diez mujeres y tiene nueve hermanos de la misma madre, pero por parte de padre hacen un número de cincuenta. Teresa no encaja bien la novedad y enrabietada profiere blasfemias. Juan desde su cuarto la escucha y se persona a toda prisa para ver qué le sucede. «No te sulfures, es princesa»,[51] le dice tratando de consolarla.

En *Revista Española*, «una publicación bimestral de creación y crítica» impulsada por el bibliógrafo Antonio Rodríguez-Moñino y dirigida por sus amigos Ferlosio, Aldecoa y Sastre, Benet publica la pieza de teatro en dos actos titulada «Max»,[52] obra del todo irrepresentable, según el propio autor; con ella despunta a contracorriente, ya que renuncia a imitar el mundo exterior. La acción se desarrolla en el circo con dos personajes sobresalientes, el protagonista Max, un equilibrista débil, sufrido e incapaz de dar un salto mortal tantas veces prometido como exigido por un empresario ruin, negrero e inverecundo. Es el primer texto publicado por Juan Benet, que a la vez prosigue con la actividad teatral. El sábado 28 de noviembre, tras la quinta cena penitencial o Cena de las Investiduras, se representa en el Museo Romántico –calle de San Mateo–, «Cena de Difuntos», cuya autoría pertenece a «El escritor de estas obras encargado». Benet interpreta a Enrique, el aparecido; Solange Laffon, a Beatriz; y Nuria Jordana, a la vieja.

El 8 de enero de 1954, primera clase del año. Para el alumno Benet dos profesores destacan sobre el resto: Ramón Iribarren Cavanilles, en la asignatura de Puertos, y José María Aguirre Gonzalo, en Organización de empresas y contabilidad.

50. «Escribir», en *Ensayos de incertidumbre*, Juan Benet. Edición de Ignacio Echevarría. Lumen, Barcelona, 2011.
51. *Recordando mi vida*, Teresa Goitia. La Gaya Ciencia, Barcelona, 1979.
52. *Revista Española*, n.º 4, noviembre-diciembre de 1953.

«Iribarren nos daba Puertos, era uno de los ingenieros más prestigiosos en el mundo. Murió trágicamente, una desgracia. Nos dio una clase de Puertos muy bonita y muy buena. Aguirre era don José María Aguirre. Estaba subido en el podio, ahí en alto. Nos explicaba la economía y las finanzas y realmente estábamos deseando que acabara el curso porque aquello era insufrible».[53]

La revista *Índice de Artes y Letras* dedica un notable número doble de homenaje a Pío Baroja. Además del propio don Pío, entre otras firmas están Azorín, Juan Ramón Jiménez, César González Ruano, José García Nieto y un resuelto Juan Benet con el artículo «Baroja y la disgregación de la novela»,[54] donde examina el quehacer del gran literato vasco.

A finales de abril, con el aroma dulce que desprende el jardincillo de la Escuela, los alumnos de tercero celebran la fiesta del paso del ecuador. «Consistía en una tontería: se rompían las clases, los catedráticos lo sabían. Había que sacar al resto de los cursos del aula; los de tercero teníamos que sacar a los de primero, segundo, cuarto y quinto. Una charanga con mucho vino recorría la Escuela; al mediodía nos íbamos a callejear por la ciudad. Ese año, los que hicimos el campamento de milicias universitarias, nos habíamos traído unos botes de humo y pusimos dos en la escalinata de la Escuela. Llegamos a quinto y don José María Aguirre Gonzalo contaba cómo había resuelto una huelga del metro en Madrid. Abrimos la puerta al grito de '¡Ecuador, Ecuador!' y preguntó: '¿Qué hacen ustedes?' Cerramos inmediatamente. '¿Pero qué se cree? ¡Volved a abrir!', gritaron. Un compañero dijo: 'Que entre alguien que esté lesionado para que no arremeta contra él'. Entró uno que estaba manco. Volvió para atrás. Otra voz: '¡Esto no se puede tolerar!'. Una mano alevosa agarró un bote de humo, lo tiró dentro del aula y cerró la puerta. Salieron escupiendo. Fue entonces cuando conocí a Juan. Se armó el consiguiente jaleo y se nos formó un tribunal de honor por el claustro. Juan Gutiérrez Cortines, el hijo de don Manuel Gutiérrez Cortines, era nuestro delegado pero estaba negociando el cambio de planes de estudios. Como yo era el subdelegado, me tocó a mí asistir al tribunal de honor. Nos sentenció: de cada diez, los de peor expediente quedaron para septiembre. Recibí la bronca del secretario Joaquín Serrano Tormo. Me dijo que éramos unos bárbaros y que habíamos estado a punto de matar a don José María Aguirre... Era tal la devoción que se le tenía... Yo sólo podía escuchar, sin voz ni voto. Me preguntaron quién había traído del campamento los botes de humo. Aquello fue Fuenteovejuna. No falló la solidaridad entre los

53. Declaraciones de Gabino Guedán Gallar, grabadas en magnetófono el 11 de septiembre de 2014.

54. *Índice de Artes y Letras*, n.º 70-71, enero-febrero de 1954.

cuarenta y tantos. ¿Por qué le interesamos a Juan Benet? Porque le interesaba todo lo que se saliera de la norma. Le llamó la atención lo del tribunal de honor. Don José Soto Burgos, que nos daba Cálculo de ecuaciones diferenciales, proponía que se nos denunciara al ministro del Ejército porque al fin y al cabo estábamos haciendo la *mili* en España. Don José Entrecanales le dijo: 'No sea animal, Soto. Qué tontería dice'. En esos últimos meses fue cuando me dirigí a Benet»,[55] reconstruye Felipe Mendaña Saavedra. En junio Juan Benet finaliza el quinto año con calificación de Bueno y por tanto acaba sus estudios de ingeniero de caminos; logra el número 49 de su promoción, formada por 52 alumnos, así ratificado por el claustro del 8 de octubre.

En Madrid, Benet conoce a Vicente Girbau León, quien mediante oposición había logrado la plaza de secretario de Embajada con destino en la capital. De padre acaudalado, Girbau vive en un espacioso piso de la calle de Zurbano 78. Muy activo en política y persona culta, el diplomático es buen amigo de Dionisio Ridruejo. Por estas fechas, Juan asiste a una cena en el Mesón de Fuencarral con Domingo Dominguín y Agustín Larrea, quien no es otro que la máscara de otra máscara, Federico Sánchez, o sea, Jorge Semprún, dirigente comunista de incógnito en España. En torno a unas estupendas chuletas de cordero asadas y vino tinto, Benet, que no sabe de Larrea ni de Sánchez ni de Semprún, aunque algo supone, habla de *¡Absalón, Absalón!*, de Faulkner. Larrea interviene con algún matiz en el monólogo de Benet, pero lo que no le cuenta, hubiera sido contrario a las normas de la clandestinidad, es cómo, por qué y en qué condiciones había leído a Faulkner. Juan le mira un tanto ofuscado y sorprendido por su acertada intervención. No le parece normal que este miembro del aparato clandestino del Partido Comunista pueda saber algo de Faulkner.

A primeros de junio y luego de comer en Zaragoza con Alfonso Buñuel y su primo Fernando Chueca, Juan inicia un periplo infernal en autobús: Barcelona, Nimes, Lausanne, Ginebra, Interlaken, el terrible puerto de Grimsel, Lucerna y Zúrich; envía tarjetas postales a Nuria, ahora alojada en la Real Academia Española, en la calle de Felipe IV número 4, en una habitación que los conserjes ofrecen de alquiler. Dejado atrás las germanas Heidelberg, Maguncia, Friburgo, Colonia, Düsseldorf, las holandesas Nimega y Utrecht, Juan se aposenta en la casa de su amigo Ben Rekers, en Ámsterdam, lo que más le gusta de Europa.

55. Recuerdos de Felipe Mendaña Saavedra, registrados en magnetófono el 4 de septiembre de 2014.

Como graduado en ingeniería civil pero mal retribuido, a Benet le toca servir en la construcción del hospital municipal de Ljungby, pequeño pueblo del sur de Suecia, en el condado de Kronoberg, a donde llega becado el 1 de julio para hacer sus prácticas ingenieriles. En los ratos de ocio y en los días festivos pasea en barca, camina por el bosque para recoger frambuesas o practica el dibujo; hace apuntes hiperbólicos a lápiz de escenas cotidianas en un cuaderno Schetsboek (24,5 × 17,5 cm), como la visita del Club de Vespa de Copenhague a Suecia. Las tardes de lluvia las suele dedicar a la lectura en inglés. Por el libro *The Sea Around Us*, de Rachel Carson, descubre *The mirror of the sea*, la obra de Conrad que le falta por conocer. Se desplaza en tren a Estocolmo, Malmö y Copenhague, en cuyas librerías busca el texto de Conrad sin ningún resultado. Con sus dos últimas pagas adquiere una excelente máquina de escribir portátil de una calidad y robustez entonces desconocidas en España. Tras mucho insistir, acaba convenciendo al representante de la casa para cambiar dos teclas por las de caracteres específicos del castellano: la ñ y los signos iniciales de interrogación y admiración. Con la pequeña máquina Halda continúa en la desaforada labor de escritura.

Nuria está al cuidado de tres niños de ocho, nueve y diez años de los descendientes de los condes de Bugallal, que pasan los veranos en el pazo de La Parda, en Pontevedra, una construcción del siglo XVII con hórreo, capilla, casa auxiliar y edificio principal levantado en granito, de dos plantas y torre almenada. Dispone de doce dormitorios, seis cuartos de baño, comedor, salón, sala de estar, despacho, biblioteca, oficina, cocina, lagar y bodega. Nuria, además de la custodia de los infantes, les imparte una hora diaria de francés.

Ya en su ciudad natal, desde el sábado 14 hasta el lunes 16 de agosto, Juan acompaña a Domingo Dominguín, Paulino Garagorri y Fernando Chueca a Salamanca para ver torear a Domingo y deleitarse con los tesoros platerescos. Pero pocos días después, con unos ahorros que trajo de Suecia (diez mil pesetas), vuelve a salir en un viaje relámpago y arriba a Copenhague, para luego desplazarse a Lübeck, París y San Sebastián, donde se encuentra con Alberto Machimbarrena y desde allí Juan le escribe una carta a Nuria, que pasa los días dorados de septiembre en Arenys de Mar.

Juan Benet comienza a trabajar de ingeniero en la empresa Eptisa, un *consulting* de asistencia técnica para la construcción de bases norteamericanas en España presidido por el distinguido ingeniero de caminos Enrique Becerril y Antón-Miralles, quien fuera profesor suyo en la Escuela. Becerril fue vecino de comunidad durante la guerra y amigo de Fernando Chueca en la calle de Ventura Rodríguez número 9. Como el año anterior se firmaron los acuerdos para la instalación de cuatro bases en territorio español, la empresa está en tratos con los estadounidenses, pero los ingenieros españoles no son capaces de desatascar las arduas negociaciones. Chueca le sugiere a Becerril que envíe a Benet a negociar con tan rígidas autoridades, a lo que el presidente de la empresa le responde: «No, Fernando; no. Juan es demasiado joven, no tiene experiencia ni autoridad». Pero transcurrido un tiempo y como las dificultades continúan, Becerril prueba con Benet y le reconoce sinceramente a Chueca que estaba equivocado: «Mira Fernando, tu primo se los ha metido en el bolsillo».[56] El bisoño ingeniero Benet hace un proyecto para el muelle de atraque de la base de Rota.

En noviembre tiene lugar la sexta cena penitencial de la Orden de Caballeros de Don Juan Tenorio en Alcalá de Henares. En diciembre se estrena «El salario de noviembre», de Juan Benet (de nuevo Premio Mejía), en la Hostería del Estudiante de Alcalá de Henares, una «adaptación escénica de la obra de Don José Zorrilla, *La leyenda de Don Juan Tenorio*».[57] Juan interpreta el papel de Imbécil tercero y Nuria el de Beatriz Mejía. El resto de ejecutantes son Antonio Díaz Cañabate, Alfonso Buñuel, Antonio Berdegué, Domingo González Lucas, Fernando Chueca, Miroslava Stern y Paulino Garagorri. El drama de espíritu romántico se divide en doce escenas jocosas, donde se alterna prosa y verso; con rimas pueriles del clásico, a veces retocadas. Un homenaje al gran dramaturgo y poeta vallisoletano. A través de un diálogo absurdo de cuatro imbéciles, que todavía no han cobrado su paga, se representa el mito del seductor cuya acción transcurre en la Sevilla medieval, donde dos caballeros, Don César Tenorio y Don Juan de Ulloa, cortejan a una dama, Beatriz Mejía. Los imbéciles discuten si son tres o cuatro los hermanos Tenorio. Embozados con antifaz, espadachines... tiene todos los ingredientes de la tragedia. A la función concurren doña Teresa y Marisol, asiduas fervientes.

Juan Antonio Bardem ha comenzado a rodar en Madrid *Muerte de un ciclista*.[58] Pepín Bello y Juan Benet asisten al rodaje. «La mitad del humo que sale en la película, detrás de Alberto Closas, eran pitillos de Pepín y míos. Nos pasamos media película tumbados detrás del protagonista, fumando como descosidos para crear el ambiente apetecido por el director. Pepín aprovechaba siempre los escasos

56. «Juan Benet en el recuerdo», Fernando Chueca Goitia. *Abc*, 12 de enero de 1993.

57. *Teatro civil 1949-1959*, Orden de Caballeros de Don Juan Tenorio. Madrid, Valladolid, Toledo, 1960. Edición de 250 ejemplares numerados.

58. El rodaje comenzó el 29 de noviembre de 1954 y finalizó el 25 de febrero de 1955.

momentos de silencio para gritar desde el anonimato lo de 'acción'. El equipo se volvía loco. Fue en esa película cuando Luis Miguel se enamoró de Lucía Bosé...».[59]

Juan está comprometido con Nuria Jordana. Sus amoríos con Solange Laffon han quedado atrás, el fogonazo ha periclitado. Desde San Sebastián, el 12 de febrero de 1955 Luis Martín-Santos escribe a Juan Benet dos cuartillas manuscritas a doble cara, en las que se cuestiona la utilidad de las horas dedicadas al trabajo literario. Al final de la misiva, Luis le pregunta: «¿Te has casado ya? Pon un telegrama cuando lo hagas. Dile a Nuria que nos acordamos de vosotros. Un abrazo».[60]

El 1 de marzo el torero Luis Miguel Dominguín y la actriz Lucía Bosé se casan en ceremonia civil en la estadounidense Las Vegas, con dos testigos y poco más; se instalan en El Viso, pero con la llegada del buen tiempo se desplazan a la finca Villa Paz, en la carretera de Saelices (Cuenca), propiedad que el diestro le compró en 1947 a doña Eulalia de Borbón, hermana de María de la Paz. En primavera, algún fin de semana, hasta allí se acercan Juan Benet, su primo Fernando Chueca y el psiquiatra Enrique Escardó. Lucía Bosé recuerda a un «Benet joven y muy inteligente, que, alborozado, montaba en bicicleta por la hacienda».[61]

A las diez de la mañana del 15 de abril Juan Benet Goitia, de 27 años, y su prima carnal Nuria Jordana Benet, de 31, nacida el 23 de agosto de 1923 en Barcelona, contraen matrimonio en la iglesia de San Jerónimo el Real. Los padrinos son Teresa Goitia Ajuria y Domingo Goitia Ajuria –conocido como el tío *Chomin*– en representación de César Augusto Jordana. Como testigos están Alberto Machimbarrena y Fernando Chueca Goitia. Además de los familiares, entre los invitados se encuentran Ramón Ridruejo Gil, Pepín Bello, Luis Miguel Dominguín y Lucía Bosé, Domingo Dominguín y Carmela Aparicio, Pepe Dominguín y María Rosa Salgado... Finalizada la ceremonia, todos se desplazan caminando al café Lyon de la calle de Alcalá; Nuria hace un alto en el edificio de Correos, en la plaza de Cibeles, para poner un telegrama a C.A. Jordana («Casats Abraçades»). Luego todos se acercan a los salones de la Dirección General de Bellas Artes (Alcalá 44), donde dos días atrás Benjamín Palencia inauguró una exposición de cuarenta obras. Del pintor, amigo de la familia, los cónyuges tienen un dibujo y un óleo en su nuevo domicilio, un piso de alquiler, muy alegre y luminoso en la calle de Los Madrazo número 6, 4.º izquierda. El banquete se celebra hacia la una de la tarde en la terraza del Mesón de Fuencarral, pero una tormenta y un fuerte aguacero obliga a los celebrantes a

59. *Cartografía personal*, Juan Benet. Cuatro, Valladolid, 1997.

60. *Vidas y muertes de Luis Martín-Santos*, José Lázaro. Tusquets, Barcelona, 2009.

61. Conversación telefónica del 9 y 14 de octubre de 2014.

refugiarse a la carrera en el interior del local. La sobremesa se alarga con los más jóvenes y terminan con un baile en la nueva casa, hasta las diez de la noche. Luego de cenar fuera, todo acaba a las tres de la madrugada. El día siguiente, con Nuria a los fogones, se celebra otra comilona en el flamante hogar. Y una jornada después Fernando Chueca, con obligaciones laborales en Aragón, recoge a los recién desposados y los lleva en su automóvil a Zaragoza y Calanda, donde exploran la arquitectura mudéjar. Más de que un viaje de novios se trata de un viaje pedagógico del que Nuria termina algo saturada de tanta piedra.

En agosto Juan, Nuria, Marisol y Teresa se desplazan a San Juan de Luz para encontrarse con Paco Benet, porque sigue sin poder atravesar la frontera. Se hospedan en un hotelito ajardinado y se acercan al cine a Biarritz; Nuria está embarazada. Juan acompaña a su incondicional Alberto Machimbarrena en un viaje a Vera de Bidasoa, para encontrarse con Pío Baroja en Itzea, una mezcla de caserío, casa señorial vasca y biblioteca. A Benet, el encuentro con el autor guipuzcoano siempre le resulta muy estimulante. Allí coinciden con el antropólogo Julio Caro, los doctores Julián Bergareche Maritorena, Vicente Urcola Ansola, José Ramón Careche, y los abogados Joaquín Pradera Machimbarrena y Alberto Martínez Elorriaga, todos amigos donostiarras.

El domingo 2 de octubre, en la madrileña plaza de toros de Vista-Alegre, propiedad de Luis Miguel Dominguín, tiene lugar un «¡Grandioso Festival Taurino!. Seis hermosos erales con divisa azul y blanca de la muy famosa y acreditada ganadería de Don Enrique García, de Madrid, serán toreados, banderilleados y muertos a estoque».[62] Los espadas son Joselito Álvarez, Antonio Aguado, Juan Bravo Cantalejano, Pepe Ortiz, Celestino Domínguez y Ángel Rodríguez. Los banderilleros Pedro Aparicio (Pedrín), Miguel Cuellar, Ramón Edo, Francisco Martín (Valbuena), Cipriano Castillo, Manuel Castillo, Dionisio Recio, Luis Calderón de la Barca, Pablo Sáez (Chicorro), Pedro de Luis, Agustín Almendro y Juan Benet (El Novelas). El festival empieza a las cuatro y media en punto de la tarde. Todos los diestros que actúan visten el típico traje campero. De nuevo, el jueves 13 de octubre en Calanda se celebra un «Enorme festival taurino»,[63] donde cinco hermosos y escogidos novillos de la ganadería de doña Piedad Figueroa son lidiados por los famosos diestros Pepe Dominguín, Luis Miguel Dominguín, Rafael Ortega, Antonio Palacios y Jesús Omedas. Juan Benet salta al ruedo como banderillero con el

62. Así reza el cartel.
63. Según el cartel.

sobrenombre de Peque; también José Bello (Pepín). El puntillero es Fernando Chueca. «Domingo tenía un negocio en el que rara vez la cuadrilla estaba completa. Así que la completábamos los amigos para hacer número al salir; luego, todos nos íbamos por el callejón y ya nadie contaba. Me vestía con un traje de luces de cuarta mano, salía, me cambiaba de inmediato, y veía la corrida».[64]

A las pocas semanas de una operación en la clínica Ruber, en la mañana del 18 de octubre, muere en su domicilio madrileño de la calle de Montesquinza 28, a consecuencia de un cáncer de estómago, el filósofo José Ortega y Gasset. Aunque Benet lo ha leído con intensidad y frecuencia, no se puede decir que sea un orteguiano. Amigos suyos como Paulino Garagorri, sí lo son. Sin embargo, Juan Benet despidió al filósofo en la Sacramental de San Isidro, como otros muchos jóvenes antifranquistas.

Don Pablo García-Arenal Rubio, biznieto de la escritora y feminista Concepción Arenal e ingeniero jefe de una delegación de MZOV, compañía que ha construido el legendario ferrocarril de Medina del Campo a Zamora y de Orense a Vigo, busca un ingeniero joven para reforzar el área de estudios y contratación de la empresa y pide currículos, entre los que le llega el de Juan Benet. Cuando se entera Enrique Becerril de que su empleado pretende cambiar de compañía, le pide a Fernando Chueca que convenza a Juan para que se quede en Eptisa; «Me dijo que le subiría el sueldo y le daría toda clase de prebendas. Todo fue en vano».[65] Venció la personalidad impresionante de don Pablo. «No he conocido una persona que concitara tanto respeto en medios y entre personas muy diversas, lo mismo en una reunión de empresarios que en una tertulia de trasnochadores»,[66] escribió Juan Benet muchos años después.

Europa padece el invierno más frío del siglo. Una tarde de enero de 1956, Fernando Morán reúne en casa de Vicente Girbau a Juan Benet, Víctor Pradera, hermano mayor de Javier, Francisco Bustelo, Alberto Oliart y otros conspiradores. Ya no es posible la indiferencia. Sentados en sillas formando un corro elíptico, deliberan sobre cómo acabar con la dictadura y restaurar la democracia en España. Cuando le toca el turno a Benet habla con voz grave, sin prisa, hace pausas reflexivas. Todos le escuchan atentos y asombrados. «No creo que nadie, absolutamente nadie, entendiera lo que el extraño personaje estaba

64. «Autorretrato», en *Cartografía personal*, Juan Benet. Cuatro, Valladolid, 1997.

65. «Juan Benet en el recuerdo», Fernando Chueca Goitia. *Abc*, 12 de enero de 1993.

66. *Medio siglo de anécdotas de la construcción contadas por sus protagonistas*, varios autores. Necso Entrecanales Cubiertas, Madrid, 1998.

diciendo. Desde luego, su discurso no conectaba con el tema, ni con la forma y el contenido de las demás intervenciones; parecía hablar de otro asunto y desde otra esfera de presencia. El silencio que produjo su intervención duró un tiempo después de que terminara. El auditorio estaba absorto, desorientado, boquiabierto. Vicente Girbau, nuestro anfitrión, acertó a decir: 'Muy bien, Juan'. Continuó la rueda de intervenciones en el mismo tono apasionado que había tenido antes».[67] Alberto Oliart, abogado del Estado en Ciudad Real, pregunta a su vecino quién es. Se llama Juan Benet, le contesta. «Es ingeniero de Caminos, Canales y Puertos».[68] Una vez deshecho el corro, Oliart se acerca a Benet. Tras las presentaciones, Alberto le dice: «Has estado estupendo porque lo que has dicho a mí me ha interesado, pero no se te entendía nada». A lo que Benet responde: «¡Pero qué dices, si lo que he dicho está clarísimo!». Retruca Alberto: «Precisamente lo que tú no eres es claro».[69]

A las siete de la tarde del 14 de febrero nace Ramón Benet Jordana, el primogénito de Juan y Nuria, en el hospital La Milagrosa. En la habitación, acompañan a la parturienta Juan y su hermana Marisol. La familia continúa viviendo en Los Madrazo 6. El bebé fue bautizado por el párroco Miguel Ángel Chueca Goitia, en la iglesia de San José (Alcalá 43). Pocos días después Juan viaja al norte con Vicente Girbau, Alberto Machimbarrena y Luis Peña Ganchegui, estudiante de arquitectura. En San Sebastián se reúnen con Luis Martín-Santos. Durante la cena comentan el multitudinario entierro de Ortega. Al día siguiente, el 19 de marzo, se dirigen a Pamplona con intención de comer en el restaurante Las Pocholas, vecino de la plaza del Castillo. Girbau sale un momento al coche y es abordado por unos policías, que siguen sus pasos por la redacción de un manifiesto[70] sobre las revueltas estudiantiles recientes, en el que se acababa pidiendo la dimisión del ministro de la Gobernación, Blas Pérez González. Los detienen a todos, los llevan a la comisaría y son trasladados a Madrid. Pasan tres días en la Dirección General de Seguridad (DGS) interrogados por Saturnino Yagüe hasta que Benet y Martín-Santos quedan en libertad. Girbau, Machimbarrena y Ganchegui pasaron a la cárcel de Carabanchel.

67. «En la memoria», Alberto Oliart. *El Urogallo*, n.º 35, marzo de 1989.

68. *Ibíd.*

69. Testimonio de Alberto Oliart, recogido en magnetófono el 18 de junio de 2014.

70. Tirado con una multicopista que, tras múltiples peripecias, habían comprado Francisco Bustelo y Vicente Girbau; el aparato, muy rudimentario, se guardaba en la casa del diplomático.

En marzo Juan Benet ingresa como jefe de servicio en la Compañía de los Ferrocarriles de Medina del Campo a Zamora y de Orense a Vigo (MZOV), con sede en la calle de Velázquez 47. La empresa, dirigida por Manuel Lanzón Surroca, ejecuta una reforma de la Biblioteca Nacional; se crean varios grupos y Benet queda encuadrado en uno acompañado del técnico Francisco González Gamallo y un jefe de contabilidad. Laboran hasta altas horas de la madrugada haciendo cálculos, incluido el director general. Al no haber taxis disponibles, el chófer Juan Molet, al volante de un Austin de color negro de la compañía, deja a cada uno en su domicilio. Pero como a Benet lo que le interesa de su profesión es la ejecución de trabajos en el campo, lo envían como jefe de obra a Ponferrada, donde la empresa ha contratado los canales de Quereño y Cornatel para la Empresa Nacional de Electricidad. La ciudad leonesa es la de mayor crecimiento y turbulencia de España a causa de numerosas obras hidráulicas, minería del carbón y explotación de hierro, razón por la que Benet no encuentra piso y hasta el otoño vive en el hotel Madrid, en la Puebla, la parte baja de la ciudad. Lo regentan dos hermanos, Daniel y Emiliano Voces, pero la que da las órdenes es la madre, viuda y apodada familiarmente Doña Cojones. El establecimiento dispone de habitaciones con o sin cuarto de baño, pero con un pequeño lavabo; en las que carecen de baño, el interesado ha de pedir la llave en recepción para utilizarlo y luego se le carga en la cuenta mensual. Entre la clientela abundan los «técnicos de toda índole, más o menos de mi edad».[71] Cuenta Benet que trabajaban quince horas diarias, los sábados incluidos. «En cambio, como se ganaba bastante dinero –unas quince mil pesetas al mes–, los fines de semana eran sonados».[72] Benet se ha llevado a Ponferrada un Citroën 2CV, de color gris, que le tocó en el sorteo de fin de carrera con opción a compra a buen precio. El automóvil tiene un techo de lona enrollable, que lo convierte en descapotable. A Benet le encanta. A veces se suben seis o siete personas ávidas de salir de Ponferrada –de escaso esparcimiento–, hartas de hollín y niebla, de la dureza del clima. «Con los amigos y compañeros que trabajaban en el Sil, hacia Orense y Viana del Bollo, nos solíamos citar a medio camino –por los general en los altos de Rodicio o en Castro Caldelas– y echar un baile en La Rúa».[73] Las averías las arreglaba cualquiera con una herramienta sencilla; cualquier mecánico de obra lo tenía siempre a punto. «Cierto sábado en que

71. Juan Benet en *Medio siglo de anécdotas de la construcción contadas por sus protagonistas*, varios autores. Necso Entrecanales Cubiertas, Madrid 1998. «Región», en *Prosas civiles*, Juan Benet. Colegio de Ingenieros de Caminos, Canales y Puertos, Madrid, 2008.

72. *Ibíd.*

73. *Ibíd.*

partíamos muy tarde en dirección a La Coruña, la noche, la niebla y el hielo nos sorprendieron bajando el puerto de Piedrafita y en una revuelta el coche dio un patinazo, giró sobre sí mismo y a punto estuvimos de despeñarnos. Debimos pasar el susto a fuerza de vino, porque subimos al coche sin darnos cuenta de que estaba en dirección opuesta a la que llevábamos y cuando, ya entrada la madrugada, alcanzamos de nuevo Villafranca el personal a punto estuvo de lincharme».[74] Algunos sábados Benet, con la bufanda al cuello a modo de estola sacerdotal, se desplaza a León y se hospeda en el hotel Oliden, un majestuoso edificio de ocho plantas en el centro de la ciudad, donde le tratan a cuerpo de rey. Visita a su amigo Aurelio Ruiz López, ingeniero en la Jefatura de Obras Públicas, comen en el hotel Regina y luego van al Salamanca, café cantante en la calle de Ordoño II; por la noche, tras una plétora de partidas de póquer y muchos cigarrillos, cenan en el Barrio Húmedo.

Para andar por las obras Juan Benet tiene a su disposición un Ford T8 de 1937 y un chófer leonés que en cuarenta años no ha salido de la provincia de Orense y sufre pequeños desvanecimientos. Entre ambos hay problemas de comunicación, el conductor apenas comprende el lenguaje del ingeniero bisoño. Si don Juan, así le llaman, le solicita que aguarde unos instantes, el coche se marcha. Por el contrario, si desea liberarse de su servicio, el hombre espera. También en las obras tiene problemas; da órdenes en castellano y todos los trabajadores son gallegos. Observa que el encargado ordena lo contrario de lo que él quiere, pero a su vez el capataz hace lo mismo y así sucesivamente. Para lograr su objetivo le bastó con crear un nuevo mando intermedio, el jefe de equipo, de esta manera la cadena era impar y, al final, se hacía lo ordenado. En un viaje a Portugal, Benet busca un libro para, a falta de uno gallego, acercarse al idioma. El librero le recomienda *Os Sertões*, del también ingeniero Euclides da Cunha. Sin diccionario, en su despacho, Benet se enfrasca en la lectura de la gran obra épica brasileña y apenas sale a comer ni a visitar los trabajos. En sus ratos libres, sin mucho que hacer cuando se oculta el sol, envuelto en el estruendo de las fichas contra las mesas de mármol, juega al dominó con sus capataces y tiene relación con «los viejos mineros de la zona o con el maquis».[75] Cuando la labor lo permite, Benet viaja a Madrid para encontrarse con su familia. El 29 de julio adquiere en la librería Clan *El corazón es un cazador solitario*, de Carson McCullers. De Buenos Aires recibe la versión argentina de *Mosquitos*, de Faulkner, dedicado por su suegro César Augusto Jordana, quien trabaja

74. *Ibíd.*
75. «Desde América», en *Cartografía personal*, Juan Benet. Cuatro, Valladolid, 1997.

para la Editorial Sudamericana y está escribiendo su obra más ambiciosa, la novela *El món de Joan Ferrer*.

El jueves 18 de octubre, un jovencísimo de rostro aniñado Juan Benet ataviado de traje y corbata, en compañía del ingeniero José María Aponte Sánchez, Antonio Martínez Cattaneo, director de Construcción del Instituto Nacional de Industria, Francisco García de Sola, director general de Obras Hidráulicas, y otros gerifaltes de la Administración, visitan las obras de la presa de Bárcena, en el río Sil, cabeza del canal de Cornatel, en Ponferrada. Doce fechas después asiste en Madrid al entierro de Pío Baroja, quien por voluntad propia no quiere cristiana sepultura. Bajo una intensa lluvia, el ataúd sale de su domicilio a hombros de Alberto Machimbarrena, Ernest Hemingway y Camilo José Cela, entre otros. En la comitiva van Teresa Goitia, junto a su hijo, Fernando Chueca, Paulino Garagorri, Pepín Bello, Julián Marías y muchas personas más. El novelista es enterrado en una austera tumba de granito del cementerio civil de La Almudena.

En otoño Nuria Jordana y su hijo Ramón se trasladan a Ponferrada. La familia vive alquilada en una casa de dos plantas en el barrio La Obrera, con un pequeño huerto, en la calle Diego Antonio González 19, próxima al Ayuntamiento. La vivienda tiene buen número de habitaciones y desvanes vacíos, «en uno de los cuales mi mujer encontró dos esqueletos completos, con los cuales yo quise montar una historia romántica que se demostró improcedente porque los esqueletos resultaron ser de pasta».[76] El ingeniero recibe visitas de inspección de don Pablo García-Arenal, que a veces se hace acompañar de amigos como el doctor Manuel Varela Uña; acostumbran a comer en el hotel Madrid. El antiguo alumno de la Escuela Clemente Sáenz Ridruejo visita Ponferrada con frecuencia porque trabaja como geólogo de Auxini, empresa constructora auxiliar del Instituto Nacional de Industria (INI), en los canales de Cornatel y Quereño. Juan y Clemente (llamado Clemens) entablan amistad.

En noviembre Juan Benet Goitia, como encargado de las obras del canal del salto de Quereño, redacta el informe «Estadística de perforación de túneles». Las obras están en la margen derecha del río Sil, sin acceso por carretera; Benet proyecta una pasarela colgante que apenas permite el acceso de un Land Rover, pero es de utilidad para pasar de la provincia de León a la de Orense sobre el río. Introdujo por primera vez en la empresa numerosas técnicas, como «el martillo picador y la barrena de vidia; antes las bocas de acero duraban poco y las tenía que rehacer un

76. «Región», en *Páginas impares*, Juan Benet. Alfaguara, 1996.

herrero. También inventó un rasero para hormigonar los cajeros del canal».[77] Con Benet se empezó a barrenar con agua para evitar polvareda en los túneles, se instalaron extractores y se comenzó a usar casco, sólo utilizado en la minería; eran pesados, incómodos, pero más seguros que la boina tradicional.

77. Javier Rodríguez Ibrán en *Medio siglo de anécdotas de la construcción contadas por sus protagonistas*, varios autores. Necso Entrecanales Cubiertas, Madrid, 1998.

Los Jerónimos (Madrid, 15 de abril de 1955) Juan Benet y Nuria Jordana. Cortesía de Marisol Benet

En la puerta de Los Jerónimos, los desposados y parte de los invitados. Con pamela y de blanco Lucía Bosé, junto a Luis Miguel Dominguín. Sobre la novia Pepín Bello entre dos damas del brazo (Madrid, 15 de abril de 1955). Cortesía de Marisol Benet

4

DESVENTURAS

NURIA JORDANA está de nuevo embarazada. Juan llega a casa sobre las nueve de la noche después de una larga jornada de trabajo. Como gran melómano, aficionado a los autores del romanticismo alemán, inicia clases de violín con un sobrestante de la Renfe que sabe tocar el instrumento. Asiste a la estación de Ponferrada. «Me daba clase hasta las diez, la hora de cenar. Era un horario desafortunado, porque en ese momento la estación tenía mucha actividad y siempre nos interrumpían. Lo dejé: llegó a impacientarme, y el sobrestante tocaba muy mal, rascaba como una sierra. Pero dio lugar a comprar un violín, que resultó ser una pieza francesa de principios del XIX. No pasé de las primeras notas; además reventé el violín al apretarlo con la barbilla».[78]

El sábado 23 de febrero de 1957 el ingeniero se desplaza a Madrid y duerme en el piso que todavía mantiene el matrimonio en la calle de Los Madrazo. El martes 26 Juan Benet recibe una visita rutinaria de la policía, una más de las que la dictadura lleva a cabo con aquellos que han pasado por comisaría. Al día siguiente regresa a Ponferrada.

En marzo Benet le escribe trece folios a mano a Pepín Bello, donde relata un disparatado viaje imaginario de un grupo de españoles, de apellido valenciano, invitados por la Comisión Fallera del Soviet Supremo, por la casi totalidad de Rusia; de Ponferrada a Valladolid para acabar en el vasto país del Este. Le adjunta un dibujo de dicha comisión («Autoridadya») aposentada en la tribuna con el escudo de Valencia y, a sus espaldas de fondo, la silueta de la ciudad con grandes edificios de arquitectura estalinista y de iglesias ortodoxas cuyas cúpulas están coronadas por murciélagos. Caricaturizados están Gueorgui Malenkov, Nikólai Bulganinm, Viacheslav Mólotov, Nikita Jrushchov, Dimitri Manuilski, Lázar Kaganóvich, Suren

78. «Autorretrato», en *Cartografía personal*, Juan Benet. Cuatro, Valladolid, 1997.

Spandaryan, Gueorgui Zhúkov, Semión Budionni, Walter Bedell Smith, Federico García Sanchíz, los diestros Paco Madrid y Dominguito, a quien sólo se le ve la montera... y así hasta veintiún miembros.

A las doce de la medianoche del 22 de agosto nace Eva Benet Jordana en la clínica del doctor Ricardo Cedrón Pérez, en la calle de José Antonio 37, de Ponferrada. Junto a Ramón, de dieciocho meses, ya son dos criaturas que llenan de alborozo y algarabía el hogar. La recién nacida, con síndrome congénito de mongolismo pero sin acusadas anomalías físicas, es inscrita por el progenitor en el Registro Civil dos días después. Sus padres la llevan a bautizar a Madrid, a la iglesia de San José, donde reúnen a toda la familia. Los padrinos de Eva son Marisol Benet y Fernando Chueca.

Después de haber sufrido, el pasado junio, devastadoras riadas en Santander, en octubre fuertes temporales de lluvia azotan España. El día 14 se desborda el río Turia, a su paso por Valencia, inundando la capital con una pavorosa crecida que afecta a dos tercios de la población. El desdichado recuento es de más de ochenta muertos y miles de millones de pesetas de pérdidas. Estas aguas de escorrentía que la naturaleza envía con intenciones catastróficas no son deseadas por Benet, quien trata de corregir el desequilibrio hidráulico y tanto vela porque ni una gota de agua caída en territorio español sea desaprovechada.

Juan Benet no se pierde la octava cena penitencial y se traslada de nuevo a Madrid. El 30 de noviembre se estrena en la Casa de Suecia (Marqués de Casa Riera 4) la obra «Objeto de la edad», premio Mejía 1957, cuya autoría corresponde a «Un viejo valor».[79] Benet interpreta el breve papel del sereno, su primo Fernando Chueca es el Comendador, Victoria Rodríguez encarna a doña Inés, Alfonso Buñuel a Ricardo Wagner. Los comparsas son Gonzalo R. Lafora, Juan Pérez Páramo, Julián Marías, Paulino Garagorri y Alberto Machimbarrena. Luego de la representación, Benet no tarda en abandonar las luces de la ciudad para sumergirse de nuevo en las brétemas ponferradinas, enfundarse las botas y hozar entre el barro. Le aguarda la obra en los canales.

El año 1958 comienza con una buena noticia para el entorno de Juan Benet. El 6 de enero su amiga Carmen Martín Gaite obtiene el premio Nadal con su primera novela larga, *Entre visillos*, testimonio crítico del tedio de la vida cotidiana de

79. *Teatro civil 1949-1959*, Orden de Caballeros de Don Juan Tenorio. Madrid, Valladolid, Toledo, 1960. Edición de 250 ejemplares numerados.

posguerra en la provincia. Sin embargo, la desgracia no tarda en hacer acto de presencia. A causa de una bronquiolitis, sin apenas siete meses de vida, el 11 de marzo a las ocho de la tarde Eva Benet muere en el domicilio familiar de Ponferrada. En un automóvil cedido por don Pablo García-Arenal, desde la capital viajan Marisol Benet, Teresa y Flora Goitia. Tras un fastidioso trayecto con nevada incluida, Teresa y la tía Flora se hospedan en el hotel Madrid. Marisol se queda con su hermano. Velan el cadáver de la pequeña en casa, invadida por un sentimiento de desolación, a la que se acercan compañeros de la empresa. A Eva se le da sepultura en el cementerio del Carmen, en la parte alta de la localidad. Pese a ser poco dado al desaliento, Benet está destrozado, no entiende el acto de enterrar a quien ha de continuar con la vida, a quien habría de sucederle, de heredarle. La tía Flora y doña Teresa regresan a Madrid. El duelo por la pérdida no impide que el matrimonio, el pequeño Ramón y Marisol viajen en coche a San Sebastián. Hospedados en el hotel Londres, se citan con Vicente Girbau, Luis Martín-Santos y Rocío Laffon para cenar en el restaurante Juanito Cojua, en la parte vieja de la ciudad donostiarra.

Nuria hace repetidas visitas al cementerio de Ponferrada. El 6 de mayo Juan Benet ingresa de modo oficial en el cuerpo de ingenieros, quien además de su ocupación en los canales, se desdobla y dirige la construcción de la presa de gravedad en el río Eirós, Orense, proyectada por Auxini y cuyo titular es la Empresa Nacional de Electricidad. Situada a pocos kilómetros, la presa alimentará la central hidroeléctrica de Quereño. La Escuela organiza un viaje de estudios con los alumnos de segundo curso al canal de Quereño, de sesenta y cuatro metros de sección mojada, de los mayores de España. Después de visitar las obras, acompañados por Benet, los estudiantes reciben un almuerzo de MZOV y una vez finalizado, el ingeniero les da un deslumbrante discurso que les deja impresionados. Entre los oyentes están Enrique Pérez-Galdós y Julio Martínez Calzón. Aunque las tareas ingenieriles le ocupan mucho tiempo, Benet roba horas para la escritura y mecanografía la obra de teatro «Anastas o el origen de la Constitución», alegoría sobre la dictadura y el poder absoluto; en ella escenifica la transmisión del poder y su ejercicio arbitrario en la monarquía encabezada por un rey llamado Anastas, quien considera que la Constitución –hecha a su gusto y conveniencia– enmascara el poder absoluto. Continúa con la dramaturgia.

Como Juan Benet se desplaza a su ciudad natal con cierta frecuencia, al comienzo del verano, le pregunta al encargado de las obras de Quereño, Francisco González Gamallo: «¿Paco, quieres ir a Madrid?». El joven, muy prudente, le contesta que ha de preguntarle a su padre, Francisco González Caramés, encargado general del canal de Cornatel. «Pues te vienes conmigo», asevera el ingeniero. Con la autorización paterna, Francisco viaja con Juan al volante del Dos Caballos, Nuria y su hijo Ramón más el equipaje. Cuando el pequeño lloriquea, Francisco lo toma en sus brazos. Al llegar a San Rafael, en la provincia de Segovia, al vehículo le cuesta subir el paso de montaña. Con ánimo de aliviar la carga, Francisco le dice: «Mire don Juan, pare el coche que yo subo andando». A lo que Benet responde: «Paco, si no sube en primera, sube marcha atrás. Así que no te bajes». Luego, una vez coronado el Alto del León, el auto comienza a desbocarse. Baja y agarra las curvas peraltadas casi sobre dos ruedas. Con cierta inquietud, Nuria le dice: «Juan, ahora no quieras recuperar lo que has perdido subiendo».[80]

Nuria y su hijo Ramón pasan el verano en Arenys de Mar con el resto de la familia. Ella sufre un aborto y es atendida en el hospital de Mataró, mientras Marisol se hace cargo del niño. Cuando todavía no ha tenido ocasión de reponerse de la pérdida de su bebé, a los pocos meses, surge un nuevo infortunio. El 28 de noviembre, tiempo de difuntos, César Augusto Jordana, muere en Santiago de Chile, en la casa de su hijo Juan, a causa de una angiocolitis litiasis o infección de las vías biliares por presencia de cálculos. En el momento de la muerte, su nuera Rafaela de Buen estrechaba su mano. Un escalofrío le heló el corazón. Ya no tenía la mano de su suegro sino la de un cadáver.

El ingeniero de nuevo viaja a su ciudad. El 14 de diciembre, después de la novena cena penitencial, se estrena en la Casa de Suecia la obra de Fernando Chueca «El plazo de la sentencia» (Premio Mejía 1958), de cinco escenas, en la que Juan Benet representa el papel de cuarto Comendador, don Gonzalo de Ulloa.

Don Pablo García-Arenal tiene nuevos cometidos para Benet y le propone dirigir la construcción de un túnel ferroviario entre Lugo de Llanera y Villabona y ejecutar las obras de ensanche de la carretera de Pajares, con pendientes de casi un veinte por ciento de desnivel, un trazado infernal de doble circulación con arcenes de tierra y una cota de mil quinientos metros de altitud, lo que significa garantía de hielo. A finales de año Juan Benet alquila un piso en la principal calle de Oviedo, el primero del número 25 de la céntrica calle de Uría,[81] de fachada muy recargada cerca del Campo de San Francisco; como disfruta de ciertas horas libres a la caída de la tarde, porque en la ciudad apenas tiene amigos y el trabajo no se prolonga hasta altas horas, en la casa, de amplias habitaciones y grandes ventanas, decide entregarse al arte

80. Recuerdos de Francisco González Gamallo, en conversación telefónica el 11 de octubre de 2014.
81. En la actualidad es el número 31, paredaño con las Casas del Cuitu.

literario y escribe unos relatos. Se hace cliente habitual de la librería Anticuaria, junto a los Jardines del Campillín.

Funesta década. Debido a las pertinaces lluvias, los pantanos están colmados. El 9 de enero de 1959, en la medianoche con una espesa niebla, se resquebraja el muro de contención de la presa de Vega de Tera; escapan casi ocho millones de metros cúbicos de agua embalsada, recorren barrancos y gargantas a lo largo de siete kilómetros e inundan y arrasan el pueblo zamorano de Ribadelago. Ciento cuarenta y cuatro de sus cuatrocientos habitantes perecen entre las aguas del lago de Sanabria y más de mil quinientas cabezas de ganado fueron arrastradas al cementerio lacustre. Benet se entera de la tragedia en el canal de Cornatel.

La emigración interior está transformando la fisonomía madrileña. Crecen las barriadas y se produce una expansión vertical. En medio de descampados yermos se levantan bloques de muchas plantas. El centro de la ciudad comienza a recibir turistas rubias que deambulan por los mesones y se embriagan de sangría; en las esquinas de las arterias principales se aposentan limpiabotas, loteros, cigarreras, castañeras o tullidos mendicantes. El centro de Madrid está lleno de sombrías pensiones y cabarés de putas caras.

El 14 y el 16 de enero Juan Benet come en casa de don Pablo García-Arenal, en el paseo de La Habana. Un día después lo hace con su madre. Luego de una breve excursión a Toledo con los Chueca y los Garagorri, Benet regresa a la obra leonesa. Nuria y Ramón todavía hacen traslado de enseres de Ponferrada a Oviedo. El 1 de febrero Juan termina de escribir el relato «Después», «un cuento de veinte páginas, cuya redacción me ha llevado un mes y cuya preparación y alumbramiento, casi un año. Y, después de todo, no es un buen cuento»,[82] registra. Poco más adelante le llegan noticias sobre la muerte del abuelo Benet; a las once de la noche del 6 de febrero emprende viaje a Barcelona con chófer de la empresa. Tras el entierro vuelve a Madrid, donde se encuentra con Nuria y su hijo. El día 12, Pablo García-Arenal y su esposa Teresa Rodríguez Mellado les invitan a su casa; las dos familias mantienen una relación muy estrecha. Y una jornada después, para hablar de un posible viaje a Múnich y Viena en Semana Santa, se sientan a la mesa con Fernando Chueca, Goya Aguinaga, Paulino Garagorri, Raquel Pérez González-Anleo, Pepín Bello, don Pablo y doña Teresa. Vuelta a Oviedo por carretera, para regresar a Madrid de nuevo en coche cama el 4 de marzo. Asiste como comensal a la casa de su primo Fernando y

82. Entrada del 1 de febrero. Agenda 1959. Arch. JB/1/2, BNE.

al día siguiente a la de su jefe, don Pablo. Esa misma jornada, pasadas las once de la noche, en el hospital de La Milagrosa, nace Teresa Cavanna Benet, hija de Marisol y Luis. Juan Benet acompaña durante la velada a su hermana. El domingo 8 pasa la mañana en el Museo del Prado. Por la noche regresa en coche cama a la capital asturiana, donde trabaja en un lienzo sobre la catedral de Toledo y lee *Los pintores italianos del Renacimiento*, de Bernard Berenson. El jefe de grupo de obra número tres de MZOV Ramón Cachafeiro, hombre colérico sin par, llega de inspección y durante varios días Benet le acompaña en viaje a Gijón, Avilés, Mieres, Villabona, Lugo de Llanera y Ponferrada.

Después de pasar la noche en el tren, en Madrid, los Benet y sus amigos Paulino, Raquel, Fernando y Goya suben a bordo de un avión de Lufthansa que les lleva a Fráncfort. El 23 de marzo se hospedan en el hotel Bayerischer Hof de Múnich, pasean por el centro y entran en la Neue Pinakothek, donde lo más notable para Benet es un paisaje romano de Gustave Courbet, dos de John Constable, una naturaleza muerta de Paul Cézanne, un *Argenteuil* de Claude Monet y un autorretrato de Max Beckmann. Tras pasar por Peterskirche, el templo católico más añoso de la ciudad, cenan en la Hofbrauhaus y ven *Les amants*, un filme de Louis Malle. La mañana siguiente visitan la Alte Pinakothek, con especial atención a la colección de los maestros Rubens, en la que sobresale *El rapto de las hijas de Leucipo*, Rembrandt, su *Descendimiento de la cruz*, los italianos y flamencos, con particular importancia a ojos de Benet un *Isenbrandt*, de concomitancias italianas, una de las grandes piezas del museo. Por la tarde se desplazan al palacio barroco de Nymphenburg, residencia de verano de los Wittelsbach, donde recorren las habitaciones reales y Amalienburg, su pabellón de caza de estilo rococó. Luego ven *Los olvidados*, de Luis Buñuel y cenan en un Bürger Brauhaus. Tras unas jornadas agotadoras, el día 26 viajan a Salzburgo, «una de las ciudades más gratas que he conocido»,[83] anota Benet. Pese a la persistente lluvia, pasean por la Günthergasse, «una de las calles más compuestas de Occidente», apunta, y se recrean en la contemplación de la iglesia ortodoxa griega de la Santísima Trinidad, Fleischmarkt, el palacio barroco de Mirabell y la fortaleza de Hohenzalzburg, de la época de los príncipes-obispos. Han de dormir en la ciudad austriaca porque han perdido el tren a Múnich; un día después, ya en Viena, se aposentan en el hotel Astoria. Visitan la catedral de San Esteban, Stephansdom, y la calle comercial más popular, en el corazón de la ciudad. De anochecida se acercan al emblemático Prater, el parque de atracciones más antiguo

83. Anotación del 26 de marzo. Agenda 1959. Arch. JB/1/2, BNE.

del mundo. El sábado 28, deambulan por la iglesia de San Carlos Borromeo, Karlskirche, y rodean el monumento a los Héroes del Ejército Rojo. Comen junto al palacio Belvedere, e inspeccionan la antigua residencia veraniega del príncipe Eugenio de Saboya. Noche de asueto en Moulin Rouge. A la mañana siguiente asisten a la Escuela Española de Equitación, Spanische Reitschule, pero Juan Benet abandona la demostración para escuchar una misa de Franz Joseph Haydn en la iglesia de los Agustinos, Augustineerkirche. Con posterioridad recorren el Versalles vienés, el palacio de Schönbrunn y asisten al cine para ver *La romana*, de Luigi Zampa. La jornada postrera la dedican al Museo de Historia del Arte (Kunsthistorisches Museum); quedan impresionados con *El infante Felipe Próspero* de Velázquez y se deleitan con el grupo de pinturas de Canaletto, Brueghel el Viejo, un Rubens que se acerca a Rembrandt, *El arte de la pintura* y *La encajera* de Vermeer. Tras la cena en el hotel Sacher, en la Ópera (Staatoper) presencian *La walkiria*, dirigida por Herbert von Karajan. «Admirable», en expresión de Benet. La última jornada vienesa la dedican a ver el palacio imperial de Hofburg, el mayor de la ciudad, el Tesoro de los Habsburgo y la iglesia Votiva, de estilo neogótico, con dos torres gemelas de noventa y nueve metros en forma de aguja. Para completar el día van a un espectáculo de *striptease*. Tras pasar por Zúrich y Ginebra, el 1 de abril aterrizan en el aeropuerto de Barajas, la misma fecha que Franco inaugura solemnemente la grandiosa cripta que preside el Valle de los Caídos, con la monumental cruz de ciento cincuenta metros de altura y brazos de casi veinticinco situada en lo alto de un risco. Ocho mil alféreces provisionales acompañan al dictador y su mujer en la entrada al templo bajo palio. Queda abierta al público.

Aprovechando la estancia en Madrid, el día 2 por la tarde Juan se acerca a la casa de Juan Manuel Díaz-Caneja. El pintor le da cuenta de los grandes progresos de la lectura de su drama «Anastas o el origen de la Constitución», que Benet trata de llevar a las tablas. El viernes 3 el ingeniero llega a Oviedo y comienza de nuevo el trasiego por carretera. El miércoles 8 de abril, Benet regresa en su Dos Caballos a Madrid. Almuerza en casa de Pablo García-Arenal y visita a Caneja, que está acompañado de Domingo Dominguín y Javier Pradera. El pintor le asegura que su obra teatral se representará después del mes de mayo. Al día siguiente Benet come en la casa de don Ramón Cachafeiro. Luego toma camino de Oviedo y pernocta en el hotel Oliden de León.

El 29 de abril Nuria Jordana, en estado gestante, tiene su segundo percance y pierde su embarazo. Tristeza en el hogar. Todavía no repuesto de la desdicha, Juan Benet recibe un par de clases de violín, pero abandona; sentado ante la máquina, el 2 de mayo, comienza a escribir «Historia de la Orden de los Caballeros de Don Juan

Tenorio», donde reflexiona con sarcasmo acerca de la filosofía de la historia. En Madrid adquiere *The History of the Decline and Fall of the Roman Empire*, de Edward Gibbon. Juan sale con su primo Fernando Chueca y se juntan con Paulino Garagorri, Pepín Bello, Caneja, Enrique Escardó, Alberto Machimbarrena, el ingeniero agrónomo José María de Ubago. Chueca se hace acompañar de Rafael Manzano Martos, *Manzanito*, arquitecto que trabaja con él. Con la llegada del buen tiempo, el grupo acostumbra a cenar en un bar asturiano situado en el paseo de la Florida, frente a la estación del Norte, donde corre un ligero viento y se está fresquito. En otras ocasiones se desplazan a la calle del León, frente a la Academia de la Historia, donde hay un restaurante modesto, la popular Casa Máximo.

Una vez en Oviedo, el 12 de mayo Benet vuelve a comenzar «Historia de la Orden de los Caballeros de Don Juan Tenorio», destinado como prólogo de un libro colectivo que pretenden editar. Gran admirador de Laurel y Hardy, Ben Turpin y Hermanos Marx o Buster Keaton –por contra, detesta a Charles Chaplin–, un burlesco Benet se disfraza de Profesor Calefato, un desastrado sabio con ínfulas musicales, que trata de ofrecer un concierto de violín a su familia. Tocado por una boina desgastada y embutido en un viejo blusón de pintor, el profesor se arranca frente a un atril con partitura, pero el efecto que produce el paso de arco sobre las desafinadas cuerdas no es otro que el de una mezcla de maullidos y chirridos, con las consiguientes carcajadas del pequeño auditorio. Pero la calma dura poco y regresa a Madrid. Con Pepín Bello se desplaza a Toledo, a la Casa de Munárriz, un palacio junto a la iglesia de San Lorenzo, muy próximo a la catedral, adquirido por su primo Chueca, que está en proceso de restauración. Toledo, con ese aire de ciudad antigua, de misterio, de silencio, les tiene sobrecogidos. Tras varios viajes de ida y vuelta del norte a la meseta, el 19 de mayo Benet termina de escribir la historia de la cofradía donjuanesca que le envía a su primo un día después, el mismo que decide entregarse al arte literario e inicia el relato «Nunca llegarás a nada».

Después de varios años sin aparecer por tierras españolas, el 28 de mayo a las siete de la tarde llegan al aeropuerto de Madrid, Paco Benet, su esposa la princesa Leila y su hijo Juan Manuel. Paco es delegado de Ciencias Sociales en Oriente Medio en la Unesco y tiene pasaporte diplomático. Les reciben Juan y Nuria, recién llegados de Oviedo cenan en Gambrinus, quizá para refrescar los años de tertulia, con Fernando Chueca, Pepín Bello, Goya Aguinaga y el pintor Luis G. Solana.[84] Y el día

84. Luis César Gutiérrez-Solana Lavín, natural de Torrelavega (Santander), comenzó a pintar en el taller de Daniel Vázquez Díaz, donde coincidió con Juan Manuel Díaz-Caneja y Jesús Olasagasti, con los que hizo gran amistad.

después toda la familia come en el mismo restaurante. Por la tarde Juan acompaña a Paco y Leila a la casa de Caneja. Y por la noche vuelven a compartir mantel en la taberna La Bola (Guillermo Rolland 1). El sábado 30 almuerzan en Ciriaco, donde se suman Paulino Garagorri, Raquel Pérez y los críos; se trasladan a Toledo, pero Ramón se pone enfermo y sus padres han de viajar apresuradamente a Madrid y llevan a Paco al aeropuerto para volar con destino a Casablanca. Juan y Nuria, con su hijo doliente, regresan a Oviedo por carretera en un Seat 1.500 negro de la empresa conducido por el chófer de don Pablo. En la capital asturiana, donde trabaja incluso los domingos, Benet reanuda esporádicamente la escritura de «Nunca llegarás a nada», que compagina con la lectura de la tragedia *Antony and Cleopatra*, de William Shakespeare y *La Princesa de Cléves*, de Madame de Lafayette. Pero el 16 de junio, el ingeniero, a bordo de su 2CV, recorre la cornisa cantábrica hasta San Sebastián, donde se encuentra con Rocío Laffon, para dos días después llegar a Madrid. Paco y Leila ya están de vuelta de tierras marruecas. En Gambrinus almuerzan con Juan, Marisol y la madre. Después de cuatro ajetreados días de comidas y cenas en distintos restaurantes y casas de amigos, Benet, que tiene entre manos *¿Qué es el clasicismo?*, de Henri Peyre, retorna a Oviedo porque el día 22 a su hijo Ramón le intervienen de vegetaciones y ha de incorporarse a la obra en Lugo de Llanera, donde, en la festividad de San Juan, sus empleados le obsequian con una pluma –con la que tendrá que escribir sus memorias, según él– y celebran un pequeño festejo en el que devoran un jamón y trasiegan treinta botellas de sidra.

En los últimos días de junio los Benet reciben a los Chueca; juntos salen de excursión por carreteras infernales y disfrutan de jornadas gastronómicas. El ingeniero continúa con los desplazamientos entre Madrid y Oviedo.

En la construcción del túnel ferroviario hay dos pozos de unos treinta metros de profundidad, por los que los trabajadores descienden montados en un balde colgado del gancho de una grúa de albañilería, de doscientos cincuenta kilogramos de capacidad de carga. «Una mañana en que me disponía a bajar con el encargado, en el mismo momento en que subía al balde me comunicaron que mi presencia era imprescindible en aquel momento en otro punto de la obra. Le dije al encargado que bajara él, pero como el viaje era lento y obstrusivo, el encargado –una persona excelente e inolvidable, que se llamaba Osoro– bajó con otro operario de menor peso que él. Parece ser que se segó un pasador del acoplamiento, el cabrestante giró loco y ambos se estrellaron contra el suelo: Osoro por su corpulencia recibió en su cuerpo todo el impacto y murió en el acto. Luego tal vez vino lo peor: El viaje a Cangas de Onís a decirle a una mujer admirable que era viuda. En aquellos años ya se sabía: un kilómetro de túnel, de cualquier dimensión, cobraba dos o tres vidas, con bastante suerte».[85] El 13 de julio, con Nuria afectada de una urticaria, Juan Benet se desplaza al concejo asturiano para asistir al funeral de Osoro y entregar a Judit, la viuda, la cantidad de diez mil pesetas.

Desde su domicilio ovetense y sumido en la lectura del *Teatro* de Racine, Juan le envía a su hermano a El Cairo, vía París, una copia de «Anastas o el origen de la Constitución». El último día de julio en su Citroën 2CV pone rumbo a Madrid, almuerza en el puerto de Pajares y a la anochecida se encuentra con Pepín Bello y su primo Fernando en el estudio del pintor José Caballero, acompañado de José Bergamín y Rafael de Penagos. Las siguientes jornadas las dedica a trabajar en el libro de la Orden de Caballeros de Don Juan Tenorio. El tórrido 5 de agosto Juan Benet recoge a su madre y juntos emprenden viaje a Oviedo. En su residencia, el ingeniero continúa con sus veleidades pictóricas, aunque no es un pintor melancólico que sueña telas de cielos tempestuosos; lee a Calderón de la Barca y a Edmund Burke, mientras tanto escucha *La walkiria*, del impetuoso sajón, recién adquirida en Madrid.

Juan recibe una carta de su hermano Paco en la que le muestra su parecer acerca de «Anastas...», pero le resulta decepcionante. Comienza a escribir «¿Y ahora qué?»[86] y persevera en la audición de la ópera de Richard Wagner. Lee *A passage to India*, de E.M. Foster y dictamina que tiene un inglés de antología; a su juicio es la novela más inglesa que ha leído desde *Moll Flanders*, de Daniel Defoe.

El domingo 30 de agosto Benet, que lleva varios días absorto con la lectura de *Historia de Roma*, de Theodor Mommsen, con Pepín Bello –una relación fraternal–, escribe el drama «El último homenaje». Tres fechas más tarde llega a Madrid con la madre y su familia y se alojan en el hotel Suecia; doña Teresa en su domicilio. Juan cena con Pepín y su primo Fernando en Casa Labra, donde hacen una lectura pública de «El último homenaje». El día después el ingeniero pasa toda la tarde con Pepín en busca de guías de Wagner y óperas completas. Marisol visita a la familia en el hotel y en la puerta del ascensor se topan de frente con el comandante Che Guevara y su séquito, que procedentes de la cumbre de Países No Alineados celebrada en El Cairo, hacen escala en Madrid por problemas técnicos en el avión. De riguroso verde oliva, los guerrilleros acaban de llegar de la plaza de toros de Las Ventas de presenciar una corrida; el niño Ramón queda azorado ante los barbados. Benet se dirige al revolucionario argentino y acaban charlando largamente en la cafetería.

85. «Región», en *Prosas civiles*, Juan Benet. Colegio de Ingenieros de Caminos, Canales y Puertos, Madrid, 2008.
86. Entrada del 12 de agosto, *op. cit.*

Continúa con la vida frenética. El 14 de septiembre Juan Benet tiene un encuentro en Madrid con Rafael Sánchez Ferlosio y Francisco Pérez Navarro, pero esa misma noche regresa a Oviedo. El miércoles 16, el ingeniero, hombre extraordinariamente metódico, hace recuento y deduce que lleva ciento cincuenta y seis días en Oviedo y ciento nueve fuera; pasa la mayor parte de su tiempo en la carretera y en el tren. Una jornada más tarde se desplaza a Gijón para regular el pasaporte de Nuria con motivo de un nuevo e inminente viaje. Y, como si le regalaran el tiempo, ha concluido el relato «Nunca llegarás a nada»; un día después, muy aficionado a la construcción de pequeños enseres, termina su primer mueble inútil: un perchero.

Los matrimonios García-Arenal y Benet viajan a París por razones laborales. Salen del aeropuerto de Barajas el 20 de septiembre a las cuatro y media de la tarde y pasadas las ocho se hospedan en el hotel Scribe, cerca de la plaza de la Ópera. Con posterioridad cenan en el Café de la Paix. La primera jornada de trabajo la dedican a la Societé Nationale des Chemins de fer Français. Almuerzan en Le Vert Galant y se mudan al hotel Trianon. Después de cenar en una *brasserie* van al cine a ver *Iván el terrible*, de Serguéi Eisenstein. Las mañanas las consagran a los quehaceres y las tardes al esparcimiento y al ocio de la sala oscura; aprovechan para ver *Fresas salvajes*, de Ingmar Bergman, *Orfeo negro*, de Marcel Camus e *Hiroshima mon amour*, de Alain Resnais, «Una de las películas más extraordinarias que he visto en mi vida»,[87] registra Benet, quien adquiere la ópera *Tristán e Isolda*, de Wagner. Luego de dos noches en el hotel La Maison Favart, el 25 de septiembre los dos matrimonios salen del aeropuerto de Le Bourget pasadas las tres y aterrizan en Madrid a las siete de la tarde. Juan y Nuria se quedan en el hotel Suecia y a la noche cenan en casa de «los Arenales», como cariñosamente les llama Benet.

Vuelta a la rutina: obras, jornadas ovetenses, descanso, escritura y días con *La walkiria*. Nuria, de nuevo embarazada, a finales de septiembre pasa tres días de reposo en la cama. Benet vuelve a subir al avión para ir a Lisboa y regresar a Madrid una fecha después; almuerza en la casa de «los Arenales» y luego de cenar en una taberna, van al teatro a ver *La loca de la casa*, novela dialogada y adaptada por Galdós como pieza dramática en cuatro actos. «Cartón piedra»,[88] señala Benet.

El domingo 25 de octubre, en Madrid, Juan pasa la tarde con los Caneja y los Celaya en las tabernas aledañas al domicilio del pintor. Animados con unos vasos no cesan de charlar. Los matrimonios defienden la estética del compromiso, no en vano son militantes del Partido Comunista. Aunque resistentes a la dictadura, tienen muy distintos pensamientos que Benet. Las horas transcurrieron «discutiendo

87. Entrada del 24 de septiembre, *op. cit.*
88. Anotación del 15 de octubre, *op. cit.*

torpemente»,[89] según Juan. Cuatro días después el ingeniero viaja en coche a Oviedo con Fernando, Goya y Pepín. Hacen un alto para saciar el apetito en la vallisoletana Medina de Rioseco y otro para visitar la catedral de León. En la capital asturiana cenan en casa y Pepín se aposenta con los Benet. La mañana siguiente Juan va a las obras para regresar al almuerzo con los invitados en el domicilio familiar. Por la tarde lleva a Pepín al tajo y luego cenan en Casa Modesta. En la vivienda escuchan los inmortales acordes de *Tristán e Isolda* y piezas de Brahms. El sábado 31 lo dedican a ver la catedral y otros monumentos, comen en el Marchica y siguen con la Cámara Santa y el Palacio de Meres. Para rematar la jornada escuchan *La walkiria*, que tiene arrebatado a Juan.

Los Benet despiden a unos y reciben a otros. El ajetreo no cesa. El 7 de noviembre llegan en tren exprés Pablo y Teresa, «los Arenales». Además de una inspección a las obras, las dos familias y el pequeño Ramón visitan las iglesias prerrománicas de Santa María del Naranco y San Salvador de Valdediós y la población de Villaescusa, para terminar a la mesa en Casa Zabala, en Gijón. El día después, desde Oviedo, hacen una nueva excursión por la carretera de Santander; iglesia románica de Villamayor, templo benedictino de San Antolín de Bedón, en el concejo de Llanes, la santanderina Santillana del Mar y la cueva de Altamira. A la mañana siguiente los caballeros hacen una nueva inspección a las obras y almuerzan en el restaurante ovetense Los Monumentos. Pasan la tarde escuchando *La walkiria* y después de la cena, los Benet despiden a los invitados en la estación del tren.

En la Casa de Suecia el 11 de noviembre, tras la décima cena penitencial llamada del Centenario, celebrada a las diez de la noche en el restaurante Bellman, se representa «Esto es vida», de José Valdemar, con decorados y escenografía de Rafael Manzano; lo hacen después de haber ensayado toda la tarde en el estudio de Chueca, un ático en la plaza de las Salesas. Benet interpreta el relevante papel de Satanás (o Belcebú). «Un drama Fantástico Civil. Escrito con anterioridad en el más sonoro metro castellano para consagración definitiva de Alicia López Budia y fatal conmemoración de este Anno Decimo».[90] El final de la velada tiene lugar a las seis de la mañana en casa de Luis Rosales con Pepín Bello, Paulino Garagorri y Alberto Oliart.

Durante los días madrileños, Paulino Garagorri obsequia a Juan Benet con su obra *La paradoja del filósofo*. El catedrático de la Escuela de Ingenieros de Caminos Santiago Castro Cardús, propone a Benet ser su ayudante en la asignatura Historia del arte español, nada más alejado de sus pretensiones. Con la obra «Anastas o el

89. Nota del 25 de octubre, *op. cit.*

90. Tarjeta, en la que «se ruega un detalle exótico en el atavío».

origen de la Constitución» Juan se presenta al certamen de teatro Valle-Inclán, convocado por la compañía Dido, Pequeño Teatro de Madrid, en cuyo jurado están Alfonso Sastre, José María de Quinto y Antonio Buero Vallejo. Dido es quizá el mejor grupo español de teatro y representa obras tanto de Ionesco como de Beckett.

Ya en Oviedo, tres días más tarde, Benet vuelve a empezar a escribir una segunda versión de «Nunca llegarás a nada». Dos fechas más adelante da por concluida la transcripción del relato «en una forma completamente distinta a la primera y mucho más simple».[91] Trabaja en un paisaje de Oviedo, con la técnica de la grisalla (65 × 54 cm),[92] lee los cuentos de E.T.A. Hoffmann mientras no cesa de llover; la obra de Lugo de Llanera está inundada. Aburrido, el 22 de diciembre, Benet comienza «Un padre», relato breve que finaliza un día después. En Nochebuena inicia «Baalbec, una mancha», cuento romántico gótico, según él. Invadido por la murria, el 25 de diciembre apunta: «Una Navidad triste y sin más incidente que la falta total de dinero».[93] A la vez que lleva al lienzo *Caminito arrabalero* (65 × 54 cm), nuevo paisaje de Buenos Aires, el día 28 termina «Baalbec, una mancha». Particularmente meticuloso, hace balance sobre las hojas escritas en el año que declina: «Después», veintinueve; «Nunca llegarás a nada», sesenta; «Un padre», dieciséis; «Baalbec, una mancha», cuarenta y cinco; «Prólogo», treinta y cuatro; «Anastas o el origen de la Constitución», sesenta y uno. Un total de doscientos cuarenta y cinco folios.

91. Entrada del 17 de diciembre, *op. cit.*

92. Se lo entrega a Pablo García-Arenal, el 7 de enero de 1960.

93. Entrada del 25 de diciembre, *op. cit.*

Rasero de Quereño. Máquina proyectada por Juan Benet para hormigonar los cajeros del Canal (circa 1958). Cortesía de Javier Rodríguez Ibrán

Pasarela sobre el Sil a la altura de Quereño (circa 1958), proyectada por Juan Benet, para acceder a la obra del Canal desde la carretera de Ponferrada-Orense. Cortesía de Javier Rodríguez Ibrán

Túnel de desvío de ferrocarril en Quereño (circa 1958). De izquierda a derecha: Juan Benet, Eduardo Sánchez Várez, Ramón Cachafeiro y los encargados generales, señores Torres y Carvajal. Cortesía de Javier Rodríguez Ibrán

5

EN LETRA DE MOLDE

EN la empresa MZOV se han producido cambios. El director general, don Manuel Lanzón Surroca, se despidió y su puesto lo ha ocupado don Pablo García-Arenal. También Teresa Goitia se mudó de domicilio; cambió la calle de Alberto Bosch por un piso de alquiler en la calle de Hermosilla número 4.

Mientras un fuerte temporal de lluvia, viento y nieve que castiga toda la península, el agustino Miguel de la Pinta Llorente es el lector que, el 1 de enero de 1960, firma el informe de censura sobre «Teatro civil 1949-1959»: «Es un trabajo tipo humorístico con motivo de exaltar y ponderar los méritos y excelencias de la Orden de los Caballeros de Don Juan Tenorio. La obra está precedida de un 'Prólogo', con pinitos filosóficos para arribar a perfilar el concepto de 'Orden'. Integran el volumen una 'Pragmática' y unos cuantos juegos teatrales, como 'El burlador de Calanda' o 'El salario de noviembre', por ejemplo. En todos ellos se utiliza y regocijan los autores en torno a la figura de don Juan Tenorio. Son pasatiempos literarios sin importancia mayor. PUEDE PUBLICARSE».[94] Tras exigir tachar, en el prólogo, la frase «y su moralidad al confesor», se requiere la presentación de la galerada impresa.

El mismo día Juan Benet da por terminado su primer libro publicable, integrado por «Duelo», «Después», «Nunca llegarás a nada», «Un padre» y «Baalbec, una mancha». Y sin tregua, mientras escucha *La walkiria*, dos fechas más tarde inicia la escritura de «La casa de Mazón», según los cánones del drama, a la vez que está sumido en la obra teatral *Alcestes*, de Eurípides. A través de Alberto Oliart trata de publicar sus relatos en la editorial Seix Barral, pero resulta infructuoso. Ni tampoco logra el premio del concurso Valle-Inclán, convocado por Dido, Pequeño Teatro de Madrid; aunque preseleccionado, lo obtiene la obra «Un hombre duerme»[95] del «incipiente

94. Archivo General de la Administración (AGA), 21/1264.
95. *Abc*, 7 de febrero de 1960.

dramaturgo Ricardo Rodríguez Buded».[96] Benet señala: «Anastas no ha obtenido un solo voto. Comienzo desgraciado de una carrera inútil».[97] Cautivado por la música, adquiere *El oro del Rin*, de Wagner, que le tiene enardecido.

Una importante nevada ha suspendido los trabajos en la obra de Villabona. Procedente de Madrid en coche cama, el 11 de febrero Juan Benet tiene la primera entrevista con el nuevo ingeniero en la compañía Javier Rodríguez Ibrán, recién llegado a Ponferrada en tren correo. Javier no tiene experiencia en obras, razón por la que la empresa decide que Juan tutele al principiante. Desde las siete de la mañana, después de tomar un carajillo y un café, recorren las obras, examinan los tajos o visitan la Administración[98] para consultar, proponer o resolver algún asunto. Se alimentan en alguna tasca conocida y por la noche pasean por Ponferrada o toman alguna copa de ginebra con tónica. Javier está deslumbrado por la cultura enciclopédica de su guía, ocho años mayor: «Lo abarcaba todo: geología, historia, matemáticas, geografía, construcción, literatura, arte, música, lo que fuera».[99] El sábado 20 de febrero Benet lleva a Oviedo a Ibrán, quien corteja a la señorita Guadalupe Sela Álvarez. Juntos viajan en el Dos Caballos y así el neófito elude el premioso y pesado traslado en ferrocarril, con transbordo en León, además de evitar un gasto. El domingo, después de visitar la obra, Juan invita a Javier a almorzar en su domicilio y coloca en el tocadiscos un vinilo de Wagner; le explica que a su hijo Ramón le pone esa música para acostumbrarle el oído y porque el cromatismo, las disonancias, la polifonía son sumamente beneficiosas para el tránsito intestinal, entre otras cosas.

Después de ir al cine, en la madrugada del 7 de marzo, Juan lleva a Nuria a la clínica del doctor Pedro Miñor, un palacete de estilo modernista en Oviedo, porque tiene los primeros síntomas de parto. A él le comunican que con toda probabilidad la criatura está perdida. Las desgracias parecen no alejarse. El alumbramiento se retrasa, Nuria regresa a su domicilio. Benet sigue con la actividad pictórica y mantiene sus visitas a las obras. Nuria padece un cólico nefrítico. En la festividad de San José reciben a Javier Rodríguez Ibrán con su amada la ovetense Guadalupe y celebran una cena. Nuria vuelve a ingresar en la clínica Miñor, le hacen una analítica y le practican una cesárea; pasados treinta minutos de la medianoche, el 22 de marzo nace Nicolás Benet Jordana, con un peso de dos kilos y ochocientos gramos. Al bebé, con síntoma de cianosis y quejido continuo en la respiración, se le suministra

96. *Teatro completo*, Juan Benet. Prólogo de Vicente Molina Foix. Edición a cargo de Miguel Carrera Garrido. Siglo XXI, Madrid, 2010.

97. Entrada del 7 de febrero. Agenda 1960. Arch. JB/1/3, BNE.

98. Entre el gremio se llama Administración a la empresa que contrata, bien sea pública o privada.

99. Correo electrónico de Javier Rodríguez Ibrán, del 11 de marzo de 2018.

oxígeno. Persiste la gravedad: trastornos hepáticos, ictericia. El padre inscribe a Nicolás en el Registro Civil pero deciden no bautizarle. Su mejoría es paulatina.

Sale a concurso la presa del Porma y a Juan Benet la empresa le encomienda el estudio del plan de obra. En una conferencia telefónica, su madre Teresa le comunica que su tío don Ángel Chueca Sainz se encuentra muy grave tras haber sufrido una trombosis. Por contra, Nuria y el bebé Nicolás mejoran sustancialmente. Dos días después, la tía Flora le notifica a Juan la muerte de don Ángel ocurrida a las seis de la tarde del 30 de marzo en Madrid. Sin poder llegar a tiempo para el entierro, Benet renuncia al viaje; pasa muchas horas dedicado al plan de obra de la presa de gravedad del Porma. Nuria y Nicolás, restablecidos, ya están en casa.

Desde Oviedo, el 11 de abril, Juan Benet escribe a su primo Fernando, por la muerte de su padre. He aquí algunos párrafos de la misiva:

> Tenía verdadero interés en haberle visto por última vez y despedirle, a conciencia de que iba a despedir con él un cierto número de cosas que, dentro de mi pequeño horizonte, se quedan sin representante y que, con toda probabilidad, ya no volverán a reunirse en una persona en este planeta, o al menos en una persona nuestra.
>
> La especie de D. Ángel se ha extinguido y lo más posible es que el clima que la engendró no se produzca ya más. A partir de ahora quién sabe si el ser tan civilizado, tan disfrutador, tan saludable, tan bueno de humor riguroso, ser ingeniero y humanista y ciudadano, ser tan público y tan íntimo, no pasará a ser una ficción anacrónica, tenida a colación gracias al recuerdo de D. Ángel.
>
> A mí particularmente con su muerte no me queda a la mano una prueba directa de esa especie extinguida, más civilizada, más armónica y mejor acabada, seguramente, que la nuestra. Desde hace muchos años, si las cosas hubieran conservado un cierto orden y la gente de su cabeza, y la familia hubiera querido ser una familia, Don Ángel tenía que haber sido *honoris causa*, su persona representativa. Lo malo es que no habrá nada que representar, ni nuestra pobre familia no demostró nunca el menor deseo de ser representada, encabezada y un tanto asesorada. Pero lo cierto es que si hubiéramos comido en el Casino con él con más frecuencia y hubiéramos asimilado algo más las dosis de sentido común que destilaban sus largas sobremesas, nos habríamos conservado en mejor estado.
>
> Tú has tenido en tu haber el monopolio de Don Ángel: los demás éramos detallistas no porque Don Ángel se reservara la mercancía que tenía apalabrada sino por nuestra propia falta de estímulo para subir las escaleras de Príncipe para

charlar con él. Esa falta de estímulo, que se paga luego como pocas cosas, porque ¿qué diablos hemos hecho en quince años tan aparentemente ocupados como para no haber hecho más que cuatro viajes con él? Y bien cierto es que con un viaje a Toro y dos sobremesas salía uno remozado, con unos viajes más de carácter cívico arqueológico, Don Ángel podría determinar para siempre la vacilante opinión de un joven catecúmeno. Para la edad en que yo empecé a conocerle sin carácter de parentesco, era la persona más digna de crédito y confianza; la que dejaba adivinar su propia riqueza escondiéndola tras el artificio de una sabiduría y unas virtudes muy simples. Era la riqueza –todo Don Ángel eran paradojas bien armonizadas y amables– vestida humildemente. Además de todo lo que nos ha enseñado, ahí queda Don Ángel como una cima de lo que puede ser el hombre en virtudes estimulantes, en entusiasmo, en interés por lo ajeno, en ausencia de limitaciones, en educación y en inteligencia. Ahí queda Don Ángel como ejemplo de cosas que se extinguen. Que perduren siempre.

Un abrazo muy fuerte. Juan.[100]

El último día de abril, en Madrid, Benet lo dedica a la búsqueda de un piso para comprar. Aprovechando los rayos solares de primavera, Nuria pasea con sus vástagos frente a su domicilio ovetense, en el Campo de San Francisco; escucha el piar de los pájaros en las copas de las distintas variedades de árboles –algunos centenarios–, como castaños de indias, arces, tilos, plátanos de sombra, que desprenden un innegable aroma a frescura. A Ramón, de cuatro años, le llama la atención la osa Petra, que vive en medio del parque en una jaula redonda de hierro montada sobre un murete de piedra y coronada por una cúpula. A través de un hueco con una puerta enrejada, se comunica con una cueva de fábrica de ladrillo revestida exteriormente con mortero y piedra basta imitando una roca.

El caluroso domingo 22 de mayo, Benet y sus amigos de la empresa Javier Rodríguez Ibrán, Felipe de la Fuente, ayudante de obras públicas, Francisco González Gamallo, y su padre, Francisco González Caramés, deciden hacer una excursión al Valle del Silencio. Bien aprovisionados de comida –unas tortillas, carne asada, jamón– y vino en abundancia más una botella de coñac, todo ello encargado por Benet en el bar Victoria de Ponferrada, viajan desde la ciudad leonesa en un todoterreno sin reductora de color verde con capota de tela, un Nissan de la Segunda Guerra Mundial conducido por el chófer Juan Aguilera, hasta un punto

100. *Retazos de una vida. Recuerdos de la guerra*, Fernando Chueca Goitia. C.I. E. Dossat 2000, Madrid, 1996.

determinado de Compludo, donde han de dejar el vehículo; exploran su Herrería y luego, caminando, se internan en el valle del Oza, en los abruptos montes Aquilanos, con bosques de notable frondosidad en los que abundan castaños, serbales, alisos, chopos, nogales, fresnos. Benet, que sabe bien de los atractivos del monte, se hace acompañar de unos prismáticos. Inspeccionan Peñalba de Santiago, a mil cien metros de altitud, y el monasterio de San Pedro de Montes, donde un vecino que guarda la llave les da acceso; en el recinto encuentran huesos humanos al descubierto. Después almuerzan al pie de una encina e invitan al lugareño, pero éste prefiere el yantar casero, para regresar poco más tarde, pues se había ofrecido como guía, y acompañarles, monte a través, hasta la Cueva de San Genadio. Les esperan el chófer y Francisco González Gamallo, que recogen las sobras para la merienda. A mitad de camino, en Peñalba de Santiago, hacen un alto y le atacan a la botella de coñac. Benet, que lleva estudiado el itinerario, se empeña en visitar la iglesia mozárabe pero está cerrada. Cuando llegan al punto de encuentro, el chófer y Francisco tienen una borrachera monumental. Luego de andar unos treinta kilómetros, todos regresan a Compludo y encuentran el coche con dos ruedas pinchadas. El conductor y Francisco las reparan mientras los otros inician el camino de vuelta. Los recogen a la altura de San Clemente de Valdueza, donde se encuentran una perra pastor alemán con sus cachorros; Javier Rodríguez Ibrán agarra una cría y la resguarda dentro de la camisa. González Caramés le advierte que se llenará de pulgas. El animal gime durante todo el trayecto por la ausencia de la madre. «Al día siguiente yo estaba desde la seis para poner el tajo en marcha en la obra de Quereño. Luego aparecieron don Juan y don Javier, quien tenía todo el cuerpo lleno de picaduras y erupciones. Dijeron que no habían dormido en toda la noche y luego se tumbaron para descansar debajo de unos árboles», revive Francisco González Gamallo.[101]

Auxiliado por Rodríguez Ibrán, con quien la amistad va cimentando, Benet sigue con el plan de obra del Porma. También con su ayuda, Juan corrige el texto mecanografiado de los relatos con el título de «Nunca llegarás a nada». El 13 de junio el ingeniero cena en Madrid con Pepín Bello, los Chueca, los Garagorri y Luis Buñuel, de regreso a España; el cineasta tan sólo conoce a Pepín. El día después, Nuria y Juan almuerzan en casa de los García-Arenal y por la tarde, acompañado de Caneja, se entrevista con el editor valenciano con residencia en Madrid Vicente Giner para conversar sobre el original de sus relatos. Giner, de firmes convicciones republicanas y carácter difícil, cuenta con unas finanzas poco saneadas.

101. Conversación telefónica, el 11 de octubre de 2014.

A primeros de julio, acabado el estudio sobre el Porma, Benet se dedica a embalar libros y preparar la mudanza de casa. Se presenta por vez primera en España la documentación técnica de una obra con formato de proyecto; incluye memoria, cálculos y planos de instalaciones, justificación de maquinaria y materiales necesarios más rendimientos, programa de trabajos y costes. Hasta entonces sólo se exponía la oferta económica más la relación de maquinaria y de personal. Benet, en un grueso volumen, explica cómo se hará la obra con un programa de trabajos razonados, adjunta planos del proceso constructivo y de instalaciones, del poblado obrero y de las viviendas de MZOV. A Rafael Manzano le encargó el proyecto de las casas.

En Madrid, el 14 de julio, Juan Benet firma el contrato de compra-venta de un piso en la calle de Serrano número 230, bajo portal letra E, y realiza una entrega de sesenta mil pesetas. A través de los García-Arenal, los Benet han alquilado un piso en la localidad pontevedresa de Moaña, situado en una calle perpendicular a la ría, próximo a la casa familiar y lugar de veraneo de don Pablo, de innegables raíces gallegas; en este lugar pasó la Guerra Civil y estudió el bachillerato en el instituto de Vigo. Los fines de semana jefe y subordinado viajan de Madrid a Moaña para ver a las familias. Juntas van a la playa para pescar, remar en un bote y nadar entre las feroces olas grises del Atlántico, pero Benet, al no ser nada aficionado a tomar el sol pero sí amante de la pintura decimonónica, pasa mucho tiempo ante el caballete y tras los trazos del carboncillo, impregna de colores al óleo distintos lienzos.

Director y jefe de servicio también han de viajar a París el 24 de julio. Luego de sus quehaceres laborales, durante el paseo Pablo y Juan se topan sorprendentemente en los Campos Elíseos con Paulino Garagorri. Quiso la casualidad que ambos amigos coincidieran en un punto tan distante de la capital de España. Con posterioridad transitan por la Montaña de Santa Genoveva, el Palacio Nacional de los Inválidos, el barrio Le Marais, asisten al cine –*La balada del soldado*, de Grigori Chukhrai–, cenan con el libertario exiliado José Martínez y tras una reposada sobremesa prolongan la noche en torno a unas copas. Luego de hacer unas compras, el día 27 Juan y Pablo regresan a Madrid.

Una de las jornadas que Juan Benet pernocta en Madrid coincide con un quebradizo de salud Ernest Hemingway en el ascensor del hotel Suecia. Sin dilación, el ingeniero se dirige al Nobel de Literatura, que apenas sale del establecimiento, y entablan una conversación; animado en la charla, el estadounidense invita a Benet a su habitación, un espacio bien pertrechado de botellas. «He aquí mis lecturas», le dijo; y compartieron velada de plática literaria en compañía de unos whiskys. Sin embargo, a Benet la lectura del de Illinois siempre le ha dejado un tanto frío. «Me parecía siempre más un escritor de revistas. Su famoso poder coloquial me decía poco, y el vigor de Hemingway me parecía un vigor de propaganda».[102] En otoño el autor de *El viejo y el mar* vuela a Estados Unidos.

Algún fin de semana en Moaña aparece Eduardo Sánchez Várez, directivo de MZOV, y Ramón Cachafeiro, que en su barco navegan a la isla de Ons y Sangenjo, en la ría de Pontevedra, o hacen excursiones a sitios y localidades no alejadas, como Tuy, Vigo, Cangas, La Toja, playa de La Lanzada. En cierta ocasión Benet lleva a pasar unos días a Galicia a su madre Teresa y a su sobrino Luis, de quince años; en las escasas horas de asueto termina de leer *Justine*, el primer volumen del *Cuarteto de Alejandría*, de Lawrence Durrell, y anota: «Extraordinario».[103]

El primero de septiembre, en Oviedo, Benet prepara el transporte de muebles a Madrid. Descarga la mudanza y organiza la nueva casa, atiende a los pintores, albañiles y electricistas, adquiere algún mobiliario, escucha *Lohengrin*, del genio alemán, y en fin de semana vuelve a reunirse con la familia en Moaña, donde descansa con olor a brisa de verano y lee *La semántica*, de Pierre Guiraud. A finales de mes, en el Dos Caballos, regresan todos al nuevo domicilio madrileño. Los primeros días se ven obligados a almorzar y cenar fuera, pero la última fecha de septiembre se utilizan los fogones por vez primera en el hogar.

El ingeniero persevera en los pinceles. El óleo *Homenaje a Caneja* (72 × 60 cm) es una ofrenda al pintor del campo castellano, que utiliza los colores casi sin contrastes –una personal cromía–, con una suave gradación de tonos ocre. Caneja no copia del natural, sino que tiene el paisaje interiorizado, la serenidad de los campos, los pliegues de la tierra. Otro óleo de estas fechas es *Caminito arrabalero* (65 × 54 cm).

El 20 de octubre, hospedado en el hotel Principado de Oviedo, Juan Benet conoce a Alfio Martín Olarte, a través de un amigo común. Benet busca un ingeniero de caminos para enviarlo a Mauritania, donde MZOV construye un ferrocarril minero de quinientos kilómetros. Alfio no lo duda un instante y no bien terminan de hablar, el día siguiente se desplazan a Madrid. En la empresa se entrevistan con Pablo García-Arenal y tras comunicarle sus honorarios en francos CFA y advertirle que antes pasará por París para recibir preparación, Alfio queda señalado para ir a Mauritania.

102. *Cartografía personal*, Juan Benet. Cuatro, Valladolid, 1997.
103. Entrada del 21 de agosto, *op. cit.*

A Madrid llegan terribles noticias sobre Alfonso Buñuel, que ha estado tratándose un tumor pulmonar con bomba de cobalto en el Hospital de Basurto (Bilbao). Sus amigos albergan pocas esperanzas. Por entonces Juan ha reanudado la escritura de «La casa de Mazón» y en el estudio de su primo Fernando corrigen pruebas de *Teatro civil 1949-1959*. Con un capital de doce mil pesetas que ha puesto el autor, Vicente Giner comienza la edición del decepcionante título *Nunca llegarás a nada*, prescindiendo del relato «Un padre». Se tirarán mil ejemplares, al precio de venta al público de sesenta pesetas. El 25 de diciembre el informe del lector, de firma ilegible, dice: «*Nunca llegarás a nada* es el título central de una cuatrilogía [*sic*] de novelas cortas: 'Baalbec, una mancha', 'Después', 'Duelo', amén del título primero. Sentimentales unas, localistas otras. Nada destacable, como no sea la sana intención del autor: narrar cosas y sucesos intrascendentes, pero siempre humanos.- PUEDE AUTORIZARSE».[104]

Un desconocido Ramiro Pinilla, el 6 de enero de 1961, logra el premio Nadal con una novela muy faulkneriana titulada *Las ciegas hormigas*. Y con cierto retraso en la conmemoración del décimo aniversario de la Orden de los Caballeros de Don Juan Tenorio, se publica la edición no venal *Teatro civil 1949-1959*, con una tirada de doscientos cincuenta ejemplares numerados. Aunque sin firmar, el extenso prólogo a la historia de la Orden es de Juan Benet, fechado en mayo de 1959. Como suyas son las obras «El burlador de Calanda» y «El salario de noviembre». La edición se lleva a cabo bajo el alto patronato del Consejo de la Estatua de Piedra, a la que pertenecen Juan Benet (Ciutti) y Nuria Jordana (Hermana Tornera). El ingeniero le regala y dedica el ejemplar número 005 a Rodríguez Ibrán: «Para Javier, que ha llegado a tiempo para enterarse de cuál es el objeto de 'Objeto de la edad'. Juan». En referencia a la obra anónima del interior «Objeto de la Edad».

Acabado de imprimir el 6 de marzo, también ve la luz *Nunca llegarás a nada*; es el número dos de la colección *Narradores de Hoy*, de ediciones Tebas. El primero fue *El vendedor de naranjas*, de F. Fernán Gómez. Benet se moviliza para que la gente, la familia y los amigos hablen del libro; desde la incomunicación, está en busca de un lector utópico, pues en el suelo patrio las preferencias lectoras van por otros derroteros. Envía un ejemplar a Luis Martín-Santos, le dedica otro a Rodríguez Ibrán: «Para Javier, ayudándole en un programa decepcionante. Juan». En el cuento inicial, «Nunca llegarás a nada», el autor despliega su pericia viajera en los veranos de los últimos años de estudiante por el norte de Europa. Las tribulaciones de dos amigos

104. Archivo General de la Administración (AGA).

y compañeros de carrera que viajan en ferrocarril por varios países del continente, las penurias de las habitaciones sórdidas de hoteles miserables, las noches en estaciones caóticas envueltas en vapor, los encuentros con desconocidos –un inglés borracho, un viejo anarquista–, un amorío insospechado, una boda, un asesinato... Un viaje que comienzan dos y acaban cuatro, con un final inesperado y no exento de golpes de humor negro. En el relato «Baalbec, una mancha» aparece por primera vez públicamente el lugar quimérico Región. También en «Duelo» se narra un suceso en Región y, por último, en «Después» figuran paisajes de ese espacio literario –quizá simbólico– creado por Juan Benet.

El 4 de abril, en Zaragoza, muere Alfonso Buñuel. La Orden de Caballeros de Don Juan está de duelo. Pepín Bello y Fernando Chueca no encuentran consuelo. Cinco días después, desde San Sebastián, Luis Martín-Santos escribe a Benet:

> Querido Juan:
>
> Como te prometí te escribo después de haber leído minuciosamente tu libro. Lo primero que me ha llamado la atención es su homogeneidad con lo que ya conocía de ti desde hace algo más de diez años: sigues siendo fiel a ti mismo.
>
> ¿Crítica?
>
> Desde luego no voy a hacértela desde posiciones «comprometidas»; no voy a aludir para nada a su contenido social o moral, ni a su tendencia ideológica. De sobra sé que no quieres plantearte la cuestión en ese aspecto.
>
> La calidad literaria es innegable: tu nebulosa es de gran calidad estética; la fluencia de la frase, el ritmo, el vocabulario, las metáforas, todo ello indica que tienes categoría de escritor y hasta de escritor de importancia, personal aunque folcneriano [*sic*]. Reducir la explicación de tu estilo a un simple mimetismo sería desconocer lo que es un estilo. Cada frase es tuya de un modo indudable y yo podría reconocer la forma de tu movimiento espiritual entre mil.
>
> Ahora bien, a mi modo de ver tu nebulosa es quizá demasiado nebulosa. Haría falta –siempre según mi concepto– un trazo argumental más claro y un dibujo más preciso de los protagonistas. El dramatismo brota más del dolor de la frase que de la peripecia. Yo querría ver tu magnífica nebulosa creacional concretada en mundos orgánicos y precisos. Además creo adivinar que tu intención es lograrlos y que hay una cierta dirección de convergencia de los diversos relatos aparentemente aislados. Espero, pues, que en el futuro nos darás lo que te pido con creces.
>
> El relato que más me ha gustado es «Baalbec». Tu visión de la ruina de una cierta clase media apunta a una realidad que aún no se ha tratado en España, quizás porque no había llegado a existir en nuestra época. La burguesía es tan

reciente que aún no se podía pensar a sí misma como decadente. Tú puedes aportar ese mensaje si aciertas a concretarlo, entre otros muchos mensajes que llevas dentro. También es muy bueno el último relato aunque en él el mimetismo ese se hace quizás más evidente.

El primero por el contrario me ha parecido el menos logrado: todo ello dentro de la gran altura en que se mueve la totalidad de la obra.

No sé qué más decirte. Te he hecho propaganda. Creo que llegarán pedidos desde San Sebastián, lo que siempre será una ayuda para la amortización y el conocimiento.

Os doy otra vez las gracias por la noche onírica que me deparasteis en mi último fugaz viaje madrileño. Saludos a Nuria y a los amigos comunes.

Una vez más enhorabuena por tu libro al que le profetizo su mayor porvenir en los libros venideros. Creo que engarzado en la totalidad de la obra, que ya debes tener en tus entretelas literarias, alcanzará su sentido total.

Un fuerte abrazo

Luis

Por ahora no te envío original ya que tengo una promesa formal de un editor. Si me fallara, cuenta conmigo pues también estoy dispuesto a abrirme de una vez a la luz, al aire y a la crítica.[105]

La oferta de Benet sobre la obra del Porma gusta en la Dirección General de Obras Hidráulicas y en primavera el Ministerio del ramo, después de sacarla a licitación, adjudica la presa de gravedad a MZOV, bajo la dirección de Pablo García-Arenal. Benet, jefe de obra, dirigirá la construcción del embalse, en el término municipal de Boñar, a cincuenta kilómetros de León, con una complicada orografía de campos baldíos y caminos fantasmales. En el ínterin de construir las viviendas de obra, sobre planos del propio Benet, éste se aposenta en la Venta de Remellán, entre Boñar y Valdecastillo, regentada por Rogelio García Díaz y Rosario Cuesta González, su mujer; además tienen un sobrino, Felipe Orejas Cuesta, que también está al frente del negocio. La fonda goza de fama por sus tortillas y truchas, fritas o en salsa, que las pescaba el vigilante de la obra, a quien Benet moteja como el Guardatruchas. Por las noches, con los compañeros juega al tute. Benet, con una bufanda que le llega hasta los pies, les dice: «Lo que yo no entiendo de este juego es por qué ustedes cantan las cuarenta con los caballos y yo con las sotas».[106] El encargado, un gallego socarrón, le contesta: «Es que usted es el jefe». Como sus subordinados no le

105. Carta del 9 de abril de 1961. *Vidas y muertes de Luis Martín-Santos*, José Lázaro. Tusquets, Barcelona, 2009.
106. Conversación telefónica con Jesús Méndez Sáez, el 15, 18 y 20 de septiembre de 2014.

consideran un avezado jugador, para animarle en la partida le permiten ciertas licencias. Mientras barajan, el encargado de mantenimiento Jesús Méndez Sáez le pregunta a Benet por el discurrir de los trabajos y éste le contesta: «Para que las obras vayan bien, no hay mejor cosa que no aparecer por allí». Pero no es cierto. Juan Benet sigue la ejecución de la obra sobre el terreno, arrimado a la dura tierra leonesa, donde ve ocultarse el sol detrás de los sombríos montes de pizarra. A la vez que en la presa del Porma trabaja en la red de acequias del Órbigo, de la Confederación Hidrográfica del Duero, y en el acondicionamiento del trazado ferroviario en Puente de los Fierros (Puerto de Pajares), de la Dirección General de Ferrocarriles. «Vivirla a pie de obra es una de las actividades más atractivas que puede tener un hombre de mi formación».[107]

Sobre la base de «El guarda», Benet mira a su alrededor, tiene la paciencia de observar el valle del Pardomino, y comienza la redacción de un libro con un paraje imaginario que llama Región y lo titula provisionalmente «La vuelta a Región». A la vez, en su tiempo libre, en las largas tardes y noches escribe «Notas concernientes a ciertas estructuras hidráulicas basadas en la fantasía» o «La presa boya, el aliviadero en artesa». Pero no todo es labor, el ingeniero también logra huecos para el esparcimiento y en compañía de Nuria –en estado gestante–, Caneja, el matrimonio García-Arenal y Antonio Cachá Espinar, miembro del equipo directivo de MZOV, van de excursión a Ávila, Salamanca y Asturias. El martes 16 de mayo inspeccionan la presa de Aldeadávila de la Ribera, en los Arribes del Duero, el día después la casa de Miguel de Unamuno y las Escuelas Menores, en el centro histórico de Salamanca. También la abulense capilla de Mosén Rubí y la prerrománica de San Miguel de Lillo, en el monte Naranco, a las afueras de Oviedo.

Nunca llegarás a nada comienza a tener tímidas resonancias. Melchor Fernández Almagro, de la Real Academia Española, repara en el libro y le dedica una página a tres columnas, donde, a su entender, destaca la influencia cinematográfica del neorrealismo en el autor y reconoce su ingenio. Calificado de narrador intelectualizado y preocupado por el estilo, el crítico concede la mirada sagaz de Benet sobre los personajes sin nombre: «Véase cómo el viaje adquiere, más allá de su realidad y de su verosimilitud, un valor simbólico. Para que éste trascienda de los personajes, observados con agudeza, hay que infundir a la acción, no por confusa menos cierta, el movimiento que Juan Benet consigue hasta llevarnos a esta conclusión: 'aventura insensata' la de este viaje al azar; la clave de un porvenir que, por fuerza, había de

107. *Quimera*, septiembre de 2015.

estar en alguna parte' no se descifra ni aquí ni allí. Amarga moraleja, fluidamente obtenida, mitigada por la ironía».[108]

Fernando Santos Fontenla escribe una encarnizada crítica en la que califica los tres últimos cuentos de «francamente flojos, perdiéndose en juegos estilísticos fallidos por la imprecisión del lenguaje (paréntesis de 19 líneas con triple enlace de frase en la página 198) y escaso dominio del castellano».[109] Respecto al relato que da título al libro, para él posiblemente el mejor, dice estar relativamente bien escrito. Arrogante, le propone: «Benet necesita madurar y adaptar su dirección intelectualista a un mejor dominio de la técnica del lenguaje».[110]

En verano Pablo García-Arenal presenta a Benet al estudiante en prácticas de ingeniería Enrique Pérez-Galdós, descendiente del novelista canario. Enrique, que llegó a la empresa recomendado por Alberto Oliart, es destinado a trabajar en la presa del Porma.

En Ponferrada, Juan se encuentra con el ingeniero Felipe Mendaña, de Obras Subterráneas, que asiste al salto de Cornatel para visitar un pozo de registro de los diques de tierra del embalse de Bárcena. Benet se queja a Mendaña del funcionamiento de su empresa: hay demasiados encargados que actúan por su cuenta y no le hacen caso al ingeniero (jefe de obra) sino al encargado general. Después de varios viajes a Ponferrada, Felipe, residente en Oviedo, no encuentra hospedaje y se entera de que Juan es conocidísimo en la localidad, por lo que le telefonea para pedirle ayuda. Éste le recomienda el hotel Madrid. Ante el titubeo de Mendaña, Benet le dice: «No te preocupes, ya echarán a algún portugués».[111]

El 25 de julio a las seis de una tarde calma, nace en Madrid Juana Benet en el sanatorio de San Francisco de Asís (Joaquín Costa 28). Nuria fue atendida por el ginecólogo Manuel Varela. Doña Teresa Rodríguez Mellado es la madrina y el pintor Luis G. Solana el padrino. Con posterioridad la familia vuelve de vacaciones a Moaña. Y al otro lado de la ría, en playa América (Vigo), Paco y Leila alquilan un magno caserón decadente con un jardín poblado de formidables pinos. Paco, un tipo alto y bien parecido, y Leila, elegantísima, destacan entre los lugareños.

Alfio Martín Olarte apenas tiene que hacer en Mauritania, «ni voladuras ni nada en las montañas de hierro, sino simplemente coger la pala y echar al tren. El jefe de obra decía: yo pido encargados y me mandan ingenieros. Era verdad. Entonces le escribí a Pablo García-Arenal y comprendió lo que le dije. Estuve tres meses y luego

108. *Abc*, 4 de junio de 1961.

109. *Ínsula*, n.º 176-177, julio-agosto 1961.

110. *Ibíd.*

111. Testimonio de Felipe Mendaña Saavedra, registrado en magnetófono el 4 de septiembre de 2014.

me fui al Porma con don Juan».[112] Alfio vive en la casa de los Benet y su primer cometido consiste en dirigir la exhumación de los restos humanos –cuyos deudos que así lo quisieran– y su posterior traslado, porque el cementerio de Vegamián va a ser inundado. Después de los trámites administrativos, el cura del pueblo recitó las preces y fueron trasladados en un furgón de la compañía. Las calles, los caminos, las tiendas quedan a oscuras y serán sepultadas bajo las aguas. Al pie de la presa se construye un nuevo camposanto, donde depositarán los restos exhumados.

En octubre Benet se desplaza a Valladolid. En el paseo de Zorrilla 7 recoge a su amigo Rafael López González y emprenden un periplo de recreo hasta Aragón. Hacen una parada en el monasterio cisterciense de Santa María de Retuerta, en Sardón de Duero, abandonado y convertido en redil de ovejas, y en Peñafiel, donde examinan el castillo-palacio del infante don Juan Manuel. Rafael le descubre a Juan la majestuosa fortaleza califal de Gormaz, de planta irregular alargada en lo alto de un cerro desde donde se domina la extensa llanura soriana; junto a la capital, y vecino del Monte de las Ánimas, a orillas del río se apean en el monasterio de San Juan de Duero. Mientras contemplan los arcos ojivales del claustro, Benet se acerca a una anciana que apacible pespuntea el ajuar al sol y le dice: «Este amigo mío se ha enriquecido en América y ha venido a tomar estado», a lo que la mujer responde: «Pues siendo tan bien parecido como es y adinerado, no le faltarán ocasiones». Alejado, Rafael, se acerca y la interpela: «Y dónde cree usted que encontraré mejores proposiciones, en el pueblo o en la capital?». «¡Ay, hijo!, en los dos sitios pienso yo», replica la señora. Después Juan le conduce hasta el Real Monasterio de Santa María de Veruela, a los pies del Moncayo, abadía cisterciense donde se hospedaron los hermanos Bécquer. Una revelación para Rafael. Luego los ingenieros inician camino de Zaragoza y en una taberna localizan a unos amigos de Juan, un grupo de melómanos, tan adeptos como él a Wagner. Acompañados de unos vasos de vino tinto, el de mayor facundia está arrebatado con la intensidad, la riqueza armónica, la sensualidad y el colorido orquestal de *Tristán e Isolda* y así se lo hace saber. De regreso, la Guardia Civil les da el alto para pedirles por favor que trasladen a una niña de doce o trece años a Soria. Durante el viaje, de cháchara con la menor, un guasón Benet le aconseja: «Tú no empeñes mucho en los estudios, tú date a las pasiones». Una vez en la ciudad castellana y tras haber dejado en buenas manos a la chiquilla, en una añosa pastelería adquieren una botella de vino blanco francés. Estacionan para comer en un restaurante de postín en Tudela; sentados a la mesa, les atiende una

112. Declaraciones de Alfio Martín Olarte grabadas en casete el 16 de mayo de 2104.

camarera de cofia a la que Juan con determinación le indica: «¡Ponga esta botella a enfriar antes de descorcharla!».[113] Rafael queda estupefacto.

A causa del caudal de lluvias, se producen graves inundaciones en distintos puntos de España. Algunos ríos se desbordan e inundan pueblos y extensas zonas rurales.

En enero de 1962 en el Porma sufren un invierno duro, tenaz, con largas noches de oscuridad y temperaturas de hasta quince grados bajo cero; clima recio, de días cerrados de lluvia y niebla, con la sierra cubierta por un manto blanco. Después de las lluvias hiela inmediatamente y se quedan aislados durante varios días. «No podía circular ningún vehículo ni nada. Pero afortunadamente había un oso con el que hicieron chorizo, morcillas, lomos... Comíamos bien»,[114] recuerda Alfio. Un cazador furtivo de Boñar mató un plantígrado de color pardo en los inextricables bosques de acebos, abedules, robles y hayas, «Se nos advirtió del suceso y lo fuimos a ver, todo esto clandestinamente, estaba prohibido disparar a los osos. Resulta que el cazador cobró miedo y lo metió escondido en un molino. Colgado de una viga, el oso a mí me sacaba la cabeza, era un oso inmenso. Luego lo desollaron, todo el redaño del oso lo compraron unos alemanes que pasaban por allí a un precio exorbitante –la grasa del oso la utilizaban para sacar aceite para relojes–. Las entrañas las cocieron y durante tres meses estuvimos comiendo el hígado del oso, el corazón. Un taxidermista lo disecó, después lo he llegado a ver en la diputación de León».[115]

Alfio ya forma parte de la familia, así le tratan. «Cuando don Juan y Nuria se iban al cine a León yo les daba agua a los niños Ramón, Nicolás y a Juana. Hacía de canguro porque vivía en la casa; era muy atractiva y pintoresca. Nuria nos hacía la comida con la ayuda de Minervina, la doméstica».[116] Cada vez que los operarios y demás subordinados se dirigen a su padre, los niños mayores no cesan de escuchar la expresión «Don Juan», de lo que deducen que su padre es «Don Juan» y así le empiezan a llamar. Juan y Alfio suelen ir a Boñar, porque allí conocen al propietario de una ferretería con el que beben vino.

Benet ha decidido cambiar el Citroën Dos Caballos por un británico Wolseley 4/44 color crema que adquiere de segunda mano. En sus desplazamientos a Madrid,

---

113. «Viajando con Juan», Rafael López González. *Anales de la Promoción 1954*. Colegio de Ingenieros de Caminos, Canales y Puertos. Madrid, 2005.

114. Testimonio de Alfio Martín Olarte registrado en magnetófono el 16 de mayo de 2104.

115. «El agua de León», en *Cartografía personal*, Juan Benet. Cuatro, Valladolid, 1997.

116. Declaraciones de Alfio Martín Olarte.

desde donde le escribe a Nuria al Porma, se cita con su primo Fernando Chueca y se hacen acompañar de dos exuberantes hermanas cubanas, que dieron mucho que hablar a Marisol y doña Teresa.

En mayo Luis Martín-Santos publica la novela *Tiempo de silencio*. Las peripecias de Pedro, un médico que investiga sobre el cáncer en un laboratorio del Madrid de 1949, y su amigo Matías, un muchacho de aficiones literarias, buena clase social, bien planchado traje, corbata de seda, excelente corte de pelo, cultivadas inflexiones de voz y rico léxico. El personaje de Matías, pretende ser un retrato de Juan Benet, de quien el autor recoge frases y dichos. En las dislocadas correrías nocturnas de los sábados y en los debates, Matías queda empequeñecido frente a Pedro, el protagonista. La novela incluye episodios de sus propias vivencias: las visitas a los prostíbulos o la asistencia a la lección que el gran Maestro, quien no es otro que Ortega, dio en el cine Barceló. Martín-Santos emplea el recurso narrativo del monólogo interior como lo hiciera Édouard Dujardin o James Joyce. Cuando salió la novela Luis se la envió a Juan y éste, después de su lectura, fue a San Sebastián y durante una cena Juan le hizo una crítica verbal, porque la obra no le gustó nada y le pareció impropia de Luis. Benet opina que es inocente, que «abunda en los temas castizos (casa de pensión, ambientes estudiantiles, sucesos de barrio), con la ayuda de una logomaquia culta y técnicas narrativas de una novela irlandesa de más de cuarenta años de edad».[117] El ingeniero carga contra el costumbrismo, el realismo social y el monólogo interior. Posteriormente Luis le cuenta a su amada Josefa Rezola[118] la conversación y le dice: «En el fondo, está muerto de envidia, porque a mí me han publicado un libro de éxito y él no consigue que le publiquen una sola página. Bueno, es cuestión de suerte y alguna vez tengo que tener suerte [...] Yo creo que Juan es mucho mejor escritor que yo, ¿eh?».[119] Distanciamiento, bache en la amistad. Como sentenciara un inédito Oscar Wilde mirando a un ya conocido Arthur Conan Doyle: «Cualquiera puede simpatizar con las desgracias de un amigo pero se necesita una naturaleza muy delicada para soportar sus éxitos».[120]

Incondicionales de Benet como Carlos María Brú, José Vidal-Beneyto o José Suárez Carreño asisten en Múnich al IV Congreso Internacional del Movimiento Europeo, celebrado en el hotel Regina. Los españoles presentes se reunieron dos días antes del inicio el 7 de junio; fueron unas jornadas plenas de inquietud, recelo y

117. «La literatura durante el período 1939-1975», en *Infidelidad del regreso*, Juan Benet. Cuatro, Valladolid, 2007.
118. Viuda de Pedro Arana Aizpurúa, fallecido de una hemorragia cerebral.
119. *Vidas y muertes de Luis Martín-Santos*, José Lázaro. Tusquets, Barcelona, 2009.
120. *Londres victoriano*, Juan Benet. Herce, Madrid, 1987.

tensión donde se encontraron todas las facciones del exilio, excepto los comunistas. La dictadura, en el diario falangista *Arriba*, bautizó aquel encuentro como contubernio, pero se equivocó estrepitosamente, pues entre los congregados había diplomáticos, abogados, catedráticos, empresarios, aristócratas. Y tres figuras emblemáticas: Salvador de Madariaga, José María Gil-Robles y Dionisio Ridruejo. No se trataba de una caterva de rojos desgarramantas.

El 3 de julio llega una multa de tráfico al domicilio de Serrano 230, pero la familia está ausente de Madrid. Benet continúa trabajando en la ampliación de la carretera del Puerto de Pajares, donde se producían desprendimientos que provocaban cortes de tráfico y había que desviar el tránsito por Riaño. Asistido por el ayudante de obras públicas Juan Alberto Roibás, debían ensanchar la calzada cinco metros, de macadán con riego asfáltico superficial, y había que cimentarla en aglomerado y agrandarla a once metros. Un diario de Oviedo, muy crítico con la obra por las continuas interrupciones del tráfico, hartó al supervisor Juan Benet e invitó a almorzar al redactor de las crónicas para explicarle que no era culpa de los constructores sino de la orografía. «A partir de ese encuentro, cambiaron las tornas. El periodista no sólo elogiaba la labor llevada a cabo por MZOV, sino que se deshacía en explicaciones sobre las dificultades y las condiciones del trabajo, muy dignas de encomio».[121]

A primeros de septiembre, Luis Cavanna Benet, empeñado en estudiar ingeniería de caminos, viaja con su tío Juan en el Seat 1.500 negro de la compañía para pasar unos meses en el Porma. Luis, de diecisiete años, está deslumbrado por el paisaje agreste y el relato de la caza del oso que le cuenta su tío. Los días soleados los niños desnudos campan a sus anchas por el jardín que rodea a la piscina. En la oficina del poblado, su tío le pregunta qué quiere hacer, a lo que Luis contesta que tiene problemas con el dibujo técnico. Benet le pone una grapadora delante y le invita a que la despiece y dibuje cada una de las piezas. El muchacho echa una mano en lo que puede. Con un golpe de aire frío en el rostro que despeja cualquier atisbo de somnolencia, acompaña a su tío a la obra desde las ocho de la mañana; luego van a comer a casa. Con el café suena en el tocadiscos Wagner o Schubert y tras un breve descanso en el sofá regresan a la oficina. Detrás de las casas hay una rudimentaria pista de tenis, porque uno de los ayudantes de obras públicas, Antonio Sánchez Figueras, es hijo de un cuidador de las pistas de Puerta de Hierro y amigo de Manolo Santana, también hijo de otro cuidador. Antonio les enseña a dar pelotazos; Benet, con jersey de pico, se remanga el pantalón y se cala la gorra para empuñar la raqueta. *Tigre*, un mastín leonés, vela por la tranquilidad de los pobladores. Nuria,

121. Declaraciones de Juan Alberto Roibás en conversación telefónica el 15 de diciembre de 2014.

embarazada de nuevo, pasea por los caminos aledaños y a veces conduce el Wolseley. Benet se dedica a la escritura y trabaja en la novela del paraje Región. Los sábados, días de paga a cargo de un habilitado que llega escoltado por dos guardias civiles, los operarios van andando hasta Boñar y abarrotan los bares hasta la embriaguez.

El miércoles 18 de septiembre Francisco Franco visita León, todo embellecido para la ocasión. Se pusieron autobuses, repartieron bocadillos y banderitas y se paralizaron las obras de la presa. Los comercios cerraron sus puertas. Los Benet y su sobrino fueron a Boñar con idea de tomar unas cervezas, pero la pareja de la Guardia Civil, que patrullaba por el pueblo comprobando que todo estaba bien cerrado, hizo que se las sirvieran en la trastienda de un bar y regresaron al poblado.

En octubre Luis Cavanna, Nuria y los niños están en Madrid. Ella escribe a Juan al Porma y, entre otras cosas, le sugiere que se deshaga del vehículo Wolseley 4/44, que les da muchos problemas, pues ya Santiago Abrantes, jefe de talleres en la obra, le tuvo que cambiar el motor. Ramón comienza en el Colegio Estudio, un chalé de la calle de Oquendo cuyo ideario es la Institución Libre de Enseñanza.

Asistida por el doctor Manuel Varela, a las diez y media del 18 de noviembre, Nuria da a luz a Eugenio Benet, en el sanatorio de San Francisco de Asís. Le iban a poner Paco, en homenaje a su hermano, pero pronto cayeron en la cuenta de que a los varones les estaban poniendo los nombres de los Franco (Ramón, Nicolás, Francisco) y renunciaron. Los padrinos de Eugenio fueron Paco Benet y Goya Aguinaga.

El ministro de Obras Públicas y general de brigada Jorge Vigón Suero-Díaz, desea visitar las obras del trazado ferroviario en Puente de los Fierros (Puerto de Pajares) y en la compañía se le pide a Benet que prepare algo espectacular para la ocasión. Aunque el ingeniero se resiste porque el mal tiempo no lo aconseja, se le exige que organice una voladura para la comitiva franquista. Benet obedece, pero advierte de que no se responsabiliza de los resultados. Aquella explosión y su consiguiente estruendo provocó toda una lluvia de fragmentos volantes que fueron a parar a la impoluta indumentaria del séquito, quedando salpicada de barro. Benet fue detenido por la Guardia Civil y transportado en conducción ordinaria, aunque no esposado, hasta el cuartelillo, donde pasó una noche.

En las fiestas navideñas Luis Cavanna regresa al Porma con un tiempo severo. Un manto de nieve rodea todo el poblado: los barracones donde duermen en literas dobles trescientos obreros, comedores, talleres, oficinas, viviendas de la compañía. El aislamiento es casi absoluto. Sin televisión, el único contacto con el exterior es la radio; por la noche sintonizan en onda corta la BBC.

En el Valle del Silencio (León, mayo de 1960). Cortesía de Javier Rodríguez Ibrán (quien mira a la cámara).
Autor: Francisco González Caramés

En el Valle del Siencio (León, mayo de 1960), Juan Benet con Javier Rodríguez Ibrán.
Autor: Francisco González Caramés

6

PRESTE JUAN

JUAN BENET comienza el primer día de 1963 con la escritura de un artículo sobre el humor para la *Revista de Occidente*, donde tiene apoyos de Paulino Garagorri, secretario de redacción, y del consejero Fernando Chueca. Tanto a uno como a otro, Juan los mantiene al corriente sobre la progresión del escrito.

En el entretanto, Benet mantiene sus desplazamientos a Madrid con parada en Valladolid para ver a Rafael López, comidas y cenas en la capital con el grupo de asiduos, fines de semana a Toledo, además de viajes a León, Oviedo... sin tregua. Pese a semejante trajín, el domingo 27 de enero pasa todo el día en el Porma escribiendo la novela sobre Región con nuevo título: «Preste Juan». Se identificó al Preste Juan con un soberano de Etiopía evangelizada a partir del siglo IV y aislada del resto de la cristiandad por la expansión islámica del siglo VII. La creencia en la existencia del Preste Juan y el deseo de tomar contacto con este aliado de la cristiandad –gobernante, sacerdote, patriarca, de ahí preste, de presbítero– fueron algunas de las causas de los grandes descubrimientos. Marco Polo en el *Libro de las cosas maravillosas* refiere cómo los tártaros, liderados por Gengis Kan, acabaron con Preste Juan.

El domingo 3 de febrero comienza a pasar a limpio lo escrito, con la siguiente cita inicial:

> Y salió Satán de delante de Jehová, e hirió a Job de una maligna sarna desde la planta de su pie hasta la mollera de su cabeza.
>
> Y tomaba una teja para rascarse con ella, y estaba sentado en medio de ceniza.
>
> Díjole entonces a su mujer: ¿Aún retienes tú tu simplicidad? Bendice a Dios y muérete.
>
> (JOB, II)[122]

122. Una traducción más que dudosa.

La novela arranca así:

> Es cierto, el viajero que saliendo de Región quiera llegar a su Sierra siguiendo el antiguo camino real (porque el moderno dejó de serlo), se ve obligado a atravesar un pequeño y elevado desierto que se hace interminable.
>
> Un momento u otro comenzará su desaliento al pensar que cada paso le aleja más de aquellas desconocidas montañas; un día u otro abandonará la empresa frustrando aquella remota decisión de escalar su cima más alta, ese pico con forma de mascarilla que todavía hoy conserva su leyenda romántica y su penacho de ventisca. Y tal vez –tranquilo, sin desesperación ni remordimientos– dejará pasar su último atardecer tumbado en la arena, contemplando cómo en un cielo desnudo los hermosos y negros pájaros que han de acabar con él, evolucionan en altos círculos...[123]

Tres fechas después nieva dulcemente en el Porma y deja un manto de treinta centímetros. Juan lee la novela *Catch-22*, de Joseph Heller; con un cometido de la empresa viaja en coche cama a Lisboa, por la que callejea el día de llegada, y regresa en vehículo tres jornadas más tarde con entrada en Évora, Elvas y Badajoz, donde hace noche. Una vez reanudado el camino vaga por Mérida y Guadalupe.

Invitado a la glosa por Paulino Garagorri, la tarde del 23 de febrero Benet, acabada la lectura de la obra de Heller, escribe sobre *Catch-22*. En *Clave*, «Revista de los alumnos de la Escuela de Ingenieros de Caminos», el estudiante de quinto curso Fernando Sáenz Ridruejo, bajo el encabezamiento «Ni pedir ni rehusar», reseña *Nunca llegarás a nada*. «Son escritos angustiados y amargos»,[124] desaprueba el futuro colega de Benet.

En Villa Alcolea, la casa familiar situada en el barrio donostiarra de Eguía, muere en extrañas circunstancias Rocío Laffon Bayo, de 33 años, la mujer de Luis Martín-Santos. Ese mismo día, domingo 3 de marzo, el infatigable Benet comienza a escribir sobre la supervivencia del naturalismo. Cinco jornadas después de la desgracia Juan viaja a Bilbao para estar con su amigo. En compañía de Martín-Santos comen en un hostal del monte Arrate, a pocos kilómetros de Éibar, y pasan el día juntos. Juan trata de darle alivio, aunque no hay posible consuelo. Tras la despedida, Benet toma camino de Burgos por Vergara y Mondragón, pernocta en la ciudad castellana, visita la catedral de vertical soberbia y por la tarde viaja al Porma. El gran

123. Mecanografiado con correcciones a mano, facilitado por Rosa Regás.
124. *Clave*, n.º 5-6 (1963).

administrador del tiempo que es Benet, a pie de obra, escribe «Preste Juan», también llamado por él «El Hule», un cuaderno de cubiertas de material sintético con el que acostumbra a viajar. El hecho de novelar le proporciona una inmensa felicidad. En el ínterin los Benet reciben la visita de los Aiguadé, familia republicana y nacionalista catalana, amigos de Nuria.

Cuando el ingeniero viaja a León acostumbra a hospedarse en el hotel Oliden, un establecimiento confortable donde recibe todo tipo de atenciones del personal. Desde el botones Tomás Martínez, *Tomasín*, que le limpia las embarradas botas de obra y le compra los novedosos paquetes de cigarrillos Condal, al servicio de lavandería que le sirve la ropa siempre impecable. En un silencio de basílica, Benet lee mientras fuma en pipa; después echa unas partidas de cartas con los amigos capitalinos en el Salamanca, cenan en el Barrio Húmedo y trasnochan en la sala de fiestas Yuma, en la carretera de Zamora salida a Benavente, donde alternan con señoritas de posibilidades carnales.

Con la firma de Juan Benet, *Revista de Occidente* número 2 (segunda época), correspondiente al mes de mayo, publica la crítica «Para la lectura de *Trampa 22*», aunque aparece titulada «Joseph Heller: *Trampa 22*». Además comienza a pasar a limpio «Preste Juan» y a escribir un texto sobre George Eliot. En una breve estancia en Madrid, el 5 de junio Benet aprovecha para asistir al estreno en el Teatro de la Comedia de las obras *Hamlet, solista* y *Medea, la encantadora*, de José Bergamín, a cargo del grupo Dido, con decorados de Benjamín Palencia. Al final de la representación, el autor salió a saludar entre ardorosos aplausos. Benet registra en su agenda: «Dos tonterías de Bergamín».[125]

En junio, Luis Cavanna pasa los largos días del verano en las obras del embalse del Porma, supervisadas por Mariano Palancar Penella, ingeniero de la Confederación Hidrográfica del Duero. Según varios testimonios, Palancar era una persona que por su rigidez no gozaba de la simpatía de Benet, quien colgó una foto suya de la puerta del despacho para jugar a los dardos. Cuando el representante de la Administración supo de tal ocurrencia, retrasó el pago de varias certificaciones de obra. Palancar, con bigotito fino de hilera de hormigas modelo régimen, trajeado y siempre con los zapatos lustrosos, mandó construir no muy lejos de las viviendas de la contrata una casa con piscina para el uso y disfrute de la Administración en verano. Además ordenó instalar un sistema de comunicación entre las oficinas: un cable unía las salas de reuniones y accionando un rotor sonaba una sirena que indicaba llamada. Pero Benet descubrió que se escuchaban todas las conversaciones entre los despachos

125. Entrada del 5 de junio. Agenda 1963.

y decidió cortar el cable, con el consiguiente enojo de Palancar. Cuando jugaban al tenis, Juan procuraba lanzarle la bola al rostro para darle un pelotazo en el ojo. Y con motivo de cualquier visita a la obra, Benet se marchaba al cine a León, pues no quería ni verle. Sin embargo, pese a las diferencias y posibles desavenencias, entre ambos existió buena relación.

La calma del lugar a Benet le resulta muy provechosa y en julio, aunque la poesía no le «interesa nada»,[126] pone en práctica el género literario por excelencia, con resonancias de la última contienda:

UN BARRANCO EN SOMBRAS

Corrió por la ladera
y creímos perderle.
Tal era su entusiasmo.

Luego –al caer la tarde– llegó hasta nuestra tienda,
pensativo y hambriento,
y nos dijo:

que en el fondo del barranco,
por entre la maleza,
había oído una canción melancólica,
cantada por un coro desafinado.
Eran unos pocos mozos de escuadra
perdidos allí desde la guerra,
en el otoño del treinta y ocho.
Apenas eran visibles, sólo las insignias,
los botones y las cartucheras
brillaban a veces.
Y todos ostentaban
–no se sabe si a guisa de disfraz–
unas melenas muy grandes plateadas
que se confundían con las hojas del espino.
Y que le dijeron que no añoraban su tierra,
ni anhelaban la paz

126. *La Nueva España*, 23 de febrero de 1986.

ni maldecían su suerte
ni guardaban rencor sino que
preferían
–al caer la noche–
cantar una tonada triste
que les había enseñado un anciano.

Después de cenar y beber un café caliente
nos dijo –pensativo–
que le gustaría volver a aquel barranco en sombras
para unirse a los mozos de escuadra.[127]

En compañía de Fernando Chueca y el pintor Luis G. Solana, el 15 de agosto Benet inicia un viaje de solaz desde Madrid a Arenas de San Pedro y Candeleda, para adentrarse en tierra de conquistadores –Alcántara, Jarandilla de la Vera, Plasencia, Cáceres, Trujillo–, visitar el refugio y lugares del Emperador –Monasterio de Yuste, Guadalupe– y entrar en Logrosán, origen de Mario Roso de Luna. Después de pasar por Toledo, Madrid y Valladolid, el 30 de agosto, en los montes de León, se entrega de nuevo a la escritura y perfila un ensayo.

El 31 diciembre la familia Benet pasa el fin de año en Toledo, en el palacio de Munárriz, con los Chueca, Garagorri y Ubago. Benet ha escrito «al gusto toledano para la Navidad de Munárriz del año 1963» la obra «El entremés académico: un fraude de amor», La farsa tiene tres personajes: el Académico, la Calores y el Negro. Benet caricaturiza al sabio incapaz de escribir su discurso de ingreso en la Academia, para lo que ha de recurrir a su sirvienta, la Calores, y que le busque un negro...

Juan Benet comienza 1964 en Madrid volcado en «El Hule»; el primer día del año lleva escritas doscientas diecinueve páginas. Y el martes 7 de enero anota: «Hoy a las 12,30 he terminado la novela 251 pgs. con el título provisional de 'Volverás a Región'».[128] Nunca encuentra rubro definitivo hasta el último momento. En sus desplazamientos tiene como fiel compañero «El Hule», que no cesa de corregir. Después de volver de una excursión con los pintores Caneja y Luis G. Solana a Colmenar de Oreja, Benet se encuentra con Luis Martín-Santos, que pasa el fin de semana en la capital; cenan y beben juntos en la taberna de la calle del León. Pero la fatalidad no descansa. Dos días más tarde, el lunes 20 de enero, de regreso en automóvil a San

127. *El crítico. Revista Mensual de Crítica Literaria*, n.º 20, septiembre de 1993.
128. Agenda de 1964. Arch. JB/1/5, BNE.

Sebastián en compañía de su padre y un amigo, Luis sufre un accidente de tráfico cerca de Vitoria. El padre queda herido de traumatismos torácicos, aunque no de gravedad y el amigo sufre heridas leves. La mañana del martes el estado de Martín-Santos empeora y ha de ser intervenido urgentemente; la operación termina cerca de las dos de la tarde pero muere hacia las cinco y media. El día después muy temprano Caneja telefonea a Benet a la oficina para darle la noticia que ha leído en el periódico. Apesadumbrado, la misma jornada Benet comienza a escribir «La incertidumbre»,[129] título provisional del capítulo del ensayo que trae entre manos.

Firmado por Juan Benet, en febrero publica la nota «Agonía del humor» en el n.º 11 de *Revista de Occidente*. Sostiene el autor que impera el malhumoramiento de los saberes, la seriedad, que la agudeza nos tiene abandonados desde los años treinta, cuando en cualquiera de las manifestaciones de la cultura se encontraban rasgos de un humor fino «entre la gente más insospechada»,[130] como Céline, Baroja, Solana, Mann o Faulkner. En el mismo mes, desde Madrid, Benet envía por correo a su amiga argentina Martha Mercader una copia de «Volverás a Región», interesada en su lectura. Martha, autora en ciernes, reside en París y está divorciada de Nicolás Sánchez-Albornoz, con quien tiene dos hijos.

Tales fueron los choques entre Benet y Palancar, que éste presionó a don Pablo para que cambiase de interlocutor. Entonces fue nombrado como jefe de obra el leonés Jacinto Hidalgo Velilla, delegado de MZOV en la zona. «El problema, que no fue un roce sino un choque frontal, surgió al incumplir la contrata la orden mía de no comenzar el hormigonado de la cimentación hasta validar la excavación realizada. Yo estaba en León cuando me llamó el encargado de la Confederación, di orden de paralizar el hormigonado y me desplacé a la obra. Fue un incidente grave que afectaba a la autoridad»,[131] explica Palancar. Benet fue sustituido no por negligencia sino por faltar a la autoridad.

El lunes 2 de marzo Juan Benet estrena nuevo despacho en la madrileña calle de Velázquez 47; trabaja para presentar a concurso la construcción de la presa de El Atazar, en la provincia de Madrid (Valle Bajo del Lozoya), y asiste al coloquio sobre Grandes Presas que se celebra en el Centro de Estudios Hidrográficos. Ante la escasez de agua que tiene la capital, Franco ha dado la orden al ministro de Obras Públicas, Federico Silva, de construir varias presas para su abastecimiento.

Paco Benet se encuentra en Madrid. Está acomodando una casona con amplio jardín que ha adquirido en Churriana, razón por la que en sábado viajan a Málaga en

129. *La inspiración y el estilo.*

130. *Artículos. Volumen 1 (1962-1977)*, Juan Benet. Libertarias, Madrid, 1983.

131. Carta manuscrita de Mariano Palancar, del 22. 10.2014.

coche con su hermano y su primo Fernando. Pero Juan ha de regresar al día siguiente en avión para desplazarse en automóvil hasta Salamanca y hacer noche en el Gran Hotel. De la ciudad del Tormes el ingeniero llega a Villarino de los Aires para inspeccionar la presa de Aldeadávila de la Ribera. En los ratos de reposo lee *El arte del Irán*, de André Godard, con «mucha terminología técnica»,[132] en opinión de Benet.

Luego de arrancar marzo del calendario, en la calle de José Ortega y Gasset arriba, casi en la de Francisco Silvela, en Casa Sixto, se reúnen doce comensales alrededor de Juan Luis Calleja, nieto de Saturnino, autor de los célebres cuentos. José Torán,[133] José Ortega Spottorno, Juan Benet, Jaime del Valle-Inclán,[134] Pablo García-Arenal...homenajean al autor de la *tercera* de *Abc* titulada «Primero, hombres», publicada el 9 de abril. Los ingenieros quieren mostrarle su gratitud al literato por haber sabido referirse a ellos sin hablar mal de esa profesión. Tras un menú de ensalada, salpicón y morcilla regada con vinillo aloque, el reloj marca las dos de la madrugada, momento en que Torán arrastra a todos a una taberna de confianza en Diego de León, para continuar una discusión surgida entre Juan Benet y Jaime del Valle-Inclán. Torán es el encargado de que no falte vino tinto bien resecado con huevos fritos y chorizo. «Benet acusaba a 'Torán y Cía' de ser una explotadora de literatos *pobres* por apropiarse de sus artes expresivas y Valle defendía el simbiótico mecenazgo que el trabajar con Torán suponía para toda aquella gente selecta de letras que había reunido».[135] El final de la celebración lo marca el sol indulgente de las siete de la mañana.

Aunque sin mando en plaza, el 27 de abril Benet viaja al Porma para amparar a Hidalgo e informar a don Pablo. Hace noche en Valladolid, en la casa de Rafael López y Consuelo Giménez. A Consuelo, Juan suele pedirle una cena medieval, que consiste en un cordero lechal asado, muy de su gusto. Ante la presencia de Benet, los hijos del matrimonio dicen: «El amigo vuestro es más alto que las personas», a lo que él responde: «Tengo el fémur más largo de España».[136] Consuelo le prepara la habitación y, para complacer un antojo, ha de hacerle la cama orientada al norte.

---

132. Entrada del 22 de marzo, *op. cit.*

133. José Torán es el primer constructor de presas de España. Como los príncipes del Renacimiento, tiene en su plantilla, además de técnicos, a un grupo de asesores estéticos y literarios: Rafael Sánchez Ferlosio, Carmen Martín Gaite, Jaime del Valle-Inclán, Guillermo Delgado, Gabino Alonso Pardiero, José Antonio Llardent...

134. Quinto hijo del escritor gallego.

135. *José Torán. Un Ingeniero Insólito*, Ángel del Campo y Francés. Colegio de Ingenieros de Caminos, Canales y Puertos, Madrid, 1992.

136. Testimonio de Consuelo Giménez Sánchez, en conversación telefónica el 15 de abril de 2015.

Después de viajar por razones de trabajo a Fráncfort, Hannover, Hamburgo y París, el 8 de mayo Juan Benet llega a Madrid. Cuatro días más tarde, en visita rutinaria, se desplaza al Porma a bordo de su Wolseley, conducido por el chófer Juan Molet. Despacha con Palancar e Hidalgo y regresa a su ciudad.

En la casa de Serrano, el martes 19 mayo Benet recibe a Josefa Rezola, pareja de Luis Martín-Santos. Josefa, por recomendación de Leandro, hermano del difunto, previamente había telefoneado a Juan y se citaron en su domicilio para tener una entrevista acerca de unos cuentos que habían aparecido entre los papeles de Luis. Josefa, guapa, estilosa e hija de la burguesía donostiarra –heredera de Cementos Rezola– se presenta en Madrid con una carpeta. «Me abrieron la puerta y entré en un salón en el que estaba él rodeado por seis o siete amigos. Me miró de arriba abajo, con aquella forma de mirar tan penetrante que tenía, como si estuviese desafiándote a ver cómo reaccionabas. Y lo primero que dijo fue:

–¡Caramba! ¡Yo que esperaba encontrarme con una viuda llorosa!

Pero a mí me importaba un pepino todo, porque ya sabía por Luis cómo era él, así que le contesté:

–Pues mira, yo me he encontrado exactamente con lo que pensaba: un tipo alto, delgado e impertinente.

Y me dijo:

–¡Bueno! ¡Pues sí que empezamos bien!

Así que saqué los cuentos, los dichos *Apólogos*, y nada más verlos me dice:

–Mira, puedes hacer con ellos lo que quieras, pero di que son todos de Luis; desde luego no digas que son míos. Aunque lo mejor que puedes hacer es tirarlos.

Pues muchas gracias por tu ayuda.

Al final quedamos en que le dejase todos los papeles y volviese al cabo de unos días».[137] El 21 de mayo Josefa y Juan almuerzan juntos. Ella le comenta la admiración de Luis por él. Un persuasivo Juan, ya mucho más amable, se empeña en que Josefa se quede a vivir en Madrid.

Desde el pantano del Porma, el 31 de mayo, el ingeniero escribe a Leandro Martín-Santos Ribera, hermano de Luis, una extensa y esclarecedora misiva:

> Querido Leandro:
>
> Tienes que perdonarme ante todo por haber demorado más de la cuenta esta carta de la que eres acreedor desde la muerte de Luis. Ni yo mismo podía conformarme con el cumplimiento del pésame ni era de esperar que lo hicieras tú por lo

137. *Vidas y muertes de Luis Martín-Santos*, José Lázaro. Tusquets, Barcelona, 2009.

que mi silencio no estaba justificado desde ningún punto de vista. Reconozco que, aparte de eso, tenía cierta obligación de hacer acto de presencia en San Sebastián a raíz del suceso pues, aun cuando el retraso con el que me llegó la noticia me hubiera impedido asistir al entierro y los funerales, creo que me habría bastado una conversación contigo para hacerte saber –seguramente con mayor amplitud y lucidez– el contenido de esta carta. De todas formas Nuria y yo tenemos intención de hacer este verano un pequeño recorrido por aquel país y una de las mejores razones que nos empuja a ello es la de verte y estar un rato con los chicos de Luis.

Yo vi a Luis por última vez el sábado 18 de enero, en Madrid, que nos encontramos casualmente en la calle y nos fuimos a cenar juntos, con amigos comunes. Le invitamos a comer en casa el día siguiente pero no nos aseguró que vendría y, efectivamente, no compareció. Me enteré –creo– de su muerte el miércoles 22 a través de uno de los comensales del sábado que acostumbra a comprar los periódicos. Posteriormente me apercibí de lo significativo y duro que es –y se trata de un reproche que revierte sobre uno mismo y que no admite solución– enterarse por los diarios de la muerte de un amigo como Luis. Para una noticia así cualquier cosa vale –como el sepulturero del verso– menos un periódico [...] Si a la hora de su muerte esa amistad no estaba en el punto más alto de su carrera, ni mucho menos, la cosa se explica sencillamente porque nuestros contactos en los últimos tiempos eran muy tardíos y esporádicos. No nos escribíamos nunca, nos veíamos dos o tres veces al año, a lo largo de unas pocas horas, y muchos de los gustos e inclinaciones que fueron comunes durante los años cincuenta habían tomado un sesgo diferente para cada uno. Y quizá –y más por mi parte que por la de él, que era un celoso e íntegro guardián de su pasado– en nuestras breves entrevistas más nos cuidamos en poner de manifiesto las nuevas discrepancias que de mantener un culto pacato a aquella intimidad que –así lo creo yo– tan sugestiva fuera para los dos.

De aquella intimidad quedó una mutua confianza –y en algún momento cómplice– que estaba al margen de cualquier diferencia y que no sólo nos permitía encontrar enseguida un terreno de entendimiento sino que gracias a ella nos podíamos reír de nuestras propias posturas actuales haciendo uso de un tipo de censura que fue patrimonio común. Por eso que en definitiva era algo secreto –y en cierto modo inconfesable e incomprensible para cualquier otro– si la muerte se lo llevó la noticia me lo vino a confirmar. No te puedo ocultar mi creencia de que seguramente, a lo largo del tiempo, nuestras discrepancias hubieran ido en aumento. Esto en una amistad que desde el primer día –en el año 1948– se había cimentado en una afinidad intelectual no podía dejar de tener su importancia aunque no creo que se hubiera traducido en un alejamiento mayor que el que nos separaba últimamente. O quizá no: en octubre o noviembre del pasado año coincidimos en un festival literario que se celebró en Madrid y entonces, a lo largo de un paseo [y] una comida en Gambrinus, vinimos a comprobar que seguíamos estando de acuerdo respecto a muchas cosas y que ciertas diferencias no procedían de un enfoque distinto tanto como de unas maneras de pensar y unas inclinaciones aisladas que no habían conocido una oportunidad de ponerse en contacto con las del otro.

Aquella confianza de que antes te hablaba era tal vez más significativa para mí que para él porque Luis había caminado más deprisa y se había rodeado de una reputación de la que yo carezco. Últimamente he podido comprobar que esa reputación, en el seno de algunas amistades comunes, ha ido en aumento y no habría tardado en consolidarse si Luis hubiera tenido más tiempo. Por el contrario yo que cuento con mucho tiempo no soy, hoy por hoy, capaz de provocar más que indiferencia allá donde él sabía despertar interés. En mi fuero interno se ha producido cierta cerrazón y un encastillamiento, no logro reconocer el valor de ciertas monedas que hoy son de curso legal y común y me emperro en coleccionar otras que no conocen el menor aprecio. En esta situación, la confianza y el interés de Luis (y estoy seguro que no se trataba de piedad) no sólo me suponía un estímulo considerable sino que, a través del reconocimiento por parte de sus figuras más solventes, me deparaba una pequeña venganza sobre un club en el que soy capaz de entrar y en el que –con toda probabilidad– no entraré nunca.

Ya te puedes imaginar que las pocas veces que nos encontrábamos se ponía en circulación, entre otros, los dos temas que más nos importaban: la política y la literatura. En cualquiera de los dos campos él se había convertido en una figura profesional, con una dedicación inequívoca, mientras que yo no soy más que un observador de la política y un aficionado a la literatura; nunca estuve muy al tanto de sus actividades políticas pero los casos homólogos al suyo, en tal terreno, me han seducido poco; es posible que en su puesto yo hubiera tenido que conducirme de una forma parecida pero eso no añade ni quita nada a mi falta de entusiasmo por una carrera que no veo nada clara.

Yo publiqué el año 61 un libro de narraciones que me apresuré a enviárselo. Pronto me contestó con una carta –una de las pocas que conservo de él– en la que hacía una glosa elogiosa, analítica y que –sin dejar de poner de manifiesto ciertos reproches– rebosaba confianza hacia mí. Un poco más tarde me envió a su vez Tiempo de silencio pero yo no me decidí a enviarle por carta mi opinión y esperé al verano del 62 en que nos vimos en San Sebastián. La cosa no salió bien porque no podía salir y porque yo, con mi silencio, había atirantado la situación que ya no podía resolver callando. Y bien, le dije que el libro no me había gustado y tal vez esbocé una suerte de crítica torpemente hilvanada y expuesta con algo de acritud. Quizá ese momento marcó nuestro mayor distanciamiento porque vino a poner de manifiesto, que, con independencia del aprecio mutuo, cada cual marchaba por su lado y existía una disparidad importante en materias que tanto nos interesaban a los dos. Ni es este momento de decirte lo que yo pienso de la obra de Luis ni creo que ese momento –al menos por mi parte– debe llegar nunca. Entre nosotros existía algo más que opiniones y no es lógico dejar que ahora éstas vengan a resumir y analizar una amistad que discurrió también por otros cauces. A esto te quiero decir que a raíz de su muerte y como consecuencia de una serie de noticias y datos confusos que me llegaron de un lado y de otro, llegué a pensar por un momento que la figura de Luis estaba rozando la frontera de los mitos. Las circunstancias tan particulares de su muerte y el clima de disparidad que provocaba su personalidad obligaba a pensar que, por el celo de unos y la saña de otros, su figura se podía desdoblar en dos imágenes exageradas, antagonistas y contrapuestas. Aun cuando tú sabes que, puestas así las cosas, hay sólo un campo en el que yo me puedo situar, lo último que me apetece –y así se lo dije a Solange– es colaborar en la fabricación de un mito sobre la figura de Luis. No creo que sea hacerle ningún favor a la integridad de su memoria ni a la atención que merecen sus hijos.

En una gran medida la figura de Luis que va a trascender al público no está todavía trazada y puede tomar un sesgo u otro al socaire de las circunstancias [...] Desde esta posición en más de un sentido neutralizada creo que estoy en situación de decirte algo. Sobre este tema he hablado últimamente con Josefa Rezola y sobre lo que en principio estábamos los dos de acuerdo te lo quiero ahora repetir a ti. Piensa que a mí no me gustó su novela y que por consiguiente yo no estoy –por ese solo hecho– capacitado para juzgar su obra ni para tomar ninguna determinación sobre ella. No pienses, te lo suplico, en animadversión y repara en que la tragedia de Luis no es razón para transformar mi juicio literario, en lo que a él se refiere, en una beatería que no conduce a ningún lado. Quisiera que pensaras sobre esto con atención y que –puesto que su obra literaria está en tus manos– no te dejes llevar por unos sentimentalismos (déjame que lo llame así) que le pueden jugar a Luis una mala pasada. No me estoy refiriendo a su obra literaria más reciente ni siquiera a la posterior a su matrimonio, que apenas conozco, sino a toda la anterior a su incorporación al puesto de San Sebastián, el año 52 o 53, que por la intimidad que entonces nos unía me dio a conocer creo que en su totalidad. Aparte de que Luis considerara esa parte de su obra como la preparación y el sacrificio necesarios para la carrera ulterior, está el hecho de que nunca se decidió a publicarla y no porque no le faltaran ocasiones –seguro estoy de eso– sino porque nunca debió considerar provechoso hacerlo así. Y me refiero a los cuentos que escribimos en comunidad estoy seguro de que, por lo menos en la misma medida que a mí, hoy le horrorizaría la idea de publicarlos.

Ya en la vida del escritor ocurre que no es sólo su juicio quien determina si su obra es publicable o no. De ser así se publicaría todo lo que se escribe en el mundo, al menos en el momento en que se hizo. Pero en un caso como el de Luis es posible que de la noche a la mañana todo lo que se escribió se convierta en publicable, por razones que no vienen al caso y que pueden ser ajenas a los valores literarios. En tal situación hay que andarse con pies de plomo pues lo que se juega no es otra cosa que la reputación y la figura definitiva y pública de una persona que ya no tiene voz sobre sus propios hechos. A mi modo de ver es menester dejar los sentimientos a un lado para obrar como si él estuviera vivo y publicara sólo aquello que podría proporcionarle una satisfacción. Quien puede decir esto tiene que ser aquella persona de su intimidad que haya acaparado sus confidencias o un profesional de la literatura que sepa establecer el valor de su obra y trazar la frontera que separa la parte de ella que es publicable de la que no lo es. De no hacerlo así el resultado puede ser funesto porque nadie se va a convencer de otra cosa sino de que Luis tuvo unos comienzos parecidos a los de cualquier escritor y de que para escribir una página limpia en su madurez necesitó en su juventud emborronar quinientas que no pasan de ser ejercicios de escolar.

Es posible que no te resulte agradable leer esto de mí; lo sentiría de verdad porque de todo lo que dejó Luis –e incluyo su obra literaria– yo me quedé con el afecto y la afinidad que nos unió, que se hicieron extensivos a ti y que –desgraciadamente– en circunstancias tan complicadas como éstas se ponen a prueba. Por eso he preferido abordar la cuestión de cara en la confianza de que eres el mejor juez para recibir mi testimonio. Esta carta no es un estímulo a tu labor con respecto a la herencia de Luis. Ya lo sé; pero tampoco quiero que la tomes como una advertencia porque yo no soy quien para hacerla. Yo mismo prefiero ponerme al margen de la cuestión, incluso como crítico literario que no soy, porque debo a la memoria de Luis un reconocimiento de tal índole que nunca, en ningún caso y en ningún aspecto, podrá transformarse en censura.

Espero verte pronto. Mientras tanto saluda a tu mujer, abraza a Rocío y a todos los chicos y recibe un abrazo cordial de tu amigo de siempre

JUAN.[138]

138. «Papeles cruzados», en *El amanecer podrido*, Luis Martín-Santos/Juan Benet. Galaxia Gutenberg, Barcelona, 2020.

Después de diez años, Carmen Martín Gaite y Rafael Sánchez Ferlosio se vuelven a encontrar con Juan Benet en la convergencia de la calle de Goya con la del Doctor Esquerdo. Son las cinco de la tarde aproximadamente y van en direcciones opuestas. Carmiña enseguida se percata de la figura del larguirucho. Rafael duda sobre su identidad. Juan sonríe y se dirige hacia ellos. Se funden en dos abrazos. El ingeniero les explica que está de paseo, que está acostumbrado a la montaña y necesita caminar. El matrimonio le invita a tomar un café en casa, en el séptimo piso de Doctor Esquerdo 43. A las doce de la noche Juan telefonea a Nuria para decirle que se ha entretenido con unos amigos. Desde ese día no dejan de verse e inician lo que Benet llama «una amistad rememorativa».[139] El 15 de julio Carmiña le visita durante un par de horas en su casa de Serrano y comentan sobre el texto que él trabaja, ahora titulado «Ensayos de incertidumbre».

MZOV, Entrecanales y Dragados y Construcciones crean una Unión Temporal de Empresas (UTE) y forman MEDEA, Empresarios Agrupados. En verano se reúnen en la calle Matías Montero número 3, bajo derecha, donde Gabino Guedán tiene su despacho, propiedad de Entrecanales. Los respectivos equipos preparan el concurso de la presa de El Atazar. Se reparten el trabajo y luego se juntan para llevar un seguimiento. «Con ese motivo Juan y yo empezamos a tener relación. Al nombrar el comité de gerencia, cada empresa tenía dos representantes. Por parte de MZOV el titular era don Pablo García-Arenal y el suplente Juan Benet. Por Entrecanales el titular era Ricardo Castelo y el suplente era yo, pero es que además yo era el gerente de la agrupación, con lo cual tenía doble relación con Juan».[140]

En septiembre Juan Benet y Josefa Rezola, que ha adquirido una vivienda en Madrid, se desplazan a la finca La Pililla, a pocos kilómetros de Chinchón, propiedad de Rafael y Consuelo. Juan y Josefa, a quien él llama la Viuda sin cesar de coquetear con ella, pasan el día con el matrimonio amigo.

Carmen Martín Gaite, en crisis con la ficción y un tanto decepcionada de la literatura, ha leído el original de «Ensayos de incertidumbre» y le hace saber a Benet: «Tal como está concebido y escrito has conseguido el 'tono' que le va a tal trabajo, con esa mezcla de pedantería y naturalidad, de quien sabe y no enseña, que hacen de ti la persona que eres. Si le echaras erudición o apoyos más visibles a una perorata así, creo que la hundirías».[141]

139. «Ocupación del terreno», en *Cartografía personal*, Juan Benet. Cuatro, Valladolid, 1997.

140. Testimonio de Gabino Guedán Gallar, registrado en magnetófono el 11 de septiembre de 2014.

141. *Correspondencia, Carmen Martín Gaite-Juan Benet*, edición de José Teruel. Galaxia Gutenberg/Círculo de Lectores, Barcelona, 2011.

Benet continúa su flirteo con Josefa Rezola, lo que a Nuria la irrita sobremanera.[142] El 21 de octubre, el escritor da por concluido «Ensayos de incertidumbre» y el 20 de diciembre fecha el texto «Toledo sitiado». En las navidades llegan Paco y su familia de Teherán, donde tienen su residencia palaciega, para inaugurar la casa de Churriana. Asisten doña Teresa y su nieto Tomás Cavanna. Paco escolariza a sus hijos en España, pero él ha de viajar a Irán, donde prepara un trabajo.

Sin descuidar el seguimiento del pantano del Porma, en la oficina de la madrileña calle de Velázquez 47, Juan Benet trabaja en el proyecto del embalse de El Vellón y en escritos técnicos.[143] Su despacho está junto a los servicios y harto de que entren en su cubículo en vez de a los urinarios, acaba poniendo un cartel en la entrada en el que se lee: «Es la puerta de al lado».[144] En enero de 1965, a sus órdenes, comienza a trabajar en la empresa el ingeniero de caminos Diego de Llanos y de Alós. Benet ya es una pieza cardinal en la compañía. A su amiga Carmiña Martín Gaite le escribe: «Si bien parece que he alcanzado en el ejercicio de la profesión ingenieril un grado satisfactorio de madurez que me permite vivir gracias a ello, no puedo por menos de pensar que en cuanto escritor nunca dejaré de ser un irresponsable».[145] Él considera que como literato no pasa de ser un aficionado «que no ha logrado sino despertar la atención de media docena de amigos».[146] Benet ocupa su tiempo actuando como ingeniero y jugando como autor, según su criterio. «Yo soy un ingeniero responsable y un escritor irresponsable».[147]

En el intercambio epistolar con Martín Gaite, Benet, consumado escritor de cartas, establece un juego con una regla para así evitar el manierismo y la ñoñería: «Cada corresponsal deberá recoger el hilo del discurso del otro y a ser posible le deberá dar la vuelta; no será polémico con él en el sentido en que desea llegar a una meta muy distinta de la que se propone el otro, ya que no se tratará de poner de manifiesto posiciones previas; pero por lo mismo tampoco deberá ser coincidente».[148]

El 26 de marzo Carlos Barral escribe a Josefa Rezola y le dice que a través de Leandro Martín-Santos, padre de Luis, ha recibido un prólogo de Benet para

142. Así lo recuerda Consuelo Giménez Sánchez, en conversación telefónica del 15 de abril de 2015.

143. En el número correspondiente al mes de mayo de 1965, la *Revista de Obras Públicas* publica la separata «Soluciones constructivas en obras de regadío», firmado por Juan Benet Goitia.

144. Declaraciones de Consuelo Giménez Sánchez.

145. Carta de Juan Benet del 17 de marzo de 1965. *Correspondencia, Carmen Martín Gaite-Juan Benet,* edición de José Teruel. Galaxia Gutenberg/Círculo de Lectores, Barcelona, 2011.

146. *Ibíd.*

147. Misiva de Juan Benet del 24 de marzo de 1965, *op. cit.*

148. Carta de Juan Benet del 3 de marzo de 1965, *op. cit.*

Tiempo de destrucción. Juan le pide a Josefa que le envíe al editor el manuscrito de «Volverás a Región». Según ella, la secretaria de Barral se lo devolvió al ingeniero con una carta humillante y Benet se la envió a Josefa. «Se recreaban en señalarme los vicios en que yo había incurrido como narrador. 'Su novela [...] carece de diálogos. No olvide que el público lee casi exclusivamente los diálogos que suelen ser además los mejores exponentes del arte de un novelista'».[149]

En abril, a través de su primo Fernando Chueca, Benet conoce a Dionisio Ridruejo, transformado en un antifranquista convencido –no cesa de denunciar el estado de guerra continuado que vive España– y líder del grupúsculo Partido Social de Acción Democrática (PSAD), cuya influencia social es nula, aunque entre la clandestinidad se le respeta. Benet queda prendado de la talla intelectual, la honradez y la justeza del hombre que fuera jerarca de Falange, un tipo dialogante con frágil aspecto, y no tarda en formar parte del *grupo* –así llamado por sus miembros–. Juan no quiere ser un mero espectador. Dionisio pretende una nueva política frente a los partidos tradicionales, busca nuevos valores: moralizar la vida pública, recuperar la ética como categoría política, las tradiciones laicas, reformadoras y liberales. Reivindica la pasión por las ideas. El ingeniero le regala un ejemplar de *Nunca llegarás a nada* con la dedicatoria: «Para Dionisio con afecto renaciente. Juan».[150] Las reuniones se celebran por lo general los martes a la hora malva de la tarde, en la calle de San Lucas 21, muy próxima a la de Barquillo; un entresuelo con un salón con tres balcones a la calle que el grupo tiene alquilado; el mobiliario –de segunda mano– está formado por las distintas aportaciones de los miembros. Los fijos de la reunión son Dionisio Ridruejo, Jesús Prados Arrarte, Eurico de la Peña, Fernando Chueca, Paulino Garagorri, José Suárez Carreño, Pablo Martí Zaro y Juan Benet. Con menos asiduidad, pero con mucha frecuencia, también acuden José Antonio Maravall, Carlos Ollero y Fernando García de Lahiguera. Tras la sesión es costumbre cenar en La Criolla (Fuencarral 73) y empezar con unas tapas de chorizo y de lomo.

Con miras a sostener el PSAD, que depende de las exiguas cuotas de los socios, el 8 de junio ante notario se constituye la Sociedad Editorial de Escritores SEDE con despacho en San Lucas 21. Fernando Chueca (profesor de la Escuela de Arquitectura, académico de Bellas Artes y miembro de consejo de dirección de la *Revista de Occidente*) es el presidente del consejo de administración, Benet el tesorero y encargado de las relaciones externas por conocer idiomas. El ingeniero, de tendencia natural a oponerse a las propuestas, sólo plantea iniciativas impracticables. Y como a las ocho de la tarde a Benet se le hacen difíciles de soportar las discursivas sesiones

149. Prólogo a la segunda edición de *Volverás a Región*, Juan Benet. Alianza Editorial, Madrid, 1974.
150. Fondo bibliográfico Dionisio Ridruejo. Biblioteca Pública de Soria.

sin ciertos estimulantes, introdujo en las reuniones «la encomiable costumbre de disponer una botella de whisky que se podía consumir a 25 pesetas la ración. Es decir, era el whisky de club más barato de Madrid y a pesar de que se trataba de una operación filantrópica –sin margen de beneficios–, a pesar de que era preciso recurrir a todas las insistencias y amenazas para que Pablo Martí Zaro se desprendiese de su moneda de cinco duros, a pesar de que con frecuencia nos visitaba algún personaje de alcurnia política que imponía el respeto suficiente como para que no reclamásemos el abono, a pesar de que los hombres de izquierda 'se limitaban a probarlo', a pesar de que los elementos de derechas siempre escasos de moneda suelta acumulaban sus pufos, en los *old happy days* del grupo llegamos a tener en la alacena dos botellas de reserva adquiridas gracias a la cuota».[151] Acompañado del veinteañero Fernando González Olivares, secretario de Dionisio, Juan Benet elige a la hora de comprar: «A mí me gusta este JB». «Joder, Juan. ¡Hasta dónde llega tu narcisismo!»,[152] reprueba Fernando.

Oculto tras las iniciales J.B. y fechado en mayo en Madrid, el ingeniero publica «Autocrítica», en el número 6 de *Mañana. Tribuna democrática española*, correspondiente a junio-julio, donde reclama la alianza de todos los grupos dispersos de la oposición política española. Editada en París, la revista mensual *Mañana* está gobernada por Julián Gorkin, antiguo dirigente del Partido Obrero de Unificación Marxista (POUM), donde las firmas más habituales son las de Dionisio Ridruejo, Juan Marichal y el propio Gorkin.

Nuria y los niños están de vacaciones en un apartamento de alquiler en Camprodón, en el Pirineo gerundense, lugar de veraneo con agradables temperaturas. El 2 de julio Juan visita a Paco y Leila en Churriana para pocos días después regresar a Madrid; suele cenar solo en Gambrinus, va al cine o al Café Gijón. Una de las noches cena con Carmiña, con quien comparte afectos e inquietudes de narrador.

Mientras escucha a César Franck, escribe un ensayo sobre las relaciones matrimoniales.[153] Pero el sofocante calor madrileño le tiene harto. En carta del 15 de julio, le hace saber a Nuria que ha decidido hacer la compra en un supermercado de la calle de Velázquez y cocinar en casa, porque le parece más barato que Gambrinus. Líneas más adelante le comunica que Concha Galán ha tenido un accidente en el que ha dado cuatro vueltas de campana. También llamada Conchita Behn, es una amistad adquirida gracias a Alberto Machimbarrena, está casada con el militar

151. «Valedictoria a Dionisio», en *Artículos. Volumen 1 (1962-1977)*, Juan Benet. Libertarias, Madrid, 1983.

152. Testimonio de Fernando González Olivares, grabado en casete el 26 de enero de 2016.

153. «Epístola moral a Laura».

estadounidense William Charles Behn y residen en Aravaca. A veces Juan la lleva a casa y Nuria se enfurece al verla aparecer.

Benet viaja a Camprodón para reunirse con la familia y regresa a Madrid congestionado, moqueando sin parar y sin poder hablar. «Me he vuelto un tanto tristón», se queja en carta a Nuria: «Entre el catarro, el poco dinero que tengo y que aquí no hay más que gente seria no puedo hacer el golfo que es lo que a mí más me gusta».[154]

En septiembre Nuria y los chicos disfrutan de la playa en una vivienda alquilada, conocida como Casa Groga (Amarilla), en el paseo del Mar de Estartit (Gerona). Benet ha empezado a escribir «Una meditación» en un rollo de papel continuo en dos carretes giratorios –diseñado por él y encargado a un carpintero– acoplados a la trasera de la máquina de escribir Halda; en el eje inferior sitúa la bobina de papel –confeccionada por un amigo papelero guipuzcoano– y en el superior se enrolla el papel escrito. Pero interrumpe mucho la redacción, porque, por sugerencia de Dionisio Ridruejo, ha vuelto a retocar y transcribir «Volverás a Región». El primitivo bloque único de la novela ahora está dividido en cuatro extensos capítulos. Benet tiene invitado en casa a Luis G. Solana, conocido por los niños como el tío Luis, y Juan le manda a hacer la compra. Mantiene correspondencia con Carmiña, donde se recomiendan lecturas, se hacen cogitaciones sobre el sentido literario, el dogmatismo y otros sentidos. En carta del día 13, a Nuria le comunica su intención de ir a reunirse con ellos del 19 al 25. El 14 de septiembre Benet anota en su agenda: «Hoy he acabado la transcripción de «Volverás a Región». Espero que sea la última».[155] El autor presenta la novela al Premio Nadal y es registrada con el número 51, pero no alcanza a clasificarse entre los veinte finalistas que fueron seleccionados. También en septiembre da por finalizado el texto «Epístola moral a Laura», emulando a Andrés Fernández de Andrada. Laura,[156] con dificultades en su matrimonio, decide iniciar los pasos legales para gestionar su divorcio, para poderse volver a casar de nuevo en segundas nupcias con el hombre que –desde hace tiempo– dice que ama. Pretende unirse de forma durable a otra persona. Y el último día del mes Benet se da cita con su familia en Medinaceli, que regresan de Estartit.

En octubre, en el número 8 de *Mañana* aparece «Carta al Ministro de Educación» y el manifiesto «Adhesión a los profesores sancionados», ambos redactados en Madrid el pasado septiembre, donde los firmantes exponen su más terminante

154. Carta manuscrita de Juan Benet, del 3 de agosto de 1965.
155. Prólogo a la segunda edición de *Volverás a Región*, Juan Benet. Alianza Editorial, Madrid, 1974.
156. Laura bien podría ser Concha Galán.

disconformidad con la expulsión de la Universidad de los catedráticos José Luis López-Aranguren, Agustín García Calvo y Enrique Tierno Galván. Juan Benet Goitia está entre los signatarios de la proclama. Por entonces a MZOV le adjudican las obras del embalse de El Vellón, en la provincia de Madrid, donde se construirá la primera presa bóveda en España –hasta ahora se han hecho presas de gravedad–. Las persistentes lluvias de un otoño inclemente perturban los iniciales trabajos de excavación.

Benet suele decir que los mejores lugares para vivir están junto al mar, al lado de un río y cerca de una estación de ferrocarril, por los sonidos. Como quiere disfrutar de la beneficiosa compañía que le reporta la naturaleza, el campo, la soledad y los amigos, el matrimonio adquiere una finca rústica de ochenta y cinco áreas y sesenta centiáreas con casa de aperos en las afueras de Zarzalejo, en el sitio de Ontiveros, a los pies de Las Machotas, junto a la estación del tren, y la elevan a escritura pública ante notario, en El Escorial el 9 de diciembre. Pero su domicilio continúa en Madrid, en la calle de Serrano 226 (cambio de numeración).

La revista *Mañana* publica «Europa y América Latina»,[157] artículo firmado por las iniciales J. B., que corresponden a Juan Benet. Ante el próximo Congreso del Movimiento Europeo y sus relaciones con los países latinoamericanos, el autor reivindica la eliminación de todas las barreras y restricciones que dificulten e impidan sus exportaciones, estabilización de los precios de las materias primas, expansión de los mercados a los productos manufacturados y semimanufacturados, mayores recursos financieros y mejores condiciones de créditos destinados a impulsar el desarrollo económico. Además, el ingeniero ha escrito «El preparado esencial», una comedia en dos actos, especialmente escrita para la Navidad de Coria de este año; los actores, por orden de aparición en escena, serán José Antonio Sánchez Ferlosio –Chicho– (Jacinto), Carmen Martín Gaite (Elvira), Rafael Sánchez Ferlosio (Doctor Calandre), Javier Pradera (Don Gregorio Pradera), Juan Benet (Eduardo Torrens) y Gabriela Sánchez Ferlosio (Prima Pilar). La obra, en clave humorística, se desarrolla en el otoño de 1873, siendo Presidente del Poder Ejecutivo de la Primera República Española, Nicolás Salmerón; tiene como protagonista destacado al Doctor Calandre, interpretado por Ferlosio.

Carmiña escribe a Juan un telegrama el 29 de diciembre para indicarle la ubicación del antiguo palacio del duque de Alba en la cacereña Coria –plaza del Doctor Camisón 7–, herencia de Rafael Sánchez Mazas. Al día siguiente Benet, invitado por los Ferlosio, llega con su familia a la localidad extremeña.

157. *Mañana. Tribuna democrática española*, n.º 10, diciembre de 1965.

En enero de 1966, *Revista de Occidente* publica «Francisco Candel: *Los otros catalanes*» (Ediciones Península. Madrid, 1965)», una crítica demoledora firmada por Juan Benet Goitia: «Es un libro desordenado, hipertrofiado de volumen, reiterativo y mal escrito [...] Y en cuanto al lenguaje... para el lector castellano resulta un verdadero tormento. Yo nunca he sufrido en tal medida la sensación agobiante de estar –al tiempo que leía– presenciando, como cómplice y testigo, la destrucción de mi idioma. Yo creo que el estilo de Candel goza del privilegio de tener todos los posibles vicios del lenguaje escrito: los gramaticales, los semánticos, los estilísticos y los lingüísticos».[158] Benet le regala a su colega Javier Rodríguez Ibrán una separata de la revista: «A J.R.I. dedico este ejemplar para que me deje en paz».

Juan Benet trabaja en la presa bóveda de El Vellón, en las faldas de la Sierra Norte, administrada por el Canal de Isabel II. Debido a su altura (mide un metro con ochenta y ocho centímetros) y al no llevar el casco (los operarios le ven como un tipo extravagante), el ingeniero sufre descargas eléctricas de cierta consideración al rozar con la cabeza la línea instalada en la bóveda de la galería. Era un accidente de obra frecuente. Su hijo Ramón lo recuerda llegar a casa herido con la quemadura en la cabeza y el cuerpo magullado. Con la experiencia de la presa de El Vellón, se construye la presa de El Atazar, no lejos y siete veces mayor, también regentada por el Canal de Isabel II, en la que trabaja Benet, que entabla buena relación con el ingeniero Manuel Romana, jefe de obra. Durante las excavaciones observan que la margen izquierda no tiene capacidad de resistencia suficiente y que la cantera no sirve para obtener los áridos para el hormigón, la caliza no tiene propiedades. A Romana le cuesta convencer a los miembros del comité de dirección (UTE) de la gravedad de los problemas. Hay que aumentar el tamaño de la presa lateralmente y eso incrementa el presupuesto. Sólo don Juan le comprende y secunda. «Los ingenieros miraban a Benet como un bicho raro y tenían una cierta desconfianza hacia él; siempre le rodeaban rumores sobre lo mujeriego que decían que era. Desconfianza que yo no tuve, porque de una manera natural me mostró su apoyo y entendimiento».[159] Manuel Romana y su esposa, María Luisa García Suárez, a veces tienen encuentros con el matrimonio Benet. «La mujer nos llamó la atención porque era muy callada y un poco extraña, en el sentido de que no era convencional, no se parecía a ninguna de las mujeres de los ingenieros. En una reunión Nuria destacaba porque no era como las demás, tenía unas peculiaridades físicas y de comportamiento (era silenciosa, parca en palabras), no era tan efusiva como las otras mujeres, muy fría. Parecía

158. *Revista de Occidente*, n.º 34, enero de 1966.

159. Declaraciones de Manuel Romana Ruiz, recogidas en magnetófono el 15 de diciembre de 2015.

forastera».[160] Recuerda María Luisa: «A mí me sorprendió en una comida de la UTE, en el restaurante El Oso, a las afueras de Madrid. Yo le tenía cierto aprecio porque era muy agradable; estábamos charlando y me preguntó qué había estudiado. 'Yo soy licenciada en filología', le dije. Y me contestó: 'Ay, pues es muy loable'. Me pareció una frase peculiar porque nunca había oído ese término».[161]

Durante el hormigonado de la presa de El Vellón, cuyo jefe de obra es Emilio Cuevas, corre la voz de que no se vibra bien el hormigón. El director del Canal de Isabel II, José García Augustín, decide zanjar el asunto y para ver cómo se vibra convoca una reunión a pie de obra, a la que asisten Cuevas y Benet por MZOV, además de una representación del Canal, de la Confederación Hidrográfica del Tajo y del Servicio Geológico de Obras Públicas. Fernando Sáenz Ridruejo representa a Consulpresa (Consultores de Presas y Aprovechamientos Hidráulicos, S.A.), compañía que asesora a la Administración. «García Augustín dijo: 'Primero que nos explique Juan Benet cómo están haciéndolo y debatimos'. Juan empezó: 'Vamos a abordar el asunto desde un punto de vista teórico más general. Las ecuaciones matemáticas de la vibración geológica, la energía que hay que ir metiendo en el hormigón para que fluya eficazmente, pues si tiene más agua se vibra mejor pero luego se queda con goteras'. Comenzó con gran aparato científico: las teorías del profesor Vinográdov, autor soviético que nadie había leído. Los representantes de la Administración, que ya tenían las matemáticas olvidadas, empezaron a dar cabezadas. Y yo mismo decía: 'Joder, estoy perdiendo el hilo'. Borraba la pizarra y seguía con el discurso: 'Como habíamos dicho...'. Y en un momento dado, don Benito Díaz y Díaz de la Cebosa, ingeniero y alma de las actividades sociales del Canal de Isabel II, dijo: 'Bueno, ya es hora de ir a comer al restaurante'. El director, don José García Augustin, manifestó: 'Ha quedado sobradamente probado que MZOV tiene *kn*ow *how* suficiente. Lo que tenemos que hacer es que Benet venga por la obra más a menudo para asesorar a don Emilio Cuevas'. Nos fuimos a comer al mesón asador Mavi, en La Cabrera. A los postres, todos muy contento brindamos con champán. Alguien batió la cucharilla en un vaso, se levantó Juan para hablar: 'Sois todos unos pedantes y unos ignorantes. No tenéis ni idea. Todo lo que he dicho estaba improvisado, el profesor soviético no existe'. Había un Vinográdov que había escrito sobre teoría de números, que a los ingenieros nos sonaba mucho y además estaba muy bien que se llamara Vinográdov. La gente empezó a ponerse un poco violenta, pero como Juan era tremendo y echó una sonrisa, todo quedó en una situación ambigua. Se levantó don José y dijo: 'Las cosas de Benet, las cosas de Benet. ¡Hala, vámonos!'. En la presa de

160. *Ibíd.*
161. Testimonio de María Luisa García Suárez, registrado en magnetófono el 15 de diciembre de 2015.

El Vellón nunca más se volvió a hablar de la vibración del hormigón. Fueron unas sospechas inconcretas».[162]

Con motivo de los problemas habidos en la presa de El Atazar, Benet decide llevar al autor del proyecto de El Vellón, el ingeniero portugués y fundador de Consulpresa, Joaquim Laginha Serafim, experto en presas bóveda, para que le cuenten los trabajos. Manuel Iglesias López, ayudante de obras públicas y encargado del hormigonado, le muestra los sondeos, las presiones, todos los ensayos que habían hecho. «Don Juan no le pudo recibir allí mismo; le había visto antes en la central de la compañía. Le enseñamos las obras y en las oficinas desplegamos unos planos en una mesa redonda. Más tarde llegó don Juan y cuando se iba a sentar, en la silla había algo encima y dijo: '¡Qué asco!, ¿qué esto que hay aquí?'. Era el gorro de gabardina de Langinha. Con cara de repulsión, don Juan agarró el sombrero con la punta de los dedos índice y pulgar, como si fuera un resto para la basura, y lo tiró al suelo. El portugués demandó: 'Es mi sombrero, mi sombrero'».[163]

El ingeniero no ha renunciado a la dramaturgia y ha escrito la pieza teatral en dos actos «Agonía confutans». Pero una noticia inesperada golpea a Juan Benet. El 13 de abril muere su hermano Paco en un accidente con un *jeep* conducido por su secretaria en Khorramabad (Irán). Alto funcionario de la Unesco, Paco trabajaba como antropólogo en el desarrollo territorial del desierto iraní; estudiaba civilizaciones antiguas y construía hogares para una tribu de nómadas. Persona absolutamente determinante en la vida de Juan, deja viuda, Leila Farman-Farmaian, e hijos, Juan Manuel y Alejandro. Marisol, Juan y su primo Fernando, desencajados, se personan en casa de doña Teresa para anunciarle la tragedia. Juan inmediatamente escribe a Barbara Probst para notificarle la desgracia y acompaña a su madre a Teherán para repatriar el cadáver y hacerle un entierro católico, pese a su opinión contraria. Su primo Fernando Chueca quería acompañarles en el viaje, pero su mujer puso todo tipo de inconvenientes, sobre todo económicos, cuando era una familia que no pasaba precisamente escaseces. Los Benet encajaron muy mal aquel gesto de Goya.

Josefa Rezola ha regresado a San Sebastián y se cartea con Benet, todavía desconsolado; también mantiene misivas con Carmen Martín Gaite, que en mayo visita a la familia en Zarzalejo; la casa todavía no está habitable, pero en la finca disfrutan de árboles autóctonos como robles, fresnos o enebros y del arroyo Perales que discurre en las proximidades.

---

162. Declaraciones de Fernando Sáenz Ridruejo, grabadas en magnetófono el 16 de octubre de 2014.
163. Testimonio de Manuel Iglesias López, registrado en magnetófono el 26 de noviembre de 2014.

El 20 de mayo Juan Benet y Dionisio Ridruejo participan como miembros destacados en una asamblea ilegal en la Facultad de Ciencias Políticas de Madrid, con motivo de una «Jornada Nacional contra la represión». En la mesa están acompañados de Armando López Salinas, José Manuel Caballero Bonald, Alfonso Sastre, José María Moreno Galván, Basilio Martín Patino, Alfredo Mañas. Acusados de haber aprobado la organización de una manifestación y de participar en actividades subversivas, son detenidos, interrogados y sancionados con multas que oscilan entre diez mil y tres mil pesetas.

El grupo de Ridruejo decide publicar el *Boletín de Acción Democrática*, «con una periodicidad de, al menos, cuatro números al año, una extensión no menor a seis folios y con una tirada, dominada por la capacidad de la reproducción de mi oficina, que a ser posible alcanzase los cincuenta ejemplares. Aunque a mí me tocó en suerte la parte mecánica de la empresa –la mecanografía, la cabecera en letraset, la tirada y el envío en sobre cerrado y autógrafo–, también acerté a meter algún que otro artículo –de subido tono político–, que sin duda fecundó en mi espíritu una afición que tardaría algunos meses en alumbrar».[164]

El 28 de mayo se terminó de imprimir el libro de ensayos *La inspiración y el estilo*, en Ediciones Revista de Occidente, con una tirada de mil ejemplares. El título inevitablemente recuerda al que rotula el quinto volumen de las memorias de Pío Baroja, *La intuición y el estilo*. Benet quería llamarlo *Ensayos de incertidumbre*, pero el editor le obligó a cambiar. Estamos ante una reflexión luminosa acerca de la literatura, donde se exponen los planteamientos benetianos, sus principios, su poética: no le entusiasman las letras francesas pero admite que Flaubert fue el primero en tratar la prosa como un material totalmente artístico, detesta la novela naturalista y el costumbrismo y muestra una clara simpatía por el estilo. Como al joven Flaubert, a Benet las correcciones incesantes, el estilo le sacude los nervios. A su madre le regala un ejemplar con la dedicatoria: «A mi devota, generosa, solícita, amante, incansable, contumaz, perseverante e implacable madre. Juan». Y otro a Ridruejo: «Para Dionisio por todo el afecto que permite que la lectura de tan farragoso ensayo no se traducirá en menoscabo de aquel. 6 de junio de 1966. Juan».[165] Y continúa con la actividad política. Manuel Moreno del Fresno, jefe de almacén de la compañía, le dice a Jesús Méndez Sáez, encargado de mantenimiento: 'Hay que hacer un mandado para don Juan', a la vez que le entrega el juego de llaves de una furgoneta. Luego Méndez se dirige al despacho de Benet para recibir oportunas instrucciones y éste le indica que en la carretera de Burgos, en un determinado punto de Aranda de

164. Prólogo *Sobre la incertidumbre*, Juan Benet. Ariel, Barcelona, 1982.
165. Fondo bibliográfico Dionisio Ridruejo. Biblioteca Pública de Soria.

Duero, habrá un Peugeot de matrícula francesa con una carga que debe ser trasvasada a la furgoneta y transportada a Madrid. Méndez viajó con otra persona hasta el lugar indicado. Hecho el encargo, Jesús y su acompañante emprendieron camino de regreso con diez o doce cajas de cartón. Al llegar al almacén, Méndez abrió una de las cajas y vio que estaba llena de libros de bolsillo, del mismo libro. Hojeó un ejemplar y observó que el texto en castellano hacía referencia a Franco. Era una edición clandestina antifranquista. En las oficinas de la empresa se acercó al despacho de Benet y le dijo: 'Hombre don Juan, si me hubiera parado la Guardia Civil me habrían llevado a prisión...'. A lo que el socarrón ingeniero contestó: 'Ya habríamos ido a sacarle'».[166]

El féretro con los restos mortales de Paco tardó en llegar de Irán. Una vez en tierra española, fue depositado en un nicho del cementerio de La Almudena hasta que acondicionaron la sepultura de los Benet. En el momento que se produjo la reducción de cuerpos –había varios Goitia–, el 25 de junio la familia enterró el cadáver junto al de su padre. Fue cubierto por una lápida sencilla de mármol blanco, sin más abrigo que una cruz y los nombres con las fechas de nacimiento y tránsito. Prolongación del duelo.

El 1 de julio Juan Benet está solo en Madrid. Tiene a la familia en Churriana, en La Tosca, la casa de Paco y Leila. En Zarzalejo continúan las obras de acondicionamiento: pintura, enganche eléctrico... Nuria tiene el Wolseley y lleva a los niños de gira por los pueblos aledaños. Juan reanuda la escritura en el rollo. Dionisio y su secretario Fernando González se desplazan a Alella, en la comarca del Maresme, y se aposentan en la masía Can Cabús, de los Ros, familia política de Ridruejo, para trabajar la guía de Castilla la Vieja, libro de viajes encargado por la editorial Destino.

Benet pasa en la ciudad las interminables y ardientes tardes del verano. El 12 de julio el termómetro marca cuarenta y un grados, la mayor ola de calor en lo que va de siglo. «Da miedo por los chicos y sin mar», le escribe Juan a Nuria. Él ha recibido una llamada del comisario Yagüe para advertirle que si no abona la sanción impuesta por la asamblea estudiantil, le arrestarán treinta días a partir de domingo 17. Dionisio Ridruejo no tiene mayores objeciones y acepta la reclusión de treinta días. Juan requiere la opinión de su mujer: «Dime qué te parece y obro en consecuencia».

«Queridos Nuria, Ramón, Titulcia, la Bruja y el Niñín».[167] Así inicia Benet una carta dirigida a su familia, en Estartit. En agosto en Madrid no hay ni un alma. El

166. Conversación telefónica con Jesús Méndez Sáez, el 15, 18 y 20 de septiembre de 2014.

167. Los apodos que le pone a sus hijos son variables: Ramón es *Ramonino*, Nicolás es *Titulcia* y *Nichols*, Juana es *la Mosca* y *la Bruja*, Eugenio es *el Niñín* y *Titinos*.

sol cae insistentemente a plomo. Joan Jordana y su mujer Rafaela de Buen han viajado desde Chile por primera vez a Europa y pasan días con Nuria y los niños. Juan les anuncia su llegada la noche del sábado 9. Y planifica un viaje por el sur de Francia en Wolseley con Nuria, Ramón y sus cuñados, que disponen del alquiler de una furgoneta Volkswagen. El chófer Juan Molet regresaría a Madrid con los tres pequeños y Adela, la criada. Juan pretende llegar a San Sebastián pernoctando en San Juan de Luz. «Voy a escribir a Conchita Behn (que veranea allí) para que nos reserve en principio una habitación la noche del 15».[168]

En Madrid, la noche del 6 de septiembre, Juan Benet, Javier Pradera, José María Moreno Galván, su mujer Carola Torres Chasserot y Carlos Castilla del Pino van a cenar al antiguo pueblo de Fuencarral en un Peugeot conducido por Benet y prestado por una amiga. Hacia la una de la madrugada, de vuelta, Benet adelanta a una ambulancia, pero una señalización de obra que obliga a girar bruscamente a la derecha fuerza una maniobra que le saca ligeramente de la calzada y choca contra una farola. El conductor de la ambulancia se detiene para auxiliarles. Momentos después la farola se abate y cae sobre el techo del Peugeot. A Moreno Galván lo traslada la ambulancia, el resto va caminando a la Residencia Sanitaria La Paz. Benet, con fracturas de un metacarpiano y el malar de la mejilla derecha, Castilla, con un hematoma en la cadera, y Pradera, intacto. A los tres los mandan al Juzgado de Guardia y les toman declaración. Carola ha quedado al cuidado de su marido, encamado. Una semana después Castilla recibe una fotografía de una vista aérea del lugar del accidente con la siguiente nota: «Mi querido Dr. Castilla: éste es el Nudo Norte, de tan grata memoria, y la cruz señala el lugar de autos, el día 6 de septiembre de 1966, donde volviste a nacer y se puso de manifiesto tu presencia de ánimo. Un abrazo, Juan».[169]

Dionisio Ridruejo, que se negó a pagar la multa por su participación en la asamblea estudiantil, ingresa en prisión. El 20 de septiembre Benet, acusado de manifestación ilegal, decide abonar la sanción de tres mil pesetas. El mismo día Carmiña escribe a Juan para gastarle una broma afectuosa; le dice que la que desencadenó el abatimiento de la farola en el accidente automovilístico fue la vuelta de doña Liliana Ferlosio de Gandía, que si Carmiña no hubiera acompañado a su suegra en ese viaje, las cosas se habrían desarrollado de otra manera. Le pide perdón.

Las obligaciones laborales llevan al ingeniero Benet a un nuevo viaje. El 10 de octubre envía una tarjeta postal al domicilio familiar de Serrano, desde la noruega Heddal y otra el día 12 desde Trondheim. El 15 desde Florencia y el 17 desde Roma.

---

168. Carta manuscrita de Juan Benet del 5 de septiembre de 1966.

169. *Casa del olivo. Autobiografía (1949-2003)*, Carlos Castilla del Pino. Tusquets, Barcelona, 2004.

La dictadura hace un despliegue propagandístico desmesurado sobre el próximo referéndum del 14 de diciembre para la aprobación de la Ley Orgánica del Estado, que habilitará al Generalísimo a nombrar sucesor; el régimen pretende garantizar su propia evolución. «Votar sí es votar Franco», dicen las vallas anunciadoras. Juan Benet firma el escrito colectivo dirigido a la Presidencia del Gobierno, en el que se le exige al subsecretario de la Presidencia, Luis Carrero Blanco, la posibilidad de hacer propaganda aconsejando la abstención.

Los Servicios Informativos de la Dirección General de Prensa elaboran el siguiente informe sobre Juan Benet Goitia:

> Nació el 17 de octubre de 1927 en Madrid, hijo de Tomás y Teresa, casado, Ingeniero de Caminos, domiciliado en la calle de Serrano número 226.
>
> Está conceptuado como de tendencias izquierdistas.
>
> Un hermano perteneció a la F.U.E. y marchó al exilio.
>
> Su padre fue ejecutado por su actuación en zona roja.
>
> En 1965, fue detenido como sospechoso por acompañar a Vicente Girbau León, en uno de sus viajes.
>
> Tiene amistad estrecha con Ridruejo, al que acompañó a la reunión del día 20 de mayo de 1966 en la Facultad de Ciencias Políticas de Madrid organizada ilegalmente bajo el título «Primera Jornada Nacional de Lucha contra la Represión» figurando los dos en la Presidencia.
>
> Ha realizado algunos viajes al extranjero.
>
> Figura como firmante de un escrito colectivo dirigido a la Presidencia del Gobierno, en 30 de noviembre de 1966, sobre el REFERENDUM del día 14 de diciembre del citado año.
>
> Madrid 3 de diciembre de 1966.[170]

170. AGA, 42/8837.

Juan Benet con sus operarios en el jardín de las viviendas del Porma, junto a la caseta de *Tigre* (circa 1963). Cortesía de Luis Cavanna Benet, el joven alto de mirada distraída

7
COMISIONADO POLÍTICO

JUAN, Nuria, Fernando, Goya, Pepín y Luis G. Solana dan la bienvenida a 1967 en Palma de Mallorca. El primer día del nuevo año hacen una excursión a Sóller y Valldemosa, con indelebles estelas de Frédéric Chopin y George Sand. El día 3 el matrimonio Benet y Pepín Bello embarcan en el Ciudad de Granada con rumbo a Valencia. A la mañana siguiente deambulan por la ciudad y se dan un baño de gótico en la catedral y la Lonja. Después de comer viajan a Madrid.

Interesado en ver cómo el director ruso Grigori Kozintsev ha llevado a la pantalla grande *Hamlet*, la tarde del martes 10 de enero Benet va al cine Torre de Madrid. Y diez días más tarde lee *What happens in Hamlet*, de John Dover Wilson; «un esfuerzo decepcionante que no paga el esfuerzo que costó»,[171] anota en su agenda para una jornada más tarde escribir folio y cuarto sobre el personaje de la tragedia de Shakespeare.

El 24 de enero en El Escorial, los Benet formalizan ante notario la escritura de compra de una finca rústica en Zarzalejo y entregan ochenta mil pesetas, gracias a un préstamo de MZOV. Son sesenta y siete áreas y cuarenta y dos centiáreas, lindante con la ya adquirida hace dos años. En total se hacen con 15.302 metros cuadrados de terreno. Pero no todo son alegrías. Un hecho luctuoso altera la rutina familiar. En la madrugada del martes 31, Adela Rodríguez Argüelles, sirvienta en casa de los Benet, intenta asesinar a su novio César Martínez Maro, nacido en La Braña de Cangas (Oviedo), de profesión taxista, con domicilio en el paseo de Extremadura 91. Adela, natural de la asturiana Cangas de Narcea, se presentó en el piso de César y tras una discusión le asestó varias puñaladas e inmediatamente después ingirió una dosis de barbitúricos con el propósito de suicidarse. Sanguinolenta, la víctima pidió auxilio a su hermano, portero de la finca, e ingresó en estado grave en el Hospital Provincial. La agresora, asistida a tiempo por los familiares del novio, fue trasladada

171. Entrada del 20 de enero. Agenda 1967. Arch. JB/1/6, BNE.

al mismo centro. Alguien telefoneó a Nuria Jordana, quien había dado permiso a Adela la tarde del lunes, y comunicó la noticia a la policía.

Dionisio Ridruejo le informa a Juan Benet que su amigo José Vergés está dispuesto a editar «Volverás a Región». Sorprendente decisión, pues Vergés debería de conocer la novela, ya que formaba parte del jurado que juzgó la obra cuando fue presentada al premio Nadal dos años atrás. Benet ya había desistido y la había colocado como un cuaderno más en sus estantes; fue iniciativa de Ridruejo, que se la recomendó a Vergés (también Carmen Martín Gaite escribió al editor).

Después de un breve viaje de trabajo a Zúrich, en el que el ingeniero aprovecha para caminar sin prisa por las salas del museo Kunsthaus, escuchar un recital de órgano, comprar la versión de Dietrich Fischer-Dieskau del *Winterreise* de Schubert y sumirse en la lectura de *The morning watch* de James Agee, el 4 febrero regresa a Madrid. Mientras presta oídos a *Viaje de invierno*, una fecha después Benet escribe a Vergés, director de Destino. El resto del día lo pasa en casa con Schubert y James Agee.

La filosofía de la Historia Universal, de Hegel, y *Last exit to Brooklyn*, de Hubert Selby Jr., son sus nuevos nutrientes. Toda la familia y el inseparable Pepín, digno de toda confianza aunque a Nuria no le agrada su compañía, van a pasar el fin de semana a la finca de Zarzalejo, todavía sin cercar, en medio del bosque. La casa, recia y rústica de una sola planta, tiene algunos muebles, las puertas y ventanas –pequeñas, conventuales, sobrias– son de madera. La tarde del sábado 11 de febrero, con una nevada que deja diez centímetros de espesor, comprueban que las chimeneas hacen fuego perfectamente. En un gozoso anochecer invernal y guarecidos en torno a la lumbre en animada facundia, trasiegan una botella de *scotch* whisky. En la chimenea arde un alegre fuego, que avivan removiendo los leños. Alcohol y tabaco, que provoca una densa nube de humo, conceden un encanto a la atmósfera; velada chispeante. El domingo amanece con un manto blanco y se abren paso para regresar a Madrid, donde Juan ha recibido carta de José Vergés proponiendo la publicación de «Volverás a Región».

El 16 de febrero Juan Benet firma contrato con Ediciones Destino para la edición, publicación y venta de «Volverás a Región», de la que se tirarán 2.000 ejemplares. El día 24 la editorial envía al autor las galeradas para su corrección, el contrato firmado por ambas partes y un cheque de doce mil pesetas. El 28 febrero, a modo de balance mensual, Benet concluye en su agenda: «Ha sido un mes económicamente desesperante, aunque en él se haya cimentado mi gloria literaria».

El tiempo prescribe el círculo de las tareas. Pero para Juan Benet no hay reloj que paute el tiempo. Para él, el tiempo es elástico, largo, eterno; el tiempo dura siglos. Nadie como él optimiza el tiempo y las labores a desarrollar. Con Bergson, el novelista cree que el tiempo real es el tiempo interior. Con momentos para sus quehaceres ingenieriles, la poda de árboles en la finca, comidas y cenas con los amigos y alguna copa con Concha Galán, el 6 marzo Benet envía a Vergés las galeradas de «Volverás a Región». Da atención a la amiga de Nuria, la pintora Roser Bru, que expone en la galería Biosca, a Carmen María Aguadé, que inaugura exposición en el Ateneo, lleva sus hijos Ramón y Nicolás a la presa de El Vellón y canteras de Guadalíx, Espartal, Aldehuela, Torrelaguna, Alpedrete y Valdepeñas de la Sierra, se reúne con Ridruejo en SEDE, con la tía Flora para tratar venta de solares...Pero aún tiene horas para la lectura: *Et nunc manet in te*, de André Gide. Y para confiarse a la escritura: trabaja en el drama en dos actos «Un caso de conciencia».

Fin de semana de descanso en Zarzalejo. Los Benet reciben a los García-Arenal y a las hermanas Carmen y Ana Martín Gaite. Van paseando a la trinchera del ferrocarril para ver pasar el tren de cerca; el traqueteo resuena a lo largo y ancho del bosque. El lunes 13 en Madrid Juan Benet cena con Dionisio Ridruejo y José Vergés.

El ingeniero acusa ciertas dificultades económicas «incruentas», según él. Después de comer unas espinacas, el sábado 18 a mediodía, se va a Zarzalejo para atender a los carpinteros que llegan del Porma para colocar unos armarios en la vivienda. Liberado de atenciones, Benet comienza a leer *La casa verde*. El domingo lo dedica a regar la finca para después seguir con la lectura de Vargas Llosa. «*La casa verde* es una novela compleja, delicada, sinuosa, llena de entresijos, de vericuetos, de complicaciones».[172] Una semana después regresa a su refugio campestre acompañado de *The French Revolution: A History*, de Thomas Carlyle.

En Madrid, Benet pone su talento al servicio de un ensayo sobre paleopotamología o tratado de los ríos antiguos –o más precisamente, de los cauces fósiles de los ríos–, y continúa con «Un caso de conciencia». El 31 de marzo asienta en su agenda: «¿Qué noticia cabe dar de un mes en el que el día que he tenido más dinero guardaba 500 pesetas?». Pocas fechas después, Pablo García-Arenal le entrega doscientas mil pesetas como préstamo de la compañía. Ritualmente, los fines de semana Juan los dedica a su casa de campo y a la lectura: *Psicoanálisis del fuego*, de Gaston Bachelard y *Su único hijo*, de Clarín. Acabado el tratado técnico y titulado «Contribución al estudio de una paleografía fluvial», en el que colaboró su compañero Diego de

172. «Decadencia española», en *Cartografía personal*, Juan Benet. Cuatro, Valladolid, 1997.

Llanos y Alós, el 15 de abril Benet entrega un ejemplar al Centro Estudios Hidrográficos.

«Estamos en la ruina más negra pero aun así hemos sacado fuerzas de no sé dónde para comprar una máquina cortadora de césped (que te dejará bizca) y una extraña tabla inglesa, con la pintura de mejor calidad, que cuando la veas te cortará la respiración»,[173] le escribe el día 18 Juan a Carmiña, quien se encuentra en los Archives des Affaires étrangères de París investigando para su futuro libro *El proceso de Macanaz*. Benet ha comprado un cuadro por cuatro mil quinientas pesetas «que podría ser David Roberts y que parece la entrada a una cueva templo en la India (Ajantá) o tal vez Loki».[174]

Juan Benet diseña y manda construir una original piscina en la finca; aprovecha las formas sinuosas de las enormes piedras de granito que abundan en el terreno y en mayo comienza el hormigonado del suelo. Del almacén de la empresa le envían ladrillos y cemento para dar la solera. Recibe visitas de los de compañeros de trabajo, como Romana o Llanos, y de amigos, como Carmiña y su hija Marta o Machimbarrena y su novia Josefina.

El 23 de mayo el ingeniero de obras hidráulicas visita la cuenca del Tajuña, desde Brihuega hasta Orusco y Carabaña. Le acompañan Concha Galán, su hermana Manuela y su pareja el pintor realista Guillermo Delgado. Dos días después Benet asiste a la inauguración oficial de la presa de El Vellón, con comida en La Parrilla y discursos incluidos. A su vuelta a Madrid Juan se cita para cenar con Concha Galán. Luego de pocos días, ella va a Zarzalejo con Machimbarrena, quien anda con preparativos de boda. Les recibe Juan, que ha encargado a un fontanero el llenado de la piscina. A Concha le muestra su lugar de evasión y una vez solo, con la única compañía del lejanísimo ladrar de los perros vecinos, Benet se adentra en *Coriolano*, del bardo de Avon. Fuera, arrecia el temporal. En Madrid Juan vuelve a reunirse con Concha y su hermana Manuela en el restaurante La Hoja. Y una jornada más tarde él mantiene una larga e interesante conversación con Guillermo Delgado, pintor que abandonó la vanguardia para ejercer la figuración, con obra que recrea ambientes desoladores, penumbras, brumas melancólicas.

Con la lectura de *The winter's tale*, de Shakespeare, y con unas perspectivas económicas más bien sombrías, el 13 de junio Juan Benet apunta: «Ni una peseta en el banco ni una idea en la cabeza, nada atractivo para mañana, muy pocas posibilidades en mi trato con ella; un montón de deudas, una gran falta de credulidad en

173. *Correspondencia, Carmen Martín Gaite-Juan Benet*, edición de José Teruel. Galaxia Gutenberg/Círculo de Lectores, Barcelona, 2011.

174. Anotación del 14 de abril, *op. cit.*

torno a mí y para terminar la agobiante sensación de que todo lo posible se sitúa en el pasado y que el futuro sólo sirve para confirmarlo».[175] En estos días y con motivo del primer aniversario de la muerte de su hermano Paco, Juan escribe el texto elegíaco «Un extempore», donde reflexiona acerca del tiempo.

Alberto Machimbarrena Romacho y Josefina López Lizasoain contraen matrimonio el 15 de junio, en la madrileña iglesia de San Fermín de los Navarros. Bendice la unión monseñor don Juan Zaragüeta, catedrático de Filosofía y prelado doméstico de Su Santidad Pablo VI. Son invitados Fernando Chueca, Goya Aguinaga, Nuria Jordana y Juan Benet, que también ejercen de testigos por parte del novio. Aunque fijan su residencia en la capital, los recién casados disponen de una finca –propiedad de la madre de Josefina– con granja porcina en Galapagar, en las estribaciones de la sierra de Guadarrama, con amplias zonas de pasto, a unos treinta kilómetros de Madrid.

En Zarzalejo la piscina está acabada pero cuela, lo que perturba a Benet, pero no le impide sumirse en un silencio tan sólo alterado por la placidez del chuchear del búho y el grillar de los ortópteros; se aísla con la lectura de *Enrique VIII*, de Shakespeare. Al cabo de los días, la festividad de San Juan la celebran en Serrano 226 con un banquete nocturno de langostinos y la compañía de Goya, Pepín, don Pablo, Caneja, Garagorri y Machimbarrena. Abandonan el domicilio a las ocho de la mañana.

Ante la imposibilidad de utilizar la piscina, porque todavía la está pintando, el 6 julio Benet les compra a los Titinos (así llaman a los hijos) una pequeña pileta de plástico para mitigar el sofocante calor. En la capital, en una reunión con Javier Pradera, Juan recibe el encargo de traducir *This side of Paradise*, de Fitzgerald. El día 11 se inicia una obra de tabiquería en el piso de Serrano. «Llama con acentos no por imprevistos menos inquietantes Conchita Behn pero yo me voy a comer con los Arenal y a cenar con Ferlosio, Calila y Pradera y Madeleine Fletcher. Empiezo la traducción de *This side of Paradise*, de Scott Fitzgerald»,[176] registra Benet.

Tras pasar por el sanatorio psiquiátrico, por un careo con su novio promovido por el juez y muy bien defendida por un abogado que le procuró Benet, la doméstica Adela, una vez absuelta, ha vuelto a trabajar en casa y la llevan a Zarzalejo. El 15 de agosto, mientras lee *Tótem y tabú*, de Sigmund Freud, a Benet le obsesiona la plaga de la oruga que sufren los fresnos de la finca. Cuatro días después el matrimonio Benet, con el chófer Juan Molet, emprende viaje a Galicia. Hacen un alto para

175. En la entrada del 13 de junio figura una pegatina roja que dice *Achtung!*, *op. cit.*
176. Entrada del 11 de julio, *op. cit.*

comer en Verín (Orense) y a la noche llegan a Moaña, a casa de don Pablo. El 20 de agosto todo el día de descanso, solo interrumpido por una escapada en barco para cenar en Cangas. La jornada siguiente Juan y Nuria viajan a Tuy, donde pasan la frontera por el Puente Internacional y visitan las localidades portuguesas de Valença do Minho, Viana do Castelo y Ponte de Lima. Nuria regresa a Madrid y Juan hace noche en Mondariz. El 22 de agosto Benet se desplaza a Santa María de Tebra, una parroquia de Tomiño inmersa en un hermoso valle, donde viven retirados una larga temporada el pintor Guillermo Delgado y su pareja Manuela Galán, en una finca llamada El Vínculo, propiedad de un amigo residente en Madrid, con casa solariega de piedra, bodega, hórreo, cenador, jardines bien cuidados cercados por el perenne verde del boj, pastos, cultivos básicos para autoconsumo como patatas, maíz y vid en manos de vecinos y un encargado. Los tres van de excursión a Pontevedra y Santiago de Compostela para regresar a dormir a Tebra. A la mañana siguiente Benet viaja a Frieira, donde se ha citado con Eduardo Sánchez Várez, directivo de MZOV, y otros ingenieros. Luego se trasladan a Oporto, vía Melgaço, Monçao y Valença. Visitan Peso da Régua, Amaranda, Gimarães y Braga. Vuelven a Frieira, donde hacen noche. El 25 de agosto Benet y Sánchez Várez regresan a Madrid con parada gastronómica en Puebla de Sanabria.

En Madrid, el sábado 26, Fernando González, secretario de Ridruejo, le entrega a Benet unas nuevas galeradas de «Volverás a Región». Con ellas y la compañía de su primo Chueca se marcha a Zarzalejo, donde está su familia. Además de encargar la construcción de un pozo para la finca, se dedica a corregir pruebas. El lunes toda la familia abandona la casa por este verano y vuelve a la capital. Juan envía a la editorial Destino las pruebas corregidas. Sin más espera que le terminen de construir un rincón de escritura en la alcoba matrimonial, que él llama «el cuchitril», el 1 de septiembre toda la parentela se marcha a Estartit con el chófer. La agitada vida no cesa ni en vacaciones. Dos días después de aposentarse, Alberto Oliart y Carmen Delgado, que veranean en Calella de Palafrugell, les visitan y juntos se van de excursión a Ullastret, Peratallada y Pals. La mañana siguiente, los dos matrimonios vuelven de correría a San Pedro de Roda y Port de la Selva, que completan con una visita nocturna a Ampuries. La jornada posterior almuerzan en Calella con los Oliart y hacen una nueva salida a Llafranc y cabo de San Sebastián, en Palafrugell. El día 6 el ingeniero regresa a Madrid con Juan Molet al volante.

Revista de Occidente publica «Ilusitania»[177] de Benet, fruto de un viaje a Lisboa para ver el modelo reducido de la presa de El Atazar, que se ensayaba en el

177. *Revista de Occidente*, n.º 54, septiembre de 1967.

Laboratorio Nacional de Engenharia Civil. Entre los viajeros estaba el ingeniero Jaoquim Laginha Serafim, además de otros colegas. Laginha se enfadó muchísimo con el artículo, donde se exponían ciertos aspectos del carácter portugués, y escribió una réplica que enseñó a Benet, pero Paulino Garagorri no consideró oportuna su publicación. Fernando Sáenz Ridruejo, subordinado de Joaquim, habló con Julián Marías, miembro del consejo asesor de la revista, pero aun así el texto nunca salió a la luz, lo que frustró a Benet, pues tenía preparada la contrarréplica.

«No tengo una peseta en el banco y debo 32.750 pesetas»,[178] comenta el ingeniero en la agenda. Pese a ese balance, como si sus penas se esfumaran, el día después, en un mes dulce y dorado, Chueca y Benet acompañan a Ridruejo en un periplo por Castilla la Vieja para recoger datos sobre el terreno y cumplimentar el encargo de la guía que le ha hecho la editorial Destino. Comienzan por tierras segovianas, en la localidad de Carbonero el Mayor, donde se detienen ante el retablo mayor de la iglesia de San Juan Bautista, uno de los más destacados del Renacimiento en Castilla. Siguen hasta Cuéllar y se adentran en el castillo de los Duques de Alburquerque, todavía no abierto al público. Sin embargo, un generoso guarda les dio acceso al lugar que, durante la contienda, fue penal de presos republicanos afectados de tuberculosis. Llegan para hacer noche en la abulense Arévalo. El día 10 parten a Montuenga, Coca, Olmedo (Valladolid) y pernoctan en el confortable parador de Madrigal de las Altas Torres (Ávila), donde abrevan unos whiskies reconfortantes antes de la cena, requisito imprescindible para Benet, quien aporta al viaje sus descripciones geológicas. Otras veces duermen en fondas, como unos trajinantes. Un día después parten a Cantiveros, en la misma provincia, donde, en el interior de la iglesia de San Miguel Arcángel, se regodean con el magnífico coro alto del siglo XVI. En Fontiveros dedican su atención a la iglesia de San Cipriano, de estilo mudéjar. Y en tierras salmantinas visitan Peñaranda de Bracamonte y Alba de Tormes para dormir en Ávila, tras pasar Piedrahita. En la ciudad amurallada muestran su interés por el gótico Real Monasterio de Santo Tomás y la románica Basílica de San Vicente. Almuerzan en Villacastín y regresan a Madrid, donde en su domicilio el ingeniero entretiene las horas con la traducción de Scott Fitzgerald y un estudio de la metáfora en la épica.

Javier Rodríguez Ibrán, destinado en La Coruña por la compañía, pasa por las oficinas de Madrid y visita a Benet; fisga en su despacho, ve el estudio sobre paleopotamología que está escribiendo, con la labor de apoyo y búsqueda de documentación de Diego de Llanos y Alós, y se lo lleva para leerlo, lo toma prestado. El

178. Entrada del 8 de septiembre, *op. cit.*

18 de septiembre un sarcástico Benet remite a Rodríguez Ibrán una cuartilla manuscrita con membrete de MZOV, en la que le dice:

> Truhán moderno y majadero antiguo: A la mayor brevedad te vas servir enviar la copia de nuestro tratado de Paleopotamología que obra en tu poder por procedimientos poco limpios. Has de saber que estamos a punto de llegar a las más altas cimas científicas y a causa de tu latrocinio podemos quedar reducidos a la condición de dos mendigos hambrientos. Celebraré que todos los tuyos estén bien y que limites la práctica del hurto a otros despachos. Juan.

Vuelo Madrid-Barcelona. Después de una jornada de trabajo, el 25 de septiembre Juan recoge a Nuria y cruzan la frontera con destino a Perpignan para ver *Belle de jour*, de Luis Buñuel, que a Juan le resulta «una simpleza». A la noche llegan a Estartit, donde les esperan los hijos. Benet tiene entre manos dos novelas: *El reino de este mundo*, de Alejo Carpentier, y *Manon Lescaut*, del Abate Prévost. La literatura le proporciona placer y conocimiento. El 27 de septiembre, clausurada la casa de veraneo, toda la familia vuelve en coche a Madrid, con parada en Fraga para saciar el apetito. Al día siguiente, enviado por la compañía, Benet sube al tren en la estación del Norte para ir a Bilbao.

A las cinco menos cuarto de la tarde del 4 de octubre la calzada de la madrileña calle de Almagro, desde su confluencia con la glorieta de Alonso Martínez hasta las cercanías de la calle de Fernando el Santo, se hunde súbitamente y deja un enorme foso de unos treinta metros de largo por quince de ancho y tres de profundidad. El socavón engulle doce automóviles que se encontraban aparcados y otros que circulaban en el momento del hundimiento. En tan aparatoso suceso solamente resulta una mujer herida leve. En el subsuelo de la calle de Almagro la empresa MZOV está construyendo un túnel doble de la línea cinco del Metro.

Benet está a punto de cumplir cuarenta años y su dilecto Dionisio le regala un cuadro pintado por él, un paisaje de Gerona, un óleo sobre tabléx (41 × 32 cm), producto de los años en que Ridruejo y su familia acostumbraban a veranear tres meses en Tamariú (Palafrugell) y se acercaban a la capital con frecuencia; también pintó algunos lienzos de la Costa Brava. Continúan las reuniones en San Lucas y el visiteo del político a MZOV.

Durante cuatro días Benet frecuenta la calle de Almagro, toma medidas, se entrevista con testigos y profesionales, le pide a Diego de Llanos dedicación plena. Ambos hacen cálculos, cambian opciones, Juan piensa y escribe. «Diego, calcula tal con tal...Se cae. Tiene que aguantar. Vamos a ver qué pasa si cambiamos. Vale...

Ahora calcula esto... Cuadra... Comprueba si se da tal circunstancia... Variaba los parámetros en las fórmulas dentro de unos límites razonables. Escribía, escribía. Hacía un dibujo y seguía escribiendo. Increíble. La capacidad de sacar un razonamiento para demostrar una cosa, partiendo del principio de que no podía ser culpa de la empresa... Lo hizo en una tarde porque había que entregarlo al día siguiente. Era un genio».[179] Tras muchas cavilaciones, en la tarde del 11 de octubre, Benet escribió a mano un informe técnico de doce folios, donde explicaba que antes del hundimiento ya existía un hueco entre la bóveda del túnel del Metro en construcción y el pavimento, que fue el que lo ocasionó. Y señalaba que lo más probable es que se hundiera primero el pavimento y como consecuencia el túnel, y no a la inversa. Finalizada la labor en la oficina y con la familia en Zarzalejo, esa noche cena con Conchita Behn.

En la casa de campo Juan lee *The conduct of the war*, del general J.F.C. Fuller, mientras fuma en pipa. El quehacer doméstico se ha convertido en grato pasatiempo. El día avanza sin que le apresure el tictac del reloj y coloca azulejos en el fondo de la piscina. Pero pronto se acaba la calma. El 23 de octubre sus obligaciones le llevan, en compañía de Alfio Martín Olarte y Nuria, a Viena, vía Zúrich. Tres días más tarde salen hacia Milán, donde se detienen frente a *La Última Cena* (*Cenacolo Vinciano*), obra maestra de Leonardo da Vinci, en la pared del refectorio del antiguo convento de los dominicos de Santa Maria della Grazie. Después de una jornada en Venecia, en la que se han entregado a un ceremonioso paseo en góndola surcando las sombrías aguas de los canales, parten con dirección a Padua, visitan Vicenza y hacen noche en Verona. En Bergamo recorren la Accademia Carrara y se embriagan de arte. Dejan atrás Como y duermen en Turín. Reanudan el camino hacia Susa, Saluzzo, donde se acercan a ver la abadía cisterciense de Santa Maria de Staffarda, hasta llegar al hotel a Cannes. Por la mañana salen hacia Niza para arribar a Córcega, al puerto de Bastia. Inspeccionan la presa de Calacuccia, con su salto de agua, y descansan en Ajaccio, capital de la isla y cuna de Napoleón Bonaparte.

El 1 de noviembre Alfio se marcha. El matrimonio, cautivado por la belleza de los paisajes de la ínsula, sale de excursión a Sartène, pueblo tradicional con casas excavadas en las rocas de granito; Juan y Nuria hacen pocos kilómetros para ver el Plateau de Cauria, con su imponente dolmen de Fontanaccia. Luego van a Bonifacio, de las más antiguas localidades, y pernoctan en la vecina Porto Vecchio. El 3 aterrizan en el madrileño aeropuerto de Barajas.

179. Testimonio de Diego de Llanos y de Alós, registrado en magnetófono el 3 de julio de 2104.

El sábado 4, en la casa de Dionisio Ridruejo, en el tercer piso del número 33 de la calle de Ibiza, se celebra un concierto de guitarra clásica española de Narciso Yepes, al que asiste Juan Benet mientras fuma en pipa con deleite. Y dos fechas después no falta a la inauguración de la exposición de Benjamín Palencia en la galería Theo (General Castaños 15). Finalizada la traducción de Scott Fitzgerald, la entrega a la editorial Alianza. Fernando Chueca ha publicado *Materia de recuerdos*, un libro de poemas con un extenso prólogo explicativo de los avatares de la Guerra Civil; el volumen incluye «La nada», dedicado a su primo Juan, y «Todo es luz», ofrecimiento a Francisco Benet. Pero al ingeniero las preocupaciones se le acumulan. En Zarzalejo no tiene agua, se le ha averiado el Wolseley, se complica la relación con Concha Galán («la Behn») y como remate, en el Porma el domingo 19 a las once de la mañana, Juan Rodríguez Calvo, maquinista del blondín, en cuya caseta entre pinos guardaba una escopeta de cartuchos, hirió a un oso al que acosaba implacablemente, pero el feroz plantígrado, de fríos ojos abiertos del color de la ira, le hirió a él. Luego la bestia, habitante de los tupidos y húmedos bosques de noviembre, fue abatida por unos cazadores y la Guardia Civil. Pesaba 181 kilogramos y medía 1,90 de hocico a cola. Juan Rodríguez Calvo, conocido como el Zamorano, sin permiso de armas, pasó por el calabozo, lo que hizo movilizarse a Juan Benet y Antonio Sánchez Figueras, pues sin el blondín la obra no funcionaba.

En Madrid, el 26 de noviembre Benet termina el ensayo «Épica, noética, poiética...». Pero siguen las contrariedades: intervención en la clínica de la calle de O'Donnell a su hijo Ramón, con resultado satisfactorio, el día antes de su onomástica, Nicolás se fractura un dedo en el colegio... Para probar fortuna, Benet entrega en la Real Academia Española *La inspiración y el estilo* y así concurrir al premio Fastenrath.

Pese a haber dedicado una distendida jornada a plantar cuatro higueras y cuatro mimosas en la finca de Zarzalejo, el 12 de diciembre el ingeniero no puede conciliar el sueño. Los problemas le incomodan. Entonces se dedica a la lectura de *Lord of the flies*, de William Golding. Luego de dos días pone punto final al ensayo «Un extempore».

Juan Benet publica el artículo «Toledo sitiado»[180] en el que relata un viaje con Pepín, Paulino y Fernando a la tantas veces transitada ciudad, para pasar la noche en el palacio de Munárriz, lugar de múltiples encuentros. Poco antes del crepúsculo, en un breve callejeo curiosean la catedral y el claustro para desembocar en la plazuela de San Andrés. Gracias a los auxilios de una vecina de la iglesia homónima, donde

180. *Cuadernos Hispanoamericanos*, n.º 216, diciembre de 1967. Dirigida por José Antonio Maravall; el jefe de redacción es Félix Grande. El texto original está fechado el 20 de diciembre de 1964.

conviven mudéjar, gótico y barroco, el sacristán les facilita el acceso para ver las momias que se atesoran en la cripta. Junto al altar mayor, en la sacristía, salvada una trampilla, bajan por una escalera rústica guiados por el misario que porta el cabo de una vela. En el subterráneo se conservan treinta o cuarenta momias casi todas colocadas de pie, apoyadas entre sí y contra la pared. También publicado en separata, un ejemplar se lo dedica a Ibrán: «Este brillante folleto, lleno de sugerencias, misterio y erudición no ha de ser ciertamente comprendido por su tenedor –don Javier Rodríguez Ibrán, ingeniero de tres al cuarto y constructor de pacotillas– pero aun así la generosidad del autor (del artículo) ha de pasar por alto semejantes impertinencias para brillar, una vez más, en el firmamento de la munificencia. Juan».

Ridruejo tiene mucha confianza en Benet, más que en otras personas de la vieja política. Juan en la Guerra Civil era un niño y Dionisio no espera nada de los exiliados porque están lejos de la realidad y desconocen el país. Empujado por el político para una delicada misión, la tarde del 18 diciembre Benet viaja a Portugal en su más que vacilante Wolseley 4/44 con Fernando García de Lahiguera, Antonio Gavilanes y Adolfo Tornos. Van a Estoril a ver a don Juan de Borbón, porque Ridruejo quiere saber de primera mano en qué actitud se mueve quien todavía es pretendiente al trono. Cenan en Elvas y bien entrada la noche llegan a Lisboa. La mañana siguiente, soleada y fría, se dirigen a Villa Giralda. En el camino, el más joven de los viajeros pregunta al resto, como quien tiene que llenar un formulario, el tratamiento que piensan darle al Borbón, asegurando que lo normal es dirigirse a él con el sencillo título de señor y utilizando la tercera persona del singular. Benet dice que él piensa tratarle de usted pero que nadie se escandalice porque limitará a escuchar y apenas abrirá la boca.

> La casa estaba muy fría, no encendían la calefacción, y decorada con un estilo burgués con algún detalle anticuado de dudoso gusto. Recuerdo la repisa de mármol de una chimenea atiborrada de perros de porcelana de todas las razas. No nos hizo esperar mucho y nos sentamos en un tresillo del salón. A los dos que conocía los saludó con mucha familiaridad. Era un hombre corpulento que giraba el cuello con dificultad. A mí me dio la impresión –ya era media mañana– que ya tenía alguna copa en el cuerpo y por eso negociaba las curvas y puertas de la casa también con cierta dificultad.
>
> Toda la conversación fue política y no recuerdo lo que allí se trató. Pero lo trató todo con convencimiento, con cierto aplomo y una no desdeñable seguridad en sus razones. En un momento dijo: «Yo iré a presidir los funerales de Franco». Mis compañeros de viaje, en efecto, le plantearon cuestiones llamándole señor y

utilizando la tercera persona. En una de éstas yo tuve una intervención y le traté de usted. A los pocos minutos me replicó pero como no se quedó con mi nombre utilizó la vieja fórmula para obviar el olvido con el anonimato. «Porque como decía aquí el señor». Entonces se produjo la confusión, incrementada por la incapacidad evidente de un Borbón para sostener dos tratamientos distintos a la vez. Me empezaron a llamar a mí señor y a él de usted y él que a sus súbditos los tuteaba los comenzó a llamar de usted también. Pero afortunadamente ya era la hora de comer y la reunión se levantó antes de que la confusión fuera a mayores e invadiera el terreno de las convicciones políticas. Con todo se nos dijo que era costumbre invitarle a cenar en un hotel de Lisboa que frecuentaba mucho, y así lo hicimos.

A la noche, en el hotel Fénix, a los cuatro comisionados y don Juan de Borbón se les suma Pedro Sainz Rodríguez, exiliado en Lisboa con dos excelentes sueldos del Gobierno español, como catedrático y como ex ministro.

En la cena se bebió bastante y el pretendiente se retiró a una hora temprana. Pero cuando quedó solo Pedro Sainz Rodríguez empezó a contar su conocido anecdotario desde el primer gobierno de Burgos hasta su proyecto de restaurar en plena Guerra Mundial y en las Islas Canarias la Monarquía española con ayuda de la Royal Navy. En fin que hasta los camareros del hotel nos dejaron solos, sabiendo que éramos clientes de toda solvencia, y cuando pedimos la nota no había nadie para presentarla y cobrarla. A la mañana siguiente nos volvimos a España y como yo seguía a los mandos del coche intenté pasar de largo por delante del hotel con intención palmaria de dejar un pufo a la monarquía española. Pero aquellos jóvenes tan respetuosos me lo impidieron y tras una vuelta volvimos a aquel hotel para apoquinar. A la vuelta a Madrid fui a ver a Dionisio a darle cuenta de la visita. Me recibió en su despacho, en bata, con los lentes sobre la punta de la nariz. Sólo levantó la vista para preguntarme: ¿Es tan tonto como aseguran?[181]

Tras muchas dificultades con el ministerio de Información y Turismo, gobernado por Manuel Fraga Iribarne, los accionistas de Siglo XXI de España celebran la aparición de la editorial en el estudio de Pablo Serrano, en el distrito de Tetuán. Allí se dan cita Arnaldo Orfila Reynal, fundador de la entidad en México, Daniel Zarza Vázquez, Javier Pradera, Pablo García-Arenal, Juan Benet, Jaime García Añoveros,

181. Carta de tres folios manuscritos, del 13 de julio de 1988, enviada desde Madrid por Juan Benet a Manuel de Lope.

Clemente Auger, José Ramón Recalde, José Luis López-Aranguren, Juan Manuel Díaz-Caneja, Ricardo Aguilera y otros. La sede social de la editorial está en la calle de Emilio Rubín 7, en un piso (oficina) y un sótano (almacén) propiedades de Daniel Zarza, que aporta como capital a la empresa.

El día de Nochebuena, en su guarida de Zarzalejo el ingeniero se dedica al alicatado de la piscina. En Navidad, en una noche de vendaval, se entrega a la lectura de *Historia de la civilización en Europa*, de François Guizot. La jornada después, en comunión con la naturaleza, planta treinta y cuatro pinos; sin pigricia alguna, por la noche se desplaza a Madrid para ver *El tragaluz*, de Buero Vallejo. «Qué pobre combinación de arte rupestre y ciencia ficción», comenta en su agenda. No tarda en regresar a la finca para afanarse en las labores campestres y plantar más árboles durante dos jornadas. El último día del año regresa a su ciudad y cena en Gambrinus.

En enero de 1968 Juan Benet forma parte del secretariado colegiado del PSAD. Hace muy buenas migas con Fernando González Olivares, asistente de Dionisio. A veces Benet le lleva a su casa, en la Colonia Virgen de Begoña. «El chófer le llevaba primero a él y luego me llevaba a mí (yo solía ir en tranvía, no tenía ni coche). Un vecino policía estaba mosqueado por verme llegar con coche de general y conductor que me abría la puerta».[182]

En enero Benet firma «Op. Posth», pequeño ensayo acerca de las sonatas de Franz Schubert, dónde, como oyente lego, se interroga sobre cómo interpretar una pieza musical, a qué nos remite su audición. Cada vez está más apasionado con el compositor austriaco y con la *Sonata para piano número 21 en Si bemol mayor, D. 960*, su última obra.

Aunque terminada de imprimir en diciembre último, en febrero ve la luz la novela *Volverás a Región*. La tardanza estuvo motivada por correcciones de última hora para satisfacer las imposiciones de la censura, «supresiones aconsejadas».[183] El día 22 Benet le escribe a Ridruejo, que imparte clases en la Universidad de Wisconsin, en Madison (Estados Unidos):

> Me llamó Vergés desolado: ha tirado 2.000 ejemplares de *Volverás a Región* con un formato agradable, una bonita cubierta y una impresión cuidada y con pocas erratas. Pero en el plazo sujeto a la censura automática recibió una comunicación terminante en el sentido de que el texto debía ser sustancialmente corregido o ambos –editor y autor– pasaríamos a la jurisdicción militar. Hoy por hoy me comunica Vergés –y yo no veo otra salida sin ocasionarles mayores gastos y disgustos

182. Testimonio de Fernando González Olivares, grabado en casete el 26 de enero de 2016.
183. AGA, 21/1879.

que él no se merece– que sustituir los párrafos tachados que se extienden por 50 páginas por frases inocentes con el mismo número de matices. Ya te imaginas que es como restaurar una miniatura con un martillo y un escalpelo.[184]

Benet le hace llegar un ejemplar de *Volverás a Región* a su admirado Julien Gracq, a través de su editor José Corti. La novela apenas se ha distribuido a periódicos y revistas. Pero, en la librería Miessner (José Ortega y Gasset 14), repara en ella el crítico Rafael Conte, del vespertino *Informaciones*. La absoluta ambición literaria del autor le deja «absorto una y otra vez».[185] Conte se la recomienda a su amigo el poeta Félix Grande, quien poco después llama a Juan Benet y organiza en su casa del barrio de Chamberí (Alenza 8) un encuentro con el crítico deslumbrado y la secretaria de *Cuadernos Hispanoamericanos*, María Antonia Jiménez, con la que coquetea Benet. El flamante novelista llega algo bebido, pero pronto todos se ponen a su nivel etílico. Entre brumas, el autor le dedica a Conte su ejemplar de *Volverás a Región*: «A Rafael, el primero en este libro. Juan».[186]

La novela supone una renovación, un puñetazo en los ojos del lector acostumbrado al socialrealismo. La propuesta de Benet es otra cosa. Zarandea al lector con una prosa magistral, con párrafos de larga construcción. En la asombrosa explicación de más de diez páginas, al principio de la narración, que hace del territorio quimérico llamado Región, donde transcurre la acción, se atisba la poderosa influencia de la escritura de Casiano de Prado y su *Descripción física y geográfica de la Provincia de Madrid*. El paisaje de Región es un paisaje –y su geología– muy vivido por el autor. Con un vocabulario técnico –propio del ejercicio de su profesión– describe con mucho detalle y de modo fascinante la orografía, la climatología y la botánica en Región (inspirada en el noroeste de España, entre León y Asturias, zona que él conoce muy bien). La guerra civil en la comarca regionata la ha dejado deprimida, una sociedad muerta; en sus montes salvajes se han refugiado un grupo de combatientes (el pasado). El Numa, un anciano guarda, tuerto, astuto y cruel, con el don de la ubicuidad, es quien mantiene el orden regionato, es la esperanza; a Numa nadie lo ha visto –puede ser un viejo carlista, un monje, un militar; una leyenda–, pero protege la comarca arruinada y abandonada. Benet, con la grandeza de su escritura, reflexiona sobre la presencia del tiempo, la decadencia, la ruina, la violencia, el azar, la soledad y el fracaso colectivo.

184. *El valor de la disidencia. Epistolario inédito de Dionisio Ridruejo.1933-1975*, Jordi Gracia, ed. Planeta, Barcelona, 2007.

185. *El pasado imperfecto*, Rafael Conte. Espasa Calpe, Madrid, 1998.

186. *Ibid.*

Habiendo leído mucho a Shakespeare, el ingeniero novelista firma el 2 de marzo «Cordelia Khan», breve ensayo sobre *El rey Lear*, un «drama inmotivado» para el autor, cuando es considerada la más trágica de todas las tragedias. A la vez va «mediando ya un extraño novelón difícilmente descifrable y a duras penas legible al lado del cual *VaR*[187] ha de parecer 'caperucita y el lobo'»,[188] le escribe a Ridruejo. En posterior carta a Dionisio, Juan le cuenta que los señores de la Unesco desestimaron su informe entusiasta en favor suyo para trabajar en dicha entidad:

> Estos organismos internacionales son tan imperturbables y displicentes como cualquier funcionario español: a mi aplicación (hecha con bastante seriedad y buena voluntad, dejando aparte pequeños gestos de humor) han replicado con una lacónica desestimación, justificada por mi «falta de experiencia en todos los terrenos». Digo yo que para un hombre de 40 años la afirmación parece un poco excesiva y hasta, si no tuviera más orgullo, ofensiva. Por el momento tengo pues que renunciar a convertirme en un hombre de la Unesco (que aparte de eso produce bastante rubor), más aún si considero que a partir de ahora cada vez me va a ser más difícil adquirir más experiencia.[189]

En marzo fecha el manuscrito del ensayo «Sobre el carácter tétrico de la historia», donde expone su aversión a que tal asignatura se enseñe en el colegio y cómo hacer que el individuo, desde su infancia, disfrute con la cultura.

En primavera Barbara Probst Solomon llega a la capital de España para seguir los acontecimientos de la versión madrileña del mayo francés. Juan y Nuria la recogen en el aeropuerto de Barajas y la alojan en su piso. La reciben los cuatro pequeños que pronto reclaman sus regalos, aunque con riña de la madre por desconsiderados. Desayunan y pasan al salón, donde, en la estantería llena de libros, está la foto de Paco, un pequeño homenaje. En el despacho de Juan, colmado de sus dibujos, está la máquina de escribir con un cilindro de papel. Él le explica que es muy bueno para la narrativa y que cuando el rollo se acaba, se acaba la novela. En días posteriores matrimonio e invitada asisten al cine a ver *La kermesse heroica*, de Jacques Feyder. Barbara logra entrevistarse con Dionisio Ridruejo, Juan Manuel Díaz-Caneja y Enrique Tierno Galván. Aunque Barbara se resiste, sólo gracias al empuje de Alberto Machimbarrena, acaba acompañando a Teresa y Marisol al cementerio de La Almudena

187. *Volverás a Región.*

188. *El valor de la disidencia. Epistolario inédito de Dionisio Ridruejo.1933-1975*, Jordi Gracia, ed. Planeta, Barcelona, 2007.

189. *Ibid.*

para visitar la tumba de Paco y dejar unas flores. Teresa le dijo si quería ver dónde estaba enterrado Baroja, pero Barbara no quería ver más tumbas. Fechas después la estadounidense recibe en Madrid a sus hijas Carla y Maria, adolescentes y minifalderas, que salen a pasear con Luis y Tomás Cavanna. Llaman la atención tanto por su estatura como por su atrevido atuendo y más de un fresco las piropea por la calle; en el Museo del Prado un vigilante les suelta algunas impertinencias. Ante semejantes episodios, la abuela Teresa les dice: «¡Hay que ponerse pantalones!».[190]

En una de sus visitas a la editorial Alianza, en la calle de Milán 38 de Madrid, Benet conoce al elegante Jaime Salinas, editor de maneras anglosajonas, hijo de don Pedro y cuñado de Juan Marichal. Salinas, director editorial en lo concerniente a literatura, después de José Ortega Spottorno, es el segundo accionista más importante de Alianza.

Juan Benet fecha el 18 de mayo una obra de teatro sin título para ser representada en la Casa de Suecia, consistente en un singular diálogo entre un barbero y un poeta, con la aparición final en escena de Garagorri y Chueca, como clientes. Y poco después, en el transcurso de la Feria del Libro de Madrid, Javier Pradera le hace comprar la novela de Benet al joven José María Guelbenzu, autor de algunos poemas y de *El mercurio*, además de miembro de la revista *Cuadernos para el Diálogo*. Pradera no tarda en presentarlos.

Siguen días convulsos. En España se siguen los acontecimientos de Francia. El 30 de mayo el Gobierno secuestra la edición del diario *Madrid* y lo suspende durante dos meses por el artículo «Retirarse a tiempo: no al general De Gaulle», de Rafael Calvo Serer, propietario del periódico. En el palacio de El Pardo se hace otra lectura y lo ven como una exhortación a que el general proceda a su marcha. En el semanario *Destino* aparece toda una página dedicada a *Volverás a Región*; bajo el título «La novela de un escritor», el crítico Joaquim Marco se deshace en elogios: «Su autor ha realizado una obra que no deja de ser sorprendente por las circunstancias, estilo y método narrativo. En primer lugar –y vaya esto por delante– esta novela es la novela de un gran escritor. El hecho interesa especialmente porque la novela española actual –¿existe realmente una novela española?– se caracteriza por sus buenas intenciones y su pésimo estilo narrativo».[191] Marco recomienda leerla con morosidad, atisba la indisimulada influencia faulkneriana, advierte que estamos ante un texto sin concesiones, con una gran dosis de reflexión... El poeta Pedro Gimferrer lee el dictamen y se muestra interesado.

190. Testimonio de Marisol Benet, registrado en magnetófono el 17 de junio de 2014.

191. *Destino*, n.º 1604, 29 junio de 1968.

El miércoles 3 de julio *Nuevo Diario* publica en su tercera página: «Destacadas personalidades se suscriben al diario *Madrid*», para ayudar al vespertino secuestrado. El director del *Madrid*, Antonio Fontán, ha recibido una carta firmada por numerosos lectores en la que anuncian su deseo de suscribirse al rotativo, incluso durante el periodo de la actual suspensión. Entre los firmantes están Juan Benet y Dionisio Ridruejo. El ingeniero le dedica a su mentor político un ejemplar de *Volverás a Región*: «Para Dionisio en gran parte responsable de que este objeto sea como es. Y además con el afecto. Juan».[192]

Inmediatamente, el 4 de julio, en los Servicios Informativos de la Dirección General de Prensa, se añaden nuevos datos de Juan Benet. Se incluye que es firmante de la carta al diario *Madrid*, socio del Centro de Enseñanza e Investigación, donde también están José María de Areilza, Miguel Boyer Salvador, Elena Arnedo Soriano, etc. Y que en «1956 fue detenido por la Policía en unión de otros individuos en la Plaza del Castillo de Pamplona, en el interior de un automóvil, al parecer estaba relacionado con incidentes universitarios de Madrid».[193]

Desde la capital, el 12 de agosto Benet escribe a Ridruejo y le recuerda: «Ya sabes que no veraneo, en el sentido parlamentario del término, y cuanto más comprendo la excelencia de esa costumbre, más cerca estoy de una disciplina veraniega más severa. Lo único malo es que como toda cosa exquisita y prolongada, el veraneo madrileño y solitario resulta muy caro». Tras unas explicaciones clarificadoras acerca de cierto oscurantismo o confusión en *Volverás a Región*, acaba con una recomendación: «Si quieres completar el verano con una buena, muy buena, fruta literaria lee *100 años de soledad* [*sic*] de Gabriel García Márquez, un colombiano de mucho desplazamiento. Da un abrazo a Gloria; si vas en septiembre a Alella házmelo saber, pues yo iré a acompañar a Nuria a su tierra prenatal. Mil abrazos».[194] A Benet, García Márquez le gusta, pero no le interesa nada. No le interesa ni su forma de novelar ni su temática. «El gusto es una cosa que, en ocasiones, suspende la moralidad y se puede pervertir, mientras que el interés es más puro e inalterable, un vector permanente. El gusto en cierto modo es tan caprichoso que un día puede complacerse con las páginas de García Márquez [...] García Márquez es un escritor florido y brillante, pero toca una melodía que se compuso hace siglos, muy bien compuesta».[195]

192. Fondo bibliográfico Dionisio Ridruejo. Biblioteca Pública de Soria.

193. AGA, 42/8837.

194. *El valor de la disidencia. Epistolario inédito de Dionisio Ridruejo.1933-1975*, Jordi Gracia, ed. Planeta, Barcelona, 2007.

195. «Alder, Halda, Facit», en *Cartografía personal*, Juan Benet. Cuatro, Valladolid, 1997.

El crítico Rafael Conte publica en el periódico «Una pesadilla en ruinas», sobre *Volverás a Región*, donde confiesa no tener la menor referencia de su autor. Su lectura le supuso «una estupenda sorpresa» y añade: «El libro, de un interés evidente, sufre por su inconsistencia argumental, por la abstracción de los personajes. Sus páginas están cargadas de moral, de una moral aplicada a entes abstractos. Pero estos efectos, comprensibles en una primera novela, no logran borrar el impacto total que causa este extraño libro, impacto de nihilismo crítico, que tal vez haya sido la intención básica del autor al escribirlo».[196]

En septiembre los Benet vuelven a coincidir en la costa gerundense con los Oliart. Alberto ha leído *Volverás a Región*, a la que ha dedicado un mes, y descubre que hay influencias de Kafka y de la música de Wagner; entonces se lo hace saber a Juan, quien le dice: «Ah, pues a lo mejor tienes razón».[197]

Acabado el verano y toda la familia en Madrid, una tarde Benet recibe en su domicilio a los jóvenes poetas Vicente Molina Foix y Pedro Gimferrer, que han leído *Volverás a Región*. Gimferrer averiguó la dirección y después de un intercambio de cartas fueron citados por el ingeniero. Nuria Jordana abre la puerta y pronto aparece Juan, que les presenta a su mujer. Sentados los cuatro en el salón, con la atenta mirada de Nuria, los muchachos muy formales en el tratamiento de usted, quieren conocerle y anunciarle la próxima visita de un tercer amigo, de nombre Félix de Azúa. Verificada la identidad real del novelista, los poetas regresaron a sus destinos: Pedro esa misma noche en tren a Barcelona y Vicente al cuartel donde presta el servicio militar, en Madrid. Al autor le complace la admiración de las nuevas generaciones.

En los umbrales del invierno, Félix de Azúa visita a Benet y se presenta como poeta, «admirador de Rilke e incansable aficionado a las *Variaciones Goldberg*. Tuvo este tercer joven la delicadeza de interesarse por lo que estaba a la sazón escribiendo y tuve la imperdonable flaqueza de mostrarle una pieza inacabada, escrita a máquina sobre un rollo de papel continuo de unos 80 metros de longitud».[198] Años atrás Jack Kerouac ya inventó un rollo con papel de calco acoplado a la máquina para escribir de forma continua *On the Road* (1957). Pasado un tiempo Azúa repite la visita a la planta baja de Serrano 226 y ante Benet reconoce ser asesor literario de la editorial Seix Barral, cuyo director ejecutivo, Carlos Barral, vería con buenos ojos que el ingeniero presentara la novela que escribe al premio Biblioteca Breve, si llega a tiempo.

196. *Informaciones de las Artes y las Letras*, n.º 11, 5 de septiembre de 1968.
197. Testimonio de Alberto Oliart, grabado en magnetófono el 18 de junio de 2014.
198. «El efecto Barral», en *Infidelidad del regreso*, Juan Benet. Cuatro, Valladolid, 2007.

En Madrid, el insolente Carlos Barral, que adopta el papel de personaje impostado, se encuentra con Benet en casa de Alberto Oliart. «Yo había reñido a Carlos porque se le hubiera escapado *Volverás a Región*. Le recriminaba que presumiera tanto de que la forma le interesaba tanto como el contenido y esa novela... Carlos está buscando un inédito para el premio Biblioteca Breve que concede anualmente su editorial. Se conocen en una cena en mi casa de la calle de Fernández Cancela número 5, un chalé que yo había comprado y arreglado en 1966. Carlos le preguntó si tenía algún libro para publicar y Juan le dijo: 'Sí, tengo un rollo'. Luego explicó lo del rollo. Se marcharon juntos de casa».[199]

Juan Benet sigue trabajando en la presa de El Atazar. Y continúa de comisionado de Ridruejo; viaja a Albi para sondear a Rodolfo Llopis, secretario general de los socialistas. Dionisio quiere saber si las fuerzas del exilio estarían dispuestas a repetir un encuentro como el de Múnich, donde se reunieron los antifranquistas, con la excepción del Partido Comunista. Pero el viejo Llopis no está por la labor y así se lo transmite en diciembre a Benet.

199. Declaraciones de Alberto Oliart, grabadas en magnetófono el 18 de junio de 2014.

Comida con Alberto Oliart y Enrique Pérez-Galdós, propietario de la instantánea

8

EL ROLLO

El día después de la Epifanía de 1969, Juan Benet viaja vía Londres a Seattle (Washington) con tres compañeros de la empresa para adquirir una tuneladora destinada a las obras del trasvase Tajo-Segura. Es su primer viaje a Estados Unidos y lo recorrerá de costa a costa para contratar la máquina de perforación continua de la firma Robbins.

Juan García Hortelano, autor de la galardonada *Nuevas amistades* (1959), forma parte del jurado del premio Biblioteca Breve. Carlos Barral le telefonea a su despacho del Ministerio de Obras Públicas y le pide que pase por casa de Juan Benet para recoger el rollo y lo lleve en avión a Barcelona. Hortelano tan sólo conoce a Benet de verle un día en la sede de Alianza. Con Guelbenzu, a la espera de ser recibidos por Pradera, Juan le preguntó: '¿Quién es ese señor con cara de pájaro que ha salido del despacho de Javier?' A lo que José María contestó: 'Es Benet'».[200] El mandadero Juan García Hortelano, camino del aeropuerto de Barajas, llega en taxi a Serrano 266 y, en ausencia de Benet, le atiende Nuria, a quien le causa muy buena impresión. Hortelano transporta el artefacto –un carrete giratorio con un grueso rollo de papel blanco mecanografiado– con el original de «Una meditación» con destino a la editorial Seix Barral. Carlos Barral hace una excepción a las normas del premio y acepta el artefacto en lugar de tres copias del original. Encarga a un carpintero un nuevo soporte para la fácil lectura del texto enrollado: «una caja de madera dotada con dos ejes independientes, separados unos 40 centímetros, que permitía la visión de una extensión equivalente a un folio y recogía en un cilindro lo que el otro entregaba».[201] Los miembros del jurado hubieron de acudir a la sede de la editorial para leer uno por uno el texto.

Mientras, Benet continúa su periplo: San Francisco, Oakland, Los Ángeles, Salt Lake City, Dallas, Chicago, Nueva York. Cuando aterriza en Madrid, el 25 de enero,

200. Testimonio de José María Guelbenzu, registrado en casete el 22 de enero de 2016.
201. «El efecto Barral», en *Infidelidad en el regreso*, Juan Benet. Cuatro, Valladolid, 2007.

se encuentra con un estado de excepción en todo el territorio nacional decretado por Franco durante tres meses, con motivo de los disturbios causados por el asesinato de Enrique Ruano Casanova, estudiante de Derecho y militante del Frente de Liberación Popular (FLP), de veintiún años, detenido el 17 de enero junto a su novia Dolores González Ruiz y otros dos compañeros. A ella le encontraron las llaves del piso de General Mola 60. Dos miembros de la Brigada Político Social (BPS) llevaron a Enrique al domicilio y el 20 de enero, durante el registro, lo arrojaron desde la séptima planta a un patio interior; oficialmente se presentó como un suicidio.

Juan Benet publica el artículo «De Canudos a Macondo»,[202] sobre *Os sertões* de Euclides da Cunha y *Cien años de soledad* de Gabriel García Márquez, y le dedica una separata de la revista a Guelbenzu: «Para José María, con inmensa pena. Juan». Asimismo, se acabó de imprimir *Roma*, un texto de Dionisio Ridruejo con dibujos de Fernando Chueca, edición de bibliófilo destinada a recaudar fondos para SEDE, porque apenas disponen de liquidez para pagar el alquiler del local; la situación es agonizante. El libro se vende al precio de dos mil pesetas ejemplar y se hace una tirada de trescientos numerados y veinticinco no venales para los colaboradores. La idea fue de Juan Benet, quien dedica *Volverás a Región* al secretario de Ridruejo: «Este amargo ejemplar tan buscado por los degustadores de las buenas letras, cuyo objeto todavía no he podido ver claro, queda desde este momento de excepción inequívocamente dedicado a Fernando González, en pago de sus sufrimientos en tanto que lector. En un treinta de enero de excepción, te saluda. Juan». A José María Guelbenzu le brinda otro: «Al mencionado ut supra, de sobra conocido Guelbenzu, queda dedicado este raro ejemplar que sin duda le ha de servir para recapacitar sobre la fugacidad de los sentimientos así llamados intuición. Juan. Queda inmersa en la actual dedicatoria la Srta. Charo, tras su actuación en el Frontón Madrid». Se trata de una de las chanzas cariñosas de Benet. Charo Ema Bastardín era la mujer de Guelbenzu y en el Frontón Madrid se ofrecían partidos de raquetistas femeninas, pero Charo no jugó jamás al tenis.

Entregado a las obras del túnel del Talave y los túneles de Altomira-Alarcón del trasvase del Tajo-Segura y a la presa de El Atazar, el 4 de febrero Benet escribe a Ridruejo a Alicante:

> Es mi deber informarte que de una manera brutal, precipitada y desconsiderada, ha ganado el premio 'Biblioteca Breve' de novela, pura honra de España,

202. *Revista de Occidente*, n.º 70, enero de 1969.

de Franco, del grupo y de las letras, un escenario leonés, con lo cual además de un poco de dinero que entre en la bolsa de Nuria, se desvanecen por el momento los problemas de encontrar editor para más fárragos. Parece obvio que te recuerde que todo esto es en una gran medida obra tuya y sería una descomunal ingratitud que no fueras tú el primer recipiendario de un reconocimiento que está hoy –*malheur*– demasiado teñido de añoranza.[203]

Aunque todavía no se ha hecho público, en la ronda final del premio Biblioteca Breve quedaron seleccionadas veintidós novelas, de las ochenta y seis presentadas. El jurado estaba formado por Carlos Barral, José María Castellet, Salvador Clotas, Juan García Hortelano y Gabriel García Márquez, que ha establecido su residencia en Barcelona. Aunque es muy perezoso para la lectura, el colombiano se quedó deslumbrado con la lectura de «Una meditación».

En Madrid, el editor Jaime Salinas escribe a su compañero Gðudbergur Bergsson (bautizado en 1956 con el sobrenombre de Han de Islandia, por Jaime Gil de Biedma), con domicilio en Reikiavik: «Me he puesto a leer una extraña novela que ha dado mucho que hablar entre los 'jóvenes': *Volverás a Región*, de Juan Benet, un 'viejo' de cuarenta y dos años; es su primera novela. Lo poco que he leído me ha parecido bueno y muy influenciado por García Márquez y Miguel Ángel Asturias. Yo le conocí en Alianza el año pasado como traductor de nuestra edición de *A este lado del paraíso*, de Fitzgerald. Me hizo buena impresión aunque su traducción es francamente mala, pero desde entonces no le he vuelto a ver».[204]

La noche del 15 de febrero Juan y Nuria viajan a Barcelona. Al día siguiente Félix de Azúa y su pareja Virginia Careaga los llevan a la localidad tarraconense de Calafell, donde Carlos Barral tiene una casa frente al mar, una antigua tienda de pescadores. Comen todos juntos. Una jornada más tarde, por la mañana, Benet entra por la puerta grande de Provenza 219, sede de la editorial, para ver de nuevo a Barral. En el despacho de al lado está Rosa Regás, jefa de producción editorial. «Discrepé de una opinión de Carlos. Soltó una de sus sonoras y un tanto teatrales carcajadas. Replicó luego con un sarcasmo que yo tal vez no recogí, no sabiendo hacia quién iba dirigido. Rosa entró con unos papeles, era la encarnación de la soltura. No aceptó la invitación porque tenía un compromiso para cenar».[205] Rosa Regás, desinhibida

---

203. *El valor de la disidencia. Epistolario inédito de Dionisio Ridruejo.1933-1975*, Jordi Gracia, ed. Planeta, Barcelona, 2007.

204. *Cuando editar era una fiesta. Correspondencia privada*, Jaime Salinas. Edición de Enric Bou. Tusquets, Barcelona, 2020.

205. «El efecto Barral», en *Infidelidad en el regreso*, Juan Benet. Cuatro, Valladolid, 2007.

pelirroja, seductora, es una mujer combativa; en su haber tenía huelgas de hambre y encierros.

Una vez en la calle, Benet almuerza con Nuria y su amigo Frederic-Pau Verrié, historiador del arte y arqueólogo. Por la tarde, acompañados de Pedro Gimferrer y Félix de Azúa, asisten a una bulliciosa fiesta en la *boîte* Bocaccio (Muntaner 505), propiedad de Oriol Regás, hermano de Rosa, a la que concurre una distinguida clientela.

Ya en Madrid, la tarde del 21 de febrero el joven Molina Foix pasa por casa de los Benet y coincide con Carmen Martín Gaite, que cumplimenta al novelista. Ambos son invitados a la mesa. El lunes 24 Benet hace un viaje relámpago de nuevo a Barcelona y cena con Félix de Azúa, Virginia Careaga, Carlos Barral, Salvador Clotas, Gabriel García Márquez y José María Castellet. El novelista colombiano queda cautivado por la facundia de Juan, con la explicación de unas maniobras en la batalla de Jutlandia entre la Marina Imperial Alemana y la Armada Real Británica durante la Primera Guerra Mundial. Al día siguiente Benet regresa a su ciudad.

El día 28 se hace público el premio Biblioteca Breve. La obra ganadora es «Una meditación», de Juan Benet, novela que fue escrita en un rollo de papel continuo y una vez acabada la desenrolló, la estiró en el pasillo de casa (tenía ciento y pico metros) y la leyó a cuatro patas. El autor lo celebra en una cena con los Pradera, Carmiña Martín Gaite y Jaime Salinas. Al enterarse de la noticia Juan no encuentra billete de avión y está en lista de espera para la primera plaza vacante del sábado 1 de marzo. En el despacho de Barral el ganador concede entrevistas, firma el contrato, recibe cien mil pesetas y regresa a Madrid, donde rubrica otro contrato con Alianza para editar *Nunca llegarás a nada*.

Hortelano, Salinas, Guelbenzu, Molina y Azúa comienzan a ser asiduos de Benet, que frecuenta el pub Oliver, en la esquina de Conde de Xiquena con Almirante, célebre abrevadero de los noctívagos, propiedad de Adolfo Marsillach, que acoge a pintores, músicos, periodistas, escritores, actores y demás gente del teatro y el cine. Benet a veces asiste acompañado de Concha Galán o del productor cinematográfico Elías Querejeta.

El breve ensayo «Cordelia Khan» aparece en *Cuadernos Hispanoamericanos*,[206] cuya secretaria María Antonia Jiménez, sale en ocasiones con Benet. En la revista *Nuevo Mundo*,[207] firmada por J.B., se incluye la crítica al libro *La marcha sobre Madrid*, de José Manuel Martínez Bande, alférez provisional en la Guerra Civil, coronel

206. *Cuadernos Hispanoamericanos*, n.º 231, marzo de 1969.

207. *Nuevo Mundo*, n.º 34, abril de 1969. Publicación asociada al Instituto Latinoamericano de Relaciones Internacionales (ILARI), adherido a la Asociación Internacional por la Libertad de la Cultura. La revista fue

de artillería y miembro del Servicio Histórico Militar.[208] Benet enjuicia la falta de rigor de una historia sesgada y aviesa. Califica la edición de pobre y salpicada de erratas, con una cartografía, donde se detallan centenares de kilómetros de trincheras, fortificaciones y alambradas a lo largo de los frentes de batalla, que no pasa de ser un trabajo mediocre, pese a que los jefes de Estado Mayor con experiencia cartográfica pertenecieron al bando franquista. El autor es motejado de partidista y nada ecuánime; con poca solvencia, al citar a Louis Fischer y Gerald Brenan como escritores franceses; asimismo utiliza términos inapropiados como «el enemigo», «rojo» o «Guerra de Liberación». En definitiva, un trabajo menguado.

El 8 de abril Benet comienza a pasar a folios «Una meditación» para enviárselos a Gimferrer, radicado en Mallorca en el periodo de instrucción militar. En Zarzalejo, finalizada la pintura comienza el llenado de la piscina. Además de sus obligaciones ingenieriles, Benet retoma la escritura con el inicio de un cuento ambientado en Nueva York.[209] La nueva edición de *Nunca llegarás a nada* en la colección *Libro de Bolsillo* de Alianza, tiene una tirada de diez mil ejemplares con el precio de venta de cincuenta pesetas.

Nuria Jordana entra en crisis. Para combatir la ansiedad, el doctor Escardó le prescribe morfina y Librium, un clordiazepóxido ansiolítico. Aunque recibe visitas en casa, se pasa el día durmiendo. El tiempo no acompaña y la tristeza la invade.

Juan atiende sus compromisos y cena en Casa Ciriaco (Mayor 84) con Jaime Salinas, Vicente Molina y el escritor cubano Calvert Casey, de exquisita y fluida prosa, no así de plática, pues al tropezar con una palabra cae en la tartamudez de modo inesperado. A Gimferrer le envía la segunda serie de folios de «Una meditación», quien se los devuelve con anotaciones y comentarios.

Tras haber pedido un préstamo de setenta y cinco mil pesetas, con la intención de animar a su mujer y sacarla del pozo en el que encuentra, el matrimonio Benet viaja a Londres. En el centro visitan Downing Street, donde tiene su residencia oficial el primer ministro, el laborista Harold Wilson. A la noche asisten al cine para ver *Teorema*, filme que consagró como cineasta al poliédrico Pier Paolo Pasolini. Sin embargo Juan comenta: «Una mierda».[210] El viernes 9 de mayo se recrean en las salas del British Museum con sus tesoros, pasean en torno a la Torre y se hacen fotografiar; Nuria parece feliz. Entran en la casa-museo del Dr. Johnson y rematan la

fundada en 1966 en París por Emir Rodríguez Monegal, quien renunció a la dirección en 1968. En 1969 la redacción y coordinación está en Buenos Aires, aunque la administración sigue en París.

208. *Monografías de la Guerra de España*, n.º 1. Servicio Histórico Militar, editorial San Martín, Madrid, 1968.

209. «Garet».

210. Entrada del 7 de mayo, *op. cit.*

jornada con la comedia *The stoops to conquer*, de Oliver Goldsmith, en The Garrick Theatre. Durante dos días recorren la National Gallery y ven la película *The sargent*, de John Flym. Quedan embebidos con los lienzos de la Wallace Collection, se empapan de emociones, y asisten a la representación de *Forty years on*, dirigida por Allan Bennett e interpretada por John Gielgud, en el teatro Apollo, y *The way of the world*, de William Congreve, en The Old Vic. En la Tate Gallery, Imperial War Museum y Victoria & Albert Museum disfrutan con sus colecciones. Tras ocho más que aprovechados días, la noche del 15 de mayo el matrimonio vuela a Madrid.

En Zarzalejo, con la piscina llena y bajo el sol de mayo, Benet y su progenie se dan el primer baño. Luego de un viaje de trabajo de cuatro jornadas a Tenerife, Las Palmas y El Aaiún, donde almuerza como un bereber en una jaima, el día 30 Juan regresa a su ciudad y se encuentra con una recaída de Nuria. Además, le llegan alarmantes noticias: Calvert Casey se ha suicidado en su apartamento de Roma; sufría en solitario una profunda depresión. El 2 de junio Nuria ingresa en un sanatorio y dos días después recibe la visita de su marido; al cabo, Juan cena en un restaurante japonés con Rosa Regás, que ha viajado a Madrid con Carlos Barral.

Continúan los encuentros con Concha Galán, las copas en Oliver y las reuniones en SEDE. Nuria es dada de alta y el domingo toda la familia pasa el día en Zarzalejo, en compañía de Félix de Azúa. El lunes 23 se inaugura la presa del Porma, bajo cuyas aguas están sumergidos los pueblos de Vegamián, Lodares, Armada, Campillo, Quintanilla, Ferreras. Por la carretera general desde Boñar, a la altura de Valdecastillo, se observa un imponente dique de hormigón con los Picos de Europa en el horizonte. Benet pretextó un viaje para no concurrir a la celebración con pancartas y banderitas y la bendición del obispo de la diócesis, con la presencia del ministro de Obras Públicas, Federico Silva Muñoz, y demás autoridades civiles y militares de la provincia. Asistieron Mariano Palancar, por la Confederación Hidrográfico del Duero, y Pablo García-Arenal, por la empresa constructora.

Juan Benet continúa con la modificación de la novela y el goteo de envíos a Gimferrer. En visita al Museo del Prado, el sábado 28 de junio, Azúa le entrega las correcciones de las primeras cien páginas de «Una meditación». Y en un bar de la calle de Alcalá, Virginia presenta a Juan una amiga y compañera de la Facultad de Filosofía y Letras, Txaro Santoro. Virgina y Félix son asiduos de los Benet.

Fernando Chueca Aguinaga ha suspendido el examen de Preuniversitario. Su padre le aconseja que prepare la parte de ciencias con su primo Juan y va casi a diario a su despacho en MZOV. «Le insistía en hablar sobre los temas del examen y él decía que eso no tenía ningún interés, que no iba a perder el tiempo conmigo en prepararme los temas; que hiciera lo que me diese la gana. Se dedicaba a hacerme preguntas aparentemente muy elementales, a las que yo era incapaz de darle una respuesta coherente. Me hizo ver lo poco que sabía en profundidad de las cosas importantes; esa es digamos la gran enseñanza que yo saqué de Juan Benet».[211]

En julio Zarzalejo se convierte en el lugar de esparcimiento de los amigos. El día 17 desde la finca parten a Coria los Benet, Javier Pradera, Javier Abásolo y Amaya Lacasa Sancha,[212] traductora de Alianza. En el palacio de los Ferlosio juegan al dominó o al mus y recorren los alrededores en compañía de doña Liliana, Chicho y Ana Guardione.

Entre el 3 y el 4 de agosto un desesperado Benet se dedica a la operación de exterminio en Zarzalejo porque la finca ha vuelto a sufrir una plaga de abraxas pantaria (oruga del fresno), pero sin abandonar la labor correctora de la novela. Enviado por la empresa un par de días a Valencia, a la vuelta Benet pasa un fin de semana en Toledo para después viajar a Barcelona, donde almuerza con Félix de Azúa y el mexicano Sergio Pitol. En Madrid dedica a Martín Olarte una separata de «Agonía confutans»: «For Alfio, Love & resentiment. Juan».

El 1 septiembre de Zarzalejo la familia parte a Estartit. Nuria parece recuperada de su quebradiza salud. Dos días después celebran una cena con los Oliart en el hotel Nieves de La Escala y se emplazan para el día siguiente visitar San Pedro de Roda. Juan hace una escapada a Barcelona para asuntos editoriales y se ve con Barral y Azúa. El día 8 regresa a Madrid, pero no tarda en poner rumbo a Gerona por carretera para encontrarse de nuevo con ellos. El 16 regresa en coche a Madrid con Azúa y paran en Medinaceli para el avituallamiento.

Avanzado el mes, una tarde el periodista Juan Pedro Quiñonero va a casa de Benet para entrevistarle y lo encuentra tomando café en compañía de Félix de Azúa, que asiste a la conversación. Apagado el magnetófono y tras un diálogo cruzado, el novelista les propone invitarles a cenar fuera. El 25 de septiembre el vigoroso Juan retorna a Barcelona con su hijo Ramón, que se encuentra en Madrid, y su amigo Félix. Padre e hijo hacen noche en el hotel Presidente. El 30 septiembre toda la familia regresa a su ciudad. Han comenzado las obras de ampliación de la casa en Zarzalejo.

El mismo día que aparece la entrevista de Quiñonero en el suplemento literario de *Informaciones*,[213] el 2 de octubre, Juan Benet y Javier Pradera se ven con Max Aub,

---

211. Declaraciones de Fernando Chueca Aguinaga, en el palacio de Munárriz (Toledo), registradas en magnetófono el 1 de noviembre de 2014.

212. Hija del arquitecto Luis Lacasa, autor con Josep Lluís Sert del pabellón de la República en la Exposición Internacional de París de 1937, donde se presentó el *Guernica* de Pablo Picasso.

213. «Juan Benet, entre la ironía y la autodestrucción», *Informaciones de las Artes y las Letras*, n.º 66.

de viaje por España. El viejo exiliado dejó constancia por escrito de su impresión sobre Benet: «No desconfiado pero sí asomándose por posibles rendijas invisibles para observar y darse cuenta de lo que piensan los demás. Muy leído ya a primera vista y evidente sabedor de cosas que uno no sabe. Inteligente sin remedio: no hablamos más que de literatura».[214] Cuatro días más tarde, los dos escritores cenan solos en Gambrinus; conversan sobre política –Juan elogia a Ridruejo– y literatura. Benet le hace saber que «admira *Cien años de soledad*, que considera la mejor novela suramericana. Y a Juan Rulfo. Va a leer a don Marcelino [Menéndez Pelayo]. Le aliento a ello. Estamos de acuerdo acerca de Kafka, aunque sea por razones distintas».[215] El 18 tienen un nuevo encuentro en compañía de Fernando Chueca.

Juan Benet ha entregado el Wolseley porque no hace más que darle problemas. Ahora luce un nuevo automóvil adquirido de segunda mano, un Jaguar MK2, color crema. Le gusta conducir coches con empaque, como a su padre. Sin ser arquitecto y confiado en su propio criterio, Benet agrega elementos a la casa de Zarzalejo. En la fachada lateral oeste añade la ventana de una casona hidalga de finales del siglo XVIII en piedra arenisca, procedente del sumergido Vegamián, e introduce una mesa de billar francés en la planta baja. Ama el juego de las tres bolas sobre el verde tapete, pero no es ningún prodigio de las tres bandas ni de la fantasía. Hace una reforma para instalar una sauna –influencia de su estancia en Helsinki– junto a la piscina entre rocas de granito.

Después de ciento setenta días, el 14 de octubre el novelista termina «Una meditación» con 403 páginas mecanografiadas. «Cuando terminé el rollo y el editor me pidió que se lo diese en un sistema más accesible, lo escribí en folios, aunque con el mismo método. Entonces, por supuesto, corregí algunas aberraciones de la estructura y, en parte, modifiqué el texto en buena medida. Pero me mantuve en el principio básico que había inventado de no depender en nada que no fuese lo que recordaba del día anterior».[216]

Nuevo viaje de trabajo a orillas del Báltico. Del 16 al 24 de octubre, con escala en Fráncfort, viaja a Helsinki. Al regresar, el ingeniero encuentra una carta de la editorial Destino en respuesta a la que días atrás envió solicitando estado de ventas de *Volverás a Región*. Para su sorpresa, Benet se entera de que la tirada inicial no ha sido de 2.000 sino de 3.080 ejemplares. Para resolver asuntos editoriales, con Nuria se desplaza a Barcelona en coche cama. El 3 noviembre el novelista entrega en Seix

214. *La gallina ciega. Diario español*, Max Aub. Alba, Barcelona, 1995.
215. *Ibíd.*
216. «Desde América», en *Cartografía personal*, Juan Benet. Cuatro, Valladolid, 1997.

Barral el texto de «Una meditación» y firma un contrato para la edición del ensayo «Puerta de tierra». Un día más tarde se entrevista con Esther Tusquets en la editorial Lumen y compromete un relato para la colección *Palabra e Imagen*. Regreso en tren a Madrid.

Alberto Oliart publica la crítica «Viaje a Región».[217] En sus notas elogia el rigor de su planteamiento y la importancia de la novela en la literatura actual; señala como defectos, a su juicio por el excesivo barroquismo, las pródigas descripciones geológicas del paisaje y los párrafos largos, que a su entender dificultan la lectura a la vez que le da un carácter personalísimo. Oliart cree que Benet debió suprimir treinta o cuarenta páginas del libro.

Corrige «Puerta de tierra» y el 10 de noviembre Benet comienza a escribir el relato «Una tumba», con destino a Lumen. Cuatro jornadas después vuela a Barcelona y cena con Félix y Virginia. Al día siguiente, tras una reunión ingenieril, almuerza con Barral y pasa la tarde en compañía de Gimferrer, Azúa y Careaga. El domingo 16, con Rosa Regás y Pedro Gimferrer, visitan el abandonado parque del Laberinto de Horta, un jardín histórico neoclásico, en busca de la fotografía de cubierta para «Una meditación». Después de comer con Gimferrer y Cuca de Cominges, el ingeniero regresa a su ciudad, desde donde escribe a su nueva editora:

> Querida Esther Tusquets,
>
> Tras el copioso desayuno y nuestra entrevista del pasado día 4, a la vuelta a Madrid me he puesto a trabajar en un romántico relato, con fondo de tumbas y cannonades. Y lo hago tanto para matar ocios como para tenerte satisfecha en un futuro no lejano.
>
> El relato será bello, un poco lastimero, de una extensión apropiada a tus ediciones ilustradas y muy apto para lucimiento de un fotógrafo en invierno. Su redacción se prolongará durante todo este año y puede estar en tus manos, si así lo deseas, en el próximo enero [...] Espero noticias tuyas y unas palabras de aliento en esta penosa labor. De otra forma el relato será garbage y tu famosa Editorial se vendrá abajo, desacreditada por la escasa calidad de sus autores. Mil abrazos. Juan.[218]

Luego de una breve excursión a Segovia con Chueca, Goya, Caneja e Isabel, con un frío tenebroso, Juan y Nuria –con un anticipo concedido por la empresa de

217. *Revista de Occidente*, n.º 80, noviembre de 1969.

218. Un folio mecanografiado con el membrete «Juan Benet Goitia. Ingeniero», fechado el 19 de noviembre de 1969. Biblioteca de Catalunya. Fondo Esther Tusquets.

cincuenta mil pesetas en el bolsillo– se desplazan una tarde a Talavera de la Reina para comprar muebles con destino a la casa de Zarzalejo. En este inclemente diciembre ve la luz un adelanto de *Una meditación*, titulado «La violencia de la posguerra».[219] El domingo 7 de diciembre, después de pasar el día en casa, Juan Benet cena con Esther Tusquets, su pareja Esteban Busquets, Jaime Salinas y el crítico italiano Gillo Dorfles, autor del flamante *Nuevos ritos, nuevos mitos.*

La jornada siguiente Juan la dedica a la lectura de Mircea Eliade y a la novela gótica *El buque fantasma*, de Frederick Marryat... Ha comenzado a corregir las pruebas de «Una meditación» y vuelve a escribir unas líneas a su editora: «El frío que vas a pasar leyendo 'Una tumba', procurarás conjurarlo con el aquí presente. Ten cuidado, mucho cuidado. Juan».[220]

Viaje a París con el también ingeniero de caminos José Antonio García-Diego, declarado republicano. El 20 de diciembre, por encargo de Ridruejo, Benet y su acompañante visitan en Boulogne-Billancourt, al otro lado del Sena, a Fernando Valera, miembro del gobierno en el exilio, y José Maldonado, presidente de Acción Republicana Democrática Española, en un piso muy humilde en una planta baja, con tres habitaciones, comedor, cocina y baño. Intercambian información sobre el exilio y el interior, y a la hora de la despedida y con intención alentadora, Benet le dice al entrañable Maldonado: «Ánimo, que en el partido de Dionisio ya somos treinta».[221] La noche antes del regreso, García-Diego y Benet trasiegan unas copas en el afamado cabaret Crazy Horse. El 22 de diciembre, a bordo de una aeronave de Air France, aterrizan en el aeropuerto de Madrid.

El día de Nochebuena, Benet termina de corregir las pruebas de «Puerta de tierra». Como ya es tradición, para celebrar la Navidad, los hermanos Benet con sus respectivas familias y doña Teresa se reúnen para almorzar en Gambrinus. Dos fechas después, en coche de la empresa conducido por Juan Molet, Juan, Nuria y sus hijos van a La Manga del Mar Menor. Comen en La Roda, cenan en Cabo de Palos y se alojan en el hotel Mediterráneo de Cartagena. Juan ha de recibir en el puerto al buque Gemstone, con pabellón de Monrovia, que transporta la tuneladora Robbins modelo 182-129 de perforación continua, adquirida en Estados Unidos. Pero, a causa del mal estado del mar, la grúa Samson de la Marina no puede descargarla y el Gemstone zarpa con rumbo a Barcelona. Los Benet viajan por carretera y el 31 de diciembre la Robbins es descargada al fin a las seis de la tarde en el muelle de San

219. *Revista de Occidente*, n.º 81, diciembre de 1969.

220. Manuscrito en un folio con el membrete «Juan Benet Goitia. Ingeniero», del 10 de diciembre de 1969. Biblioteca de Catalunya. Fondo Esther Tusquets.

221. «El último presidente de la República», Manuel Vicent. *El País*, 13 de abril de 2019.

Beltrán por la grúa García de Paredes de la Junta de Obras del Puerto. A la noche cenan con Félix de Azúa, Virginia Careaga y Ana María Moix para despedir el año.

El 1 de enero de 1970 Benet se pasa todo el día descansando en Barcelona. Y de regreso a Madrid, vuelve a escribir a su editora:

> Querida Esther Tusquets:
>
> Feliz Año.
>
> Para bien o para mal 'Una tumba' ha quedado terminada, total y definitivamente. Su extensión es de 39 folios a doble espacio y su carácter un tanto ambiguo, con un tono general de pesar. Tal como está se puede leer a pesar de alguna dificultad circunstancial y como pasarla a limpio me puede llevar 10 o 15 días es mi propósito enviarte una xerocopia para que tengas una primera impresión y me escribas, antes de esa última faena, las sugerencias que se te ocurran. También quiero enviar otra copia a Félix [de Azúa] para que antes de militarizarse me dé su aviso [...] Un abrazo no ambiguo. Juan.[222]

Con tantas idas y venidas, Benet ya forma parte del grupo de Barcelona. Beatriz de Moura propone a Octavio Paz, Jaime Gil de Biedma, Mario Vargas Llosa, Gabriel Ferrater, Carlos Barral y Juan Benet la traducción para Tusquets de fragmentos escogidos de *Finnegans Wake*, de Joyce. Benet es el primero en contestar casi a vuelta de correo con una negativa rotunda, sin dar más razones. Para el ingeniero se trata de una obra intraducible. Paz anima a la editora e insiste en que hay que llevar el proyecto adelante. Pero todo queda en nada.

A petición de Alianza Editorial, Benet envía dos informes sobre Faulkner en los que valora la posibilidad de traducir *A Reader's Guide to William Faulkner*, de Edmond L. Volpe (Farrar, Strauss & Giroux, Nueva York, 1965) y *The Portable Faulkner*, de Malcom Cowley. Pero el informe que le preocupa es el que emite el lector de la censura sobre «Una meditación»:

> Lento e interminable relato de la lenta e interminable agonía de un pueblo –Región– y de sus gentes. Principalmente encuadrado en la figura vertebral de la familia del protagonista –relato seguido en primera persona–. Escrito en un estilo extraordinariamente paciente en la descripción de todos los detalles físicos, psíquicos y circunstanciales, históricos relativos a la propia imaginativa del autor, siguiendo simples detalles apoyativos de la propia historia de España: preferentemente

222. Carta manuscrita en un folio con el membrete «Juan Benet Goitia. Ingeniero», del 4 de enero de 1970. Biblioteca de Catalunya. Fondo Esther Tusquets.

antes y después de la Guerra Civil, con el simple criterio de marcar épocas. Sin embargo a veces se detiene a «meditar» sobre la propia G. Civil con espíritu crítico y denunciador [indica las páginas; por ejemplo, propone cambiar «la revuelta militar» por «el Alzamiento»] y descripciones más o menos eróticas [apunta las páginas; en el caso de «el olor del sexo» plantea el cambio por «el olor de la piel»] puede autorizarse con tachaduras en [advierte los números de páginas].

Madrid, 19 febrero de 1970.

Un nuevo informe del 24 de febrero señala:

> Algunas alusiones a descripciones sobre materias de carácter sexual, así como críticas negativas sobre el Movimiento Nacional en su época inicial aconsejan sean suprimidas. Consideradas las objeciones apuntadas, es PUBLICABLE.[223]

Según Benet, «para el escritor de fuste, no hay censura que valga; la ha habido siempre, siempre la habrá y siempre sabrá sortearla. El daño que hace es evidente y considerable, pero efímero para aquel que sepa eludirla o engañarla».[224] *Una meditación* se terminó de imprimir en febrero. Consignó Faulkner que «un libro es la vida secreta de un escritor». Benet utiliza de forma muy productiva sus propios recuerdos de infancia para concebir la nueva novela, donde se deslizan elementos biográficos, detalles de su propia vida convertida en material literario. Es el largo discurso de un narrador sin nombre, enmascarado, con una memoria minuciosa y desordenada, muy personal, con contradicciones. Arranca con la descripción de una quinta en la vega del Torce, en la comarca de la desolada Región, donde el protagonista veraneaba de niño en la casa de sus abuelos (la finca de Arenys de Mar), los personajes de la infancia idílica son motivo de parodia: los negocios del abuelo, las riñas de las tías solteronas por cada hombre que se aproxima por los condominios. La inventada Mary abandona a su marido e hijos y se vuelve a casar con un médico exiliado (su tía y suegra Aurora), en la ficción su prima Cristina Horcher, que de haber quedado en el vientre materno podría haber hecho a la humanidad el único servicio digno de ser reconocido, no hizo otra cosa que sembrar la discordia y las desavenencias, enquistar a todos sus parientes, provocar la rivalidad entre los allegados, amantes y afines (en la realidad, su prima Merceditas Calleja Benet, casada con el médico Ignacio Villa; tuvieron un hijo, el periodista Nacho Villa). También en *Una meditación*, como en la faulkneriana *Mientras agonizo*, las aguas se llevan el puente... Cercano al

223. AGA, 66/05384.

224. *Cuadernos para el Diálogo*, XXIII extraordinario, diciembre de 1970.

final, «el viaje de invierno» anuncia una obra venidera. La novela de párrafos extensos, llena de frases subordinadas, de largo aliento, sin apenas diálogos –integrados en el cuerpo del texto–, sin puntos y aparte, requiere la máxima atención del lector porque entraña dificultad, pues la narración está salpimentada de pensamiento, de densas reflexiones. Se mezcla lo narrativo y lo reflexivo. Juan Benet alcanza su cumbre narrativa.

El novelista publica la nota «Samuel Beckett, Premio Nobel 1969»,[225] donde se felicita porque la Academia Sueca haya dado en el blanco; además aparece el cuento «Los padres» en una nueva revista literaria.[226]

Junto con Oliver, otro local abierto meses atrás se convierte en el centro neurálgico de la intelectualidad, el pub Santa Bárbara (Fernando VI 3). En el establecimiento, García Hortelano presenta a Benet y al periodista Eduardo Chamorro. Luego de beber con largura y dejar a Hortelano en su casa (Gaztambide 4), Eduardo y Juan, ven rayar el día y acaban desayunando chocolate con churros en el pasadizo de San Ginés. En otra velada, en el mismo pub a donde Benet llegó en compañía de Nuria, alguien le presenta a Javier Marías, de dieciocho años e hijo del filósofo Julián Marías. Enfundado en su chaqueta de *tweed* mientras sujeta un *scoth* con hielo y agua, el ingeniero, a quien gusta llamar a las personas por su apellido, le bautiza como *El Joven* Marías, para distinguirlo de su progenitor, antiguo miembro de la Orden de Caballeros de Don Juan Tenorio. Al salir del pub el chico, buen gimnasta, hace volatines sobre el pavimento, lo que llama la atención de Benet.

El escritor está en plena ofensiva, abandera una nueva forma de narrar. En marzo llega a las librerías su ensayo *Puerta de tierra*; Seix Barral tira diez mil ejemplares de la obra que incluye «Épica, noética, poiética», «Epístola moral a Laura», «Un extempore», «Op.posth», «Cordelia Khan» y «Sobre el carácter tétrico de la Historia». A Ridruejo le regala un ejemplar con la dedicatoria: «Para Dionisio, el que sabe lo que nos falta para jugar de verdad. Juan».[227] Benet, director de las obras de Altomira-Alarcón, en la construcción del trasvase Tajo-Segura, aplica la tuneladora Robbins 182-129, llamada *el topo*, con unos rendimientos sin precedentes en España. Sus jefes de maquinaria son Jesús de Haro Martínez y Fernando Zabalza Ramos.

El 23 de marzo el lector Enrique Entrena Klett hace el siguiente informe sobre «Una tumba»:

225. *Revista de Occidente*, n.º 83, febrero de 1970.

226. *El Urogallo*, n.º 1, febrero de 1970.

227. Fondo bibliográfico Dionisio Ridruejo. Biblioteca Pública de Soria.

La presente, novela o cuento, no sé cómo calificarla, carece en absoluto de interés y trascendencia. Su autor se ha dejado llevar por una idea que no ha conseguido ver plasmada íntegramente. No se llega a entender bien su contenido por lo deslavazado de su redacción y las mutaciones que en desarrollo presenta, tantas son éstas que no se consigue asimilar su argumento ni la directriz que el autor se proponía. Autorizable.[228]

Ocho días después, nuevo informe de otro lector:

Narración entre onírica y morbosa, con bastante imitación del estilo de García Márquez, en la que se cuenta la primera experiencia sensual de un niño, que por avatares de la guerra civil vive y duerme con su tía. Esto es lo de menos. Lo importante es la exposición del destino trágico de una familia a lo largo de generaciones, destino ejemplificado en esa tumba que polariza la atención del muchacho. La novela es incorrecta en algunos momentos, pero en general está bien escrita y llevada, y no creo que deba suprimirse nada en ella.[229]

«Nada hay más impensable ni más repugnante que la persona que engaña a la amada. Si la engaña es que no la ama».[230] El autor de la sentencia –un ejemplar acto de sinceridad– es Juan Benet, quien escribe una bonita carta de acercamiento a Rosa Regás el 22 de abril. Ella le responde en el mismo tono. Así comienza un romance. Rosa está casada con Eduard Omedes y son padres de cinco hijos: Eduardo, Ana, David, Loris y Mariona. Fernando Chueca observa que Juan se va distanciando de Nuria –quien jamás tiene un desaire– y que mantiene otras veleidades. Como primo, en el papel de hermano mayor, se permite llamarle a capítulo. «Por lo que nos cuenta mi padre, Benet no lo encaja bien y le dice que él no es quien para recriminarle y por supuesto que no vuelva a hacerle nunca unas consideraciones de ese tenor. Mi padre no esperaba una contestación así y Benet a su vez estaba entrando en un mundo distinto, sus amigos viejos ya empezaban a ser más viejos. Descubre un mundo nuevo y como consecuencia se inicia...».[231]

El sábado 23 de mayo el novelista telefonea a Jaime Salinas para cenar juntos. Salinas tiene de visita en casa a Hortelano. No bien termina de hablar llama Carlos

228. AGA, 66/5417.

229. *Ibíd.*

230. «El ángel abandona a Tobías», en *Cartografía personal*, Juan Benet. Cuatro, Valladolid, 1997.

231. Declaraciones de Fernando Chueca Aguinaga, en el palacio de Munárriz (Toledo), registradas en magnetófono el 1 de noviembre de 2014.

Barral, recién llegado a la ciudad. Cenan todos juntos y después pasan por el pub Santa Bárbara, pero es tal el aforo que cambian al café Teide, en el paseo de Recoletos 27. La noche promete alargarse, pero Salinas decide dejar de beber y se limita a zumos de naranja. A la salida del local no quieren dejar marchar a Jaime, pero éste logra escabullirse y se recoge.

Con motivo de una tenida cultural, en la librería-galería Cult-art (Bravo Murillo 4), cerca de la glorieta de Quevedo, entre corrillos parlantes y el ambiente cargado de humo, Guelbenzu presenta al poeta novísimo Antonio Martínez Sarrión a un Benet de enarcadas cejas. Como los poetas no son su fuerte, no tarda en soltar un zarpazo desde la cúspide: «Vosotros no sabéis nada», a lo que un perplejo Sarrión demanda: ¿Cómo que no sabemos nada?». El insolente Benet, con un vaso de whisky en la mano, trata de aclarar: «Sí, nada. A vosotros os pasa que tenéis una cultura de supermercado y sólo esa cultura».[232]

En trámite de separación amistosa con Rafael Sánchez Ferlosio, Carmen Martín Gaite reprocha a Benet estar rodeado de novísimos corifeos, de habérsele subido los humos a la cabeza, «de estar tan descaradamente entregado a la exhibición y publicidad de tu propia persona física».[233] Aunque por una selecta aristocracia, lo cierto es que la obra del novelista es ensalzada como «uno de los empeños narrativos de mayor alcance en las letras españolas de nuestros días».[234] A Guelbenzu le dedica un ejemplar de *Una meditación*: «Por cuanto en fabulación fue, en un principio, anterior a las normas del Estado, fue capaz de establecer las leyes que le habían de permitir subsistir mediante la premonición de su destino en cuanto entidad destinado a la lucha en su lucha contra la definición del hombre. Si José M.ª Guelbenzu quiere olvidar el pasado original de la tradición literaria es cosa suya: lo que no es suya es que su aportación a la lucha solo contribuirá a reducir un día los intolerables límites del Estado. Juan». Y a su amante Rosa Regás, en julio, le dedica un ejemplar manuscrito de la primera edición de *La inspiración y el estilo*: «Cuando comencé este libro no sabía ni lo que era la inspiración ni el estilo y por eso le di el título, que no fue aceptado por el editor de 'Ensayos de incertidumbre'. Al terminarlo llegué a vislumbrar algo relativo al estilo pero respecto a la inspiración sólo he empezado a saber lo que puede ser, en la efímera vestidura de un nombre, cuando tú surgiste, Rosa, de la tenebrosa y cobriza penumbra que aun ampara la mitad de tu cuerpo en el mes de julio de 1970. Juan».

232. *Jazz y días de lluvia. Memorias (y III)*, Antonio Martínez Sarrión. Alfaguara, Madrid, 2002. «De mis primeros tratos con Juan Benet», Antonio Martínez Sarrión. *El Urogallo*, n.º 35, marzo de 1989.

233. *Correspondencia, Carmen Martín Gaite-Juan Benet*, edición de José Teruel. Galaxia Gutenberg/Círculo de Lectores, Barcelona, 2011.

234. «Juan Benet, o una metáfora de la destrucción», Rafael Conte. *Informaciones de las Artes y las Letras*, n.º 99, 28 de mayo de 1970.

Pero su producción continúa, como sus intrepideces: «Contra James Joyce» lo escribe como prólogo y se publica un extracto como anticipo.[235] Fechado el 25 de julio, entrega otro prefacio para una nueva edición de *Industrias y andanzas de Alfanhuí*, de Rafael Sánchez Ferlosio, por quien Benet siempre mostró un enorme respeto. También puso preámbulo a *Benito Cereno*, de Herman Melville (Salvat), y a *Las palmeras salvajes*, de William Faulkner (Edhasa), fechado en agosto. Benet está en la cima, pero con opiniones sumamente polémicas.

Con Joyce como telón de fondo, Juan Benet concede una entrevista y habla de Luis Martín-Santos: »Fue una de las personas más inteligentes, lúcidas, simples y abiertas entre las que he tratado en mi vida [...] Aún conservó muchos de los libros que le presté y que me devolvió anotados. Tenía mucha prisa, era un gran ambicioso [...] Estuve en completo desacuerdo con él desde el primer día. No me gustaba su planteamiento y, por qué no decirlo ahora, no me gustó en absoluto su novela [*Tiempo de silencio*]. La desaprobé en tono amistoso, pero él debía de haber puesto mucho en el libro, y mi crítica nos distanció [...] Por mi parte sigo considerando válidos los reproches que en aquel tiempo le hacía: 'Una novela con fondo de verbena y vida de pensión, y una puñalada: es costumbrismo puro, a lo Mesonero Romanos. Además tiene el concepto de humor confundido. La ironía, que alcanza en alguna ocasión cotas muy altas, no se mantiene a lo largo del libro'. Esto, te repito, nos distanció».[236] Durante la entrevista, Benet se incorpora y busca en su biblioteca; pone dos ejemplares en las manos de su interlocutor: *Dilthey Jaspers y la comprensión del enfermo mental*, editado por Paz Montalvo, Madrid, 1955, y *Grana Gris*, Biblioteca Nueva, Madrid, 1945. «Dos libros capitales para conocer a fondo el desarrollo de la personalidad de Luis Martín-Santos», explica Benet. El primero es la tesis doctoral de Luis, prologado por Juan José López Ibor, y el segundo es una colección de poemas adolescentes del psiquiatra –que retiró de las librerías–, de gusto clasicista con latinismos, princesas, esquifes, cielos y mares azules. Este golpe bajo no gustó a Josefa Rezola, novia de Martín-Santos: «Parece mentira, porque Luis está muerto y no se puede defender, pero él ha sido un gran amigo tuyo y siempre te ha apreciado muchísimo y nunca te hubiera podido hacer una cosa semejante». Por carta, Benet le pide perdón, completamente arrepentido: «Es que no sé qué me pasa, a veces cuando sale el nombre de Luis..., es que pierdo los estribos».[237]

---

235. *Informaciones de las Artes y las Letras*, n.º 105, 9 de julio de 1970.
236. «Joyce es de segunda fila». Entrevista de Eduardo G. Rico. *Triunfo*, n.º 429, 22 de agosto de 1970.
237. *Vidas y muertes de Luis Martín-Santos*, José Lázaro. Tusquets, Barcelona, 2009.

En septiembre la familia vuelve a la casa de Estartit. Cuando las obligaciones se lo permiten, Juan se reúne con ellos y recibe la visita de Félix de Azúa, su hermana Mercedes, Javier Fernández de Castro y David, el hijo de ambos con catorce meses. Desde Madrid el día 15 Juan envía una carta manuscrita a su mujer en la que le comunica que se ha cortado un dedo y que tiene dificultades para escribir.

Ridruejo ha vuelto por segunda vez de Estados Unidos y se encuentra con su partido algo desmadejado y lleno de deudas. Inmerso en una actividad frenética de encuentros con la oposición, trabajos editoriales, artículos y otras colaboraciones, su médico le recomienda retiro y descanso por su fragilidad coronaria. Un amigo próspero y contribuyente del PSAD le presta una confortable casa en la playa de San Juan, en Alicante. Allí se desplaza Benet para ver al compañero de filas y le dedica un ejemplar de *Una meditación*: «Para Dionisio, con pasión».[238]

En otoño Virginia Careaga y Félix de Azúa viajan con la familia Benet a tierras zaragozanas. Comienzan en Alhama de Aragón y hacen noche en el balneario Termas Pallarés. Luego se encaminan al vecino Belchite; en el destruido lugar, vagan entre las ruinas, por las calles mudas y devastadas, entre piedras sombrías, paredes arrumbadas, desconchadas que vieron más de cinco mil muertos en quince días. Ya no hay nadie sino los muertos, como en el pueblo de Comala, poblado sólo de voces gastadas, ecos, murmullos, fantasmas y sombras. «Uno de los pocos paisajes españoles que preserva íntegras las cicatrices de la guerra; ni siquiera hay allí insectos; el viento silva en los huecos dejados por los obuses y alguna puerta –colgada de un solo gozne– gime y chirría avergonzada, ante la visita del viajero».[239] En el retirado Monasterio de Piedra los parranderos Virginia y Juan se marcan unos pasos de ballet ante una de las cascadas, mientras avizora un Azúa de pelo ensortijado y poncho de lana.

Virginia Careaga atraviesa por serias dificultades, sufre «perturbaciones psíquicas».[240] Nuria Jordana, volcada ante la desgracia y por recomendación de Juan, gestiona el ingreso de Virginia en la Clínica de la Concepción y luego se lo comunica a su madre, María Luisa Guzmán. Nuria, un ser delicadísimo, sigue con tratamiento del doctor Escardó y visita a Virginia con frecuencia; le lleva flores y golosinas. En alguna ocasión coincide en la habitación con el poeta experimental Ignacio Gómez

238. Fondo bibliográfico Dionisio Ridruejo. Biblioteca Pública de Soria.

239. «¿Qué fue la Guerra Civil?», en *La sombra de la guerra. Escritos sobre la Guerra Civil española*, Juan Benet. Prólogo de Gabriel Jackson. Taurus, Madrid, 1999.

240. *En la red del tiempo 1972 1977. Diario personal*, Ignacio Gómez de Liaño. Siruela, Madrid, 2013.

de Liaño, amigo y compañero de Facultad. «Yo procuraba darle razones para vivir y ella refutaba; era difícil encontrar argumentos apodípticos, concluyentes, categóricos para animar a una persona a seguir viviendo. Entonces apareció una señora muy maternal, pero muy sencilla. Su sola presencia invitaba a vivir. Lo que necesitaba Virginia, porque su madre María Luisa, era todo menos maternal, era muy imperiosa, de una gran belleza, muy preocupada por el estatus social, muy de empaque, muy rigurosa, siempre muy bien puesta... La señora era Nuria, pero yo no sabía que era la mujer de Benet, al que no conocía aún. Tenía algo de ama de casa, en el buen sentido de la expresión».[241]

El 24 de noviembre Juan Benet le escribe a Félix de Azúa una carta donde le anuncia que ha terminado «La otra casa de Mazón», novela breve «escrita con un propósito literariamente muy ambicioso y con arreglo a un canon doctrinario muy específico, tal como en su día lo fué [*sic*], por ejemplo, el cuento *Nunca llegarás a nada*» [...] Allí se trataba de la oposición hombre de ciencia-literato, de la posibilidad de hacer literatura narrativa cuando sólo se conoce muy parcialmente el tema narrativo: aquí se trata de la oposición de los dos grandes géneros, astutamente disimulada bajo la separación y oposición de los dos modos de narrar, el narrativo y el dramático».[242] Y cuatro días después Benet cena con Jaime Salinas para entregarle el texto original.

España tiembla en el frío diciembre. El día 3 se inicia el juicio sumarísimo en Burgos contra dieciséis miembros de la banda Euskadi Ta Askatasuna (ETA) y dos fechas más tarde Pradera y Benet visitan a Ridruejo en su domicilio madrileño para recoger su firma en un documento a favor de los militantes vascos encausados en el proceso. Se marcharon sin la firma de Ridruejo. Sin embargo, el 10 de diciembre *La Vanguardia* publica el manifiesto «A la opinión pública» contra las penas de muerte del proceso de Burgos y contra la violencia etarra, por el secuestro en San Sebastián de Eugene Bëihl, cónsul de República Federal de Alemania. Entre los firmantes están Dionisio Ridruejo (ahora sí), Fernando Chueca Goitia y Juan Benet Goitia, además de otros.

Los quioscos ponen a la venta un número extraordinario de *Cuadernos para el Diálogo* con el enunciado «Literatura española. A treinta años del siglo XXI», que incluye una extensa carta dirigida a Pedro Altares –aunque el director es Félix Santos– bajo el título «Reflexiones sobre Galdós», de Juan Benet, un severo dicterio contra don Benito y el realismo español. En principio la revista pretendía conmemorar el

241. Testimonio de Ignacio Gómez de Liaño, grabado en magnetófono el 3 de marzo de 2016.
242. *Teatro completo*, Juan Benet. Prólogo de Vicente Molina Foix. Siglo XXI, Madrid, 2010.

centenario de Gustavo Adolfo Bécquer y el cincuentenario de la muerte de Benito Pérez Galdós, para lo que solicitaron a Benet un artículo. Pero él se explica: «Mi aprecio por Galdós es muy escaso, solamente comparable –en términos cuantitativos– al desconocimiento que tengo de su obra, a la que en los últimos años me he acercado, tras un primer contacto con ella, obligado por la fama de su autor, tan sólo para cerciorarme de su total carencia de interés para mí».[243] La publicación incluye la transcripción de una mesa redonda celebrada en la sede de la revista, un chalet en la calle del Jarama 19, con Juan Benet, José Manuel Caballero Bonald, José María Guelbenzu, Carmen Martín Gaite, Antonio Martínez Menchén e Isaac Montero. El número igualmente reproduce una polémica: «Acotación a una mesa redonda (Respuesta a Juan Benet y defensa apresurada del realismo)», de Isaac Montero y »Respuesta al señor Montero», de Juan Benet. «Yo creo que Isaac se lo tomó desde el proletariado y le molestó la impertinencia de Benet. ¿Cómo un señorito se permite estas opiniones sobre cosas que son inamovibles?, como el realismo social, en el que creía absolutamente Isaac. Lo tomaba como dogma, le parecía la única manera de escribir; era muy *pecero*. Se sintió muy ofendido porque un burgués diletante se atreviera a meterse con Galdós. Y luego se molestó en lo personal, pues Juan escribió contra el ideario literario del propio Isaac».[244] Replicó Benet: «Hoy por hoy el enemigo más manifiesto del señor Montero no es la clase dominante ni la burguesía, sino la conciencia, su conciencia de clase que como tal funciona como un conducto obturado, más como una garantía para la ignorancia que como un instrumento para el conocimiento. Y de esa conciencia de clase la parte sin duda peor tratada por el señor Montero en su intuición literaria, que le conduce –atormentado por aquella lóbrega doblez– a escribir tan mal [...] [La censura] hace algún buen servicio y a veces con carácter duradero: como ahorrarle al público español las novelas del señor Montero o tratar de que para bien de su causa y para alivio de la vergüenza de sus correligionarios, aprenda a moderar su lenguaje y afilar 'su' pensamiento».[245]

El novelista comienza a ser omnipresente, a la vez que un personaje molesto, antipático. En una encuesta entre Juan Benet, Gonzalo Torrente Ballester, José Manuel Caballero Bonald, Luis Rosales, Fernando Quiñones, Josep Meliá, Alberto Míguez. A la pregunta «¿Cuáles son los libros más importantes que ha leído usted en 1970?», Benet responde: «*Caballería roja*, de Isaak Bábel. *Oraciones fúnebres*, del abate Bossuet. *El camino de Xanadú*, de John Livingstone Lowes. *Caballería roja* es un libro fresco, fragante. En él brilla el genio del escritor. Es un cuadro de la revolución,

243. *Cuadernos para el Diálogo* XXIII extraordinario, diciembre de 1970.
244. Testimonio de José María Guelbenzu, registrado en magnetófono el 22 de enero de 2016.
245. *Op. cit.*

como sólo un revolucionario puede hacer. En las *Oraciones fúnebres* hay que destacar la solemnidad del estilo. Y he admirado en *El camino de Xanadú* el rigor investigador y ético con que se aborda el problema de la investigación literaria».[246]

Con una tirada de tres mil ejemplares, el 29 de diciembre quedó terminado *Teatro* («Anastas o el origen de la Constitución», «Agonía confutans», «Un caso de conciencia») editado por Siglo XXI de España, cuyo presidente del consejo de administración es Pablo García-Arenal. El libro fue un encargo del editor Jesús Munárriz, proveniente de la desaparecida editorial Ciencia Nueva, fundada por el Partido Comunista. He aquí el informe del lector: «Tres obras teatrales –más para leer que para ser representadas– que aunque muy distintas me parecen iguales en la intención del autor. Muy inteligentemente escritos los tres temas: la ambición por el poder, el problema del 'yo' en referencia con el 'tú', y algo que se hace difícil de precisar pero que se mueve entre el amor y la infidelidad. El autor recurre a todos los trucos para sugerir, impacientar, cansar. La lógica se rompe, a menudo con sofismas. A veces éstos se convierten en lógicos. Me parecen unas obras interesantes. En el caso de representarse preveo un aburrimiento total. Nada a objetar».[247]

El 30 de diciembre el Consejo de Ministros acuerda por unanimidad conmutar las penas de muerte del proceso de Burgos.

246. *Informaciones de las Artes y las Letras*, n.º 128, 17 de diciembre de 1970.

247. AGA, 66/06016.

9

WINTERREISE

JUAN BENET regala ejemplares dedicados de *Teatro* entre los compañeros de profesión: «Para Don Alfio con respeto y amor. Juan», «Para Javier R. Ibrán con intensa pasión carnal. Juan». Ahora trabaja en una nueva novela –escrita en el sistema del rollo continuo– que provisionalmente titula «Winterreise».

Tras dar sepultura en Bilbao a su primo Carmelo Chueca y viajar a Granada y Pamplona, el viernes 12 de febrero de 1971 Nuria y Juan vuelan a Londres, invitados por los Machimbarrena. A la mañana del día siguiente, en el hotel Commodore, se encuentran con Álvaro de la Riva Careaga, primo carnal y padrastro de Virginia, ex marido y sobrino político de María Luisa Guzmán. Además fue compañero de colegio de Alberto y Juan en los marianistas donostiarras. Álvaro, *maître* del hotel, invita a los dos matrimonios a almorzar en un restaurante griego. Por la tarde Nuria quiere comprar zapatos para sus hijos –en un papel lleva dibujadas sus plantas– y Juan está empeñado en visitar el Imperial War Museum. Cada uno por un lado, a Nuria le acompaña Álvaro y elige un vestido Liberty para Virginia. Cenan todos juntos en Wheeler's Restaurant en Old Compton Street de Soho.[248] Juan invita a lenguado de Dover, ostras y queso Stilton, para agotar sus exiguos derechos de autor. El domingo lo pasan en Oxford y el lunes 15 los matrimonios regresan a Madrid.

El 4 abril se inaugura la *boîte* Bocaccio, en la madrileña calle del Marqués de la Ensenada 16. El mismo propietario –hermano de Rosa Regás–, igual mobiliario y la misma decoración aterciopelada de inspiración modernista que el de Barcelona. Pronto se convierte en exquisito local de referencia.

Luis Yúfera Recuenco, una persona atormentada, un amigo con el que Virginia tenía una relación de complicidad, se ha suicidado la mañana del 8 de abril. Tras despedirse de ella, se desplazó en coche al paseo del Pintor Rosales, lugar poco concurrido de tráfico; aparcó, obstruyó el tubo de escape y con el vehículo en marcha

248. *Vivencias (Cuentos que no los son)*, Álvaro de la Riva Careaga. Producciones, Madrid, 2001.

los gases letales penetraron en el interior, causándole un síncope cardíaco. Enterado de la desgracia, el día después Benet va a rescatar a Virginia que se encuentra deshecha velando el cadáver en el Hospital General de Atocha.

En el aniversario de la República, Benet se reúne a la mesa con Pepín Bello, Dionisio Ridruejo, Pablo Martí Zaro y Eurico de la Peña. Aunque algo distanciado del grupo, pero conservando la amistad, a Juan ninguno le hace el menor reproche por su falta de colaboración política en los últimos tiempos. Pendiente del estado de Virginia, el novelista lee *Language & Silence*, de George Steiner. Y continúa con sus devaneos.

Pasadas las once y media de la noche del 21 de abril, un sereno de la calle del General Mola, del tramo Padilla-Juan Bravo, denuncia en la comisaría de Buenavista a Juan Benet por faltar a la moral, al estar abrazado a Marina Domecq de la Maza en plena vía. Según el guardián, les invitó a que se retirasen y «estos lejos de obedecer le contestaron de forma incorrecta que no tenían porqué hacerlo».[249] Con domicilio en Ibiza 35, Marina está casada con el poeta Juan Luis Panero, pero con la relación al borde de la quiebra. Dos días después, para celebrar el primer año como amantes, Rosa Regás y Juan Benet cenan una *fondue* en el mismo restaurante de Sitges que lo hicieran la primera vez. Luego de dos fechas regresa a Madrid. Nuria se va cayendo a trozos. La menopausia, que le ha alterado en exceso las hormonas, y los celos le causan un gran menoscabo. Juan no se da realmente cuenta de lo delicado de la situación.

Con la mediación de Benet, que ha leído el original y le ha parecido un excelente y cruel pastiche, en mayo, el joven Javier Marías publica su primera obra, *Los dominios del lobo*, título que le ha regalado Vicente Molina Foix. A ambos está dedicada la novela.

A través de Javier Pradera, Jesús Munárriz le ha encargado a Benet, por su apego a los cementerios y las elegías, un prólogo para un libro de obra gráfica de Francisco Regueiro, director de cine, pintor, dibujante y caricaturista. El novelista concibe un burlesco y mordaz texto de dieciocho páginas manuscritas –así fueron impresas– para *Ven, ven, Lucifer, y una cosa de Benet* (Siglo XXI), una colección de puñaladas sangrientas.

Juan sigue viajando a Barcelona para ver a Rosa y alterna en los abrevaderos de la capital, como el pub Santa Bárbara o El Avión (Hermosilla 99) con una adorable cerillera, un viejo y sosegado pianista cojo que con boleros, tangos y pasodobles alienta las veladas de los parroquianos que trituran las pipas que sirven de tapa. La

249. Archivo Central de la Dirección General de Seguridad. Legajo 8.714 exptc.87.

madrugada del 2 de junio, Benet espera en la puerta a que Nuria y otros amigos abandonen el Santa Bárbara. Un hombre sale del local conduciendo por la fuerza y de malos modos a una mujer a la que una vez en la calle, sujetándola por un brazo, le propina un puñetazo en la cara arrastrándola a continuación hacia un coche estacionado junto a la acera de enfrente. Benet, al ver tan denigrante espectáculo, decide amonestar al hombre por su brutalidad y mal comportamiento, acción ésta que es seguida de inmediato por numerosos clientes que salen del pub. En medio de un tumulto el hombre suelta a la mujer, que pronto desaparece. Con posterioridad, Benet, que en compañía de los amigos echa unos tragos en un café próximo, es reclamado por el agresor, que se da a conocer como agente de la autoridad, para que preste declaración en la comisaría del distrito Centro. Nuria le acompaña y en la conducción son «insultados groseramente»[250] por el agente. Benet es sancionado con quinientas pesetas por comportamiento incorrecto y entorpecer la labor policial.

En España, entre una determinada juventud, suena el *rock* progresivo y *underground*, interpretado por grupos como Cerebrum, Máquina, Vértice, Smash, Música Dispersa. Pero no es precisamente esa la música que conmueve a Benet sino la de tradición culta; la música le sirve de espejo. Ahora anda sumergido en el schubertiano *Viaje de invierno*. Melómano entusiasta, el novelista deleita a los amigos con discos que le traen de la URSS y de la RDA. En su casa les pone piezas de Franz Schubert –casi desconocidas en España– y les hace ver la complejidad inmensa de las sonatas. Uno de sus compinches es Félix de Azúa, a quien descubre la música para piano del vienés. Mientras, los niñines travesean con la perra Landau, un cruce de basset hound y spaniel bretón de color negro con manchas blancas, adquirida por Nuria en la localidad ampurdanesa de Peratallada.

En los meses de junio y julio la finca de Zarzalejo queda expedita para los amigos, la casa es abierta. Si llega algún invitado siempre es bien recibido, no supone interrupción alguna en su cotidianeidad y se comparten las viandas. La generosidad de Benet permite el acogimiento de los habituales que por allí aparecen a darse un baño en la agreste piscina o a pasear por los asilvestrados parajes de Las Machotas, el monte vecino. Un domingo de julio, de la mano de Javier Pradera llega a la finca el cineasta Antxon Eceiza. Con sus respectivas parejas disfrutan del día festivo.

A los quince meses de haber conocido a Rosa Regás, Benet ha terminado la primera redacción de «Viaje de invierno».[251] Rosa hace una aparición fugaz en la capital

250. Así lo manifiesta Benet en el recurso de alzada. Archivo Central de la Dirección General de Seguridad, legajo 8.714 expte.87.

251. Entrada del 23 de julio. Agenda 1971. Arch.JB/1/8, BNE.

y se hospeda en el hotel Mindanao. Los amantes van al río Alberche y a Escalona y duermen en Maqueda. Dos días después, el 31 de julio, Juan Benet y Luis Carandell inician un viaje a Extremadura en el Renault 4 del periodista. Hervás, Baños de Montemayor, Béjar, Sequeros, Peña de Francia, La Alberca, Las Batuecas, Las Hurdes. Cerca de Plasencia la Guardia Civil les da el alto y les hace abrir el maletero del *cuatro latas*. Están en busca del fugitivo El Lute. Una vez comprobado que está todo en orden, desde su asiento, Carandell le pregunta al número de la Benemérita si el control era por lo del delincuente, a lo que el guardia le contesta circunspecto: «Algo hay de eso».[252] A Benet la respuesta le resulta del todo jugosa. Y mantiene la teoría de que el ajedrecista Bobby Fischer y Eleuterio Sánchez son la misma persona, lo que explica que el aspirante a campeón mundial de ajedrez llegue con retraso a las partidas con Borís Spassky. Teniendo en cuenta el cerco al que está sometido el forajido, no resulta fácil ir un par de veces por semana de Alcalá de Guadaira a Reikiavik y de Reikiavik a Alcalá de Guadaira. El lunes 2 de agosto de Plasencia parten a La Vera, Puerto del Pico, Cebreros y llegan a la noche a Zarzalejo.

Javier Abásolo, asalariado de Siglo XXI, hace unos meses se marchó a vivir a Guarnizo, un pueblo al lado de Astillero. Como amigo de la familia, Nuria le pidió que le buscara un hotelito cerca de Santander, pero fuera de la ciudad, para ir con sus hijos; se hospedaron en Los Ángeles, un hotel sencillo en Guarnizo. El padre va a verlos de vez en cuando. Aunque Javier lleva su vida, un día los acompañó a una excursión en el ferrocarril a Liérganes, localidad próxima con un célebre puente romano y un conocido balneario de aguas sulfurosas. Eugenio, el menor de los chicos, celebra el viaje, pues nunca ha subido al tren. «En otra ocasión Juan y yo paseábamos por el paseo de Pereda, en la ciudad, y le señalé la sede del Banco Santander con su arco neoclásico y le apunté que el director se llamaba Emilio Botín. Y me contestó: ¡Fantástico apellido para un banquero!».[253]

Con la familia en Estartit, del 1 al 6 de septiembre Benet hace una escapada maratoniana a Francia; vuela a París y en el coche de Rosa Regás la pareja viaja a Montargis, donde hacen noche. Continúan a Vézelay, Beaulieu-sur-Mer, localidad en la que encuentran hotel; prosiguen a Autun, Montceau-les-Mines, Cluny, duermen en Belly; reanudan el camino hacia Aix-les-Bains, Valence, Nimes, Montpelier, hacen escala en Boulinguez para seguir a Béziers, Canal du Midi, Carcassonne, descansan en Foix, Bagnères-de-Luchon, Barcelona, donde finalmente reposan.

252. *El día más feliz de mi vida. Memorias*, Luis Carandell. Espasa Calpe, Madrid, 2000.
253. Declaraciones de Javier Abásolo registradas en casete el 27 de noviembre de 2014.

Cinco días después Juan y otros compañeros de MZOV acompañan a Rafael López en el sepelio de su padre, el ingeniero industrial Arturo López. Todos suben a pie tras el féretro hasta el cementerio parroquial de Nuestra Señora de la Asunción de Chinchón, en lo alto del pueblo. «Cuando murió mi padre [Benet] fue a Chinchón al entierro, y cuando acabó, me agarró del brazo, me llevó al bar más próximo y me hizo beber un vaso de coñac. Era un persona sumamente entrañable».[254]

En la misma fecha el novelista escribe a Esther Tusquets:

> He recibido tu carta con la oferta en blanco para publicar en Lumen en cualquiera de sus colecciones. En primer lugar te diré que por ahora no tengo nada terminado y no lo tendré hasta final de este año. Se trata de una novela que prometí a Rosa Regás cuando trabajaba en Edhasa y con la cual me siento obligado a mantener en pie mi ofrecimiento por si le puede servir para sus planes como futura editora.
>
> Pero por otra parte, y dejando de lado el compromiso con Rosa, mi propósito es publicar cada vez menos y tal vez en un futuro inmediato no sacar nada a la luz aun cuando lo vaya terminando. Las razones para esta decisión tan romántica las podrás leer en un artículo que será publicado dentro de poco en *Cuadernos para el Diálogo*. Es un artículo dirigido contra editores, distribuidores, libreros y todos los industriales del libro, en su acepción más general [...] Ya sé que no conseguiré nada y que a la vuelta de unos meses, tras rectificar mi posición, tal vez me vea obligado a llamar a las gentes que ahora en apariencia desdeño.
>
> Por el mucho aprecio que te tengo nada me gustaría menos que tomaras mi postura como desdén. Por el contrario sólo puedo agradecerte todo lo que has hecho para que estemos relacionados y no creo que haya editorial que me merezca tanto respeto como la tuya. Aunque me parece improcedente solicitarlo, nada me gustaría más que saber que puedo llamar a tu puerta el día que por una razón u otra tenga que hacerlo. Recibe mientras tanto todo mi afecto, Juan.[255]

El día después Benet y Charo Ema Bastardín, mujer de Guelbenzu y secretaria de Jaime Salinas en Alianza Editorial, van de excursión a Riaza (Segovia) y la amurallada Atienza (Guadalajara), donde Juan adquiere un saco de lana y una estera, caprichos del viajero.

---

254. «Viajando con Juan», Rafael López González. *Anales de la Promoción 1954*. Colegio de Ingenieros de Caminos, Canales y Puertos. Madrid, 2005.

255. Con el membrete «Compañía de los Ferrocarriles de Medina del Campo a Zamora y de Orense a Vigo», escribe dos folios mecanografiados, con fecha 11 de septiembre de 1971. Firmado: Juan Benet. Biblioteca de Catalunya. Fondo Esther Tusquets.

Desde Madrid, el 14 de septiembre Benet escribe a Nuria y los chicos y les comunica que escucha hasta veinte veces el vals Kupelwieser, de Schubert. Además envía otra misiva a Pedro Gimferrer:

> Recibo tu carta del 9 de los corrientes en que pones de manifiesto ciertos fallos de memoria. Tras la muerte de Luis Martín-Santos yo leí el original de *Tiempos* [*sic*] *de destrucción* e incluso insinué algunas correcciones y cortes para hacerlo más inteligible al lector. Quien sabe la historia en todos sus detalles es Josefa Rezola, quien de manera amistosa me encomendó el trabajo que una vez ejecutado a ella se lo devolví incluyendo el original de Luis del que no tengo ninguna copia. Tengo para mí que para tratar el asunto en toda su generalidad tanto como con Leandro debes hablar con Josefa Rezola que era la persona más próxima al difunto en el momento de su muerte.
>
> Respecto a los cuentos que hicimos en común, ninguno de ellos apareció en los Apólogos. Luis tenía una copia y yo otra, que conservo, pero ninguno de los dos, naturalmente, hizo nada para publicarlos por separado o aisladamente [...] Pero de cualquier manera te agradezco tu buena intención y espero noticias tuyas con algo más de frecuencia que en los últimos tiempos.
>
> Un abrazo.[256]

Un día después, le contesta Gimferrer:

> Querido Juan:
>
> Recibo tu carta, de cuyo contenido me doy por enterado no sin hacerte observar que, por taciturno que me muestre epistolarmente, en nada mi amistad ha cambiado por ello. Por lo demás, reconozco que me gustaría que en tus desplazamientos a Barcelona –que no se me ocultan– me llamaras alguna vez para vernos [...] Tengo ya en mi poder *Tiempo de destrucción.* Es una versión que a buen seguro fue la que tú leíste. Va precedida de una carta de Josefa Rezola y anotada a lápiz por ella, «a lo que creo», porque hasta haberme puesto en contacto con ella no lo sabré a ciencia cierta. Igualmente me es difícil precisar –pienso incluso si podrías ser tú, porque aunque en la carta de Josefa Rezola se alude a él, viene escrito en distinto papel y máquina– quién es el autor de un a modo de guion de la novela que acompaña al manuscrito. Estos y otros extremos, que conciernen a la tarea de establecer el texto de la edición, hacen aconsejable y aún necesario cambiar

256. *Vidas y muertes de Luis Martín-Santos*, José Lázaro. Tusquets, Barcelona, 2009.

impresiones con Josefa Rezola y contigo mismo. Respecto a ti, no desespero de poderlo hacer en uno de tus viajes a Barcelona; es más, sea cual fuere el juicio que te merezca la obra de Martín-Santos, quiero creer que vuestra amistad y la colaboración que ya prestaste en el pasado, bastarán para que también ahora cooperes mínimamente a aclararme algún que otro punto oscuro del texto. (Básicamente, me importa saber qué anotaciones son tuyas, cuáles son de Josefa Rezola y qué datos adicionales me puedes procurar sobre esta o aquella cuestión concreta). Por supuesto, la tarea de la edición se llevará a cabo con la máxima escrupulosidad y será confiada a un especialista. Espero, pues, que en un próximo viaje a Barcelona halles un momento para vernos. Por otra parte, no poseo las señas de Josefa Rezola. ¿Puedes tú procurármelas? Con Leandro estamos perfectamente de acuerdo; como todos nosotros, él no desea sino que esta obra inacabada –víctima hasta ahora de tan desafortunado destino póstumo– vea por fin la luz [...].[257]

Escrito el pasado 6 de julio, *Cuadernos para el diálogo* publica lo que ya el novelista anticipó a su editora Esther Tusquets: «Los escritores y la edición de libros», donde denuncia la degradación del oficio en España y «el inconsideradamente retribuido» trabajo del escritor, «responsable máximo, casi único, de lo que un libro es».[258] Juan Benet revela que los escritores para ganarse la vida han de buscar otra profesión más remunerativa, pues con la redacción de libros es del todo imposible.

Desde el sábado 18 de septiembre Juan pasa unos días en Estartit con la familia. Por la casa aparecen de visita Rosa Regás con algún hijo, Javier Fernández de Castro y Mercedes de Azúa, Javier Pradera con su hijo Máximo, Félix de Azúa y su nueva pareja Montse Mateu, pues la relación con Virginia tras un paulatino desgaste se echó a perder, aunque mantienen la amistad. Ella abandonó el apartamento barcelonés y regresó a Madrid.

En Elche, el 20 de septiembre el grupo de teatro independiente La Carátula representa la obra *Anastas o el origen de la Constitución* en el pequeño escenario del salón de actos de la sociedad cultural ilicitana Peña Madridista. Dirigido por Antonio González Beltrán, el grupo no sólo se dedica a la representación sino que investiga sobre las artes escénicas. La apuntadora Felicidad Alarcón recuerda una buena acogida por parte del público.[259] Con posterioridad la interpretaron –también en una sola ocasión– en La Aparecida, una pedanía de Orihuela. Juan Benet desconoce

257. *Ibíd.*
258. *Cuadernos para el Diálogo*, n.º 96, septiembre de 1971.
259. Conversación telefónica del 13 de noviembre de 2019.

el hecho. Pero sí sabe del juicio de José Monleón: «es un drama excelente, injustamente editado y divulgado con trece años de retraso».[260]

El miércoles 22, en Barcelona el escritor sube al avión que le traslada a Madrid; se incorpora a sus trabajos ingenieriles en El Atazar y el trasvase Tajo-Segura, adonde el 25 de septiembre, lleva a Rosa Regás, que se encuentra en la ciudad. La relación amorosa entre ambos es notoria y sabida. Dos días más tarde llega Barbara Probst y almuerza con los amantes. También cenan con los viejos amigos como Chueca, Garagorri, Bello...

El 30 de septiembre Benet escribe a Gimferrer:

> Querido Pedro:
>
> Habrás comprobado que para vernos no basta que yo te llame en una de esas visitas a Barcelona que no se te ocultan. También parece necesario que además de reproches tú pongas algo de tu parte. [...] En efecto *Tiempo de destrucción* tenía un Prólogo galeato que yo corregí y reduje y probablemente la copia en tu poder puede ser la misma que yo hice. En cambio, no creo haber hecho ninguna anotación al texto aunque sí indiqué algunas supresiones a la vista de una edición de carácter arqueológico, como presumo será la que pretendéis hacer. Ya te dije que en principio tal edición no me gusta, pero una vez decidido, como estás, a hacerla, puedes contar con mi colaboración allá donde la precises.[261]

El ingeniero y literato sigue cobrando notoriedad. El suplemento *Informaciones de las Artes y las Letras* se hace eco de su artículo publicado en *Cuadernos para el Diálogo* y le dedica una página: «El libro, el editor y Juan Benet. El escritor, víctima de la cultura»[262]. Además, es incluido en *Infame turba*, de Federico Campbell, un volumen de entrevistas a los más representativos pensadores, poetas y novelistas españoles.

Mientras trabaja en las obras del trasvase, el 26 de octubre Benet sufre un ataque de apendicitis en Huelves, provincia de Cuenca. Trasladado precipitadamente a Madrid, el día siguiente es intervenido y permanece en la clínica hasta el 1 de noviembre. Tres días después le quitan los puntos y recibe el alta médica.

El pantano del Porma ha sido vaciado para su limpieza y la localidad de Vegamián emerge de las aguas. Centenares de curiosos visitan el triste espectáculo y entre las ruinas hay todavía edificios en pie con balcones de hierro oxidado, la iglesia parroquial, la escuela, la casa blasonada de los Castañones, el puente de piedra sobre el río Porma –con truchas muertas entre el fango– que lleva al barrio de La Venta, la

260. «Teatro de Juan Benet», José Monleón. *Triunfo*, n.º 467, 15 de mayo de 1971.
261. *Vidas y muertes de Luis Martín-Santos*, José Lázaro. Tusquets, Barcelona, 2009.
262. 7 de octubre de 1971.

ermita de San Antonio, las tapias de los huertos, los árboles podridos pero todavía elevados. El vecino pueblo de Lodares es un montón de escombros, provocados por la piqueta. El resto, prados cubiertos de lodo ya seco, donde aparecen los primeros hierbajos. Un paisaje de fin de mundo.

Benet sigue con la redacción de «Winterreise». Dedicado «A Pere Gimferrer»,[263] el novelista publica el extenso relato *Una tumba* en la editorial Lumen –exquisita edición–, con fotos de Colita, con figuras alegóricas de la decadencia y el abandono. Situado en Región y con la Guerra Civil de fondo, el cuento muy anglosajón con fantasmas y aparecidos (*ghost story*), está protagonizado por un niño que es deseado por una señora; mientras está acostado le acaricia por encima de las sábanas, cuando él descubre el arcano de la voluptuosidad se mete en el lecho de ella y hunde la cara entre sus pechos, se manosean en la oscuridad con sus cuerpos desnudos, él toca su escote, roza su pequeño pezón... Quizá debido al momento personal que atraviesa el autor, la obra está salpicada de erotismo –una tumba, una cavidad– como ninguna otra; la lírica narración se desenvuelve en una atmósfera romántica. A su amigo y colega Martín Olarte le dedica un ejemplar: «Para Alfio, con cariño y celo y desvergüenza. Juan».

El 11 de noviembre Benet termina de escribir «Winterreise», de título definitivo «Un viaje de invierno» y luego se retira a San Bernardo, en Valbuena de Duero (Valladolid) y durante cinco días se dedica a la corrección del original. El día 16 regresa a la ciudad y asiste a una reunión en Siglo XXI. Con posterioridad llegan de Barcelona Félix de Azúa y Montse Mateu y acompañados por Juan parten hacia Andalucía. El 21 pernoctan en Córdoba. Tras pasar por Écija, Osuna y Estepa llegan a Benalmádena y permanecen hasta el 27, que vía Álora regresan a Madrid. Con un solo día de tregua, recluido en casa, Benet inicia la escritura de un nuevo relato que titula provisionalmente «El capitán Basterra». Despide a Félix y Montse en la estación y una fecha después, el 30 de noviembre, escribe el artículo «Esferodoxia».

Luego de cuatro días en coche por el Alentejo y la Costa Vicentina, en tierras lusitanas, con entrada y salida por Elvas, Benet descansa el fin de semana en Zarzalejo. El 11 de diciembre el Ministerio de Información y Turismo expide el informe de lectura sobre «Un viaje de invierno»:

> Un ejemplo de la llamada «novela mecánica». El autor escribe lo que se le ocurre. Es una madeja; las digresiones son enormes; usa los nombres más peregrinos y la indigestión que produce es enorme.

263. El poeta catalán ha optado por Pere, en lugar de Pedro.

Esta literatura que aunque nada tenga de moderna vuelve a ponerse de moda sobre todo entre los literatos de izquierda, encierra un fondo ideológico, con una simbología velada, de imágenes expresadas en clave, que sólo ellos deben entender.

El problema está en dar una opinión, porque se corre el riesgo de imaginar lo que no hay o dejar pasar lo que encierra mucho veneno.

Yo entiendo que esta obra tiene mucho de crítica política por lo que se deduce en las páginas [...] El tema de la obra debe ser «un viaje de invierno». Pero es difícil imaginar de qué se trata. Se habla de todo y se hacen unas anotaciones marginales pseudofilosóficas muchas veces con referencia a un «Estado».

Diré que la obra es AUTORIZABLE, pero debería ser vista de nuevo por si otro lector descubre más claro ese fondo antirégimen ambiguo que imagino.

El lector

Gregorio Soler.[264]

En compañía de nuevo con Charo Ema, después de una cena, deciden explorar con la mescalina, el fármaco teóricamente útil para artistas que desarrolla la creatividad, la percepción y las emociones. Juan soporta las consecuencias de la experiencia alucinógena la jornada posterior, el 15 de diciembre, que la pasa en casa absolutamente desvelado. El malestar, la incomodidad física, en definitiva, la prueba desastrosa del alcaloide psicoactivo, no le dejan deseos de repetir la excursión psíquica. En carta de la misma fecha Vergés le deniega el permiso a Benet para que Carlos Barral haga una edición de bolsillo de *Volverás a Región*.

La noche del 16 de diciembre en Barcelona, Juan Benet comparte mantel en casa de Rosa Regás. Un día más tarde el grupo de amigos, entre los que está Gimferrer, celebran una cena en la editorial que ha fundado Rosa, La Gaya Ciencia, en la calle de Alfonso XII número 2. La jornada siguiente el novelista se cita en el domicilio de Félix de Azúa y después alargan la noche en Bocaccio y en la casa del arquitecto Oriol Bohigas.

El 20 de diciembre se emite un nuevo informe de lectura sobre *Un viaje de invierno*:

Novela mecánica, de dificilísima lectura y peor comprensión. Circula por el mismo sendero que *Una meditación* y *Volverás a Región*, obra esta última de la que utiliza aspectos. Al hilo de una teórica fiesta que va a realizarse se hacen toda una

264. AGA, 73/0/440.

serie de elucubraciones que es muy difícil comprender a donde quiere llevarlas su autor.

Desde luego es posible dar una significación simbólica a todo lo que acontece en la obra, y probablemente esa habrá sido la intención del autor, en este caso el Impostor podría ser Franco, pero de todas formas ésta es sólo una interpretación personal. En mi opinión de una lectura normal no se pueden sacar estar consecuencias.

AUTORIZABLE, pero de todas formas sería conveniente suprimir los párrafos acotados en las páginas: 145, 195, 214 y 246.[265]

Con motivo de la edición *El «Ulises» de James Joyce*, de Stuart Gilbert, con prólogo de Juan Benet,[266] Rafael Conte publica a doble página el artículo «James Joyce, o la totalidad imposible»,[267] acerca del divorcio entre el novelista e ingeniero y el autor dublinés. Al día siguiente la familia Benet celebra Nochebuena y Navidad en Zarzalejo.

El 31 de diciembre el profesor Ricardo Gullón, desde la Universidad de Texas (Austin), le escribe a Ridruejo:

Queridísimo Dionisio: no tengo justificación alguna para este silencio en contestar tu carta de hace dos meses y para mi tardanza en agradecerte el envío de los poemas de tu próximo libro [*Casi en prosa*] que has tenido la generosidad, tan tuya, de regalarme. Pero, si no justificación, tengo al menos algunas razones que pudieran servir de atenuante: la primera es que, justamente cuando llegó tu carta, a fin de octubre, andaba yo empeñado en el propósito de escribir un artículo de *Volverás a Región*, y dedicártelo (¡para que se hable de telepatía!), puesto que tú me descubriste libro y autor. No he podido escribirlo, aunque sí expliqué el libro en mi reciente seminario sobre «Teoría de la novela» (y de ese seminario ha salido un excelente trabajo sobre la obra de Benet, que su autor publicará pronto), y tengo muchas notas para seguir adelante...[268]

265. Página 145, en rojo: «(a las pocas horas de suicidarse –por razones de más– un cabo de la Guardia Civil)». Página 195, en rojo: «por un cabo de la Guardia Civil (futuro suicida)». Página 214, en rojo: «De nuevo el Intruso, con varios informes». Página 246, en rojo: «Norma del Estado». En rojo: «sobre el cuadro de la improbabilidad... (pero una horrenda y grosera casuística necesita el título de Rey) para pasar por alto la miríada de casos que la abortan y contradicen». AGA, 73/07440.

266. Siglo XXI Editores, Madrid, 1971. Traductor: Manuel de la Escalera.

267. *Informaciones de las Artes y las Letras*, n.º 181, 23 de diciembre de 1971.

268. *El valor de la disidencia. Epistolario inédito de Dionisio Ridruejo.1933-1975*, Jordi Gracia. Planeta, Barcelona, 2007.

Afianzado como novelista, cuentista, ensayista y dramaturgo, Juan Benet es ya una figura tutelar a sus cuarenta y cuatro años, un maestro y referente ineludible de un grupo generacional de escritores. Tanto su complejo estilo, su innovadora técnica, su excelente y arrebatadora prosa, sus reflexiones, sus conocimientos en música, pintura u otras materias le han convertido en una importante figura literaria de poderosa influencia moral e intelectual. Un modelo literario cosmopolita, siempre difícil de imitar. Benet –el pensamiento benetiano rupturista y original– ya es el gran renovador de la narrativa española. Su firma se prodiga cada vez más en las publicaciones nacionales: «El crítico, hombre de orden» en *Índice*,[269] «La esferodoxia» en *Cuadernos para el Diálogo*,[270] «USA, Babilonia revisitada» en *Triunfo*.[271]

La delicada Virginia Careaga está sumida en una aguda crisis y el 10 febrero de 1972 padece angustias, manías de suicidio y nihilismo autopunitivo. Se refugia en la casa de su madre. Los Benet están preocupados por su estado de salud.

La Gaya Ciencia edita *Un viaje de invierno*, de Juan Benet, novela que en buena medida tuvo su origen en algunas lecturas de antropología, influido por James George Frazer. Pero al final la obra tomó otro rumbo. *Viaje de invierno* es un ciclo de veinticuatro canciones enormemente tristes que Schubert compuso en su último año de vida (1828), sobre poemas de Wilhem Müller, que describen la existencia desesperanzada de un hombre marcado por el estigma del rechazo y la soledad, y vaga desolado por los caminos en un paisaje blanco, helado, de frío, de rígido invierno. Para muchos es la cumbre de la escritura del *lieder*. A Benet esta pieza le tenía tan obsesionado que le dedicó toda una novela de personajes enigmáticos, con un marcado carácter pesimista, misterioso y nostálgico. Como el ciclo *Winterreise*, la novela, de ambiente fantasmal, es triste, sombría, dura y difícil, quizá la más lírica del autor. «Lo es, desde luego, y aún sin las otras cualidades que reúne, ciertamente insólitas, su excepcional valor poético bastaría para calificar a esta secreta y singular obra maestra»,[272] escribe Gimferrer. Al final del texto se reproduce la partitura con grafía a mano de *El vals K.* Pura desolación. El 17 de septiembre de 1826, invitado Schubert a la boda de la hija de su amigo Kupelwieser, éste le rogó al maestro que ejecutara algo al teclado e improvisó el ländler de poco más de un minuto. Muchos años después la composición llegó a manos de Richard Strauss. A Benet la pieza le tenía perturbado, hasta el punto de intentar que un profesor de piano le enseñara a tocarla; no pretendía aprender a tocar el instrumento sino tocar «El vals Kupelwieser».

---

269. *Índice*, n.º 311-302, enero-febrero de 1972.

270. *Cuadernos para el Diálogo*, n.º 100, enero de 1972. En el título le añadieron el artículo; en el original sin él.

271. *Triunfo*, n.º 488, 5 febrero de 1972.

272. *Destino*, n.º 1820, 19 de agosto de 1972.

Benet dedica ejemplares a sus amistades. A Ridruejo: «Para Dionisio, responsable principal de tanto viaje, con toda mi admiración y mi afecto. Juan», a Martín Olarte: «Para Alfio, sin palabras que ya hay bastantes dentro. Juan», a Guelbenzu: «Para José María Guelbenzu con cuya presencia de ánimo, aliento, admiración, apoyo espiritual, tranquilizante compañía y mortificante competencia, ya contaba al concluir esta pieza. Juan». Y a Sarrión: «Para Antonio M. Sarrión/ llamado por otros el/ poeta de cristal, por la / mucha fragilidad de sus/ sentimientos. En espera/ de que en adelante no/ me rehúya. Juan».

El sábado 4 de marzo a las diez de la noche, en el cine-teatro La Esperanza, de San Vicente del Raspeig (Alicante), el grupo ilicitano La Carátula representa *Anastas o el origen de la Constitución*. Entretanto, el ingeniero trabaja en el diseño del proyecto de la presa de escollera de Calanda y prosigue con su actividad paralela. El 17 de marzo imparte la conferencia «Incertidumbre, memoria, fatalidad y temor» en el Centro Mercantil, Industrial y Agrícola de Zaragoza (Coso 29). La presencia del escritor madrileño en el ciclo de conferencias despierta interés en los medios intelectuales zaragozanos.

Ubicado en la popular zona conocida como El Tubo, el café cantante El Plata, local de entretenimiento de la vida labriega aragonesa, ofrece espectáculos de cabaré. «Allí pillé a Rosa Regás y Juan Benet en aquel local tan golfo. Yo entonces me había afeitado la cabeza, para dar un susto a Elías Querejeta en un encuentro para hablar de un guion mío. En Zaragoza estaba haciendo un documental publicitario para unos grandes almacenes y fui con algunos miembros del equipo y el operador –aragonés–, que fue quien nos llevó allí. Benet se asombró y tardó en reconocerme. Se avergonzaron de que les pillara en esa golfería metiéndose mano... Estaban los dos en una fila aislados, antes de cenar, a la hora de la función. Este las va a piar, pensarían».[273]

El 18 de marzo, con motivo de la semana cultural de la juventud, el grupo ilicitano La Carátula vuelve a representar *Anastas o el origen de la Constitución* en la alicantina Callosa de Segura. Poco después la pareja formada por Rosa y Juan pasa unos días navegando en una peniche –embarcación típicamente francesa– por el Canal du Midi, con base en Castelnaudary, puerto fluvial; aunque Juan no soporta las travesías en barco, sólo las tolera con ciertas dosis de alcohol, pues es muy de tierra adentro. Entonces reciben la noticia del suicidio de Gabriel Ferrater, el 27 de abril, en su piso barcelonés de San Cugat del Vallés. El poeta todavía no había

273. Testimonio de Francisco Regueiro, registrado en magnetófono el 24 de junio de 2014.

cumplido los cincuenta años y atiborrado de fármacos decidió asfixiarse con una bolsa de basura. Su compañera Marta Pesarrodona descubrió el cadáver dos días después. Con anterioridad ya había hecho lo mismo su padre Ricard (16 de junio de 1951). Gran amigo de Carlos Barral, Ferrater era un gran políglota, un deslumbrante crítico de arte y literatura, un desmesurado bebedor de ginebra con hielo, pero sobre todo un ser autodestructivo. El mismo día de la desgracia Juan Pedro Quiñonero firma el recuadro «La última novela de Juan Benet» en *Informaciones de las Artes y las Letras*, unas líneas anticipatorias de la crítica de *Un viaje de invierno.*

Con motivo de un certamen de relatos de la Escuela de Ingenieros de Caminos, el estudiante Ignacio Pérez de Juan, recomendado por el catedrático de geología Clemente Sáenz Ridruejo, visita a Juan Benet en las oficinas de MZOV. Para Clemente, Juan era la persona más indicada para ser jurado y así se lo hizo saber a Pérez de Juan. «Había leído *Volverás a Región* y me había entusiasmado, una novela diferente a todo lo que estaba acostumbrado a leer. Fui a ver a Benet y le llevé el sobre con los originales de las narraciones para el concurso. Le expliqué lo que quería, se los dejé y algún tiempo después recogí en la secretaría la puntuación, que se sumó a la del resto del jurado».[274]

El crítico Rafael Conte, bajo el título «Juan Benet o la escritura secreta», dedica dos páginas a *Un viaje de invierno.* En palabras de Conte, estamos ante «uno de los escritores más impenitentes, irreductibles e impenetrables de toda nuestra historia literaria [...] Lo primero que asombra al enfrentarse con su obra es su tenaz y desesperado respeto al texto. Juan Benet, en estos tiempos de experimentación lingüística, de violencias verbales y sintácticas, es un escritor que respeta la sintaxis hasta el fondo. Y, sin embargo, su texto resulta a primera vista impenetrable, secreto, rotundo y marmóreo».[275]

El 1 de junio en Madrid Juan Benet se vuelve a reunir con Max Aub, que desde el mes de marzo está en España acompañado de su esposa Perpetua Barjau Martín. Aub tiene un conocimiento muy directo de la realidad española. Menudo de talla, de grandes lentes y mirada cansada, Aub le cuenta a Benet un proyecto muy ilusionante para la editorial Cuadernos para el Diálogo, la colección *El Pensamiento Perdido*, dedicada al exilio. El suplemento *Informaciones de las Artes y las Letras* dedicado a la Feria del Libro de Madrid publica la encuesta «La sociedad y el escritor»,[276] entre distintos autores y editores: Daniel Sueiro, José Vergés, Francisco García Pavón,

274. Declaraciones de Ignacio Pérez de Juan, recogidas en magnetófono los días 28 y 30 de octubre de 2014.
275. *Informaciones de las Artes y las Letras*, n.º 200, 4 de mayo de 1972.
276. *Informaciones de las Artes y las Letras*, n.º 204, 1 de junio de 1972.

Ricardo de la Cierva, Torcuato Luca de Tena, Jesús Aguirre, Ángel María de Lera, Jesús Torbado, Carmen Bravo Villasante y Juan Benet. Se formulan tres preguntas («*1.º* ¿Cuál es la situación cultural y económica del escritor español?; *2.º* ¿Cuál es, a su juicio, el futuro de esa situación?; *3.º* ¿Diferencias entre la situación social del escritor español y el de otros países?»), a las que un lacónico y desconcertante Benet responde: «*1.º* Lamentable e injusta. *2.º* Espero que sí [*sic*]. *3.º* Las ignoro».

Siete fechas después, Juan Benet Goitia formaliza la escritura de compra de un hotelito de la calle del Pisuerga número 7, en el exclusivo barrio madrileño El Viso. La vivienda pertenece a los tíos de Alfio Martín Olarte, quien, cuando estudiaba en un internado, todos los domingos y festivos señalados almorzaba en ese domicilio. Como los tíos querían vender y Benet estaba interesadísimo en la casa, éste le propuso a Alfio hacer de intermediario para que saliese bien la operación, mejorando el precio. Y lo consiguió. Sin embargo, a Nuria nunca le gustó el chalé porque tenía demasiadas escaleras, le resultaba más complicado que un piso. El edificio fue construido durante la Segunda República al estilo Bauhaus por el arquitecto racionalista Rafael Bergamín Gutiérrez, hermano del autor de *El arte de birlibirloque*. Tiene cuatro plantas, azotea, pequeño jardín trasero y patio frontal con magnolio a la entrada. Una vez trasladados de domicilio, Benet instala su despacho en la primera planta; en el sótano está la cocina, donde apenas penetra la luz solar; sólo un ventanuco a ras de suelo del patio de entrada deja pasar la claridad.

El poeta Antonio Martínez Sarrión, asiduo de los hermanos Martínez-Lázaro, presenta a Benet y Emilio, joven director de cine muy amigo de Javier Marías. Al poco tiempo Emilio asiste una interminable velada en el jardín de la casa de Pisuerga. «No voy a decir que con gusto porque fue un coñazo inenarrable, pero una noche después de cenar escuché a Marías contarle a Benet el argumento entero, larguísimo, insoportable de «Travesía del horizonte». Estábamos todos tan aburridos que Benet nos llamó la atención a los demás 'Joder, parece que no os interesa nada lo que va a escribir vuestro amigo'. Realmente es que no nos interesaba. Una cosa es leer la novela y otra... Tenía todo el esquema hecho y quizá tuviera trozos escritos, pero sospecho que no».[277]

En verano, el pub Dickens (General Pardiñas 71) de estilo inglés, tiene una terraza muy concurrida en las noches de calor. Frente por frente con el recién clausurado diario *Madrid*, en la esquina con la calle de Maldonado, por allí se dejan ver Fernando Savater –vive en el portal paredaño–, Lourdes Ortiz, Marcos Ricardo Barnatán,

277. Declaraciones de Emilio Martínez-Lázaro, grabadas en casete el 12 de septiembre de 2015.

Eduardo Chamorro, Pilar Suárez-Carreño, Antonio Martínez Sarrión, Virginia Careaga, Fernando Sánchez Dragó, Gabriela Sánchez Ferlosio, Javier Pradera, Luis Carandell, Jaime Salinas, Javier Marías o Michi Panero. Se forman grandes grupos. Benet es asiduo de las noches y una de ellas, a través de Eduardo Chamorro, conoce al poeta José María Álvarez, de magnífico espíritu lujoso y devoto de Shakespeare, Lampedusa, Kavafis o Tácito. En otra velada Manuel Matji, quien se inicia en el mundo del guion cinematográfico con unas colaboraciones para Televisión Española y amigo de Emilio Martínez-Lázaro, toma una copa con la periodista Sol Alameda. Ambos observan que Benet, con una trompa descomunal, está completamente desubicado en una mesa vecina compuesta mayoritariamente por periodistas. Sol y Manolo deciden rescatar al ingeniero y tras mucho trasegar y ver amanecer, los tres determinan desayunar en la marisquería La Bilbaína (Marqués de Urquijo 27). Avanzada la mañana salen del local y Benet cae en la cuenta de que su coche quedó aparcado en los aledaños del Dickens. Tras recuperarlo se presentan a la hora del almuerzo en casa de los Machimbarrena, en Galapagar. Y después de una prolongada sobremesa el trío de inseparables recala en Zarzalejo, donde pasan el fin de semana Nuria y los chicos. En el refugio benetiano juegan al billar y al dominó. Manolo y Eugenio se disputan las fichas rectangulares con Juan y Nicolás, quienes son derrotados reiteradamente, lo que provoca un enfado monumental en Benet; no soporta perder.

Nuria Jordana sigue con interés la evolución de Virginia Careaga, con quien se hace confidencias, y le escribe una nota a Juan –el matrimonio tiene la costumbre de escribirse comunicaciones– en la que le pide consejo sobre si acoger o no a Virginia, que ha sido echada de la casa de su madre (Almagro 30).

La tarde del sábado 22 de julio muere Max Aub a la edad de 69 años. El trasterrado sufre un infarto con la baraja en la mano y el tapete verde sobre la mesa, preparado para una timba de póquer en su domicilio de Ciudad de México. Entre su obra deja un ciclo de novelas innovadoras, *El laberinto mágico*, un testimonio de voces contra el olvido y la indiferencia.

Cuando arranca agosto, en Caracas se falla la segunda edición del premio Rómulo Gallegos cuyo ganador es Gabriel García Márquez con *Cien años de soledad*. Juan Benet queda finalista con *Una meditación*.

No ha transcurrido un mes desde su encuentro cuando Benet llama a Matji para solicitar la revancha al dominó. A ambos les une la bebida, los amigos comunes (Sarrión, Chamorro), la charla y ciertas obras de Faulkner. Pasan muchas noches en el piso que la familia Matji tiene Marqués de Urquijo 34, de larguísimo pasillo, numerosos dormitorios y despensa bien abastecida. También se reúnen en el de Sarrión (Azcona 58), muy frío en invierno.

En septiembre *El Joven* Marías finaliza la novela *Travesía del horizonte*; con la mediación de su benefactor Juan Benet la publica en La Gaya Ciencia y en las guardas lleva impreso un texto en inglés con letra del ingeniero y escritor. Juan envía un telegrama a Nuria, en Estartit, para advertirle de que el día 6 irán a visitarla Félix de Azúa, Rosa Regás, Mercedes de Azúa y Javier Fernández de Castro. Le comunica que él llegará el día 8.

A su regreso a Madrid, acompañado de Carmen Martín Gaite y Juan García Hortelano, Benet asiste invitado el 14 de septiembre al veintiún cumpleaños (su mayoría de edad) del irreductible noctívago Michi Panero que lo celebra en el apartamento de su amigo Ricardo Franco, al que concurren mayores y pequeños.

Siempre audaz, Benet penetra en un género que le es impropio y publica en *El Urogallo* un par de poemas: «En Cauria» y «Un enigma».[278] Su notabilidad ya es innegable. Carlos Barral inicia una campaña publicitaria para preparar la salida de una serie de libros de autores españoles con la desafiante pregunta «¿Existe o no una nueva novela española?». Para Jaime Salinas («la preguntita se las trae»)[279] la campaña incita abiertamente a escribir como Juan Benet. José Donoso ha publicado *Historia personal del «Boom»*, donde consigna: «No leo para aprender. Leo por otra razón: por placer –no para «entretenerme», que es un matiz distinto; prefiero mil veces aburrirme leyendo las novelas magistrales de Juan Benet, porque esto me procura placer, que «entretenerme» leyendo a Agatha Christie, que no me procura ninguno». El 21 de septiembre Jaime Salinas le escribe a Gðudbergur Bergsson: «Esta noche tengo que cenar con Juan Benet; quiere que le devuelva su 'novela' [«La otra casa de Mazón»] ya que en Seix Barral le ofrecen un adelanto de 500.000 pesetas! (*no comment*), y además quiero tantearle, pues se me ha ocurrido la posibilidad de encargar un número al año de *Revista* [*de Occidente*] a una de 'nuestras grandes figuras literarias'. Antes de decir nada quiero ver por dónde se mueve y lo que puede dar».[280] También en carta del 26 de septiembre, Pere Gimferrer le ofrece a Octavio Paz unos juicios literarios sobre Juan Benet, con los que coincide el mexicano. Benet está en boca de todos. Además, el ingeniero, junto a Mario Vargas Llosa, Luis Goytisolo, Hans Magnus Enzensberger, Salvador Clotas y Jorge Herralde (sin voto), forma parte del rutilante jurado del premio Ensayo Anagrama. Reunidos en el restaurante

278. *El Urogallo*, n.º 17, septiembre-octubre de 1972.

279. Carta de Jaime Salinas a Gðudbergur Bergsson, 26 de octubre de 1972.

280. *Cuando editar era una fiesta. Correspondencia privada*, Jaime Salinas. Edición de Enric Bou. Tusquets, Barcelona, 2020.

barcelonés Via Veneto, en el fragor de las deliberaciones sobre los títulos preseleccionados, el feroz Benet destrozó el ensayo que presentó Juan Pedro Quiñonero sobre Baroja y sus influencias surrealistas. Como también recibió lo suyo el texto de Eugenio Trías. El premio fue declarado desierto.

El martes 17 de octubre Benet le presenta a Jaime Salinas su proyecto de número de *Revista de Occidente*. Se encierran en casa del editor, a quien no le agrada del todo el trabajo por él encomendado. Así se lo hace saber a su amigo Bergsson: «A Juan Benet en la España de 1972, disponiendo de un número de una revista, sólo se le ocurre consagrarla a la 'joven' narrativa, poética, crítica y pensamiento español. Pero entre esos jóvenes, por razones inexplicables (muy claras para mí: amiguismo) surgen los nombres de siempre: Sánchez Ferlosio, García Hortelano, Juan Goytisolo. Brilla por su ausencia Martín-Santos y como diría mi padre *il fait Freud*. En la poética, al lado de los novísimos, Valente y Gil de Biedma. En la crítica, ¡Molina Foix! Y para no quedarnos sin pensadores: Trías. Lástima que no tenga el proyecto aquí, pues podría darte más nombres; pero ¿para qué? Te los sabes todos de memoria. Y yo que pensé que Benet se me iba a ir por los cerros de Escocia o que, por lo menos, iba a salir con un *bang* y no *a whimper*. Me invitó a que le hiciera comentarios. Le expliqué que, ya que una de las funciones que pretendía que estos números cumplieran era no sólo una informativa sino sobre todo que reflejaran una toma de posición del autor encargado, me guardaba cualquier comentario por temor a influenciarle. Me limité a invitarle a que volviera a pensárselo seriamente y que volviéramos a hablar de ello a finales de noviembre. En España parece ser que lo que 'brilla' nunca es oro sino garbanzos. ¡Maldito cocido madrileño, cuándo conseguiremos que desaparezca de cada comida!».[281]

El aureolado Juan Benet tampoco pierde ocasión para polemizar con la crítica. En carta al director del semanario *Triunfo*, el novelista defiende a Gimferrer de un juicio adverso sobre su obra poética en catalán,[282] firmada por Martín Vilumara, conocido seudónimo de José Batlló, director y fundador de la colección de poesía *El Bardo*. Benet reprueba que Martín Vilumara utilice toda una página de la revista para arremeter contra el autor de *Arde el mar*, así mismo califica al enjuiciador de maestrillo[283] y de irresponsable. Vilumara, en la misma página, replica al ingeniero y escritor.

Fechado en Madrid el 23 de octubre, el informe de lectura de «La otra casa de Mazón», dice así:

---

281. *Ibíd.*

282. «Gimferrer en catalán», *Triunfo*, n.º 525, 21 de octubre de 1972.

283. *Triunfo*, n.º 528, 11 de noviembre de 1972.

Relato obscuro en donde lo remoto se mezcla a un tiempo presente lo bíblico y el hoy. Repetimos que es algo difícil de definir y cuya lectura se hace tediosa.

No vemos inconveniente de publicación, si bien no por ello desaconsejamos una nueva lectura.

En efecto, de la nueva lectura es fruto este nuevo informe:

Esta obra de Benet es enigmática y complicada resultando difícil la captación de su línea argumental, si es que la tiene. Moviéndonos en el campo de la pura hipótesis podemos decir que esta novela describe las incidencias dramáticas de unos personajes vinculados, en un tiempo y espacio poco definido, a una mansión solariega. La casa es testigo ruinoso y al mismo tiempo premonición de la progresiva desintegración de la familia Mazón. La muerte, la desesperanza, la incomunicación, la evocación de un pasado, el sentirse zarandeados por un destino implacable, la concepción de la vida como juego, son las constantes en que se mueven los protagonistas. Ahora bien estos hombres son reales, son pura ficción, son símbolos y si símbolos ¿de qué?... se ignora.

El autor de esta novela dramática utiliza recursos estructurales propios de las nuevas formas narrativas persiguiendo deliberadamente las incoherencias. Resulta un cock-tail caótico de difícil lectura y consiguientemente es inaccesible al lector medio por ignorar la clave explicativa.

No obstante, a pesar de la ambigüedad sería de desear que se aclararan determinados pasajes, vgr: pp. 60, 66, 70, 107, 113, 114, 121, 144-45, 154.

En orden a su publicación consideramos que puede simplemente autorizarse sin tachaduras.

Madrid, 14 de noviembre de 1972

El lector

P. Vicente Muñoz Sierra.[284]

Invitados a una comida en Pisuerga 7, el domingo 29 de octubre se reúnen con los Benet Ana María Moix, Javier Fernández de Castro, que han viajado desde Barcelona, y Jaime Salinas, quien no pisaba las casas de El Viso desde 1936, según él. La sobremesa está dedicada al mundo editorial; se parlotea con acidez sobre los anticipos, las tiradas y otros asuntos del gremio, lo que incomoda a Salinas.

En la segunda quincena de noviembre se acaba de imprimir para La Gaya Ciencia *5 narraciones y 2 fábulas*, un breve libro primorosamente editado, de ciento diez páginas con un generoso cuerpo de letra e ilustraciones, que incluye «TLB»,

284. AGA, 73/2426.

«Reichenau», «Syllabus», «Catalisis» y «Viator», relatos de lo sobrenatural (*ghost story*). El enigmático título «TLB» es un homenaje al poeta suicida Thomas Lowell Beddoes[285] (Clifton, Bristol, 1803-Basilea, 1849), para quien la muerte fue una constante en su vida, su obra y su trabajo, ya que fue médico. De los cuatro mil ejemplares que lanza la editorial, Benet le regala uno a Marisol con la siguiente dedicatoria: «Para mi querida hermana María de la Soledad, para que trate de eludir lo que su nombre le depara. Juan». Con Chamorro y Sarrión tiene un acuerdo: dedicarse mutuamente los libros en pareado. Así, al poeta le dedica el naciente *5 narraciones y 2 fábulas*: «Para el vate Sarrión/ esta humilde canción. Juan».

Por vez primera en España se fallan los premios de la Nueva Crítica, no sin pocas habladurías y acusaciones. En el restaurante La Corralada (Villanueva 21) se otorgan la noche del sábado 9 de diciembre con un jurado formado por críticos de periódicos y revistas. Por *Triunfo* están Eduardo Chamorro y Fernando Savater. En novela resultan ganadores Gonzalo Torrente Ballester por *La saga/fuga de J.B.* y Juan Benet por *Un viaje de invierno*. Al final de la reunión, por caminos distintos, prácticamente la totalidad de los concurrentes se desplazan al pub Dickens.

Un día después Alberto Oliart celebra una cena multitudinaria en su domicilio. Tras una buena ingesta de alcohol, un estimulado Ángel González a la guitarra arranca unos cuplés y trozos de zarzuela a la asistencia. Benet y Hortelano hacen su papel teatral como el dúo Pompoff y Thedy. El exquisito Salinas observa de lejos. La realidad del ambiente le parece absurda y provinciana. Llega a sentir que son una pequeña colonia de españoles en busca del calor de la patria en medio de Kuwait, según le relató con posterioridad a su amigo islandés.

El 11 de diciembre se acaba de imprimir *Barojiana*, un homenaje que la editorial Taurus dedica a don Pío con motivo de su centenario. Son varios los autores: Carlos Castilla del Pino, Francisco Pérez Gutiérrez, Salvador Clotas, Javier Martínez Palacio, Manuel Vázquez Montalbán y Juan Benet, quien con su colaboración encabeza y da título al libro. En el informe del lector se lee: «Juan Benet en su estudio aprovecha las circunstancias para describirnos aquellos años de posguerra con su característico estilo tendencioso [...] El resto de los escritores lo hacen desde un punto de vista literario».[286]

285. *Una meditación sobre Juan Benet*, Francisco García Pérez. Alfaguara, Madrid, 1998.
286. AGA, 73/02635.

10

DESGOBIERNO HOGAREÑO

LOS PRIMEROS días de enero de 1973 Rosa Regás se encuentra en una estación de esquí en el Pirineo. Rodeada de un paisaje totalmente nevado, escribe una extensa misiva acerca de *Volverás a Región* y se la envía a Juan Benet. El día 6 Ignacio Gómez de Liaño recibe un paquete certificado de la editorial La Gaya Ciencia con *5 narraciones y 2 fábulas*. Liaño había intentado leer *Una meditación* y *Volverás a Región* pero no fue capaz de pasar de las primeras páginas. Benet, a quien le presentó Virginia Careaga, le parece un escritor digno, «valioso, de lo más interesante dentro de la penuria narrativa española»,[287] pero no tan excepcional como dicen algunos. Es una literatura que le resulta muy gris, muy impostada, de frases muy hechas, para tratar de apabullar al lector. «Entonces me pareció falso, no estaba dentro de mis gustos literarios».[288]

Igualmente recibe el libro Carmen Martín Gaite, que desde su separación de Ferlosio anda necesitada de estímulos; el 7 de enero escribe a Benet una severa carta donde le hace múltiples reproches.

> Querido Juan:
>
> He recibido tu nuevo opúsculo de La Gaya Ciencia, seguramente por mandato tuyo a tus esbirros, ya que últimamente es tanta la asepsia, distancia y mediatización de que te vales para relacionarte con los viejos amigos agoreros, posiblemente por miedo a sus avisos y vaticinios, que te borras.
>
> Acostumbrada como me tienes a la densidad de tus discursos y aquejada, como sabes que estoy de insomnios, la terminación de estas esbeltas y escasas columnas de palabras generosamente ornadas de márgenes y esmaltadas de grabados amenos me ha llevado una pequeña parte de la noche en que acometí su lectura.

287. *En la red del tiempo 1972 1977. Diario personal*, Ignacio Gómez de Liaño. Siruela, Madrid, 2013.
288. Testimonio de Ignacio Gómez de Liaño, grabado en magnetófono el 3 de marzo de 2016.

No sé si el comentario que me voy a permitir hacerte estará dictado por la envidia que producirá en cualquier escritor esta joya tipográfica (que ni para obras póstumas de Cervantes o Flaubert habría puesto ningún editor tanto esmero), pero lo cierto, querido Juan, es que he encontrado excesivo el engarce, o dicho con otras palabras: que empiezas a hinchar el perro. –El primor de tu prosa, de todos ampliamente conocido, brilla aquí con unos destellos precursores de bizantinismo y ocaso–. Pero ni siquiera la perfección de «Catálisis» o de tu «Fábula primera» justificarían la recopilación de este precario ramillete, más vecino por su grosor al astete o el ripalda que a golosina digna de ser ofrecida a tus aficionados. Sobre todo porque en ninguna de estos relatos has hecho sino evadirte del real problema que aqueja a tus escritos y meterlos de hoz y coz, por el contrario, en el callejón sin salida del que menester sería verlos salir.

–No. Ya no es por ahí.

Y estas virguerías formales con las que intentas coronar la fama indiscutible que te oprime no son absolutamente búsquedas reales ni bienintencionadas de solución alguna. Vira. Te lo digo de verdad.

Tanto como te reitero que escribes muy bien. Demasiado bien, sí. Llama algún día.

Un abrazo de

Carmiña.[289]

La Gaya Ciencia presenta ante la sección de ordenación editorial del Ministerio de Información y Turismo el original de «Sub rosa», que contiene los siguientes cuentos: «Garet», «Por los suelos», «Así era entonces», «Horas en apariencia vacías», «De lejos», «Una línea incompleta», «Últimas noches de un invierno húmedo», «Obiter dictum», «El demonio de la paridad» y «Sub rosa». El informe de censura es el que sigue:

Diez narraciones independientes, de tema y tratamientos muy distintos, escritas en forma excesivamente barroca, desfasada y fatigosa. Por razones morales y políticas aconsejo tachaduras en las pgs. 18, 19, 21, 32, 33, 34, 36, 37, 39, 41, 54, 56, 59, 60, 61, 67, 73, 90, 91 y 169. El resto es tolerable. Advierto que desde la p.130 a la 142 la narración se presenta escrita en inglés.

AUTORIZABLE CON TACHADURAS

Madrid, 16 de enero de 1973.

289. *Correspondencia, Carmen Martín Gaite-Juan Benet*, edición de José Teruel. Galaxia Gutenberg/Círculo de Lectores, Barcelona, 2011.

Una fecha más tarde, se añaden las observaciones manuscritas de otro lector: «Deben sostenerse las tachaduras recomendadas de lo subrayado en lápiz rojo».

Y un día después, nuevo añadido manuscrito de distinto lector: «El que suscribe no encuentra nada antimilitarista en las pag. [*sic*] 60 y 61. Es simplemente una escena normal de la fuerza, peor o mejor escrito».[290]

Benet está enfrascado en una larga novela, de riqueza y complejidad lingüística, de sintaxis difícil; es la literatura que más le gusta. Asimismo forma parte del jurado en el premio Pío Baroja de cuentos, organizado por la sociedad cultural Guretxokoa de Vera de Bidasoa. El 25 de enero se hace público el relato ganador: «Artículo sexto», de Eduardo Garrigues, ya en posesión del premio Café Gijón. El ingeniero cita en su casa al autor y le transmite las arduas deliberaciones habidas sobre el relato, en el que un recaudador de la provincia de Murcia procede al embargo de un burro famélico porque su dueño no paga los impuestos. Al llevar al animal a la delegación de Cartagena se crea un problema administrativo, pues no existe consignación presupuestaria para el gasto de alfalfa. Tampoco pueden deshacerse del asno porque es un bien público, de propiedad del Ayuntamiento, y, según la ley de Administración y Contabilidad, para enajenar un bien propiedad del Estado se necesita una ley votada en las Cortes. A Benet esa visión crítica de la burocracia le parece interesante, ve una narración diferente, por eso peleó por ella y le acabaron dando la razón.El 29 de enero, Juan Benet Goitia se dirige por escrito al Ministerio de Información y Turismo:

> Respecto a las supresiones de ciertos párrafos de mi obra titulada *Sub rosa*, aconsejadas por la Dirección General de Cultura Popular y Espectáculos, en oficio dirigido a la editorial La Gaya Ciencia con fecha 18 de enero de 1973, estimo que son de muy distinta índole y que podrían ser revisadas a la vista de las siguientes razones:
>
> *1ª*.– Los pasajes suprimidos en las páginas 21, 32, 33, 34, 36, 37, 39 y 41 –que afectan a las narraciones tituladas «Garet» y «Por los suelos»– tienen un carácter meramente descriptivo y si bien su función es hacer más expresivo el texto, su supresión no altera en esencia la índole de los relatos [...].
>
> *2ª*.– En contraste, las supresiones indicadas en las páginas 54 y 56, en el relato titulado «Así era entonces» afectan de manera esencial al tono y la sensibilidad del mismo. Tales pasajes, a mi entender, no encierran ninguna escabrosidad y su supresión destruye un clima de ingenuidad al tiempo que introduce una ambigüedad que no se concilia con la intención de la narración.

290. AGA, 73/0202689.

3ª.– De la misma manera entiendo que las supresiones de las páginas 59, 67 y 73 por su escasa importancia apenas afectan al texto titulado «Horas en apariencia vacías». Por el contrario la supresión de las páginas 60 y 61, en el mismo relato, destruyen una descripción capital para la comprensión del mismo y que, a mi entender, he llevado a cabo haciendo uso de una metáfora que preserva todo el respeto y la seriedad que merece aquella situación.

4ª.– Por último estimo que el pasaje suprimido en la página 169, del relato titulado «Últimas noches de un invierno húmedo», lo ha sido por un exceso de pudor ante la presencia de las palabras «muslos» y «órgano», éste último incorrecta y escabrosamente interpretado. Estimando que el párrafo es esencial para el final de ese relato, creo que podría autorizarse sin más que suprimir el pasaje «y entre sus muslos»y sustituir la palabra «órgano» por la palabra «anhelo» que responde a la perfección al sentido del párrafo.

Por todo ello, solicito que se reconsideren las supresiones de las páginas 54, 56, 60, 61 y 169 de mi obra *Sub rosa* [...].[291]

Un sagaz Pere Gimferrer disecciona la obra de Benet en cuatro elogiosísimas páginas de la revista mexicana *Plural* (del diario *Excélsior*), de aparición mensual, dirigida por Octavio Paz. En el trabajo titulado «Sobre Juan Benet»[292], Gimferrer sentencia que estamos ante el autor español que de modo más visible está influyendo en los nuevos novelistas, que su estilo se inscribe en una extensa tradición literaria europea y que *Una meditación* es una de las cimas de la narrativa española del siglo XX.

El día de San Valentín Benet le envía a la tan necesitada de afecto y atenciones Carmen Martín Gaite un dibujo a tinta y acuarela sobre papel (50,5 × 30 cm) que él hizo de Toledo desde el Arrabal: «Para Calila de Juan, a los 20 años de haber sido ejecutado (el dibujo)», reza la dedicatoria. El ingeniero lleva la obra «Conservación de niveles del río Tajo»,[293] que comprende edificios histórico-artísticos y obras hidráulicas. Acompañado de Diego de Llanos, van cada dos meses a Toledo a ver el transcurso de los trabajos en la Casa del Diamantista, el torreón del puente de Alcántara, los embarcaderos y los azudes que requerían reparación. Discuten si el famoso acueducto romano era un acueducto o un acueducto sifón, si tenía tres o cuatro pisos. En la muy deteriorada y ruinosa Casa del Diamantista, una joya arquitectónica a restaurar bajo la dirección de Fernando Chueca Goitia, con aspecto de

291. AGA, 73/02689.

292. *Plural*, n.º 17, febrero de 1973.

293. Testimonio de Diego de Llanos y de Alós, registrado en magnetófono el 3 de julio de 2104.

fortificación almenada y embarcadero propio junto al Tajo, descubren con horror que la puerta es de 1920.

Cena en Pisuerga, donde además de los anfitriones participan Rafael Sánchez Ferlosio, Manolo Matji y una amiga, Javier Pradera y su hijo Máximo de catorce años, quien no deja de hablar de películas del lejano Oeste, como *Horizontes de grandeza*, *Río Rojo*, *El Dorado* y *Duelo en la alta sierra*. Como a su padre, a Máximo le gustan las historias de falsos cobardes, del tipo de la novela *Las cuatro plumas*, de A. E. Mason. Ferlosio está muy locuaz, pues le gusta confrontar con Benet, y echa pestes de *Treinta y nueve escalones*, de Alfred Hitchcock, recientemente emitida por TVE.

Nueva cena el lunes 5 de marzo entre Benet, Pradera y Salinas. Juan quiere consultar con sus amigos un descubrimiento. Sostiene que la editorial Destino le está «estafando».[294] En Barcelona aseguran haber hecho una sola edición, pero por casualidad Benet observó unas erratas de imprenta que le llamaron la atención, pues recordaba haber corregido en su día las pruebas con bastante minuciosidad. Además de unas diferencias tipográficas alarmantes entre el volumen que tiene desde hace tiempo y otro que adquirió semanas atrás para regalar a una amistad. Juan le entrega a Jaime el original de «Valentín», novela de tema homoerótico de Juan Gil-Albert que éste le había prestado para escuchar su parecer. Benet es partidario de editarla porque en España constituiría una novedad temática y estilística, aunque Jaime se resiste. Y por indicación del autor, también le entrega las memorias de Carlos Barral que pretende sean publicadas en la colección *Alianza Tres*, en caso de que le gusten a Salinas. Benet reprochó a Barral que empezara su escrito demasiado tarde, ya en una relativa adolescencia, sin recuerdos de la primera infancia.

Dos días después Juan Benet escribe a José Vergés una carta «un tanto sibilina, y en la que sin querer acusarle de fraude le invitaba a que los dos diésemos de buena voluntad por cancelado el contrato que me tenía sujeto a Ediciones Destino, S.L., para todas las ediciones de mi obra. Naturalmente Vergés no entendió, o no quiso entender las insinuaciones de mi carta, y con fecha 15 de marzo del mismo año le tuve que explicar el hallazgo de la segunda impresión, ofreciéndole de nuevo el arreglo amistoso como vía de solución. Con fecha 27 de marzo, Vergés me dio unas explicaciones de las erratas, que yo estimé insuficientes e insatisfactorias, atribuyéndolas a la nueva impresión de unas pocas páginas en que yo había introducido correcciones para salir al paso de las objeciones de censura de 1967. Pero en lo que se refería a mi oferta de arreglo amistoso, mediante la cancelación de contrato,

294. *Cuando editar era una fiesta. Correspondencia privada*, Jaime Salinas. Edición de Enric Bou. Tusquets, Barcelona 2020.

nada decía hasta que, ante mi insistencia, en carta 30 de marzo reincidía en su postura, consideraba el contrato vigente, y por consiguiente me negaba todo derecho a suscribir cualquier otro sobre el mismo libro. No tenía la menor intención de soltar la presa, pero sí tiempo y palabras para sentirse 'profundamente ofendido por su desconfianza y por el bajo concepto en que me pone como editor'; si bien es cierto que ni como persona ni como editor, nunca tuve un alto concepto de él, fue a partir de entonces cuando deduje hacia Vergés una aversión que no tengo palabras para medir».[295]

En marzo se terminó de imprimir *La otra casa de Mazón*, para la editorial Seix Barral, donde el fecundo Benet, de cuarenta y seis años, con una estudiada forma y estructura, novela una sombría saga familiar con un pasado que ya nunca volverá. Se compone de cinco partes narrativas y cinco partes dramáticas y fue escrita entre 1960 y 1963. Para Rafael Conte estamos ante uno de sus libros más herméticos, ya que se trata de una metáfora airadamente faulkneriana. Afirma el crítico que la estructura de esta novela, que alterna narración y diálogo, recuerda a *Requiem for a nun*, del de New Albany. Según Eduardo Chamorro «Nos hallamos ante una obra perfectamente bella, lúcidamente irónica, densamente trágica y visceralmente cercana».[296] Los jóvenes seguidores de Benet quedan deslumbrados con la nueva novela, un texto trágico y cómico-dialogal, que presenta con cariño Gonzalo Torrente Ballester en un local del edificio Torres Blancas. Al acto asiste Carmen Martín Gaite acompañada de Manuel Matji, donde coinciden con Rafael Sánchez Ferlosio, no sin cierta tensión entre el ex matrimonio.

Benet obsequia a su colega Enrique Pérez-Galdós y a su mujer Rita Enríquez de Salamanca con un ejemplar y una enigmática dedicatoria: «Para Rita, para Enrique, en vísperas de mi internamiento definitivo. Juan». A Sarrión otro: «Para Antonio Martínez Sarrión, conocido entre los suyos como el 'brigada poeta', dedico este libro para que lo utilice e incluya entre sus procedimientos nocturnos. Juan».

«A la vista de la intransigencia de Vergés»,[297] Benet consulta con el Instituto Nacional del Libro y se asesora con un abogado amigo, quien le sugiere interponer una demanda de menor cuantía a Destino por incumplimiento de contrato y así conseguir la libertad para editar *Volverás a Región*; en abril le encarga a un letrado de Barcelona iniciar la demanda.

295. «La historia editorial y judicial de *Volverás a Región*», en *La moviola de Eurípides*, Juan Benet. Taurus, Madrid, 1981.

296. «Nuevos datos sobre una estética personal», Eduardo Chamorro. *Triunfo*, n.º 555, 19 de mayo de 1973.

297. *Ibid.*

El pub Dickens es un lugar de encuentro, al que se puede llegar solo porque siempre hay alguien de confianza a quien arrimarse. Los corrillos y el barullo ambiente son habituales, las discusiones lanzándose argumentos y los apasionamientos dialécticos forman parte del cuadro. El ingeniero es un asiduo de las veladas de General Pardiñas 71. En una de esas cháchara, con motivo de la publicación del libro colectivo *Barojiana*, el crítico literario Gustavo Fabra y el editor Jesús Munárriz elogian a Benet su escrito homónimo. Sin bajar la mirada y con una copa en la mano, el autor se pone serio, casi adusto, y con aspavientos replica: «¡Es un texto sin estilo!». Rememora Munárriz: «Nos gustaba muchísimo, cosa que le cabreaba, porque de todo lo que había publicado era lo más legible, lo más sencillo, no era benetiano».[298]

Ahora el ingeniero trabaja en la presa de escollera de la Bujeda, cerca de Bolarque, en la provincia de Guadalajara, pero no en exclusiva. En Zamora Juan Benet se cita con Jesús Cajete Baltar, representante de la empresa Iberduero, en la inmediata obra del salto de Villalcampo, ya adjudicada a MZOV. Se reúnen en el bar La Rueda hacia las cuatro o cinco de la tarde. Cuando llega Cajete está Juan Benet con un contratista llamado José Montón. Luego de la presentación y una primera charla, van paseando hasta la parte alta de la ciudad, a la glorieta de La Farola, en cuya explanada –donde se celebran las ferias y se ubica el templete de la música– está instalado el tren de la bruja. Benet comienza a juguetear con los niños que disfrutan de la diversión, hasta que se anima y reta a Jesús Cajete para que ambos suban al tren.[299] Cajete, persona de carácter que infunde respeto, se sorprende de que un señor con toda la barba al que acababa de conocer le insista tanto en subir a la atracción. Cajete al principio se resistió pero fue tal la perseverancia de Benet, que acabó aceptando. Les proporcionaron un silbato a cada uno y subieron a aquellos vagones que desaparecían en el túnel y volvían a aparecer. En el interior del túnel, un empleado la emprendía a escobazos con los pasajeros que hacían sonar sus estridentes silbatos. Repitieron el viaje, mientras el contratista Montón, apoyado en el cercado, charlaba con las madres de los críos.

Al poco tiempo, Cajete y Benet coinciden en el XI Congreso Internacional de Grandes Presas, celebrado del 11 al 15 de junio en el Palacio de Congresos y Exposiciones de Madrid, al que asisten más de mil quinientos participantes de sesenta y un países. Por iniciativa del presidente José Torán fue invitada por primera vez una delegación de la República Popular China. También concurren los amigos Alfio Martín Olarte, Diego de Llanos y de Alós, Gabino Guedán Gallar, Clemente Sáenz

298. Declaraciones de Jesús Munárriz, recogidas en magnetófono el 4 de diciembre de 2014.
299. Conversación telefónica con Jesús Cajete Baltar el 18 de noviembre de 2014.

Ridruejo, Manuel Romana Ruiz. Además del viejo conocido de Benet de los años del Porma, Mariano Palancar Penella. Tras unas palabras del director general de Obras Hidráulicas, Manuel Gómez de Pablos, y José Torán, para dar la bienvenida a los congresistas y exponer las líneas generales del acto, pronunció su discurso el ministro de Obras Públicas, Gonzalo Fernández de la Mora y finalmente el príncipe Juan Carlos declaró inaugurado el congreso. Durante las sesiones de trabajo se lleva a cabo un programa turístico-cultural para los acompañantes, generalmente esposas de los asistentes. «Las mujeres fuimos de excursión a Chinchón en autobús, comimos en un mesón, nos dieron una charla, nos enseñaron el pueblo. En la plaza había un mercado ambulante y dos señoras brasileñas que fueron a comprar ajos se perdieron. Una de ellas tenía una niña que se había quedado con nosotras y no dejaba de llorar. Nuria también estaba en ese grupo. Estuvimos buscándolas y llegamos tardísimo al cóctel de clausura, celebrado en los jardines de Cecilio Rodríguez, en El Retiro».[300]

Nuria Jordana, una mujer de extraordinaria sensibilidad, además de tener a sus hijos en el Colegio Estudio los lleva al Real Conservatorio Superior de Música de Madrid (San Bernardo 44). Nicolás toca el violonchelo, Eugenio el violín y Ramón y Juana el piano. Nuria está celosa de la relación de su marido con Rosa Regás. Tiene el ánimo minado, está insegura, se siente postergada. Es el vivo retrato de la desdicha. La casa es un desgobierno, comen en restaurantes, se producen discusiones en público con situaciones comprometidas. El matrimonio duerme en alcobas separadas. Nuria no puede más. Le falta la voluntad de vivir, decide no ver crecer más a sus hijos y determina acercarse a la muerte en una habitación del hotel Velázquez, en el número 62 de la calle homónima. En unas hojas con membrete del hotel escribe a mano ocho cartas. Una al doctor Escardó, otra a Juan, otra a la Policía, una a cada hijo y otra colectiva («Queridos cuatro hijos»). Deja instrucciones para sus descendientes y expresa: «Mi enfermedad me obliga».

Pasado un tiempo del alarmante episodio, Benet recibe en su casa a Rafael López y Consuelo Giménez, llegados de Valladolid, y les cuenta que Nuria le ha dado un gran disgusto. «No quería vivir y ha intentado desaparecer en el hotel Velázquez. Pero mejor no hablarlo»,[301] les dijo.

---

300. Declaraciones de María Luisa García Suárez, esposa de Manuel Romana Ruiz, grabadas en magnetófono el 15 de diciembre de 2015.

301. Conversación telefónica con Consuelo Giménez Sánchez el 15 de abril de 2015.

El escritor continúa con la larga novela, pero para distraerse ha iniciado otra más ligera que titula «En el estado», a la vez que trabaja en el ensayo «El ángel del Señor abandona a Tobías».

En julio se terminó de imprimir una nueva edición de tres mil ejemplares en Seix Barral de *La inspiración y el estilo*. Pese a no ser capaz de leer completo un libro suyo –le reprocha escribir para su propio deleite y egocéntrica satisfacción despreocupándose del lector–, Martín Olarte recibe de Benet un ejemplar dedicado: «Para Alfio, sin la menor pretensión de originalidad pero con verdadera pasión. Juan». Y otro el poeta Sarrión: «Para Antonio,/ con elegante si/ que afectuosa/ altivez/ Juan».

El 11 de julio Benet responde a un cuestionario que le envió Fernando Lázaro Carreter, catedrático de Lengua Española y miembro de la Real Academia. Dirigida a profesores, escritores y críticos, la consulta formula cinco preguntas: si es suficiente la atención que la Literatura recibe por parte de los españoles, si la enseñanza de la Historia de la Literatura en las aulas ha beneficiado a la Literatura de creación, qué cabe pensar de la posible supresión de esa disciplina en Educación General Básica y en algunas ramas de Filosofía y Letras, qué habría de pedirse a los profesores de Literatura y qué colaboración podría existir entre escritores y aulas literarias. Los escritores elegidos por Lázaro son Juan Benet, Buero Vallejo, Camilo José Cela, Miguel Delibes, Gloria Fuertes, Joan Fuster y José María Pemán. Benet contesta en forma de carta a todo el formulario. El conspicuo novelista no ve con malos ojos que se elimine como asignatura la Historia de la Literatura, porque de ese modo se le crearía al alumno una afición a lo prohibido. Y abunda con sarcasmo en que tampoco se enseñan en las aulas «la tauromaquia, algunos deportes y cultos, el baile popular, el bandolerismo, las romerías y meriendas campestres, etcétera».[302] Sostiene Benet que la literatura hay que enseñarla y tratar de explicarla lo menos posible. Y mucho menos seguir las reglas dictadas por la crítica.

Una noche, en la bulliciosa terraza del Dickens, el poeta y crítico Marcos Ricardo Barnatán presenta al descollante *gentleman* Juan Benet al periodista tinerfeño Juan Cruz, que está en Madrid camino de Londres. Ante el ruido callejero, Cruz pregunta «¿Antonio qué?». Benet no se lo tomó a mal. Durante la conversación el novelista asaetea a preguntas sobre Canarias al recién conocido, a quien el preguntón le parece altivo, aunque simpático.

Con la familia en Estartit, el 3 septiembre una aparentemente restablecida Nuria escribe a Juan y le cuenta que Félix de Azúa y Montse Mateu la han llevado a

302. *Una meditación sobre Juan Benet*, Francisco García Pérez. Alfaguara, Madrid, 1998.

Ampurias, en el golfo de Rosas, al yacimiento donde conviven restos de ruinas griegas y romanas. Todos esperan anhelantes la llegada de Benet.

Desde finales de septiembre hasta mediado octubre, enviado por la compañía, Benet viaja al Sahara y bordea Mauritania con otros colegas. Pasan dos días en pleno desierto, en el vacío sahariano, con un inquietante silencio. Desde allí se trasladan a El Aaiún. Sus compañeros regresaron, Juan voló a Casablanca, alquiló un coche y con la curiosidad como acompañante recorrió la cordillera del Atlas. Compró dos turbantes y una chilaba. A su paso por Las Palmas de Gran Canaria, Luis León Barreto y Juan Jesús Armas Marcelo le entrevistaron para el diario *La Provincia*. J.J. Armas había conocido a Benet meses atrás en Madrid, presentado por Carlos Barral en el hotel Suecia.

La revista mexicana *Plural* publica el cuento de Juan Benet «Horas en apariencia vacías»[303] e incluye una encuesta sobre la nueva narrativa española donde José María Castellet, Pere Gimferrer y Julián Ríos coinciden en señalar a Benet entre los fundadores de la nueva novela. Protegido por la demanda contra Destino, el 24 de octubre Benet suscribe un contrato con Alianza para la edición de *Volverás a Región* en formato de bolsillo con una tirada de quince mil ejemplares. Dos días más tarde el novelista le escribe a Herralde:

> Te agradeceré que para futuras ediciones del premio Anagrama, prescindas de mi participación como jurado del mismo. Te agradeceré también que a ser posible no le des publicidad a mi renuncia que he decidido comunicarte con antelación suficiente para que puedas encontrar un eficaz y más entusiasta sustituto [...] Juan Benet.[304]

Y el 30 de octubre el ingeniero comunica el acuerdo con Alianza a José Vergés. Tres fechas después el editor catalán le contesta negando validez a ese contrato, a la vez que escribe a José Ortega advirtiéndole y amenazando con «una situación desagradable».[305]

Nuria atraviesa una nueva crisis en la relación conyugal. Se encierra en su cuarto, se aísla del entorno. En el hogar impera el desconcierto. Cuando su suegra Teresa

303. *Plural*, n.º 25, octubre de 1973.

304. Archivo editorial Anagrama. Cortesía de Jorge Herralde.

305. «La historia editorial y judicial de *Volverás a Región*», en *La moviola de Eurípides*, Juan Benet. Taurus, Madrid, 1981.

Goitia aparece por casa, sus nietos le preguntan «¿Qué hacemos, abuela? No quiere ver a nadie».[306] Teresa les recomienda que le depositen alimentos en la puerta para que coma. El 4 de noviembre Nuria escribe a sus amigos Pau Verrié y Ana María Ainaud, su mujer, y les comunica que sufre una depresión importante, con tratamiento médico. Un día su hijo Eugenio, el menor, la ve subir a la azotea y la interpela «¿Dónde vas mamá?». «A recoger la ropa», contesta ella. «Pensé: ayer estuve en la azotea y no había ropa tendida. Subo y la veo encaramada a la barandilla, con la decisión de lanzarse al vacío. Me agarré a sus piernas y me puse a gritar como un condenado. Subieron mis hermanos, subió don Juan. Entre todos logramos bajarla a casa».[307] Tras la nueva tentativa de suicidio, Juan Benet habla con Javier Pradera y le comunica que quiere cambiar impresiones sobre la desdichada Nuria con el psiquiatra Carlos Castilla del Pino.

En Madrid llueve de manera insidiosa y regular. Francisco García Pérez, estudiante de filología hispánica en Oviedo que ha leído *Nunca llegarás a nada*, se presenta en Pisuerga 7 una tarde ya de anochecida para entrevistarse con Juan Benet, con quien se había citado por teléfono. Calado y en torno a un par de whiskies, entre otros asuntos abordan el *impeachment* de Nixon. El asturiano estudia la posibilidad de convertir en tesina de licenciatura las narraciones cortas benetianas, pero al escritor parece interesarle más la política internacional. Fuera sigue una lluvia vengativa e inclemente. A partir de ese encuentro Francisco será bautizado como El Tesinando.

Y precisamente narraciones son las que se acaban de imprimir el 11 de noviembre para La Gaya Ciencia. *Sub rosa*, título inspirado en una lectura de Tácito, es una expresión latina que indica bajo el secreto o la confidencialidad. Al finalizar las reuniones de los caballeros templarios, el más joven de los iniciados dejaba una rosa sobre la mesa ante la que habían discutido, indicando con el gesto el secreto en el que todos y cada uno de ellos habían de guardar lo dicho y oído en la sesión. El libro incluye «Garet», «Por los suelos», «Así era entonces», «Horas en apariencia vacías», «De lejos», «Una línea incompleta», «Últimas noches de un invierno húmedo», «Obiter dictum», «El demonio de la paridad» y el homónimo «Sub rosa», un relato marinero en la línea del Conrad de *Espejo del mar*. Don Valentín Basterra, capitán del *Garray*, es juzgado por su comportamiento en los trágicos sucesos que condujeron al naufragio del buque, cuando España todavía mantenía las posesiones en Cuba

306. Así lo recuerda Marisol Benet.
307. Testimonio de Eugenio Benet, registrado en casete, el 13 de marzo de 2014.

y Puerto Rico. El autor narra con maestría y fuerza expresiva, con lenguaje preciso sobre navegación, el estado de la mar y las condiciones climatológicas, un temporal después de dejar atrás el paso de Caicos y la punta oriental de Mayaguana, en las Bahamas. A Sarrión le dedica un ejemplar: «Para Antonio, el noble vate,/ subjudice y subcondicione/ no tan rosa como tomate/ Juan».

Carmiña trabaja media jornada en la editorial Salvat y ha publicado un libro de artículos de título *La búsqueda de interlocutor y otras búsquedas* que inaugura la editorial Nostromo y hace llegar a su amigo; el capítulo «La búsqueda de interlocutor» lleva en letra de molde la dedicatoria «Para Juan Benet, cuando no era famoso». La cáustica y sermoneadora Calila le escribe el 16 de noviembre y, entre otras cosas, le dice que le gustaría verle y charlar alguna noche. «Un día te llamé hace mes y pico y me dijo Nuria que estabas en África. No sabes la cantidad de veces que me acuerdo de ti; a ti nunca se te ve un detalle ni el menor amago de acercamiento, en estos últimos tiempos siempre soy yo la que intento buscarte y por Doctor Esquerdo no has vuelto a pisar. ¿Qué tal vida haces, cómo va el ánimo, y Nuria, y los Titinos?».[308]

Al otro lado del Atlántico, en su residencia limeña, Corpus Barga, encumbra a Benet en una entrevista de José Miguel Oviedo: «La novela que he leído tiene un mal título, me parece que es *Una meditación*. Pero ¡qué manera de ambientar, qué riqueza de léxico, qué laberintos y complicaciones! Me empeñé en leerlos y lo conseguí gracias a Mozart, a uno de sus conciertos para piano y orquesta, tan llanos para correr y saltar, las muchachas y el niño, lo frágil. Sé que ha escrito algo sobre Baroja. Me gustaría leerlo».[309]

En Madrid una mañana gris y fría del 20 de diciembre Juan Benet llega a la oficina con la bufanda abrazada al cuello y comenta que algo ha sucedido en la calle de Serrano, que se ha debido de hundir algo. Pablo García-Arenal le responde que no debe de ser mucho porque la tuneladora (el *topo*) de Dragados, que está construyendo la línea de metro en las Rondas, no pasa por ahí. Al cabo de unos minutos telefonean a don Pablo y le dan la noticia: han atentado contra el fierabrás Luis Carrero Blanco, Presidente del Gobierno. Para la empresa es un día importante porque empieza a funcionar el primer tramo del trasvase Tajo-Segura y llegará el agua a la presa de La Bujeda. El temerario y chismoso Hortelano se acercó a la calle de Claudio Coello para ver el foso creado por la explosión del magnicidio.

308. *Correspondencia, Carmen Martín Gaite-Juan Benet*, edición de José Teruel. Galaxia Gutenberg/Círculo de Lectores, Barcelona, 2011.

309. *Triunfo*, n.º 584, 8 de diciembre de 1973.

Aprovechando una ausencia de su marido, la quebradiza Nuria Jordana telefonea a Vicente Molina Foix,[310] de vacaciones en España porque vive en Inglaterra, y le cita en su casa; sentados en el salón le cuenta que su matrimonio naufraga, que Juan ya no la quiere aunque ella sigue enamorada de él. Molina no sabe bien qué hacer ante semejante desconsuelo, más aún siendo conocedor de las infidelidades de Benet. Tras sortear la incómoda situación con alguna que otra chanza que Nuria sigue con esfuerzo, se despiden en la puerta de Pisuerga 7. Nuria sonríe con lágrimas, quizá tiene en su mente un aserto que su esposo escribió años atrás: «Si hay una situación donde el hombre ve abrirse el infierno a sus pies, es en los celos, un abismo que se abre más sombrío, pavoroso y profundo a medida que se interna en su seno».[311]

Benet anda en otras latitudes, ensimismado en sus quehaceres. A Virginia Careaga, que no acaba de admirar su literatura, el novelista le regala un ejemplar de *Sub rosa* dedicado: «Para Virginia, en el nombre del padre. Juan». Y otro a Ridruejo: «Para Dionisio, en vísperas de otros goces quizá tan suculentos como los pasados. Juan. XII-73». El político ha publicado en Destino *Castilla la Vieja-I Santander, Burgos, Logroño*.

310. *El invitado amargo*, Vicente Molina Foix y Luis Cremades. Anagrama, Barcelona, 2014.

311. «Un extempore», en *Puerta de tierra*, Juan Benet. Seix Barral, Barcelona, 1970.

Juan Benet con Rosa Regás de visita en obra

Un receso en el XI Congreso Internacional de Grandes Presas (Madrid, junio 1973).
Cortesía de Jesús Cajete Baltar

11

DESGRACIA ANUNCIADA

VICENTE Molina Foix ha ganado el premio Barral con su novela *Busto*, pero hubo de ser anulada la presentación la tarde del atentado de Carrero. La tensión política es tal que cualquier acto puede ser considerado una provocación; así las cosas, una semana después el propio Carlos Barral descartó la rueda de prensa. Sin embargo, Jaime Salinas, director de Alianza Editorial, la tarde del viernes 4 de enero de 1974, un día intempestivo, oscuro y frío, ofrece un cóctel en honor a la novela de Molina en el Madrid viejo. Asisten la maltrecha Nuria Jordana, Carmen Martín Gaite, Lucía Bosé con su hijo Miguel, los Panero, Ignacio Gómez de Liaño y otros muchos. Benet se encuentra de viaje. La concurrencia es una mezcla del mundo de la noche con gente de las letras, que se recogió pronto para dejar a los más jaraneros empaparse de alcohol hasta bien entrada la madrugada.

El ingeniero le dedica a Sarrión su novela *Volverás a Región*: «Para Antonio, el menos agraciado de los bardos de su generación y, con mucho, el más simpático y querido por el proscrito autor de la Gesta Rhegionarum. Juan». Precisamente Antonio Martínez Sarrión, José Esteban y Jesús Munárriz han creado una revista rotulada adrede con mucha prosopopeya, *La Ilustración Poética Española e Iberoamericana*, un homenaje a los clásicos surrealistas que imitaron las grandes cabeceras de las publicaciones del siglo XIX. En su primer número publican dos poemas sin título de Juan Benet, rescatados de un cartapacio:

I

Si tiene fuerza será el principio
el otro sitial donde cierto tiempo
tras defender la causa más perdida
la ciencia maltrecha vino a descansar.
No concebía otra solución
ni esa misma en sí misma amortizada

–la mancha del vientre, el párpado
caído–
ni otra promesa que la defección.
No reaparecerá la suerte en los cristales
el alba de lo que siempre ha sido
certeza en algo que sólo anuncia
el ansia que no mide y repite.
Me preguntará
¿estableciste a tiempo tu pronóstico?
¿te dejarás llevar por la lectura?
No tendré tiempo;
no sólo he cerrado el libro a media página
sino que
no ignorando el desenlace
a todo trance escondí el final.
De forma que las yuntas araban
el castillo cerraba a media tarde
las fachadas de poniente devolvían
el anticipo a la silueta que naufragó el nuevo día:
bajo los hombros y bajo el sexo
–de cobre, de lacre, de humo, de esperma–
vino a anticiparse a la experiencia
para con las piernas llenas de agobio
contar su historia.

1970

II

Me dirás
que tiende a no saberse
lo que cierra la impostura
en cerco y túmulo, la ardiente luna es
la cuarta compañía
del regimiento Pavlovski

que oscura es su efigie
y el memento refringe
y a la dorada mansedumbre en la historia

que odió
el regimiento Volhynia

Mas si no hubiera de salir acaso
confiésalo Cartago
¿tú lo ignoras?
Mientras buscas en la historia
estéril y acosada
las voces en las puertas
del regimiento Preobrajenski

1972[312]

En el mismo mes, Benet les escribe una larga misiva conjunta, en envíos separados, a sus incondicionales Félix de Azúa y Vicente Molina Foix en la que expone su novelística:

> Que el narrador ha tratado de dar gato por liebre, es cosa de siempre. El pretexto de narrar una cosa lo utiliza con varios fines –aunque sólo sea la prueba de su capacidad para narrar como es debido– y resulta muy difícil creer que una cosa tan extensa, compleja y laboriosa como una obra literaria de cierta entidad se ejecuta tan sólo por sacar de la jaula a la fiera encerrada en la fabulación; hay siempre algo más: el deseo de apelar a un desconocido, de mover a otro a la acción, de reclamar atención para sí, de conmover a futuras generaciones, de que alguien descubra sus secretas intenciones, de encontrar por ese medio al hombre que le entienda y se compenetre con él; posibilidad que queda siempre abierta con el libro aunque muera sin haber encontrado al interlocutor porque el libro le hereda y el escritor es tan necio que concede un cierto valor a esa clase de progenie [...] el libro es un personaje enmascarado y el autor lo expone a sabiendas de que alguien avisado de la advertencia le quitará la máscara; metidos ya en ese juego cultural, lectores sucesivos advertirán que no se trata ya de aquella máscara primera e irán descubriendo otros cuerpos subescritos de los que ni siquiera el autor tenía noticia; y al paso de las generaciones y lecturas el libro será como una cebolla.[313]

El 14 de enero Benet remite una carta al número 7 de rue Antoine-Carteret, en Ginebra (Suiza), donde reside el agudo a la vez que severo poeta José Ángel Valente:

312. *La Ilustración Poética Española e Iberoamericana*, n.º 1, enero de 1974.
313. *Enemigos de lo real (Escritos sobre escritores)*, Vicente Molina Foix. Galaxia Gutenberg, Madrid, 2016.

Mi querido amigo:

Me dirijo a Vd. para solicitar una colaboración literaria con destino a la *Revista de Occidente.* Jaime Salinas, secretario de Redacción de la misma, me ha pedido la elaboración de un número íntegro de la Revista y a mí no se me ocurre otra cosa que dirigirme a las personas cuya labor literaria me merece hoy la mayor consideración. En el mismo sentido que a Vd. me he dirigido a Rafael Sánchez Ferlosio, Agustín García Calvo, Leopoldo [María] Panero, Javier Marías y Pedro Gimferrer. Si alguno de estos me falla tendré que recurrir a otros nombres y si no encuentro las colaboraciones deseadas me veré obligado a renunciar al empeño [...]

Si puedo recoger todo el material para comienzos de verano el número saldría en el otoño pero mucho le agradecería que a la mayor brevedad me comunique su decisión sobre la posibilidad de llevar a cabo esta colaboración. Mis señas son: Pisuerga, núm. 7 - Madrid-2. La colaboración será abonada a las tarifas habituales de la publicación.

Agradeciéndoselo de antemano, y en espera de la ocasión de conocerle personalmente, le saluda con todo afecto, Juan Benet.[314]

La respuesta no se hace esperar. El poeta orensano escribe el 17 de enero:

Querido amigo:

Acepto con gusto su invitación. Lo mejor sería que, cuando ya tengas la certeza de que el número de *Revista* por ti dirigido es viable, me lo comuniques. Yo te haría llegar entonces mi colaboración, sea prosa o poemas (pienso más bien en algunos poemas del material que en este momento tenga trabajando e inédito).

Un cordial abrazo.[315]

Pocos días después Benet vuelve a escribir a Valente:

Mi querido amigo:

Recibí tu carta del 17 de este mes y me complace comunicarte que las seis personas a las que me he dirigido, incluido tú, han contestado afirmativamente al proyecto del número de la *Revista de Occidente* [...] Tengo entendido que próximamente te vas a reunir con Jaime Salinas y con él podrás comentar extensamente los pormenores de esta colaboración.

---

314. Un folio mecanografiado. Cátedra de Poesía y Estética José Ángel Valente. Universidad de Santiago de Compostela.

315. *Ibid.*

Te agradezco muy sinceramente tu apoyo y en espera de podernos ver próximamente, recibe un abrazo. Juan Benet.[316]

Nuria Jordana sigue sin levantar cabeza. Está instalada en la crisis. Tiene sobrepeso, ha sufrido un evidente deterioro. Hay momentos en los que pierde el juicio. Virginia Careaga y su madre María Luisa Guzmán visitan en su domicilio a doña Nu, como le llama Virginia, y la encuentran en la cama con depresión. Madre e hija tratan de animarla. María Luisa le dice que tiene que hacer un esfuerzo para levantarse e ir a la peluquería. Virginia le propone marcharse juntas a Ibiza la próxima Semana Santa. Nuria no puede, tiene anulada la voluntad. La situación es muy delicada.

Juan trata de tener atenciones con Nuria y el 31 de enero el matrimonio viaja a París con Salinas, Azúa y Molina. En la capital francesa, bajo un fuerte aguacero, están a la espera de un taxi para ir a visitar a Italo Calvino. Benet no deja de platicar sobre los asuntos más diversos, Salinas, siempre tan *british*, está nervioso porque llegan tarde a la cita. No aparecen taxis. La lluvia les cala. Jaime se crispa a la vez que corre de esquina a esquina. Colérico le grita a Benet exigiéndole que haga algo. Éste le pregunta qué puede hacer. «¡No sé..., por lo menos ponte histérico!»,[317] le grita Jaime. Juan, impasible, alza la mano y un taxi se detiene ante ellos.

A su regreso, la noche del sábado 9 de febrero, en Pisuerga, Carmen Martín Gaite visita a los Benet y les lee parte de su novela inédita «Retahílas». Nuria, pese a sus circunstancias difíciles, se mantiene con dignidad. A Benet la lectura le «gustó mucho; y te lo digo sin rodeos, a mí me dejó bastante asombrado y mucho más complacido de lo que yo mismo esperaba. No sé si es mi vanidad sin límites la que me empuja a ser cada día más parco en los elogios y más reticente en las críticas. Pero traicionando el laconismo adquirido –un hábito más, como cualquier otro– te diré que el texto me pareció muy serio; sin duda, lo más perfecto que has hecho en ese terreno y lo que es más notable, aquel en que la dicción está perfectamente soldada con la idea», le escribe a Calila en una carta el 13 de febrero.[318]

Al cuidado del doctor Enrique Escardó, Nuria, en función de su estado de salud, pasa días en la residencia de monjas Ángeles Custodios, en la calle de Arturo Soria, con un espléndido jardín. En febrero escribe a mano una misiva a Juan, lo que

316. Cuartilla mecanografiada en Madrid, 25 de enero de 1974. Cátedra de Poesía y Estética José Ángel Valente. Universidad de Santiago de Compostela.

317. *Travesías. Memorias (1925-1955)*, Jaime Salinas. Tusquets, Barcelona, 2003.

318. *Correspondencia, Carmen Martín Gaite-Juan Benet*, edición de José Teruel. Galaxia Gutenberg/Círculo de Lectores, Barcelona, 2011.

parece una estremecedora anunciación: «Escardó dice que estoy enferma de verdad, que no soy hipócrita». Ella asegura no tener ánimo de hacer nada y padecer un «enorme vacío» dentro de sí. «La sensación de vacío se parece al dolor. Todo esto desorganiza mi cabeza». Más adelante, con palabras cargadas de emoción, Nuria declara: «Hace años creo haberte perdido. No te sirvo ya para nada [...] En casa la atmósfera es irrespirable por mi presencia». Sostiene tener una sensación de inutilidad con su vida y de haber un abismo entre ambos. «Tú tienes una existencia aparte de la mía, que guardas de mí [...] con tu silencio e incluso con la mentira». En la que será su última carta, Nuria se despide de la siguiente manera: «¿Quién puede acusar a nadie de nada?».

Entre tanto, su marido cena con el ministro de Obras Públicas, Antonio Valdés González-Roldán, está ensimismado en la novela complicada que lleva por título «Saúl ante Samuel», escribe el prólogo a la segunda edición de *Volverás a Región* para Alianza, recibe la aclamación de Eduardo Chamorro en *Triunfo* por *Sub rosa*, José Ortega le dedica un amplio estudio a su obra en *Cuadernos Hispanoamericanos*. Un Benet impotente se refugia en el trabajo y descuida lo emocional.

A las nueve y veinte de la mañana del 2 de marzo en la cárcel Modelo de Barcelona se ejecuta mediante garrote vil –método medieval– al joven anarquista de veintiséis años Salvador Puig Antich, militante del Movimiento Ibérico de Liberación, condenado por un tribunal militar. La dictadura pretende un acto ejemplarizante ante el vuelo de Carrero Blanco. Según Sarrión, a Nuria el crimen le afectó mucho por su catalanidad.

Un día después, domingo, Juan Benet y su primogénito, de dieciocho años, salen a cenar. Eligen la cafetería Select, en la avenida de Concha Espina. Una vez finalizada la cena caminan con dirección a la calle Pisuerga. Benet le confiesa a su hijo la crisis de la pareja y le dice que lo mejor es que él se vaya de casa por un tiempo. Como ha salido un proyecto de MZOV en Kuwait se marchará unos meses fuera. Le anuncia que esto mismo se lo va a explicar a su madre, Nuria. «¿Qué te parece?», le pregunta a Ramón. Durante el trayecto se encuentran con unos amigos del chico. El padre se marcha solo a casa. Cuando llegó Ramón todo estaba tranquilo. El matrimonio duerme en habitaciones separadas. A la mañana siguiente, cuando Ramón se levanta para ir a clase, en el trayecto al baño ve que su madre sube la escalera con dirección a la azotea. No dice una palabra. Los dos pequeños, Nicolás y Eugenio, están en el colegio. Juana en su cuarto. De súbito, Ramón escucha un golpe seco y abre la ventana de su cuarto, que da a Pisuerga. Ve lo que no quiere ver. Baja corriendo. El padre está en su habitación. «¡Se ha tirado!», grita el hijo. Benet se queda paralizado. Entre la doméstica y Ramón tratan de auxiliarla y la suben a su alcoba con un brazo desbaratado. Advierten que su cuerpo está roto. La tienden en la cama pero está agonizante. Llaman a una ambulancia y Juan Benet a don Pablo García-Arenal. Ramón se llevó a Juana en el autobús de la línea 51 a la Puerta del Sol y cuando volvieron Nuria ya estaba en la clínica Puerta de Hierro. A las diez horas y cuarenta minutos muere Nuria Jordana, a causa de un shock traumático. Con posterioridad, Benet le contó a su hijo Ramón que habían desayunado juntos en el comedor y tuvo la misma conversación que había mantenido con él la noche anterior. Luego Nuria se levantó de la mesa y se dirigió a la azotea.

Nuria ya había intentado en dos ocasiones acabar con su acerba existencia. Sus decepciones, sus celos minaron el proceso de desintegración de su persona. Para ella el cerco de la realidad era muy estrecho; no era feliz. Nuria se confesó a sí misma que no era feliz. Se veía impotente y no aguantaba más, quizá no se aguantara a sí misma, de ahí que dijera adiós a algo tan esencial como la vida, anticipando la muerte. «¿Qué si la viví de cerca? Una de las peores mañanas de mi vida. Me llamó Pablo García-Arenal y me contó lo que había pasado, para avisarme de que si llamaban a Benet tenía que responder yo. Yo tenía que llamar para decir que no podíamos ir. Me dijo que contara la verdad a medias: que había muerto, pero que no dijera que se había suicidado. Llamó gente: ¿Es verdad que Nuria ha muerto? No, no Juan no puede porque su mujer ha muerto. Pero al cabo de dos horas empezaron a llamar: Oye, ¿es verdad qué...? Se había corrido la verdad. Me dijo Pablo que si lo sabían no mintiera. Pasé la mañana al teléfono, una mañanita fina», [319] recuerda Diego de Llanos.

Juan García Hortelano *El Horte*, como le llama Benet, establece comunicación con Eduardo Chamorro y éste con Antonio Martínez Sarrión, *El Moderno*, así apodado dada su querencia por el *rock and roll*. A la anochecida se presenta con Manolo Matji en el domicilio familiar, donde están cenando los cuatro hijos. Después se desplazan al restaurante La Ancha, donde Juan Benet, muy desolado, cena en compañía de amigos y familiares, entre ellos Fernando Chueca. Por el local aparece muy parlanchín el cura Aguirre.

A Nuria la enterraron en el cementerio civil de Madrid, junto a La Almudena. Despedida por los amigos, el pintor Caneja cubrió el féretro con una bandera republicana. Están presentes Pablo García-Arenal, Teresa Rodríguez Mellado, Eduardo Chamorro, Félix de Azúa, Antonio Martínez Sarrión, Javier Marías, Manuel Matji, Juan García Hortelano, María Jesús Martín-Ampudia, Jesús Aguirre, Ignacio

319. Testimonio grabado en magnetófono el 3 de julio de 2014.

Gómez de Liaño, Pedro Altares y muchos otros. Una vez depositado el ataúd en el fondo del foso, alguien echó un puñado de tierra catalana.

A juzgar por algunos testimonios, el confirmar la relación de su marido con Rosa Regás, para Nuria, mujer de sensibilidad extrema, fue un golpe mortal, se vio desplazada del mundo de Juan. ¿Quiso Nuria cobrarse la venganza, con este acto? A la salida del cementerio, Goya Aguinaga esposa de Fernando Chueca, culpó en público a Juan Benet de la muerte de Nuria. Según Marisol Benet, una amiga de Nuria, la actriz Montserrat Julió, le dijo «Que Juan nunca tenga remordimientos», porque en Buenos Aires, donde ambas hacían teatro, Nuria, afectada por la separación de sus padres, ya sufrió una crisis. Pero las habladurías de los allegados parecen inevitables. Luego de la inhumación, un grupo en el que destaca Dionisio Ridruejo, se refugia en Pisuerga. Atendidos por María Luisa Guzmán, la casa se llena de amigos. Por la tarde llegó Rosa Regás para acompañar a Juan.

Benet quiere cerrar la herida y retomar la normalidad; le gusta mucho la vivienda pero no sabe si desprenderse de ella, ponerla en venta. Manolo Matji le sugiere que haga una reforma y salga de viaje. El primer fin de semana después de la tragedia, Rosa, Juan y los niñines se marchan a Llofriu, a la posesión de su hermano Oriol, que se la ofreció a Benet. Una finca muy grande con una casa transgresora en forma de piano de cola que tiene adosada una antigua masía destinada a servicios y una piscina; obra de Óscar Tusquets y Lluís Clotet, siempre estaba disponible para las amistades. Después de cinco o seis días Rosa se marchó a Barcelona y los Benet a Elizondo (Navarra) para visitar a la tía Flora, interna en una residencia. De vuelta a Madrid, los dos mayores, Ramón y Nicolás, una vez por semana comen en casa de Manolo Matji un cocido que les hace su mujer, Charo González.

Pasada la tempestad, Juan Benet escribe a su primo Fernando Chueca una carta en la que le ruega a su esposa Goya que se retracte de las palabras manifestadas en el cementerio. Fernando no le enseñó la misiva a Goya y Juan cortó radicalmente la relación con el matrimonio Chueca. Con mucho dolor, rompió con su primo que era casi un hermano. A Juan, la casa se le cae encima por la falta de orden doméstico. Sin embargo, el 22 de marzo Nicolás Benet cumple catorce años y su padre lo celebra en el domicilio familiar con sus amigos Sarrión, Hortelano, Salinas y otros.

En abril el ingeniero redacta «Notas para posible contribución al symposium de túneles» y le entrega una copia a Emilio Cuevas Yagüe, ayudante de obras públicas, con la siguiente anotación: »Se ruegan comentarios escritos y verbales».

Benet arrastra un gran sentimiento de culpa, se encuentra mal. Ante semejante estado, Virginia Careaga viaja en tren desde Huelva para arroparle a él y los niñines.

Benet ni sabe ni quiere estar solo, no está equipado para conjurar la soledad. En Zarzalejo Virginia les prepara comidas, leen juntos, hacen *collages* eróticos. Benet traza a lápiz *Virginia y Nicolás escuchando a R. Strauss* en papel de 31,5 × 22 cm. Al detectar en su hijo Eugenio ciertas dotes para el dibujo, Juan le enseña los principios de la perspectiva cónica y le anima a dedicarse a la pintura.

Como la parte de abajo de la casa de Pisuerga va a ser reformada (la cocina tendrá un mostrador abierto y se comunicará con el comedor por un ventanuco), Virginia elige un mármol veteado para la mesa donde comer, que le encarga Benet. Ella utiliza la habitación de Nuria, aunque nadie quiere hacerlo. Doña Teresa Goitia se empeña en que Virginia quiere casarse con Juan y suplantar a Nuria. La tensión es grande. Benet defiende a su amiga, pero Virginia se acaba marchando de Pisuerga. Con Rosa Regás, Juan se ve todas las semanas y viajan una o dos veces al mes, además de los de obligado compromiso por la profesión.

A Benet no le queda otra que retomar la rutina. Desde el salto de Villalcampo (Zamora), obra de MZOV para Iberduero, el 25 de abril el ingeniero viaja con sus compañeros Alfio Martín Olarte y Emilio Cuevas a la limítrofe Braganza, donde por la radio se enteran del levantamiento militar contra la dictadura de Salazar. Juan Benet también trabaja en el túnel de acceso a la mina de lignitos de Andorra, en la provincia de Teruel, y en una excavación para la central nuclear de Sayago, en Zamora.

El miércoles 8 de mayo llegan a Madrid Octavio Paz y la francesa Marie Jo Tramini, segunda mujer del poeta. Con Jaime Salinas se ven a diario y los pasea por la capital. Paz no había vuelto a España desde el trienio del drama civil. La mañana del sábado 11 de mayo, soleada de cielos límpidos, en San Lorenzo de El Escorial recorren la mole herreriana y los aposentos de Felipe II. Salinas se ha citado en el hotel Miranda con Benet, Chamorro y Sarrión. Luego de los cumplidos e iniciales intercambios de expresiones –Benet y Paz es la primera vez que se ven–, invitados por Juan, se acercan a Zarzalejo en dos vehículos. La cuñada de Juan, Rafaela de Buen, residente en Chile y temporalmente en Madrid para ayudar al viudo, les tiene preparado un pisco exquisito que toman delante de la casa. Después de un alto ante la biblioteca sobre temática militar se dirigen hacia el comedor, con la chimenea encendida, donde les esperan unos suculentos riñones. Rafaela platica en francés con Marie Jo. Durante el almuerzo conversan sobre Alejo Carpentier, Juan Rulfo y la revolución mexicana, y salen a relucir dos novelas: *Los de abajo*, de Mariano Azuela, y *Se llevaron el cañón para Bachimba*, de Rafael F. Muñoz.[320] Quien fuera embajador conoce muy bien los buenos modales y, con innegociable admiración, les habla de su amistad con Luis Cernuda. Tras la sobremesa, en la finca, los niñines juegan al croquet con Jaime Salinas. Cuando declina la tarde viajan a Ávila, ciudad que no pudo conocer Paz en la Guerra por encontrarse en el otro lado del frente. Tras cenar en un mesón unas chuletillas y ternera de la zona, todos regresan a Madrid. En el coche de Salinas el poeta Sarrión enciende un canuto y se lo pasa al mexicano, pero no le gustó, le pareció poco aromático. Paz ya había abandonado años atrás ese tipo de placeres. Marie-José observa prudente.

Por motivos laborales, en mayo Benet viaja tres días a México D.F. y se hospeda en el hotel Sheraton María Isabel, en el paseo de la Reforma 325. Pese a que asegura no interesarle la vida de un escritor, a menos que haya algo en ella que la haga atrayente, en su maleta lleva los dos gruesos volúmenes de la biografía de William Faulkner de Joseph Blotner, que acaba de editarse en Estados Unidos. Durante la estancia Danubio Torres Fierro, acompañado por el autor español José de la Colina, afincado en México, entrevista a Juan Benet para el suplemento *Diorama de la Cultura* del diario *Excélsior*.

El 21 de mayo, en el Ateneo de La Laguna, en Santa Cruz de Tenerife, se falla el II Premio Canarias de Novela. La obra ganadora es *Las lecciones suspendidas*, de Félix de Azúa. El jurado lo formaron Jorge Edwards, José María Castellet, Mario Vargas Llosa, Juan Benet, J.J. Armas Marcelo, Alfonso Armas y José Esteban.

Revista de Occidente publica «Breve historia de *Volverás a Región*».[321] Se trata del prólogo escrito por Benet ese febrero para una nueva edición de Alianza, donde cuenta las vicisitudes de la novela desde su ideación.

María Luisa Guzmán le dice a Benet que ha de adquirir un televisor para que los niñines se entretengan. Nuria nunca quiso semejante aparato, pero sus hijos seguían las series en boga –*Viaje al fondo del mar*, *Los Intocables*– en las casas de los familiares. Cuando se celebra la Copa Mundial de Fútbol en la República Federal de Alemania, entre el 13 de junio y el 7 de julio, en el dormitorio grande de la planta superior queda emplazado un receptor de televisión. El técnico ha de instalar la antena en la azotea, lugar tabú desde la muerte de Nuria. Virginia y los chicos suben con el operario para ver su colocación. Una manera de exorcizar aquel sitio. Y Benet continúa de pertinaz viajero.

320. «Una jornada perfecta con Octavio Paz», Eduardo Chamorro. *Triunfo*, n.º 610, 8 de junio de 1974.
321. *Revista de Occidente*, n.º 134, mayo de 1974.

El miércoles 12 de junio por la noche Jaime Salinas, Claudio Guillén, Juan Benet y Rosa Regás viajan a Lisboa para entrevistarse con intelectuales locales y ver cómo es el Portugal de la Revolución de los Claveles. Tuvieron un encuentro por separado con Maria Teresa Horta, Maria Isabel Barreno y Maria Velho da Costa, conocidas como las tres *Marías*, escritoras y activas feministas lisboetas peleadas entre sí. En opinión de Salinas, Horta es la menos interesante, «Barreno, guapa, pesetera y la menos brillante»[322] y Da Costa, la mayor, quien les recibió en su domicilio, es la más sólida, la más inteligente y la políticamente más comprometida. En su casa la acompañaba Carlos da Veiga Ferreira, un joven barbado, agudo y gran lector crítico y futuro editor. La primera noche cenan con Nuno Portas, secretario de Estado de Habitação e Urbanismo del Gobierno provisional, un arquitecto amigo de Rosa Regás, que les citó en una tasca del barrio de Alfama. Luego de pasear por sus callejas se sentaron en la terraza de un cafetín donde les expone los serios problemas que se les avecinan.

Por razones profesionales, Juan Benet viaja a Lausana pero se detiene en Ginebra para visitar a José Ángel Valente en el número 7 de rue Antoine Carteret. Ausente la familia del poeta, en el cuarto piso, mientras conversan ante unas copas interminables, la gata negra *Fátima* juguetea con Benet; a grandes carreras por la casa vacía, salta a su cabeza.[323] Hablan de España, de Luis Martín-Santos, de Paco Benet, de su relación con María Zambrano por la que Juan no muestra gran simpatía... Poeta y prosista hacen buenas migas en ese encuentro largo y caudaloso.

En julio *Umbral*, boletín del Club Antiguos Alumnos del Instituto Nuestra Señora de Guadalupe, publica una entrevista con Juan Benet. En su casa, el escritor respondió a una batería de preguntas del joven José Luis Gallero, quien tenía la idea de estar ante una persona compleja y poco accesible, lo que el novelista le desmintió con rotundidad. Tan abordable y transigente resultó que se sometió a algunas cuestiones arbitrarias como: ¿Piensa que un hombre feliz puede ser un artista eminente? ¿Es usted feliz?, a lo que el escritor respondió: «Lo que no sé es si soy un artista eminente... ¿Feliz?... No, no. No lo soy... Pero esa historia de que el artista eminente no puede ser feliz, es una herencia del romanticismo, y concretamente del romanticismo alemán». A la interpelación ¿En qué cree, ante todo, contra todo, sobre todo?, Benet contestó: «No creo en muchas cosas... A un cura que conocíamos donde vivía

322. *Cuando editar era una fiesta. Correspondencia privada*, Jaime Salinas. Edición de Enric Bou. Tusquets, Barcelona, 2020.
323. «Con cáustica ternura», José Ángel Valente. *Abc*, 6 de enero de 1993.

mi madre, le preguntaban eso y respondía: 'En lo que yo creo sobre todo es en el bicarbonato'. Creo en pocas cosas. Que no se va a morir Franco, o algo así».[324]

Precisamente el 9 de julio Franco ingresa en la ciudad sanitaria que lleva su nombre para ser tratado de una flebitis en la pierna derecha. Toda España está pendiente del televisor y de los titulares de los periódicos. Cunde una perceptible sensación de zozobra.

Para Octavio Paz el nombre de Juan Benet es muy a tener en consideración. Desde México, el día 24 Paz le escribe a Gimferrer y, entre otras cosas, le dice que si la editorial Labor se interesase en imprimir la revista *Plural* en España constituiría un consejo de redacción y les pediría «a ti, Julián [Ríos], [José María] Castellet, [Juan] Benet y [Carlos] Barral que formasen ese consejo. Pero esta posibilidad es muy *remota.* ¡A lo mejor yo me iría también a España! Digo también porque preveo una gran emigración intelectual hispanoamericana hacia España con la muerte de Franco y por la situación hispanoamericana. Este continente arde o se hunde: el incendio y/o el fango».[325]

En verano los hijos de Juan Benet viajan de excursión con los de Rosa Regás. Él frecuenta la vida nocturna y acude a los locales habituales siempre acompañado de un buen whisky y de su incondicional Eduardo Chamorro. O se dedica a pintar: *Octubre de 1944. La fuerza central japonesa apareja en Brunei (plan Sho-i)*, óleo sobre tela (55 × 33 cm) de sobriedad cromática. A Francisco Regueiro, que asiste de manera esporádica a Pisuerga y a las cenas de La Ancha de la mano de Chamorro, no le gustan sus cuadros y así se lo hace saber a Benet, lo que le deja desconcertado. En su tiempo de lectura está sumido en las páginas de *La caída de Constantinopla*, del insigne medievalista Steven Runciman, en la traducción al castellano de Victorio Peral Domínguez, que le tiene absolutamente deslumbrado. La casa está en obras por reforma.

El miércoles 14 de agosto, durante su ausencia, Benet comprueba a su regreso que alguien ajeno a la familia había entrado en casa por la puerta del garaje, sin protección por las obras. Las habitaciones aparecieron en completo desorden, con los cajones revueltos y volcado en el suelo su contenido; además de apreciar huellas de perro, Juan echa en falta la cantidad de cincuenta mil pesetas en moneda extranjera, cheques, dos relojes y diversas joyas de Nuria, por valor de unas cien mil pesetas, que guardaba en un cajón cerrado con llave y que ha sido forzado. Con el consiguiente disgusto, Benet presenta denuncia en la Comisaría de Chamartín.

Virginia Careaga se ha instalado temporalmente en Sigüenza (Guadalajara). La tarde del viernes 23 de agosto en el Jaguar de Benet viajan hasta allí Ignacio Gómez

324. *Umbral*, n.º 8, julio de 1974.
325. *Memorias y palabras. Cartas a Pere Gimferrer 1966-1997*, Octavio Paz. Seix Barral, Barcelona, 1999.

de Liaño, Álvaro de la Riva (padrastro de Virginia Careaga) y Nicole, una morenita francesa de origen senegalés apodada por Benet la Madenbasi, su amiga. En la parte de atrás Álvaro e Ignacio no paran de charlar. A la vez que conduce, Juan toma copas de licor y pepinillos que le prepara Nicole. Alegre, Benet canta *El Reloj*: «Reloj no marques las horas [...] haz de esta noche perpetua» y la repite obsesivamente. A medida que transcurren los kilómetros Benet se va agriando y la emprende con Liaño y con Nicole. «Respondo a todos sus envites y embestidas. Cenamos en Sigüenza. Durante la cena Benet llegó a insultar a Nicole, lo que me obligó a salir en su defensa, pues la conducta del primero era ignominiosa. La patrona de la pensión, refiriéndose a Benet, se niega a acoger en su establecimiento a 'gente *mareada*'. En efecto, Benet había agarrado una trompa de malos amigos y había caído en una embriaguez infernal»,[326] escribe Ignacio. Acto seguido, el achispado Juan, con autoridad etílica, decide que quiere ir a Alcolea del Pinar. Duermen en Alcolea y al día siguiente, ya de mejor humor e ingenioso, van al embalse de Pálmaces y en un riachuelo de agua fría hacen «baño de partes, pulsos y tobillos» (en expresión benetiana); tras un picnic viajan al Monasterio de Piedra, que exploran detenidamente. El domingo, durante el trayecto camino de Atienza, Liaño y Benet componen al alimón un largo poema, que cuidadosamente transcribe Virginia: «Nueve veces dijeron que caíste, nueve veces dijeron que te erguiste». Una vez en Sigüenza se despidieron colocados de canutos. Virginia e Ignacio se quedaron y Álvaro, Nicole y Juan regresaron a Madrid.

Emilio Martínez-Lázaro visita a Benet en Pisuerga porque le gusta mucho su cuento «Baalbec, una mancha» y tiene interés en llevarlo al cine. Benet le habla de las ruinas de una familia, los Benzal, a través de la memoria del más pequeño de sus miembros. Baalbec es la combinación entre Balbec, la villa imaginaria de Proust en su obra magna *En busca del tiempo perdido*, y las ruinas de Baalbek (Líbano). Pero Juan no se encuentra bien, todavía no se ha librado de la sacudida que le propinó la muerte de Nuria.

«La primera vez que aceptó dar una conferencia en la Escuela de Caminos, no recuerdo cuál era el tema, yo estaba allí. Ya habían pasado unos cuantos meses, quizá en octubre o noviembre. Alguien me contó que era la primera vez que iba a salir del duelo. Y lo que pasó fue que llegó allí, al salón verde, se subió al estrado, se sentó en la mesa... Podía haber casi cien personas. Fue a hablar, fue a hablar, fue a hablar... No podía pronunciar palabra. Y ahí acabó el acto»,[327] recuerda Manuel Romana.

---

326. *En la red del tiempo 1972 1977. Diario personal*, Ignacio Gómez de Liaño. Siruela, Madrid, 2013.
327. Testimonio registrado el 15 de diciembre de 2015.

Leída con detenimiento la novela *Retahílas*, el 8 de noviembre, Benet escribe a Calila para comunicarle sus impresiones y le expone ciertas objeciones, como la poca extensión, el carácter coloquial del estilo o el tratamiento simple de la soledad; en suma, cree que le ha salido una novela díptica, en vez de redonda.

Cinco días después, en Pisuerga, por la tarde se encuentran Virginia Careaga, Ignacio Gómez de Liaño y Juan Benet. Virginia citó a Ignacio en el domicilio de Juan, donde comparten mantel con las ocurrencias del anfitrión. Después de cenar llevan a Virginia a la estación, porque partirá a Barcelona para reunirse con Félix de Azúa, Fernando Savater y Víctor Gómez Pin, que viajarán a París. Liaño le entrega a Virginia un ejemplar de su *Giordano Bruno: Mundo, magia, memoria* para Víctor. A Juan le promete otro que se lo enviará por correo. El ingeniero ha de viajar a Bilbao, por una obra para construir una autopista.

Doña Teresa Goitia está asentada en la residencia Santa María del Monte Carmelo (Ayala 35), muy próxima al despacho de su hijo. Juan quiso llevarla a vivir con él, su hija Marisol quiso comprarle un piso cerca de ella, pero La Madre,[328] muy independiente, prefirió la residencia, que dirige un conocido suyo.

Marisol y Calila pasan una vez por semana por Pisuerga 7 para ver si los niñines necesitan algo. Con motivo del cumpleaños de Eugenio, el 18 de noviembre, le llevan un balón y coinciden con Rosa Regás y Juan Benet, arrellanados en el sofá de parloteo. Es el primer encuentro entre Marisol y Rosa. Carmiña, muy atraída por Juan, no ve con buenos esa relación.

Al volante del Jaguar y aprovechando el fin de semana, Juan Benet viaja con Virginia Careaga y Txaro Santoro a Altea, donde se han dado cita con Álvaro de la Riva. Virginia quiere alquilar la parte de arriba de una casa de campo a unos naranjeros en El Albir, en la localidad alicantina de Alfaz del Pi. Txaro, madre de dos hijos, tras sufrir un aparatoso accidente de coche quedó lisiada de piernas y cadera y está en trámite de separación, lo que no le impide compartir varios canutos con sus compañeros de viaje. Atraviesan las planicies manchegas y hacen una parada técnica en Belmonte, en un lugar donde hay varios pavos sueltos. Llevan tal colocón de hachís que al ver las aves les da un irrefrenable ataque de risa. Juan hace sonar el claxon y los pavos, de plumaje de gran tamaño, profieren graznidos y mueven su papada rojiza. Los tres ríen un largo rato. ¡Ahora!, vocifera Juan. Toca el claxon y vuelven a graznar. Nuevas carcajadas. Tras la situación hilarante emprenden el camino y al llegar a Altea recogen al padrastro de Virginia para desplazarse a Benidorm a cenar. Luego de degustar unos buenos lenguados, invitados por Benet, se van de copas.

328. Así llamaba Benet a doña Teresa Goitia.

Mientras las chicas bailan, Juan y Álvaro, acodados en la barra, no quitan ojo a una espectacular joven nórdica, de rubios cabellos. Los dos, embobados mientras ella se contornea en la pista, resoplan y exclaman «¡Qué barbaridad!».[329]

Del 4 al 6 de diciembre se celebra el I Simposio Nacional sobre Túneles en la Escuela de Ingenieros de Caminos de Madrid en el que participa Juan Benet con la comunicación «El panorama actual en las relaciones contractuales en la construcción de túneles en España y su posible desarrollo futuro». Su amigo y colega Felipe Mendaña recuerda aquella intervención: «La gente estaba muy expectante con él porque se le tenía veneración. A algunos de la Administración no les sentó muy bien su discurso. Decía que para hacer un túnel primero hay que tener un gran espíritu, que se disponga de un gran equipo y en cuanto al propietario, lo que tiene que hacer es decirnos dónde quiere que emboquillemos el túnel y dónde quiere que salgamos, bueno aproximadamente. Eran coñas de Juan. Ese *aproximadamente* fue muy comentado. Y luego que se despreocupe porque ya se le informará de las cosas fundamentales. Ah, y muy importante: que tenga dinero, porque los túneles cuestan. Esa era un poco la filosofía adornada».[330]

En estos días fríos, la editorial Alianza en la colección *Libro de Bolsillo* tira diez mil ejemplares de *Volverás a Región*, al precio de venta de ciento sesenta pesetas.[331] A Virginia le ha dedicado uno de los primeros: «Y en cuanto a Virginia, su ilusoria confianza no conocía el invierno y en sus más ardientes y secos estiajes sabía cultivar, a la sombra de higueras y acebuches, los frutos más azucarados del olvido. Juan. Nov. 74». Y su estimado Dionisio tiene en la calle *Castilla la Vieja-II Soria, Segovia, Ávila.*

El domingo 8 de diciembre Alicia Gimeno, una rubita de pelo ensortijado, con veinticuatro años y licenciada en Filosofía y Letras, le comenta a su madre: «Qué tipo tan interesante». Están en el aeropuerto de Barajas procedentes de Barcelona. El tipo es alto de pelo cano y vestido como un *gentleman.* Es Juan Benet, pero ellas no lo saben. Un día después, Alicia se cita con su amiga y compañera de Facultad Teresa Bordón para asistir a una exposición de Francisco Regueiro, en la galería Península (Ortega y Gasset 21), apadrinada por José María Moreno Galván. La casualidad hace que en aquella pequeña sala aparezca Benet. El novelista se aproxima a un cuadro y lo palpa; le pregunta a Regueiro: «¿Esto es óleo, no?». A lo que el autor replica: «¡Que no coño, es Titanlux!». Se estableció una pequeña discusión. «Me acuerdo que yo agarré un bote de pintura de mi mujer, Teresa Viloria, que estaba

329. Testimonio de Txaro Santoro, grabado en magnetófono el 10 de marzo de 2016.
330. Declaraciones de Felipe Mendaña Saavedra, registrada en casete el 4 de septiembre de 2014.
331. AGA, 73/04481.

pintando una puerta y olía de forma penetrante –que coloca– y me puse a pintar la carne, la carne de *Ven, ven, Lucifer*: el animal abierto, las vísceras. Esto viene de Rembrandt, de Bacon. Pero yo no conocía los cuadros de Bacon».[332] Alicia le observa y le comenta a su amiga que es el mismo tipo con el que se cruzó el día anterior en el aeropuerto de Barajas. Armada de valor, Alicia le dice a Teresa que se lo va a presentar. Se acercan a Juan y cuando Alicia va a hacer las presentaciones se aproxima una pareja presente en la sala, Eduardo Chamorro y Mercedes (conocida familiarmente como Peche) García-Arenal, también compañera de Facultad. Alicia le pregunta si se conocen y Mercedes le explica que Juan es un buen amigo de su padre, don Pablo. Tras mucha cháchara salen de la galería y después de algunas copas el grupo queda reducido a Chamorro, Benet y Alicia. Eduardo les lleva a su casa y les dan las tantas fumando canutos.

Con posterioridad don Juan desplegó todas sus dotes de seducción e inició un romance con Alicia, que vivía con su madre en Serrano 87. A los pocos días, en navidades, Benet y sus cuatro hijos se marchan de viaje con Rosa Regás a la malagueña Churriana, a La Tosca, donde están su cuñada Leila, ahora casada con Reza, un arquitecto iraní, y sus sobrinos Juan Manuel y Alejandro. El 23 de diciembre Benet le envía una tarjeta postal a Alicia desde Antequera, en la que le dice que no deja de acordarse de ella y le advierte de desconocer lo que se le viene encima. Visitan a Gerald Brenan en Alhaurín el Grande y en Churriana deciden cruzar en dos coches a Marruecos para recorrer distintas ciudades del norte, entre ellas Tánger, Tetuán, Chauen.

Alicia pasa muchas horas en Pisuerga y en Zarzalejo, donde siempre hay amigos. Benet le regala sus obras dedicadas: *Un viaje de invierno* (1972): «Para la única Alicia que hay en mi pobre existencia. Juan»; *Una meditación* (1969): «Para Alicia, my hope and my need and joy and sorrow and stillness and spasm [mi esperanza y mi necesidad y alegría y tristeza y tranquilidad y angustia]. Juan»; *La inspiración y el estilo* (1973): «Para Alicia / tenderly. Juan»; *Una tumba* (1971): «For Alicia, in the full glade of the passion [En todo el resplandor de la pasión]. Juan. P.S.: Con eso queda absolutamente claro que la quiero (de manera discreta pero perentoria)». Benet le pide matrimonio a Alicia en reiteradas ocasiones, incluso por teléfono.[333] Además le dice que si tienen un hijo le pondrán de nombre Silvestre. Ella, siguiéndole la chanza, le dice que tiene que formalizarlo y pedir su mano a la madre, pero para ello ha de ir al domicilio familiar vestido de riguroso azul marino, exigencias que cumplió.

332. Testimonio de Francisco Regueiro, registrado en magnetófono el 24 de junio de 2014.
333. En conversación con Alicia Gimeno el 30 de septiembre de 2015.

Los tres tomaron un whisky, pero al día siguiente la madre le preguntó a Alicia si aquello fue una broma o iba en serio.

Al caer la tarde del domingo 15 de diciembre Jaime Salinas visita a Benet, convaleciente de una gripe. Según Jaime, Juan está malhumorado porque ha invadido su casa una tropa de desconocidos, encabezada por Virginia Careaga, que salió en el momento de entrar Jaime. Una vez tranquilizado, Benet charla plácidamente con Salinas, que ha dimitido como secretario de *Revista de Occidente*.

Juan Benet y Eduardo Chamorro. Cortesía de Rocío Martínez

Juan Benet con Antonio Martínez Sarrión. Cortesía de Graciela Paoletti

12

SIN DIONISIO

EL DOMINGO 12 de enero de 1975 Jaime Salinas escribe una carta explicativa sobre su dimisión a *Cambio16* y otra a *Revista de Occidente*. Para su tranquilidad estilística y gramatical se las somete a examen al escritor, traductor y editor Eduardo Naval, luego a Juan García Hortelano y finalmente a Juan Benet, quienes hacen algún retoque de carácter retórico «elemento esencial de estilística epistolar castellana»,[334] según Salinas. Tres días después TVE, en la segunda cadena (UHF) a las once de la noche, dentro del espacio *Escritores de hoy*, emite la obra *Obiter dictum*, basada en el cuento homónimo de Juan Benet, y realizada por Alfredo Castellón, con una duración de veinticinco minutos.

Sabedora de la relación intermitente y a distancia con Rosa Regás, una enamorada Alicia Gimeno, a punto de cumplir veinticinco años, resuelve instalarse en Pisuerga con Juan y sus cuatro niñines. Benet le pide que le explique a su hija Juana en qué consiste la menstruación, pero Alicia se siente abrumada por la responsabilidad de tener de compañero a un viudo con cuatro hijos, y a los pocos días huye despavorida de la casa, de la ciudad y de España. Decide marcharse a Londres para romper con todo e iniciar una nueva vida, además de aprender el idioma. Fuga hacia adelante.

El sábado 18 de enero Benet llama a Salinas para invitarle a pasar el fin de semana en Zarzalejo en compañía de Rosa Regás y los «cuatro Benetitos», así llama Jaime los hijos. En los escaparates de las librerías se muestra la obra póstuma de Luis Martín-Santos, *Tiempo de destrucción*.

El 27 de enero Juan Benet viaja en compañía de Alberto Machimbarrena a Ginebra, pasan por Lausana, Zúrich, Sankt Moritz y Sils-Maria, región alpina en Alta Engadina de aire hialino, donde visitan la casa en la que Nietzsche, atormentado por las migrañas, pasó siete veranos consecutivos desde 1879; en el modesto cuartito, ascético, de cama estrecha, mesa rústica, silla y jofaina, concibió libros importantes como

334. Carta de Jaime Salinas a Gðudbergur Bergsson, 15 de enero de 1975.

La gaya ciencia. El 2 de febrero suben al avión en Zúrich y regresan a Madrid, desde donde, el 7 de febrero, Juan escribe a mano a Virginia Careaga, asentada en El Albir:

> Querida Virginia, supongo que en ese retiro que te has buscado lo más difícil de soportar será la falta de placidez. No porque la casa sea fría, el clima más inhóspito de lo esperado y la soledad menos llevadera. Sino sobre todo porque esa placidez no la buscas ni te interesa por el momento, ávida de Schellings y Renouviers [...] He estado en Suiza y la semana que viene iré a Berlín a pronunciar una conferencia sobre literatura extravagante; no es mi ánimo enseñar nada; tan sólo ir a Berlín y cobrar los 250 DM que me adjudican. Ya sabes que yo no tengo excesivo ni reverencial respeto por el jerry. Y además voy a buscar el *Streichtrio B olur* [sí mayor] del buen Franz [Schubert], que he perdido. De Suiza me he traído *Lazarus*, un oratorio que desconocía y cuya première me he proporcionado anteayer. Hay unos stacattos en forma de polvo y cuando el resurrecto canta se siente con tanta precisión que está todavía en medio de las tinieblas, que ha comprendido que lo ha estado y lo estará siempre. He reanudado la escritura con cierta intensidad y dado que los amigos no vienen a casa tanto como hace un par de meses y a pesar de que en las próximas semanas voy a tener que viajar bastante estoy progresando a mi satisfacción: de seguir así para 1977 acabaré una obra bastante importante,[335] aunque por el momento no es más que un amasijo de frases. Así cumplidos los 50 me podré retirar con la inquietud del deber cumplido y el haber en el aire. Aquí va a pasar algo: ojalá que así sea. Parece que todo el país está con la respiración contenida. No seas sensata pero no hagas tonterías. Hasta muy pronto, muchos besos. Juan.

El grafómano Benet, en un rato perdido en la oficina, el 11 de febrero se sienta frente a la máquina y escribe un folio que le regala a su colega Javier Rodríguez Ibrán: «*EL DECÁLOGO DE LA SALUD*» con «los 10 mandamientos que el profeta JUAN BENET ha recibido desde el más allá y cuya observancia permitirá al feligrés gozar de una larga salud sin flaquezas y pasar a la muerte sin grandes sobresaltos». Por ejemplo: «Hacer excesos de todo orden por lo menos una vez al mes [...] Llevar una vida sexual muy desorganizada [...] De vez en cuando, no menos de una vez al año, hacer algo que dé miedo».

En un alarde de audacia, Emilio Martínez-Lázaro ha condensado en sesenta minutos el cuento de Benet y rueda en la sierra pobre de Madrid su guion de *Baalbec*,

335. La novela que prepara es *En el estado*.

una mancha, para el espacio de TVE *Cuentos y leyendas*. Un grupo de ingenieros, entre los que están Juan Benet y Clemente Sáenz Ridruejo, le proponen a José Antonio Fernández Ordóñez, presidente del Colegio Nacional de Ingenieros de Caminos, Canales y Puertos, crear la colección *Ciencias, Humanidades e Ingeniería*, una serie «de textos de carácter cultural y humanístico cuyas materias estén sólo indirectamente relacionadas con el campo de actividad del Ingeniero».[336] En México aparece el relato «Amor vacui»[337] de Benet.

Un día después de llegar con Rosa Regás, el 13 de febrero Benet pronuncia la conferencia «Una época troyana» en la Freie Universität de Berlín, dentro del ciclo «Producción Literaria en la España actual». Tras pasar un par de jornadas en Múnich, la pareja llega a Barcelona el 17.

Benet se convierte en interés noticiable hasta para el monopolio audiovisual. A primeros de marzo hace unas breves declaraciones en el *magazine* dominical *Telerevista*, de la segunda cadena de TVE. Con Félix de Azúa asiste al estreno de *Duerme, duerme, mi amor* de Regueiro, en el madrileño Universal Cinema (plaza de Roma 17). En plena fiebre de destape, a través del esperpento, el humor corrosivo y el absurdo, el director expone su sentido negro de la realidad. Frente a la amargura de la existencia, reivindica dormir, soñar. «Azúa salió indignado y trató de hacer una crítica con las palabras precisas. Benet le dijo: 'No tienes ni puta idea. Cállate la boca'. Aprovechaba cualquier momento para hacerles el examen a sus monaguillos y ellos le tenían adoración. Riéndose, porque era una película de mucho humor, Juan se acercó a mí muy contento de que el cine mesetario le estuviera dando en las narices a los catalanes, a la cultura, a Carlos Barral... Entendía mis cosas mejor que nadie».[338]

En la librería El Brocense (Fernández de los Ríos 95) el 15 de abril se presenta el libro de Ridruejo *Castilla la Vieja-II Soria, Segovia, Ávila*, con asistencia de un centenar de participantes. Arrancó el acto el editor José Vergés con unas breves palabras para dar paso a Camilo José Cela, que saludó la aparición de la obra. Dionisio respondió con emocionadas expresiones de agradecimiento. Poco después, organizado por diversos intelectuales españoles, se celebra una cena homenaje al ex divisionario en el hotel Mindanao (San Francisco de Sales 15), a la que asisten más de quinientas

336. «Colección de Ciencias, Humanidades e Ingeniería (CHI)», en *Si yo fuera presidente. La hidráulica como solución a las necesidades hídricas*, Juan Benet. Colegio de Ingenieros de Caminos, Canales y Puertos. Demarcación de Murcia, 2009.

337. *Plural*, n.º 41.

338. Testimonio de Francisco Regueiro, registrado en magnetófono el 24 de junio de 2014.

personas. En la mesa presidencial, acompañando al homenajeado, están el cardiólogo Francisco Vega Díaz, Pedro Laín Entralgo, Camilo José Cela, Jesús Prados Arrarte, Eduardo García Enterría, Fernando Álvarez Miranda, Paulino Garagorri, Julián Marías, Eurico de la Peña y Manuel García López. También están presentes Fernando Chueca Goitia, Juan Benet, Luis Carandell, Pedro Altares, Juan Luis Cebrián, José María Moreno Galván, los exministros Joaquín Ruiz-Giménez y Ramón Serrano Suñer. Después de que varios oradores subrayaran la calidad humana, literaria y la significación política de Ridruejo, él, muy demacrado, se levantó para agradecer el banquete y reafirmarse en sus convicciones de oposición al régimen franquista y defender la Unión Social Demócrata Española (USDE), nuevo nombre de su partido. La delicada salud le obligó a hacer una pausa para ingerir unas grageas y luego proseguir. Al finalizar el acto, Eurico de la Peña y Juan Benet acompañaron a Dionisio a su domicilio, donde charlaron con Gloria hasta altas horas.

Con las primeras luces del 16 de abril Benet viaja a Teherán, capital iraní. El día 21 envía una tarjeta postal a Sarrión con el motivo de una parada militar del 2500 aniversario de la fundación del Imperio persa: «Y tras ellos los inútiles arqueros del Emperador, disparando sus dardos hacia el impasible cielo del aqueo. Juan». El 27 llega a Damasco (Siria) y el 30 por la tarde se aloja en el hotel Sheraton de Estambul (Turquía), donde se ha citado con Rosa Regás que viajará desde Barcelona y con Eduardo Chamorro, que lo hizo dos días antes desde Londres y se ha instalado en otro hotel junto a la plaza de Taksim. Benet y Chamorro, deslumbrados por la lectura de *La caída de Constantinopla* organizaron el viaje al extinto Bizancio, de vida cultural activa y fecunda. A la llegada de Juan salen a cenar bajo una leve llovizna. Al paso de los jardines de la Marmara Opera House, un buhonero les asalta para desplegar ante ellos todo tipo de baratijas; con la terquedad del mercader logra venderle a Benet unas medias. Éste, todavía sin moneda turca, le entrega un billete de cien dólares. El vendedor ambulante le ofrece un cambio razonable y cerrada la operación siguen camino del restaurante. Sentados a la mesa después de haber comido unos pescados, Chamorro le pide ver las medias, a la vez que Benet quiere saber cómo es el dinero turco. Demudado, el ingeniero cae en la cuenta de que ha sido timado por el mercachifle; tiene en sus manos dracmas antiguos, retirados de la circulación. Cesada la lluvia y asumido el fraude, salen a la calle y deambulan por el barrio Beyoğlu, conocido en la Edad Media como Pera, parte europea de la ciudad, al otro lado del Cuerno de Oro. Atraídos por la maquinaria de guerra utilizada durante el asedio de las tropas del sultán en la primavera de 1453, al día siguiente madrugan para visitar el Museo Militar. Ante una reproducción de lo que era Constantinopla entonces, deciden ir en busca de la poterna en la muralla donde acabó Roma y empezó la Edad Moderna, la puerta de Kylókerkos, que permaneció abierta en el punto de unión del barrio de Blachernas con la triple muralla terrestre, por la que entraron definitivamente los turcos en la ciudad, probablemente por un descuido o una traición de alguno de los defensores que la dejó abierta. Bajan por la Istiklal Caddesi, cruzan el puente de Gálata y recorren la orilla meridional del Cuerno de Oro hasta el barrio marítimo de Blachernas. Degustan unas sardinas a la brasa y siguen tras las pesquisas; separados por unos pocos metros, examinan las murallas por el peribolo y el parateicon. «Hasta que me dio una voz. Estaba encaramado a lo que quedaba de una almena, a unos diez metros de altura, con brazo extendido hacia el campo extramuros y el otro señalando un punto invisible a sus pies»,[339] escribe Chamorro. Allí estaba la poterna.

Después de comer visitan Santa Sofía, la basílica patriarcal ortodoxa, convertida en mezquita tras la conquista otomana. Como esa tarde llega Rosa, deciden ir al hotel a asearse para ir presurosos al aeropuerto. Los tres van a cenar a un restaurante en el piso superior de la Torre de Gálata, desde donde tienen una buena panorámica de toda la ciudad. A la vez que saborean una combinación de *döner kebab*, pescados y ensaladas regados con unos vinos, les amenizan con un espectáculo de la danza del vientre interpretado por bailarinas sinuosas y cimbreantes repartidas entre las mesas. La mañana del día 2 Juan y Eduardo acompañan a Rosa a comprar una alfombra en el Gran Bazar. Ellos escriben una tarjeta postal a Sarrión, con una bailarina de senos turgentes y buen muslamen: «Hay ciertas cosas, Antonio, que nos llevan directamente a tu memoria, tan lastimada por la mujer. Juan. Arrendaremos un puesto de lencería en el Gran Bazar; nos haremos Margraves de la entrepierna. Eduardo». Mientras, esperan en un café del recinto lleno de jugadores de ajedrez; toman café y té fuman diversos cigarrillos hasta la llegada de Rosa. De regreso al hotel, ellos cargando con el fardo, deciden ir a comer a una fonda frecuentada por nativos, nada turística. Tras saciar el apetito pasan un par de horas escrutando la Kariye Camii (San Salvador de Cora), una bella iglesia bizantina reconvertida en mezquita en el siglo XVI por los turcos otomanos. Por la noche cenan en los chiringuitos de las callejas frente al barrio de Gálata para regresar a los hoteles subiendo por la concurrida avenida de Istiklal. Chamorro ha recibido un mensaje y ha de suspender su excursión. A la mañana siguiente Juan y Rosa le llevan al aeropuerto y la pareja hace planes para ir a Büyük Ada, la mayor de las nueve islas Prinkipo, en el mar de Mármara, donde vivió Trotsky al comienzo de su exilio.

339. *Juan Benet y el aliento del espíritu sobre las aguas*, Eduardo Chamorro. Muchnik Editores, Barcelona, 2001.

Con fecha 20 de mayo, aparece el número uno de *Cuadernos de la Gaya Ciencia*, con artículos de Víctor Gómez Pin, Agustín García Calvo, Fernando Savater, Eugenio Trías. Félix de Azúa publica «El texto invisible», sobre *Un viaje de invierno* de Juan Benet, quien dos días después es elegido miembro del Comité Español de Grandes Presas.

Andrés Amorós, director de la Fundación Juan March, recién inaugurada la nueva sede de Castelló 77, organiza unas jornadas con el rubro «Novela española actual». Será el encuentro de un autor y un crítico, con un coloquio final. «Me da la sensación de que ningún crítico quiso aceptar porque Juan Benet era un escritor difícil, muy complicado y tenía cierta fama de cascarrabias. La situación era sin duda muy comprometida, porque hablabas como crítico, él escuchaba y contestaba ante el público. Yo tenía entonces veinticuatro años, fue la primera conferencia pública que di. Acepté porque era lector de Benet muy asiduo, muy entregado y entonces estaba preparando una tesis sobre la renovación de la novela en el siglo XX».[340]

El 2 de junio Benet se cita en la oficina de MZOV con el profesor universitario, teórico y crítico literario Darío Villanueva. «Yo estaba hospedado con mi mujer [María Ermitas Penas Varela] en el hotel Velázquez. Estuvimos toda una tarde hablando, nos bebimos entre los dos una botella de Johnny Walker. Fue para romper el hielo porque no nos conocíamos. Él debió de ver que yo era una muchachito indefenso y nada peligroso, pero el encuentro ayudó mucho para que después me tratara de manera condescendiente».[341] Dos días más tarde Benet y Villanueva participan en el ciclo organizado por Amorós. José María Martínez Cachero, ubicado entre los oradores, es el presentador y moderador. «Benet se portó bien conmigo, a pesar de que le gustaba manifestar una actitud de desprecio hacia los críticos y en general a lo que era el oficio de las letras. Todo el submundo de la literatura no le interesaba nada y lo despreciaba [...] Sí, se le permitieron algunas ironías, gags: calificar a Joyce de costumbrista, meterse con Galdós y cosas por el estilo. Siempre, sin que me sintiera yo especialmente ofendido, me trataba con una cierta displicencia; él era un ingeniero que además escribía, y yo era un filólogo que leía y trabajaba sobre lo que él escribía; entonces eso le permitió colocarse en una posición de superioridad que ejercía sin oprobio, con elegancia, porque era un hombre elegante, arbitrario, con un componente histriónico... Pero sabía discernir entre las personas. Si se portaban de una manera inteligente, él las respetaba».[342]

340. Conversación con Darío Villanueva, en su despacho de director de la Real Academia Española, grabada en magnetófono el 27 de febrero de 2018.

341. *Ibíd.*

342. *Ibid.*

La Ilustración Poética Española e Iberoamericana[343] publica

EL ÚLTIMO SONETO DE KEATS

(Escrito en 1819 sobre una página en blanco de los *Poemas* de Shakespeare, anterior a «A Lover's Complaint»)

Fuera yo, limpia estrella, tan constante.
El insomne ermitaño que en su espera
Vigilara, sin dioses por delante,
Nunca a solas en la nocturna esfera
Las aguas que en su sacro lavatorio
Purifican las costas de la tierra;
Siguiera atento el mullido envoltorio
De la nieve en los montes y las sierras.
No; más constante, más inalterable
Aún, sobre el pecho de mi amor en celo:
Tanto sentir latido tan amable –
En dulce inquietud, eterno desvelo–
Cuanto escuchar tu suave aliento. Y verte
Vivir siempre o bien dormir la muerte.

(Versión de Juan Benet)

El 10 de junio, el jurado de Becas Extranjero de la Fundación Juan March del que forma parte Juan Benet, le concede a Eduardo Chamorro la de creación literaria con destino a Londres para trabajar la novela «El orden de la quimera. Una metáfora medieval»; dotada con quinientos dólares al mes más el importe de gastos de viajes y matrícula; tras la aprobación del trabajo final le serán abonadas cinco mil pesetas por cada mes de estancia en el extranjero.

Virginia Careaga e Ignacio Gómez de Liaño se citan en el hotelito de Benet. A las nueve de la noche del miércoles 26 Ignacio se persona en Pisuerga. Benet está en el baño y Virginia todavía no ha llegado. Los hijos atienden a Ignacio. Con posterioridad, en el jardín, el anfitrión y los visitantes toman diversos brebajes, deleitan sus oídos con la audición de los románticos Richard Strauss y Franz Schubert. También con los organistas Heinrich Schütz y François Couperin, además del cubano Bola de Nieve. Charlan del reciente viaje de Juan a Bizancio, de filosofía, de música... Disfrutan del impagable Benet como narrador oral.

343. *La Ilustración Poética Española e Iberoamericana*, n.º 8, junio de 1975.

Nueva fatalidad. El domingo 29 de junio muere Dionisio Ridruejo, de sesenta y dos años, en la clínica de la Concepción de Madrid. Iba a ser intervenido el miércoles próximo para efectuarle un trasplante de coronaria. Benet tiene noticias de la gravedad de su amigo y está intranquilo. A las dos de la madrugada del sábado 28 Dionisio ingresó en la unidad de vigilancia intensiva. Salió con vida, pero un día después murió de una angina de pecho. En Pisuerga suena el teléfono y al otro lado de la línea Antonio Martínez Sarrión le da la funesta noticia a Benet, quien enmudece realmente afectado. Hace un mohín y cuelga. Juan y Antonio asisten a la capilla ardiente, instalada en la misma clínica. Dionisio, antiguo jerarca de Falange y disidente del franquismo, yace en el ataúd, «mínimo, consumido, amortajado, de hábito franciscano».[344] Pedro Laín, Rodrigo Uría, Luis Rosales, Luis Felipe Vivanco, Paulino Garagorri, Fernando García Lahiguera, Pablo Martí Zaro, Eurico de la Peña... Todos los amigos velan el cadáver. Antes de que dieran las diez de la mañana se presenta José Solís Ruiz, ministro secretario general del Movimiento, que tras rezar ante el féretro le muestra su condolencia a la esposa, hijos y familiares. A Gloria Ros no le agradó la presencia de Solís. Posteriormente llegaron la delegada nacional de la Sección Femenina, Pilar Primo de Rivera, José María Gil-Robles y Joaquín Ruiz-Giménez. Muchas fueron las personalidades que desfilaron ante la caja mortuoria: Enrique Tierno Galván, José María de Areilza, José Luis López-Aranguren, Alfredo Mañas, Antonio Buero Vallejo, José Manuel Caballero Bonald, José Ortega Spottorno, Gerardo Diego, Juan Rof Carballo, Gregorio Peces Barba, Mercedes Fórmica, Ramón Serrano Suñer, Ricardo de la Cierva, Juan Antonio Gaya Nuño, Fernando Chueca Goitia, Rafael Arias-Salgado, Íñigo Cavero, Manuel Cantarero, Óscar Alzaga, Joaquín Garrigues Walker, Fernando Álvarez de Miranda y tantos otros. Sólo un hombre decente y de enorme talla moral como Dionisio Ridruejo era capaz de aunar tanta admiración y estima, superando rivalidades políticas, capaz de congregar a todas las Españas.

La soleada mañana del lunes 30, trasladado el ataúd al coche fúnebre a hombros de familiares y de Camilo José Cela, entre otros, fue conducido al cementerio de La Almudena y enterrado ante unas trescientas personas. Benet está presente. Rostros atribulados, abrazos, lágrimas de sus incondicionales de siempre. Concluido el sepelio, Luis Rosales, con voz quebrada, rompió el silencio imperante: «En nombre de sus amigos, en esta hora tan difícil voy a recitar el último poema de Dionisio: 'Español apagado,/ ceniza de un fuego./ ¿Dónde estás que te busco,/ y me busco y nos pierdo?». A día siguiente, a las siete de la tarde, se celebró un funeral en la iglesia San Francisco de Borja (Serrano 104).

344. *Jazz y días de lluvia. Memorias (y III)*, Antonio Martínez Sarrión. Alfaguara, 2002.

En el caluroso julio, Benet mata el tiempo en Zarzalejo y se sienta ante el caballete, como un pintor de campo; con su camisa de cuadros azules y blancos y unas zapatillas de lona verde desvaído, al aire libre y protegido por la sombra que le proporciona el ramaje de robles y fresnos, da unos brochazos, pinta marinas de guerra donde no hay ni mar ni guerra: *Tras la batalla de Fakland, el 'Invencible' recoge los náufragos del 'Gneisenau'* (óleo sobre tela). En la línea de Max Ernst, con un notable sentido de la composición y una inaudita mezcla de fantasía y humor, hace *collages* para animar algún rincón de la casa. Le acompaña el silencioso sonido de las tijeras que afiladas avanzan sinuosas a lo largo del papel. Luego, con la goma arábiga, remata la obra.

La madrugada del miércoles 23 de julio, en el Bocaccio madrileño, en la parte de abajo donde está la pista de baile, cuando se dispone a subir con idea de recogerse, Ignacio Gómez de Liaño es reclamado por Virginia Careaga, que está sentada con Benet, Sarrión, Hortelano y Chamorro. Un achispado Sarrión elogia a un rozagante Liaño su selección de textos de Giordano Bruno, *Mundo, magia, memoria*. Con un ejemplar en su mano de *La Ilustración Poética Española e Iberoamericana*, donde aparece el poema de Keats en versión de Benet que leen hasta tres veces, Sarrión no deja de ensalzar a Liaño por su último libro en ciernes del que se ha corrido la voz, «Los juegos del Sacromonte», y por su relación con William Burroughs. Benet está «prodigioso, como 'alcaraván metafísico', cáustico, ponderado, extraordinario».[345] A la hora del cierre les echan de Bocaccio al filo del alba. A la puerta espera el Jaguar de Benet. Las noches no tienen fin.

El poeta José María Álvarez le da a leer a Juan Benet la traducción que lleva a cabo de las poesías de Kavafis, a la que el novelista da su visto bueno y le añade un par de notas a pie de página que el poeta acepta muy gustoso; Benet le impulsa a publicarla.

Álvaro Pombo, residente en Londres, llega a Madrid. Tiene relación con el filósofo José Luis L. Aranguren, a quien le comenta que pretende llevarle unos relatos a Benet, escritor del momento: «Me indicó: 'A Benet, según le dé'. Le llamé por teléfono, me dijo: 'Venga usted a mi casa'; me presenté allí con mi manuscrito. Estuvo muy amable conmigo –era muy atento con sus amigos–, pero también era una persona muy agresiva. Se creía un poco superior a los débiles escritores (yo creo que lo era en muchas cosas). Leyó por encima el primer relato y le pregunté: ¿Es costumbrista? 'No, esto es otra cosa', contestó desganado. Estuve todo ese año viendo editoriales y él fue quien mandó el manuscrito a Rosa Regás, que publicó en junio de

345. *En la red del tiempo 1972 1977. Diario personal*, Ignacio Gómez de Liaño. Siruela, Madrid, 2013.

1977 en La Gaya Ciencia *Relatos sobre la falta de sustancia*. Fue mi primer libro, aparte del que yo me había publicado. Me hizo muchísima ilusión y ya creí que estaba consagrado. Benet me escribía al Banco Urquijo o a mi casa en Londres. Yo le traté siempre de usted, hasta el final».[346] Según Sarrión, Pombo se presentó en Pisuerga con una carpeta de gomas conteniendo un caótico mamotreto de papeles desparejos y arrugados, que era un abultado ensayo sobre las aporías de *Una meditación* y se la dejó a Benet.

Alicia Gimeno está en Madrid y Benet, que acostumbra a regalarle sus libros, le dedica un ejemplar de *Una meditación*: «Para Alicia en el momento en que la pasión ha cruzado su orto, en el verano de 1975, el más caluroso y ardiente que se recuerda. Juan». El miércoles 6 de agosto Benet, Alicia y Chamorro se presentan en casa de Virginia Careaga, donde está Ignacio Gómez de Liaño y Txaro Santoro, quien recién llegada de un curso de alemán en la Universidad de Kiel (Schleswig-Holstein), anda en conflictos con su ex marido que le ha puesto un detective. Luego de cenar en un chino, Benet les invita a ir a Zarzalejo. Animados por unas copas, la conversación aborda distintos asuntos: Leopardi, Machado, Felipe II, sobre la expresión «la vez» y la analogía, el arte de la memoria, la conjunción de siete planetas que habrá en 1982 con el consiguiente pronóstico de grandes catástrofes, etcétera. De vuelta a Madrid, Ignacio y Virginia le envían a Benet un telegrama que recibe a las cuatro de la mañana: «I know all your purposes, keep away, the common sense lost, annihilate me. The clock strikes the hours. Sosegaos. Firma: Nerina Mirroing...». Quizá la chanza fuera provocada por las desabridas opiniones que el ingeniero le trasladó a Virginia acerca de «Los juegos del Sacromonte» de Liaño, libro todavía inédito del que le habían hablado mal.

Tres días más tarde, sábado, Ignacio, Virginia y Txaro vuelven a Zarzalejo, donde están Juan, sus hijos y Alicia, disfrutando del frondoso arbolado de la finca y de la piscina, en la que se bañan los recién llegados antes de almorzar. Después de comer, cuando más trajinan las cigarras, los mayores reposan con la audición de música barroca (Bach). Conversan sobre lenguaje, Francisco de los Cobos, Felipe II, batallas navales, navíos de guerra... A propósito, Benet les muestra sus cuadros. Tras un baño vespertino, todos emprenden una caminata por la parte trasera de la finca, hacia Las Machotas. Una vez en la pedregosa cumbre, con el sol declinante, sopla el viento. Con los prismáticos de los chicos observan el valle, ya de luz menguante. Durante la cena en casa discuten sobre una oración principal y una subordinada, adentrándose en asuntos gramaticales y de lenguaje, sobre números y conjuntos, sobre arte,

346. Conversación con Álvaro Pombo registrada en casete el 12 de noviembre de 2014.

sobre Francisco Sánchez, el filósofo escéptico, y su *Quod nihil scitur*... Llegan a Madrid a las tres de la madrugada.

Benet le regala a Alicia Gimeno un ejemplar de *Volverás a Región* con la dedicatoria: «En un breve intervalo de serenidad –devuelto a la luz de la razón tras la fatiga impuesta por una presión que no conoce hartazgo– he decidido volver la vista atrás para considerar el camino que he recorrido y no encuentro (entre tan numerosos y quebrados pasos) un lugar más ameno donde haya descansado mi acongojado ánimo, que el pecho donde reside el alma de mi bienamada Alicia, que Dios conserve en mi seno por los pocos días de la vida de Franco. Agosto 1975. Juan». Finalizado el montaje y lista para su emisión, Emilio Martínez-Lázaro invita a Benet al pase privado de *Baalbec, una mancha*; acompañado de Alicia a Prado del Rey, la obra fílmica de cincuenta y dos minutos de duración le «dejó bastante perplejo».[347] Sin embargo, le gustó la banda sonora, el vals Kupelwieser de Schubert. «Por fin, voy a levantar el telón. Aunque no sea el de un teatro pero va a ser el del cine»,[348] declaró el escritor.

Este verano Benet viaja en su Jaguar a Soria acompañado de María Luisa, su secretaria en MZOV, una mujer bella y de elevada estatura. En el Cañon del Río Lobos se encuentran casualmente con Fernando Sánchez Dragó y Pilar Suárez-Carreño. Se remojan en el río, comen en Calatañazor y de ahí parten al piso que Dragó tiene en El Collado, la calle peatonal del centro de la ciudad. En una divertida conversación, Benet les cuenta con solemnidad y tétrica grandilocuencia un par de relatos de terror. «Una de ellas le pasó a un amigo suyo (vete tú a saber si era cierto o no), al que le habían encargado la restauración de Santa Sofía, en Estambul. Un día el restaurador, fascinado con el material que trabajaba (frescos, bóvedas, pilastras), quedó atrapado en el interior. Los empleados cerraron las puertas a la hora de salir y lo dejaron dentro. Para evitar el paso a posibles ladrones, por la noche soltaban unos feroces perros de presa. El hombre, acosado por los canes en aquel inmenso espacio, subió al coro y desde la barandilla se arrojó a una de las gigantescas lámparas colgantes, huyendo de los perros; se pasó toda la noche columpiándose de la lámpara, hasta que a la mañana siguiente los operarios abrieron de nuevo las puertas del templo y lo liberaron de las alimañas. Esta es una de las historias que contó Benet. La otra también le sucedió a un amigo suyo; un día volvía a casa hacia las once y media de la noche por los bulevares de Alberto Aguilera y de repente un individuo lo encañona por detrás. «No se mueva». Acojonado, lo llevó hasta un portal, siempre encañonándolo. El secuestrador sacó una cajetilla del bolsillo, tomó un cigarrillo y le pidió

347. «EL aire del aire de un crimen», Juan Benet. *El País*, 19 de septiembre de 1988.
348. Testimonio de Emilio Martínez-Lázaro, registrado en magnetófono el 12 de septiembre de 2015.

lumbre. Encendió el pitillo, guardó la pistola y le dijo: «En este mundo no se puede uno fiar de nadie. Lo único que quería era que me diera fuego». Yo les leí un capítulo sobre Priscilino de *Gárgoris y Habidis*, que estaba escribiendo. Fue una velada muy agradable. Benet se pasó la noche viendo libros en el pasillo».[349]

El 15 de agosto Juan Benet publica en *The New York Times*, en traducción de Barbara Probst Solomon, *Observations on military behavior*. Apasionado de los asuntos castrenses, el escritor reflexiona sobre el comportamiento militar en tiempo de paz y en tiempo de crisis.

El ingeniero de caminos Gabriel Bisellach, delegado de Cubiertas y Tejados (CyT) en Caracas, recibe a Juan Benet, enviado a Venezuela por la compañía para la licitación de una presa promovida por el Instituto Nacional de Obras Sanitarias (INOS) en Estado Sucre. Desplazados en avión hasta Puerto la Cruz, en el oriente venezolano, a la mañana siguiente de su llegada, los dos colegas deciden alquilar un taxi con chófer para ver el lugar donde se va a construir la presa; durante el paseo por las calles ven unos carteles en las paredes con una caricatura grotesca de Franco. Benet le pide a Bisellach que le haga una foto delante de uno. Ante la escasa oferta de vehículos, deciden alquilar un Ford LTD con conductor, aunque es un automóvil poco apropiado para internarse en un bosque tropical; al llegar al primer riachuelo con cierta profundidad, el chófer encuentra imposible vadear y los ingenieros deciden continuar a pie. El conductor contrata a un machetero para que les abra camino por un sendero invadido de vegetación. Limpia con el machete las malezas que cierran el paso, como raíces y festones donde anidan todo tipo de insectos. Tras la caminata llegan al lugar, donde encuentran un chamizo con un vigilante; inspeccionan el paraje y le preguntan al hombre dónde pueden comer algo en las proximidades; éste les ofrece unas naranjas silvestres que devoran al instante. De vuelta de ninguna parte, tras abrirse paso entre la hojarasca, con un calor y humedad sofocantes, a propuesta de Benet, deciden despojarse de la ropa y darse un baño en una de las charcas con vegetaciones acuáticas y flotantes lamas que encuentran en el camino, sin caer en la cuenta, por desconocimiento del trópico, de los riesgos a los que se exponen con las serpientes o las imperceptibles bacterias. Retornaron en coche a Puerto la Cruz, donde volaron hasta Caracas. Benet recogió la documentación de la oferta del INOS y regresó a Madrid, donde sigue en los trabajos de los embalses de Úzquiza (Burgos) y Rialp (Lérida).

El lunes 25 de agosto en el café Lyon, Juan Benet, acompañado de su madre, coincide con Virginia Careaga e Ignacio Gómez de Liaño. De conversación, Benet se

349. Declaraciones de Fernando Sánchez Dragó grabadas en casete el 21 de julio de 2015.

muestra muy crítico con el número de *Cuadernos de La Gaya Ciencia*. Del artículo «Un texto invisible» de Azúa sobre *Un viaje de invierno*, comenta que está escrito sin entusiasmo. A Savater lo califica de «filósofo de empedrado», el trabajo de Gómez Pin le parece «un examen trimestral de Metafísica escolástica».[350] Charlan de la desoladora situación política española y de la revolución portuguesa. El escritor acaba de hacer un viaje con sus hijos en el Jaguar a Portugal para sopesar el ambiente; entraron por Elvas, durmieron en la Pousada de Évora y luego pasaron unos días en Lisboa, Estoril y Sintra para enlazar con Óbidos y Nazaré. Para Benet la revolución tiende a mexicanizarse; lamenta el daño infringido al paisaje urbano con la explosión de pintadas, que merced a la permisividad y la ausencia de riesgo en la ejecución, motivaron su difusión, deteriorando muchísimos lugares, edificios y monumentos del país vecino.

A finales de mes Virginia presenta a Juan Benet y Diego Romero de Solís, profesor de la Universidad de Sevilla, de familia de ascendencia ilustre. Diego es hermano de Pedro, sociólogo y gran aficionado a la tauromaquia, con quien Virginia, meses atrás, tuvo un arrebato amoroso. Juan y Diego congenian muy bien, hasta el punto de que Benet fragua que Virginia ha de casarse con Diego y les presta la casa de Zarzalejo, donde los huéspedes gozan de plena libertad.

El primer día de septiembre Benet asiste al cine Carlos III (Goya 5) al estreno de *Confidencias (Retrato de familia en interior)*, de Luchino Visconti, protagonizada por Burt Lancaster, Helmut Berger y Silvana Mangano. Al final de la proyección, en la sala llena de gente conocida, se topa con Ignacio Gómez de Liaño. Tanto a uno como a otro les pareció muy mala película. Según Benet, «un insoportable film con el que Visconti vino a demostrar una vez más su reconocido talento para transformar en mal gusto la escasez de sus ideas».[351]

Ignacio Pérez de Juan, que tres años atrás visitó a Benet por un concurso de cuentos en la Escuela, una vez acabada la carrera se persona en MZOV en demanda de empleo. «Un conserje me abrió la puerta y me dijo que rellenara una solicitud, luego la puso encima de un montón. Me llamaron pocos días después y, en mi ausencia, hablaron con mi madre. Cuando fui me dieron cita para hablar con Benet, del departamento de Obras Especiales. Fue una charla, pero con lo que hablamos (no tenía demasiado que ver con la profesión) me marché pensando: este señor poco debe de conocer si yo sé de presas o no. Salí sin saber si iba a trabajar allí. Lo recuerdo con esa postura que adoptaba a veces, en la que apoyaba la cara en la palma de la mano, con la bufanda al cuello. Estuvo atento. Desde fuera podía dar una idea de frialdad

350. *En la red del tiempo 1972 1977. Diario personal*, Ignacio Gómez de Liaño. Siruela, Madrid, 2013.
351. *Cría cuervos...* Prólogo: Juan Benet. Elías Querejeta Ediciones, Madrid, 1975.

o distante. En la oficina, yo dependía de Diego de Llanos, que era quien hacía los estudios. Aunque le llamaba don Juan, le tuteaba. En septiembre me mandó al País Vasco, a la presa de Urkulu, en Aretxabaleta, que llevaban él y Alfio Martín Olarte. Allí empecé mi vida profesional».[352]

La tarde del domingo 7 de septiembre Ignacio Gómez de Liaño, María Luisa Guzmán y Virginia Careaga, asisten a Pisuerga. El ingeniero les muestra sus recientes compras: un cuadro de 1813 que representa un combate de dos fragatas en la guerra angloamericana, y una acuarela de acantilados, con un castillo en las rocas y en primer término terroso tres figuritas de pescadores. Está muy satisfecho.

El día 22 Benet escribe a Álvaro Pombo, en Londres:

> Estimado señor Pombo: Mientras espero leer su meditación a fin de conocerle mejor, no dudo en afirmar que, puestos a compararnos, el más pesado, con mucho es usted. Porque no hay gente más obstinada que la que, encerrada en sus propias cavilaciones, solamente escucha a medias. Y sepa que ni en aquella ocasión, ni en ninguna otra, he dicho yo que el crítico es un novelista fracasado, sino todo lo contrario: justamente se hace ficción por imposibilidad de hacer la crítica absoluta.[353]

Cinco días más tarde, se ejecutan cinco penas de muerte dictadas por la jurisdicción militar en consejos sumarísimos. En un claro de bosque junto al cementerio de Cerdañola del Vallés (Barcelona), a las ocho y media de la mañana, es fusilado por un pelotón de voluntarios de la Guardia Civil Juan Paredes Manot, *Txiki*, de veintiún años; está atado de pies y manos a un trípode. A la misma hora, en la cárcel de Burgos, es ametrallado Ángel Otaegui, de treinta y tres. Eran militantes de ETA político-militar. En el polígono de tiro de El Palancar, término municipal de Hoyo de Manzanares (Madrid), voluntarios agrupados en pelotones de a siete y con uniformes de faena de la Guardia Civil y de la Policía Armada, entre las nueve y diez de la mañana, fusilan a José Luis Sánchez Bravo, de veintidós años, José Humberto Baena Alonso, de veinticuatro, y Ramón García Sanz, de veintisiete. Pertenecían al Frente Revolucionario Antifascista y Patriota (FRAP). La dictadura se tiñe de sangre.

La tarde del día siguiente Liaño pasa por la casa de la madre de Virginia para luego ir a la de Benet, donde están Chamorro y Guelbenzu. Con posterioridad llegan Molina y Marías. La velada está marcada por el negro panorama español y los recientes fusilamientos. Virginia vive en Carmona (Sevilla) con Diego Romero de Solís.

352. Testimonio de Ignacio Pérez de Juan, grabado en magnetófono el 28 y 30 de octubre de 2014.
353. «Fragmento de antigua carta y texto consolador», Álvaro Pombo. *El Urogallo*, n.º 35, marzo de 1989.

Todavía con los coletazos de la conmoción y repulsa por las sentencias de muerte y su repercusión más allá de las fronteras españolas contra el régimen de Franco, el 10 de octubre, en la primera cadena de Televisión Española, a las diez y media de la noche, dentro de la serie *Cuentos y leyendas*, se emite *Baalbec, una mancha*, de Emilio Martínez-Lázaro. El protagonista es el actor estadounidense Jack Taylor, que hubo de ser doblado por su marcado acento. También trabaja Marisa Paredes, íntima amiga de Emilio.

Tres fechas después, Domingo Dominguín se quita la vida con un disparo en Guayaquil (Ecuador). Cuando saben de la noticia, Isabel Fernández Almansa y Juan Manuel Díaz-Caneja derraman lágrimas como niños, no tienen consuelo. Al tener conocimiento del nuevo suicidio, Benet llora con amargura al amigo que fue Domingo. En su morada, el ingeniero regala a su amada el original de *Volverás a Región*, que acabó de escribir el 10 de abril de 1963, con la dedicatoria «Para Rosa, con amor y dedicación prematuros».

El 4 de noviembre estos son los titulares de *Informaciones*: «Franco, operado durante tres horas», «Franco ha despertado de la angustia», «Recibió una transfusión de siete litros y medio de plasma». Alicia Gimeno, que mantiene contacto telefónico con Pisuerga, desde Londres le cuenta a Juan Benet que tiene un problema y requiere ayuda. Éste le sugiere que llame al señor Pombo, amigo suyo que trabaja de telefonista en el Banco Urquijo de la capital británica. Chamorro llama a Benet también desde Londres para convencerle de viajar a Venecia y poner al día sus curiosidades artísticas, como *La tempestad*, de Giorgione. Por sugerencia de Juan, Eduardo llama a Rosa Regás. Diez días después, en la ciudad de los dux no hacen otra cosa que ver palacios, museos, escrutar lienzos, visitar anticuarios y pasear en góndola, además de seguir las noticias de España: «Franco: signos de tromboflebitis». «Marcha Verde sobre el Sahara»,[354] «Franco puede salvar la vida», «Franco: ha aumentado la gravedad», «Muy grave», «Franco sigue gravísimo tras la tercera operación». La búsqueda de información y la lectura de periódicos les lleva a los bares, como el Harry's, aunque ellos no precisan de mucha motivación para tomar unas copas. «Franco continúa igual», «Franco en estado crítico empeora».

«Dolor y serenidad tras la muerte de Franco», rotula un vespertino el 20 de noviembre. El mismo día se terminó de imprimir *La oda del viejo marinero*, de Samuel Taylor Coleridge, traducido por Eduardo Chamorro, prologada por Benet e ilustrada por Gustave Doré. Lo editó La Gaya Ciencia por encargo de Bocaccio, tanto el proyecto como su realización y distribución. Y esa mañana, al levantarse los hijos,

354. Con idea de convertirlo en un gran vergel, Hassan II, el 6 de noviembre, envió más de trescientos mil marroquíes para reivindicar el Sahara occidental.

Juan Benet, ya de vuelta en Madrid con Rosa, descorcha una botella de rioja de la cosecha de 1936 para celebrar la muerte del dictador.

Aunque Franco nunca dijo querer ser enterrado en el Valle de los Caídos, la decisión la tomó el presidente del Gobierno, Carlos Arias Navarro, y fue refrendada por el nuevo jefe del Estado, Juan Carlos de Borbón. Tras una misa en la plaza de Oriente, el féretro es trasladado a Cuelgamuros. A las dos y once minutos de la tarde del 24 de noviembre son inhumados sus restos en la basílica. Retransmitido por el monopolio televisivo, en su domicilio, Benet ha invitado a almorzar a Sarrión y ver la función en compañía de Rosa, doña Teresa y los nietos. Ante el televisor, cambiado de ubicación –ahora en la planta baja–, el ingeniero, con cierta solemnidad, vuelve a abrir una botella de vino de rioja que alguien se la había regalado para la ocasión y que estuvo durmiendo en su bodega aguardando este momento. La pantalla vomita las imágenes de la ceremonia. Cuando la caja desciende a la fosa, Antonio, sobre un taburete y sosteniendo la copa de vino, amaga con incorporarse y lanzarse al aparato, pero Juan le tira del jersey en gesto reprobatorio para indicarle que no merece la pena.

La revista *Litoral* dedica un número doble al fallecido poeta soriano, en el que se presenta su libro inédito *En breve*. Juan Benet rubrica el texto «Dionisio Ridruejo»:

> Cuando un hombre es capaz de concitar tan unánimes aprecio y respeto [...] sin duda es porque cuenta con algo distinto y trascendente a las razones que provocan esos sentimientos. Para unos privará su honestidad por encima de cualquier otra virtud, lo que en principio no le diferencia de un honesto jefe de estación; para otros será el coraje bajo cuya estricta nómina cabe incluir a tantos presidiarios; habrá quienes, sobre todo, admiren su claridad de ideas, esa mente aguda e inquieta que no ha dejado en paz cosa alguna de que ha tenido noticia; para otros pocos sobresalen unos cuantos gestos personales, unos párrafos o unas líneas escritas. Tal vez la cualidad que más amigos le ha deparado sea esa perseverante y paciente actitud de lucha, que nunca se resignará a darse por vencida y que –acaso por estética– no dejará de asomar el menor síntoma de cansancio o escepticismo. No sé cómo se puede definir todo eso con nombres comunes. El vocabulario no cuenta con arma alguna para penetrar en la fortaleza del nombre propio: Dionisio Ridruejo en abierta oposición a los sustantivos, a los legendarios epítetos con los que pretende calificar la raza.[355]

355. *Litoral. Revista de la Poesía y del Pensamiento*, n.º 51-52.

El novelista también puso prólogo al guion de *Cría cuervos...*, de Carlos Saura, editado por Elías Querejeta y acabado de imprimir en diciembre. Vicente Molina Foix es el autor del epílogo. A Querejeta y Benet les une la amistad con Luis Martín-Santos y Antxon Eceiza. «En el prólogo decía que le invitaron a ver la película y a los diez minutos se salió; estuvo dando patadas a las piedras y cuando se enteró de que había acabado volvió a entrar. Y Elías, como buen cabezota, lo publicó. Saura debía de estar que se subía por las paredes y eso que era la pareja más sólida del cine»,[356] recuerda Regueiro. «A Elías le fascinaba don Juan y le rondaba con atenciones», según Manuel Matji. Para Saura, el prólogo fue toda una sorpresa, pues aunque no tenían amistad le admiraba mucho y a través de Elías, coincidieron en alguna tertulia, donde escuchaba sus comentarios enjundiosos.

En el mismo mes se imprime *Política Hidráulica (Misión social de los riegos en España)*, de Joaquín Costa Martínez, primer volumen de la colección *Ciencias, Humanidades e Ingeniería*, entre cuyos promotores está Juan Benet Goitia.

Nuevo viaje a Venezuela. Del 8 al 12 de diciembre, Benet llega a Caracas y se desplaza a La Fría (Estado Táchira), San Cristóbal, San Antonio del Táchira, Maracaibo (Lara) y Nueva Segovia de Barquisimeto. Regresa a Caracas y envía una tarjeta postal a Sarrión, con una cascada del parque Los Chorros: «Martínez: Saltando por encima de la ciudad entera asocio tu nombre al gran Houdini; a causa de una ilegítima unión. Juan». Viaja a Barcelona (Estado Anzoátegui), Puerto la Cruz, Santa Fe (Sucre), al borde del río Neveri. Vuelve a escribir a Sarrión una tarjeta postal de La Guaira: «Martínez: Recuerda que los funcionarios de la Admon. Civil española son todos una combinación de Arthaud [sic.], de Senancour, Mrs Gaskell y Propercio, en comparación con el ultramarino. Juan». Retorna de noche a Caracas y vuela a Madrid.

El día antes de Nochebuena, recién llegado de París por imperativo laboral, en Pisuerga los Benet y sus hijos reciben a Sarrión, Liaño, Txaro y Virginia, que se encuentra en Madrid... En una reunión familiar, Liaño comenta con un cuñado suyo, también ingeniero de caminos, que tiene amistad con Benet, a lo que el pariente le hace saber que en el mundo profesional se le tiene por «algo loco», valoración que no excluye su competencia en las labores ingenieriles.

Alicia Gimeno ha aterrizado en la capital para pasar las fiestas navideñas con su madre. Al habla con Benet, éste se muestra muy interesado en saber qué día regresa a Londres. El fin de año se celebra en el hotelito de Pisuerga con una tumultuosa reunión.

356. Declaraciones de Paco Regueiro, grabada en casete el 24 de junio de 2104.

Juan Benet en la República Popular China (abril de 1976). Cortesía de Julio Martínez Calzón (autor)

13

HERMANO SOLZHENITSYN

ACABADAS las fiestas, en enero de 1976 Alicia Gimeno desembarca en el aeropuerto de Heathrow y, sorprendida por lo inesperado, encuentra a Benet en la sala de llegada aguardándola sentado y con la bufanda al cuello. Juan quiere estar al lado de su amiga en apuros y ha reservado un hotel en Leicester Square. En la ciudad, como Alicia no ha llamado al señor Pombo, Benet se cita con él y Peche García-Arenal, que estudia en la London School of Oriental and African Studies. Los cuatro acostumbran a pasear por Chelsea, barrio donde vive Alicia.

En Barcelona, el 15 de enero Juan Benet y Rosa Regás asisten al primero de los tres recitales que Lluis Llach ofrece en el Palau dels Esports de Montjuitch, después de nueve meses de prohibiciones gubernativas. En primera fila está toda la clase política catalana. Pero también llenan el recinto los cantautores o gente de las letras y las artes. Arrullado por los cánticos de *Viatge a Itaca*, el auditorio prende cerillas y mecheros y se bambolea al son de los acordes. Entre el flamear de señeras y pancartas, casi diez mil gargantas gritan «¡Amnistia, llibertad y Estatut d'Autonomía!», «¡Visca la República, visca l'Assemblea!». Oriol Regás fue el promotor del espectáculo.

Días después, Benet y Rosa visitan una obra donde la compañía construye para Endesa un túnel en plano inclinado de acceso a la mina de lignitos en Andorra (Teruel). Luego la pareja viaja a Zaragoza y de ahí a Barcelona, donde van de compras y adquieren unos cuadros. El 31 de enero Benet regresa en avión a Madrid.

El pintor, dibujante y grabador donostiarra Luis García-Ochoa, frecuentador de Daniel Vázquez Díaz y destacado miembro de Escuela de Madrid, tiene exposición en la galería Biosca (Génova 11), que puede verse del 10 al 28 de febrero. El texto del catálogo es de Juan Benet, que ensalza los lienzos de pincelada expresionista con figuras grotescas teñidas de rojo purgatorio, amarillo punzante y azul añil.

Con motivo del cumpleaños de Ramón Benet, el viernes 13 febrero se celebra en Pisuerga una cena en la que participa Jaime Salinas. «Me tocó traer la tarta con las 20 velas, pero la noche fue una de esas típicamente benetianas. Por una parte un corresponsal de *Newsweek* que había venido a hacerle una entrevista y que no hablaba palabra de español; por otro los bufones fijos de Benet: Sarrión, Chamorro y Álvarez, con una de esas niñas de rigor. Por otro los chiquillos de Benet. Inevitablemente me tocó darle conversación al de *Newsweek* mientras que los demás incurrían en la españolada clásica»,[357] consigna Salinas a su amigo islandés.

Juan Benet comienza a escribir el ensayo «¿Se sentó Don Quijote a la derecha de la Duquesa?», una disquisición sobre el orden narrativo, partiendo de aquella discusión cuando los duques invitan al ingenioso hidalgo a sentarse a la mesa: dónde se coloca uno y dónde lo hace el otro. Para argumentar, Benet recurre a autores españoles del siglo XVI como Bernal Díaz del Castillo o Miguel de Cervantes. Pero también a Leopoldo Alas, León Tolstói, Iván Turguénev o Henri de Saint-Simon.

En la madrileña estación del Norte, al ir a subir al tren con destino a Bilbao, Fernando Sáenz Ridruejo se encuentra con Juan Benet, que va acompañado de un compañero de trabajo. Todavía dolido con Juan por no haber iniciado la colección *Ciencias, Humanidades e Ingeniería* del Colegio de Ingenieros (CICCP) con una recopilación de artículos de su padre Clemente Sáenz García, como así habían propuesto y para lo que Fernando había trabajado denodadamente. «Benet vio que era políticamente incorrecto, porque mi padre hacía unas afirmaciones muy de derechas, de apoyo al régimen; en los artículos había una serie de expresiones que en aquel momento eran desacertadas. Entonces se decidió publicar *La política hidráulica de Joaquín Costa* y me pidieron unas notas que trabajé mucho. La editora Rosa Regás mezcló todo: comentarios del autor, míos... y así salió. A mí me ignoraron hasta en la contraportada».[358] En el saludo, Fernando le mostró gesto de disgusto y durante el trayecto en el mismo compartimento cruzaban miradas, mientras Benet charlaba con su acompañante. «Le hice un gesto y él miró para otro lado. Tú estás en plan digno, yo más digno todavía. Una muestra de su carácter».[359]

El viernes 20 de febrero Rosa Chacel ofrece una conferencia en la Fundación Juan March a la que asiste Jaime Salinas, que es la primera vez que pisa las salas y aprovecha para recorrer detenidamente una exposición de Jean Dubuffet, con telas anteriores a los años sesenta. Apostado en un rinconcito, Salinas observa que entre el público hay mucho «rojerío con apellidos», ve en primera fila a su psiquiatra la doctora Monasterio (La Mona le llama), saludando a unos y a otros. A sus ochenta años, Chacel está vivaracha y aguda. A la salida, Jaime se ha citado con Benet para cenar y

357. Carta de Jaime Salinas a Gðudbergur Bergsson, 15 de febrero de 1976.
358. Declaraciones de Fernando Sáenz Ridruejo grabadas en magnetófono el 16 de octubre de 2014.
359. *Ibid.*

le ha insistido en estar solos. Casi lo consigue, porque a los postres se presentaron «las hojas laterales del tríptico: Sarrión y Chamorro. Qué diferencia hay entre un Benet *tête à tête* a uno con público; me habló de la novela que tendrá terminada para este verano y que me va a dar para Alianza Tres»,[360] escribe Salinas.

Cierto es que el novelista no cesa en su producción. Acabado el ensayo «¿Se sentó Don Quijote a la derecha de la Duquesa?», el día siguiente, 22 de febrero, comienza a escribir otro titulado «Clepsidra», acerca del Tiempo, para finalizarlo una semana después y así completar el volumen «En ciernes».

Tras viajar por razones de trabajo cuatro días a Barcelona con Sarrión, Benet le pide a Salinas que le acompañe en un desplazamiento a la provincia de Burgos, a una casita que tiene la compañía. «Lo haré sólo si la hace sin su habitual *entourage*. Respirar el aire frío de Castilla unos días me sentaría bien, siempre y cuando no tenga que soportar a Chamorro o Sarrión».[361] El ingeniero vuelve a subir al avión con destino Sevilla. El 11 de marzo visita en Carmona a Diego Romero de Solís y en la capital andaluza, a las ocho de la tarde diserta sobre «Ingeniería e intimidad», con motivo de la exposición retrospectiva dedicada a Carlos Fernández Casado, que organiza el CICCP en el Museo de Arte Contemporáneo (Santo Tomás 5). Y cuatro fechas después en el salón Turquesa del madrileño hotel Eurobuilding (Juan Ramón Jiménez 8), Benet da a conocer la colección *Ciencias, Humanidades e Ingeniería*.

La tarde del 18 marzo Salinas deja su Renault 12 de color amarillo aparcado en Pisuerga 7. Rosa, los chicos y Jaime viajan en el Jaguar MK2 conducido por Juan con dirección a Úzquiza para visitar la presa de la que Benet es proyectista. Ya de noche, se aposentan en la casa que la compañía tiene en Villasur de Herreros, a pocos kilómetros de la obra. Preparada por una cocinera también llamada Rosa, cenan con desmesura: lentejas, truchas y chuletas. A la mañana siguiente visitan en coche Úzquiza, Herramel y Villorobe, pueblos que van a quedar sumergidos bajo las aguas de la presa. Salinas disfruta con el paisaje de bosques de robles al pie de la Sierra de la Demanda, de cumbres nevadas. Por la tarde viajan a Burgos para ver la catedral. Y después de cenar, Benet les lee un capítulo del *Quijote* con el que ríen a carcajadas y seguidamente pasean por Villasur de Herreros, a la luz de la luna por sus vacías y tranquilas calles. En connivencia con los hijos, que apostados en parejas en dos esquinas vigilan la llegada de vehículos o de algún vecino, Juan ayuda a Rosa a encaramarse al yugo y las flechas que hay a la entrada del pueblo. Tras forcejear con las flechas, las desgaja del yugo que luego arranca. Benet avisa a sus hijos para

360. Carta a Gðudbergur Bergsson, 23 de febrero de 1976.
361. Misiva de Salinas a Bergsson, 13 de marzo de 1976.

que carguen con las maderas. Al tito Jaime –así le llaman los chicos– le parece un acto de gamberrismo terrorista. Llegados a la casa, gozosos hacen una buena lumbre. La jornada posterior la dedican a un picnic de camino a la presa. Hace frío pero el cielo está raso y brilla el sol. Los chicos suben a esquiar. El 21 de marzo regresan a Madrid.

El día anterior, la noche del sábado, en el espacio *Directísimo* de TVE, José María Íñigo entrevistó largamente al escritor ruso Alexandr Solzhenitsyn, Premio Nobel en 1970. El autor de *Un día en la vida de Iván Denísovich*, que penó trabajos forzados en varios campos de concentración, desprecia la revolución bolchevique y ensalza la libertad de España, su derecho de huelga, la posibilidad de salir al extranjero, de hacer fotocopias, de comprar prensa foránea, etcétera. Los herederos de Franco –Carlos Arias Navarro preside el Gobierno, Manuel Fraga Iribarne actúa en el ministerio de Gobernación– continúan utilizando el monopolio audiovisual para sus propios fines: demonizar a la izquierda, sobre todo a los comunistas, que todavía padecen prisión.

En el número 3 de *Los Cuadernos de La Gaya Ciencia*, Benet publica «¿Se sentó la Duquesa a la derecha de don Quijote?». Dedicada a «La acción, el narrador, la ideología», la publicación incluye «El escepticismo y la sabiduría» de E. M. Cioran, «El cine como estilo y como medio», de Erwin Panofsky, «Una teoría de la acción» de Antonio Escohotado, «Hacia una teoría idealista de las ideologías», de Xavier Rubert de Ventós, y «La evasión del narrador», de Fernando Savater.

En la sede de Taurus, un piso señorial de Velázquez 76, el 23 de marzo el fatuo Jesús Aguirre les comenta a Ignacio Gómez de Liaño y a Virginia Careaga que está gestionando la entrada de Juan Benet, como ingeniero, en la Real Academia. Pero el ingeniero y escritor anda en otros menesteres. En la misma semana, en la revista *Cuadernos para el Diálogo*, Benet denuncia la adhesión del autor ruso al régimen franquista bajo el encabezamiento «El hermano Solzhenitsyn». Un provocador Benet escribe: «Yo creo firmemente que mientras existan gentes como Alexander Solzhenitsyn, perdurarán y deben perdurar los campos de concentración. Tal vez deberían estar un poco mejor custodiados, a fin de que personas como Alexander Solzhenitsyn, en tanto no adquieran un poco de educación, no puedan salir a la calle. Pero una vez cometido el error de dejarles salir, nada me parece más higiénico que las autoridades soviéticas (cuyos gustos y criterios respecto a los escritores rusos subversivos comparto con frecuencia) busquen el modo de sacudirse semejante peste».[362]

362. *Cuadernos para el Diálogo*, n.º 152, 27 de marzo al 2 de abril de 1976.

El ministro de Gobernación mueve los hilos y la respuesta de la radio y la televisión públicas no se hace esperar. Un editorial leído el sábado 27 de marzo en *Telediario*, finaliza así: «Más que un diálogo encuadernado, el artículo del señor Benet sobre Solzhenitsyn se ha resuelto en monólogo totalitario. Inadmisible su tesis hasta para la propia *Pravda*». A Savater tampoco le hizo gracia el artículo de su amigo –es el único capaz de faltarle al respeto al ingeniero– y escribe «Contra la requisitoria de Benet» en el número siguiente: «Benet, desde la cima de cuatro o cinco novelas cuya lectura es un notable cilicio espiritual, decide que nada de lo que hace Solzhenitsyn tiene que ver con la literatura y que su fastidioso mesianismo justifica el encierro en un campo de concentración. Para poder andar libre por la faz de la tierra hay que ser culto, educado y parlamentarista como Juan Benet».[363] Luego rieron juntos. Gracias al altavoz que supuso el editorial de TVE, el novelista recibe llamadas telefónicas anónimas amenazantes. Pero no está solo, muchos militantes de izquierda tienen su misma opinión.

José Antonio Fernández Ordóñez, presidente del CICCP, ha elegido a Juan Benet junto a otros ocho compañeros para viajar al gran país asiático invitados por el Gobierno de la República Popular China, entre quienes están Enrique Pérez-Galdós, Clemente Sáenz Ridruejo, Julio Martínez Calzón o Javier Goicolea, un representante de cada una de las ramas de la ingeniería. El 26 marzo los señalados cenan con el embajador chino, Chen Zhaoyuan, en Trafalgar 11, sede de la legación en Madrid.

Benet decide replicar a TVE y para leerles el texto reúne en su casa a un grupo de amigos, entre los que está Jaime Salinas.

A primeros de abril, una resuelta Rosa Regás presenta en el hotel Velázquez la *Biblioteca de Divulgación Política* de La Gaya Ciencia, treinta y seis libritos pedagógicos que saldrán cada semana. Están presentes ciertos políticos como Enrique Tierno Galván, Nicolás Sartorius... Asisten Josefina Machimbarrena y Barbara Probst, de viaje en Madrid. Conminados por Rosa, embutida en un traje blanco de chaqueta y pantalón con botas negras, algunos de los autores presentes hablan de su libro. Antonio Álvarez Solís –*Qué es el Búnker*– diserta sobre el inmovilismo y subraya que él nunca perteneció a ese grupo; el auditorio le regala unos frenéticos aplausos.

El mismo día que Rosa Regás regresa a Barcelona, el 5 de abril, Juan Benet y el grupo de ingenieros viajan a París, donde una jornada después vuelan a Pekín vía Karachi; en el aeropuerto pakistaní Julio Martínez Calzón adquiere dos botellas de

363. *Cuadernos para el Diálogo*, n.º 153, 3-9 de abril de 1976.

whisky por sugerencia de Benet, pero en el cambio de avión las olvida en el portaequipajes, lo que motiva la persistente broma del novelista: «Me debes dos botellas».[364] El 7 de abril a las doce y media del mediodía llegan a Pekín y se acomodan en el hotel homónimo. Enrique Pérez-Galdós comparte habitación con Juan Benet. En el bar algunos ingenieros juegan al billar americano con unos nativos. Benet reta a uno de ellos a ver quién bebe más moutai, licor de hierbas similar al orujo. Tras libar seis o siete copas, el oriental quedó fundido. El día siguiente en una caravana de coches oficiales de negro riguroso –uno por cada dos invitados–, los españoles visitan una fábrica de artesanía y el Palacio Imperial (Ciudad Prohibida). El 9 de abril las calles se llenan de gente; una impresionante manifestación conmemora el nombramiento de Hua Guofeng como Presidente de la Comisión Militar Central en sustitución de Mao Zedong, de delicada salud. Entre tanto, un grupo de ingenieros chinos se reúne en el hotel con sus homólogos españoles.

Cuadernos para el diálogo publica «Las hermanitas de la caridad», respuesta de Juan Benet al editorial de TVE, donde desvela que «escribí aquel artículo bastante antes de que anunciara por los aparatos del ramo sus esponsales con semejante personaje; que mi artículo, por ende, nada tenía que ver con tan desdichada y torpe ceremonia; que de haberlo escrito con conocimiento de ella tal vez hubiera cargado las tintas; que no hacía falta grandes dotes proféticas para adivinar que un Solzhenitsyn vendría (o sería traído) a este país que tan bien se acomoda (o acomodaba) a sus gustos, a leernos la cartilla; que tal vez llegó (o fue traído) con seis meses de retraso; y por último, que la próxima vez sea más prudente, ponga su reloj en hora y procure recitar una lección adecuada al momento porque los días no pasan en balde».[365]

El día 11 Benet envía una tarjeta postal a Sarrión, con un poblado entre montañas: «Salud, platita y amor. Juan. (Vendrán relatos sustanciosos)». En Pekín los ingenieros visitan el Templo del Cielo (Tian Tan), el Palacio de Verano, templo del Buda Reclinado (Wofo), anticuarios, el zoológico, el museo de Agricultura, algunas librerías y cenan en la embajada española. La jornada siguiente recorren la Gran Muralla, las tumbas de la dinastía Ming y les llevan al cine para ver *Brillante estrella roja*, estricta propaganda comunista.

En España se terminan de imprimir para Taurus tres mil ejemplares de *En ciernes*, conferencias y artículos de Juan Benet, con un inicial agradecimiento a sus amigos, fechado en febrero del año en curso.

---

364. Testimonio de Julio Martínez Calzón grabado en magnetófono el 3 de octubre de 2014.
365. *Cuadernos para el Diálogo*, n.º 154, 10-16 de abril de 1976.

A continuación de un detenido paseo por la plaza de Tiananmén, los diez huéspedes españoles se reúnen con el viceministro del Transporte. Luego viajan en tren a Shijiazhuang, capital de Hebei. Ojean el puente Zhaozhou, en arco de piedra de tímpano abierto más antiguo del mundo. Construido en 595 d.C., está considerado una obra maestra de la ingeniería civil. El 14 de abril Benet envía una postal del lago de las Estrellas a Virginia Careaga y Diego Romero de Solís: «Os prometo, a mi vuelta, justificar autoritariamente mi absoluta conversión. Juan». Los ingenieros son trasladados a Linhsien, provincia de Honan, para ver el Canal Bandera Roja, una obra pública grandiosa con más de mil quinientos kilómetros cavados en la roca con mazos, taladros y dinamita. A sus colegas chinos, que perforan montañas y realizan trasvases con métodos medievales, Benet les enseña a cuidar las almenaras y los revestimientos. Luego llegan en tren a Luoyang, donde inspeccionan las impresionantes grutas de Longmen, con gigantescas imágenes budistas esculpidas en la piedra, y visitan su museo; el 17 de abril Benet envía una tarjeta postal a Alicia Gimeno, en Londres. A la noche, el grupo se desplaza en tren a Nankín, donde pasa dos días recorriendo distintos lugares de la ciudad: el puente de celosía sobre el río Yangtsé con tablero doble para tráfico de trenes y automóviles, el museo de historia –el más antiguo de China–, el mausoleo de Sun Yat-sen –primer presidente de la República–, la Pagoda de Porcelana a orillas del Yangtsé y el Instituto de Investigaciones Científicas para Obras Hidráulicas.

El 19 de abril el novelista envía una postal a Sarrión, con unos ciudadanos que entran a la sede del Partido Comunista en Yan'an: «Técnicos, obreros y campesinos, cuadros y masas. Soldados y civiles, todos unidos gracias a la triple integración, acuden al local a escuchar las palabras del apóstol del palanganato. Juan». El día 20 Benet y sus colegas suben al tren con destino Wuxi, ciudad industrial, donde visitan el parque y el lago Te Hu y viajan por el Gran Canal. A las diez de la mañana del día después, luego de ver una comuna popular, parten en ferrocarril para Shanghai. Recorren las calles y reciben una cena de gala en el hotel La Paz, donde están alojados. Tras una jornada de barrios, comunas, ópera, universidad, vuelan a Changsha, capital de la provincia de Hunan; asisten a un combate de boxeo chino, les muestran la casa natal de Mao Zedong, en Shaoshan, y parten hacia Cantón. El 25 de abril se hospedan en el hotel Levante y mientras vagan por la ciudad aprecian un par de pagodas, la mezquita y asisten al teatro. Con una jornada similar, el 27 se despiden de la comitiva que les acompaña y salen para Hong Kong, donde pasean y hacen algunas compras. El día 28 viajan a Bangkok, poblada ciudad en la que bajo un tremendo aguacero se empachan de templos, budas, canales y mercados.

En Madrid, el 30 de abril, se firma el informe de lectura de «En ciernes»:

Conjunto de ensayos sobre la creación literaria en sí. Resulta curiosa la existencia de dos estilos totalmente distintos: alambicado y archiperiódico el uno, difícil de penetrar; el otro más ágil y cortado, eminentemente descriptivo. Ejemplo del primero, el trabajo «Clepsidra» (sobre todo en III s); ejemplo del segundo, el trabajo «Una época troyana».

Irrelevante para la función nuestra –pues es pura obra de crítica literaria–, cabe señalar sin embargo (y a modo de curiosidad pues son literalmente intrascendentes) los puntazos de las 92, 93, 94, 98 y 100. Son un excelente modelo de cómo todo el mundo se apresura a echar su cuarto a espadas. Incluso a través de una editorial tan poco capitalista como es Taurus (financiada, sabido es, por el grupo Fierro). Resulta curiosa la génesis que ofrece del suceso del «encartelado de la calle Princesa». Claro, que él lo refiere varios años después de ocurrido, y eso da que sospechar. Por lo demás, de ser cierta, constituye lo más sobresaliente de este trabajo suyo pronunciado en la Universidad Libre de Berlín sobre la novelística española actual. En él no dice absolutamente nada. Claro que en los puntazos que dije antes, quizá baste para que el público se marche a sus casas creyendo que ha escuchado a un auténtico oráculo.[366]

Mientras, el avión que transporta a Benet surca los cielos entre Bangkok y París. El 4 de mayo aterriza en el aeropuerto de Barajas, en donde le espera Rosa Regás y el nuevo rotativo *El País*, entre cuyos fundadores está su amigo Javier Pradera. Una vez en casa, recibe la llamada de Ignacio Gómez de Liaño y hablan sobre la polémica suscitada por el artículo de Solzhenitsyn hace más de un mes, pero que todavía colea; Juan le dice que la gente es «muy corta» y le invita a cenar en su casa en breve. En *El País* del día después Benet vuelve a provocar: «Me ratifico en lo que dije sobre Solzhenitsyn». Y abunda: «A la vista de las reacciones, creo que fui tímido».

El jueves 6, en Pisuerga Juan Benet celebra una cena con Liaño, Barbara Probst y la francesa Régine Kosan, que vive en Barcelona y se dedica a la enseñanza. A la vez que degustan unas truchas, aunque algo cansado, el anfitrión no cesa en hablar de China: las librerías, los poemas de Mao, el control demográfico, el gregarismo de la población o los manjares gastronómicos, como el pato laqueado a la pekinesa que tanto le gustó. Dice tener pesadillas con los chinos, pero ahora ha de pensar en la presentación del libro que homenajea a Dionisio Ridruejo.

366. AGA, 73/03468.

Al poeta Sarrión, que acaba de traducir *Las flores del mal*, de Baudelaire para La Gaya Ciencia, Benet le dedica un ejemplar de *En ciernes*: «Para Martínez/ Gran Khan de la/ bodelería. Juan». A las ocho y cuarto de la tarde del 11 de mayo, en los salones de la editorial Taurus, el ingeniero presenta *Dionisio Ridruejo, de la Falange a la oposición*, de varios autores. Pero más que la salutación de un nuevo libro, se trata de una reunión de amigos de Dionisio, un ofrecimiento al hombre que se fue para siempre.

«Me permitirán ustedes que, por tratarse del primer homenaje que rendimos a Dionisio desde su muerte, utilice algunas palabras acaso un poco desmedidas o que, al menos en nuestros tiempos, no se usan con frecuencia al hablar de los amigos, desaparecidos o no. Aquel hombre no conocía el invierno –habría dicho Shakespeare de él– y en su huerto se daban todos los frutos, cualquiera que fuera la estación del año. Por eso sus amigos y biógrafos podrán hablar indefinidamente de los muchos aspectos de su personalidad: del político, del rebelde, del liberal, del poeta, del prosista, del amigo, del intelectual –el más honrado y generoso que yo he conocido– y hasta, llevando a su justo término la palabra, del sabio»,[367] lee Benet ante un auditorio compuesto por representantes del mundo de la cultura y la política: Armando López Salinas, Carmen Martín Gaite, Barbara Probst, Felicidad Blanc, Michi Panero, Gloria Ros, Antonio Buero Vallejo, Ignacio Gómez de Liaño, Jaime Salinas, Jesús Aguirre, Antonio Martínez Sarrión, Eduardo Chamorro, Jaime de Armiñan, Pedro Laín, Pedro Sainz Rodríguez, Ramón Serrano Suñer, Felipe González, Joaquín Ruiz-Giménez, Ricardo de la Cierva... Hasta casi trescientas personas. El salón está repleto y hace mucho calor. En el vestíbulo, siguen con atención las sentidas palabras de Benet, Teresa Goitia, su madre, Marisol, su hermana, y sus amigos Josefina López Lizasoain y Alberto Machimbarrena.

Plenamente incorporado a la actividad rutinaria, Juan Benet también estampa su firma en el prólogo del catálogo de una exposición de Roser Bru, pintora y grabadora barcelonesa exiliada en Chile, amiga de Nuria Jordana. Con el título «El deterioro y la memoria», cuelga sus pinturas y dibujos en la galería Aele (Claudio Coello 28), desde el 17 de mayo al 17 de junio. Y una nueva obra se acaba de imprimir para La Gaya Ciencia, el ensayo *El ángel del Señor abandona a Tobías*, un texto de duelo dedicado «A Nuria, *in memoriam*». Reflexión literaria motivada por el óleo sobre tabla homónimo de Rembrandt con las más imprevisibles derivadas: el Saussure de significante y significado, Chomsky, Croce, Bergson y el Tiempo. A Sócrates, Juan

---

367. *Artículos. Volumen 1 (1962-1977)*, Juan Benet. Libertarias, Madrid, 1983.

Benet lo pinta pagado de sí mismo, de charlatán y de sectario. Reflexiones abstractas de elevado tono y elegante hondura. El autor tiene idea de hacer una segunda parte de este ensayo. De los tres mil ejemplares tirados, uno se lo dedica a Martín Olarte: «Para Alfio, para que aprenda del Ángel que sólo abandonó a Tobías cuando le hubo entregado todo lo que necesitaba. Juan».

Después de pasar el fin de semana en Zarzalejo con Jaime Salinas y el diseñador gráfico Enric Satué, el lunes 7 de junio Juan Benet acude a la *boîte* Bocaccio para presentar *El ángel del Señor abandona a Tobías*. Tras saludar a los congregados y antes del comienzo del acto, en un aparte, Benet, como miembro del jurado de las becas Juan March, le comunica a Liaño que el beneficiado ha sido Vicente Molina Foix. Ignacio creía contar con el apoyo de Juan. «Buero [Vallejo] estaba impresionadísimo con tu libro [*Los juegos del Sacromonte*]. No podría decir que él fuese el que más te apoyase... [Antonio] Colinas me interesaba mucho. Sí, Colinas...»,[368] lo que enoja a Liaño, pues tiene el convencimiento de que su candidato era Molina y no Colinas. Según Ignacio, Juan está tenso, a la defensiva, sabiendo que había metido la pata. Todo lo que le cuenta no le convence. «El Sr. Benet me parece repugnante»,[369] anota en su diario. En la pista, la editora Rosa Regás pronuncia unas palabras de exaltación a Carlos Barral. Éste en su intervención es generoso en elogios hacia Benet, que indiferente está a su lado. Para Barral *El ángel del Señor abandona a Tobías* es «un intento reflexivo al estilo de Montaigne».[370] Entre los asistentes están Sarrión, Salinas, Chamorro, Hortelano, Colinas, Savater, Lourdes Ortiz, Chus Visor, Rosa María Pereda, Marcos Ricardo Barnatán y un largo etcétera. Al Moderno le dedica un ejemplar: «Para Antonio Sarrión,/ del strip un tiburón. Juan. Junio 76».[371] Liaño no tarda en abandonar la sala.

Para colmo, dos días más tarde, en la librería Visor (Isaac Peral 18), en una conversación entre Jesús (Chus) García Sánchez e Ignacio Gómez de Liaño sale a relucir la beca March; el librero comenta que el mes pasado, en una reunión en casa de Salinas, salió a relucir *Los juegos del Sacromonte* y Benet dijo que había leído cincuenta páginas y lo dejó porque no le había encontrado ningún sentido. Con posterioridad Ignacio se entera por Virginia de que Benet presenta las cosas de otra manera divulgando que él le apoyó en la concesión de la beca.

368. *En la red del tiempo 1972 1977. Diario personal*, Ignacio Gómez de Liaño. Siruela, Madrid, 2013.
369. *Ibíd.*
370. «El ángel abandona a Tobías», dentro de *Cartografía personal*, Juan Benet. Cuatro, Valladolid, 1997.
371. La dedicatoria hace alusión a los estados etílicos del poeta, que a ritmo de rock, en Pisuerga practicaba el *strip-tease*.

El jueves 24 de junio, onomástico de Juan Benet, se precipita una gruesa tormenta sobre Madrid; llueve a chuzos, por lo que la celebración tiene lugar entre el salón y el jardín de la casa de Pisuerga. Le acompañan los amigos Chamorro, Molina, Txaro Santoro y Alicia Gimeno, a quien el anfitrión regala un ejemplar de *En ciernes*: «Para Alicia, con todo mi cariño. Las víctimas de hoy serán los verdugos del mañana. Juan 76» y otro de *El ángel del Señor abandona a Tobías*: «Para Alicia/ Sólo indirectamente/ este libro trata del/ sacrificio de Abraham./ Cuanto más he intentado/ indagar ese misterio/ más me he convencido/ que sólo se puede/ comprender callando./ Con todo el cariño que/ permanece íntegro en/ el día de San Juan/ de 1976. Juan». Benet, con su humor cáustico no exento de cariño, también obsequia a Txaro con un volumen de *En ciernes*: «Para Txaro Santoro de todas las impedidas el exquisito tesoro. Juan 24 junio 76».

Velada en Oliver. Benet, Chamorro y Álvarez, con una cierta altura alcohólica, parlotean de la Segunda Guerra Mundial, específicamente de la campaña de El-Alamein, donde combaten las fuerzas del Eje comandadas por el general Erwin Rommel y las fuerzas aliadas al mando del londinense Bernard Law Montgomery. A Benet, apasionado de la estrategia militar, el personaje que realmente le interesa es el británico Claude Auchinleck, comandante en jefe del Oriente Medio y encargado de liberar Tobruck y recuperar Cirenaica. De pronto, Chamorro comenta algo sobre Marcel Proust y la conversación vira de manera repentina. En Pisuerga, unos días después trasegando de nuevo, Benet sacó un libro de una pila y se lo regaló al poeta Álvarez: *Du côté de chez Swann*.

Tanto como la literatura, el conocimiento y el pensamiento, a Benet le preocupan los asuntos políticos del momento. El inmovilista Carlos Arias Navarro presenta su dimisión al Rey como presidente del Gobierno y es relevado por Adolfo Suárez, ministro secretario general del Movimiento, uno de los llamados *azules*. En las calles todavía se grita «¡Amnistía, libertad!». Con motivo del primer aniversario de la muerte de Ridruejo, el 2 de julio se celebra un acto en el hotel Eurobuilding bajo el lema «Cinco programas para el futuro de España, en memoria de Dionisio Ridruejo». A las ocho y media de la tarde casi seiscientas personas escuchan al abogado y catedrático Rodrigo Uría González, que da la palabra a Jordi Pujol y éste a Antonio García López. A la media hora de comenzado el acto la autoridad gubernativa decide suspenderlo. Se quedan sin hablar Joaquín Satrústegui, Felipe González y José María Gil-Robles.

Juan Benet viaja a Venezuela enviado por la empresa. En Caracas se reúne con su colega Gabriel Bisellach y se desplazan al Complejo Hidroeléctrico de Gurí, nombre de la presa en el río Caroní, afluente del Orinoco, en el Estado Bolívar. Desde el

Parque Nacional Canaima, en la margen derecha del Caroní, Benet envía a Alicia una postal del Salto Ángel, la caída de agua más alta del mundo, a Serrano 87. Y otra desde La Guaira, capital del Estado Vargas, a pocos kilómetros de Caracas. Acabada la misión y coincidiendo con el inicio de las vacaciones de Bisellach, el 9 de julio vuelan en primera clase con destino Madrid. Juan ha olvidado sus gafas en la maleta facturada. Al no poder leer ni dormir, se pasea a lo largo del avión haciendo altos frecuentes en la cabina de las azafatas para charlar con ellas y tomar algún whisky. En el mismo vuelo viaja Ramón Escovar Salom, ministro de Relaciones Exteriores de Venezuela, quien pronto se suma a la tertulia de las azafatas. Con las conversaciones, las carcajadas y el añadido del whisky, nadie pega ojo en toda la noche. Cuando aterrizan en Madrid, los azumbrados Benet y Escovar se despiden: «Adiós, canciller», «Adiós, arquitecto».[372]

Jaime Salinas, como director general y con un proyecto arriesgado, prepara el relanzamiento de la editorial Alfaguara. Arma su equipo directivo y lleva a Benet al comité asesor de la editorial. Enric Satué es el encargado del diseño. La sede social, de decoración *sixties style*, está en el piso H del edificio Torres Blancas (avenida de América 37).

En Zarzalejo, arrullado por el gorjear de los pájaros y sentado en una silla, con los tubos de distintos colores, la paleta y los pinceles, Benet pinta cuadros de barcos de guerra. *El Duke of York apunta sus piezas sobre el Scharnhorts en la batalla del Cabo Norte*, *El acorazado «Knajz Suvarov», buque insignia del almirante Rodjeventsky*. Ni el menor soplo de aire mece las coronas de los árboles. Ni un lento ni leve oscilar.

Con motivo del último ensayo, Chamorro entrevista a Benet en el semanario *Cambio16*.[373] En *Cuadernos para el diálogo* el escritor publica «Leviatan en la piscina», a propósito de los Juegos Olímpicos de Montreal, donde participa el atleta español Mariano Haro, del que Benet ha «oído hablar» y al que llama «señor Haro».[374] De los libros recibidos por Gonzalo Torrente Ballester, es *En ciernes* el que más le ha complicado, según él. En su columna *Torre del aire*, del vespertino *Informaciones*, el novelista gallego escribe de Benet: «No me ha sorprendido ni su agudeza ni su gracia, pero me ha dado ocasión de reconocer, una vez más, el saludable y deleitoso espectáculo de la inteligencia en alianza con la ironía».[375] Torrente encuentra a Benet «extremadamente lúcido, además de divertido».[376]

372. Así lo recuerda Gabriel Bisellach, en correo electrónico de 19 de mayo de 2015.
373. *Cambio16*, n.º 240, 12 de julio de 1976.
374. *Cuadernos para el Diálogo*, n.º 168, 17-23 de julio de 1976.
375. *Informaciones*, 29 de julio de 1976
376. *Ibid.*

El ingeniero viaja a orillas del Duero, el río español de mayor caudal, a la presa de Villalcampo, en la provincia de Zamora. Se traslada a Valladolid, a la sede central de la Confederación Hidrográfica del Duero, y visita a Rafael López en su finca de Traspinedo. «Cuando bebían mucho, mi marido y Juan, después de cenar se pesaban y anotaban los kilos. Luego deponían los residuos fecales en hojas de periódico colocadas sobre el césped del jardín y los pesaban. Anotaban el peso y se volvían a pesar. Después hacían cuentas y comprobaban si el peso de los excrementos sumado al peso de los cuerpos después de evacuar daba igual resultado que el peso tras la cena y antes de defecar. De ese modo averiguaban quién había almacenado más alimentos en el cuerpo. Por esa y otras anécdotas, mis hijos pequeños a Juan le llamaban el Escatológico».[377]

En Barcelona, Rosa Regás, Manuel Vázquez Montalbán y su mujer, la historiadora Anna Sallés, tienen programado un viaje a París, al que no tarda en sumarse Juan Benet. Viajan durante la noche en el Talgo y se desplazan a Saint-Martin-le-Beau, al sur de la capital, donde vive el presidente de la Generalitat en el exilio, Josep Tarradellas, con su mujer Antònia Macià y su hija Montserrat. Rosa pretende contarle el proyecto de *Cuaderns de la República i la Guerra Civil* y pedirle una colaboración al *president*, padrino de su unión matrimonial. Benet, que no tiene el menor interés en el viejo republicano, al entrar en una estancia donde atesora su archivo personal y el de la Generalitat, hace unas bromas que son respondidas con unas palabras gruesas por Tarradellas. Luego del almuerzo, las dos parejas regresaron a París y tras pasar la noche volvieron a Barcelona.

Txaro Santoro telefonea a Benet y éste le comunica que han llegado Rosa Regás y Enric Satué, responsable gráfico de Alfaguara; la invita a sumarse a la cena en Pisuerga. Durante la conversación en la sobremesa, Benet explica que el día siguiente ha de visitar las obras de Villalcampo y alguien apunta que no lejos de allí se encuentra la iglesia visigoda de San Pedro de la Nave, en El Campillo. Con los ojos abiertos, Txaro pide ir allí. El jueves 19 de agosto, con coche y chófer de la empresa, Benet y sus invitados emprenden camino a la presa de Villalcampo. Protegidos con cascos recorren las obras mientras Juan inspecciona los trabajos. Cerca de la presa se va a construir la central nuclear de Moral de Sayago, para aprovechar el agua embalsada y así refrigerar la central. Presencian con atención y asombro una voladura para allanar el terreno sobre el que se levantará la térmica y después van a ver San Pedro de

377. Declaraciones de Consuelo Giménez Sánchez, en conversación telefónica del 15 de abril de 2015.

la Nave y de allí a Salamanca; a última hora de la tarde llegan al hotel y solicitan dos habitaciones, una de matrimonio para Rosa y Juan y otra con dos camas. Una vez establecidos salen a saciar el apetito. Como al juguetón Benet le fascina elucubrar, inventan sobre los de la mesa de al lado, donde hay ocho o diez comensales. «Mira lo que le está diciendo a la cuñada; pero el marido no es ése, ése es el amante, no ves cómo la mira... Lo pasamos bárbaro urdiendo toda una historia ficticia de relaciones entre aquella gente. Juan siempre decía, con voz queda: 'Y entonces llega el tren y en la estación una mujer vestida de negro está esperando con la maleta'. Viniera o no a cuento, él terminaba diciendo eso».[378]

Preparado por la Organización Revolucionaria de Trabajadores (ORT), grupo de ideología marxista-leninista y pensamiento Mao Zedong, el domingo 5 de septiembre a las once de la mañana en el cine París (Vallecas), se celebra «Con China Socialista. Acto de solidaridad con el Pueblo Chino ante el grave terremoto padecido», en el que están anunciadas las intervenciones del economista Julián Arévalo, los ingenieros Julio Martínez Calzón, Juan Benet, Enrique Pérez-Galdós y José Antonio Fernández Ordóñez, el dirigente de la ORT Manuel Guedán, el sociólogo Gregorio Rodríguez Cabrero, el trabajador Jesús María San Martín y la abogada Francisca Sauquillo. Finalmente Benet no asistió por un inesperado viaje a Sevilla, y Pérez Galdós, aunque presente no intervino. Fuertemente custodiado por la policía antidisturbios –coche manguera incluido–, la sala sobrepasa su aforo y cada intervención se colma de estrepitosos aplausos. La presentadora es la actriz Lola Gaos, de inconfundible voz ronca, muy comprometida con la izquierda.

El día 17 en el estreno de *El desencanto*, documental dirigido por Jaime Chávarri sobre la familia del poeta Leopoldo Panero. El cine Palace, situado en los bajos del hotel homónimo, acoge a buena parte de las ánimas del Dickens, Oliver, Santa Bárbara y Bocaccio, que incluye a Benet y su grupo de incondicionales. Acabada la proyección, con la acera rebosante de gente, Benet llena el Jaguar de amigos, entre los que se cuela Leopoldo María Panero; a su paso por la puerta del cine en la Carrera de San Jerónimo, Leopoldo saluda como una estrella a la concurrencia allí agolpada, que comenta en corrillos el descarnado filme. La capital está llena de todo tipo de ceremonias, galas, fiestas. Se respira ansias de libertad.

En Torres Blancas, el martes 5 de octubre tiene lugar la primera sesión del comité asesor de Literatura de Alfaguara, encabezado por Jaime Salinas, director general.

378. Testimonio de Txaro Santoro grabado en magnetófono el 10 de marzo de 2016.

A las ocho de la tarde del día después se ofreció una copa y asistió toda la dirección de la editorial. En Alfaguara hay dos comités de lectura: uno para autores españoles, formado por Rafael Conte, Juan Benet, Juan García Hortelano, Eduardo Naval, Amaya Lacasa, Pablo Sorozábal... y otro comité para autores extranjeros, donde están Javier Marías, Luis Goytisolo, Miguel Sáenz, Michi Strausfeld, Juan José Millás, Benet, Hortelano... que se reúne cada quince días. Animado por las agudas travesuras de los Juanes, llamados infructuosamente al orden por Salinas que trata de imponer una apariencia de disciplina, se bebe mucha ginebra y mucho whisky; cada informe de lectura, a la editorial le supone un gasto cuantioso.

El 29 de octubre se firma en Madrid el informe de censura sobre «Qué fue la Guerra Civil»:

> Pretensión de exponer las causas, los hechos y los conflictos que originaron nuestra guerra civil, y la de exponer los diversos acontecimientos bélicos que la caracterizaron hasta llegar a su término. El autor, que pretende ser objetivo, no lo es en absoluto, pues constantemente emite juicios de valor respecto a los modos y formas en que se desarrolló la guerra, tanto en los frentes como en la retaguardia, por los cuales discurre con mentalidad claramente republicana, es decir adversaria de los promotores y seguidores del Alzamiento nacional, a los que se procura «desmitificar» como se dice ahora, o más bien desacreditar, llegando en bastantes momentos a unas veces ocultar la verdad, y otras desnaturalizándola, pero siempre adversamente al Alzamiento.
>
> Como ejemplo de muchas de esas características, véase lo subrayado a lápiz rojo a las pags. 24, 36, 37, 49, 57, 57, 77 y 80.
>
> Con todo ello no es bastante para justificar el éxito de una denuncia, que creemos no prosperará.[379]

La Gaya Ciencia publica *Segovia. Evolución de un paisaje urbano*, de Eduardo Martínez de Pisón, número 3 de la colección *Ciencias, Humanidades e Ingeniería*, del CICCP. Con prólogo de Clemente Sáenz Ridruejo, los editores son Rosa Regás y Juan Benet. El ingeniero firma la reflexión *Qué fue la guerra civil*, dedicada «A Rosa»; con una tirada de diez mil ejemplares y al precio de setenta y cinco pesetas, está

379. Subrayados en rojo: p. 24: «Por su parte Franco [...] (castigar a la población con una represión brutal)»; p. 36: «los liberales, republicanos y hombres reconocidos de izquierdas no se les ofrecía otra opción que el paredón» [...] «El 19 de noviembre [...] LA BELICOSA PRIMAVERA DEL 37»; p. 37: «Se ha afirmado que sólo en la primera semana tras la ocupación fueron pasadas por las armas más de 400 personas». AGA, 73/05760.

publicada en la *Biblioteca de Divulgación Política* de La Gaya Ciencia. El libro arranca con esta sentencia: «La Guerra Civil de 1936 a 1939 fue, sin duda alguna, el acontecimiento histórico más importante de la España contemporánea y quién sabe si el más decisivo de su historia». Benet sostiene que fue una guerra de atrición, pensada para durar y dañar, en la que se aniquiló al enemigo político. El librito causa cierto escándalo. La Fundación Juan March edita *Las narraciones de Juan Benet*.[380]

El 2 de noviembre Benet está en Portugal con sus hijos Nicolás, Juana y Eugenio y Antonio Martínez Sarrión. Según Virginia, que anda en crisis con Diego Romero de Solís, Benet está muy irritable en los últimos tiempos.

Corre noviembre y en la sede de Taurus el crítico Germán Gullón recoge en el despacho de Jesús Aguirre *El narrador en la novela del siglo XIX*, su primer libro, cuando aparece Juan Benet. «Se pone a decir gilipolleces: 'Será una mierda de libro, porque habla de Galdós, Balzac...'. Como yo había oído hablar de él a mi padre y a Jesús, sabía que todo eso había que tomárselo a beneficio de inventario. Sin embargo, inmediatamente hubo una corriente de entendimiento. Benet dijo: 'Jesusito invítanos a comer a este indocumentado y a mí'. Aguirre no podía porque tenía una reunión de editores. Entonces se dirigió a mí: 'Me invitas a comer'. Contesté: 'No, yo soy un pobre desgraciado'. Me parecía el colmo. 'Bueno, te invito yo', replicó. Fuimos a almorzar a Casa Ciriaco. Luego le dije: 'Ya me podías haber llevado a un sitio mejor'. Ahí nació una amistad intermitente porque yo vivía en Estados Unidos, estaba de profesor de literatura en la Universidad de Pensilvania desde 1973».[381]

Un día después del Referéndum para aprobar la ley para la Reforma Política, la tarde del 16 de diciembre, invitado por Salinas, Ignacio Gómez de Liaño y Jesús Aguirre asisten como oyentes al comité de lectura de Alfaguara. Benet saluda a Liaño y éste, sorprendido, responde con una sonrisa. Tras dos horas, aburrido, Ignacio decide marcharse. Antes lo hizo Aguirre. El comité sigue con sus deliberaciones en la planta H.

En la sede de MZOV, durante una jornada laboral distendida, Benet dedica *Qué fue la guerra civil* a un compañero: «Para Manuel Iglesias con todo el afecto de su amigo. Benet. Dic.76».

380. Extracto del libro colectivo *Nueva novela actual*, Madrid 1976.

381. Declaraciones de Germán Gullón, registradas en magnetófono el 19 de septiembre de 2019.

Juan Benet y Arturo Castro en Andorra (Teruel, 1976). Cortesía de Arturo Castro

Juan Benet en el desierto

14

TRIBULACIONES AMOROSAS

JUAN BENET comienza 1977 completamente solo; los hijos se han ido a esquiar. El mayor, Ramón, se marchó a Andalucía, invitado por Virginia Careaga y Diego Romero de Solís. Rosa Regás se fue enojada a Llofriu, donde adquirió una casa con un hermoso jardín arbolado no alejada de la de su hermano. «Su última llamada en cierto tono conciliatorio fue el día 29 pero su silencio posterior me indica que no debe estar dispuesta a deponer su actitud. Vienen a verme separadamente Luis Carandell y Alicia [Gimeno]. Cenamos en La Ancha»,[382] anota el novelista.

El sosiego apenas persiste. Del 2 al 8 de enero Benet viaja a Venezuela por la construcción de unos túneles en el Estado Táchira. En su ausencia, *El País* publica el día 6 la carta dirigida a una feminista estremecida de estupor porque una conocida artista alabó una marca de calzoncillos. Titulada «Las inconsecuencias de las feministas», en la misiva Benet, que alude a la lucha de las mujeres por la igualdad, se pregunta «¿es qué el calzoncillo no puede gozar del mismo trato que el sostén?».[383] En México ve la luz «Un tema de otro tiempo»,[384] capítulo III de la novela que prepara, *En el estado.*

A su llegada a Madrid, el narrador sólo se encuentra a su hijo Ramón, con la casa inundada. No tiene noticias de Rosario, la asistenta, ni del resto de los chicos. Tampoco de Rosa, a la que llama infructuosamente a Llofriu. Avanzado el día van a visitarle Alicia y su amiga María Lozano, con quien comparte piso en Londres; juntos salen a cenar.

La jornada siguiente Benet empieza a escribir el capítulo XVI, «Cenizas», de «En el estado». Por la tarde va con Alicia a casa de Vicente Molina Foix, donde encuentra a Antonio Martínez Sarrión y Juan García Hortelano. De noche acuden al

382. Agenda 1977. Arch. JB/1/12, BNE.
383. *El País*, 6 de enero de 1977.
384. *Vuelta*, n.º 2, enero de 1977.

domicilio de Isabel Escudero,[385] acompañante de Sarrión, quien «mejor que en otra ocasión, nos muestra su ingente estupidez».[386]

El lunes día 10 el ingeniero consigue hablar con Rosa y, con pocas esperanzas, la invita a acompañarle a Locarno el próximo miércoles, pero ella declina el ofrecimiento debido a una convención de editores. En Pisuerga, Benet recibe a la periodista estadounidense Jane Kramer, corresponsal del semanario *The New Yorker*. Una llamada del diario *El País* le comunica que tras su carta se anuncia una tormenta polémica con las feministas, lo que no arredra al novelista.

Luego de comprar un coche para su hijo Ramón, un Ford Fiesta L, el 12 enero Juan Benet telefonea a Rosa Regás y vuela a Zúrich. Tras una breve estancia en Locarno, vía British Airways, llega a Londres y se hospeda en el Royal Court Hotel, en Sloane Square. Almuerza con Vicente Molina Foix y Peche García-Arenal para posteriormente acercarse al aeropuerto y recoger a Alicia que llega de España. A la noche se sientan a la mesa Peche, Molina, Pombo, Benet, Alicia y su amiga Mari Ángeles.

Dentro del condado del Gran Londres, Benet, fino observador y delicado gustador de pintura, se desplaza a Dulwich para ver el museo de arte donde hay importantes cuadros de Rubens, Rembrandt, Murillo, Van Dyck... y regresa en tren a la capital para comer con Alicia y Álvaro, quienes le acompañan de compras. Él adquiere una gabardina y un jersey; después, en el hotel, mantienen una larga conversación sobre su relación con Rosa Regás. De repente Pombo sufre un espantoso ataque de epilepsia y sus consiguientes convulsiones. Pasado el susto y una vez restablecido se suman Vicente y Peche para compartir mantel en un restaurante japonés.

Acompañado de Peche y Alicia, Benet hace una excursión al distrito londinense de Greenwich. Se detienen en el barco Cutty Sark, entran en el Maritime Museum, donde escriben una tarjeta postal con la fragata Triton a Martínez Sarrión: «Antonio, entre estas chicas me han convertido en la Bestia Roja de Battersea. Juan. Sarrión, ya no me importa nada que me hagas llorar en la terraza del Dickens. Un abrazo. Peche. Un abrazo muy fuerte. Alicia». Continúan al Real Observatorio, a St. Alfege, iglesia del arquitecto barroco Nicholas Howksmoor, y a Vanbrugh Castle. Por la noche celebran una cena disparatada en una taberna mexicana a la que se agregan María Lozano, Álvaro y Vicente.

Más recorridos con Alicia: visitan St. Stephen Walbrook, la catedral de St. Paul y la City. Luego Staple Inn, edificio Tudor en la calle Holborn, barrio de Bloomsbury

385. «Fugaz novia de Antonio, espero», anota Benet el 9 de enero.
386. Agenda 1977. Arch. JB/1/12, BNE.

y St. George's. Tras la comida y la siesta, se citan a cenar con Álvaro Pombo y María Lozano. Después se trasladan al domicilio de Peche, donde se reúnen con Vicente Molina, el profesor Paul Preston y el editor Manuel Arroyo-Stephen, propietario en Madrid de la librería Turner (Génova 3).

Durante las últimas horas en Londres, el 18 de enero, Juan y Alicia visitan el Royal Hospital en Chelsea, el National Army Museum, pasean por el jardín botánico y por Pimlico, exclusiva zona residencial del centro, para luego almorzar con Peche en Kings Arms. En el aeropuerto coincide con Manuel Arroyo, de regreso a España. La jornada siguiente por la mañana, Juan y Rosa mantienen una terrible conversación telefónica que se repite por la tarde.

Una vez finalizado el comité de lectura de Alfaguara, Juan Benet almuerza con Luis Goytisolo, Juan García Hortelano y Javier Marías, quien le revela las especies difundidas por Goya, la mujer de Fernando Chueca, en casa de los padres de Javier, lo que desagrada a Benet. Con posterioridad, su hermana Marisol le comunica un recado de Barbara Probst: Rosa Regás volará a Nueva York a primeros de febrero. Juan se lo toma como una venganza, por su reciente estancia londinense, pero Rosa se lo desmiente y le asegura que es un viaje de negocios. Un día después termina de escribir el capítulo XVI de «En el estado» y cena con Sarrión y Chamorro, con la consecuente cogorza ciclópea.

El domingo 23 de enero el novelista retorna a la escritura para iniciar el capítulo XVII, «Corpóreos y cámaras», de la obra en curso. «Una tarde de misantropía y añoranzas»,[387] apunta. La mañana después, Juan y Rosa mantienen una larga conversación en un tono más conciliatorio, en la que ella elude responder a la pregunta de él sobre si deben dar todo por terminado y solamente establecer la incompatibilidad con una tercera persona: Alicia. Al colgar, Benet telefonea a Alicia. Luego cena con don Pablo y Julián Feijoo y en su transcurso les comunican un atentado de la extrema derecha en un despacho de abogados de la calle Atocha, con el trágico cómputo de cinco asesinatos. Además, esa mañana fue secuestrado por un comando de los Grupos de Resistencia Antifascista Primero de Octubre (GRAPO) el teniente general Emilio Villaescusa, presidente del Consejo Supremo de Justicia Militar y la estudiante de sociología Mari Luz Nájera murió por traumatismo craneoencefálico, causado por un bote de humo en una manifestación cerca de la plaza del Callao, en Madrid.

Acabada la novela «En el estado», Benet duda entre la mayúscula y la minúscula del término. Ese mismo día, 26 de enero, mantiene por teléfono una extensa charla

387. *Ibíd.*

con Rosa en la que, por el momento, se despiden con carácter definitivo y no en buenos términos. Por lo demás, su rutina continúa: acude a la oficina, a una recepción en la embajada china, cena con José Torán, recibe en casa a los amigos... Sarrión, Chamorro y Regueiro le acompañan en Pisuerga y Antonio expone su opinión sobre «En el estado». Juan regala al poeta una copia mecanografiada de ciento noventa y seis páginas, con la siguiente dedicatoria: «Por especiales circunstancias que/ concurren en el momento presente/ esta copia es dedicada a/ Antonio Martínez Sarrión, quien/ queda en libertad de hacer de ella/ el uso que más le apetezca. Juan. 26 enero de 1977». El autor no cree que la novela despierte la curiosidad que había esperado. Salen a cenar a Fass, cervecería alemana en la calle de Rodríguez Marín 84, esquina con la de Concha Espina, y pasan una larga noche de copas y música.

Encerrado en casa, Benet escribe el prólogo a sus cuentos que prepara la editorial Alianza. El 31 de enero por la tarde visita a un compungido José Torán; su esposa, Leonor Junquera Fernández, ha muerto de un derrame cerebral tras un largo estado de coma. De vuelta al domicilio, Benet cree que la solución a sus conflictos amorosos es optar por Alicia, pero ella no se muestra muy dispuesta a regresar a Madrid, por el momento, pese a estar convencida de la bondad de la resolución de Juan. Profunda pero llevadera decepción para él.

Tras el entierro de Leonor Junquera, Benet lleva a su secretaria María Luisa a trabajar con Torán, necesitado de ayuda. Ya en su vivienda, tiene una nueva conversación telefónica con Alicia, de resultados esperanzadores. Un día después, el 2 de febrero a la siete y media, Juan la recoge en Barajas y asisten a una fiesta en casa de Juan García Hortelano (Gaztambide 4) para celebrar la finalización de «En el estado». Además de los anfitriones, están José Espinosa de los Monteros y su mujer Isabel Hinojosa, Alberto Machimbarrena, Paco Regueiro, Jaime Salinas, Antonio Martínez Sarrión y Eduardo Chamorro. Una fecha posterior, en Pisuerga, Juan mantiene una muy seria conversación con Alicia. Cuando Benet le comenta a Don Pablo sus intenciones con la joven, éste se muestra muy poco partidario.

Antes del inicio del fin de semana la pareja va al cine Palace a ver en versión original el filme de Éric Rohmer, *La marquesa de O*. Benet anota en su agenda: «Cuidado, pulcro, fino, un poco enfático y nada sobrado de genio».[388] El sábado por la tarde se marchan a Zarzalejo con Virginia, Antonio e Isabel Escudero y pasan una velada excepcional. El domingo Benet activa su circulación sanguínea con el baño de vapor en la sauna y celebran un almuerzo al aire libre. Éste le muestra a Virginia el original de «En el estado». Ella le comenta que está desencantada de Diego y

388. Entrada del viernes 4 de febrero, *op. cit.*

quiere acabar con esa relación; Juan le da un consejo para conjurar su enfado: colocar el envés de su mano derecha en la frente y, cerrando los ojos, cada hora ha de proclamar: «¡¡¡Sevilla!!! ¡¡¡Guadalquivir!!! ¡Cuál atormentáis mi mente!».[389]

El 7 febrero tito Jaime invita a comer a Benet en el restaurante Ruperto de Nola, en el piso veintidós de Torres Blancas. En un marco audaz, con una decoración espacial de ventanales ovalados, moqueta roja, techo y paredes blancas, el autor firma del contrato de «En el estado» y recibe el correspondiente cheque.

El día después, en el Ford Fiesta, Alicia y Juan emprenden viaje a Santander, donde él tiene previsto dar una conferencia en la Escuela de Ingenieros de Caminos, institución donde ejerce la docencia su amigo Rafael López. Hacen un alto para el aperitivo en Aranda de Duero y comen en Lerma, provincia de Burgos. Una vez en el hotel Sardinero y antes de la plática, Juan se empeña en fumarse un canuto. La conferencia se transformó en una actuación de un Benet deslumbrante a la vez que hilarante. El auditorio, compuesto en su mayor parte por colegas, no cesaba de desternillarse de risa. Finalizado el acto, cenan con Rafael López y Guillermo Gómez Laá, catedrático de Geología, con quienes viajan una fecha más tarde a Santillana del Mar y Liencres. A la mañana siguiente la pareja parte con dirección a Comillas, San Vicente de la Barquera, desfiladero de La Hermida y Potes, donde almuerzan para ir a ver la iglesia mozárabe de Santa María de Lebeña y al monasterio de Santo Toribio de Liébana, en Camaleño, en el que se conservan obras del Beato; se hospedan en el parador de Fuente Dé, con vistas a los Picos de Europa.

Tras la pernocta, los viajeros continúan al puerto de Piedrasluengas, Valle del Nansa, Carmona, garganta del Cares (Picos de Europa), Cangas de Onís, garganta del Sella, Riaño... Hacen noche en León y Benet se cita con los amigos de la profesión en los años sesenta: Carlos Riera, Aurelio Ruiz, Juan Chacón, con los que trasnochaba en el Yuma y jugaba en el Casino. Y repiten lo mismo de entonces: toman copas y van a una discoteca. Tras despertar, el sábado de mañana se internan en *Región* y el ingeniero le muestra a Alicia la presa del Porma, Boñar... para llegar a Palencia y reposar hasta el domingo 13, fecha en que, con ingrato día lluvioso, toman la dirección de Madrid.

La mañana después, en su residencia, llama Rosa Regás y con un tono sombrío le explica a Benet que sus asuntos editoriales pueden empezar a ir mal. Malos augurios, piensa Juan, que lleva a Alicia al aeropuerto para volar a Londres, muy a su pesar, según él. Ella le dice que será difícil volverse a ver.

389. *Don Álvaro o la fuerza del sino*, Duque de Rivas.

Cuando Benet trata de iniciar la segunda parte de la novela «Saúl ante Samuel», un atribulado Sarrión llega a Pisuerga y se van a cenar a Fass para tratar a fondo sus problemas con Isabel Escudero. El domicilio del novelista mantiene la actividad habitual con el visiteo de los amigos. Él no deja de llamar a Alicia y le insiste en querer casarse con ella. Alberto Machimbarrena trata de que Benet acepte una cena con los Chueca pero él, muy disgustado, se resiste. Está apesadumbrado y sumergido en la lectura de *Elogio de la locura*, de Erasmo.

En Allosa, a siete kilómetros de la turolense Andorra, el 22 de febrero a las nueve y media de la mañana, el ingeniero tiene noticia de un accidente mortal en la construcción de un túnel de la mina La Oportuna con dos muertos y tres heridos, uno muy grave, al fallar los frenos del cabrestante y estrellarse el vagón contra el frente arrollando a los trabajadores. Benet pasa toda la mañana esperando al juez de Alcañiz.

Prolongados parlamentos con Rosa Regás sobre asuntos personales y acerca de la colección del CICCP. Desde Pisuerga 7 el novelista escribe a Alicia Gimeno a Londres. Rosa le anuncia un viaje a Madrid el jueves 3 de marzo con todos los recelos sobre su relación. Juan se teme lo peor e inesperadamente trata de volver a comenzar, no sin cierta desgana, la segunda parte de «Saúl ante Samuel». Tras visitar a los Caneja y cenar con ellos, el día después, domingo 27, Benet se recluye en casa con *Orfeo. Historia general de las religiones*, de Salomon Reinach y el *Cuarteto No.2*, de Mendelssohn. Recibe a Peche, se fuman un canuto que hace historia, según Juan, y él cree tener el camino de la revelación y por consiguiente de la decisión: ha de quitar a Rosa toda conciencia de culpa.

El 1 marzo al mediodía llama Rosa para confirmar su viaje a Madrid el jueves y vuelta a Barcelona el viernes. «Así de simple», apunta Benet. La jornada siguiente sufre terribles aprensiones que a última hora logra exponer a Virginia, entre vapores de hachís. Telefonea Alicia que se encuentra en una situación muy parecida. El día 3 llega Rosa de Barcelona con una sobrina. Benet la acompaña al Colegio de Ingenieros y se separan antes del almuerzo. La vuelve a recoger después de cenar y toman unas copas en la Plaza Mayor y Bocaccio. Rosa tiene una actitud muy seria y apenada, está cargada de reproches y le recrimina a Juan ser el responsable de su mal estado. Dice que duda de su honestidad.

Con motivo del aniversario de la muerte de Nuria, Juan lleva flores a su tumba y aprovecha para enviar unas rosas a Rosa, con la que come en un restaurante japonés y toma una copa en el café Lyon. Juan la encuentra muy desmejorada y advierte en ella señales de insomnio y fatiga. La acompaña al aeropuerto en torno a las ocho de la tarde. «Para que nos volvamos a ver arréglate con Alicia»,[390] le dice ella. «Soluciona tu vida», le responde él. Benet se mete en la cama con fiebre y así continúa todo el día siguiente; le acompaña la lectura de Thomas Mann.

Llegan a Pisuerga Virginia Careaga y José María Álvarez, que se quedan a cenar. Benet recibe una llamada de Alicia para invitarle a un concierto en Londres días más tarde. La noche posterior, en casa de Gabriela Sánchez Ferlosio, se reúnen a la mesa Javier Pradera, Jaime Salinas, Eduardo Naval y Juan Benet. El 8 de marzo, luego de una visita al médico, el novelista comienza un breve ensayo sobre qué llevó a Thomas Mann a escribir la tetralogía *José y sus hermanos*, un pretexto para la reflexión. Rosa le llama para hacerle saber que quiere pasar La Gaya Ciencia a su hermano y que se propone realizar un largo viaje. Juan cena con Peche García-Arenal y Teresa Bordón y las pone al corriente de su atribulada relación sentimental.

El Moderno sufre mal de amores con Isabel Escudero y Benet le acoge en su hotelito para que le cuente sus desavenencias. Con los hijos, excepto Nicolás, Juan se lleva a Antonio a Zarzalejo el fin de semana y en los plácidos paseos por El Escorial se hacen confesiones mutuas. De regreso a Madrid, el novelista tiene una interminable conversación con Rosa, «infructuosa e inútil, reiterativa y enervante, que abre aún más nuestras diferencias y no me deja otra opción que no hablar más del asunto, ofertarle una reconciliación y aceptar sin más su reacción»,[391] registra Benet el 14 de marzo. La jornada siguiente cena en el restaurante chino Mei Ling (Castellana 74) con Peche, Teresa Bordón, Chamorro y Sarrión, quienes escuchan las últimas confesiones de don Juan. «Un día de reflexiones con carácter decisorio»,[392] según Benet. La fecha posterior escribe: «Nada más digno de ser anotado que la lectura de un tirón de *El crepúsculo de los dioses*»,[393] de Richard Garnett.

Entre llamadas solícitas de Alicia, desde Londres, y conciliadoras de Rosa, desde Barcelona, Benet propone a su madre, para que a su vez lo haga al consejo de familia de la tía Flora, la adquisición de las casas de la calle del Bastero y del Almendro, en el barrio de La Latina, por ocho millones de pesetas a pagar en cinco años. Luego cena en casa de Gabriela Sánchez Ferlosio con Javier Pradera y Fernando Claudín.

Salvo la cita gastronómica del sábado por la noche en casa del matrimonio José Espinosa de los Monteros e Isabel Hinojosa, el fin de semana del 19 y 20 de marzo el novelista se encierra en Pisuerga con la escritura de artículos políticos para *El*

390. Anotación del 4 de marzo en Agenda 1977, *op. cit.*
391. *Ibíd.*
392. Entrada del 15 de marzo, *op. cit.*
393. *Op. cit.*

País,[394] en los que testimonia su escepticismo sobre los profesionales de la política, y recibe a Peche, Teresa Bordón, Javier Pradera, Clemente Auger y Gabriela, con quienes discute mucho de política. El lunes, sin grandes esperanzas, Benet le propone a Rosa un fin de semana en Murcia y Málaga, pero ella le comunica que al plan sólo se opone un compromiso con unos amigos suyos de Milán. Le aplaza la respuesta. Tras una inspección de las casas del Bastero y del Almendro, por la tarde, Rosa le anuncia que no teniendo compromisos de fin de semana, lo tiene todo para él. Una sorpresa. No se han verificado las previsiones de Juan.

El 24 de marzo, después de una sesión del comité de Alfaguara, con comida y sobremesa, a las siete de la tarde el novelista a bordo del Ford Fiesta de Ramón sale en dirección a Murcia. Llega a las nueve de la noche y se encuentra con Rosa en el hotel Siete Coronas. Al día siguiente se marchan de excursión a Riópar (Albacete) para ver el nacimiento del río Mundo y pernoctar en Alcaraz, al pie de la serranía. Se adentran en la provincia de Jaén, en Villacarrillo y Úbeda, para cenar en Málaga y después llegar a Churriana y visitar a Leila, Reza y otros amigos que están en La Tosca. Hasta después de comer, el día 27, lo pasan en la finca y a la tarde Juan lleva Rosa al aeropuerto y él continúa viaje a Madrid, haciendo noche en el hostal La Perdiz, en La Carolina. Para Benet, «en conjunto, el viaje ha sido definitivo; infinitamente valedictorio».[395] Llega a Madrid a almorzar, telefonea a Rosa para anunciarle su vuelta e invita a Sarrión a una cena en casa.

Tras firmar ejemplares en la Casa del Libro, el 31 de marzo, el historiador e hispanista Gabriel Jackson, ofrece una conferencia en un hotel madrileño con motivo de la aparición de su obra *La República española y la guerra civil. 1936-1939*; Jackson, considerado una autoridad en la materia, publicó su libro en la Universidad de Princeton (New Jersey) en 1965 y en España circuló en las trastiendas de ciertas librerías. Presentado por Ramón Tamames, el acto como la publicación parecen señales esperanzadoras, se transformó en todo un acontecimiento político, al que asistió Juan Benet. La noche después llama Rosa, alarmada por un silencio de cinco días; tras colgar, Juan se marcha a casa de Eduardo Chamorro, donde se encuentran Peche y Sarrión. Mientras trasiegan y fuman unos canutos, Benet les comunica la decisión de vivir con Alicia Gimeno.

Con motivo de las vacaciones de Semana Santa, Ramón Benet y sus amigos, entre quienes está Pabluco García-Arenal, el 2 de abril, se marchan de viaje al norte de Marruecos. El resto de los hermanos se van con su padre a Zarzalejo, donde se

394. «La fisiología del pasillo» (I, II y III). *El País Semanal.*
395. Nota del 27 de marzo, *op. cit.*

entrega a «Saúl ante Samuel», con algún desplazamiento a Madrid para ver a los amigos, como Vicente Molina Foix, que ha vuelto de Londres. En Pisuerga suena el teléfono. Es Rosa para comunicarle a Juan que con un fuerte catarro se queda en Llofriu. Los días se alargan sensiblemente. Benet termina de leer la voluminosa tetralogía de Thomas Mann, *José y sus hermanos.*

Finalizadas las vacaciones, el 11 abril después de comer en su domicilio, el escritor comienza la lectura de *Ada o el ardor*, de Vladimir Nabokov. «No concibo mayor castigo de aburrimiento que tenerme que leer las 500 páginas de ese mamotreto de insulsas triquiñuelas del ingenio culto. Así que lo abandono en la página 40 sin ningún mal sabor de boca», anota en su agenda.

Benet telefonea a Alicia y la sorprende en pleno sueño; ella le ruega que la llame por la tarde, pero entonces no la localiza. El día después es ella quien establece comunicación pero Juan la encuentra con tono glacial y distante. Malos presagios. Rosa le da terribles noticias sobre su situación económica: le han devuelto treinta mil pesetas en libros.

El 14 de abril se termina de imprimir para Alfaguara *En el estado*, obra que Benet considera menor. La novela, con diálogos, fue escrita como descanso de «Saúl ante Samuel», mucho más ambiciosa, en la que sigue trabajando. «Es una novela más humorística, que ha gustado muy poco a mis amigos».[396] Para el autor «hay una voluntad de parodia, de Cervantes y Homero, sin duda; y luego hay personajes inspirados en una ninfómana de Bataille, en Dickens o en Céline, incluso en una comedia de Chéjov».[397] Según Benet se trata de «una crónica en la que parodiaba a mis autores preferidos. Cada página contiene una referencia literaria, pero el lector puede perfectamente no fijarse en ella y ocuparse únicamente de la intriga: se sigue a tres personajes durante tres días en un albergue y los encuentros raros con los que se tropiezan. Un ejemplo: encuentran a una mujer que después de seis orgasmos, duda hacer el amor por séptima vez, ya que detesta tanto el heptágono como el exágono».[398] Al prosista se le plantea un dilema: ¿Quién o cuál es el yo narrativo de esta historia, dónde está el punto de vista del relato? Puede ser cualquier cosa y puede estar en cualquier sitio.

El ingeniero decide no adquirir las casas de la tía Flora. El 15 de abril vuela a Barcelona y se encuentra con Rosa en Bocaccio, luego van a cenar unos mariscos y

396. «Lo particular, el detalle», en *Cartografía personal*, Juan Benet. Cuatro, Valladolid, 1997.
397. «El gran estilo», en *Cartografía personal*, Juan Benet. Cuatro, Valladolid, 1997.
398. «Una imagen desde Francia», en *Cartografía personal*, Juan Benet. Cuatro, Valladolid, 1997.

pasan la «noche en La Gaya Ciencia con cierto insomnio pero bastante normalidad».[399] Después de un almuerzo con Félix de Azúa, la pareja asiste a un festival del Partido de los Socialistas de Cataluña (PSC) en el Pueblo Español de Montjuic. Tras la cena, tomando un whisky, Juan le comunica a Rosa sus frustrados propósitos con Alicia Gimeno. Noche en La Gaya Ciencia, según la anotación de Benet. El 17 de abril después de la comida en el restaurante Le Bistroquet, tiene lugar «una escena en La Gaya Ciencia de las que marcan época. Con histeria, insultos y todo el acompañamiento propio de tales casos. No hay solución».[400] Juan toma el avión a Madrid de las nueve y media. Alicia está desaparecida en Londres.

El escritor pasa la mañana del 19 de abril en el valle de Lozoya, de visita en la «chapucera presa»[401] de Miraflores de la Sierra. Por la noche asiste a la galería Theo (Marqués de la Ensenada 2), donde expone Alfonso Fraile, miembro de la nueva figuración, y se encuentra con Ignacio Gómez de Liaño. Cena con el matrimonio García-Arenal, los Caneja, Luis G. Solana y luego asisten a la inauguración de *Obra gráfica completa*, de Eduardo Chillida, en la galería Iolas-Velasco, en Zurbano 88.

En *Cuadernos para el diálogo* Juan Benet publica «La guerra de los símbolos»,[402] en donde aplaude la decisión de Santiago Carrillo de aceptar la bandera bicolor y prescindir de la que incluye el malva. La España peregrina normaliza paulatinamente su asentamiento en la vida real.

Tras un almuerzo con Peche García-Arenal en el que comentan el caso de Alicia Gimeno, el 21 de abril por la noche Benet asiste al estreno de la película de Carlos Saura *Elisa, vida mía*, en el cine Amaya (General Martínez Campos 9) y a la prolongación del festejo en Bocaccio. El día después Juan agarra el teléfono y llama a Rosa pero desliza un dato sobre Alicia que la enoja. «La conversación se complica de tal manera que termina en un intercambio de reproches tan insultantes y se produce la ruptura definitiva e irreversible; la víspera del séptimo aniversario de nuestro encuentro en Sitges»,[403] apunta Benet. El novelista telefonea a Alicia pero no logra hablar con ella y concluye que le rehúye. Sigue trabajando en «Saúl ante Samuel»; lentamente se aproxima a su mitad. Recibe la visita a última hora de la pareja

399. Entrada del 15 de abril. Agenda 1977. Arch. JB/1/12, BNE. Según Rosa Regás «Juan podía apuntar lo que quisiera pero en La Gaya Ciencia no había cama, sólo un par de butacas no demasiado grandes, más bien butaquitas sin almohadones, lo justo para una cabezada» (Correo electrónico, 29 de julio de 2019).

400. *Op. cit.*

401. *Ibíd.*

402. *Cuadernos para el diálogo*, n.º 210, 7-13 de mayo de 1977.

403. *Op. cit.*

Eduardo y Peche y van a cenar a un restaurante libanés. Peche le da cuenta a Juan de algunas aventuras de Alicia que explican su conducta huidiza.

Sin novedad alguna de Alicia, Benet cena en casa de los García-Arenal para presentar a Alberto Oliart (consejero director general del Banco Hispano Americano) el caso de Álvaro Pombo, quien pretende abandonar la capital británica y trabajar en Madrid. La sobremesa la celebran en el piso de Javier Marías. Con posterioridad, el 27 de abril, en Pisuerga, Enric Satué le da a Juan noticias desastrosas de la situación de La Gaya Ciencia. Éste descuelga el teléfono y llama a Rosa, que en tono inquieto se las confirma.

Rara es la noche que Benet aguanta en Pisuerga y se suceden las cenas con Marías, Satué y Sarrión; con Martha Mercader, recién llegada a Madrid, y con Luis G. Solana. El viernes 29 Juan recibe una nueva llamada de Rosa en la que ella le da cuenta de su casi desesperada situación. Él la invita a sumarse a un viaje a Italia que prepara con su hija Juana. Esa noche, en la casa de Jesús Aguirre, en la plaza de María Guerrero (colonia de El Viso), muy próxima a Pisuerga, tiene lugar una «cena loca»[404] con Jaime Salinas, Gabriela Sánchez Ferlosio, la historiadora del arte e investigadora Natacha Seseña y Juan Benet.

El fin de semana Benet lleva a Sarrión y Satué a Zarzalejo, donde ya se percibe la llegada de la primavera. Al poeta le dedica un ejemplar de *En el estado*: «A Martínez/ coautor y caballero/ tan cercano/ como para dejarme sin/ palabras para la dedicación. Juan». El primero de mayo, el novelista se pasa el día «trabajando como un peón»[405] en la limpieza de la piscina. Luego se recluye en la sauna y descansa, porque la semana se presenta agitada en cuanto a labor profesional. El lunes viaja en tren a La Coruña; acompañado por otros colegas visita las centrales térmicas de Sabón (Arteijo) y Meirama (Cerceda). Luego se desplazan a San Ciprián por Vivero y Villalba (Lugo), inspeccionan el cauce del Eume y el monasterio de San Juan de Caaveiro, en el parque natural de las Fragas del Eume. El 5 de mayo de La Coruña se trasladan a Santiago de Compostela y a las pontevedresas Cercedo y valle del Lérez. Comen en Vigo y examinan las obras del puente de Rande, que construye la compañía para unir los municipios de Redondela y Moaña, separados por la ría. Tras una corta excursión a Porriño, Benet emprende camino de Madrid con el chófer Juan Molet. Hacen noche en Verín (Orense) y continúan a Villalcampo por Alcañices y Bermillo de Sayago (Zamora). Luego de una breve visita al salto, almuerzan en Peñaranda de Bracamonte (Salamanca) y llegan a Madrid a última hora, lo que no impide que Benet visite a Hortelano acompañado de Sarrión.

---

404. *Ibíd.*
405. *Op. cit.*

El novelista ha terminado la primera mitad de «Saúl ante Samuel». El 10 de mayo vuelve a proponerle a Rosa Regás que se vaya con él unos días a Italia para alejarse de sus preocupaciones. Dos días después con su hija Juana emprenden viaje a Barcelona a bordo del Ford Fiesta. Cena con Rosa y Satué, Juana y Mariona, hija de Rosa, en el clásico restaurante 7 Puertas, donde Juan se encuentra a los hijos de Luis Martín-Santos y a su suegra, Gracia, después tantos años sin verse. Finalizada la cena, tiene una extensa conversación con Rosa sobre el estado de la editorial en el piso de La Gaya Ciencia, donde hacen noche.

El 13 mayo Juan y Juana tienen una pequeña odisea porque la grúa se lleva el Ford Fiesta antes del embarque en el *canguro*.[406] Una jornada después padre e hija llegan a Génova y visitan la ciudad: Palazzo Rosso, Galleria Nazionale di Palazzo Spinola, cementerio monumental de Staglieno... De Génova van a Pisa vía La Spezia, Lucca, Pistoia. El 16 pasan el día en Florencia: catedral de Santa María del Fiore, baptisterio de San Juan, Palazzo Vecchio, Palazzo Pitti, San Miniato, basílica de la Santa Cruz, Palazzo Medicci Riccardi, iglesia de San Lorenzo. Por la noche asisten al cine y ven *Saló o los 120 días de Sodoma*, de Pasolini, «una película lamentable, hipócrita y dieciochesca».[407] El día siguiente continúan en Florencia: galería de los Uffizi, Academia de Bellas Artes, museo de San Marcos y capilla de Los Médici. Después de almorzar parten para San Gimignano, Volterra, Colle di Val d' Elsa y Siena. En esta localidad se detienen en la catedral, el baptisterio de San Giovanni, el santuario de Santa Catalina y la Pinacoteca. Pernoctan en el hotel Continental y salen muy temprano hacia Arezzo, donde observan de cerca los frescos de Piero della Francesca en la basílica de San Francisco. Escriben una tarjeta postal a Sarrión, con la Magdalena: «Martínez! Día llegará que abandones el modernismo a cambio de verdades más permanentes. Juan. Aquí tendrías un buen vocabulario: además de bocata y ducata hay entrata, pastata, anunziata, lavata, etc. Abrazos. Juana». Almuerzan en Urbino y pasan por Pésaro, la pequeña República de San Marino y Rimini, donde visitan el Templo Malatestiano. Pernoctan en el hotel Jolly de Ravenna y envían una postal a Virginia Careaga, en Pasaje Andreu, 4 (Sevilla): «Guarda comme un cuore senza palpito. S' increde en la contemplazione dell' eterna futilitá. Juan. Y añade unas letras su hija: «Aquí en Italia tanto turismo que no quedan postales para mandarte una diaria. Tienes que ver Italia. Abrazo. Juana». Más recorrido: iglesia de San Vital, Mausoleo de Gala Placidia, basílica de San Apolinar el Nuevo, San Apolinar en Classe, San Giovanni Evangelista, la catedral... Viaje de Bolonia a Piacenza y de ahí a Génova, para dormir en el hotel Colombo. Tras pasar la noche en el *canguro*, el 22

406. Transbordador que cubre el trayecto Barcelona-Génova.
407. *Op. cit.*

de mayo llegan a Barcelona y emplean la tarde con Rosa y sus chicos en el Parque de Montjuic. Hacia las nueve de la noche Juan y Juana salen hacia Madrid; hacen un alto en Fraga para aplacar el hambre y descansan en el hotel El Ciervo.

Vuelta a la normalidad. Oficina, almuerzos, cenas, comités de Alfaguara... Llamadas. Inquieta por las noticias del enfado de Juan, Alicia telefonea desde Londres. Rosa también recurre al teléfono para pedirle detalles sobre el frente de Aragón en la Guerra Civil y le comunica la compra de un barco. Su tono es, por primera vez en seis meses, «espontáneamente amable y cariñoso»[408] según Benet, quien, el 27 de mayo, comienza por segunda vez a escribir un ensayo sobre Thomas Mann. El mismo día le hacen entrega del primer ejemplar de *En el estado*, cuyo informe de lectura dice así:

> Novela sin argumento alguno, en la que varios personajes van amontonando sin orden ni concierto una serie de recuerdos, sensaciones, disquisiciones semifilosóficas, sueños, etc. Imposible adivinar la tesis del autor, ya que, además, la forma es muy kafkiana, sin lógica aparente, hecha tan sólo por cabriolas literarias, por frases con mucha musicalidad y colorido, pero vacías o de dudoso contenido en su conjunto.
>
> La novela no contiene inconvenientes en materia política. Tampoco es muy abundante su carga erótica. Pero hay una escena extremadamente delicada (pgs. 75 a 79) en la que una niña de primera comunión es violada por un anciano. La escena está descrita con cierto tono intrascendente y un aire humorístico, que –salvo mejor opinión– le quita fuerza y malicia, por lo que tal vez podría tolerarse. (Hago notar que aparecen bastantes frases en francés y alguna en alemán, idiomas que el lector no domina).
>
> NO IMPUGNABLE
> (Pie de imprenta: completo)
> Madrid, 30 de mayo de 1977.[409]

Un ejemplar de *En el estado* se lo regaló a su madre con esta dedicatoria: «Al ser que me dio la vida. Juan». Su amigo Alfio Martín Olarte, después de hojearlo, lo compró porque le pareció legible y se acercó a él para decirle: «Juan, dedícame éste que me parece que sí voy a poder leerlo».[410] Benet escribió: «Para Alfio, en la

---

408. *Ibíd.*
409. AGA, 7306150.
410. *Medio siglo de anécdotas de la construcción contadas por sus protagonistas*, varios autores. Necso Entrecanales Cubiertas, Madrid, 1998.

confianza de que esta vez la lectura no acabe aquí, y en la esperanza que no sea el último. Con doble interés y amistad. Juan».

Rosa Regás ha viajado a Madrid. El primero de junio, acompañada de Juan, cenan en la calle de Recoletos, donde viven Mariona Pagés, madre de Rosa, y su compañera Matilde. Al convite se une la bella Carmen Díez de Rivera, recién abandonado su cargo de jefa del Gabinete de Adolfo Suárez. El día después por la noche en Pisuerga Juan y Rosa ofrecen un convite en compañía de Álvaro Pombo, hace poco llegado de Londres, Sarrión, Chamorro, Salinas, los Hortelano y Natacha Seseña. Después de una alargada velada se levantan tarde y almuerzan con don Pablo en un restaurante gallego, luego asisten a un cóctel de la distribuidora Enlace en el hotel Velázquez, donde coinciden con Chamorro, Barral, Sarrión, Carmiña, Castellet, Ángel González, Gabriela Sánchez Ferlosio... y finalmente Juan lleva a Rosa al aeropuerto.

Fin de semana con los chicos en Zarzalejo, desde donde Benet se desplaza a una cena multitudinaria en casa de Pedro Altares, en Torrecaballeros, cerca de Segovia. De nuevo en la finca, el ingeniero disfruta de los placeres de la sauna y la piscina y recibe a don Pablo, que llega en moto. Y en el regreso a Madrid el novelista comparte mantel en la sede de Alfaguara con tito Jaime y Aliocha Coll, un joven escritor madrileño residente en Barcelona, de enorme talento y escritura aventurada; extraño y culto, de excelentes modales, éste les cuenta que pretende marcharse a vivir a Canadá. Seguidamente otro joven, Jorge A. Marfil, entrevista a Benet para la revista *El Viejo Topo*.

La editorial Alianza publica *Cuentos completos 1* y *2*. En el primer volumen se recogen todas las narraciones situadas en el espacio regionato y en el segundo todas las restantes. Benet le regala y dedica los dos volúmenes a Alicia Gimeno: «Para Alicia, al comienzo del Semestre con el cariño profético. Juan» (vol. 1). »A Alicia, por segunda vez y, en tono más sosegado, con gran cariño. Juan» (vol.2). A Sarrión le dedica un ejemplar del primer volumen: «Para Antonio, el completo. Juan.»

Por la mañana el autor firma ejemplares en la Feria del Libro de Madrid y después de almorzar con Pradera, Claudín y el matrimonio Alfredo Deaño y Mercedes Cabrera, el 9 de junio, sube al avión que lo lleva a Barcelona por mandato de la empresa. Con Rosa pasea por Las Ramblas, cenan en el barrio del Born con mucha plática y pasan la noche en La Gaya Ciencia. TVE emite una entrevista grabada de Miguel Bilbatúa con Juan Benet en el programa *Encuentros con las Letras*, por la edición de *En el estado*. El domingo 12 de junio el novelista regresa a Madrid. La campaña electoral lo ocupa todo; en Pisuerga, Peche y Chamorro cenan con Benet para ver en el televisor el desfile de los líderes políticos. Dos jornadas después, el 15 de junio se celebran los primeros comicios desde la Segunda República; Benet decide abstenerse y a la noche, en compañía de Barbara Probst, a bordo del Daimler modelo Sovereignę de color marfil con el volante a la derecha que acaba de comprar de segunda mano, matriculado en Gran Canaria y que estrena para la ocasión, llegan a la fiesta que celebra el diario *El País*. En la quinta planta del edificio se reúnen más de doscientas personas; allí coinciden con Javier Pradera, Fernando Claudín, Gabriela Sánchez Ferlosio, Pedro Sainz Rodríguez, Elías Querejeta, Juan García Hortelano, Alberto Oliart, Jesús Aguirre, Felipe González, Carmen Romero, Francisco Umbral, Carlos Saura, Luis García Berlanga, Fernando Rey, Antonio Buero Vallejo, Paul Preston, Manuel Arroyo, Hugh Thomas, Carmen Díez de Rivera y muchos otros. Entre comentarios, un debate y unos canapés, la noche transcurre con unos resultados muy favorables para Adolfo Suárez y su partido Unión de Centro Democrático (UCD) con ciento sesenta y cinco escaños. Le siguen el PSOE de Felipe González con ciento dieciocho y el Partido Comunista de Santiago Carrillo con veinte diputados.

Rosa Regás llama para despedirse de Juan Benet porque se marcha de viaje a Londres por una semana. Por otro lado, Alicia Gimeno ha llegado a Madrid y cena con Juan en el Mesón de Fuencarral; éste le regala un ejemplar de *Pięć opowiadań i dwie bajki* (*5 narraciones y 2 fábulas*), editado en Varsovia (Polonia): «Para Alicia, en el calor de la fiesta. Su siempre devoto y apasionado Juan».

Con motivo del segundo aniversario de su muerte se inaugura la exposición «Presencia de Dionisio Ridruejo» en la Biblioteca Nacional con textos y fotografías del escritor y político soriano. En el mismo edificio, el 22 de junio se le rinde homenaje en una velada literaria a la que asiste Benet. En la mesa, presidida por Dámaso Alonso, se reúnen Luis Rosales, Domingo García-Sabell, Félix Grande y Carmen Díez de Rivera. Al finalizar el acto se le da una cena de despedida a Barbara Probst, con el matrimonio Hortelano, Jaime Salinas, Manuel Arroyo, Javier Marías, Luis Goytisolo y Juan Benet.

Para el novelista, el día de su onomástica «pasa sin pena ni gloria».[411] En su domicilio, acompañado por Alicia, Peche, Eduardo, los matrimonios García-Arenal y Oliart, «cenamos lo que podemos».[412]

El presidente del Gobierno Adolfo Suárez nombra a Alberto Oliart ministro de Industria y Energía. Sus habituales, entre quienes está Juan Benet, lo celebran con entusiasmo en el domicilio del nuevo gobernante. Pocos días después el ingeniero vuela a Barcelona enviado por la compañía; toma unas copas con Juan Marsé en La

411. *Op. cit.*
412. *Ibíd.*

Gaya Ciencia y cena con Anna Sallés, Manuel Vázquez Montalbán y Rosa Regás. Asiste a una reunión en la sede de la Empresa Nacional Hidroeléctrica del Ribagorzana (Enher) y almuerza con colegas de la constructora Cubiertas y Tejados (CyT). Juan Ferraté recoge a la pareja en la editorial para comer en Arenys de Mar, después se trasladan a Llofriu, a la casa de Rosa, donde acuden el poeta Narcís Comadira y la profesora de literatura Dolors Oller. Es una noche de largas conversaciones en compañía de unos daiquiris. En otra velada asisten Beatriz de Moura y Toni López Lamadrid, de la editorial Tusquets, y vuelven los daiquiris y las discusiones. El 11 de julio Benet regresa a Madrid y se encuentra con una elogiosa crítica de *En el estado*, firmada por Eduardo Chamorro en *Cambio16*: «Un libro delicioso, que produce carcajadas estrepitosas, consiguiendo que el lector llore de risa».[413]

En Zarzalejo el novelista saborea la calma de la naturaleza y se entrega a los pinceles para representar buques en mar gruesa, actividad que combina con la lectura de *Los Buddenbrook. Decadencia de una familia*, de Thomas Mann. Una vez cierra la casa, retorna a la ciudad para preparar un largo viaje con sus hijos. El 2 de agosto llega de Barcelona David Omedes, hijo de Rosa, y parten en dos coches hacia Inglaterra; Álvaro Pombo ha alquilado una casa en nombre de Juan Benet en Cornwall. El cabeza de familia conduce «La vieja Daimler» como él le llama, con Nicolás, David y Juana. Ramón en el Ford Fiesta lleva a Eugenio y a Rosario, la doméstica. Hacen picnic en Briviesca, cruzan la frontera a las seis y media, meriendan y pasean por Bayona y llegan a Burdeos a las diez y media de la noche. Benet anota pormenorizadamente en su agenda todo el trayecto.

El 3 de agosto escribe: «Salimos de Burdeos a las 8 ½ para llegar a las 12 a Poitiers tras comprar vino y viandas. Visita y comida frente a la catedral de Poitiers. Llegamos a Le Havre por el puente de Tancarville a las 9 y embarcamos a las 10 en el «Viking Venturer» rumbo a Southampton. Noche en cubierta». Recorren Salisbury, Avebury y Stonehenge y llegan a St. Austell. En Trescore Cottage, la casa alquilada en las proximidades de la costa, les espera el señor Pombo. Rodeada de prados, la vivienda de dos plantas con jardín, está situada frente al Canal de la Mancha. Tienen de vecinos a unos granjeros. La localidad más próxima con todo tipo de servicios es Truro, capital y centro administrativo de Cornwall, donde van a hacer compras. El 6 de agosto ven a la reina Isabel II y al duque Felipe de Edimburgo en el curso de su visita jubilar al condado. Pasean, toman cerveza con caballa ahumada y recorren los pueblos Veryan, Philleigh, Portscatho, St. Maws, Newquay,

413. «La más disparatada extravagancia», Eduardo Chamorro. *Cambio16*, n.º 292, 11-17 de julio de 1977.

Probus... Van a la playa de Pendower, de aguas frías, suben al King Henry Ferry para ir a Falmouth, a los acantilados de Lizard Point, St. Michel's Mount, Penzance y St. Ives. Pombo les visita los fines de semana y con él también hacen excursiones, como la de la aldea Tintagel con su castillo asociado a la leyenda del Rey Arturo, o la de Port Isaac.

Benet prepara el texto «A short Biograhia Literaria», escrito directamente en inglés para su emisión radiofónica en la BBC, donde cuenta sus pasos como escritor, sus primeras lecturas, sus gustos, sus preferencias, las vicisitudes de la vocación literaria. Mientras, en España, la revista *Play Lady* –un producto más de la fiebre del destape– publica una larga entrevista de Lola Salvador con Juan Benet.[414]

Desde Trescore se desplazan a Londres Juana, Eugenio, Benet y Pombo; pasan por Bristol, Bath y cenan en un restaurante griego para luego dormir en un hotel de Paddington. Después de un recorrido por las salas de la Tate Modern, la tarde del 17 de agosto, asisten a la grabación radiofónica en la BBC y luego de cenar en un restaurante húngaro visitan el barco museo HMS Belfast (C35), anclado en los márgenes del Támesis; pasean por la City y van al cine. La jornada siguiente viajan a Winchester, capital del condado de Hampshire, y Dorchester, en Dorset, donde residió Thomas Hardy. Llegan de noche a Trescore. En Truro, el novelista adquiere nueve volúmenes sobre la Segunda Guerra Mundial y en Falmouth compra unas piezas del Daimler y un jersey para regalar a Rosa Regás.

El 28 agosto desde Weymouth los Benet, David y Rosario con los dos vehículos cruzan el Canal de la Mancha hasta la terminal del ferry en Cherburgo; hacen una excursión a Normandía y la playa de Omaha, lugar del desembarco del Día D, a Bayeux, primera ciudad liberada durante la batalla en 1944 –paisajes y localidades proustianas aludidas en *Por el camino de Swann*–, suben al rocoso Monte Saint-Michel con su admirada abadía gótica y pernoctan en Rennes, capital de la región de Bretaña. El día 29 se detienen en Nantes y salen para la isla de Noirmoutier. A continuación visitan La Rochelle para hacer noche en Burdeos. Vía Mont-de-Marsan, Saint-Jean-Pied-de-Port, Roncesvalles, el 30 de agosto almuerzan tarde en Pamplona y cenan en Soria, en la dehesa Valonsadero.

En Madrid el 31 de agosto el ingeniero retoma la rutina. Regresa con los amigos a las veladas del Dickens en sus confortables sillones de mimbre al aire libre. Uno de ellos, el antiguo sacerdote jesuita Jesús Aguirre, un volteriano malicioso que desde la editorial Taurus divulgó el pensamiento de la Escuela de Fráncfort, es nombrado director general de Música y Danza.

---

414. «Encuentros con... Juan Benet», Lola Salvador. *Play Lady*, n.º 61, 15 de agosto de 1977.

Tras visitar las obras de los túneles Andorra (Teruel) y la mina La Oportuna, Benet sigue a Lérida y en la estación se reúne con Rosa Regás el 9 de septiembre. Continúan por carretera hacia Pont de Suert, con un baño en el río y una merienda; pernoctan en el hotel Manantial, de Caldas de Bohí. Reanudan el camino a la obra de los saltos de Moralets, con un tentempié se bañan en el Noguera Ribagorzana, aguas abajo de Bono. Se hospedan en un hotel junto al pantano del Noguera Pallaresa y se entregan a unos baños de lodo. En sus muchas conversaciones Rosa le da la idea a Juan para escribir la leyenda del Numa. El ingeniero inspecciona la recién comenzada construcción del primer túnel de Moralets, de mil cuatrocientos cincuenta metros con una sección de treinta metros cuadrados en forma de herradura. La pareja llega a Barcelona el día 11, con la celebración de la Diada. Benet elude las aglomeraciones y se va al cine. Los días posteriores el novelista recorre librerías de viejo, asiste a la sede de CyT y el 13 de septiembre regresa a Madrid con un alto en Alcolea del Pinar (Guadalajara) para adquirir un cordero. Y todavía con tiempo para tomar una copa con Alicia.

El transporte del *topo* desde Madrid tiene problemas a su paso por la ciudad de Zaragoza, a causa de la limitación de carga en un puente sobre el rio Ebro, lo que hace necesaria la actuación de Juan Benet ante los organismos municipales. El 15 de septiembre el ingeniero llega a Zaragoza y busca una salida para portear la tuneladora Robbins.

Eugenio, que aún no ha cumplido quince años, le vende a Virginia un cuadro pintado por él de la perra *Landau* en las escaleras de la puerta del jardín de Pisuerga. El lienzo al óleo es de pequeñas dimensiones (32,5 × 24 cm) y en el reverso escribe: «Para Virginia con cariño. E. Benet 16 sep.77». Una fecha después, el padre recibe la visita de Fernando Sánchez Dragó para proponerle ser entrevistado en TVE dos días más tarde. Acabada la grabación y tras abandonar los estudios de Prado del Rey, Benet va con Alicia al cine a ver *El acorazado Potemkin*, de Serguéi Eisenstein. La jornada siguiente regresa a TVE para terminar de grabar la segunda parte de la entrevista.

El 24 septiembre, en Zarzalejo, en compañía de Alicia y su hijo Ramón, Benet comienza con gran intensidad la novela «Una leyenda: Numa» por el procedimiento del rollo. Llama Rosa, y cuando se entera de que él ha hecho un viaje exprés en tren a Moralets, le afea no haber ido a verla a Barcelona. «Me reprocha mi falta de ayuda en relación con su próxima operación y me deja muy herido. Ceno con Alicia y me voy pronto a la cama, sin copas, bastante triste»,[415] escribe Benet.

De trámites, el ingeniero pasa la mañana en el Ministerio de Obras Públicas. La tarde del 5 de octubre habla con Rosa, quien le confirma su intervención quirúrgica para el día siguiente. Luego él termina el ensayo sobre los límites del arte narrativo, con aplicación a *José y sus hermanos*, de Mann. Un día después a Vicente Aleixandre le conceden el premio Nobel de Literatura, pero no podrá ir a Estocolmo por motivos de salud: hace unos meses fue operado de un glaucoma. El galardón significa un gozo inmenso para los amigos y admiradores del poeta, sobre todo para los jóvenes, como Antonio Martínez Sarrión, quien, a petición del maestro y académico, llevó a Benet a su chalet en el número 3 de madrileña calle de Velintonia. Fueron acompañados de Félix de Azúa una tarde de primavera. Aleixandre, hijo de ingeniero y al corriente de los gustos del novelista, dispuso en la mesa una botella de Johnie Walker Black Label. Entre ellos «funcionó un pacto tácito que condujo directamente al tuteo mutuo a las primeras frases intercambiadas».[416] Juan tiene noticias por Matilde, pareja de Mariona Pagés, de que la operación de Rosa ha sido plenamente satisfactoria. Vuela a Barcelona el viernes para verla en la clínica Dexeus y llevarle unas flores. Almuerza con la familia y con ella tiene una conversación en tono de reproches. Regresa a Madrid para cenar en casa del ministro Oliart con los Hortelano, García-Arenal, Pombo, Chamorro, Sarrión, Alicia Gimeno y Teresa Bordón. Se bebe todo.

Con la consiguiente resaca mantiene una larga conversación telefónica con Matilde que supone un cierto alivio para Juan. También habla con Alicia sosegadamente. El escritor pasa todo el domingo en casa leyendo *Kingship*, del antropólogo Arthur Maurice Hocart. A la hora de cenar llega Alicia y ven un filme de los hermanos Marx.

Rosa llama varias veces con diversas acusaciones. Juan no es indiferente a las inculpaciones y se produce la desavenencia. Ella insiste y se confirma la ruptura con las palabras finales: «Hasta nunca».[417] Por teléfono Juan le cuenta a Matilde el estado en que ha quedado su relación con Rosa. El 11 de octubre a las tres de la tarde el programa de TVE *Los escritores*, emite un coloquio con Juan Benet, entrevistado por Lola Martínez y Mercedes Ballesteros por la aparición de su novela *En el estado*. A sabiendas de que sería un necio cuestionario, el autor se lo puso difícil a las presentadoras e intentó orillar las preguntas prosaicas y no prosaicas; con continuos ademanes de fastidio, Benet dejó la impronta de antipático. Para él los periodistas saben

415. *Op. cit.*
416. *Jazz y días de lluvia (Memorias y III)*, Antonio Martínez Sarrión. Alfaguara, 2002.
417. *Op. cit.*

de todo un poco y de nada mucho, «una gente que vive de lo que los demás les cuentan para administrarlo a su antojo al amparo de uno de los grandes fraudes sociomorales de nuestra época, el *deber* de informar».[418]

Finalizado un almuerzo en casa de los García-Arenal en compañía del matrimonio Caneja, Juan Benet y Alicia, en el Ford Fiesta, parten hacia Aragón con parada en Medinaceli. Hacen noche en Alhama, en el admirable balneario Guajardo; siguen a El Frasno y Aranda de Moncayo para visitar el emplazamiento de la presa del embalse de Maidevera. Hacen una parada en Montenegro de las Vicarías y de allí toman rumbo a Sigüenza donde pernoctan en el parador, una alcazaba árabe. Una vez en Madrid Juan llama de nuevo Rosa Regás, con un cambio absoluto de actitud, para un encuentro en el fin de semana. Juan acompaña a Alicia a la Facultad y ella sufre una crisis de llanto. A Benet le invade la zozobra.

El viernes 14 de octubre llega Rosa a las tres y media y comen en Pisuerga. Ven la primera parte de la larga entrevista de Fernando Sánchez Dragó en el programa *Encuentros con las Letras*. Dura dieciséis minutos. Benet, luce jersey con cuello a la caja por el que asoman las puntas de la camisa oscura, habla de la diversión, de sus años de estudiante en la Escuela de Ingenieros de Caminos, de su esfuerzo por el ingreso y de cómo le echaron de la academia donde intentó dar clases, de su afición a la lectura siendo bachiller, de la admiración por su hermano Paco, una de las pocas personas excepcionales que ha conocido en su vida. A la insistencia de Dragó en qué otras personas vivas las considera excepcionales, Benet cita a Pepín Bello y a Rosa Regás. También habla de su descubrimiento de Faulkner, etcétera.

Por la tarde la pareja va a Zarzalejo, donde tienen una reconciliación plena. Según Benet, «poco menos que un milagro».[419] El domingo los amartelados disfrutan de una sauna y regresan a Madrid para que Rosa suba al avión de las diez. «Es la plena y franca y más excitante y exquisita reconciliación»,[420] apunta Juan.

El autor retoma la redacción de la segunda parte de «Saúl ante Samuel». Alicia, afligida, no aguanta más y se despide por teléfono. Con su compañero Diego de Llanos y su hijo Ramón, estudiante de ciencias geológicas, Benet viaja en coche a la Sierra de Cazorla para ver la cerrada, punto donde se construye la presa, del embalse de Negratín.

El 21 de octubre nueva emisión de *Encuentros con las Letras*. Dragó vuelve a entrevistar a Benet y charlan sobre *Volverás a Región*. Alicia decide retornar y se

---

418. «El tonto de la familia», en *Páginas impares*, Juan Benet. Alfaguara, Madrid, 1996.
419. *Op. cit.*
420. *Ibid.*

marchan al cine Amaya con su hijo Nicolás y Sarrión a ver *Un puente lejano*, de Richard Attenborough. La jornada siguiente Alicia va a Pisuerga para despedirse de Juan que viajará a Albuquerque, invitado por Ángel González al Simposio Internacional de Literaturas Hispánicas en la Universidad de Nuevo México, centro donde el poeta ejerce de profesor. El 23 de octubre, Juan Benet vuela en Iberia con Juan García Hortelano y su mujer María Jesús Martín-Ampudia de Madrid a Nueva York. Al llegar a las cinco de tarde pasean con Barbara Probst, cenan en su casa una zarzuela de mariscos y les ofrece hospedaje para pasar unos días en la ciudad.

Mucho callejeo por el centro, con atención especial a la catedral de San Patricio, a los museos Guggenheim y Metropolitan; los barrios del Bronx y Harlem también son motivo de interés. Barbara ofrece un cóctel en su domicilio con la asistencia de treinta personas, en la que se mezclan editores, periodistas, profesores, actrices... El día 26, tras el tercer intento frustrado por entrar al museo de Arte Moderno, se encuentran en el aeropuerto de La Guardia, en Queens, con el poeta José Hierro, que también vuela a Albuquerque, donde son recibidos por Ricardo Gullón, el cantautor Pedro Ávila, Ángel González y su ex mujer la hispanista estadounidense Shirley Mangini, en cuyo domicilio esa noche celebran una fiesta. Los invitados se hospedan en el hotel Hiway. El simposio abre con la intervención de los poetas. Benet tiene predilección por el mexicano José Emilio Pacheco, según sus notas.

Durante las jornadas, entre el 27 y el 29 de octubre, Hortelano, gran narrador de enorme pericia expositiva, tiene un encuentro con un hispanista francés que le confunde con el otro Juan, lo que aprovecha Hortelano para vengarse de las malicias de su amigo. «– Señor Benet –Sí, dígame, dígame –Usted ha innovado la literatura española, un caso singular... –No, yo no sé por qué me dice esto. No soy consciente de lo que me está usted diciendo...» Y Hortelano utiliza un paradójico tono modestísimo: «–No, mire: Yo soy ingeniero. Y de lo único que sé es de ingeniería. Lo de escribir es algo de los domingos... Pero le voy a hacer una confesión: Como sé inglés, copio a Faulkner, traduzco a Faulkner». Y perplejo, le responde el hispanista:»-Lo último que me podía imaginar señor Benet, es que fuera usted tan humilde».[421] Cuando supieron que en Albuquerque se estaba celebrando el Festival Internacional de Globos Aerostáticos, la mayor concentración del mundo (unos quinientos cada año), Hortelano se empeñó en subir a uno de esos aparatos, una vieja ilusión, pero fue inmediatamente disuadido por su mujer y por Benet. María padecía un vértigo enorme al vacío y a la velocidad, lo que la incomodaba para viajar en avión. «Benet

421. Testimonio de Jorge Lozano, registrado en magnetófono el 22 de octubre de 2018.

me llenó el bolso de tijeras que compraba. ¿Cómo voy a pasar el control del aeropuerto con mis tijeras en la mano?, me decía él».[422]

Después de la intervención de los narradores Juan García Hortelano, el colombiano Manuel Zapata Olivella y Juan Benet se clausuró el simposio y Gullón, Álvarez y los Juanes con las mujeres se marcharon de excursión al despoblado Madrid, Los Cerrillos y la ciudad de Santa Fe, donde cenaron en el hotel La Fonda. Cambian al condado de Taos,[423] uno de los primeros asentamientos españoles, para detenerse en la iglesia de San Francisco de Asís, una pequeña misión construida en adobe en la villa de Ranchos. A diez millas al noroeste llegan al Cañón del Río Grande y al George Bridge, puente de arco de acero a través del desfiladero donde Benet disfruta saltando de orilla a orilla el río Grande. El 31 de octubre vuelven a Albuquerque y de ahí a vuelan a Nueva York. Regresan a casa de Barbara Probst.

Por mediación de la neoyorquina cenan con Tom Wicker, el periodista que dio la noticia del asesinato de Kennedy para *The New York Times*. El 1 de noviembre logran acceder al museo de Arte Moderno y por la tarde los Juanes ofrecen una conferencia en la New York University, donde «casi los echan a patadas porque hicieron el gamberro», según María. En un restaurante del Greenwich Village los tres amigos celebran una cena con Barbara, Nicolás Sánchez-Albornoz, la traductora Inés Delgado de Torres[424] y Eduardo Mendoza, intérprete en Naciones Unidas. Hortelano le introduce: «Éste es el que ha escrito *La verdad sobre el caso Savolta*», novela que reconcilió a los lectores con la ficción. La respuesta de Benet es: «Bah, bah».[425]

El último día dedican tiempo para hacer unas compras, visitan la Frick Collection, en Manhattan, comen con Barbara en el restaurante indio Nirvana, en un ático frente a Central Park, y vuelan a Madrid en la aerolínea TWA, a donde llegan el 4 noviembre a las ocho y media de la mañana. Sin tregua, Juan Benet pasa por su casa y se incorpora a la oficina, desde donde llama a Rosa. Esa misma tarde vuela a Barcelona y de allí los amantes se marchan a Llofriu. Tres días después, tras una sesión de trabajo en CyT, Rosa y Juan viajan a Madrid. El 9 de noviembre la pareja y Nicolás Benet van a Zarzalejo para supervisar el estado de la finca. Comida, sauna y billar con Nicolás, quien vence reiteradamente pese a que su padre pide con insistencia una revancha. Por la noche en Pisuerga celebran una cena con Sarrión, Chamorro y el señor Pombo, quien ha ganado el premio de poesía El Bardo, con *Variaciones*.

422. Declaraciones de María Martín-Ampudia, grabadas en casete el 19 de febrero de 2014.

423. A propósito de ese viaje a Taos, Ángel González solía decir que Juan Benet era la persona que mejor leía el paisaje (Testimonio de Susana Rivera).

424. Cuñada de Alberto Oliart y casada con el poeta Galway Kinnell.

425. Testimonio de Eduardo Mendoza, recogido por teléfono el 25 de junio de 2015.

Rosa regresa a Barcelona y el novelista, que encargó al contramaestre de taller de la compañía, Manuel Rivera Duch, el andarivel porta rollos para narrativa continua –algo así como un blondín para escribir a máquina–, examina en el almacén su montaje y le parece que ha quedado perfecto. Chamorro y Peche llevan a Pisuerga una pequeña gata a la que llaman Doblas y se quedan a cenar con Francisco García Pérez, *El Tesinando*, recién llegado de Oviedo. Benet prosigue con la iniciada segunda parte de «Saúl ante Samuel».

Gabriela Sánchez Ferlosio y Javier Pradera atraviesan una nueva crisis matrimonial. Ella se refugia en amigos de confianza como su cuñada Carmiña, Jesús Aguirre y Juan Benet, con quien almuerza el 16 noviembre en el restaurante italiano Alduccio (Concha Espina 8). Gabriela, deprimida y desolada, le hace un relato completo de sus incidentes matrimoniales. Juan trata de darle consuelo y se despiden. Por la tarde Benet tramita la adquisición de una motocicleta Jawa de 350 cc. de color negro y luego cena con la persistente Alicia.

Benet envía a Barcelona a Pablo Segovia, nuevo chófer sustituto del jubilado Juan Molet, a recoger a Rosa Regás y su hijo Loris en un Seat 131. Una vez en Madrid, la pareja cena en casa de Natacha Seseña con José Luis Aranguren, Pedro Altares y el matrimonio Hortelano. Cuando Juan y Rosa llevan a casa a Juan y María, El Horte le cuenta a su tocayo que Gabriela está hospitalizada grave tras un intento de suicidio, lo que le deja intranquilo. En la oficina, el 23 de noviembre a Benet le comunican la posible fusión de MZOV con CyT. Más preocupaciones. Luego pasa casi todo el día en el comité de Alfaguara. Cinco días más tarde, después de tomar unos whiskies con Alberto Machimbarrena en el pub Mr. Pickwick's (Pintor Rosales 48), Juan cena con Gabriela en Casa Anselmo (plaza de las Salesas) y ella se explaya en las vicisitudes de su tentativa por quitarse la vida. Ha estado gravísima, en coma. Se alegra de estar viva.

La pintora Margarita Suárez-Carreño, sobrina del autor de *Las últimas horas*, tras localizar el teléfono del novelista acude a Pisuerga 7 para solicitarle un texto sobre su obra; en *Arquitectura*, publicación del Colegio Oficial de Arquitectos de Madrid, pretenden dedicarle unas páginas. Con anterioridad se lo comentó al crítico Francisco Calvo Serraller, quien no lo vio con buenos ojos. «Es un tío raro», le dijo sobre Benet. En su encuentro, Marga le indica: «Me ha dicho Paco Calvo que no escribas de mí. Que no me menciones, que hables genéricamente», a lo que el escritor madrileño replica: «Pero qué idiotez. Cómo que no hable de ti. ¿Entonces de qué hablo?».[426]

426. Conversación con Marga Suárez-Carrero, registrada en magnetófono el 4 de noviembre de 2014.

La tarde del 6 de diciembre, en el taller galería Grupo 15 (calle de Fortuny 7), fundado por la crítica de arte María de Corral, esposa del ingeniero de caminos Julio Martínez Calzón, se presenta una plancha del grabador y pintor José Guerrero, acompañada de una página manuscrita de «En el estado», de Juan Benet.

El día de Nochebuena llegan a Pisuerga Alicia Gimeno y su hermana Elisa. Se suma un apesarado Javier Marías que acaba de enterrar a su madre Dolores Franco. Celebran una cena con un exquisito pavo preparado por Juana Benet. Como es tradición, la Navidad la solemnizan con el banquete familiar en Casa Botín (Cuchilleros 7).

En Zarzalejo Benet dedica los días a «Numa» en compañía de Rosa. El sábado 31 de diciembre discurre con una sauna descomunal con vodka y nieve y una cena memorable entre Juan, Rosa, El Moderno y los chicos para decir adiós a «un año inquieto y cambiante».[427]

427. *Op. cit.*

Juan Benet, Txaro Santoro y Eric Satué, en Villalcampo (Zamora, agosto de 1976).
Autora: Rosa Regás. Cortesía de Txaro Santoro

Casa de Zarzalejo, en la actualidad (Archivo JBF)

15

MOTORIZADO

DE ACUERDO con sus notas, el 1 de enero de 1978, el novelista inicia el año en Zarzalejo de excelente humor. La pareja regresa a Madrid y Rosa pierde el avión a Barcelona, lo que les obliga a madrugar al día siguiente para volver al aeropuerto. Despedida Rosa, Juan adquiere algunos discos y pasa la tarde con audiciones y la lectura de Suetonio.

El 3 de enero el ingeniero le pide al conductor Pablo Segovia recoger la Jawa del garaje de la calle de Ayala y llevarla hasta El Retiro para ejercitarse con ella. «Don Juan iba con el coche de la empresa hasta allí, donde practicaba, pues no tenía mucha destreza en la conducción».[428] Durante el ensayo llega a alcanzar los sesenta kilómetros por hora, conforme a sus anotaciones.

Con Pablo Segovia envía a los hijos menores a Llofriu, a la casa de Rosa. El día después Benet viaja con su primogénito y Sarrión al encuentro con el resto, no sin antes hacer una parada en Alcolea del Pinar para comprar un cordero. En la misma fecha a las once de la noche TVE emite el programa *Trazos*, dirigido por Paloma Chamorro, en el que participa el novelista con motivo del grabado de José Guerrero sobre el texto de «En el estado». La epifanía de Reyes la celebran con un banquete, cuyo plato principal es el cordero. Por la noche mucha juerga y baile con alucinógenos incluidos.

De vuelta a Madrid, Antonio, Juan y sus cuatro hijos cenan en Fraga, duermen en un hotel de Los Monegros y el 9 de enero, después de engullir un cabrito asado en Jadraque, llegan a Pisuerga, donde se presenta Javier Marías con el texto original «El monarca del tiempo».

Nueva bronca: «Rosa me arma injustamente un cristo a cuenta de Alicia».[429] Benet decide llevar la moto a su domicilio y comprar la casa de la tía Flora, en la calle del Almendro 7, un edificio antiguo con sótano en el barrio de La Latina. Según la

428. Declaraciones de Pablo Segovia, grabadas en magnetófono el 24 de febrero de 2015.
429. Entrada del 11 de enero. Agenda 1978. Arch. JB/1/13, BNE.

leyenda, en ese subsuelo estuvo oculto el bandolero de Lavapiés Luis Candelas. Don Pablo entrega a Juan dos cheques para el pago del inmueble. Hace un frío rabioso y el ingeniero se encierra en Zarzalejo a escribir «Numa», en el rollo; el viento ha tronchado el pino más hermoso de la finca. Afectado por la riña de Rosa, Juan sufre insomnio. Comienza a transcribir la novela a folios. El 16 de enero pasa todo el día en cama con fiebre y bronquitis, leyendo la correspondencia de Thomas Mann y Károly Kerényi.

Sus obligaciones le llevan en avión a Barcelona para visitar las obras del embalse de Llauset, en la provincia de Huesca. Tras cenar con Rosa en Barcelona y pasar la noche en La Gaya Ciencia, la pareja viaja a Madrid el 20 de enero. Por la tarde, acompañados por Sarrión, se acercan a Velintonia 3, la residencia de Vicente Aleixandre y su hermana Conchita. El Nobel sufre un herpes zóster que le afecta a los ojos y apenas puede leer. Rosa, a través de su hija Anna que estudia en la universidad de Aberystwyth (Gales), le promete conseguirle «una lupa de lectura muy indicada para enfermos con su lesión ocular. O mejor, le enviaría dos lupas, una para el poeta y otra para su hermana».[430]

La revista *Arquitectura* publica «La ciudad vista por M. Suárez-Carreño»,[431] con la firma de Juan Benet y acompañado por dibujos de visiones urbanas, elementos industriales, artefactos mecánicos, arquitecturas metálicas, andamiajes. El novelista corrige las pruebas para Seix Barral de «Los felices cuarenta (Una educación sentimental)», de Barbara Probst Solomon, aparecido en Harper & Row en 1971. A la vez sigue trabajando en «Numa».

En compañía de don Pablo subido a una Laverda, Juan marcha de paseo en moto hasta el municipio madrileño de Alcobendas, a quince kilómetros al norte de la capital. Si le faltaba algún elemento distintivo a Benet, ahora anda a lomos de una briosa Jawa. Le gusta el movimiento, gozar de la velocidad. Ha terminado la transcripción definitiva de la leyenda de «Numa» y el 30 de enero su secretaria María Luisa finaliza el paso a limpio de «Hybris» –mitad ensayo mitad novela–, primer título de «Del Pozo y del Numa», un estudio sobre *José y sus hermanos* y el relato «Numa».

El 31 de enero Pablo Segovia lleva al ingeniero a los saltos de Moralets, con la obra paralizada por la nieve. Con otros colegas cena en Les Bordes, especializado en comida tradicional ribagorzana, y hace noche en el hostal Canigó de Pont de Suert, en el Pirineo leridano. Enseguida se dirige a Barcelona para encontrarse con Rosa. El 2 de febrero almuerzan en el restaurante Pekín con Pere Gimferrer y su esposa la

430. *Jazz y días de lluvia (Memorias y III)*, Antonio Martínez Sarrión. Alfaguara, 2002.
431. *Arquitectura*, n.º 210, enero-febrero de 1978.

pianista María Rosa Caminals. Por la tarde Benet asiste a las oficinas de Enher para resolver los problemas de Moralets y esa noche en compañía de Rosa cenan en Le Bistroquet con Gabriel García Márquez y su mujer Mercedes Barcha.

En Madrid, la tarde del 7 de febrero Juan Benet asiste a la exposición de óleos de Caneja en la galería Theo, ahora en la calle del Marqués de la Ensenada 2. En consonancia con el cubismo, Caneja transforma con su paleta el paisaje castellano en formas geométricas llenas de ocres, pardos, grises y amarillos; según la crítica, inventa Castilla.

Alicia Gimeno está de regreso definitivo en España y como quiere independizarse de su madre alquila un piso en la calle de Don Pedro 9, en el barrio de La Latina. Se lo enseña a Juan y cenan en Aroca, en la vecina plaza de los Carros 3, para después tomar unas copas en la Cervecería Alemana (plaza de Santa Ana 6).

Acabado de leer *El asno de oro*, de Apuleyo, Benet sigue con la escritura de «Saúl ante Samuel» y corrige pruebas de «Del pozo y del Numa». Eduardo Chamorro le invita al teatro María Guerrero para ver dos esperpentos de Valle-Inclán: *Las galas del difunto* y *La hija del capitán*. Con Pilar Suárez-Carreño y Augusto Martínez Torres comen unos bocadillos en el Café Gijón. Al llegar a casa, Juan escribe: «Prometo no volver al teatro en 12 años».[432]

La noche del 23 de febrero se celebra una cena multitudinaria en un restaurante francés de la capital. Entre los comensales se cuentan Barbara Probst, Rosa María Pereda, Marcos Ricardo Barnatán, Juan García Hortelano, Nicolás Sánchez-Albornoz, Manuel Lamana, el pintor Álvaro Delgado, su esposa Mercedes Gal y Álvaro, hijo de ambos. En medio de una conversación destartalada se produce un desagradable incidente. A la hora de pedir el importe, Benet, a quien gusta provocar, mirando a Sánchez Albornoz dice: «Bueno, que paguen los del dinero del Kine»,[433] en referencia a uno de los buques soviéticos en que viajó el oro del Banco de España en 1936. El historiador monta en cólera; en principio silenciosa y después estalla con exabruptos contra el novelista. Todos quedan estupefactos. A la salida del local le dice Juan a Nicolás: «Tiene que verte un psiquiatra. Lo que has hecho no está bien».[434]

Según Benet, Rosa llega de Barcelona cargada de problemas. «Por la noche me monta un aparato inquisitorial».[435] Nuevo conflicto. Tres días más tarde, en el hotel

432. Entrada del 18 de febrero, *op. cit.*
433. Testimonio de Álvaro Delgado-Gal, grabado en magnetófono el 5 de octubre de 2015.
434. *Ibíd.*
435. Entrada del 24 de febrero, *op. cit.*

Velázquez, Juan Benet presenta el libro *Los felices cuarenta. Una educación sentimental*, de Barbara Probst Solomon. Luego de la cena echan unos tragos en Bocaccio y ponen rumbo a Pisuerga Juan, Rosa, Peche, Marías, Azúa e Isabel Oliart, cuyo padre cesa como ministro de Industria y Energía el día después.

Tras el amargo fin de semana sufrido con Rosa, según confiesa el ingeniero a su agenda, Juan viaja a Basilea, donde se celebra la conferencia del Eurotúnel. Cavila acerca de su complicada relación sentimental, visita los museos, hace unas compras y se desplaza a Zúrich en tren para volar a Madrid.

El 3 de marzo el domicilio de Benet sufre un nuevo robo; en esta ocasión el objetivo es la motocicleta Jawa. Con apenas quinientos kilómetros, los cacos forzaron el candado de la puerta y se la llevaron en una furgoneta. Alguien le comunica a Juan que Rosa llega a Madrid, pero él se marcha a cenar con Alicia y a las cinco de la madrugada emprenden viaje a Burgos. La nieve les detiene en el puerto de Somosierra y hacen noche en La Cabrera. Emprenden camino a Lerma y a Covarrubias. La jornada después recorren San Pedro de Arlanza, Salas de los Infantes, Canales de la Sierra, sierra de la Demanda, pantano de Mansilla y Nájera. Cenan en Soria y pernoctan en Santa María de Huerta. Nuevas noticias de Rosa: desde Madrid ha ido a Zarzalejo, ha roto un cristal de la ventana y se ha llevado su retrato, según anota Benet en su agenda. A la llegada a su ciudad, el lunes 6 Juan recibe una llamada de Rosa y le cuenta lo sucedido en el fin de semana y le reconoce que ha despejado la incertidumbre.

Para discutir los pormenores de la inminente boda del director general de Música y Danza Jesús Aguirre y Cayetana Fitz-James Stuart, duquesa de Alba, el 10 marzo cenan en Casa Ciriaco Benet, Salinas, Hortelano, Gabriela, Sarrión y su nueva pareja Reyes Montero. Después se encuentran en Bocaccio con Alicia, Peche y sus amigos y prolongan la noche en la casa de la hija de don Pablo.

Antonio Martínez Sarrión recuerda la cantidad de horas en bares, restaurantes y veladas interminables dedicadas a especulaciones, apuestas sobre la calidad, nombres y número de invitados a la solemne ceremonia. Y ensayos prácticos. Los dos Juanes experimentaban una y otra vez el ritual de abrir los coches de la pareja contrayente y padrinos. Se ejercitaban los grados de torsión del espinazo, la cercanía de los labios durante el besamanos, etcétera. Además fundan la sociedad limitada Rumor Hispania, dedicada exclusivamente a glosar y cubrir el esperado acontecimiento, aunque también intentan difundir el bulo sobre un supuesto romance entre Aguirre y la princesa Irene de Grecia, hermana de la reina Sofía y consumada melómana.

El 13 marzo llama Rosa desde Barcelona y le cuenta a Juan que ha estado esquiando en el Valle de Arán. Luego él se va al cine con Alicia a ver *El último tango en París*, de Bernardo Bertolucci, prohibida en España hasta el pasado diciembre. Al día siguiente Rosa insiste e invita a Juan a Barcelona. Sin dudar un instante, después de comer en El Atazar, Benet sube al avión. Traban una larga conversación a propósito del futuro. Entre otras cosas, Rosa le propone ir a vivir a la capital catalana, algo inviable para él. Seguidamente Benet regresa en avión y cena con Alicia.

Con motivo del enlace de Jesús Aguirre y Ortiz de Zárate y Cayetana Fitz-James Stuart, que tiene lugar en la capilla privada del palacio de Liria el jueves 16 de marzo, los Juanes y sus amigos publican un anuncio pagado a escote en la página 38 de *El País* el mismo día: «LA RUMOR HISPANIA LTDA. 'Filial de la Romour inc., N.J.' Anuncia a su distinguida y noble clientela el traslado de sus oficinas centrales a la calle de Princesa, s/n, desde donde seguirá suministrando a la afición madrileña sus habituales y reconocidos servicios. Resultados comprobados. Máxima discreción». Ofició el sacerdote jesuita José María Martín Patino, amigo del novio desde los tiempos del seminario. A la boda asistieron un centenar de convidados. Por parte de Jesús Aguirre firmó como testigo Javier Pradera, instalado en un traje de chaqué. El juez Clemente Auger fue invitado como representante de la autoridad civil. Juan García Hortelano, el mejor cronista posible: lenguaraz y sarcástico. Un soberbio y vanidoso como Benet no podía disputar el protagonismo del nuevo duque.

El 18 marzo se celebra una reunión en MZOV en la que se anuncia la fusión con CyT y a Juan Benet le especifican su «futuro y vago cometido como subdirector de asuntos especiales».[436] Benet vislumbra la espantosa posibilidad de verse alejado de las obras y encadenado a labores administrativas en el despacho de la calle de Ayala. El día después Alicia Gimeno, ante la insistencia de Benet en pedirle matrimonio, llega a Pisuerga para quedarse.

Los sábados tiene lugar una tertulia en la cafetería Parsifal, en la calle de Concha Espina esquina al paseo de La Habana. Participan Javier Pradera, Clemente Auger, Juan Benet, Juan García Hortelano, Elías Querejeta, Jesús Aguirre, José María Guelbenzu. El mordaz Pradera ejerce su maestría con muy malas pulgas. Disfrutan de cafés, copas y del placer de la palabra. Conversan, discuten, chismorrean y tratan de salvar al país que respira los primeros vientos democráticos.

En Semana Santa Benet se desplaza a Zarzalejo con la doméstica Rosario, Alicia, Juan y los dos hijos pequeños: Juana y Eugenio. El mismo miércoles 22 les visitan

436. *Op. cit.*

Eduardo Chamorro y Silvia Llopis, periodista de *Cambio16*. Alicia y Silvia, cada una con su par, ya habían coincidido en el restaurante Sacha en una ocasión. Dan un largo paseo hasta el río Perales y luego Benet se entrega a la novela *El desierto de los tártaros*, de Dino Buzzati. El jueves Alicia toma su primera sauna. El viernes las dos parejas van a comer a Galapagar con los Hortelano y los Machimbarrena y sin mucho esfuerzo pasan toda la tarde de sobremesa. El sábado, todos desnudos, transitan de la sauna a la piscina y a la inversa. En uno de los trayectos, al paso de Silvia, Benet le comenta a Alicia: «¡Qué buen esqueleto tiene esta chica!».[437] El domingo al mediodía aparecen Virginia Careaga y Javier Marías. Se despiden Silvia y Eduardo.

En Pisuerga, el martes 28 Alicia quiere volver a su piso en la calle de Don Pedro. Juan le ha comunicado que Rosa está a punto de llegar a Madrid y Alicia se siente engañada; la situación le parece una tomadura de pelo. Hace su maleta y se marcha muy dolida. Rosa, cuya sombra se hace notar, llega a la hora de la cena. Alicia, con los ojos llenos de lágrimas, telefonea a Juan desde la cervecería Fass. Benet no tarda en aparecer. Hablan largamente y tienen una amarga despedida. El 29 Benet acompaña a Rosa a resolver algunos asuntos y él parte en coche hacia el Valle de Arán con parada en el restaurante Duque de Medinaceli. Compra un cordero en Alcolea del Pinar y cena en Viella. El 30 marzo por la mañana el ingeniero sube a pie a los túneles de Moralets con medio metro de nieve y con los compañeros da buena cuenta del cordero. Tras una reunión regresa a Madrid con cena en la Venta de los Caballos (Zaragoza).

El sábado 1 de abril el novelista escribe una carta conciliatoria en papel azul claro y la mete en un sobre del mismo color para Alicia y luego se dedica a dormitar y perder el tiempo. El domingo antes de comer llega Peche a Pisuerga y le entrega el sobre para su amiga («Para Alicia, en mano»). Peche, muy misteriosamente, se lo lleva a su destinataria, a la vez que le recomienda que vuelva con él. En la misiva Benet se declara culpable del embrollo y del dolor causado a Alicia; le dice que respeta la decisión que pueda tomar ella, pero le pide que piense en volver a vivir con él. Por la tarde se presenta Alberto Oliart para hablarle de su futuro y Txaro Santoro para entregarle un libro de José María Álvarez.

Una fecha más tarde, a mediodía, llama Alicia; Juan la va a ver a su casa de Don Pedro, toman una copa en una tasca de la zona y cenan en el restaurante Aroca. El día después Benet aterriza en El Prat, donde le espera Rosa. Él asiste al almuerzo con el jurado de los premios Mundo: Jorge Semprún, Eduardo Haro Tecglen, Esteban Pinillas de las Heras, Salvador Clotas, Joan Guitart, Jorge Edwards y Sebastián Auger,

437. Testimonio de Alicia Gimeno, recogido el 30 de septiembre de 2015.

propietario del grupo periodístico y editorial. «Por la noche, la cena del premio y el vergonzoso resultado tras la no menos vergonzosa actuación de los jurados»,[438] apunta el novelista. El ganador del premio de ensayo, dotado con un millón de pesetas, fue Fernando Savater con *Panfleto contra el todo*. Los otros premios de novela y entrevistas fueron concedidos respectivamente a Josep Miracle por su obra *Caterina Albert i Paradis «Victor Català»* y a Rosa Montero.

Después de unas sesiones de trabajo e inspeccionar los túneles del salto de Moralets, el 6 de abril Benet regresa a Madrid y se incorpora a la vida rutinaria en compañía de Alicia. El 13 de abril, luego de observar el curso las obras de El Atazar, Juan asiste con Alicia a una fiesta en casa de Hortelano, que les entrega su libro *El grupo poético de los 50. Una antología*; en charla formal, Ángel González le propone a Benet un curso de diez semanas en Estados Unidos.

Vuelve al puente aéreo para estar con Rosa y regresa a tiempo para un almuerzo de toda la familia en el restaurante de cocina vasca Jai Alai (Balbina Valverde 2). A la noche Alicia le hace sus protestas y su decisión de arrojar la toalla, pero el día siguiente por la tarde la pareja emprende rumbo a Alicante en el Ford Fiesta. El 18 de abril visitan el faro de Santa Pola y a la tarde él ofrece una conferencia[439] en el Aula de Cultura sobre la novela en el panorama actual, «con algún éxito», anota Benet. El escritor expuso su poética y arguyó que con la literatura disfruta, le produce placer; le repugna la ciencia, por eso escribe novelas, porque no le gustan las doctrinas y cuando ejercita la escritura lo hace en soledad. Hizo una sinopsis de su trayectoria como escritor; aunque pertenece a la generación del realismo social no nació con ella; reiteró su admiración por Faulkner y dictaminó que después de Cervantes poco había que hacer; en literatura es difícil que vuelva a salir un hombre de su talla; nada es probable, remató. Después concedió una entrevista al diario *Información* y cenó con los organizadores.

La pareja parte hacia Almansa, Teresa de Cofrentes, Cofrentes, Alcalá de Júcar, Jorquera, donde él reconoce el cauce fósil, La Recueja, Tarazona de la Mancha y Cuenca. Tras hacer noche, el 20 de abril llegan a Madrid.

Benet sigue interesado en hacerse con una nueva motocicleta y anda encandilado con una Kawasaki KZ400 de color marrón, que adquiere el 28 de abril. Viaja a Gerona en avión con los Machimbarrena, los recoge Rosa y van a Llofriu –donde corrige pruebas «Del pozo y del Numa»– Hacen excursión a Pals y La Escala. Todos se

438. Entrada del 4 de abril, *op. cit.*

439. Titulada por el editor «Escribir», en *Infidelidad del regreso*, Juan Benet. Cuatro, Valladolid, 2007.

desplazan a Calella de Palafrugell; Juan y Rosa van a ver a Georgina y Oriol en una moto prestada.

En Madrid utiliza la Kawasaki para ir al Dickens con Alicia, aunque ella amaga con retirarse de lo que considera un juego y está en modo de despedida.

El 11 mayo por la tarde Alberto Oliart, en su primera aparición pública desde su salida del Gobierno, ofrece la conferencia «Política económica e industrial» en el Club Siglo XXI, a la que asiste Benet y el señor Pombo, quien, gracias a Oliart, trabaja en Madrid de oficial administrativo en el Banco Hispano Americano. Un día más tarde Juan va a buscar a Rosa con la moto al aeropuerto de Barajas, pero como todavía no se siente muy seguro, le pide a Pablo Segovia que vaya tras él con el coche; luego cenan en la casa de Oliart. El sábado salen de excursión con la moto y hacen noche en El Paular con parada en Miraflores de la Sierra, a orillas del río Lozoya. El domingo 14 la pareja sube al puerto de Cotos y de Navacerrada por una carretera poco transitada, de numerosas curvas y contracurvas entre pinos silvestres de Valsaín; el puño aprieta el acelerador, el viento serrano sopla en las partes que el casco deja al descubierto. A Juan le agrada la celeridad sobre el pavimento. Visitan La Granja de San Ildefonso, en la vertiente norte de la sierra de Guadarrama, y comen en Segovia, desde donde se desplazan a Zarzalejo vía Villacastín y El Escorial.

El 15 de mayo se termina de imprimir *Del pozo y del Numa* para La Gaya Ciencia, en cuyas guardas se reproduce el plano del andarivel del portarrollos utilizado para la narrativa continua. Se hace una tirada de ocho mil ejemplares al precio de venta de trescientas pesetas cada uno. Ese día Benet y Rosa, a lomos del vehículo de dos ruedas, recorren varios pueblos de la provincia de Madrid por carreteras de segundo orden. Desde Zarzalejo van a Valdemorillo –a tomar un plato de jamón–,[440] Fresnedillas de la Oliva, Colmenar del Arroyo, Chapinería y Navalcarnero, donde saborean un «memorable cordero», según anota. Luego acompaña a Rosa a Barajas.

Tras sus quehaceres profesionales sobre el terreno en la obra de Moralets, el 19 de mayo Benet termina la primera redacción de «Saúl ante Samuel», más de cinco años después de haberla empezado. Ocupado en la memoria de la presa de Llauset, en casa pasa a limpio la novela acabada. Recibe una llamada de Alicia y van a cenar a El Puchero (Larra 13); él le regala un ejemplar *Del pozo y del Numa* con la dedicatoria: «Para Alicia, tal vez en el momento en que está más cerca; no lo sé. Mayo 1978. Juan». Luego van al cine Goya a ver *Ese oscuro objeto del deseo*, de Luis Buñuel.

Invitado por Jaime Salinas, el 31 de mayo, el novelista alemán Günter Grass llega a Madrid para presentar la edición española de *El Tambor de hojalata*, después de

440. Entrada del 15 de mayo, *op. cit.*

censurada tantos años. Por la tarde, con motivo del primer aniversario de la renovada Alfaguara, se celebra una fiesta en Bocaccio a la que asisten seiscientas personas. Tito Jaime leyó un largo discurso, Grass dijo unas palabras que fueron traducidas y el acto lo cerraron Benet y Hortelano, quienes «se empeñaron en decir que *El Tambor de hojalata* era un latazo y que iban a leer unos fragmentos de *Trastorno*, de Thomas Bernhard. Estaban completamente pasados de copas y Grass no dejaba de preguntar: '¿Qué pasa, qué pasa? No están bien preparados, ¿no?'. Yo le contesté: 'Eso es. No están preparados'».[441]

La tarde del jueves 1 de junio, Benet telefonea a Rosa y durante la conversación queda cancelada *sine die* su relación. El domingo Juan decide pasear en solitario en motocicleta hacia Colmenar Viejo y San Agustín de Guadalix. A horcajadas sobre la Kawasaki, Benet trata de evadirse con la potencia y velocidad que le proporciona la máquina. La vibración del motor, los cambios de marcha, el mirar al retrovisor, los adelantamientos, los cambios de rasante, todo le tiene abstraído. El día después prosigue trabajando con denuedo en «Saúl ante Samuel».

En Moralets, el 8 de junio, Benet recibe la noticia de la muerte de la tía Flora; cuántos recuerdos se agolpan. Una jornada después, tras una reunión de accionistas de Siglo XXI, el novelista asiste a la Feria del Libro de Madrid para firmar ejemplares en la caseta de La Gaya Ciencia. Sobre la capital cae una tormenta de antología. Luego cena en Casa Domingo (Alcalá 99) con Hortelano, Sarrión, Guelbenzu y Natacha Seseña. Dos días más tarde Álvaro Pombo tiene una fiesta en su domicilio (San Bernardo 83) para celebrar la salida de *Del pozo y del Numa*, a la que asisten, entre otros, el autor y la editora; la pareja termina muy tarde con una prolongada conversación sobre el futuro. La tarde posterior Juan lleva a Rosa a Barajas en moto y se entretienen un buen rato con las conversaciones que no parecen tener fin: «unas últimas lagrimitas»,[442] registra Benet.

Nuevos escarceos. Juan Benet cena con Silvia Llopis, ex novia de Eduardo Chamorro, y van al cine Apolo (Fernández de los Ríos 22) a ver *Morir en Madrid*, documental sobre la Guerra Civil española dirigido por Fréderic Rossif. Alicia está cada vez más alejada, pero pervive la amistad.

En Barcelona se va a reunir la junta de accionistas de La Gaya Ciencia. Benet había renunciado a participar, pero como Rosa lo toma muy a mal, el 19 de junio Benet viaja a Barcelona. Cenan en Via Veneto, propiedad de Oriol Regás, y una vez reunida la junta Benet sube al avión. Dos días más tarde asiste a una fiesta por la

441. Testimonio de Miguel Sáenz, grabado en casete el 16 de septiembre de 1978.
442. Entrada del 11 de junio, *op. cit.*

boda de Marcos Ricardo Barnatán y Rosa María Pereda. Algunos de los invitados acaban en Pisuerga.

Después de terminar las proposiciones de trabajo de los embalses de Llauset y Baserca, el ingeniero va al aeropuerto para recoger a Rosa y van a cenar a la casa de Rafael Conte con los habituales. El día de San Juan, sábado, la pareja compra unos regalos y lo festejan en Pisuerga con los chicos, Chamorro y una nueva novia. El domingo, Juan y Rosa viajan en moto y pasan el día en Zarzalejo disfrutando de la sauna y la piscina. A última hora Rosa, no exenta de lamentos, regresa a Barcelona.

El 28 de junio, en junta general extraordinaria de accionistas de MZOV, se acuerda la fusión con Cubiertas y Tejados. La nueva firma, Cubiertas y MZOV, S.A. Compañía General de Construcciones, pasa a ser una de las cuatro primeras de España. Don Pablo es el director general, Benet adquiere novecientas treinta y nueve acciones de la naciente empresa por valor nominal de mil pesetas. El domicilio social continúa en la calle de Ayala 42, donde Benet tiene su despacho, junto al de Eduardo Sánchez Várez, ingeniero de buena formación matemática. En una ocasión Benet entró en su despacho y agarró la *Tabla de los Logaritmos vulgares o de Briggs*, indispensable para ciertos cálculos y diferentes a los logaritmos naturales de base *e* o neperianos; éste, con mucha maldad, le dice: «Y yo me pregunto Eduardo, ¿qué otro tipo de logaritmos podrías manejar tú?».[443]

De vez en cuando Benet toma una copa, cena o va al cine con Silvia; Alicia rehace su vida y Rosa, en una carta del 29 de junio, le anuncia que desaparece. En su domicilio, el novelista sigue con «Saúl ante Samuel». El domingo montado en la Kawasaki recorre pueblos de las provincias de Madrid, Segovia y Guadalajara: Granja de San Ildefonso, cabecera del río Cega, La Velilla y El Cubillo de Uceda. Bastante solo, por la noche se suma a Eduardo Chamorro y su nueva amiga, la onubense Isabel González, en una cena en Sacha (Juan Hurtado de Mendoza 11). A la salida del local, en un descuido, Eduardo le tira la moto encima y Juan se queda cojeando.

Después de una reunión en la obra de Moralets, Benet vuelve a la capital con Pablo Segovia y el 7 de julio, luego de despachar asuntos en la oficina, asiste al primer Congreso Internacional sobre Cervantes en el Centro Cultural de la Villa para dar una breve charla sobre el Quijote.

El fin de semana Benet lleva a Zarzalejo a sus hijos y a Anita Gilman, nieta de Jorge Guillén e hija de Stephen Gilman y Teresa Guillén, hermana de Claudio. El sábado se presenta Silvia Llopis y el domingo llegan Peche, Pabluco García-Arenal y Rafa Zarza con dos amigos ingleses. Juan Benet ya no está tan solo.

443. Anécdota presenciada y recordada por Javier Rodríguez Ibrán, en correo electrónico del 9 de septiembre de 2014.

El 12 julio al mediodía llega Rosa. Juan y ella pasan toda la tarde en una conversación infinita, aclarando incógnitas; con posterioridad cenan en un pequeño restaurante japonés. Luego de sucesivas reuniones en torno a la mesa con los amigos, la pareja se marcha en moto a Zarzalejo, donde les espera Rafaela de Buen, que llegó procedente de Buenos Aires hace dos semanas. En la finca practican lo habitual: piscina, sauna y caviar. Rosa prueba a escribir en el andarivel que Juan tiene allí instalado. Luego van a cenar todos a Navalcarnero. La tarde siguiente reciben la visita de Peche y Silvia.

La finca de Zarzalejo, frondosa y fresca, en verano tiene mucho movimiento. El 23 julio aparecen Virginia Carega y Txaro Santoro con dos amigos, luego se suman Peche, Teresa Bordón y su novio Manuel Rodríguez Rivero, a quien impresiona Benet azotándose con unas ramas después de la sauna, para activar la circulación de la sangre. Peche se queda a cenar. Aunque indolente, el novelista trabaja en «Saúl ante Samuel». Haraganea y se entrega a los pinceles: *Un portaaviones de la clase «Indefatigable» y un acorazado –tal vez el «Rennon» en aguas de Islandia. Verano 1978. Juan*, escribe en el reverso de la tela. Y añade «To the only begetter of those waters the ever beloved Jaime Salinas all hapinesse and eternitie promised. Juan» (Al único engendro de esas aguas, el siempre amado Jaime Salinas con toda fidelidad y la eternidad prometidas). También llega de visita Álvaro Pombo; cenan y regresan a la capital. En casa, Juan lee *La guerra de los judíos*, del historiador romano Flavio Josefo. Sin embargo, el sosiego no se prolonga demasiado. El 27 de julio a media mañana sale para el salto de Moralets. Hace altos para darse unos baños en los ríos Guatizalema, Cinca e Isábena y llega a la noche a Viella. La jornada posterior la dedica a la obra en compañía de Ignacio Pérez de Juan y Pablo Canadell Queralt, ingeniero de CyT. Compra un bocadillo para llenar el estómago, y vía Bagneres-de-Luchon va a Tarascon (Francia), en donde se encuentra con Rosa y su hijo David acompañado de una amiga. Un nuevo día de ríos. En total se da seis baños y uno nocturno en el Garona, según sus apuntes.

Tras hacer noche en un albergue de carretera viajan hacia el norte; visitan Périgueux y Angouleme y duermen en Poitiers. El 31 julio Benet regresa solo hacia España cruzando Oradour-sur-Glane, Limoges, Saint Junien, Cahors, Montauban. Pernocta en St. Girons y el 1 de agosto está de nuevo en Moralets, donde se reúne con Emilio Cuevas y el comité de obra.

Invitados por Leila Farman-Farmaian, el 8 de agosto Ramón y Nicolás Benet vuelan a Teherán vía Roma. Su padre y sus dos hermanos pequeños acompañados de Rosario, la criada, se marchan a Zarzalejo. Benet se entrega a la pintura y trabaja en el óleo sobre tela (61 × 46 cm) *Una patrulla en el Canal de la Mancha*. Asiste a las fiestas del pueblo y por la noche se dedica a estudiar el cielo estrellado. Con sus hijos, se aplican en sembrar la calzada de acceso a la finca; a ambos lados esparcen semillas de coníferas sobre la tierra ácida. Reciben a Peche, Silvia y Pombo y, después de cenar, regresan a la ciudad en el coche de Silvia, con quien Benet toma una copa.

Rosa Regás está de nuevo en Madrid. Comparten mantel con los amigos, pasan un día en Zarzalejo, toman unas copas en Bocaccio, van al cine a ver *Sierra de Teruel*, de André Malraux y el domingo 20 la pareja, Juana y Eugenio viajan en el Daimler a Llofriu. En Barcelona Benet resuelve asuntos profesionales en Enher, cenan en Palafrugell con Georgina y Oriol, hermanos de Rosa, y el matrimonio Anna Sallés y Manuel Vázquez Moltalbán. También comparten mantel en la casa que el padre de *Pepe Carvalho* tiene en Cruïlles. El 27 de agosto Benet y sus dos hijos regresan a Madrid.

Rafaela de Buen va a Pisuerga para despedirse de los Benet porque retorna a Chile. Y Vicente Molina también pasa por el domicilio para presentar a su novia María Vela, hija del pintor José Vela Zanetti. El 30 de agosto Benet recibe a Claude Murcia, profesora francesa interesada en su obra que, como ejercicio, ha traducido al francés *5 narraciones y 2 fábulas*. Casada con Juan Ignacio Murcia Benito, profesor de lengua y literatura en la Sorbona –quien le dio a conocer *Volverás a Región*–, Claude está de paso en Madrid. Silvia invita a Juan a tomar una copa en su piso, en la calle de Manuel Cortina 7. El primer día de septiembre por la mañana, Benet coincide en la librería Oxford (paseo de La Habana 54) con Lola Salvador; conversan y se emplazan para cenar por la noche en Pisuerga.

El novelista disfruta de los paseos solitarios en moto. De excursión, por carreteras secundarias ve pasar a toda velocidad el paisaje abulense y salmantino: Muñico, Mirueña, embalse Santa Teresa, Guijuelo y Béjar, al pie de la sierra. Tras pernoctar, sigue en compañía del rugido del motor y con viento fresco, a Sequeros, Linares de Riofrío, Monleón, Alba de Tormes y vuelta por Muñico y Ávila.

El 8 de septiembre, Juan Benet y su hijo Eugenio recogen en el aeropuerto a los dos mayores a su vuelta de Irán. Dos días más tarde apunta en su agenda: «Acabo de leer el *Quijote*, con atención». Y dos fechas después se aplica en *El diablo cojuelo*, de Luis Vélez de Guevara.

La perdurable Rosa Regás llega la tarde del 15 de septiembre a Barajas; Juan la recoge y parten en coche hacia Alhama de Aragón, donde hacen noche en el hostal Guajardo. De Alhama viajan a Nuévalos, junto al embalse de la Tranquera, se bañan en el río Piedra –fiel a la costumbre del ingeniero– y visitan el monasterio homónimo. Almuerzan en la laguna de Gallocanta y duermen en Daroca, en el hostal Legido, donde Benet se encuentra con un compañero que no veía desde la preparación de ingreso en la Escuela (1947), Miguel Mantecón Lozano, quien no logró el acceso. Parlotean vivaces.

Tras un picnic en el río Jiloca, los amantes reposan en Alcañiz. Nuevo baño en el río Guadalope y visita al encuentro de los ríos Algás y Matarraña; Nonaspe y Fabara, donde hacen una alto en el mausoleo de Lucio Emilio Lupo, sepulcro romano en la orilla izquierda del Matarraña muy bien conservado: fachada principal de cuatro columnas de capiteles dóricos. Entran en Mequinenza y se bañan en el Cinca. Luego en una acequia cerca de Fraga y en el Segre, con mucha corriente. Cenan en Vilanova i la Geltrú y hacen noche en La Gaya Ciencia, según la agenda de Benet. Después de ir al zoo de Barcelona y almorzar con Rosa, Juan emprende camino de Madrid con descanso nocturno en La Almunia de Doña Godina. El día 20 llega a su ciudad y regresa a la rutina: oficina, rosario de recibimientos, comidas, cenas, copas, charlas literarias con los amigos y escritura de «Saúl ante Samuel». Y comienza la lectura de la novela *Etiópicas*, del griego Heliodoro. Tras un golpe sufrido por la Kawasaki conducida por su hijo Nicolás, Benet la lleva a reparar y vuela a Barcelona con don Pablo para una visita rápida a los túneles de Moralets.

La tarde del 27 de septiembre Benet va a la casa de Alicia Gimeno, quien le propone un plan de amistad y toman unas copas. Pocos días después en Barcelona también conversa con Rosa Regás sobre el futuro. «Por la noche, de las palabras de Rosa, deduzco su sensación de culpa (hacia ella misma) y la incomodidad que le produce mi poco afán por hacer demandas»,[444] registra Benet, quien lee a Schopenhauer y asiste al cine con Rosa para ver *La escopeta nacional*, de Luis García Berlanga.

Ya en Madrid, el 6 de octubre Juan Benet por primera vez tiene la obligación de fichar su hora de llegada y de salida de la oficina. Ese mismo día por la noche con los hijos, Vicente Molina, María Vela y Peche se van a Navalcarnero para cenar su afamado ternasco. A la vuelta pasan por el Dickens y luego mueven sus cuerpos al compás de la música en Bocaccio, donde Juana se revela una bailarina, según su padre. «Rosa me hace reproches y rompe conversación en tono enfadado», escribe Benet en la misma jornada. El día después va a Zarzalejo a ver el predio, respirar aire limpio y comprar carne. Regresa a Pisuerga adonde llega su madre para comer juntos. Cena con Silvia y asisten a una fiesta en el domicilio de Marisa Martínez-Lázaro. Tras beber unos tragos en Bocaccio pasan la noche en casa de Silvia.

444. Entrada del 2 de octubre, *op. cit.*

Pocos días más tarde Juan cena con Alicia, quien le hace una nueva proposición de ser amigos ya que en la actualidad ama a otro hombre, un compañero de la Facultad. En principio, Juan rechaza la propuesta y van a trasegar a Bocaccio. En la *boîte* coincide no pocas veces con Gonzalo Torrente Malvido, el hijo que tantos quebraderos de cabeza le causa al novelista ferrolano. Ambos comparten destilados y algunos otros venenos.

El 14 de octubre Silvia y Benet van de excursión a La Mancha. Almuerzan en Quintanar de la Orden, continúan hacia El Toboso, Argamasilla, Tomelloso y hacen noche en Villanueva de los Infantes, localidad donde falleció don Francisco de Quevedo. De la monumental Villanueva parten a la cercana Valdepeñas para tomar un aperitivo, comen en Almagro, siguen a Daimiel y vuelven a Madrid.

En la tertulia sabatina de Parsifal vuelcan sus esfuerzos en arreglar el país y tienen la confianza en que el texto constitucional sea de todos. Luego el novelista dedica toda la tarde del 21 a «Saúl ante Samuel» y sale a cenar con Silvia y sus primos a un restaurante brasileño para acabar pasando la noche en casa de ella. Tres días más tarde van al cine Alphaville (Martín de los Heros 14) a ver *El amigo americano*, de Wim Wenders. Para Benet, «un film que tal vez se ha elogiado demasiado»,[445] escribe.

El 26 de octubre, el ingeniero asiste al funeral de su íntimo amigo Ramón Ridruejo Gil, de cuya muerte, el pasado 23 de agosto en Soria, tuvo conocimiento tarde. En el templo de San Juan de la Cruz, situado en la madrileña plaza homónima, Benet se encuentra con los compañeros de la promoción de 1954. En su agenda escribe: «Hoy termina el plazo que concedí a Alicia sin noticia alguna de ella», por consiguiente Benet entiende que ha rechazado su oferta y «se cumple la profecía o la maldición de Rosa».[446] Pasa la noche en casa de Silvia. Para Benet se abre todo un nuevo periodo del que lo más que espera es terminar bien «Sául ante Samuel». En ello pone todas las esperanzas. Continúa con las visitas al piso de Silvia.

El 30 de octubre un comando terrorista de extrema derecha envía una carta-bomba a *El País* y causa tres heridos, dos de ellos de gravedad –el otro murió dos días más tarde–. El 31 se celebra una manifestación a la que asisten Hortelano y Salinas; marcharon pacíficamente por la calle de Alfonso XII y la cuesta de Claudio Moyano hasta la glorieta de Atocha. Una vez acabado el recorrido, escritor y editor caminan «tristones»[447] hasta la plaza de las Cortes y suben a un taxi para ir a la calle de Pisuerga y cenar con Juan, Silvia, Pombo y Virginia. Los Juanes vuelven a contar su viaje a Estados Unidos. Descacharrante. Con todo un despliegue gesticular,

445. Anotación del 24 de octubre, *op.cit.*
446. Entrada del 26 de octubre, *op. cit.*.
447. Carta de Jaime Salinas a Gðudbergur Bergsson, 1 de noviembre de 1978.

Benet desarrolla un proyecto de atraco al Banco Hispano Americano, donde trabaja el señor Pombo. Álvaro debe llevar cada día al trabajo una saca con el bocadillo, de tal modo que se convertirá en costumbre y así no llamará la atención. Al final irá sacando todo el dinero en el costal. Un disparate absoluto que provoca no pocas carcajadas entre los concurrentes.

A través de Peche García-Arenal, Benet recibe noticias de Alicia muy poco alentadoras, vive en el piso de la calle Don Pedro con su nueva pareja. Ya no hay vuelta atrás.

Ajetreados días de viajes y apacibles tardes eruditas en casa, jornadas de intensa escritura. El 16 de noviembre llega Rosa a Madrid y una fecha más tarde en Pisuerga saborean un *borsch* (crema de remolacha) con Carlos Saura y Ángel Sánchez Harguindey. A última hora llega Jaime Salinas. Por la noche Juan y Rosa van a cenar al hogar de los Machimbarrena con el matrimonio Hortelano, los Espinosa de los Monteros y Pepín Bello. Al día siguiente, en compañía de El Moderno, la pareja parte hacia La Mancha. Almuerzan en Aranjuez, llegan a El Toboso, Argamasilla de Alba y recalan en Tomelloso para cenar e ir al cine. La pareja se recoge en el hotel y Sarrión deambula por los bares de la localidad hasta agarrar una tremenda cogorza; mientras orina en una plaza pública es llamado al orden por la policía local, quien lo acerca al hotel. Al paso por la habitación de Juan y Rosa, vocea lamentoso: «Maestro, me han detenido».[448] El día 19 de Tomelloso van a Ruidera y, ante la mirada indiferente de Rosa, los hombres se bañan «de partes», que le gusta decir a Benet, en una de las lagunas. Almuerzan en Villanueva de los Infantes y por la tarde se detienen en Almagro. Desde Ciudad Real, Antonio telefonea a su amigo Ramón Bello Bañon, ex alcalde de Albacete, cronista y poeta. Bello, hombre de la derecha civilizada, lleva poco tiempo como gobernador civil de Ciudad Real; éste inmediatamente les invita a su domicilio para celebrar una cena. Ramón y su esposa Librada (Lita) Serrano les reciben enardecidos y prolongan la sobremesa hasta la madrugada, que deciden regresar a Madrid.

El día después de marcharse Rosa, Juan no pierde el tiempo y se cita con Silvia para ir al cine Dúplex (General Oraá 67) a ver *Tener y no tener*, de Howard Hawks, con guion de William Faulkner y Jules Furthman basado en la novela homónima de Ernest Hemingway. Interpretada por Humphrey Bogart y Lauren Bacall, una combinación relumbrante.

El viernes 24 Benet hace una inusitada anotación: «Juego a la quiniela».[449] Quizá sea la primera vez que rellene un boleto con los pronósticos de los resultados

448. Testimonio de Antonio Martínez Sarrión, en conversación telefónica el 15 de marzo de 2020.
449. *Op. cit.*.

futbolísticos –gran afición nacional–, de ahí el apunte. En la tertulia del sábado por la mañana en Parsifal, Pradera le comunica la pérdida del juicio con la editorial Destino. Finalizado el 4 de noviembre el largo litigio por el contrato de *Volverás a Región*, la sentencia ratifica el primer contrato (febrero de 1967), según el cual el novelista quedaba como mero usufructuario de su obra y perdía los derechos patrimoniales de carácter transmisible, es decir, la posibilidad de cambiar de editorial. Pese a lo abusivo de la cláusula, el juez hizo valer dicho contrato. Benet piensa que todo ello es producto de las ansias de un autor novel de ver publicada su obra a cualquier precio frente a un editor poderoso. En ausencia del nuevo duque de Alba, Benet suelta todo tipo de sarcasmos y maldades. Dice que la duquesa le ha asignado una exigua cantidad mensual para tabaco y el resto lo debe de sisar en los recovecos del palacio de Liria a altas horas de la noche.

Tras pasar todo el día en su hotelito y entregar sus horas a «Saúl ante Samuel», el lunes 27 de noviembre Silvia, Benet y sus hijos Nicolás y Eugenio van por la noche al cine a ver *El halcón maltés*, de John Huston, basada en la novela del mismo título de Dashiell Hammett y protagonizada por Bogart, estrella del ciclo que programa la sala Dúplex.

Vuelve a viajar a Barcelona, donde cena con Rosa y pasa la noche en La Gaya Ciencia; tiene una reunión en CyT y, desafiando los elementos, se desplaza a Moralets, y pernocta en la residencia de obra, con quince grados bajo cero. Pese al mal tiempo, ensayan con la máquina quitanieves, almuerza en la residencia y regresa a Barcelona para compartir mantel con Rosa en Las Indias (Manuel Girona 38) y hacer noche en el hotel Condado (Aribau 201). Acabado el encuentro en la sede de CyT, Benet almuerza con Juan Marsé y su mujer Joaquina Hoyas, Regás y Salinas –que está en la ciudad– en el restaurante Hipopótamus (pasaje de José Llovera 11). Por la tarde vuelve a CyT y junto a Rosa se desplaza a Llofriu con cena en Vall-llobrega. Un día más tarde, en el chalé de Oriol Regás aparece Teresa Gimpera con un acompañante; luego Benet aprovecha la sauna para entregarse a un reparador baño de vapor húmedo. El 3 de diciembre, después de otra sesión de sauna, la pareja vuelve a Barcelona y hace un alto para cenar en La Granota, una masía en la carretera a la altura de Sils. «Noche en La Gaya»,[450] anota Benet.

El lluvioso 6 de diciembre *El País* publica el artículo «Que viene el Coco», de Juan Benet, en el que desprecia a los salvapatrias y denuncia las amenazas de cuartelazo para meter en vereda a un supuesto pueblo español menor de edad. El autor

450. *Ibid.*

alude a la conspiración del pasado 14 de noviembre en la madrileña cafetería Galaxia, de la calle de Isaac Peral 4, donde se reunieron el teniente coronel Antonio Tejero Molina, el capitán de la Policía Armada Ricardo Sáenz de Ynestrillas y un capitán más dos comandantes de infantería para planear la ocupación del palacio de La Moncloa el día en que se reuniera el Consejo de Ministros, secuestrar al gobierno y así obligar al Rey a crear un gabinete de salvación nacional. La jornada del referéndum para la aprobación de la Constitución, Benet va a su colegio electoral para votar y regresa a su guarida.

Rosa vuelve a Madrid. Juan asiste a la tertulia en Parsifal; después con Reyes y Sarrión se marchan a Zarzalejo. El domingo limpian la piscina y utilizan la sauna. Una aglomeración en el aeropuerto de Barajas provoca el alargamiento de la estancia de Rosa en Madrid. La pareja viaja en tren a Barcelona. Benet tiene reunión de trabajo en su compañía y en Enher.

El 14 de diciembre el novelista termina la primera parte de «Saúl ante Samuel», con el resultado de ciento cincuenta páginas. Tres fechas después el duque de Alba invita a Juan Benet, José María Guelbenzu y Juan García Hortelano a las ocho de la tarde al palacio de Liria (Princesa 20). Luego los Juanes cenan con Salinas y le cuentan.

Un nuevo viaje de trabajo lleva al ingeniero a Barcelona, pero a la vuelta, el 20 de diciembre, a causa de una nevada en Madrid la noche anterior, en el aeropuerto El Prat reina el caos. Se han cancelado vuelos y hay retrasos. Benet aguarda desde la una y media de la tarde. En la larga espera se encuentra con Salinas y, como no hay donde sentarse, fuman y pasean de un extremo a otro de la terminal. Juan se encuentra con Pedro del Olmo Ruiz, compañero de promoción y director de SATO (Sociedad Anónima Trabajos y Obras), que se une a ellos. Juan embarca a las siete y media y deja juntos a sus dos acompañantes.

En Zarzalejo con sus hijos y Rosario, Benet trabaja en el lienzo de una marina, que según él hace su número doce. El 24 de diciembre limpia y prepara la piscina y la Nochebuena la festeja con mucho champán. Después de la celebración familiar de la Navidad en Casa Botín, por la noche Benet se sienta a la mesa en casa de Alberto Oliart y bebe unos whiskys en Bocaccio con el director de cine Juan Esterlich y Juan García Hortelano.

Juan y sus hijos preparan un viaje a Llofriu; hacen pequeñas compras y cenan en el restaurante armenio Ararat. El 28 de diciembre a las nueve y media de la mañana emprenden la marcha con su padre Nicolás, Juana y Eugenio. Se detienen en

Medinaceli para tomar un refrigerio, almuerzan en la Venta de los Caballos y llegan a Llofriu hacia las ocho de la tarde, donde les esperan Rosa y sus hijos. Transitan por Calella de Palafrugel y Palamós con los hermanos de Rosa y el 31 diciembre desde Llofriu van a cenar a Playa de Aro, a la casa del cineasta Jaime Camino con unas amigas suyas. También acude Jaime Gil de Biedma. Acabado el festín, llevan a los chicos a la discoteca Maddox, fundada por Oriol Regás, para después beber unos tragos en la casa de unos amigos en Calella, donde están Eduardo Haro Teglen y su mujer Concha Barral, Jorge Semprún y otros convidados. Bulliciosa alegría ambiente.

Juan Benet con Rosa Regás

Casa de Zarzalejo, fachada lateral oeste en la actualidad (Archivo JBF)

16

INTERCAMBIO DE PULLAS

EL 4 de enero de 1979 en Llofriu, en casa de Oriol, los Benet ven *Gilda* en compañía de Teresa Gimpera y Craig Hill. Luego juegan una disputada partida nocturna de dominó con Rosa y los chicos Nicolás y David. El día de Reyes, Benet y sus hijos llegan a Madrid y reanudan la vida cotidiana. En casa tranquilo lee *El otoño de la Edad Media*, de Johan Huizinga. Se suceden las visitas a Pisuerga y las cenas con los amigos. En la empresa se perfila la posibilidad de que don Juan vaya de jefe de obra a Moralets. El día 15 García-Arenal y Benet tienen una conversación trascendente. Don Pablo le comunica a Juan su oposición al nombramiento. «De esta suerte salgo de la actividad primordial de la compañía y me retiro en cierto modo de la profesión activa y la marcha de las obras. En cierto modo una jubilación *avant la lettre*»,[451] anota Benet, quien se desprende de su secretaria María Luisa.

La cólera de los cielos escupe precipitaciones sobre la península con intención catastrófica. A causa de fuertes lluvias en los últimos días, se desborda el Ebro. La provincia de Navarra también ha sido afectada con cortes de carreteras y centenares de hectáreas de la huerta ribereña están completamente anegadas. Amplias zonas de La Rioja y Zaragoza quedan cubiertas por las aguas; arruinadas cosechas y diezmadas cabañas. A su paso por la capital de Aragón el río ha subido cuatro metros más de lo habitual. No es precisamente la escorrentía de aguas pluviales lo deseado por Benet para un reparto equitativo del bien natural, para el equilibrio hidrológico. La solución al desequilibrio hidráulico para el ingeniero pasa por la comunicación entre las cuencas, los trasvases, en la enrevesada orografía peninsular. Es necesario regular las aguas.

El escritor dedica un ejemplar de *En el estado* a la pintora Margarita Suárez-Carreño: «Para Marga, de su admirador sin otros límites que el de no pasarse. Con todo cariño. Juan, principios del 79».

451. Entrada del 15 de enero. Agenda 1979. Arch. JB/1/14, BNE.

El 30 de enero Jaime Salinas ofrece un almuerzo íntimo a Gabriel García Márquez en Alfaguara, en el que los comensales son el duque de Alba, los Juanes, Rafael Conte y Javier Pradera, quien rogó ser invitado. Aguirre relató pormenorizadamente la audiencia que el escritor colombiano ha tenido recientemente con los Reyes. En palabras de Salinas, la comida resultó divertida. El día después, Benet asiste a una reunión en el Palacio de Congresos con el ministro de Cultura, Pío Cabanillas, porque ha sido propuesto como miembro del Consejo Superior de Cultura, organismo formado por personalidades relevantes de la cultura y el arte.

Benet, en estado griposo, prosigue con «Saúl ante Samuel»; escribe una frase de cuatro páginas y lee *Farsalia*, de Lucano. El 11 de febrero, por encargo del semanario *Cambio16*, dirigido por José Oneto, escribe un pequeño artículo sobre el chiste. El día 17 come con su madre y Rosa, que llegó en tren; doña Teresa recibe el primer ejemplar de su libro, publicado por La Gaya Ciencia, *Recordando mi vida*, libro en el que fue auxiliada por Eduardo Chamorro; se encerraban en el cuarto de la residencia y no recibía a nadie. Lo escribió en contra de la voluntad de su hijo. Es una obra sin pretensiones, con la mitad de las páginas memorísticas y el resto dedicadas a una peculiar historia del arte con sus pintores predilectos, los grandes teatros españoles, las bailarinas, los deportes vascos y los toros.

El 20 de febrero Benet almuerza en el Ministerio de Cultura, donde se celebra la formación del nuevo Consejo. Luego de unas copas con Antonio Gala, Ricardo Gullón, Luis García Berlanga y Rafael Azcona, Juan Benet pasa una noche de insomnio y malestar, debido al temor a que le retiren de la profesión activa a pie de obra y le releguen al despacho. Regresa a «Saúl ante Samuel», que alcanza las doscientas páginas, y lee *Kant*, de Ernst Cassier. Tras comer con Sarrión, el día 23 emprenden camino de Albacete, en cuyo Museo Arqueológico el poeta va a pronunciar una conferencia sobre «Vanguardia y Dificultad». La jornada posterior por la tarde viajan con un amorío de Sarrión, a Altea, donde Antonio tiene un apartamento. Por decisión de Benet, que al decir de Sarrión reniega de la costa y prefiere el interior, toman camino de Alcoy y Onteniente; allí almuerzan y regresan a Albacete para dejar a la dama y seguir a Madrid.

La Unión de Centro Democrático (UCD), liderada por Adolfo Suárez, es el partido que logra la mayoría simple en las elecciones generales del 1 de marzo. Obtiene ciento sesenta y ocho diputados y se registra una alta abstención, buena parte de ella como castigo a la izquierda que no ha ejercido la oposición esperada. Los electores no quieren esa derecha disfrazada que rememora el franquismo. La tarde electoral Benet sigue concentrado en «Saúl ante Samuel». Tras el cese de Pío Cabanillas, el Consejo Superior de Cultura se queda en nada.

Con Rosa Regás, de nuevo en Madrid, y Sarrión pasan el fin de semana en Zarzalejo. Comen en Valdemorillo, toman una sauna nocturna y el ingeniero tiene un extraño sueño: su despacho queda arrinconado en la portería de la compañía, donde debe escribir una tesis sobre «Los conceptos abierto y cerrado en el Gobierno belga».[452] Pero lo que realmente escribe el 14 de marzo es un texto para una conferencia en el Instituto de España en Londres titulado «Onda y corpúsculo en El *Quijote*». La tarde posterior con Rosa convoca una reunión en Pisuerga para hablar de sacar de nuevo *La Ilustración Poética Española e Iberoamericana*, de la que Benet es un gran entusiasta. Asisten Chamorro, Pombo, Hortelano, Sarrión y Guelbenzu. Luego se dan un festín con un excelente besugo en el restaurante Orio. Enojado como está, Benet decide escribir un artículo contra el editor José Vergés.

El 27 de marzo, tras un viaje a Marruecos con El Moro o El Goyti –así llama Benet a quien no tiene gran simpatía–, Barbara Probst, en Madrid, organiza una cena para presentar a los Juanes: el heterodoxo Goytisolo y el indómito Benet. Éste ruega a Sarrión que le acompañe. Reunidos en un restaurante de la plaza de Chamberí, el encuentro es tenso; Barbara parece una esfinge, el ingeniero trata de distender la reunión sirviendo vino pero su tocayo barcelonés bebe agua. Sólo cuando salió a relucir Arenys de Mar, donde los novelistas habían pasado los veranos de su infancia, acabó la tirantez y la incomodidad. Pero era ya tarde. A Benet, su tocayo le pareció muy tímido y no muy convincente.

Benet pretende ampliar la casa de Zarzalejo; sin necesidad de arquitecto, proyecta una planta más sobre la superficie construida y dibuja a tinta china sobre papel (26 × 25 cm) la proyección axonométrica de la ampliación. Lee *La historia de Rasselas, príncipe de Abisinia*, de Samuel Johnson y llega a la mitad de «Sául ante Samuel», con doscientas cincuenta páginas. Don Pablo le entrega a Benet un talón de un millón de pesetas que resuelve por el momento todos sus conflictos. El mismo 6 de abril el ingeniero come en casa de José Torán con Camilo José Cela y el pintor Pepe Ortega. Con fondos, el escritor invita a los hijos a cenar a un restaurante armenio y después se cita con los amigos. El sábado, después de hacer un ingreso en el banco y realizar pequeñas compras, asiste a la tertulia de Parsifal para luego marchar a Zarzalejo. Con un frío horrible, la mañana del domingo subido a la moto hace una excursión a Colmenar y Hoyo de Manzanares.

Acompañado de su primogénito, Benet lleva a sus hijos Eugenio y Juana a Barajas, que vuelan a Nueva York con Carmen Martín Gaite. Con posterioridad Ramón

452. Entrada del 4 de marzo. Agenda 1979, *op. cit.*

y Juan han quedado para almorzar con Gabriela, Rafael Sánchez Ferlosio y su hija Marta, la *Torci*, en Casa de la Riva, por todos conocido como El Guarro, junto la glorieta de Ruiz de Alda (Nielfa 6). El local es reducido y sin grandes comodidades, y está especializado en platos castellanos. La cocina, de leña, tiene al frente a doña Obdulia, que sirvió durante muchos años a una hija de don Antonio Maura. Mientras los mayores conversan extendidamente sobre sus cosas, los chicos de algo charlan también, aunque nada les une. Ramón de quien es íntimo amigo es de Pablo García-Arenal Rodríguez, Pabluco; se han criado juntos desde la infancia y son como hermanos. Juan Benet decía que Ramón era el cuarto García-Arenal y Pabluco el quinto Benet.

Tras abonar quinientas mil pesetas al consejo de familia por la propiedad de la calle del Almendro 7, el ingeniero recoge a Rosa en el aeropuerto madrileño. Dos fechas más tarde, el 13 de abril, Rosa y Juan vuelan a Nueva York, donde les reciben Barbara Probst y Eduardo Garrigues. Se encuentra con sus hijos Eugenio y Juana –hospedados en casa de Barbara y luego en el Hotel Plaza– van de excursión a Staten Island y Hoboken. Otras jornadas deambulan por Brooklyn y Manhattan. El 18 de abril Benet acompaña a los chicos al aeropuerto John F. Kennedy, que regresan a España, y después asiste con Rosa a una fiesta en el domicilio de Barbara. Desplazados en tren a New Haven, el 20 de abril en la Universidad de Yale Benet lee una página de «Saúl ante Samuel», que según él nadie comprende. El coloquio también le parece muy aburrido. Tras hacer noche en el hotel Sheraton, el día 22 la pareja regresa a Nueva York y se hospeda en el Windsor; la economía vuelve al mal estado. Ese mismo día, a más de tres mil kilómetros de distancia, *Cambio16* sale a la calle con la portada «Así se ríe España», donde se incluye el artículo «Acerca del chiste político»,[453] con foto incluida de su autor, Juan Benet. En Filadelfia los amantes se alojan en casa de Gonzalo Sobejano. Después de impartir una charla en la Universidad de Pensilvania sobre su manera literaria, vuelven a Nueva York. El 25 de abril el novelista participa en un simposio en la Universidad de Columbia con Carmen Martín Gaite y el argentino Manuel Puig. El día después por la mañana la pareja llega a Boston, donde les espera el hispanista Stephen Gilman, marido de Teresa Guillén y hermana de Claudio, para allí trasladarse a la Universidad de Harvard, donde Benet ofrece otra conferencia: la primera parte de «Onda y corpúsculo en El *Quijote*». El escritor, lector frecuente del ingenioso hidalgo, expone que toda la novela occidental oscila entre dos límites: el *Quijote*, ya inalcanzable según Benet, y en el otro extremo están *En busca del tiempo perdido*, de Proust, o *¡Absalón, Absalón!*, de

453. *Cambio16*, n.º 385, 22 de abril de 1979.

Faulkner. Por la noche se celebra una fiesta en casa de los Gilman, donde se aloja la pareja. En Boston visitan el Fogg Art Museum de Harvard con Solita Salinas y Juan Marichal. El 30 de abril Benet da una disertación en la Universidad de Connecticut y el 1 de mayo van a Bear Mountain Park y Ephrator en el condado de Lancaster, estado de Pensilvania. Ven las comunidades menonitas y el Ephrator Cloister y continúan hacia Baltimore y Washington, para pronunciar otra conferencia en la Universidad de Georgetown. Luego de ser entrevistado en La Voz de América visitan la National Gallery y los diversos memoriales.

El 7 de mayo la pareja aterriza en el aeropuerto de Barajas y Rosa sigue a Barcelona. Benet recibe a Chamorro en Pisuerga y le entrega un sombrero Stetson de ala corta que le ha traído de regalo. Durante la cena el ingeniero echa pestes de Estados Unidos. Se reanuda la normalidad. A la mesa en el asador Orio, los Juanes, Salinas, Sarrión y Guelbenzu discuten si ir o no al Congreso Internacional de Escritores de Lengua Española en Las Palmas de Gran Canaria el próximo 3 de junio. Argentina y Venezuela son los países con mayor representación, aunque participarán autores de todos los países latinoamericanos. El Horte no se da por vencido fácilmente y alega que lo de menos es la convención, que de lo que se trata es de pasarlo bien. Benet no asistirá a la isla porque se le ha acabado el cupo de escapadas del trabajo. Guelbenzu se resiste a aceptar una invitación que, en resumidas cuentas, se reduce a tomar unas copas con los amiguetes. Sarrión pide garantías de que no le toque compartir habitación con un desconocido. «Yo apenas intervine; se consideraba que mi posición era purista y moralizante y por lo tanto no merecedora de ser tenida en cuenta...Los dejé a las doce divididos, pero estoy seguro de que las fuerzas de la ginebra MG les llevó a un consenso y que irán. Allá ellos».[454]

Benet vuelve a subir al avión el 21 de mayo para volar a Londres sin Rosa, que no llega a tiempo. Con Vicente Molina va a la casa del anticastrista furibundo Guillermo Cabrera Infante y su mujer Miriam Gómez, en el 53 de Gloucester Road. Benet pasa la noche en el Instituto de España, en el 102 de Eaton Square. Al día siguiente se encuentra con Rosa en el domicilio de los Cabrera y da una conferencia en el Birkbeck College. Visitan la Royal Academy y dan largos paseos por Victoria, Parlamento, Charing Cross. El día 24 por la mañana la dedican a Chelsea y la tarde al centro. Benet ofrece una nueva charla en el Instituto de España. Llega Ana Omedes, hija de Rosa, y viajan los tres de Londres a Oxford, en cuya Biblioteca de la Universidad, conocida como Taylorian, Benet imparte otra conferencia, presentado por

454. Carta de Jaime Salinas a Gðudbergur Bergsson, 20 de mayo de 1979.

Vicente Molina Foix. Con posterioridad regresan a Londres Juan y las chicas y cenan con los Cabrera en un restaurante tailandés.

En Pisuerga, el 27 de mayo Benet lee *La campaña de Rusia*, de Philippe Paul de Ségur y *Los vaqueros en el pozo*, de Juan García Hortelano que le deja muy desconcertado. Tres jornadas después por la tarde Benet recoge a Sarrión y a Molina Foix, en la capital, para asistir a un acto de Alfaguara a pleno aire libre en Las Vistillas, en la plaza Gabriel Miró. Es un día lluvioso. Bajo una carpa están Benet, Hortelano, Molina, Marías, Millás y el editor Jaime Salinas. Entre el público se encuentran Álvaro Pombo y Fernando Sánchez Dragó, éste hasta las cejas de canutos. Los Juanes, que con respeto solían reírse uno de otro, también acostumbraban a rivalizar en ingenio. Para Benet las novelas de Hortelano eran novelas de la ducha, porque no pocos de sus personajes suelen entrar, salir o estar en la ducha.[455] Hortelano decía de su tocayo que pasó de la escalada, porque leerle era como escalar montañas, a la literatura del escombro, por las ruinas. Con motivo de *Los vaqueros en el pozo*, un experimento de nuevos elementos estilísticos donde Hortelano glosa las quimeras de Prudencia, que vive sola en un chalé con jardín y piscina en la linde del bosque, Benet le dice a su homónimo: «De tu última novela no he entendido nada». A lo que Hortelano, retirándole pausadamente la mano del hombro, replica irónico: «Pues aplícate el cuento».[456] Ulteriormente al acto poco lucido, se celebró una cena muy numerosa y luego fueron a trasegar a Bocaccio. Sarrión y Chamorro suelen hostigarse constantemente, lo que incomoda a Benet, le aguan la noche.

En Alfaguara se celebra una reunión del comité de lectura bastante tormentosa. El editor está muy preocupado por Hortelano. «Su alcoholismo se expresa cada vez más en términos de una pesadez reiterativa. Pero también hay mar de fondo: considera su última novela, la que acabamos de publicar, *Los vaqueros en el pozo*, como su obra más importante. La crítica aún no se ha puesto en marcha y Juan Benet le ha dicho que la ha leído pero que no la ha entendido (eso sí es que el puchero llame a la sartén negra)».[457] El ingeniero diagnostica filtraciones en la fachada de Don Pedro 6 que da a la de Mancebos, la casa de Salinas. Nada grave y de fácil solución aunque poquísimo puede hacerse hasta que los calores veraniegos hayan secado las partes húmedas.

---

455. El sagaz lector Juan Benet, en referencia hiperbólica a *Tormenta de verano*, *El gran momento de Mary Tribune*, *Nuevas amistades*, *Los vaqueros en el pozo* y *Gramática parda*.

456. Silvestre Codac (seudónimo de Juan Cruz), en su columna «Adiós a las letras». *Triunfo* n.º 859, 14 de julio de 1979.

457. Misiva de Jaime Salinas.

En Zarzalejo con sus hijos, Benet regresa al caballete; frente al bastidor, el sábado 14 de julio, sobre el lienzo en blanco pinta el óleo sobre tela (71 × 38 cm) *El crucero Dido en aguas de Cirenaica*. Y el lunes 16 comienza otro de 55 × 38 cm, *Heavy list. El destructor 'Kelly' –mandado por Mountbatten– con fuerte escora tras ser torpedeado en el Mar del Norte*. Dos días después el novelista cena en casa de Peche una paella hecha por el pintor Eduardo Úrculo. Hay gente diversa, y una sorpresa; está la mujer a la que Benet trató de salvar de las manos de un policía a la salida del pub Santa Bárbara siete años atrás con Nuria.

De vuelta a Zarzalejo, retoma los pinceles y «Saúl ante Samuel». El 25 de julio Juana cumple dieciocho años y los Benet reciben a los Cabrera Infante y los Barnatán, que llegan en tren. También están Vicente Molina y Peche. Pasan una jornada campestre. El día siguiente los Barnatán dan un festejo en su casa al que asisten Benet, los Cabrera y otras personas. El fin de velada tiene lugar en Pisuerga con Molina, Marías, Peche y Marisa Paredes, con una discusión extraliteraria sobre Shakespeare. Tras un lapso de holganza, el domingo, el novelista se sube a la Kawasaki, enfila la carretera de Burgos y hace un picnic en el río Duratón, cerca de San Miguel de Bernuy. Luego se traslada a Peñafiel y pernocta en Aranda de Duero. De regreso, vuelve al Duratón, almuerza en Sepúlveda, recibe el viento de cara en Cantalejo, Olmosalbos y el puerto de Navafría para llegar a Madrid. Nuevo día. Con el gusanillo de la moto y tras haber almorzado con Eduardo Garrigues, Benet y Molina, a lomos de la Kawasaki, van a cenar a El Pardo y al regreso recalan en Bocaccio.

El verano transcurre entre viajes a Barcelona, Llofriu, Túnez (del 14 al 20 de agosto, por trabajo en la presa Joumine), donde el ingeniero visita Sidi Bou Said, Cartago, Jerba, Tozeur; y a Moaña para ver a don Pablo y doña Teresa. En Zarzalejo lucha contra la plaga de Abraxas y da aceite de linaza a las sillas. Con Rosa va en moto a distintos lugares: La Granja, Sepúlveda, Torrecaballeros para ver a Pedro Altares, Aranda de Duero, Peñafiel... y sigue con «Saúl ante Samuel», que tantos desvelos le causa. En Pisuerga recibe a Jaime Salinas con su lata de arenques y éste le cuenta su estancia en Islandia; el novelista frecuenta el Café Latino, La Vía Láctea y Bocaccio, locales de moda.

El 23 de septiembre Benet asiste al estadio Santiago Bernabéu con su hijo Nicolás para presenciar el encuentro de fútbol entre el Real Madrid y el Barcelona y hacer la crónica que le han solicitado desde *El País*.[458] Para escozor de Nicolás, ganaron los merengues por tres goles a dos.

458. «La rosa blanca de Chamartín», 25 de septiembre de 1979.

A propuesta de Diego Romero de Solís, profesor de Filosofía en la Universidad de Sevilla, el 5 de octubre Juan Benet presenta la revista *Separata*, dirigida por el poeta Jacobo Cortines, en el taller galería Grupo 15. La asistencia de público es escasa, con los miembros del consejo de redacción y algunos amigos de Madrid y Sevilla. Benet había publicado en el número 2 el ensayo «Onda y corpúsculo en El *Quijote*». Posteriormente se celebra una cena multitudinaria con cantos procaces en una taberna de la calle de Ruiz y el día después cenan en Pisuerga Diego, Jacobo, Chamorro, Pombo, Carmen Martín Gaite y Silvia Llopis. Se habla mucho de música y Benet dice menospreciar a Mozart, lo que encorajina a Cortines.

Don Pablo ratifica la propuesta de Benet de encargarse de la presa de Llauset, cuyo jefe de obra será Ignacio Pérez de Juan, bajo las órdenes de Benet. Se construye el segundo túnel en el salto de Moralets, a 2.200 metros de altitud, en las provincias de Huesca y Lérida. Es la séptima presa que levanta el ingeniero y lleva construidos entre 45 y 50 kilómetros de túneles.

Benet, Chamorro, Llopis y Suárez-Carreño van al cine a ver *La línea de sombra*, de Andrzej Wajda. Basada en la novela de Joseph Conrad, a Benet le parece «una excelente película», según anota en su agenda. Durante el mes de octubre se suceden los viajes a Moralets y la pernocta en la residencia de Enher. El día 25 Benet llega a las ocho de la tarde para asistir a la presentación de *La Habana para un infante difunto*, de Guillermo Cabrera Infante, quien persiste en los alardes de ocurrencias abrumadoras. Tras cenar con sus amigos, beben unos tragos en El Sol (Jardines 3), el lugar más moderno, según el ingeniero. El día después finaliza las cuatrocientas páginas del texto de «Saúl ante Samuel»; en la compañía, el ayudante de obras públicas Juan Alberto Roibás se cruza con Benet en un pasillo. Juan, con una inusitada vivacidad, le dice que se va de viaje a Puerto Rico y si quiere algo de allí. A lo que Roibás le contesta que desconoce qué le puede traer. «Pues hombre, allí está el mejor ron del mundo»,[459] le dice don Juan. Después de poner al día a Arenal sobre los saltos de Moralets, se traslada a Barajas para recoger a Rosa procedente de Barcelona. Con los Cabrera Infante y Salinas en el bar del hotel Palace, Benet informa de su inminente viaje a San Juan de Puerto Rico al congreso sobre novela española, organizado por la catedrática Gladys Crescioni. En Pisuerga, para celebrar su viaje, abren la lata de arenques que trajo Salinas de Islandia y cena con los hijos, Jaime y Rosa. «La cena fue íntima sólo con los mequetrefes; sospecho que hoy todos amanecerán con unas cagaderas de primera, pues se tragaban los arenques como si fueran patatas fritas. Yo me tomé uno y para tu tranquilidad estaban preparados a la islandesa, es

459. Conversación telefónica con Alberto Roibás el 15 de diciembre de 2014.

decir con vino, y no hay duda de que estaban sabrosísimos. En el momento de salir para Barajas, Rosa descubrió que no tenía visado USA (sin el que no se puede entrar en Puerto Rico), por lo tanto, Juan tomó el avión solo y Rosa, Ramón (el chico mayor de Benet que hacía de chófer) y yo regresamos a Madrid. Rosa probará a conseguir el visado el lunes».[460]

En San Juan, el 29 de octubre, Benet recibe un telegrama de Pablo García-Arenal anunciándole la llegada de Rosa en la madrugada próxima. Juan se compra un traje de baño y pasea por la plaza de las Américas, Condado y la avenida Ashford. A las seis de la mañana llega Rosa en compañía de Camilo José Cela. La pareja hace una excursión en autobús al Pico El Yunque y a la vuelta concurren a una recepción en la Casa de España. En la inauguración del congreso el cónsul pronuncia unas palabras, igual a todos los cónsules, según Benet. El 1 de noviembre se exponen diversas ponencias sobre *Volverás a Región* –a su autor le parecen aburridísimas– y la novela en la Guerra Civil. Por la tarde interviene Cela y a primera hora del día 2 Benet lee su conferencia. Luego descansan en la playa y tras el almuerzo se celebra una mesa redonda y la clausura, con una cena en casa del cónsul, «que demuestra ser un punto más tonto que cualquier cónsul».[461] El 4 de noviembre Benet invita a almorzar a Rosa, Camilo y Gladys, entre otros. A continuación de una jornada playera y de visita al viejo San Juan, Benet y Rosa vuelan a Madrid. Ella viaja a Barcelona y él pasa la tarde, medio dormido, en una reunión sobre los saltos de Moralets. Como obsequio, le entrega a Alberto Roibás una botella de ron El Barrilito. Con su chófer Pablo Segovia, el día después el ingeniero viaja a Llauset. En Barcelona se reúne con los responsables de Enher y Cubiertas y Tejados. Después acompaña a don Pablo al aeropuerto y Benet se marcha con Rosa a Llofriu. Cenan en casa de Manuel Vázquez Montalbán para celebrar su premio Planeta y éste les regala la obra ganadora, *Los mares del Sur*. No tarda el ingeniero en hincarle el diente y pasa toda la tarde de lectura, pero la novela le parece «ligera como una limonada».[462]

Durante el mes de noviembre se suceden los viajes a la obra de Moralets, donde un fin de semana ha caído una copiosa nevada que paraliza los trabajos. Como la obra se demora, Benet se interesa por la adquisición, a cargo de la empresa, de un apartamento en Pont de Suert, pequeño pueblo con un casco antiguo y un ensanche al amparo de las construcciones hidroeléctricas, coronado por un templo del ingeniero de caminos Eduardo Torroja, edificación que Benet deplora. En Madrid, después de corregir una última página de «Saúl ante Samuel», cena en La Bola con

460. Carta de Jaime Salinas a Gðudbergur Bergsson, 28 de octubre de 1979.
461. Entrada del 2 de noviembre, *op. cit.*
462. Entrada del 11 de noviembre, *op. cit.*

Gonzalo Torrente Malvido, quien le entrega un manuscrito para La Gaya Ciencia. Al día siguiente, domingo 25 de noviembre, tito Jaime come en Pisuerga con Benet y sus hijos. Seis fechas más tarde, Salinas le escribe a su pareja y le comenta sobre su amigo Juan: «Es un buen sedante, en realidad el único que encuentro (los demás están sumidos en el *je m'en foutisme* total)».[463] De nuevo en Moralets, el novelista le dedica a su colega Ignacio Pérez de Juan la edición de Alianza (1974) de *Volverás a Región*: «Para Ignacio con todo el afecto de su amigo de siempre. Juan. Dic.79». En Viella, Benet compra unos muebles para el apartamento en la calle del Doctor Saura, en Pont de Suert.

En casa está dedicado a la audición de música y a la lectura de Melville; sale a comprar regalos y prepara la cena de Nochebuena en Pisuerga, a la que asiste Javier Marías. Después llegan Pombo y Chamorro. El 25 de diciembre tiene lugar el banquete de toda la familia con la abuela Teresa y a la noche Benet va a la cena de restos en casa de Alberto Oliart. Rosa llega en tren a Madrid y el 27 la pareja almuerza en la Taberna del Alabardero (Felipe V, 6) con Gonzalo Torrente Malvido. Al día siguiente cenan en el Ministerio de Hacienda con el titular Jaime García Añoveros, Juan, Rosa, Hortelano y los Machimbarrena. Y para despedir el año, Benet y Regás se refugian en Zarzalejo, adonde llevan unos capones. Él comienza un óleo sobre un naufragio y el día 30 comen un cordero en Navalcarnero. La noche de fin de año, con los chicos, juegan al bingo.

463. Misiva de Jaime Salinas a Guðbergur Bergsson, 1 de diciembre de 1979.

17

MAGNUM OPUS

El 1 de enero de 1980 don Pablo y doña Teresa se presentan en Zarzalejo y sacan a todos de la cama. Pasan el día en la finca y a la anochecida regresan a Madrid. Además de la asistencia a la tertulia de Parsifal, Benet consume las horas en la escucha de cantatas de Bach. Tiene que viajar en coche cama a Barcelona, le deja a Rosa una copia mecanografiada de «Saúl ante Samuel» y se traslada a Moralets. El 10 de enero hace noche por primera vez en el apartamento de Pont de Suert. Por la mañana llega Rosa para esquiar en la estación de Baqueira Beret. Juan no esquía. Cinco días más tarde, en Madrid, el novelista cena en casa de Sarrión, al que deja otra copia de «Saúl ante Samuel». Y vuelven los consecutivos viajes a la presa de Llauset. Ilusionado con la nueva morada, adquiere unas lámparas en Barcelona y el 30 de enero desayuna por primera vez en el piso. El 4 de febrero, de nuevo en la capital catalana, compra un foco y una mesa.

En su domicilio madrileño prepara una conferencia sobre Faulkner que ofrecerá el 12 de febrero en un curso sobre la renovación formal de la narrativa del siglo XX, en el Aula de Cultura de la Caja de Ahorros del Mediterráneo, en Alicante. Viaja en avión y antes de su exposición concede una entrevista al diario *Información*. Luego dedica intensas palabras sobre su autor de cabecera. Tras esbozar la vida del Nobel, el madrileño confiesa no haber tenido paciencia de leer la biografía que le dedicó Joseph Blotner. Finalizada la disertación, el novelista cena con Francisco Pastor y Gonzalo Fortea, galeristas y escritores. El día después almuerza con «un tal Nuño de la Rosa, escritor local muy pelmazo».[464] Regreso a Madrid.

Con motivo de las II Jornadas de Teatro en varios colegios mayores de Madrid, que incluyen mesas redondas y representaciones, el viernes 22 de febrero a las once de la noche en el Isabel de España (Don Ramón Menéndez Pidal 5), la compañía

464. Entrada del 13 de febrero. Agenda 1980. Arch. JB/1/15 (1), BNE.

gallega de teatro Troula, dirigida por Antonio Francisco Simón, pone en escena *Anastas ou a orixe da constitución.* Asisten Salinas, Molina, Marías, Peche, Benet, Sarrión y Reyes, Hortelano y María con su hija Sofía... Según los recuerdos del director, tuvo gran éxito de asistencia. «El público se reía o murmuraba, según lo ya previsible, pero en medio de los silencios, se oía una tremenda carcajada. Entre bastidores, los actores no lo entendíamos... hasta que, al final, después de los aplausos, se presentó ante nosotros Juan Benet, al que no conocíamos, responsabilizándose de las muchas carcajadas».[465] «Lo que más me impresionó es que con un texto tan opaco, tan lento como los de Benet, lograse poner en movimiento, dar fluidez, marcar un ritmo a sus palabras. Es uno de esos casos en que el director y los actores 'salvan la obra'. Los actores no eran profesionales; tenían ese tufillo a representación de fin de curso, pero el director había hecho verdaderas proezas con los elementos más rudimentarios (lo que por otra parte me desconcertó es constatar que el gallego está más cerca del castellano que del portugués; sonaban todos como sueno yo cuando pruebo a hablar la lengua del país vecino). De nuevo en la sala mucha gente joven y dejando de lado la vieja guardia que constituía nuestro grupo, desconocida y no-madrileña. ¡Cada día me convenzo más que la lacra de este país es Madrid! Tras la representación el Benet & Cía. improvisó una fiesta con la compañía de teatro en Bocaccio. Si hubiera sido en otro sitio, si no hubiera estado Benet con su corte, posiblemente hubiera ido para poder hablar con el director. La María, la Sofía e incluso el Hortelano nos volvimos directamente a nuestras respectivas casas»,[466] escribe Salinas a su compañero. Hubo una nueva representación el día después a las siete de la tarde, día que el autor lo pasó en casa «embriagado por el triunfo de ayer».[467] Otra jornada más leyendo a Le Carré, «de excelente mal humor».[468] El ingeniero retorna a Moralets, vía Barcelona, donde compra una cómoda, unos candelabros, una cafetera vieja y un molinillo de café; duerme todas las noches en el apartamento de Pont de Suert. Concluido el ensanche del túnel de Llauset, Benet regresa a Madrid y en una parada en Barbastro adquiere una segunda cómoda y un capazo de paja.

Benet inicia marzo con una excursión junto a Marías, Molina y unas amigas a Martín Muñoz de Ayllón, Coca, Cuéllar y Medina del Campo, donde hacen noche.

465. Testimonio de Antonio Francisco Simón, en correo electrónico de 1 de junio de 2020. Al término de la función, invitados por Benet, algunos miembros de la compañía fueron a tomar unas copas a Bocaccio.

466. Carta de Jaime Salinas a Gðudbergur Bergsson, 23 de febrero de 1980.

467. Entrada del 23 de febrero, *op. cit.*

468. Anotación del 24 de febrero, *op. cit.*

Visitan el castillo de La Mota, comen en Olmedo, ven la ermita de La Lugareja y Santa María la Real de Nieva y prosiguen a Carbonero y Segovia.

El viernes 7 de marzo, en Fass se reúnen a la mesa Benet, Sarrión, Guelbenzu y Hortelano. Tienen por costumbre el tomar cerveza con *schnapps*, muy del gusto del ingeniero, y cuando uno publica un libro es enjuiciado en público y criticado despiadadamente por los demás. «Con motivo de la lectura del original de 'Saúl ante Samuel' por Antonio Martínez Sarrión, nos reunimos para hablar en *petit comité*. Yo no recuerdo demolición mayor de una novela que la que hizo Sarrión. Pero a tal extremo que tiempo después Benet confesó que estuvo a punto de romperla, de no sacarla (por poco desaparece el manuscrito original consumido por las llamas en Pisuerga, al volver solo a casa) y se lo dijo a Antonio como reproche. Habíamos quedado en hablar todos, aunque no la habíamos leído. Y Antonio, a la cara y con toda intención, le dijo: '¡En mi vida he leído un tostón de este calibre. Jamás me he aburrido tanto!'. Juan García Hortelano me miró, me hizo una seña y nos callamos angelicalmente. Era la única vez en mi vida que vi a Benet descolocado».[469] «El Moderno, me dijo de todo sobre el manuscrito que le había pasado a leer. Llegó a decir que parecía una novela escrita por un párroco rijoso», le confiesa el autor a su amigo Hortelano.[470]

Además de esta cena, el narrador anota en su agenda que envía a su hija Juana al banco y «le dicen que no hay un duro», que come con su madre y le recuerda que debe un millón de pesetas al consejo de familia por la casa del Almendro, que llama Rosa desde Barcelona y le «cuelga con todo enfado por la excursión de la semana pasada».[471] Ante semejante panorama, cena con Chamorro y Matji y se agarra una melopea para posteriormente pasar «todo el día en casa considerando mi triste situación».[472]

Nieva intensamente en Moralets, donde Benet pasa tres días en la obra con pernocta en el apartamento. En Madrid, la tarde del 17 de marzo, el alcalde Enrique Tierno Galván inaugura un monumento a Pío Baroja en el parque del Retiro, junto a la puerta del Ángel Caído, en recuerdo de los muchos paseos que el autor vasco daba por ese lugar. La escultura en bronce, obra de Federico Coullaut-Valera, representa al literato con su atuendo habitual: boina calada, bufanda cruzada y abrigo largo. A la ceremonia asisten, además de amigos y personalidades, su sobrino Julio

469. Testimonio de José María Guelbenzu, registrado en magnetófono el 22 de enero de 2016.

470. «(Conversación con Juan Benet) El valor del singular (una tarde)», Juan García Hortelano. *El Urogallo* nº 35, marzo de 1989.

471. Entrada del 7 de marzo, *op. cit.*

472. Anotación del 9 de marzo, *op. cit.*

Caro Baroja y, cómo no, Juan Benet, quien comenta en tono jocoso la abertura del abrigo en la parte inferior de la reverenciada efigie; para él, un espanto. Más tarde cena en un restaurante chino con Peche, Molina y el volatinero Javier Marías, acompañado de su nueva novia, Catherine Bassetti, estadounidense residente en Madrid y antigua trapecista del circo Ringling Brothers. Sarrión entrega a Benet la lista de errores y erratas de «Saúl ante Samuel». Tras pasar el día leyendo a Dickens, el novelista recibe por correo la noticia de que nuevamente ha perdido el juicio de *Volverás a Región* contra Vergés. «¡Los idus de marzo! Es evidente que han llegado, pero ¿cuándo pasarán?»,[473] registra.

Espoleado por quienes aseguran que no es capaz de escribir una novela comprensible, Benet decide iniciar una nueva historia de acción, con mucha trama, buen número de personajes, situaciones y conflictos situados en su escenario habitual, Región. Comienza la tarde del 23 de marzo. Pero ha de trasladarse de nuevo a Moralets; viaja solo en coche y aprovecha para visitar Cetina y el cañón del río Mesa, Jaraba y el balneario Sicilia. Luego toma dirección Huesca y Barbastro por Tardienta y Los Monegros hasta llegar de noche a Pont de Suert. Tres días después pone rumbo a su ciudad, con parada en Graus para comprar sus afamadas longanizas y un jamón. El 29 de marzo vuelve a la novela que ha comenzado y que titula provisionalmente «Los cazadores de Mantua». Le dedica diez horas y finaliza el primer capítulo, momento oportuno para hacer un alto y cenar con Peche, Teresa Bordón y Manolo El Esteta, como llama a Manuel Rodríguez Rivero.

Benet escribe cartas a ocho editores para ofrecerles «Saúl ante Samuel», pero no las llega a cursar porque La Gaya Ciencia le comunica el envío de las primeras pruebas. En Zarzalejo comienza la marina *El puerto de Shanghai en el verano de 1976*, óleo sobre tela (55 × 34,5 cm). Además, se sumerge en *Memorias de ultratumba*, de Chateaubriand. Javier y Catherine llegan para pasar el fin de semana. El anfitrión sigue pintando.

En Semana Santa Benet lleva a visitar la obra de los saltos de Moralets a sus hijos Ramón, Nicolás y Eugenio. Al volante va Pablo Segovia. Cenan en Graus y duermen en Pont de Suert. Luego de dos jornadas los chicos siguen a Barcelona. El padre se reúne en Enher y regresa a Madrid con el chófer. En Pisuerga Benet tiene charla telefónica con Rosa, pero resulta infructuosa y deteriorante, según él. El sábado 12 de abril Salinas, Benet y Vicente Molina toman té en Pisuerga. Mañana el ingeniero parte hacia Estados Unidos, para concurrir al simposio «España, 1980» (política, filosofía, poesía, novela), que tendrá lugar en la Universidad de Chicago, sobre la

473. Entrada del 20 de marzo, *op. cit.*

actual recuperación democrática española. También viajarán José Luis López-Aranguren y José Hierro.

Tras pasar unos días en Nueva York en casa de Barbara, el escritor vuela a Syracuse donde ofrece una conferencia en la Universidad. En un nuevo vuelo a Chicago se encuentra en el aeropuerto con Ángel González. Visita el museo de Ciencia e Industria para ver el U 505, submarino que combatió en la Segunda Guerra Mundial y fue capturado por la Armada estadounidense. Luego pasea por el Dowtown y cena con González y otros amigos. Se sucede una noche loca hasta el amanecer. El sábado 19 Benet pronuncia la conferencia «La novela en la España de hoy» –una exposición sociocrítica del presente–, invitado por Ricardo Gullón y Gerald Honigsblum, del Departamento de Lenguas y Literaturas Románicas de la Universidad de Chicago. Otros ponentes son Juan Marichal, Francisco Ayala, Ángel González, Pablo Beltrán de Heredia...Finalizadas las sesiones, con un público constituido mayoritariamente por hispanistas, Aranguren, González, Gullón y Benet grabaron cuatro programas de treinta minutos para la cadena ABC. Luego, Juan Vázquez Ocaña, psiquiatra y poeta madrileño, y su esposa Ana María Brull Baralt, cubana e hija del vate Mariano Brull, dieron una fiesta memorable en su domicilio en Lake Shore Drive (LSD) en honor a Juan Benet,[474] a la que asistieron los españoles. El 20 de abril el novelista hace un doble vuelo de Chicago a Nueva York y de Nueva York a Madrid con el poeta Hierro. La madrugada del 21 Benet llega agotado, pero se incorpora a la oficina. El día después viaja a Pont de Suert para supervisar las obras de Moralets.

En su residencia de El Viso descansa durante doce horas, corrige pruebas de «Saúl ante Samuel» y escribe un tercer capítulo de «Los cazadores de Mantua», sobre cuyo título comienza a dudar. La relación con Rosa está muy tensa. Según Juan, cada vez que hablan todo empeora. Él le escribe una carta en tono subido, ella le contesta en tono determinante. Nuevos viajes al Pirineo con su chófer. Para la festividad de San Isidro, Benet invita a tito Jaime a viajar al embalse de Llauset. «Quiere que haga puente y vaya a pasarme unos días con él en su obra en el Pirineo leridano. Me lo pone todo tan fácil –el miércoles me vendría a buscar el coche de la compañía para llevarme hasta allí– y regresaríamos en sábado; es muy posible que me anime a ello. No conozco esa zona; el aire estará limpio y fresco y aunque me pasaré la mayor parte del tiempo solo ya que Juan estará trabajando, de nuevo pone a mi disposición chófer y coche para que pueda hacer excursiones. Ya veremos si el trabajo me lo permite».[475]

474. Según el testimonio de María-Elena Bravo, en correo electrónico del 22 de septiembre de 2015.

475. Carta de Jaime Salinas a Gǒudbergur Bergsson, 10 de mayo de 1980.

Don Pablo envía a Benet a Barcelona, muy a su pesar. Viaja en tren y después de trabajar mantiene una larga parrafada con Rosa que Juan no sabe cómo calificar. «Desde luego no abre muchas esperanzas para recomponer un pleno entendimiento con ella»,[476] apunta. En la obra, Benet recibe a Salinas y Molina, quienes visitan el valle de Bohí. Los tres viajan a Monte Perdido vía Castejón de Sos, Campo, Ainsa, Bielsa y hacen noche en el parador. Comen en Graus, compran salchichas y emprenden camino a Barbastro, donde acuden a un anticuario. Desde Calatayud parten a Alhama de Aragón para cenar y dormir en el balneario Termas Pallarés. Siguen al Monasterio de Piedra y llegan a Madrid la tarde del 17 de mayo; Benet todavía tiene tiempo para acercarse a la Feria del Libro de Ocasión e ir al cine con Silvia Llopis a ver *Wise blood*, de Huston. Tras una regañina de don Pablo porque las obras apenas avanzan, dos jornadas más tarde el ingeniero regresa a Moralets con Pablo Segovia.

El 24 de mayo el novelista recibe desde Barcelona su primer ejemplar de *Saúl ante Samuel*. Los gallegos del grupo Troula vuelven a llevar la obra de Benet a las tablas. El 26 de mayo representan *Anastas, ou orixen da constitución* en el teatro del Círculo de Bellas Artes de Madrid. El autor y sus amigos están entre los escasos espectadores de la sala y Benet le comunica al grupo que volverá «un día de representación normal para sentir la reacción del público anónimo».[477] También está el crítico Eduardo Haro Tecglen, quien no salió muy satisfecho de la función.

Después del experimento del pasado año en el Palacio de Cristal de la Casa de Campo, la XXXIX Feria del Libro vuelve al paseo de Coches del Retiro. El 30 de mayo la Policía Nacional registra varias casetas en busca de ejemplares de *El libro rojo del cole*, de los daneses Søren Hansen y Jesper Jensen, en el que critican el sistema educativo vigente, abordan la sexualidad, las drogas y alientan a los escolares a cuestionar las normas sociales. Una guía para la acción. El día 31 Lola Salvador firma ejemplares de *El crimen de Cuenca*, vigilada por la policía porque la película ha sido prohibida. Con Lola está su amiga la actriz Emma Cohen, compañera sentimental[478] de Fernando Fernán Gómez, quien se encuentra fuera de Madrid representando *El alcalde Zalamea* en diversas ciudades. En otra caseta Juan Benet firma su obra recién publicada, *Saúl ante Samuel* (La Gaya Ciencia). Su colega Gabino Guedán Gallar y su mujer María Luisa Pécker Alberca adquieren el libro. «Lo llevaba en la mano mientras paseábamos entre las casetas. De pronto me pregunta mi mujer ¿A qué no

476. Entrada del 13 de mayo, *op. cit.*

477. Testimonio de Antonio Francisco Simón, en correo electrónico de 1 de junio de 2020.

478. Según Emma, entonces Fernando y ella se habían dado un año sabático (conversación grabada el 9 de marzo de 2015).

sabes quién viene por ahí enfrente? ¿Quién? Me dice: Juan. Tras los saludos, me suelta: Joder, veo que eres el único madrileño que ha comprado un libro mío hoy. Contesté: ya sabes que soy muy fiel, Juan. Sí, sí, sé que eres muy fiel porque hasta los lees a veces, dijo él. Perdóname, hasta la página cien. Te he dicho que hasta que no cambies tu manera de escribir no volveré a leerte, concluí. Es decir, presumía de no ser entendido. Le gustaba enredar, sabiendo que no le iban a leer, se empeñaba en lo que se empeñaba. De mis compañeros creo que le hemos leído algunos ¡algunos! tres o cuatro libros».[479]

Lola presenta a Juan y a Emma. Cenan con más personas y después van a tomar una copa a casa de la actriz Julieta Serrano, amiga de Emma y Lola. Emma queda fascinada por el escritor porque, según ella, Benet era muy Peter Pan, en el sentido de travieso, con «esa mala leche fulgurante como la de un niño de siete o de nueve años. Una cosa extraña en un individuo de edad. Tenía una cara de pájaro con unos ojos súper vivos y una sonrisa incierta que provocaba misterio y al mismo tiempo simpatía. Poseía magnetismo, con un encanto atroz. Un ser jubiloso. La tristeza la descubrías después, al principio era algo rutilante. De hábitos burgueses por su condición de ingeniero y en cambio mantenía un comportamiento libertario, en cuanto a relaciones, pero mentía; se veía obligado a mentir por las convenciones sociales. Y verle cabalgar sobre la Kawasaki, eso era un atractivo importante».[480]

Luego de la noche loca, el escritor pasa todo el día de reposo en casa. Pero se presentan a cenar con idea de guisar Eduardo Chamorro e Isabel González, y acuden Jaime Salinas, Emma Cohen, Lola Salvador, Julieta Serrano, el hispanista Philip W. Silver y Silvia Llopis, «que hace de nuevo una escena y se va enfadada como siempre».[481] Las cenas se suceden, tanto en Pisuerga como en restaurantes o en domicilios de amigos. El 4 de junio en casa de Chamorro se reúnen Emma Cohen, Beatriz de Moura y el abogado Pedro Moreno, conocido como Perico. En la madrugada, un enojado Eduardo los echa de casa por haberle estropeado el equipo de música, pero regresan Juan, Emma y Perico y van a desayunar a la cafetería Select. Luego Eduardo, Isabel, Juan, Emma, Perico y su amiga Pilar Gutiérrez Sánchez se van a Segovia a casa del letrado, frente al monasterio de Santa María del Parral, al otro lado del río Eresma. Benet pasa la noche con Emma y está deslumbrado, según sus anotaciones. Con el inicio de un nuevo idilio, todos van a comer un cordero a Torrecaballeros y luego de la sobremesa, Juan y Emma se marchan a Madrid porque ella ha de viajar a Amsterdam. Benet se retira a Zarzalejo donde, bajo el apacible

479. Declaraciones de Gabino Guedán Gallar registradas en magnetófono el 11 de septiembre de 2014.
480. Testimonio de Emma Cohen, registrado en magnetófono el 9 de marzo de 2015.
481. Entrada del 1 de junio, *op. cit.*.

arbolado, se entrega a los pinceles que iluminan operaciones navales: remata *El puerto de Shanghai* comenzado semanas atrás y empieza *Una fragata americana a la escucha*, óleo sobre tela (65 × 44,5 cm).

La publicación de *Saúl ante Samuel*, tras siete años de trabajo, para muchos su obra maestra, apenas tuvo eco. Desarrollada en Región entre 1938 y 1939, en esa brumosa novela filosófico-religiosa está todo Benet, todo su pensamiento, todas sus cogitaciones: la guerra y sus operaciones militares, el deseo, los naipes, el tiempo, la mujer, el hastío... Como uno de sus personajes, todo en derredor suyo padece el arte de su mirada. Estamos ante la belleza de la página, el brillo del párrafo, el placer del texto porque con placer fue escrito, pese a su textura granítica. Todo es alegoría, metáfora, poder simbólico. Ya en el título se barrunta la lucha de contrarios, entre Saúl y Samuel, pero más aún: Emilio frente a Martín o Abel frente a Caín (la *Biblia* como objeto de arte, como fuente mitológica), el combate entre hermanos en los dos bandos de la incivil guerra. Es la cumbre del estilo benetiano, su radical culmen, donde busca en el lenguaje su máxima expresividad; como en su otra novela, *En el estado*, pero ahora con mayor ambición, el autor investiga quién es el yo que narra esta historia, dónde está el punto de vista del relato. Puede ser cualquier cosa y puede estar en cualquier sitio. «Nunca más haré un libro de esta envergadura. Es enormemente comprimido, recoge no sólo la experiencia de esos siete años, sino toda una fase intelectual de muchos más».[482]

Emma regresa de Amsterdam el 9 de junio y cena con Juan en un restaurante japonés para después recalar en Bocaccio, donde toman copas y bailan. Al día siguiente el ingeniero vuela en Air France a Toulouse y allí le recoge Teódulo, el chófer de obra, un avispado asturiano, para llevarle a Moralets, donde pasa un par de intensas jornadas de trabajo, para llegar en fin de semana a Madrid y dedicarlo al jolgorio en Zarzalejo con Emma, Eduardo e Isabel. Les visita don Pablo en moto para tomar un whisky. Benet de nuevo regresa a la presa de Llauset, donde recibe a sus cuñados Juan Jordana y Rafaela de Buen, que se encuentran en España y pasan unos días en Barcelona.

El joven leonés Carlos Suárez González, lector de *Volverás a Región*, sin grandes esperanzas escribe a Juan Benet el 15 de junio para solicitarle un artículo sobre su etapa en León, con la idea de publicarlo en una revista que tiene en preparación.

En su onomástica, el novelista escribe la decimosegunda fábula para un libro que prepara y Emma le regala unas gafas de sol. Él la acompaña al ensayo y beben unos

482. «Adiós a Región», Ludovico Nolens. *Quimera*, n°3, enero de 1981.

destilados. La nueva pareja genera un cisma entre los benetianos y los fernangomecianos. Lola Salvador se disgusta con Emma tras una llamada de Fernando que la acusa de ser la responsable de haberlos presentado. Lola no sabe del reciente enamoramiento. Emilio Martínez-Lázaro opta por Fernando, porque le resulta «más atractiva la conversación de Fernando, mucho más variada que la de Juan, pese a que los dos eran grandes conversadores».[483] Como cada año con motivo de su santo, el caluroso 25 de junio Benet celebra una gran fiesta en Pisuerga 7 con más de veinticinco personas, en el pequeño jardín donde se solaza a discreción. Su hijo Eugenio es el encargado de pinchar discos de los Rolling Stones y otras celebridades del rock y del pop. Además del anfitrión y Emma, allí están don Pablo García-Arenal y doña Teresa Rodríguez Mellado, Álvaro Pombo, Eduardo Chamorro, Pedro Moreno, Antonio Martínez Sarrión, Graciela Paoletti,[484] Peche García-Arenal, Rafa Zarza, Manolo Matji... Pombo había bebido, como tantos otros invitados. Su estado etílico le puso agresivo y le lanzó una botella a Benet en el instante que subía los pocos escalones de la entrada del jardín al salón. «El Sr. Pombo bebe demasiado. Se muestra agresivo y es necesario reducirle y llevarle a su casa»,[485] escribió Benet. «Es posible que yo le tirara una botella, aunque no acaba de ser del todo mi carácter. Es probable que estuviera muy borracho, pero no suelo tirar botellas; no me parece característico, pero puede ser, suelo hablar de teología cuando me emborracho. Pero a lo mejor es verdad, porque cuando uno bebe pierde el compás. Sí soy violento, pero no de tirar botellas».[486] La reacción de Pombo fue un hecho desatinado, pero no del todo insólito. Los testigos se apresuraron a poner un poco de orden en aquella inusitada zapatiesta, aquella peripecia etílica, pero el festejo empezó obviamente a languidecer. Hasta la mañana siguiente se quedaron los Chamorro y los Hortelano. Pombo nunca más puso un pie en Pisuerga 7.

Benet comienza a pernoctar en el apartamento de Emma, en la calle de Santiago Bernabéu 14. Y continúa con el seguimiento a pie de obra en Moralets, alargada más de la cuenta. El domingo 6 de julio termina «Trece fábulas y media». Emma tiene que posar para una sesión de fotos en su apartamento a la que asiste Juan Benet. Los hijos se marchan a pasar todo el mes en Zarzalejo y así evitar el sopor madrileño. El ingeniero regresa a Llauset, donde hay dificultades en la excavación de los limos de la presa. Los empleados celebran un partido de fútbol. «Jugábamos torneos en el Valle de Arán y pasamos a jugar a Francia, en una eliminatoria donde participaban

483. Declaraciones de Emilio Martínez-Lázaro registradas en magnetófono el 12 de septiembre de 2015.

484. Psicoanalista argentina, futura esposa de Sarrión.

485. Entrada del 25 de junio, *op. cit.*

486. Declaraciones de Álvaro Pombo, grabadas en magnetófono el 12 de noviembre de 2014.

varios equipos. Se celebraba la final en Saint-Gaudens, con unas instalaciones deportivas magníficas. Quedaron cuatro equipos, dos españoles y dos franceses. Yo estaba en la banda, no jugaba, y vi claro que el árbitro, emigrante de origen español, quería que el partido lo ganaran los franceses. Las decisiones que tomó fueron bochornosas; ya en el primer tiempo perdíamos. Hubo una tangana y el árbitro suspendió el encuentro y nos dio como perdedores. Nos fuimos al vestuario protestando, chillando, alguien diría algo contra los franceses. Se personaron los gendarmes y querían detenernos por escándalo público y por haber incitado al enfrentamiento en la grada. Pero esa vez nos había acompañado Juan Benet. No asistió al partido porque cerca de allí había un anticuario especializado en náutica, y le interesaba mucho. A su regreso se encontró con que el equipo estaba retenido en el vestuario. Habló con los gendarmes y pudimos montar en el autocar y regresar a España».[487]

Octavio Paz incluye en *Vuelta*[488] un fragmento de *Saúl ante Samuel*. El autor dedica ejemplares a los amigos. A Guelbenzu: «Para José María con todo mi perdón por sus insensatas inconsecuencias. Juan». A Margarita Suárez-Carreño: «Para Marga, Marga, Marga esta murga, murga, murga. Con todo el esplendor del desprestigio. Y todo cariño. Juan». A su compañero del comité de lectura de Alfaguara: «Para Miguel Sáenz, que se merece semejante tormento por el mucho que me da a mí, con semejante esposa». «En el fondo es un elogio a mi mujer Grita Loebsack, pero faltón»,[489] recuerda el traductor. Según el autor, Manolo Matji confiesa que la novela le supera.

En Pisuerga Juan y Emma celebran una cena con Jaime Salinas, Vicente Molina, Javier Marías, Catherine Bassetti, Peche García-Arenal, Natacha Seseña y los chicos; juegan al compartimento y pasan una noche muy divertida. El compartimento es la escenificación de un viaje en tren con los invitados apoltronados en los sofás contrapuestos al pie de la ventana del salón que da al jardín. Benet con gorra de revisor –que cuelga del perchero de la entrada– abre las puertas correderas y enciende la luz cegadora a la vez que exige el billete imprescindible para el trayecto. ¡Billetes, billetes! Unos más negados que otros para la teatralidad, alguien pregunta si queda mucho para Sabiñánigo o para Motilla del Palancar, no sin antes consultar la guía de Renfe para saber qué tren pasa por la conquense Motilla.[490] Así pasan la velada.

---

487. Testimonio de Ignacio Pérez de Juan, registrado en magnetófono el 28 de octubre de 2014.

488. *Vuelta*, n.º 44, julio de 1980.

489. En conversación con Miguel Sáenz, grabada el 16 de septiembre de 2015.

490. «Don Juan», Félix de Azúa. *El País*, 6 de enero de 1993.

En Zarzalejo los días transcurren entre partidas de billar con su hijo Nicolás, piscina, dedicación al lienzo y lectura de *Despachos de guerra*, de Michael Herr, «espléndido»,[491] caligrafía Benet. Hacia la caída de la tarde regresa a Madrid para cenar con un grupo de ingenieros de su promoción en el restaurante Jai Alai, cerca de El Viso, aunque no acostumbra a participar en esas citas. Consuelo Giménez Sánchez, esposa de Rafael López González, se acerca a su domicilio para buscar a Juan y logra llevarlo a la cena. A su llegada el mordaz Benet les dijo que estaban todos muy decrépitos. Sus colegas preparan un viaje que hacen cada cinco años. Exceptuando Lisboa, todos los efectuados fueron en España: Costa del Sol, Baleares, Cataluña, Salamanca, Extremadura... El novelista les indicó que eran muy convencionales y que lo que tenían que hacer era ir al Polo Norte. Ahí se produjo la ruptura con su promoción, según Consuelo.

Eduardo Chamorro somete a Benet «a la tentación de un premio literario de mucha cuantía».[492] Antes habían coincidido en Bocaccio con el escritor canario Alberto Vázquez-Figueroa, quien para Benet era todo un desconocido. En una conversación en torno a unos tragos surgió el asunto de los *best sellers*. El autor de *Tuareg* presumía de publicar y de vender mucho, aunque para determinados círculos las ventas multitudinarias parecen levantar sospechas. Benet, que tanto se divirtió escribiendo su gran obra, estaba sorprendido, se vió retado, cuando sus fantasías, sus destellos, sus agudas y oscuras cavilaciones parecen haber dado la espalda a la generalidad de sus lectores. No obstante, Benet sigue teniendo seguidores, creyentes, militantes.

El 16 de julio el ingeniero viaja al Pirineo a bordo de un Seat 132 de color oro metalizado conducido por Pablo Segovia. Hacen un alto en Calatayud para comer y Pablo se detiene ante el escaparate de Casa Cabestrero, donde está expuesta una bicicleta Peugeot de paseo, en color naranja oscuro con la marca en verde y guardabarros con faro amarillo, en la que él ya había fijado su mirada en un viaje anterior. ¡Es preciosa!, exclama en voz baja. Entran en la tienda y Benet pregunta el precio. «Son veintiséis mil trescientas veinte pesetas, señor», responde el dependiente. «Pablo, al coche»,[493] conmina el ingeniero. Le regaló la bicicleta, porque Segovia, al que trata de usted, es un hombre que goza de la entera confianza de don Juan. Sobre las diez de la mañana, cuando llega a Pisuerga para recogerle (suele llegar a la oficina en torno a las once) en la espera le cuida el Daimler, que duerme en la calle porque no quiere meterlo en el garaje, se lo lava como puede, soluciona averías menores, hace

491. Anotación del 14 de julio, *op. cit.*
492. Entrada del 15 de julio, *op. cit.*
493. Conversación con Pablo Segovia grabada en magnetófono, el 24 de febrero de 2015.

recados, limpia la piscina de Zarzalejo, transporta a sus familiares, comparte mantel en los viajes con don Juan.

De tejanos y camisa a cuadros remangada que deja ver un brazo malherido a causa de una caída en la piscina de Zarzalejo, el sábado 19 de julio, Benet se cita con los asturianos Ángel González y Juan Benito Argüelles para comer en el madrileño restaurante La Bola. A la hora del café se suma Lola Fernández Lucio, mujer de Juan Benito. Luego de mucho perorar, en el Daimler se dirigen al teatro María Guerrero para recoger a Emma Cohen, que representa una obra para niños; entonces goza de gran popularidad por su papel de la Gallina Caponata (dentro del disfraz) en el espacio televisivo *Barrio Sésamo*. Después fueron a la casa de Ángel González, en la plaza de San Juan de la Cruz, para seguir de cháchara con unas bebidas.

El viernes 22 de julio un espléndido Benet escribe a máquina siete folios al joven Carlos Suárez González, una delicia memorística donde cuenta sus inicios ingenieriles en tierras del noroeste español. El novelista se disculpa porque «hasta ahora me ha sido imposible contestar por hallarme casi todo el tiempo fuera de Madrid».[494] Tras el relato, el ingeniero se despide con cordialidad: «Poco más puedo decirle por ahora y espero que con esta carta su curiosidad haya quedado en parte satisfecha. Puede Vd. publicarla si lo cree conveniente y de cualquier modo le agradeceré que me envíe un ejemplar de la revista que hacen ustedes».[495] Cuando recibe la misiva, el muchacho se pone a maquetar a máquina la revista y decide titular «Región» los folios del escritor madrileño.

Juan y Emma se marchan a Zarzalejo de fin de semana. Él decide llevar la máquina dispuesto «a escribir una novela de acción, todavía innominada, empezada y suspendida en abril».[496] Está en contacto con Rafael Borrás, director literario de la editorial Planeta.

El sábado por la mañana llega a la finca Natacha Seseña en tren. A la hora de comer aparecen Peche, Marías y Catherine. Natacha está muy afectada por la ruptura sentimental con Aurelio Torrente Larrosa, agregado de turismo en la embajada española en Roma. Benet, para tratar de rehusar el desconsuelo con el humor, la despierta de la siesta llamando con los nudillos al cristal de su ventana y le anuncia con voz cavernosa que es Aurelio, el amado perdido que vuelve a ella. Natacha no puede evitar las risotadas «ante la afectuosa brutalidad, en la que era evidente que prevalecía el afecto. 'En estos casos', decía don Juan Benet, 'lo mejor es aplicar un

494. Carta de siete folios mecanografiados con el membrete «Cubiertas y MZOV S.A. Compañía General de Construcciones», fechada en Madrid, el 22 de julio de 1980.

495. *Ibíd.*

496. Entrada del 22 de julio, *op. cit.*

tratamiento de shock'».[497] Y Natacha empezó a olvidar a partir de aquel fin de semana. Después de cenar, bastante ebrio, el novelista viaja en coche a Madrid a recoger a Emma –*La Cómica* la llaman los amigos de Juan–, que sale de ensayar a las tres de la madrugada y pernoctan en Pisuerga para regresar a Zarzalejo.

En una cena en el hotel Palace, el 28 de julio, Rafael Borrás le hace la propuesta formal a Juan Benet de presentarse al premio Planeta y le sugiere que lo haga bajo seudónimo, a lo que él se niega, porque cree que a un escritor no lo dignifica o lo hunde un premio. Su valor literario está en lo que escribe y si presenta un texto será con su nombre. Luego trasiegan unas copas con Eduardo y Emma en el pub Yela's (paseo de La Habana 13) y Bocaccio. Tras amanecer en el apartamento de Santiago Bernabéu, Benet y su chófer toman la carretera Nacional II con dirección al Pirineo; el novelista lleva la máquina de escribir y se le ocurre un nuevo título para la narración en marcha: «Acción de gracias». A continuación de una reunión en Barcelona y comida de trabajo, Benet se reúne con la Regás en Bocaccio. Según él, fue una noche desastrosa con enfado. Se marchó al hotel Sarriá y juró no volverla a ver. Pero al día siguiente Rosa llamó en tono conciliador, tomaron café y comieron de mejor temple.

Volcado en la novela para el premio, en Zarzalejo pasa el día escribiendo y bate su propio récord: diecinueve folios en una jornada, el episodio de los exiliados republicanos. Benet ya ha dado con el título: «El aire de un crimen». ¿Procederá el epígrafe de los versos iniciales de *Una temporada en el infierno* de Rimbaud? El primer poema «Antaño...» incluye: «Llamé a los verdugos para morder, mientras perecía, la culata de los fusiles. Invoqué a las plagas para ahogarme en la arena, la sangre. La desdicha fue mi dios. Me tendí en el barro. Me sequé al aire de un crimen. Y me burlé de la locura a lo grande». «Delirios I... Virgen necia» contiene: «¡Oh! ¡Esos días en que quiere andar con el aire de un crimen».[498]

El 5 de agosto Chamorro y Benet van a cenar a casa de Hortelano. María, anfitriona, dice padecer con la severa lectura de *Saúl ante Samuel*, un texto para el goce o el sufrimiento. «Le dije: 'Todo el puto mes con *Saúl ante Samuel*, porque hay páginas que si quieres arrancar... Todo lo que dicen, pero que no lo dicen o lo pueden decir... hay que volver a leer y echar el hígado con este libro. ¿Pero qué es eso de que nos exijas tanto?'. Benet se reía muchísimo».[499] El narrador debió de pensar: «Nada tengo que decirme acerca de la vanidad ni el egoísmo porque recuerdo lo difícil que

---

497. «Don Juan Benet se va de viaje», en *Literatura y fantasma*, Javier Marías. Siruela, Madrid, 1993.

498. *Una temporada en el infierno. Iluminaciones*, Arthur Rimbaud. Edición bilingüe. Versión española y presentación de Julia Escobar. Alianza, Madrid, 2019.

499. Conversación con María Jesús Martín-Ampudia grabada en magnetófono el 19 de febrero de 2014.

resulta hacerse entender cuando hay sobreentendidos; y porque, en contra de lo que se diga, a través de los demás resulta inútil saber algo acerca de uno mismo».[500]

La revista *Los Cuadernos del Norte* recoge el discurso de Juan Benet pronunciado en la Universidad de Chicago, «La novela en la España de hoy (1980). Estado, presente y futuras tendencias».[501]

Con sus hijos Ramón y Eugenio, el ingeniero viaja a los saltos de Moralets; sufren una avería en el coche y se dan un baño en el Cinca. De anochecida llegan a Pont de Suert. Después de vigilar la marcha de la obra, Benet vuelve a Madrid con el chófer Teódulo (Pablo Segovia está de vacaciones). Sus hijos han viajado a Andorra. Él regresa a la novela en marcha. Con Chamorro va a ver a Emma al teatro Maravillas (Manuela Malasaña 6), donde representa la obra *Los domingos bacanal*, de Fernando Fernán Gómez. El grupo Teatro 80 inicia así su andadura como compañía estable.

El 24 de agosto, en Zarzalejo, Benet pone punto final a «El aire de un crimen», quince días antes de lo previsto. En un mes ha escrito ciento sesenta páginas. Ulteriormente lo festeja con Emma con un banquete de caviar, anguila y arenques. Y ven *Lo que el viento se llevó* en versión original. El primer día de septiembre el novelista escribe a Rosa Regás una carta de trascendencia invitándola a separarse de Eduard Omedes «si quiere que sigamos algo juntos en el futuro».[502] Al tiempo va a ver Mariona, madre de Rosa, para comunicárselo.

El 15 de septiembre a las seis de la tarde Benet y Borrás tienen un encuentro en el hotel Palace de Madrid para que el novelista inscriba «El aire de un crimen» en el premio Planeta a cambio de una promesa casi firme del segundo premio. Dos días más tarde, tras una llamada de Borrás, desde Moralets Benet se desplaza a Barcelona para firmar un contrato con José Manuel Lara Bosch, hijo del fundador del imperio editorial, por dos millones de pesetas. Rosa Regás acude al aeropuerto y juntos echan un trago; Benet vuela a Madrid. El día después mantienen una amplia plática sobre el contenido de la carta y su resolución de que ella se separe. A su amigo Alberto Oliart le nombran ministro de Sanidad en el nuevo Gabinete Suárez, que se somete a la confianza de la Cámara de los Diputados. Durante el debate en el Pleno del Congreso, retransmitido por TVE el 18 de septiembre, Benet telefonea a Salinas para comunicarle que en la presa de Llauset ha habido un accidente, un corrimiento de tierras: «La obra de su pantano en Lérida se había venido abajo. Un corrimiento de lodo que había arrastrado a un trabajador, diez máquinas y que prácticamente

500. *Saúl ante Samuel*, Juan Benet, La Gaya Ciencia, Barcelona, 1980, p. 165.

501. *Los Cuadernos del Norte*, n.º 3, agosto-septiembre de 1980.

502. Entrada del 1 de septiembre, *op. cit.*

implicaba el empezar de nuevo. Me impresionó oír en Benet la angustia, la tragedia, la frustración del ingeniero», le anuncia el editor a su amado.[503] A bordo de su Daimler, el ingeniero enfila camino del Pirineo, donde encuentra un espectáculo terrible; se ha recuperado el cadáver del maquinista que suministraba gasoil a la retroexcavadora que quedó sepultada por los lodos, como ocho máquinas enterradas, según anotación de agenda. Tres topógrafos se salvaron trepando por el talud rocoso de la excavación; los trabajadores están cabizbajos y desconcertados. Un día más tarde el entierro tiene lugar en Lérida, en cuya estación ferroviaria se encuentran Juan y Emma. Viajan en coche al Monasterio de Piedra y duermen en el balneario Sicilia, en Jaraba. Llegan al cañón del río Mesa y a Molina de Aragón, desde donde van al cañón del río Gallo y al barranco de la Virgen de la Hoz. En Madrid se homenajean con una cena de mariscos.

Juan Benet y Emma Cohen asisten como invitados el martes 30 de septiembre a las doce y media del mediodía a la boda civil de Mercedes García-Arenal Rodríguez y Rafael Zarza Belluguera, posteriormente celebrada en el Casino de Madrid (Alcalá 15). También asisten los hijos Nicolás y Ramón, quien ha concluido su licenciatura en Ciencias Geológicas. El mismo día Alfaguara muda su sede social de Torres Blancas al primer piso de la calle del Príncipe de Vergara 81. El grupo Santillana compró Alfaguara por una peseta cada acción.

Rosa Regás tiene conocimiento de Emma Cohen como pareja de Juan Benet. El 3 de octubre, desde su apartamento, Emma telefonea a Juan para comunicarle que ha abandonado el piso de Castellana, de Fernando Fernán Gómez. Juan acude a la calle Santiago Bernabéu para acompañarla. El dramaturgo le pide a Emma que se quede por veinticuatro horas en Castellana. El día 6 Emma llama a Juan para decirle que se queda y acude a Pisuerga 7 para explicar sus avatares. Benet sale a cenar con Alicia Gimeno a un restaurante japonés y toman unas consumiciones. Cuando regresa a las tres de la madrugada a casa, Juan se encuentra a Emma sentada en la escalera porque ha decidido quedarse a vivir en Pisuerga. La Regás llama para felicitar a Juan en su cincuenta y tres cumpleaños y se produce una nueva ruptura.

Algunos de los amigos de Benet, como Lola Salvador, le toman el pelo por presentarse al premio Planeta, todo un desdoro para un autor como él. «Porque no tengo tiempo para escribir una novela sobre mi infancia, si no, me presentaba y te lo quitaba. Además no tengo un título»,[504] le dijo Lola. Pero poco después ella le anuncia que la ha escrito y se va a llamar «Mamita mía, tirabuzones». Así lo recuerda: «Fue a la primera persona a quien se lo dije. Estábamos en ese momento en la

503. Carta de Jaime Salinas a Gðudbergur Bergsson, 20 de septiembre de 1980.
504. Testimonio de Lola Salvador, recogido en magnetófono el 12 de junio de 2015.

acera de Pisuerga y Juan tenía en la mano su vaso de tubo; en la esquina había una farola. Juan, con el vaso, se agarró a la farola y se tiró al suelo con todo lo largo que era: '¡Es la cosa más cursi y más repugnante que he oído en mi vida! ¡'Mamita mía, tirabuzones', vaya mierda de título!».[505]

El 10 de octubre Benet, Chamorro y Emma emprenden viaje hacia el Pirineo. Recorren el Monasterio de Piedra, donde hacen noche, y llegan a Pont de Suert a la hora de la cena, que preparan en el apartamento. Don Juan les lleva a visitar la obra de Llauset y buscan *rovellons* en el bosque de los aledaños de la cantera de Bonansa, que por la noche cocinan en el alojamiento. Se desplazan a Barcelona y almuerzan con la madre de Emma, Núria Rahola i d'Espona. La noche del miércoles 15 de octubre, antes del fallo del premio Planeta, Benet está acodado en la barra del bar del Gran Hotel Reina Sofía, donde se encuentra con Fernando Sánchez Dragó. Todos los concurrentes dan por ganador a Benet; él no asiste a la ceremonia. A las once y media de la noche Vicente Molina Foix telefonea a Jaime Salinas: «Juan sólo ha quedado finalista (dos millones en vez de ocho) y añadía, con voz dramática: "Es terrible, es la primera vez que Juan sale derrotado". Comentario bastante infantil, pues Benet es lo suficientemente listo como para convertir una aparente derrota en una victoria. Así lo ha hecho y ya tendrás ocasión de leerlo en el próximo número de *Cambio 16* (supongo que sigues recibiéndolos; te los envío regularmente). El ganador, un desconocido uruguayo, guionista de la TV y residente en Madrid con una novela histórica: Goya - la Duquesa de Alba - Godoy; ya veremos cómo se lo toma la actual Casa de Alba»,[506] escribe Salinas a Bergsson el 18 de octubre. Antonio Larreta con su obra *Volavérunt* es el ganador del certamen. Benet queda finalista con *El aire de un crimen*. Finalizado el acto, la pareja va a Bocaccio, donde Benet se encuentra con Rosa Regás y el periodista Ignacio Fontes. «Manuel Vázquez Montalbán me rescató para llevarme a otro sitio. Yo creo que fue un encargo benetiano para que yo no asistiera al reencuentro en Bocaccio; me acuerdo de ir con Vázquez Montalbán por las calles de Barcelona y yo preguntándome: ¿Qué carallo está pasando aquí? ¿Y este rapto? Yo nunca pregunto nada del pasado de los humanos [...] Luego nos encontramos en el hotel. Ahí me enteré de lo de Rosa, porque a lo mejor Vázquez Montalbán me comentó algo. A la vuelta a Madrid, me dijo Juan que Rosa estaba cabreadísima porque nos habíamos acostado en sus sábanas. Rosa había acondicionado el apartamento de Pont de Suert. Me pareció un melodrama: ¡En mis sábanas!».[507]

505. *Ibíd.*

506. *Cuando editar era una fiesta. Correspondencia privada*, Jaime Salinas. Edición de Enric Bou. Tusquets, Barcelona, 2020.

507. Declaraciones de Emma Cohen, recogidas en casete el 9 de marzo de 2015.

Este mes aparece *Margen*, de la Universidad de León, una revista artesanal impresa por el sistema offset, de cabecera con letras góticas que publica el artículo «Región», de Juan Benet, al que dedica su portada. Con una tirada de mil ejemplares, la publicación se pone a la venta en las librerías de la ciudad. Carlos Suárez González, ideólogo de *Margen* y estudiante de primer curso de Periodismo en Madrid, telefonea a Benet y se cita con él en su oficina para entregarle el número. En la conversación, Carlos le comunica la pretensión de crear una editorial y le gustaría arrancar con algo suyo. El novelista le ofrece la obra teatral «Max», publicada en *Revista Española*, y le da su autorización.

Con motivo de su nueva pareja, Benet es pasto de otro tipo de revistas y aparece fotografiado con Emma Cohen en Barcelona en el semanario *Diez Minutos*, donde anuncian la exclusiva: «Emma Cohen ya no está con Fernando Fernán Gómez». Ella se ha implicado en la relación, se lleva bien con los chicos, ha puesto cortinas en la casa...

Una llamada de Ignacio Pérez de Juan le informa a don Juan que se ha producido un desprendimiento de rocas en la planta de fabricación de hormigón en Llauset, causando un muerto y serios daños. Nueva desgracia. Luego de comer, el 20 de octubre, Benet parte para el Pirineo con Pablo Segovia.

Cuatro días después Jaime Salinas dimite de su cargo en Alfaguara y es nombrado director general José Ignacio Cardenal. Salinas sigue como director editorial y Jesús Polanco preside el consejo de administración. El día 29 Jaime asiste a una fiesta numerosa en casa de Benet, donde están don Pablo, Caneja, el ministro Oliart... Con ellos mantiene una conversación nostálgica, pero como sus añoranzas no coinciden con las de él, no cae en la morriña. Se hace teatro y se bebe. En la parte de arriba de la casa están los que Salinas llama «jóvenes». A la hora de la despedida, el editor encuentra en el piso superior a Hortelano con las mejillas encendidas, ya trompa, su mujer María «soltando tacos y utilizando lenguaje de *tinajos*: "cheli; jhooo; carroza; qué antiguo"... Por lo que me contaron al día siguiente, siguieron hasta pasadas las tres».[508]

El 31 de octubre Juan y Emma, Javier Marías, Catherine Bassetti y Vicente Molina Foix viajan en el Daimler a Elche para ver el Misterio en representación extraordinaria por ser año par, un drama sacrolírico religioso que recrea la Asunción de la Virgen y se representa en la basílica de Santa María. Es la única manifestación litúrgica que gracias a una dispensa especial del papa Urbano VIII se liberó de la prohibición tridentina de efectuar representaciones dramáticas en el interior de los templos.

508. Carta de Jaime Salinas a Gðudbergur Bergsson, 1 de noviembre de 1980.

Vicente les aloja en el apartamento que tiene su familia en la playa de San Juan. «En Elche, al aparcar y salir los cinco camino de Santa María, causaron sensación la Daimler de Benet y Emma Cohen [...] Los padres de los niños ilicitanos se acercaban hasta nosotros [...], instando a sus retoños a que le dieran un beso a la Caponata. Los niños se negaban, intimidados o escépticos. La gallina en la tele no se parecía a la hermosa joven allí presente de pantalón vaquero, aunque Emma, muy pundonorosa, les alentaba aleteando sus brazos y emitiendo cacareos no pregrabados».[509] «Ver bajar el angelito aquel por allí arriba, aquel rito me dejó totalmente conmocionada, porque no pensé que este país pudiera dar para esto, para una locura tan magnífica. Ancestral. Me gustó muchísimo. Sobre todo me acuerdo de eso. Y de las palmeras, claro. Y Catherine Bassetti que era una delicia, llena de alegría, muy de mirar porque era muy armónica. Todo lo que no tenía Marías, lo tenía ella, la alegría, la fragilidad, el encanto, la generosidad. Catherine se quedó fascinada con el *Misteri*. Encima era trapecista, contemplar aquel otro trapecio... A mí me impactó muchísimo».[510] El 1 de noviembre en Alicante cenan con los galeristas Francisco Pastor, Elena Escolano, Gonzalo Fortea y Margarita Ramón, con quienes Benet compromete una exposición en Italia-2 y adquiere un grabado de Picasso.

Con Pablo Segovia al volante, el ingeniero se desplaza a las obras de Llauset acompañado del periodista Ángel S. Harguindey con objeto de hacer un reportaje para *El País Semanal*. A medida que se adentran en la montaña no cesa de nevar. Para llegar a la presa han de subir a un *jeep* por escarpadas pendientes. En la gran hondonada entre los picos pirenaicos, los empleados le dan la enhorabuena por el segundo premio Planeta. Tras ver distintas partes de la obra, sobre el terreno meriendan unas empanadas y perdices que alguien aporta.

De regreso, el novelista asiste a la tertulia sabatina acompañado de su pareja y almuerzan con Pradera, Auger, Semprún y Hortelano. En su domicilio, Benet recibe para cenar a los galeristas alicantinos que le entregan el Picasso. El domingo 9 de noviembre, Emma, Juan y los chicos van al cine a ver *El final de la cuenta atrás*, de Don Taylor, una cinta de ciencia ficción sobre el portaaviones norteamericano Nimitz. Luego, los amigos le dan un homenaje en el restaurante Sacha al que asisten entre veinte y treinta personas. Están los ministros Alberto Oliart (Defensa) y Jaime García Añoveros[511] (Hacienda). También tito Jaime: «El grupo de siempre pero que

509. *El invitado amargo*, Vicente Molina Foix y Luis Cremades. Anagrama, Barcelona, 2014.

510. Testimonio de Emma Cohen, grabado en magnetófono el 9 de marzo de 2015.

511. Amigo de Benet desde los años que trató a Ridruejo. La esposa de Jaime, Elisa Escriña de Salas, es amiga de Josefina López Lizasoain, mujer de Alberto Machimbarrena.

incluía ya a dos ministros y un director general [José Ignacio Cardenal]. Como siempre los Juanes y la Natacha se empeñaron en representar unos entremeses espontáneos; me incorporaron a uno de ellos: una sátira de una película de Dreyer. Desempeñé todo mi papel de espaldas al público y mi única acción fue levantarme varias veces a poner recto un cuadro que había en la pared. Gran éxito. La gente de mi generación está ya en un estado de senilidad infantil y se vuelve a los juegos de colegio. Yo lo aguanté todo a base de tónicas y al retirarse los ministros me marché; no por ellos, sino porque por razones de imagen pública tienen que retirarse a una hora razonable. Los demás siguieron hasta vete a saber cuándo. Los Juanes salen para Barcelona donde tendrán que repetir el show Planeta y el sábado próximo Benet sale para Irak como corresponsal "de guerra' enviado por *El País*»,[512] le cuenta Salinas a Bergsson.

El escritor durante dos días corrige las pruebas de la edición de «Un viaje de invierno» de Diego Martínez Torrón. Y recibe en su domicilio a tres representantes de *El País* para hablar del viaje a Irak; durante la cena con José Luis Martín Prieto, Javier Pradera y Ángel S. Harguindey se produce una gran discusión acerca del diario y queda anulado su envío como corresponsal. El día después, el 13 de noviembre, el hotel Palace de Madrid es el escenario elegido para presentar las novelas ganadoras del premio Planeta, *Volavérunt*, de Antonio Larreta, y *El aire de un crimen*, de Juan Benet. En una sala abarrotada de público, entre el que se encuentra Emma Cohen, el patriarca Lara preside la mesa a la que se sientan los dos novelistas y sus presentadores, el director de cine Mario Camus y Juan García Hortelano. Frente a la sintaxis complicada de sus anteriores novelas, el otro Juan, muy nervioso ante un público que no domina, elogia la prosa prístina de la nueva obra del estilista. Con esta novela argumental Benet quiere demostrar que escribir con argumento es fácil; lo que realmente entraña dificultad es escribir sin argumento, que es por lo que optó él. Según Benet, de ceño fruncido, se presentó al premio para ganar un dinero y acercarse a un mercado más amplio. Aunque la novela tiene cierta intriga y varios personajes, estos se mueven en el mismo escenario; el tono, el claroscuro, es el mismo que ha empleado hasta ahora. Luego del acto, la editorial invitó a cenar en Jockey.

A su querido Alfio Martín Olarte le dedica uno de los cuarenta y tres mil ejemplares que Planeta edita con sobrecubierta de una fotografía de las ruinas del castillo de Calatañazor (Soria): «Para Alfio, que por una vez ha llegado al final. Con todo mi cariño. Juan. P.S.: Por segunda, que no primera. Aunque en cuanto al entendimiento...».

512. *Cuando editar era una fiesta. Correspondencia privada*, Jaime Salinas. Edición de Enric Bou. Tusquets, Barcelona, 2020. El intento de enviar a Benet de corresponsal no se consumó.

Y otro a Rodríguez Ibrán: «Para Javier, con muchas prisas que no debe imitar a la hora de leer. Con sincero pesar. Juan».

Para la promoción de la nueva novela, Juan y Emma viajan a Barcelona; tras un almuerzo con el profesor Francisco Rico, Benet ofrece una charla en la Universidad de Bellaterra, otra en la radio, recoge un talón en la sede de Planeta, come en Via Veneto con Lara, Borrás, Larreta, etcétera. Presentación del libro en el hotel donde se alojan y velada en Bocaccio con Hortelano, Marsé, Emma y Rosa, quien «lanza sus blindados al ataque».[513] Firma de ejemplares en la sede editorial, en El Corte Inglés y encuentro con Pere Gimferrer para regresar en vuelo nocturno a Madrid con Emma. Rosa llama por teléfono e insiste en su ofensiva: «el destino nos depara una vida en común»,[514] lo que entristece a Emma. Por la tarde, el 20 de noviembre, en el madrileño colegio mayor Juan XXIII (avenida de Ramiro de Maeztu), se celebra una mesa redonda en homenaje a Robert Musil con motivo del centenario de su nacimiento, en la que participan Enrique Tierno Galván, Jesús Aguirre, Juan Benet, Gonzalo Torrente Ballester, Rafael Conte y Javier Marías. Organizada por la embajada de Austria y Seix Barral, editora de la obra, en la sala está como espectador Miguel Sáenz: «El alcalde habló sobre *El hombre sin atributos* e hizo toda una construcción sobre los atributos del hombre, Torrente habló sobre El *Quijote*, inexplicable, Benet dijo que había escuchado con mucha atención a Tierno pero que él tenía entendido que eso de los atributos era un error de traducción, que *El hombre sin atributos* en alemán (tenía razón Juan Benet) no era sin atributos sino «El hombre sin cualidades», que era algo muy distinto. Con eso le hizo polvo. Lo más suave que dijo fue que Robert Musil era un cretino que había muerto por hacer gimnasia, que como todo el mundo sabe es algo malísimo. Por hacer gimnasia se murió de una pulmonía».[515]

En la sección de librería de Galerías Preciados de la plaza del Callao, Larreta y Benet firman ejemplares de sus obras premiadas. El ingeniero Fernando Sáenz Ridruejo lo escucha por la radio y con su ejemplar de *El aire de un crimen* decide subir a un taxi y sorprender a su colega. «En una planta sótano, frente a una pared llena de televisores que transmitían, todos al unísono, el mismo anuncio y entre unos expositores de libros llenos de cuentos para niños, allí estaban, dándose la espalda, ignorándose mutuamente, a la espera de un eventual comprador al que firmar. Es la única vez que le he visto desconcertado. Me preguntó, como si no lo supiera, qué se

513. Entrada del 18 de noviembre, *op. cit.*
514. Nota del 20 de noviembre, *op. cit.*
515. Declaraciones de Miguel Sáenz, recogidas en magnetófono el 16 de septiembre de 2015.

me había perdido por allí y le dije abiertamente que había acudido a sorprenderle en tan ignominiosa actitud».[516] Benet, con una larga bufanda a listas colgada al cuello, le dedica el libro: «A Fernando Sáenz con el cariño de siempre. Juan». «Me acuerdo que en aquel sótano había una moto Kawasaki con un maniquí encima».[517]

Sábado de tertulia y llamada telefónica de Rafael Moneo, quien invita a la pareja a su casa a cenar y de paso saludar al arquitecto Joseph Rykwert, que se encuentra en la ciudad para ofrecer una conferencia. A la mesa, Benet se extralimita y dice «muchas brutalidades».[518] Luego de dos días, tiene una nueva y extensa conversación con Rosa Regás, «más ambigua».[519] Benet visita la exposición de la Guerra Civil española en el Palacio de Cristal del Retiro y a la noche asiste al estreno de *Gary Cooper, que estás en los cielos*, «una insoportable película de Pilar Miró».[520] En casa, la pareja ve en televisión la interpretación de Emma en *Entre bobos anda el juego*, dentro del espacio *Estudio1*. El 3 de diciembre Rosa y Juan se dan cita en Pont de Suert, donde hacen noche. Luego van a Sitges y Benet registra: «Se perfila el final. Ineluctable».[521] Duermen en la localidad barcelonesa y después de almorzar juntos, ella le lleva al aeropuerto para volar a Madrid.

En Zarzalejo con Emma, Ramón, Nicolás y Eugenio, Benet no cesa de pintar cuadros de operaciones navales –barcos en formaciones de combate–, extraídas de fotografías incluidas en libros de historia. Interpreta los buques y los colorea.

El 10 de diciembre Juan y Emma emprenden viaje a Huelva en el Ford Fiesta de Ramón. Comen en Oropesa, hacen una breve visita a Trujillo y pernoctan en el parador de Zafra. Asisten invitados al Festival de Cine Iberoamericano, donde se pasa el cortometraje de once minutos dirigido por Emma *El séptimo día del sol*. Hacen una escapada a Portugal en ferry para ver Vila Real de Santo António y Beja, compran unos oportos y regresan a Huelva. En el simposio sobre cine y literatura coinciden con Guillermo Cabrera Infante, al abrigo de Miriam Gómez. Acabado el coloquio en el que participaron los dos novelistas, Cabrera, con sus distintivos lentes, perilla y puro humeante, le propone a Benet viajar juntos a Sevilla con sus respectivas parejas. «Conversamos, con Benet conduciendo espasmódicamente mirando a

516. *Ni pedir ni rehusar. Artículos y conferencias sobre ingeniería e ingenieros*, Fernando Sáenz Ridruejo. CICCP, Madrid, 2017.
517. Conversación con Fernando Sáenz Ridruejo, registrada en magnetófono el 16 de octubre de 2014.
518. Entrada del 22 de noviembre, *op. cit.*
519. Anotación del 24 de noviembre, *op. cit.*
520. *Ibíd.*
521. Entrada del 4 de diciembre, *op. cit.*

la carretera jorobada y nocturna. Iba a advertirle que ya nadie conducía así, tan peligrosamente [...] Benet en ese momento estaba diciendo exactamente: –Vosotros los latinoamericanos... –Yo no soy latinoamericano –repuse rápido. El asombro de Benet lo devolvió al camino. –¿Cómo que no eres latinoamericano? –No, yo soy cubano. Ahora súbdito de su majestad la reina Isabel II de Inglaterra y el único inglés que escribe en español, pero conservo la nacionalidad cubana. Soy cubano, nativo y por opción».[522] Siempre fueron dos escritores antagónicos, de opiniones contrarias. En Sevilla se hospedan en el hotel Doña María y las dos parejas pasean por la Alameda de Hércules, además de ver algunas iglesias. Juan y Emma salen para Cádiz con un alto en Jerez de la Frontera. Con el cuartel general en el gaditano hotel Atlántico, hacen una excursión a Vejer de la Frontera, Los Caños de Meca, Barbate, Zahara de los Atunes, Bolonia, Tarifa, Algeciras, Alcalá de los Gazules y Medina Sidonia. En la ciudad portuaria recorren el museo y el Oratorio de la Santa Cueva para ver su bóveda con los dos lienzos de Goya: *La multiplicación de los panes y los peces* y *La Santa Cena*. De vuelta a Madrid visitan Utrera, Marchena, Écija y Córdoba.

Sin más demora, el día después de la llegada, el 17 de diciembre, sin saber qué perjuicio le puede causar a Emma, el temerario Benet llama a Rosa Regás. Por la tarde asiste con Emma al cine Alphaville al estreno de *Sus años dorados*, de Emilio Martínez-Lázaro. El día 19 Juan y Emma concurren a una fiesta en casa de los Barnatán en honor de los Cabrera. También están Villena, Marías, Hortelano y Savater. Emma tiene el recuerdo de lo mucho que charló con la corajuda Miriam, inseparable de un Guillermo un tanto hosco, de difícil sonrisa. El 21 de diciembre Benet pasa todo el día en casa leyendo la *Vida de Apolonio de Tiana*, de Filóstrato de Atenas, y *El viaje de los Argonautas*, de Apolonio de Rodas.

El día de Navidad la familia Benet almuerza en Casa Botín y Juan asiste acompañado de Emma Cohen. Como se ha comprometido con los galeristas Francisco Pastor y Gonzalo Fortea para una exposición, el novelista pasa todas las fiestas navideñas pintando.

522. «Dos tiempos», Guillermo Cabrera Infante. *Granta* nº15, primavera de 2015 (revista británica en español).

Con Emma Cohen, en Lo Pagán (San Pedro de Pinatar, Cartagena, enero 1981).
Cortesía de José María Álvarez

Casa de Zarzalejo, escritorio de Juan Benet (Archivo JBF)

18

NUEVAS AMISTADES

EN ENERO de 1981, a la vez que una extensa entrevista con Juan Benet en *Quimera*,[523] en *Triunfo*, convertida en mensual, Fernando Fernán Gómez publica su «Autobiografía. El olvido y la memoria»,[524] donde, sin nombrarla, hace alusión a Emma Cohen y a su abandono. Benet, de gran inventiva para los motes crueles o corrosivos, llama al actor El Llorón. Y en *Ínsula* el protagonista es el ingeniero y escritor. Al artículo «Amor, fantasía, vacío en un cuento de Juan Benet»,[525] de Kathleen Vernon, le acompaña una gran fotografía del omnipresente novelista en la portada. En su interior Luis Suñén hace la crítica de *El aire de un crimen*. En edición de Diego Martínez Torrón, ve la luz *Un viaje de invierno*, en la colección *Letras Hispánicas* de Cátedra, con una tirada de siete mil ejemplares. Benet, le dedica uno a la novia de Sarrión: «Para Graciela, Gogui, / por su presencia, / porque sí, por Graciela / Gogui. Juan».

El viernes 16 de enero a las doce y media del mediodía en Madrid Benet pronuncia la conferencia inaugural, «El agua en Región», de los Cursos de Hidrología e Hidráulica Aplicadas e Ingeniería de los Regadíos organizados por el Centro de Estudios Hidrográficos (paseo de la Virgen del Puerto 3). El acto está presidido por Juan Ruiz, director general de Obras Hidráulicas. El intrépido ingeniero comenzó diciendo que él no sabía nada de hidrología ni de hidráulica pero que se dedicó a esas ciencias de manera elucubrativa en los ratos de ocio de los años de la construcción del embalse del Porma, en los que dejaba correr la imaginación. De entonces datan unas «Notas concernientes a ciertas estructuras hidráulicas basadas en la fantasía» que desempolvó para la ocasión. De ellas destacó «El canal peludo», «El aliviadero rotativo de eje vertical», «La impermeabilización con porquería», «La presa boya», «El aliviadero en artesa» o el «Catálogo de los cauces fósiles españoles». Pero

523. «Adiós a Región», Ludovico Nolens. *Quimera. Revista de literatura*, n.º 3, enero de 1981.
524. *Triunfo*, n.º 3, enero de 1981.
525. *Ínsula. Revista bibliográfica de Ciencias y Letras*, n.º 410, enero de 1981.

el proyecto que más le seduce es la conexión de todos los embalses de la vertiente sur de la cordillera cantábrica, que podrían ser comunicados por un conjunto de túneles para enlazar hidráulicamente Santander con Almería pasando por Talavera. «Qué cúmulo de disparates, dirán ustedes. Por supuesto que se trata de disparates, pero si la fantasía no se dispara, ¿para qué llamarla a concurso?»,[526] se pregunta.

El ingeniero, con el placer de un niño, recorta papeles con unas tijeras de distintos tamaños, organiza y luego los arma con goma arábiga. Recortes de un mundo onírico, de sus fantasías, que luego regala a sus allegados. De visita a Pilar Suárez-Carreño (Núñez de Balboa 15), Emma y Juan se encaprichan de una revista ilustrada francesa *La Semaine*, de los años 1848, 1849 y 1850, heredada de la familia, a la que estaban suscritos sus antepasados farmacéuticos de León. Benet pretende que Pilar se la regale porque quiere emplearla para hacer *collages* con Emma, lúdica labor que comparten. La anfitriona se niega en redondo. En torpe obstinación, él insiste. Al final de la noche, Pilar sale victoriosa.

Con motivo del primer centenario de la muerte de Dostoyevski, el 28 de enero Benet publica en *El País* «Un estilo exento de toda finura», donde se decanta por Turguénev, Chejov, Tolstói y compañía. Un día después Jaime Salinas se acerca a Pisuerga. «El jueves fui a cenar a casa del Benet para ver los *collages* que su compañera, la Emma Cohen, había hecho para sus *Trece fábulas y media*. La situación un tanto embarrassing; técnicamente no estaban mal, pero los que había hecho Juan tenían el humor y la imaginación de los de Max Ernst. Como estábamos solos, sin séquito de admiradores, la velada fue agradable. No pudimos concretar nada porque los *collages* tenían unas dimensiones que planteaban problemas de impresión. Vendrán a la oficina la próxima semana para hablar con los técnicos. Por otra parte Juan había publicado un artículo sobre Dostoyevski en *El País*; y, cómo no, lo ponía verde. Luego le ha extrañado la polvareda de indignación que ha provocado. Con todo, es la única persona en esta ciudad con la que me gusta hablar».[527]

El ingeniero industrial José María Ryan, trabajador de Iberduero en la construcción de la central nuclear de Lemóniz (Vizcaya), es secuestrado por ETA y asesinado el 6 de febrero. Dos fechas más tarde Benet escribe en *El País* el breve artículo «Ryan», en el que muestra su enérgica y absoluta repulsa por los autores de tan monstruoso hecho, unos «cadáveres insepultos». El 9 de febrero, en el programa de

526. «El agua en Región», en *La moviola de Eurípides*, Juan Benet. Taurus, Madrid, 1982.

527. *Cuando editar era una fiesta. Correspondencia privada*, Jaime Salinas. Edición de Enric Bou. Tusquets, Barcelona, 2020.

TVE *Las cuatro esquinas* dirigido por José Luis Castillo Puche, el profesor Martínez Torrón entrevista al autor de *El aire de un crimen*.

Juan y Emma viajan a Cartagena porque él inaugurará el ciclo «La feria de las palabras», organizado por la Consejería de Cultura del Consejo Regional de Murcia. La pareja se hospeda varios días en «Villa Gracia», el caserón que posee José María Álvarez en las afueras con un jardín de sobresalientes palmeras. Álvarez es el verdadero artífice del ciclo. Benet presentó fragmentos de su obra inédita «Trece fábulas y media». El Poeta Cantonal, como llama Benet a Álvarez, lleva a la pareja a las playas del Mar Menor y Cabo de Palos y se fotografían en Lo Pagán, en San Pedro de Pinatar, de aguas tranquilas y cálidas.

Luego de haber dimitido Adolfo Suárez como presidente del Gobierno por presiones extraparlamentarias, le sucede Leopoldo Calvo-Sotelo, también ingeniero de caminos de la promoción de 1951. Durante su investidura fuerzas de la Guardia Civil invaden el Congreso de los Diputados, se produce un intento de golpe de Estado. La noche del 23-F, desde El Viso, Juan y su hijo Eugenio, Antonio y Graciela, Chamorro y Marías tratan de acercarse al hotel Palace después de haber escuchado en televisión el discurso del Rey. Aparcaron en las cercanías de los Jerónimos y no pudieron pasar del hotel Ritz. «Yo estaba ensayando *El gran teatro del mundo* y por teléfono nos citamos allí. Me asaltó la lógica y me preocupé por Fernando Fernán Gómez. Me dijeron que estaba en el Festival Internacional de Cine de Berlín y ya respiré. Nos intentamos acercar al Congreso, merodeando y así pasamos toda la noche. Era la forma más activa de estar, aun siendo pasiva»,[528] rememora Emma. El 28 de febrero Benet publica en *El País* «Sentimientos imperecederos», sobre el fallido golpe de Estado, en el que culpabiliza a todos los guardias civiles, a las órdenes de un sedicioso, por no haberse puesto al servicio del presidente de la Cámara y volver sus armas contra Tejero. Como colaborador habitual del diario, en uno de sus encuentros, Benet le dijo al director Juan Luis Cebrián[529] que él tenía que ganar por lo menos cinco pesetas más que El Lujo de España, que así llama a José María de Areilza. El ingeniero también chantajeaba a su madre para conseguir algún dinerillo y así provocarla diciéndole que si no le daba cinco mil pesetas, en breve sacaría un artículo en el periódico contra su primo Fernando Chueca Goitia. Alberto Oliart cesa como ministro de Sanidad para convertirse en ministro de Defensa del Gobierno de Calvo-Sotelo.

528. Testimonio de Emma Cohen, registrado en magnetófono el 9 de marzo de 2015.
529. Según Ángel S. Harguindey, en correo electrónico del 25 de febrero de 2016.

El 13 de marzo Benet y Salinas asisten al estreno en el Centro Cultural de la Villa de *El gran teatro del mundo*, célebre auto sacramental de Pedro Calderón de la Barca, en el que Emma Cohen desempeña el papel de La Hermosura. La actriz, harta de las infidelidades de Juan Benet, pocos días más tarde abandona El Viso y da por finalizada su breve historia amorosa. «Una mañana advierto la ausencia de Peter Pan-Juan Benet y pregunto por él a Pablo Segovia. Se ve que don Juan le dejó encargado que me llevara al teatro. Ese interés por cuidarme, como hizo con Vázquez Montalbán, pero esta vez con el chófer. Se le escapó: Le he dejado en el aeropuerto, que ha ido a ver a doña Rosa. O no se le escapó, el caso es que lo dijo. No sé qué resorte mental tuvo para decírmelo, porque si no, yo no me entero. Se me cerró todo porque aquello era una mentira. La mentira la detesto, no puedo con ella. Decidí cortar, me fui. Me quería incluso cambiar de ciudad, pero como tenía el teatro... Tenía mi Santiago Bernabéu 14. No fue un traslado absoluto. Me fui al teatro, debí recoger algo muy personal, creo que me despedí de Eugenio y ya me resitué, por el cabreo que llevaba. Y siempre esperé una explicación. Me envió como emisario a Eduardo Chamorro. Me debió de ver tan enfadada, que le dijo que hablara él conmigo».[530]

El 26 de marzo Juana Benet y Trifón Aragoneses contraen matrimonio civil en la Junta Municipal del distrito de Salamanca (Velázquez 52), en la más estricta intimidad. Cuatro días después se estrena *Patrimonio nacional*, de Luis García Berlanga, película en la que Benet y Hortelano participaron como figurantes en el rodaje en la sala de exposiciones Arbós de la Caja de Ahorros y Monte de Piedad de Madrid, convertida en el Baratillo, local de venta de objetos con fines benéficos, parodia del Rastrillo, baluarte del franquismo frecuentado por marquesas y otras señoras del régimen. En la colección *Cuadernos Cultura* del grupo editorial Margen (León), se publica *Max*, con un prólogo de Carlos Suárez. El poeta Sarrión tiene su ejemplar dedicado: «Para Antonio/ en poetas lo que más quiero. Juan».

El viernes 10 de abril Juan García Hortelano escribe en *El País* «De cómo evitar el galardón», un divertido y demoledor artículo contra el Premio de la Crítica, cuyo jurado ignoró *Saúl ante Samuel*, de Juan Benet o *La isla de los jacintos cortados*, de Gonzalo Torrente Ballester, entre otras candidatas. Y ese mismo día, a las ocho de la tarde, en Alicante se inaugura la exposición de la obra plástica de Benet, «Operaciones navales y collages», en la galería Italia-2 (Ramón y Cajal 8). Veinte cuadros y trece *collages* producidos entre 1976 y 1980. Acompañan al artista Molina y Marías. Salinas se resistió a desplazarse porque ya sabe «lo que son esos viajes a base de agua tónica».[531]

530. Testimonio de Emma Cohen, registrado en magnetófono el 9 de marzo de 2015.
531. Carta de Jaime Salinas a Gðudbergur Bergsson, 11 de abril de 1981.

En Madrid, un apesadumbrado Juan Benet asiste a una fiesta literaria en la discoteca Pachá (Barceló 11). En el abarrotado local, entre los estruendos de los decibelios y las luces estroboscópicas, el crítico Luis Suñén, quien no ha tenido trato con al autor de *Saúl ante Samuel*, le ve acodado en la barra y se acerca para saludarle. Benet, completamente beodo y acompañado de un whisky, le dice: «Tú te crees muy buena persona y eres muy malo»,[532] ante la perplejidad de Suñén, que no tarda en perderse entre el gentío.

El Día del Libro los Reyes entregan el Premio Cervantes a Juan Carlos Onetti. Con Salinas y Hortelano, Benet asiste por primera vez a la recepción ofrecida en el palacio de la Zarzuela a escritores, artistas e intelectuales. Una fecha después en *El País* publica el artículo «Pan y chocolate», en el que evoca las meriendas infantiles para reprobar las novelas de princesas y abordajes, policías y ladrones. «Cuando yo saqué *La infancia recuperada*, que fue mi primer *best seller*, digámoslo así, se creó una discusión; yo defendía la narración popular y surgió cierta moda de elogiar la literatura con argumento. Entonces Juan escribió un artículo crítico, amable pero crítico, que se llamaba «Pan y chocolate», una cosa maliciosa, como todas las de él. A todos nos gusta la merienda de pan y chocolate, pero de mayor hay que empezar a comer cosas más nutritivas, decía. Yo defendía la literatura contraria a la que hacía él, que en aquel momento era la que fascinaba pues a Félix [de Azúa], Vicente [Molina Foix], no a Javier Marías, al que le gustaba Stevenson, Conrad... Sus primeros libros, como *Travesía del horizonte*, no tenían nada que ver narrativamente con Juan Benet, aunque era muy amigo. Pero Félix y Vicente eran faulknerianos, como Benet. A mí los ensayos de Juan me parecían formidables, lo que no aguantaba eran las novelas».[533] Entretanto, Javier Marías ha traducido *El espejo del mar*, de Joseph Conrad (Ediciones Hiperión), con prólogo del controvertido ensayista Benet. La noche del 24 de abril, «de nuevo por iniciativa de los dos Juanes, que tienen más aguante que la muralla china, cena en casa del ministro de Defensa Alberto Oliart. El chalet es una verdadera fortaleza: policía, controles, perros y todo lo que quieras. Éramos unas veinte personas; la mayoría desconocidos para mí, menos los Barral. Carlos sigue con sus píldoras metidas en el cuerpo y no bebe, pero Yvonne *makes up for it*. Al viejo editor lo único que le interesa es que le hagan almirante; a Yvonne, que le pasen los desguaces de los barcos de guerra para venderlos en su tienda de antigüedades; a los dos Juanes contar sus gracias del día anterior en la Zarzuela. Aun así el ministro nos contó que el punto crítico que se nos avecina será la reacción del ejército cuando se pase sentencia a los seis generales arrestados (no hay precedente en la historia de

532. Testimonio de Luis Suñén, grabado en casete el 29 de mayo de 2015.
533. Declaraciones de Fernando Savater, registradas en magnetófono el 20 de octubre de 2015.

España). Si las fuerzas armadas acatan el resultado del juicio saldremos adelante; si no, nos tendremos que enfrentar con una nueva rebelión y esta sí que sería la definitiva. Como ves el futuro es estimulante y alentador. Yo no sé lo que ocurrirá (tampoco lo sabía el ministro)»,[534] escribe Salinas a Bergsson.

En casa de tito Jaime, el 8 de mayo: «Por fin, di la cena para mi jefe Cardenal y sra., que desde hace meses querían conocer el piso. Vinieron los dos Juanes, Pradera con su *girl*, Natacha Seseña y Guelbenzu. Dentro de lo que cabe fue pacífica y civilizada si bien la dialéctica se concentró en la temática del Duque. Nadie bebió más de lo debido, pero debieron pasárselo bien porque no se marcharon hasta las tres y media»,[535] le cuenta a Gðudbergur.

Este mes quedó terminado para Alfaguara *Trece fábulas y media*, de Juan Benet con *collages* de Emma Cohen, con una tirada de seis mil ejemplares. Dedicado «A E.», el autor envía uno a Francisco García Pérez con la siguiente dedicatoria manuscrita: «Para Paco, con estimable cariño, prudente proximidad y reducida erudición. Juan».[536] A la pareja Sarrión-Paoletti le dedica otro: «A Goggy y Antonio/ en la participación del/ más íntimo y pavoroso/ secreto. Eternamente. Juan».[537] Carlos Suárez González asiste al despacho del ingeniero para entregarle unos libritos de *Max*. Agradecido Benet, le cuenta que en unos meses viajará a Oviedo y hará noche en León, por si quiere organizar algún acto. Por entonces sale a la venta una segunda edición de *Cuentos completos 1* y *2*, en Alianza LB con una tirada de seis mil ejemplares, que incluye «Numa, una leyenda». Ahora el primer volumen contiene las novelas cortas, tan distintas de los cuentos, incluidos en el segundo tomo, así lo explica el autor en el prólogo.

En la presentación de *Trece fábulas y media* es la última vez que Benet se ve con Emma. Para él «las presentaciones son sólo un motivo para reunir a los amigos».[538] «Me convocó para festejar la aparición del libro. Y este fue nuestro reencuentro. Hubo como un intento híper tímido por su parte, de restablecer desde un punto de vista más formal o burgués, pero tampoco fue una cosa muy convincente. Yo le pregunté, él ya sabía por qué me había marchado, porque había enviado al emisario. Advertí que en el fondo estaba aliviado; ya no tenía que mentir. Estaba insistiendo

534. *Cuando editar era una fiesta. Correspondencia privada*, Jaime Salinas. Edición de Enric Bou. Tusquets, Barcelona, 2020.

535. *Ibíd.*

536. *Una meditación sobre Juan Benet*, Francisco García Pérez. Alfaguara, Madrid, 1998.

537. Benet escribe de modo incorrecto el apelativo de Gabriela, Gogui, puesto por su padre; en quechua significa muñeca.

538. *El País*, 7 de abril de 1985.

sólo por cortesía, por educación. No soporto cualquier tipo de engaño. Se acabó. Hasta nunca».[539]

En junio Pablo Segovia lleva a don Juan y a Peche a la presa de Llauset. Después de la visita a las obras, Benet da orden a su chófer de llevar a la hija de don Pablo a donde ella guste. Con posterioridad se trasladaron a Llofriú y recogieron a Rosa Regás para desplazarse a Montpellier, donde Peche participa como arabista en un congreso.

Virginia Careaga está en Copenhague, donde trata de recopilar material para su tesis doctoral sobre Kierkegaard. El 11 de junio, desde Pont de Suert, Benet le escribe a mano y en papel con membrete de ingeniero:

> Beata Virginia:
>
> Es muy cierto en Pont tengo horas libres sobre todo alrededor de la cena. Pero me pregunto por qué demonio tengo que consumirlas en escribirte. He aquí tres razones muy diferentes. La primera es para acudir a tu solicitud que siempre tiene peso para mí. La segunda, y para que no te envanezcas, es para consumir este horrible papel que me ha elaborado mi impresor local con tanto entusiasmo que me temo que va a durar mucho más que mi permanencia por estas tierras. La tercera es para que me escribas. Tengo un apartamento con buzón y excepto una postal (con una vista de Pont) del caritativo Vicente Molina, en él no han caído hasta ahora más que folletos de propaganda de La Caixa y bandos del alcalde [...] Si me escribes prometo sostener contigo una consistente correspondencia, salpicada de ideas y sugerencias. Si no... tendré que escribir otra novela. En Copenhague mis recuerdos al Nyhavn.[540] Mil besos. Juan.

El Círculo de Lectores hace una tirada de veinte mil ejemplares de *El aire de un crimen*. En la Feria del Libro de Madrid, celebrada en El Retiro, Benet firma la novela. En la caseta le acompaña José María Guelbenzu, que está de paso. Ante una muchacha joven, el autor preguntó ¿A quién es? A Begoña, respondió ella. «Para Begoña sin coña».[541] La muchacha puso una cara de extrañeza sin saber qué decir. Ya a solas, Benet le dijo burlón a Guelbenzu: Es que no podía resistirlo.

El 9 de julio el conspicuo Benet participa en el programa de TVE *Esta noche*, dirigido por Fernando García Tola y con Carmen Maura en el papel de ingenua y despistada presentadora. El escritor es entrevistado por Pilar del Río, periodista granadina avecindada en Sevilla, quien le pregunta si es cierto que se presentó fuera

539. Testimonio de Emma Cohen, registrado en magnetófono el 9 de marzo de 2015.

540. Paseo marítimo y canal de Copenhague.

541. Testimonio de José María Guelbenzu, registrado en magnetófono el 22 de enero de 2016.

de plazo al premio y si había firmado un contrato con Planeta por dos millones de pesetas, cantidad que coincide con el importe recibido como finalista del premio. Benet lo admitió sin ningún tipo de sonrojo. La periodista está incómoda ante la displicencia del literato. Sus amigos Elías Querejeta y Agapito Ramos Cuenca le recomiendan que no asista a los platós porque, a sus ojos, queda fatal. Luego de dos días, Benet telefonea a Pilar del Río para disculparse por su comportamiento y le explica que acababa de llegar del dentista, quien le había sometido a un tratamiento muy fuerte, y en TVE se tomó un whisky, lo que desencadenó su proceder. Le anuncia que pretende ir a Sevilla a conocerla.

Con fecha 17 de julio Benet publica en *El País* «La transmisión del miedo», escrito en el que compara una reciente concentración en Jerusalén rememorando el holocausto, con las concentraciones fascistas del 18 de julio o el 20 de noviembre en España. Critica los desmanes del Estado de Israel y al Gobierno de Beguin, porque en su lucha por la subsistencia necesita mantener viva la memoria del holocausto. A Marcos Ricardo Barnatán, de familia sefardita de origen hispano-sirio, le parece un artículo con ciertos tintes antisemitas. «Entonces yo me indigno muchísimo y, como en esa época colaboraba en el periódico, escribo un artículo de respuesta al suyo, «El miedo a Israel». Le contesto sin nombrarlo. Se armó un lío... Bajándose de su pedestal, me llamó Pradera, aunque yo no negociaba con él, y me dice: Oye, Marcos, ¿estás seguro de que quieres publicar este texto?, dándome la oportunidad de retirarlo y así quedaba el prócer en paz. Yo le dije: Sí, sí. ¿No lo quieres corregir?, preguntó. No, no creo que quiera corregir nada. Yo quiero publicarlo. Ahora, si vosotros no lo queréis publicar, es otro tema. No, no. Se va a publicar, dijo».[542] El 7 de agosto aparece «El miedo a Israel», donde el autor indica: «En las páginas de este mismo periódico, un conocido novelista acaba de confesar su propia manera de sentir su miedo, al condenar con una rigurosa frivolidad el hecho de que los judíos, no sólo los israelíes, recuerden anualmente el holocausto. Este narrador, entregado recientemente al polemismo, se rasga las vestiduras porque los judíos no quieren olvidar que seis millones de los suyos murieron exterminados por el nazismo alemán [...] No satisfecho con esto, corre a manipular un acto religioso ante el muro occidental del templo de Salomón, comparándolo con las concentraciones de los nostálgicos del franquismo. Este fino prosista considera indigno recordar al padre o la madre asesinados en 1943 durante la destrucción del gueto de Varsovia...». Añade Barnatán: «Benet no respira. Pero los benetianos próximos me llaman por teléfono y me dicen que cómo me

542. Testimonio de Marcos-Ricardo Barnatán, grabado en casete el 13 de octubre de 2015.

había atrevido... El artículo tiene mucha repercusión. Me llaman de la comunidad judía de Madrid, se hacen reuniones en las que me piden su lectura... Era un momento especialmente álgido. Pasan los días».[543]

El ingeniero viaja a la presa de Llauset. «Cuando se ponía el último bloque de la presa, era costumbre hacer una fiesta de confraternización. Benet, del departamento de Obras Especiales, llevaba la parte técnica, era el jefe; pero administrativamente, al estar en Cataluña, era feudo de Cubiertas y Tejados, dependíamos de la delegación de Barcelona. Al director que teníamos, persona muy pía que prefería una misa de campaña –mucho más barata–, le supo muy mal el hacer gastos y paralizar un día la obra; así me lo dijo a mí y yo se lo transmití a Benet y eso no lo aguantó. Dijo: que se atreva a decírmelo a mí. Vamos a tratar a esta gente como se merece. Voy a traer unos corderos lechales de Alcolea del Pinar. En lo alto del bloque de hormigón, con una ferralla al espetón, allí se asaron los corderos para júbilo de encofradores, ferrallistas, mecánicos y peones. Y añadió, los vamos a regar no con rioja sino con champán francés. Mandó a Teódulo, el chófer, a Francia para comprar Veuve Clicquot y whisky Chivas, y le dijo que se pasara por Lourdes para comprar unas botellitas con forma de efigie de la virgen, que para el whisky era la mejor agua y así darle una pincelada piadosa a la celebración. Él bebía JB y el Cardhu siempre lo tomábamos en las obras».[544]

Este verano ve la luz el ensayo literario benetiano «Consideraciones sobre el hipérbaton».[545] Rafael Conte dirige el curso «La novela española 1929-1980» en la Universidad Internacional Menéndez Pelayo (UIMP), que se celebra en Santander del 25 al 29 de agosto. La pareja Juan Benet y Juan García Hortelano participan en una mesa redonda. Luis Suñén, secretario del curso, cree que el provenir de la novela es la épica. No confía demasiado en la novela lírica ni en la costumbrista y sostiene que Benet acierta absolutamente al estar en la corriente más interesante que ha habido en la novela contemporánea.

El viernes 25 de septiembre se celebra una fiesta en Pisuerga, a la que asisten, entre otros, el ministro de Defensa Alberto Oliart (con escolta y unas medidas de seguridad propias del cargo), Javier Pradera y Jaime Salinas. Se consumen los arenques que Jaime trajo de Islandia y se produce una tensa discusión entre Pradera y el ministro, también colaborador de *El País*. Oliart acusa al periódico de irresponsable y

543. *Ibíd.*

544. Declaraciones de Ignacio Pérez de Juan, grabadas en magnetófono el 28 de octubre de 2014 y «Don Juan a pie de obra», en *Juan Benet. Rutas*, CICCP, Madrid, 2008.

545. *Revista de Occidente*, n.º 6, julio-septiembre de 1981.

de poner «frívolamente en peligro la democracia».[546] Salinas se retira a las dos de la madrugada, antes de la controversia.

El novelista viaja a Colonia (RFA) para dar una charla y hace unas declaraciones antiisraelíes que conmueven al auditorio. Escribe una tarjeta postal a Sarrión («poeta amateur», indica bajo el nombre) con un manuscrito de Beethoven: «Si por una vez pudiera, moderno, mover tu compasión y tus pasos hacia cosas imperecederas, no dudo de que abandonarías tu turbulenta molicie para unirte a mi peregrinación en busca del Clero. Juan». En su ausencia, el suplemento *Libros* de *El País* publica «Un poeta entre dos polos»,[547] reseña de Juan Benet sobre la antología *El centro inaccesible (Poesía 1967-1980)*, de Antonio Martínez Sarrión, con prólogo de Jenaro Talens; aunque el novelista, con pocas excepciones, «no tenía en mucho a los poetas en verso. Le parecían venales y veleidosos, ombliguistas, mal educados, sin musculatura intelectual, poco de fiar».[548] Con su peculiar iconoclastia, Benet solía expresar: «Estoy de Lorca hasta los mismísimos Machados». No, los poetas no eran su fuerte. En el vuelo de regreso a Madrid, Juan Benet coincide con Felipe González, jefe de la oposición, a quien conocía por Javier Pradera. Al llegar a la oficina se lo cuenta a don Pablo, quien se muestra muy interesado en un encuentro con el joven socialista.

En octubre se termina de imprimir para Taurus la selección *Una tumba y otros relatos*, a cargo de Ricardo Gullón en la colección *Temas de España*, donde se incluye «Amor vacui», sólo aparecido en la revista *Plural* en 1975. No figuró en la colección de cuentos completos de 1977 «por ser cabeza de una serie en curso», según el editor. En la introducción, donde se hace un repaso de toda la producción benetiana, Gullón explica que los cuentos elegidos son los de mayor tensión dramática («Una tumba», «Duelo», «Horas en apariencia vacías», «De lejos», «Baalbec, una mancha», «Una línea incompleta», «Después», «Obiter dictum», «Catálisis», «Syllabus», «Fábula primera», «Fábula segunda», «Amor vacui», «Sub rosa») y advierte que al lector le está vedado distraerse. La cronología final fue escrita –en tono jocosamente cariñoso– por José María Guelbenzu, director de la editorial. Se hizo una tirada de tres mil ejemplares. A Sarrión le dedica uno de ellos: «Dedicatoria obligada: Para el poeta Sarrión/ la primera edición Gullón. Dedicatoria libre: Con amor y las mejores/ expectaciones para el/ modernito. Juan». Y a la pareja Antonio y Graciela le dedica un ejemplar del primer volumen de la nueva edición de *Cuentos completos*: »Para Goggy y para el poeta Sarrión/ aunque no aumente en/ un ápice/ su valiosa colección. Juan rentrée 81».

546. Carta de Jaime Salinas a Gðudbergur Bergsson, 27 de septiembre de 1981.
547. *El País*, 11 de octubre de 1981.
548. *Esquirlas*, Antonio Martínez Sarrión. Alfaguara, Madrid, 2000.

Desde su refugio pirenaico en Pont de Suert, el ingeniero escribe a mano una carta a Virginia Careaga:

Mi querida e imprescindible dama:

He recibido cumplida noticia de tus solitarios pasos por la nublada Copenhague. He recordado los míos, casi treinta años ago: recuerdo bien Amalienborg, con una plaza octogonal ¿no? Y un lado abierto hacia el dock. Y los suntuosos patriarcas que rodeaban la Marmokirken: si no me falla la memoria hay uno particularmente grandilocuente que se llama Kuigo, o algo así. A sus pies, allá por el verano del 53. Leí una carta que recogí en no sé qué consulado –y no sé si era de Nuria, de mi hermano Paco o de mi madre– y que olfateando su carácter trascendente paseé durante cuatro días en el bolsillo hasta encontrar una mañana despejada. Porque aquello no queda lejos de Nyhavn. Donde yo procuraba casi todas las tardes no despejar nada. Años después me dijeron que el hotel donde me alojaba se incendió: era admirable: de una sola planta, de madera prefabricada, encajado entre los paquetes de vías de las instalaciones exteriores de la estación. No contenía más que un estricto comptoir, un pasillo y una fila de habitaciones a cada lado, de tamaño minúsculo, todas amenizadas por el paso de las Composiciones. Se incendió el hotel, se murió –de un cáncer galopante– el buen Bertil [...] Mi presa tira para arriba; esperamos sacarla completamente de cimientos dentro de este mes, con lo que se mejorarán los auspicios más optimistas. Sin embargo, el portento tiene su contrapartida; pues a partir de ahora mi presencia aquí será cada vez menos necesaria y mucho me temo que dentro de unos meses, cuando se reanude la campaña tras la parada invernal que se producirá seguramente de diciembre a mayo. Completamente prescindible. Pero en fin, América está por medio. Luego *on verra.*

Dentro de un par de semanas iniciaré, por enésima vez, unas obras en Zarzalejo a fin de dotarme de calor solar y un gabinete de artista y sabio a la vez. Esto es, una claraboya y un alambique. Espero concluir la masonery antes de fin de año y al fin una casa completamente automatizada, regida por relojes universales, que ni siquiera necesitan mi presencia. No tengo ni idea cuando sobrevendrá. Como tiene que sobrevenir lo más sensato es no programarlo.

Bien. Eso te pasa por tener tutor. Dile al tutor que ya es bastante con que te tutee. En cuanto te recuperes del gasto vete a cualquier tendero y cómprate un bote de arenques: los daneses, islandeses y finlandeses no tienen parangón. En modo alguno los alemanes. Con aquavit o con una bebida un punto dulce que se llama Swedish punsch te pueden librar de la más aguda melancolía. Procura primero el marinated, con vinagre y azúcar. Me parece recordar que una gran marca es la Glyngore o algo así. Mil besos, mil añoranzas y mil ordenes de que sigas escribiendo. Juan.[549]

A petición de Pablo García-Arenal, Benet organiza una comida con Felipe González. Al restaurante El Parrillón (Santa Engracia 41), cerca de la sede del PSOE, asisten Benet, don Pablo, Enrique Pérez-Galdós, el productor Elías Querejeta y el juez Clemente Auger. En el local, de comida tradicional española, González, cliente asiduo, es el protagonista; en el reservado habitual, no deja de responder a las preguntas de los comensales. Está muy convencido de llegar a la presidencia. «A Felipe se le veía muy seguro de lo que iba a pasar. Hablaba él fundamentalmente porque le hacíamos preguntas. Muy interesante. Es muy pagado de sí mismo; sabe que vale mucho y lo manifiesta continuamente».[550]

A propósito de *Trece fábulas y media*, José Ángel Valente escribe «Sobre fábulas apólogas y fábulas milesias».[551] El poeta orensano se deshace en elogios con la nítida prosa benetiana, ejemplo de moralidad, brillante ejercicio de estilo, maestría.

En noviembre se celebra una fiesta en Pisuerga con los amigos habituales. La velada se cierra con el himno británico *God Save the Queen*. Benet con salacot colonial, en pie y en posición de saludo, lo escucha solemnemente. Aunque otras veces, según Marías, se ponía fin con la canción italiana *Vecchio frac*, de Domenico Modugno.[552] A juzgar por Molina Foix, «Raramente se salía [de Pisuerga] sin la ceremonia de escuchar *Amazing Grace*, el himno humanitario que el político abolicionista William Wilberforce cantó vibrantemente en un mitin de finales del siglo XVIII».[553] Sin embargo, Marcos Ricardo Barnatán tiene otro recuerdo: «Un día estaba yo en casa de Juan y puso el himno alemán *Deutschland, Deutschland über alles* («Alemania, Alemania por encima de todo») a todo volumen. Lo sentí como una especie de provocación hacia mí, pero no pasó a mayores».[554]

En el bar del hotel Suecia, donde Carlos Barral departe con sus autores, el editor presenta a Juan Benet y Manuel de Lope, residente en Aix-en-Provence. A este novelista le había gustado mucho *Una meditación* y en el transcurso del almuerzo, los

549. Con fecha 21 de octubre de 1981.
550. Declaraciones de Enrique Pérez-Galdós, recogidas en casete el 8 de julio de 2014.
551. *Quimera*, n.º 13, noviembre de 1981.
552. «Mi vida en 10 canciones», Javier Marías. *El País Semanal*, n.º 2152, 24 de diciembre de 2017.
553. «La canción de Benet», Vicente Molina Foix. *Letras Libres*, octubre de 2009.
554. Testimonio de Marcos Ricardo Barnatán, registrado en magnetófono el 13 de octubre de 2015.

dos autores discutieron sobre el día D en Normandía, debilidad de Benet. «Me vio joven –tenía treinta y un años, él me llevaba más de veinte–, le sorprendió que me interesara ese tema y que hubiera leído los libros de coronel José Manuel Martínez Bande sobre la Guerra Civil, que son duros partes de guerra. Tuvimos una discusión sobre la Segunda Mundial, sobre el desembarco aliado en Normandía concretamente, y sobre la oportunidad o no del desembarco. La teoría del general Fuller era la teoría de Stalin, una teoría muy discutida. Otra era la del general Eisenhower».[555] No transcurrió mucho tiempo cuando el 9 de diciembre, en presencia de Carlos Barral, director de la colección *Bibliotheca del Fénice*, de la editorial Argos Vergara, Juan Benet presenta la novela *El otoño del siglo*, de Manuel de Lope en los sótanos del mismo hotel. Ha nacido una amistad.

Una de las noches de mucho trasegar, en el madrileño bar El Limbo (Santa Teresa 1), Juan Benet conoce a Julio Llamazares, un joven poeta que ha llegado de León y es autor de *La lentitud de los bueyes* (1979); a Julio y sus amigos a veces se les agrega la poeta Blanca Andreu; por entonces ella anda en compañía de Francisco Umbral, de quien Benet no soporta su avilantez. «En la barra de bar, del que yo era asiduo, me presentó algún amigo común [Agustín Tena]. Yo sabía que él era el ingeniero de la presa del pantano del Porma. Me miró de arriba abajo con ese aire impertinente que cultivaba y me dijo: O sea, que tú eres escritor gracias a mí. A mí aquello me sentó como una patada en los cojones y le contesté: Y tú eres un gilipollas. Él era un señor de cincuenta y cuatro años y yo tenía veintiséis. Y ahí se acabó la conversación».[556] Con las aguas del Porma quedó sepultado el pueblo de Llamazares: Vegamián. Para él toda una tragedia, le arrancaron sus raíces. Se radicalizó poética y literariamente. Julio acababa de poner rostro al artífice de la presa y por tanto responsable del sufrimiento al que había condenado a los vecinos de Vegamián. Benet sabía de la existencia de Llamazares y sentía curiosidad por aquel poeta joven nacido en un lugar importante para el novelista e ingeniero. Llamazares siente atracción literaria por su obra y rechazo por su otra obra. Algo les aproxima a la vez que les aleja. Doloroso o no, lo cierto es que el joven leonés se hizo escritor por el desgarro que le causó la pérdida y el desarraigo, esa es su poética.

El jueves 10 de diciembre a las ocho de la tarde en el aula magna de la facultad de Veterinaria de León, organizada por el grupo editorial Margen, se celebra la mesa redonda «La Literatura hoy», en la que intervienen Juan Benet, Juan García Hortelano y Manuel Vicent. «Ellos contaban lo que les parecía y la gente preguntaba.

555. Charla con Manuel de Lope, recogida en magnetófono el 17 de febrero de 2015.
556. Conversación con Julio Llamazares, grabada en casete el 26 de junio de 2015.

Hubo lleno absoluto. Ernesto Escapa, periodista de la televisión de Castilla y León, era el presentador y moderador. Luego recorrimos León y Benet repitió de memoria la inscripción de la lápida de la iglesia de San Marcelo, fuimos a cenar al mesón San Martín, en el Barrio Húmedo. Escapa intentaba hacerle comentarios históricos a Benet pero éste le dio un baño».[557] La jornada siguiente los amigos llegan a Oviedo. A la una de la tarde, Benet presenta el libro *Crónicas del Bierzo* de Francisco García Pérez, en el salón de actos de la Caja de Ahorros de Asturias, organizado por la editorial Penthalon y la revista *Los Cuadernos del Norte*. Manuel Vicent introduce a Francisco G. Orejas y su libro *El asesinato de Clarín y otras ficciones*. Entre el público se encuentra Juan García Hortelano. Benet, después de haber dado a elegir a García entre una presentación al uso o el escándalo para bien de las ventas, en un tono cariñoso destrozó la obra de Francisco: «Libro para viajeros poco instruidos, delicioso, demasiado largo, con una gran inclinación al autorretrato y a la compasión que en él inspiran su mujer y su hija». Y añadió: «Como guía no sirve para nada, como libro de humor es pobre, tímido y vetusto. Es un homenaje al matrimonio».[558] Con posterioridad, a las ocho de la tarde, en el salón de actos de San Juan el Real de Oviedo, convocados por Tribuna Ciudadana, Benet, Vicent y Hortelano en una mesa redonda debatieron sobre la novela y la carrera literaria en España. Benet desmintió los argumentos de sus predecesores sobre el oficio de escribir y afirmó que eran «dos hombres que han llegado a las letras por resentimiento. Los escritores son probablemente, lo que menos valga de este país. Vicent es un periodista oscuro y Hortelano un funcionario del Estado, también muy oscuro, que tratan de divertirse a sí mismos con historias que no saben contar».[559] Después de cenar pasearon por el casco viejo y fueron a la sidrería El Gato Negro, donde Benet, abstraído ante las antiguas paredes del local, sentenció: «Esto es el chigre absoluto».[560]

El 14 de diciembre, en la clínica de Puerta de Hierro de Madrid, muere el ingeniero José Torán a los sesenta y cinco años. Juan Benet brinda un agridulce artículo necrológico a la máxima autoridad de las Grandes Presas, titulado «Torán».[561] A su colega Rodríguez Ibrán le dedica un ejemplar de *Una tumba y otros relatos*: «A Javier, el impertinente con decidida mala voluntad. Juan. Diciembre 81».

En navidades, Benet y sus hijos Nicolás y Juana viajan a Llofriu, a la casa de Rosa Regás.

---

557. Testimonio de Carlos Suárez González, registrado en magnetófono el 3 de junio de 2020.
558. Diario ovetense *Región*, 12 de diciembre de 1981.
559. *Ibíd.*
560. *De Tigres, Tribunas y Círculos*, Lola F. Lucio. Ed. Nobel, Oviedo, diciembre de 2003.
561. *El País*, 28 de diciembre de 1981.

Collage «La cuenta», por Juan Benet para Joaquin Leguina

Juan Benet con Frederic Amat en Estudio Regueros (Madrid, 1990). Foto: Xavier Colomer (Cortesía del artista)

19

COLUMBIA UNIVERSITY

El 5 de enero de 1982 Juan Benet y sus dos hijos regresan a Madrid en coche. Les acompaña Edi Clavo, batería del grupo Gabinete Caligari y novio de Mónica Regás, hija de Oriol, con quien ha pasado unos días en Llofriu.

El día 9 el ingeniero asiste al entierro del doctor Enrique Escardó, amigo de juventud. Y dos fechas después, a las doce del mediodía, va al funeral por José Torán, en la parroquia de San Juan de la Cruz. A la noche celebra en su casa una fiesta de despedida porque se marcha unos meses a Nueva York, invitado como Laroque Tinker Profesor (figura de experto colaborador) para impartir un curso sobre la novela española de posguerra en la Columbia University. Asisten Molina, Marías, Sarrión y Graciela, Natacha Seseña, Chamorro, Hortelano, los hijos Nicolás y Eugenio, Peche y Zarza, Pilar Gutiérrez Sánchez, el editor Ignacio Cardenal Abaitua y Ana Gortázar Azola, su mujer.

El 15 de enero a las doce y veinte del mediodía Juan y Rosa vuelan a Nueva York en la compañía TWA. Benet dará un par de clases a la semana e impartirá dos cursos: «The novel after Cervantes» y «The Post-Civil-War novel». Trabaja en el Institute of Latin American and Iberian Studies y se mueve por Morningside Campus. Lleva la maleta repleta de sustantivos y epítetos y el original de «En la penumbra» para tratar de acabarlo. Quien se jacta de conocer a fondo el alma femenina, tiene entre manos una novela protagonizada por mujeres.

El día 18 Benet almuerza con los hispanistas Edward Malefakis y Philip W. Silver. El día después cena con Eduardo Mendoza, que trabaja de intérprete en la Organización de las Naciones Unidas. La siguiente jornada, Eduardo Garrigues, delegado español en la Comisión de Descolonización ante la ONU, presenta a Juan Benet y Máximo Cajal, cónsul general de España en Nueva York, con sede en la calle 63, y cenan juntos. Sus hijos Eugenio y Nicolás, llegan el 22 y alquilan el apartamento 4C en el número 100 de Morningside Drive. Eugenio estudiará dibujo y grabado en la National Academy School of Fine Arts. El día 29, después de haber cancelado la fecha anterior por falta de asistencia –sólo dos mujeres–, el escritor imparte su primera clase del curso sobre la literatura de posguerra al que concurren diez alumnos.

Sentado a la máquina, el bisoño profesor escribe a su siempre bienquisto Sarrión, en Azcona 58 (Madrid):

> Querido Antonio:
>
> Ya estoy instalado en el apartamento que será mi definitiva residencia durante toda la estancia en N.Y. [...] Antes de venir a N.Y. para una estancia de cierta duración hay que atarse los machos. No cometas nunca las imprudencias de Don Juan que llevado de su satánico orgullo cree que el mundo está en todo momento dispuesto a postrarse a sus pies. Mucho me temo que la factura por tal orgullo (siempre compuesto con una cierta ingenuidad byroniana, propia de los hombres que combinamos el amor a las armas y las letras sin entrar a fondo en ninguna de ellas) será atrozmente elevada. Y ya me veo de vuelta a Madrid con un talante demudado, sin capacidad de réplica, vencido por el infortunio y teniendo que soportar en lo sucesivo vuestras numerosas impertinencias con una resignación franciscana.
>
> Lo de menos es el curso de Columbia. Tengo doce alumnos –cubanos, portorriqueños, una coreana, una inglesa– a cual más boquiabierto y agradecido. Todavía no he contado ninguna anécdota –ni de Don Pío ni de Carlos Arniches– porque para empezar no saben siquiera quién era Queipo de Llano. Así que ya comprenderás la cantidad de terreno casi virgen que tengo que roturar. En cambio todos saben quién es Carlos Fuentes a quien, gastándome para ello la última moneda de mi antiguamente repleta bolsa de insolencias, he decidido ignorar. He dado dos clases, las primeras de dos cursos diferentes; a la primera asistieron dos estudiantes tan sólo, una griega y otra americana; la resistencia a empezar a hablar ante tan fervoroso auditorio se rompió gracias a una discusión entre ellas sobre las ventajas e inconvenientes del aceite y la mantequilla y cuando aquello atufaba ya a fritanga de la Plaka decidí cancelar el curso sine die, cantando las alabanzas del analfabetismo y la vida rural. La segunda estuvo mejor, como diría Cagancho: en la mitad de la clase se personó un, al parecer, conocido clochard del lugar, llamado David Zlinkoff, que se sentó junto a la calefacción y al poco empezó a roncar. Un hombre encantador que cuando terminó mi disertación despertó y de un rollo de papeles que llevaba bajo el abrigo extrajo unas xeros con algunas traducciones suyas de Góngora:
>
> *let my Thisbe be a pastry*
> *and my tooth the sword,*
> *and let the people laugh.*

Mi apartamento se sitúa en un piso 15 directamente sobre Harlem. Justo debajo está Morninside Park, una frontera de Harlem, cuya verja tenemos terminantemente prohibido cruzar [...] Nadie en N.Y. habla de Harlem y ni siquiera las guías de la ciudad la tienen en consideración; los taxistas se niegan a mencionarla. Ya comprenderás que teniendo a mis pies una materia tan regionata no pienso en otra cosa. Es una parrilla totalmente oscura, tan sólo cortada por calles y avenidas iluminadas; un buen número de casas –todas de la misma época y de excelente factura– están abandonadas, otras tapiadas, otras a la merced del peatón, ni siquiera carpintería en puertas y ventanas. Más allá de un hueco se ve una fogata y un grupo de negros con gorros y abrigos calados y las manos extendidas hacia las llamas, como si estuvieran vivaqueando. Sólo al fondo de esa parrilla negra se distinguen las luces de la Quinta Avenida y las un tanto verbeneras iluminaciones de los puentes sobre el East River. Por la noche es todo lo contrario del Balbec de Proust; en cuanto se acuesta el sol Harlem se convierte en la caja de resonancia de un rugido continuo –que a mí me recuerda a la batalla de Brunete– tan sólo alterado por el paso de los bomberos, la policía y las ambulancias. Las ambulancias de N.Y. no cuentan con unas sirenas como las de nuestro continente; lanzan toda clase de gemidos; he llegado a la conclusión de que en lugar de sirena cuentan con un dispositivo de megafonía directamente conectado al órgano enfermo o herido, para llevar a la calle multiplicado por 100.000 el lamento de un alma que sin duda tiene pocas esperanzas de salvación.

¿Y qué hay de la Gogui y qué del modernito? Envíame si tienes tiempo alguna noticia y, por todo lo que más quieras, dime que sí, que me añoráis como os añoro yo delante de Harlem.

Juan.[562]

El 4 de febrero Rosa Regás viaja a México para ver a Gabriel García Márquez y Mercedes Barcha. Juan le encarga que le pida a Gabo una frase para usar como reclamo en la edición inglesa de *Una meditación*. Benet vuelve a cenar con Máximo Cajal. Cinco días más tarde, Rosa regresa a Nueva York y le dice a Juan que Gabo no da frases para nadie porque se las piden constantemente. A Benet no le gusta pero guarda silencio.[563] El sábado 13, Juan y sus dos hijos acompañan a Rosa al aeropuerto porque volará a España. Beatriz de Laiglesia, hija de Álvaro de Laiglesia y

562. Dos folios mecanografiados con el membrete «Columbia University in teh City of New York/ New York, N.Y. 10027. Institute of Latin American and Iberian Studies», de fecha 2 de febrero de 1982 y rúbrica a mano. El legendario matador de toros Joaquín Rodríguez Ortega, conocido como Cagancho, era utilizado como chanza recurrente entre ellos. El modernito es Jorge, hijo de la pareja, que nacerá el 7 de marzo.

563. Correo electrónico de Rosa Regás del 21 de abril de 2014.

esposa de Máximo Cajal, ha trabado gran amistad con Benet, pasean por la ciudad y le lleva en coche oficial a la Metropolitan Opera. El novelista frecuenta el Harry's Bar y la casa de Barbara Probst.

El 17 de febrero Juan Benet, en un folio con membrete de la Columbia University, le escribe a máquina a Virginia Careaga, al Departamento de Filosofía de la Universidad del País Vasco, en San Sebastián:

> Querida Virgo,
>
> Aquí me tienes haciendo de profesor de letras vivas, enseñando las vergüenzas. No sé ni cómo me atrevo. Al cabo de un mes de ejercer este cargo me doy cuenta de que lo mejor que se deriva de él es la pérdida de todo pudor. Y si alguno queda, tras cuatro semanas hablando de la lit. esp. de pst.guerra, me lo reprochan; enseguida me instarán a que espabile. Verdaderamente, no he sido llamado para la enseñanza [...] la estancia en N.Y. se agradece; no sé muy bien por qué, pero se agradece. Enseña; no sé el qué pero enseña. Estimula, todavía no sé a qué. Irrita, eso sí sé muy bien por qué. Quizás esta gente ha decidido, un poco a la manera gitana, que al principio todo deben ser dificultades y si poco a poco se van superando puede que con el tiempo la gratitud aflore al semblante del protagonista. El alcohol es caro; bueno pero caro. Con las mujeres es menester hablar enlazando frases hechas; los tópicos son numerosos y no está bien visto tratar de establecer una conversación original. Los atractivos son numerosos; en la mayoría de los casos es recomendable no consumar la tentación y conservar el atractivo. En otros, la performance es inolvidable. Ayer asistí, yo creo que por primera vez en veinte años, a dos veladas musicales; la primera consistió en la audición del Quinteto para piano de Brahms, op.35, que cinco intérpretes de menos de treinta años ofrecieron en una Broadway Chapel Guild a una docena de viejas viudas retiradas que les da lo mismo Brahms que el padre O'Connor. Horrendas brujas ni siquiera dormían; se sonaban, tosían y hurgaban en sus bolsas. Pero la ejecución fue emocionante. Por la noche fui al Met –con la high society– a ver La Bohême y apenas lo pude soportar aun cuando toda la noche tuve que poner la más simpática y agradecida de mis expresiones. Ché gelida manina.
>
> Los chicos –Nicolás y Eugenio– se divierten pero no aprenden y te mandan muchos besos. Yo también. Juan.[564]

564. Rúbrica a mano.

En España, la revista *Barcarola*, en cuyo consejo de redacción está Antonio Martínez Sarrión, publica el poema «Mirada atrás», de Juan Benet:

> Estandarte sin viento de un anhelo sin cielo
> entendimiento
> oh noche que elucubras la forma de quedarte
> ya sabes sin ciencia que el día montará
> y sin desdén observas las rayas del suelo.
>
> Infierno y reptil
> ... en la tradición de la aurora;
> en la espaciosa estela de tu marcha
> un batallón se ha detenido en las cercanías del mar
> y la amargura
> ¿qué mira? ¿de qué se sorprende?
>
> Error de la experiencia
> fortuna inesperada en tu importuna huida
> que devuelve al azar la deuda estipulada
> para encontrar
> –porque no tiene cambios-
> la suerte de haber sido
> sin valor de ejercerlo
> el poder de evocar.[565]

El 5 de marzo desde Nueva York, Juan Benet le escribe al ingeniero Pérez de Juan, en Llauset:

> Querido Ignacio:
>
> Aquí me tienes desde hace dos meses, convertido en profesor de no sé qué, sin poder echar una partida de dominó como hace falta. Como tengo dos hijos conmigo, tan sólo nos conformamos con una garrafina de vez en cuando, que más que nada sirve para poner la miel en la boca. Hemos pasado unos fríos pirenaicos y he aprendido eso del wind chilly factor que transforma una temperatura termométrica de °F en una real de -30F. O sea que si hace un poco de viento lo mejor es no salir a la calle [...] Al final de mes comenzaré una breve gira por unos Estados

565. *Barcarola. Revista Municipal de las Letras*, n.º 8 y 9. Albacete, febrero de 1982.

del sur y a mediados de abril volveré a N.Y. donde permaneceré hasta la vuelta a España, a mitad de mayo. La verdad es que una vez despejado el encanto turístico, N.Y. es una ciudad bastante parecida a las demás, donde naturalmente la rutina diaria domina la mayor parte de las horas. Hay por supuesto más cine, más teatro, más TV, más conciertos y más todo que en nuestro mundo pero a menos que se viva para eso, la proporción de todos esos frutos que recae sobre el ciudadano normal no es ni más ni menos que la de cualquier ciudadano en el viejo mundo.

Hablo algunas veces con Arenal que me da la novedad, o más bien la falta de novedad. Supongo que estarás dispuesto a empezar la temporada pronto y ya andaréis con preparativos [...] Dime si aparte de los Zippos y las navajas al personal de ahí se le ocurre algún capricho. Reparte a todos grandes abrazos y recibe tú uno muy especial. Juan.[566]

Eduardo Mendoza acude a la vivienda de Juan y éste le sugiere viajar a escenarios de la guerra civil estadounidense; quiere ir a Gettysburg (Pensilvania), donde tuvo lugar una de las batallas con más bajas entre los contendientes. Eduardo no puede acompañarle por su trabajo. «Benet se quejaba de los saltos térmicos de la ciudad: en la calle estaba el suelo helado y en las casas te morías de calor. Entonces me propuso viajar a Duluth (Minnesota), el punto más frío, de temperaturas más bajas. Me dijo que en sus clases iba a hablar sobre mi novela *La verdad sobre el caso Savolta* y me pidió que asistiera como un alumno más y que le hiciera todo tipo de preguntas. Me fue del todo imposible».[567] El 11 de marzo llega a Nueva York David Omedes, hijo de Rosa Regás, y se acomoda en el apartamento de los hermanos Benet.

En Madrid se acaba de imprimir para Taurus *La moviola de Eurípides*, en la colección *Persiles*, del que se tiran mil quinientos ejemplares. Son conferencias y ensayos, como «La historia editorial y judicial de *Volverás a Región*», «Onda y corpúsculo en el *Quijote*» o el sobresaliente «La puerta del lavabo», donde la minuciosa descripción de las tres molduras de la puerta converge en una asombrosa cogitación numérica y religiosa. Trece magníficas páginas de una mirada desocupada. Hortelano también publica *Gramática parda*, narración sobre la creación literaria en la que menciona el mapa de Región (todavía inédito) y figuran Vargas, Barral, Valverde, Sarrión... El autor se divirtió muchísimo escribiéndola.

El sábado 13 a la una y media de la tarde en un vuelo de Iberia aterriza en Nueva York la periodista andaluza Pilar del Río, que ha establecido estrecha amistad con el

566. Un folio con membrete de «Columbia University in the City of New York», mecanografiado y firmado a mano.

567. Conversación telefónica con Eduardo Mendoza el 25 de junio de 2015.

novelista, y se instala en su apartamento. Al día siguiente Pilar pasa a saludar a los hermanos Benet. Acompañado de Eduardo Garrigues, Juan viaja a Washington y Virginia aprovechando que tiene una charla en Charlotesville, invitado por el Departament of Spanish, Italian and Portuguese. Coinciden con Guillermo Cabrera Infante, que también está en la Universidad. Pilar del Río se quedó en Nueva York con su amiga Soledad Álvarez Coto, de *El País*.

El 29 de marzo Juan Benet cena con Juan Rulfo, que se encuentra en Nueva York para ofrecer un par de conferencias sobre «La literatura indígena en Latinoamérica», con ulterior coloquio con el público en Barnard College, de la Columbia University. Posteriormente leerá un par de cuentos «No oyes ladrar los perros» y «Luvina».

Pilar ha vuelto a España. Benet, de actividad febril, pasea por Harlem con los chicos y pronuncia varias conferencias en la Casa Hispánica relacionadas con sus fábulas y el ensayo «Onda y corpúsculo en el *Quijote*». De nuevo ante la máquina, el 2 de abril el escritor le pone unas letras a su amigo Sarrión:

> Querido Antonio:
>
> Como enseguida comprenderás por la copia que te adjunto, hay unos amigos que se portan mucho mejor que otros. Hay algunos que ni siquiera se portan; otros aduciendo los deberes de una dudosa paternidad, olvidan sus más elementales obligaciones y compromisos como hijos. Tengo la irritante sensación de que desde el mismo momento en que abandoné Madrid, algunos os habéis soltado de todas las amarras con que algo os sujetaba la moral y la decencia; que os habéis lanzado a la debauche y hasta rozáis el crimen [...] Te advierto que se acerca la hora del regreso. Tentaros la ropa y apretaros los machos. El justo no perdona, the quickest gun West of the Pecos. Ayer metí la pata hasta el cuezo; asistí a una lectura de Rulfo que deleitó a la audiencia con unos fragmentos de El llano en llamas; cuando la señora del Barnard College hizo su presentación y le dio la bienvenida yo que estaba distraído entendí algo así como 'Wellcome to the Fire Department' (o sea, Bienvenido al departamento de bomberos) y harto de llegar siempre tarde a los chistes y comprendiendo que por primera vez lo había cazado antes que el resto de la audiencia, solté el trapo ante la indignación y las miradas de furia de todas las señoras. Será la última vez que río un chiste el primero.
>
> Ya supongo que el modernito no te deja tiempo libre que dedicar a los antiguos. Ya volverás a mi amistad, seguro estoy de ello, cuando nazca el sexto y te veas obligado a abandonar un hogar repleto de gritos y suciedad infantil, en busca de ese remanso donde volver a contemplar de nuevo el pensamiento. Y en cuanto

a la Goggy la quiero ver envuelta en la bandera de España en peregrinación a Zaragoza, para dar gracias a la Virgen Capitana por la gracia recibida ¿Te acordarás, desalmado, de ponerle unas líneas al Señor Ministro? Para terminar: He sabido que Cagancho (el del famoso telegrama) vino a N.Y. y cuando le preguntaron si hablaba inglés respondió: Dios no lo quiera.

Mil besos

Juan.[568]

En el mismo sobre, Benet le adjunta copia de la misiva que Jaime García Añoveros, ministro de Hacienda, le remitió a Nueva York al novelista. Sarrión, con intención de contraer matrimonio, había solicitado de Benet –que goza de buenas amistades– ayuda para tramitar el divorcio en España de su futura esposa, separada en Argentina; para ello requiere la nacionalidad española.

Querido Juan:

Mi tardanza en contestar no se ha debido a inactividad en el asunto matrimonial que me encomendaste a punto de salir para Nueva York. Los caminos de la burocracia son tortuosos y de extraña complejidad. Por fin, el Ministro de Justicia Pío Cabanillas, me ha comunicado que ya ha firmado la resolución favorable del expediente de nacionalidad de Gabriela Paoletti, que ha estado informada de todos los pasos que se han dado. Antonio Martínez Sarrión ya no tiene excusa, ni para el matrimonio ni para el epitalamio. Celebraré ambos acontecimientos.

Espero tu vuelta a finales de Mayo. Salvo caso fortuito o de fuerza mayor, aquí estarán los salones abiertos. Lo que ahí recibes debe ser reconfortante. Pero tampoco es una bobada lo que te estás perdiendo.

Un fuerte abrazo

Jaime García Añoveros.[569]

Desde Chicago, Benet envía una tarjeta postal a Virginia Careaga, en San Sebastián: «Aceptada, con prudente entusiasmo, la sugerencia viajera siempre que alcancemos el Neva por mar. Pero estate preparada, estudia, trabaja, no me dejes luego en mal lugar. Mil besos. Juan».[570] El 8 de abril llega a Nueva York su hija Juana Benet

568. Un folio mecanografiado con membrete «Columbia University» y rúbrica a mano.

569. Un folio mecanografiado con membrete «El Ministro de Hacienda», con fecha 17 de marzo de 1982. Obsérvese que a Graciela le ha alterado el nombre por el de Gabriela. La rúbrica es a mano.

570. Tarjeta postal con fecha 6 de abril de 1982, del lienzo «Virgilio leyendo la Eneida a la familia del emperador Augusto» (The Art Institute of Chicago).

para pasar una semana y en la misma fecha, Bea –la Consulesa, que bautizó Juan–, cena en el apartamento con el escritor.

Con Eduardo Mendoza come en P.J. Clarke's, (entre la tercera avenida y la calle 53), donde se ofrecen buenas hamburguesas. Con Eduardo Garrigues concurre a un sitio de moda, Gigi Barnum, el antiguo local del circo, donde jóvenes travestidos sirven copas. El 22 de abril, Benet envía una postal, que reproduce el cartel anunciador de la película *Blonde Venus*, a Francisco García Pérez: «Ahí te mando eso para calmar tu tormento. Para que lo pegues en el espejo del lavabo y te acuerdes de mí todas las mañanas con la veneración e inquietud que merezco. Ya queda poco. Juan».[571]

El miércoles 24, el novelista madrileño imparte su última clase. Rosa Regás regresa a Nueva York, donde aparece *A Meditation*, traducida por Gregory Rabassa. Benet asiste a la presentación en una librería de Madison Avenue, en la que están el traductor y el arquitecto Rafael Moneo, profesor invitado en Princeton. Con Moneo, Juan y Rosa hacen picnic en Central Park, con despliegue de mantel, una bolsa con alimentos y bebida. Rosa se queda con los chicos y el día 27, Benet viaja a Austin, Texas, donde tiene la ocasión de ver los originales de su venerado Faulkner. El madrileño dedica un ejemplar de *A Meditation* al escritor, pintor y editor canario que ejerce de profesor de arte y literatura española en la Universidad: «A mi querido Pablo Beltrán de Heredia, con todo afecto de que soy capaz. Austin, 30 de abril de 1982. Juan». De vuelta a Nueva York, el mismo día Benet despide en el aeropuerto a sus hijos que volarán a España.

El 4 de mayo Juan y Rosa viajan a Chicago. Mientras, él lee textos sobre la guerra civil estadounidense, hace acopio de material y va gestando la idea de escribir una historia sobre la última contienda española desde el punto de vista militar, pero se ve sin facultades y el proyecto se viene abajo. Sin embargo, utiliza ese material para escribir un drama entre personas e inicia el trabajo preparatorio para una nueva novela.

Desde Madrid, Carlos Valls, director de construcción de Cubiertas y MZOV, reclama la vuelta del ingeniero y su incorporación a la compañía. El 23 de mayo, en el influyente *The New York Times Book Review*, suplemento semanal del periódico, aparece una crítica elogiosa de Allen Josephs sobre *A Meditation*: «Brillante y compleja novela». Y en México se publica el ensayo «Sobre una metáfora de Kant», de Juan Benet, en la revista dirigida por Octavio Paz.[572]

571. *Una meditación sobre Juan Benet*, Francisco García Pérez. Alfaguara, Madrid, 1998.

572. *Vuelta*, n.º 66, mayo de 1982. Titularon «Sobre una metáfora de Kant» cuando el original es «Una metáfora de Kant», en *La moviola de Eurípides*.

La pareja regresa a España. Benet le regala a Sarrión el *collage* «Las armas y las Letras» con la siguiente dedicatoria: «Para el Modernito de uno de sus mentores. Juan», con motivo del nacimiento de Jorge, hijo del poeta. La obra representa el fusilamiento de un escritor, sentado en su mesa, de espaldas al pelotón. En la segunda quincena de mayo, Benet comienza a escribir *Herrumbrosas lanzas*. A su colega Ibrán le dedica un ejemplar de *La moviola de Eurípides*: «A Javier Rodríguez Ibrán, el maestro de las miniaturas y finales que todo lo aprendió de mí. Juan. Mayo 82».[573] Y envía unas líneas manuscritas a Virginia Careaga, en San Sebastián:

> Ahí te adjunto, calamidad, la prueba irrefutable de tu desidia. Verás en el sobre un acusatorio sello verde que dice «non reclamé» que habla muy poco en favor del interés que despiertan mis cartas. Sin duda lo mejor será no abrirla y conservar el testimonio tal cual [...] Mil besos. Juan.[574]

En efecto, en la misma semana Juan y Virginia se encuentran en San Sebastián y él le regala un ejemplar de *La moviola de Eurípides*: «A Virginia Careaga, con mi mejor devoción aunque falta no le haga. SS Mayo 82. Juan».

La tertulia se ha desplazado de Parsifal al restaurante José Luis (Rafael Salgado 11). Se inició con un aperitivo en la barra y más adelante empezaron a comer y a tomar unas botellas de destilados. Se hablaba mucho de política, nada de chismorreos, aunque a veces eran necesarios para eliminar tensiones entre los potentes egos. Además de compartir compañía, mantel y buenos caldos, se producen animados y acalorados debates. Amén de los habituales, también están Pedro García Ferrero, Álvaro Delgado-Gal, el actor Sancho Gracia, Pablo Lizcano, Manolo Matji, Perico Moreno, Miguel Ángel Aguilar, Jorge Lozano, a quien Benet llama El Comunicólogo, el empresario Juan Alcorta, Patxo Unzueta, el embajador de Israel Shlomo Ben-Ami y Ferlosio, de presencia esporádica.

En plena guerra de Las Malvinas, después de la tertulia sabatina, Perico Moreno, su pareja Pilar Gutiérrez Sánchez, Pilar Suárez-Carreño, Eduardo Chamorro, Natacha Seseña, Ángel González y Juan Benet se marchan a Segovia a pasar el fin de semana a casa del abogado Moreno. «La anglofilia era lo que más me unía a Juan. Le recitaba un poco de Shakespeare y le fascinaba. Yo era la única que le seguía y le llamaba la guerra de las Falklands, no de Las Malvinas. Estábamos con Inglaterra totalmente... Juan volvió de Nueva York hechizado con Bea de Laiglesia, *la Consulesa*.

573. Las miniaturas son las piezas del ajedrez, al que tan aficionado es Ibrán.

574. Carta desde Madrid, el 24 de mayo de 1982, en papel con el membrete «Juan Benet Goitia. Ingeniero».

Yo le encontraba guapísimo y atractivísimo; no hay ninguna mujer que diga que no era atractivo».[575] El domingo, en lugar de regresar a Madrid, el grupo decide ir a comer al asador La posada de Javier, en Torrecaballeros, donde, en la larga sobremesa, traman ir a fastidiar a Guillermo Altares a su casa.

El escritor no tarda en incorporarse a la frenética actividad ordinaria. A la hermana de Pilar, la pintora Margarita Suárez-Carreño, le dedica un ejemplar de *La moviola de Eurípides*: «Para Marga que conoce casi todos mis secretos. Juan. Junio 82». Participa en un acto en memoria de José Torán, en el Colegio de Ingenieros de Caminos, e interviene en el programa de TVE *La clave*, dirigido y presentado por José Luis Balbín, sobre el bilingüismo.

El 19 de agosto Mario Muchnik, director literario de Ariel-Seix Barral, y su esposa Nicole se citan en Pisuerga con Juan Benet. Al calor de unos whiskies, el ilustre escritor les habla de la novela en la que está inmerso. Será una trilogía, quizá una tetralogía, quizá... Piensa idear una cartografía y quizá incluir fotografías de una guerra civil cualquiera. Luego cenan en un restaurante del paseo de La Habana. Mario se interesa por toda su obra para Seix Barral y le pide al novelista que hable con Rosa Regás para que les ceda los derechos de sus libros publicados en La Gaya Ciencia. El editor le ofrece enviar una muestra del libro en marcha para ver si es «meritorio»[576] de un premio Planeta o si debería ser publicado directamente por Seix Barral, también perteneciente al grupo. La velada acabó a las dos de la madrugada.

La actividad profesional requiere del ingeniero un nuevo viaje. Del 6 al 12 de septiembre se desplaza a Argel: Annaba, Constantina, Ghardaia, Laghouat, Bou Saâda. A la vuelta, tras dos días en Madrid, se marcha a Viella y de allí a Barcelona y Sitges con Rosa Regás. Regresa a Barcelona y retorna a Viella con don Pablo. El 20 de septiembre Arenal y Benet vuelven a Madrid. Dos fechas más adelante el infatigable novelista sube al tren con destino Vigo; en Moaña pasa tres días con los Arenal y Rosa Regás para trasladarse a Santiago de Compostela y de ahí a Madrid. El martes 28 de septiembre el PSOE convoca a la intelectualidad en el Cuartel Conde Duque. Salinas llama a Benet para que le acompañe y éste le responde: »No voy a ir porque si voy acabaré por no votarles».[577] Después de cuatro días con trabajo de

575. Declaraciones de Pilar Suárez-Carreño, grabadas en casete el 7 de octubre de 2014.

576. *Lo peor no son los autores. Autobiografía editorial 1966-1997*, Mario Muchnik. Del Taller de Mario Muchnik, Madrid, 1999. Eduardo Chamorro, en el prólogo de Juan Benet y el aliento del espíritu sobre las aguas, asegura que Mario Muchnik miente, en lo concerniente a las relaciones de Benet con Planeta, Seix Barral...

577. *Cuando editar era una fiesta. Correspondencia privada*, Jaime Salinas. Edición de Enric Bou. Tusquets, Barcelona, 2020.

oficina, el 30 de septiembre va a Churriana, a La Tosca, con los Farman-Farmaian. Se acerca a Granada para almorzar con un colega y emprende camino de Madrid.

La Biblioteca de la Universidad de Boston (Massachusetts) se muestra interesada en ser depositaria de los manuscritos, documentos y correspondencia de Juan Benet. Así se lo hace saber Howard B. Gotlieb, director de Colecciones Especiales, en una misiva: «Aquí se admira mucho su obra, y nos ha parecido que los materiales que constituyen la documentación de su carrera y su vida serían conservados cuidadosamente en nuestra Biblioteca».[578]

En septiembre se acaba de imprimir para Alfaguara *Cuentos del reino secreto*, de José María Merino, en el que incluye el relato «La torre del alemán», donde uno de los personajes es un trasunto de Benet, un ingeniero jefe de las obras de una presa, un hombre alto, de pelo gris y largo flequillo, altanero y dado a la escritura. «Al parecer tenía publicados muchos libros con historias que había sacado de los valles anegados con aquellos pantanos que él ayudaba a construir. Ponía nombres diferentes a la región cuando escribía sus libros», un indudable guiño al padre de la presa del Porma.

El sábado 9 de octubre el incansable ingeniero, en el Daimler, desde Madrid enfila la carretera de Extremadura para ir a Coria a ver a su amigo Rafael Sánchez Ferlosio, que pasa el verano en la casa palacio heredada de su familia paterna. También está Natacha Seseña, con su amiga Gabriela. El lunes, Benet regresa a Madrid en compañía de Nata, como él la llama. Y dos días después se marcha a Ginebra, donde se encuentra la Regás, que trabaja temporalmente de traductora en la ONU. A las cinco de la tarde, cuando finaliza su jornada laboral, la recoge, la acompaña al gimnasio y luego él acude a librerías o pasea por las calles peatonales llenas de vida. Entretanto, el 15 de octubre, en edición de Pablo Beltrán de Heredia, se terminó de imprimir la *nouvelle* de sesenta y tres páginas *En la penumbra*, en el taller de artes gráficas de Gonzalo Bedia, en Santander, incluida en la colección *Clásicos de Todos los Años.*

El día 23 el rozagante Benet se convierte en abuelo. Su hija Juana ha alumbrado una niña a la que le pone Nuria, el nombre de su abuela.

Un puñado de escritores, entre los que están Benet, Torrente Ballester y Sarrión, son invitados en el hotel Castellana a un almuerzo con Felipe González. El líder socialista tranquilizó a los más temerosos hacia cierto maximalismo, como a un tenso

578. Un folio con el membrete «Boston University», escrito a máquina el 20 de septiembre de 1982 y dirigido a Juan Benet.

Juan Benet. El 28 de octubre el PSOE logra la mayoría absoluta en las elecciones legislativas. Hortelano y Salinas llegan a Pisuerga, donde están los cónsules en Nueva York, Bea y Max. Improvisan una cena en casa de Chamorro, de la que Salinas se zafa para ir a Tattaglia (paseo de La Habana 17), donde se reúne con Querejeta, Semprún, Auger y otros. Recogen a Pradera en *El País* y luego confluyen todos en la celebración del hotel Palace, cuartel general socialista, a la que han sido invitados.

Sin perder un instante, al día siguiente vía Sisteron-Aix-les-Bains, Benet viaja a Ginebra para verse con Rosa. Pero el 1 de noviembre está de vuelta en Barcelona y el día 3 cena con Sarrión, Octavio Paz y Marie Jo en el hotel Palace de Madrid. Una fecha después, el novelista recibe una sorprendente llamada de teléfono. Antonio Tovar, académico de la Lengua, amigo de Ridruejo y de su primo Fernando Chueca, le comunica que va a proponer su candidatura a la Real Academia.

En la madrugada del 7 de noviembre muere en accidente de tráfico Alberto Oliart Delgado de Torres, de veinticuatro años, hijo del ministro. Al entierro, en el cementerio de San Justo, asistieron numerosas personalidades de la política, como el virtual presidente del Gobierno Felipe González. También Juan Benet, que antes pasó por el domicilio familiar para mostrar su condolencia.

Cuatro jornadas más tarde, el afanoso novelista se traslada a Barcelona para dar una conferencia el Colegio de Ingenieros de Caminos. A la noche cena en La Puñalada (paseo de Gracia 104) con Fernando Lara, Rafael Borrás y Mario Muchnik de la editorial Planeta para tratar de llegar a un acuerdo sobre su novela «Herrumbrosas lanzas». A última hora se une Rosa Regás y todos van a tomar un cava a un abrevadero de la calle Diputación.

El hijo menor, Eugenio Benet, alcanza los veinte años e ingresa en la Facultad de Bellas Artes. Ha decidido ser pintor. La editorial Ariel publica una nueva recopilación de artículos, *Sobre la incertidumbre*. Y Seix Barral acaba de imprimir *La inspiración y el estilo*. Defensor del concepto «novela rural» aplicado a su literatura, Benet imparte una charla en el Casino de Elche titulada «La provincia imaginaria», dentro de un seminario de Literatura que organiza la Caja de Ahorros del Mediterráneo. Y el 2 de diciembre regresa a Barcelona para participar por la tarde en un coloquio sobre Torán, en el Colegio de Ingenieros de Caminos.

En la sesión del 9 de diciembre de la Real Academia Española se anuncia la candidatura de Juan Benet y Elena Quiroga al sillón «a». A Benet le proponen Antonio Tovar, máximo impulsor, Luis Rosales y Carlos Bousoño. Los compañeros de CMZV se vuelcan en apoyar moralmente a Benet. Pero no salió elegido y más de un colega pasó por su despacho para mostrarle su pesar: Qué injusticia, le dijo alguno.

En el mismo mes don Juan conoce a la joven poeta Blanca Andreu, recién llegada de Nueva York de participar en el coloquio «La mujer en España hoy», invitada por el Spanish Institute. Antes de abandonar la ciudad, Blanca fue a despedirse de Eduardo Garrigues y éste le pidió que le llevase a su amigo Juan Benet, una botella de whisky de malta escocés Glenfiddich. Desde el Café Gijón la poeta telefonea al novelista y le dice que tiene un regalo para él, una botella de whisky, de parte de Eduardo Garrigues. Ah, excelente. Tráela a las siete y nos la bebemos, contesta Benet. Según Blanca,[579] al salir del local se topó con Garrigues, que había llegado a la capital con urgencia por un asunto familiar. Trató de deshacerse de la botella y convenció al diplomático para que la acompañase a Pisuerga.[580] En el salón de casa, sin mediar palabra, el anfitrión abrió una carpeta y comenzó a leer un detallado currículo de Blanca y le informó con interpelación: Soy jurado del premio Ícaro para jóvenes creadores, ¿consideras que debería darte mi voto? La Andreu le replicó: A mí me van a dar el premio con tu voto o sin él. Lo que tienes que hacer es votar a mi amigo Julio Llamazares. ¿Y por qué debo votar al tal Llamazares? ¡Porque le has hundido el pueblo!, zanjó ella.

A propuesta de Javier Solana, el Consejo de Ministros del 12 de diciembre nombra al muy respetado Jaime Salinas director general del Libro y Bibliotecas, lo que alegra a todos los amigos. José María Guelbenzu ocupa el puesto de director editorial de Alfaguara.

La coruñesa Blanca Andreu, de veintitrés años, logra el premio Ícaro de Literatura, que concede *Diario16*, galardón que suma al Adonais por su libro *De una chica de provincias que se vino a vivir en un Chagall*. En la oficina, Benet dedica *En la penumbra*: «A Javier Rodríguez. Siempre en la penumbra. Siempre en la cerrazón. Con afecto tímido. Juan. Diciembre 82». A Sarrión le regala otro volumen con dedicatoria familiar: «Para Antonio, o mejor, para el modernito,/ la modernaza/ y el moderno./ Con todo el cariño/ del amigo sempiterno. Juan. Diciembre 82».

En navidades Juan Benet y Rosa Regás viajan a Sintra (Portugal) con Eduardo Chamorro e Isabel González, Pedro Moreno y Pilar Gutiérrez. Se aposentan en el hotel Palacio de Seteais, algo abandonado y por tanto de precios asequibles, y allí se encuentran con Javier Pradera y Natalia Rodríguez-Salmones. En la villa no dudan en visitar el Palacio da Pena, antigua residencia veraniega de la familia real, donde

579. Blog de Blanca Andreu. Miércoles, 3 de julio de 2013.

580. «Yo no recuerdo haber estado en ese encuentro entre ellos en Pisuerga. Un diplomático puede viajar limitadamente. No me consta ese hecho» (Testimonio de Eduardo Garrigues, grabado en magnetófono el 10 de mayo de 2015).

fraguan teorías sobre aparecidos y pretendientes a la corona portuguesa, y pasean por la lonja de Setúbal, en la que se detienen ante unas pintarrojas gigantes, escualos también conocidos como tiburones gato. En Estoril, de indelebles recuerdos para Benet, devoran unas langostas.

En enero de 1983 Juan Benet escribe el prólogo sin título a *No pongas tus sucias manos sobre Mozart*, de Manuel Vicent. A su amigo y colega Ibrán le dedica *Sobre la incertidumbre*: «A Javier Rodríguez, que apenas sabe nada de nada pero que si lee con devoción este volumen puede convertirse en un sabio. Juan. Enero 83». Y a Margarita Suárez-Carreño le anota un ejemplar de la nueva edición de *La inspiración y el estilo*: «Para mi querida Marga, que se lo merece todo. Juan. Enero 83». Y participa en la campaña publicitaria del Metro madrileño («Madrid Metro a Metro») con el texto titulado «Las historias de la Historia están a un Metro».[581] Es la décima entrega de una serie de doce, que se cerró con la firma del alcalde Enrique Tierno Galván. También colaboraron Luis Carandell y Manuel Vicent, entre otros.

Ante la falta de acuerdo con el grupo Planeta, el novelista envía «Herrumbrosas lanzas» a la editorial Alfaguara, a la vez que Juan Cueto[582] publica una entrevista de envergadura –ocho páginas– de José Luis Merino con el autor madrileño.

Chamorro ha roto con Isabel González y se ha emparejado con la gallega Rocío Martínez, licenciada en Periodismo y estudiante de Filología. Benet flirtea con Blanca Andreu, quien hasta hace poco era la acompañante de Paco Umbral en los locales nocturnos de la capital. Hacen excursiones y la lleva a la presa de Llauset. Un fin de semana, viajan en coche a Valladolid, donde él participa en una charla y se hospedan en el hotel Felipe IV; después de la plática, la pareja cena con el ingeniero Rafael López González y su mujer Consuelo Giménez Sánchez. Al día siguiente se desplazan para almorzar en la finca que el matrimonio tiene en Traspinedo y de ahí regresan a Madrid.

Dirigido por Ramón Irigoyen, se celebra un ciclo de narrativa en Logroño del 14 al 17 de marzo en el Colegio Universitario de La Rioja, en el que participan Benet, Hortelano y Vicent. Con posterioridad, Benet publica una reseña de la novela «La habitación enorme»,[583] de E. E. Cummings, con motivo de su reciente traducción y publicación en España, cuya lectura le dejó gozoso y sorprendido. Su querido

581. *El País Semanal*, 20 de febrero de 1983. También aparecido en los suplementos dominicales de *Abc*, *Diario 16*, *Ya*. La Compañía Metropolitano de Madrid patrocinó la edición del libro *Madrid Metro a Metro* (1983). Cien ejemplares numerados y autografiados.

582. *Los Cuadernos del Norte*, n.º 17, enero-febrero de 1983.

583. *Cambio 16*, n.º 590, 21 de marzo de 1983.

Hortelano logra el Premio de la Crítica por *Gramática parda* y Emma Cohen se cobra su venganza y saca la *nouvelle Toda la casa era una ventana*. Emma le pide a Hortelano que le haga la presentación, a lo que éste no sólo se niega sino que le reprocha el haberla escrito. Benet les da a sus hijos la noticia del libro[584] y añade que a Juana no la trata muy bien, por lo que no le gustaría que la leyera. Carlos, un arquitecto melómano, casado con Marta, una mujer suicida que se encierra en su habitación, tiene una amante, Aurora, y tres hijos, Ramiro, Martín y Carlota, trasunto de Juana, de 12 años y mala estudiante que quiere ser criada. El 20 de abril la presentó José Manuel Caballero Bonald en la Sala Clamores (Alburquerque 14); Fernando Fernán Gómez estaba presente, apoyado en la barra.

La tarde del 23 de abril, el rey Juan Carlos ofrece la recepción anual a los intelectuales en los jardines del palacio de la Zarzuela. El día es luminoso, de azul intenso, pero sopla viento fresco procedente de la sierra de Guadarrama. «Me convenció Blanca para que la acompañara; estaba como loca por ir. Existía un sentimiento generalizado de carencia de ceniceros y había que apagar las colillas en las macetas o pisarlas disimuladamente sobre la moqueta de la gran carpa instalada en el jardín. Se formaron grupos que se abrían y se disolvían o intercambiaban sus miembros. Blanca, vestida toda de negro, estaba empeñada en acercarse al Rey. En torno a Juan Carlos estaban Hortelano, Benet y alguno más, los popes; ese era el corrillo principal. Al acercarnos, Benet le dice: Señor, le voy a presentar a dos jóvenes escritores. Creo que Blanca tenía más interés en ir a ver a Benet que al Rey, o a los dos a la vez. Nos presentó. Yo estaba en segundo plano. Era un marciano vestido con el traje de boda del padre de El Gran Wyoming, porque como no tenía trajes y era amigo de José Miguel Monzón, me lo prestó. El Rey de repente mostró gran interés por Blanca, por mí ninguno. Qué escribes. Me gustaría mucho.... Todos los demás muy serios. Benet, siempre tan arrogante, estaba muy cortesano. Hubo un momento que se delató el Borbón: Un día te voy a llamar para que me enseñes tus poemas, por curiosidad... Blanca se creció. Él me miró y dijo: Si a ti no te importa, claro».[585]

Benet se pasea de la mano de Pilar del Río por el centro de Sevilla y le cuenta que ha conocido a Blanca Andreu, con la que dice estar ilusionado. Pasan una noche en el lujoso hotel Alfonso XIII y en el patio, un tanto azorado, les sorprende Antonio Ojeda Escobar, presidente del Parlamento de Andalucía. La pareja comenta la actitud del político porque les resulta divertida. Poco después Pilar viaja a Madrid y

584. Así lo recuerda Eugenio Benet, en conversación grabada en magnetófono el 13 de marzo de 2014.
585. Testimonio de Julio Llamazares, registrado en casete el 26 de junio de 2015.

pasa días en Zarzalejo, donde se amplía la casa: una segunda planta en toda la superficie con dos niveles. Benet le pide al constructor las vigas y pilares del derribado convento de las Jesuitinas de Segovia y lo logra a buen precio. El maderamen será aplicado a la fachada de la vivienda, lo que le conferirá un aire Tudor. Con posterioridad, una vez hecha la reforma, en la vivienda se producen extraños fenómenos difíciles de explicar. Pilar le pregunta por la procedencia de esas maderas; el ingeniero investiga sobre el convento y descubre que entre 1867 y 1875 la abadesa Francisca Antonia Simeona Fernández de Deza y Antolín, segunda hija del vizconde de las Dehesas, fue desposeída por la superiora de la orden. ¿Será el espíritu de la religiosa el causante de los fenómenos paranormales?[586] «No hay mente que pueda comprenderlos ni palabras que los describan», según Ramón Benet.

Con motivo de una exposición en la madrileña plaza de Colón, anunciada «Catalunya en la España moderna», el sarcástico Benet escribe una auténtica provocación en *El País*[587] donde enaltece la economía de la grafía ñ, que con un solo carácter recoge lo que otras lenguas vecinas necesitan dos (*nh*, *ny*, *gn*), con la consiguiente oleada de cartas de protesta que llegan a la redacción.

El 6 de junio, en el Ateneo de Madrid, Benet y Savater presentan mano a mano sus dos últimos libros: *Artículos, volumen 1 (1962-1977)*, del ingeniero, y *Sobras completas*, del filósofo, ambos publicados por Ediciones Libertarias. Tres días después Juan Benet es vuelto a presentar como candidato a la RAE por Antonio Tovar, Luis Rosales y Carlos Bousoño. Se disputa el sillón «Z» con Jesús Fernández Santos y José Luis Castillo Puche. El novelista tampoco salió elegido. No habrá una tercera ocasión porque él desiste. El 16 de julio, Alberto Oliart publica en *El País*: «Juan Benet y la Academia», artículo en el que el exministro lamenta las ocasiones perdidas y destaca la innovación que representa el lenguaje y el mundo del autor: «Esta visión cáustica e inmisericorde del hombre, de la cultura y de la sociedad, este saber reírse de la pirueta y del absurdo de la aventura humana y hacerlo desde un lenguaje convencional, lúcido y elegante, es, a mi juicio, la clave secreta de la modernidad de Juan Benet».[588]

En julio, desde Ginebra, Rosa Regás telefonea a Juan Benet para comunicarle la decisión de finalizar el largo pero tormentoso romance. Blanca frecuenta Zarzalejo. Este verano el escritor tiene la pintura arrinconada. Benet y Blanca deciden ir a

586. «La casa de la sierra», Juan Benet, inédito escrito en julio de 1986, donde se indica que en la vivienda él y sus hijos viven fenómenos paranormales. Existen dos versiones, de cinco y cuatro folios, corregidos a mano.
587. «Catalunha en la Espanya moderna», Juan Benet. *El País*, 2 de junio de 1983. Su amigo Ferlosio le apoya en «Situación límite: Ultraje a la paella!» (*El País*, 8 de julio de 1983)
588. *El País*, 16 de julio de 1983.

Bocaccio para hacer pública su historia amorosa. Los amigos Pedro Moreno y Eduardo Chamorro le desaconsejan su relación con la Andreu, como la llama Juan. A la familia coruñesa de Blanca tampoco le agrada Juan por ser viudo y mayor que ella.

A principios de agosto Benet asiste como conferenciante a los Festivales de Navarra, celebrados en el castillo de Olite. Acompañado de Chamorro, en su vuelta a Madrid y a su paso por Soria, a las once de la mañana se acercan a ver a Felipe González, porque saben que descansa con su familia en la finca forestal que el Instituto para la Conservación de la Naturaleza (ICONA) tiene en Lubia, a quince kilómetros de la capital. Después de comunicar su presencia a la Guardia Civil que protege la finca, les recibe el presidente del Gobierno: «Pero hombre, qué venís a hacer aquí. Lo último que me esperaba era encontraros».[589] Estuvieron dos horas de cháchara.

El escritor se ha dejado un bigote negro que contrasta con su cabello níveo, un bigote de «innegable estirpe sureña», según sus propias palabras, lo que le confiere cierta semejanza a Faulkner o a Dashiell Hammett. Aunque Chamorro sostiene que a quien realmente se parece Benet es a John Updike.

En agosto Rosa Regás recibe la última misiva de Juan Benet, donde se consuma la ruptura sentimental entre ambos. El martes 23 Benet participa en el seminario de la UIMP de Santander «Técnicas de la novela actual», que dirige el crítico Ricardo Gullón. Darío Villanueva es el secretario del curso. Benet, que ha viajado con Andreu, imparte la conferencia «La novela vista por el autor»; ante un aula llena, lee un capítulo inédito de su próxima novela «Herrumbrosas lanzas». Luego se mostró disconforme con la crítica que utiliza datos biográficos del escritor, mientras Gullón sostuvo que no puede separarse el hombre de su obra.

El viernes 2 de septiembre cena *tête a tête* entre Benet y Salinas. Juan le pone al corriente de sus relaciones amorosas: la ruptura con Rosa Regás y el enamoramiento de Blanca Andreu. «En estos asuntos es de una inmadurez total aunque no deja de conmoverte»,[590] escribe luego Jaime a Gðudbergur. Pocos días después, en el palacio de Maricel, en Sitges, el novelista diserta «Sobre la necesidad de la traición», en el seminario dirigido por Juan Cueto «El mito del espía en la cultura occidental», dentro de la programación de la UIMP. Otros participantes son Ricardo Muñoz Suay, Manuel Vázquez Montalbán, Eduardo Chamorro...

A propósito de la salida inminente de su nueva novela, Benet es entrevistado por Chamorro en *Cambio16* y *Diario16* y Víctor Márquez Reviriego en *Tiempo*. En

589. Entrevista con Juan Benet, por Víctor Márquez Reviriego. *Tiempo*, 19 de septiembre de 1983.

590. *Cuando editar era una fiesta. Correspondencia privada*, Jaime Salinas. Edición de Enric Bou. Tusquets, Barcelona, 2020.

octubre se terminó de imprimir para Alfaguara *Herrumbrosas lanzas I. Libros I-VI*, que adjunta un mapa topográfico de Región. También en eso imita a Faulkner, quien dibujó un mapa del condado de Yoknapatawpha. Para solventar las dificultades de describir esa tierra ficticia que se extiende por unos tres mil kilómetros cuadrados, el autor construyó un mapa levantado a escala 1:150.000 que le sirvió como directriz para el relato de las operaciones militares; en él incluye parajes, accidentes geográficos y localidades bautizadas con el nombre de sus amigos u otros motivos: Salinas de D. Pedro, Las Flores de Trifón (su yerno), Pedro Moreno, Laguna de D. Pablo, El Carandel, El Ibrán, Félix (de Azúa), Romacho (segundo apellido de Machimbarrena), Caneja, Ortilanos (Hortelano), Cueva de la Mansura (alusión a la novela de Azúa), Casaldáliga (protagonista de la novela *El siglo*, de Marías), El Mercurio (novela de Guelbenzu), Vicenbusto (contracción de Vicente [Molina] y su novela *Busto*) y otros topónimos inventados. El dibujo es de José María Sanz y la rotulación de Gumersindo Triviño. El título corresponde al primer verso («Atraviesa la muerte con herrumbrosas lanzas») de la «Elegía Primera», en homenaje a Federico García Lorca, de *Viento del Pueblo*, de Miguel Hernández. Benet ha tratado de escribir la gran novela sobre la Guerra Civil, una obra muy ambiciosa. Con una novedad: ha insertado «la reflexión histórica de la Guerra Civil en la ficción».[591] El 18 de octubre, en el Colegio de Ingenieros de Caminos de Madrid, se da a conocer la novela. La mesa está presidida por Jesús de Polanco, presidente de la editorial Alfaguara, Luis López Peláez, decano del colegio de Andalucía y miembro de la junta estatal, y Jesús Aguirre, duque de Alba, encargado de la presentación. Entre otras lindezas, el duque dijo: «Es maravilloso e incita a la lectura continua, pero no es una novela, sino la primera entrega de una novela. Por eso propongo que a partir de ahora le llamemos Juan Cornelio Benet»,[592] mientras pinza el libro con dos dedos. En el otro extremo de la mesa, el autor gesticula con el dedo índice en la sien, atornillándolo. Para cerrar el acto Benet prometió una segunda parte en la que trabaja. A Guelbenzu, su editor, le dedicó un ejemplar: «Para D. José María Guelbenzu ilustre humorista, industrial de pro, financiero, prohombre, impulsador de las artes y el comercio, hombre de coraje y pocos escrúpulos. Con toda sinrazón. Juan. Octubre 1983». Otro a Ibrán: «Para Javier Rodríguez Ibrán incorporado definitivamente –y sin apelación posible– a la geografía regionata, a causa de sus muchos errores y agravios. Con limitado afecto. Juan. Octubre 83». Al Comunicólogo: «Para Jorge Lozano/ casi siempre llega temprano/ veneración y diferencias. Juan». Y, cómo no, a los

591. *Juan Benet. Guerra y literatura*, Nora Catelli. Libros de la Resistencia, Madrid, 2015.
592. *El País*, 19 de octubre de 1983.

Sarrión: «Para Goggy/ y Martínez Sarrión/ en los fastos/ de su vergonzosa unión. Juan. Octubre, 83».

El día 20 Benet escribe a Javier Marías, que imparte clases en la Universidad de Oxford: «Por correo separado te remito hoy las Quejumbrosas stanzas para que sustituyas el otoño oxoniense por el invierno regionato. Un libro de gran belleza, que reúne motivos de muy diverso interés. La razón de enviarlo tan urgentemente no es otra que la impaciencia por la correspondiente y obligada carta, de no menos de 5 págs., esta vez. Sea cual sea tu opinión (que a no dudar ha de ser no ya favorable y encomiástica, sino entusiasta) has de saber que a tu vuelta seré un hombre rico».[593]

Detrás de ese caparazón de arrogante, Benet esconde un hombre con dudas; es muy sensible a todo lo que respecta a su obra, escucha lo que se le dice; tan es así que escribe a Francisco García Pérez preguntándole por las expectativas que a su juicio puede levantar entre el público lector *Herrumbrosas lanzas*; le desazona el posible rechazo. A medida que le entregaba originales a Guelbenzu, también requería su opinión. Pero su reconocimiento transciende las fronteras. En Francia, el Ministerio de Cultura, nombra a Juan Benet caballero de la Orden de las Artes y las Letras, toda una distinción honorífica. En Cracovia se edita en polaco *Una meditación*, *Medytacja*. El autor le regala un ejemplar a Rodríguez Ibrán: «Zwicrestiva czelka Lyleo ruim Ibrana. Juan». Y en Grecia se publican los *Cuentos completos*; Sarrión recibe un volumen dedicado en alfabeto heleno: ininteligible. En Francia, el Ministerio de Cultura, nombra a Juan Benet caballero de la Orden de las Artes y las Letras, toda una distinción honorífica.

En otoño, una revisión periódica obliga a vaciar el pantano del Porma dejando a la vista un panorama fantasmagórico. Julio Llamazares viaja hasta allí y queda impactado con el paisaje emergido del fondo; ve el pueblo donde nació y el escenario que inspiró a Juan Benet para su novela *Volverás a Región*. Julio, con veintiocho años, contempla por vez primera «la casa en que nació, llena de lodo y truchas muertas».[594] El 25 de octubre el ingeniero participa en el programa de La 2 de TVE *Si yo fuera presidente*, dirigido y presentado por Fernando García Tola. Benet arranca: «Si yo fuera presidente comenzaría por desarrollar una descarada política demagógica que me ganara el favor del pueblo, con el que podría mantenerme en el poder durante varios decenios. Sin duda cometería algunas indecencias y desatinos –tales como suprimir al Defensor del Pueblo o incoar el expediente de prohibición de la

593. Prólogo de Javier Marías. *Herrumbrosas lanzas*, Juan Benet. Alfaguara, Madrid, 1998.

594. «Un 'cementerio marino' emerge en el valle leonés de Vegamián, al borde de la cordillera Cantábrica», Julio Llamazares. *El País*, 24 de diciembre de 1983.

fiesta nacional–, pero mi paso por la Presidencia se señalaría por el intento –coronado de éxito– de corregir el desequilibrio hidráulico español de una vez y para varias generaciones».[595]

La pintora Marga Suárez-Carreño, a quien le interesan mucho más los ensayos que la ficción de Benet, le ha enviado un texto larguísimo con comentarios apasionados y enloquecidos sobre su última novela, lo que a Juan le impacta sobremanera. Confiesa que por declaraciones como la suya le compensa escribir. Acude a verle a la oficina y Benet le dedica su ejemplar: «Para Marga, con todo mi cariño, en espera de posar en exclusiva. Juan. Noviembre 83».

Se imprime *Ingeniería en la Época Romántica. Las Obras Públicas en España alrededor de 1860*, de la Secretaría General Técnica del Ministerio de Obras Públicas; una serie de litografías de ciudades y lugares españoles titulada «L'Espagne a vol d'oiseau», de Alfred Guesdon, acompañadas de fotografías de Jean Laurent y otros, con la introducción de Juan Benet.

El 10 de noviembre Benet, con la bufanda larga colgando del cuello, coincide con Carmen Martín Gaite en la librería de la Universidad de Columbia (Nueva York), donde ha llegado cada uno por su cuenta para unas conferencias. Compran un par de postales de Poe y a la salida Juan le dice a la cajera. «Es usted muy amable. Pero el lápiz es muy malo».[596] Carmiña le dice que lleva muchos días sin reírse. «Sí se ríen, dijo él, pero de nada. Y todo se organiza muy mal».[597] El día después desayunan juntos y Carmen ve a Juan «como a la defensiva, no me mira nunca, elusivo, aislándose tras el muro de su ironía serodia. No conectamos. Y yo sin embargo, le quiero. Pero bueno, qué le vamos a hacer, se prohíbe la cordialidad y la ternura, no le parecen cosa de hombres, podría decir con su pan se lo coma, pero no puedo. Teme mi memoria, no la puede soportar...».[598] En la metrópoli Benet asiste al Lincoln Center para ver La Bohême, «producida por un tal Zeffirelli y cantada por un tal Domingo».[599]

El novelista llega a Madrid el 5 de diciembre. La ciudad está en ebullición. Unos jóvenes conducidos por Borja Casani han lanzado *La Luna de Madrid*, revista mensual de la vida moderna; provocadora, la publicación demanda un intelectual más frívolo, menos clásico. El adversario ideológico es el viejo progre y, por extensión, el cantautor.

595. *Páginas impares*, Juan Benet. Alfaguara, Madrid, 1996.
596. *Cuaderno de todo*, Carmen Martín Gaite. Círculo de Lectores, Barcelona, 2002.
597. *Ibíd.*
598. *Ibíd.*
599. «New York sketches», en *Páginas impares*, Juan Benet. Alfaguara, Madrid, 1996.

Benet concurre al aula cultural de la Caja de Ahorros (Eloy Gonzalo 10), donde su admirado Ferlosio da una conferencia sobre «El ejército nacional». Entre los asistentes están gentes del oficio de las armas, como el director general de la Escuela Superior del Ejército, teniente general Juan Cano Hevia, el almirante Luis Salgado Alba, el jefe de la Sección Coordinadora y Planes de Estado Mayor del Ejército, general Míguez Iñíguez, el inspector de enseñanza de la Guardia Civil, general Ángel Martín Díez de Quijada, el presidente de la Comisión Redactora de Reales Ordenanzas, general Galinsoga, el jefe de Estado Mayor de la División Acorazada Número 1, coronel Rafael Casas de la Vega... También representantes de la sociedad civil como el presidente del Centro Democrático Social (CDS) Adolfo Suárez, José María de Areilza, Alberto Oliart, Pablo Castellano, José Luis Leal y los embajadores de Bélgica y Gran Bretaña. Ferlosio discrepa de la metáfora «columna vertebral», en referencia al Ejército empleada recientemente por Felipe González y está en contra de un ejército totalmente profesional.

La noche del sábado 17 Benet vuelve a TVE para participar en el programa *La Clave*, dedicado a «Mujeres y política». Tras la emisión de la película *Mi hija Hildegart*, de Fernando Fernán Gómez, se estableció un debate en el que participaron Javier Sádaba, filósofo, Jane Byne, ex alcaldesa de Chicago, Carmen Llorca, diputada de Alianza Popular, Amparo Rubiales, consejera de la Presidencia del Gobierno andaluz, Carlota Bustelo, directora del Instituto de la Mujer. Juan Benet no pasó precisamente desapercibido por su brillantez expositiva, pese a su tono provocador, cuando argumentó con originalidad sobre la idoneidad de los concursos de belleza.

En el esplendor de la Movida madrileña, el 20 de diciembre Amparo Suárez-Bárcena, pareja de Michi Panero, abre el bar El Universal (Fernando VI 13). El local no tarda en convertirse en referencia inexcusable de las noches capitalinas. Michi lleva allí a sus amigotes, entre los que están la galerista Marta Moriarty, Javier Marías, Vicente Molina Foix o Juan Benet. Asiduos de la mesa de Michi también son la actriz Charo López, el gesticulante y vocinglero Javier Grandes –actor de las películas de Adolfo Arrieta– y otros noctívagos irredentos. El grupo también frecuenta el bar Cock (La Reina 16).

En Las Palmas, se falla el Premio de Novela Prensa Canaria. El jurado lo formaban los novelistas Juan Benet y Fernando G. Delgado, el crítico Luis Suñén, el catedrático de literatura Sebastián de la Nuez y el director general de Prensa Canaria, Guillermo García-Alcalde. El ganador es el joven de veintiséis años Alejandro Gándara con *La media distancia*, que logra un millón doscientas mil pesetas. Benet dijo: «La mejor que he leído en los últimos quince años en España. El tema me parece inédito y creo que en cualquier país de Occidente podría servir como reflexión de esta época».[600] Durante los tres días de estancia en la capital grancanaria, Delgado, Suñén y Benet van a un anticuario, donde Fernando adquiere un jarrón modernista y Juan un espléndido busto en madera noble de Galdós. Lo quiere comprar Delgado pero no lleva dinero. «Te lo regalaré»,[601] le dijo a modo de broma Benet. En otra ocasión, con un vehículo prestado, fueron de excursión a Agaete, donde almorzaron. Fernando pidió gofio revuelto y Juan, horrorizado, se preguntaba cómo podía comer semejante «cemento revuelto». En Pisuerga Benet dispuso el busto de Galdós en un lugar destacado del salón. Cuando lo vio Rafael Conte trató de comprárselo por más del doble de lo que le había costado: veinticinco mil pesetas, según el crítico.[602] No sería tanto el desprecio del novelista por el autor de *La desheredada.*

En viaje organizado por Juan Benet, el 30 de diciembre Pedro Moreno, Pilar Gutiérrez y Blanca Andreu entran en Marruecos en el coche del ingeniero. Primero van a Mequinez y Fez. De allí a Ouezzane, Marrakech y Casablanca, donde pernoctan, y luego a Tánger. «Pasamos el fin de año en Fez y en el hotel Les Mérinides nos encontramos a Agustín Tena y una acompañante. Cenamos todos juntos y, con algunas copas, salimos del comedor para subir a las habitaciones; nos metimos en el ascensor acristalado y apareció el camarero con la nota de la cuenta en la bandeja, pero se cerró la puerta. Nosotros ya habíamos seleccionado la planta y el camarero volvió a aparecer en el piso elegido, esperándonos con la nota, porque había que haber pagado la cena en el restaurante, cosa que desconocíamos. Entonces volvimos a darle a otra planta distinta. Así estuvimos de cachondeo al menos diez minutos. Le hicimos subir y bajar al pobre unas cuantas veces. Fue una escena graciosa. En Marrakech nos quedamos en el hotel La Mamounia y Juan se compró una capa de moro con la que se paseaba por la medina».[603]

600. *El País*, 22 de diciembre de 1983.
601. Testimonio telefónico de Fernando G. Delgado, el 3 de junio de 2015.
602. *El pasado imperfecto*, Rafael Conte. Espasa Calpe, Madrid, 1998.
603. Testimonio de Pilar Gutiérrez Sánchez, grabado en magnetófono el 14 de octubre de 2014.

Rosa Regás, Anna Sallés, Josep Tarradellas, Antònia Macià y Juan Benet en Saint-Martin-le-Beau (julio de 1976). Autor: Manuel Vázquez Montalbán

De izquierda a derecha: Barbara Probst Solomon, Ángel González y Juan Benet en Nueva York (mayo de 1982). Cortesía de Beatriz de Laiglesia

20

NUEVO CASAMIENTO

EN LOS primeros días de enero de 1984, desde Marruecos, Benet envía una tarjeta postal a Vicente Molina Foix, en la que se reproduce un par de campesinos cabalgando sobre dos asnos ante un desolado paisaje de la Région d'Erfoud, con el siguiente texto: «Me reconozco aquí, comprendo que surge lo peor que hay en mí y no veo otra solución que abandonarme a mi suerte. Juan». El 6 de enero Juan y sus amigos abandonan el reino alauí. Y tres días después, en Madrid, nace su nieto Guillermo, hijo de Nicolás y Charo Pérez Martín, arqueólogos, con residencia en Pisuerga 7.

El día 16, desde casa, en una cuartilla con el membrete «Juan Benet Goitia. Ingeniero», le escribe a Leguina, presidente de la Comunidad de Madrid y compañero de la tertulia de José Luis: «Querido Joaquín: Por una vez no me equivoqué al prever tu reacción que fue, de nuevo, más de lo que yo esperaba. En los ratos de ocio hago collages que trato de vender sin el menor resultado porque el mercado no los acepta. En vista de eso los amigos los elogian y se los llevan, para curarme de posibles resentimientos. Quiero que tengas (que lo disfrutes sería mucho pedir) uno de los pocos que quedan en mi stock. Un abrazo muy fuerte. Juan». Y le adjunta el *collage* titulado «La cuenta», de 1981, con la siguiente dedicatoria: «Para Joaquín Leguina, con todo mi afecto. Juan».

Por iniciativa de la senadora Francisca Sauquillo, un grupo de personalidades de la ingeniería exponen ante la Comisión de Industria, Obras Públicas y Servicios del Senado sus puntos de vista sobre política hidráulica, como prolegómeno a las futuras discusiones y consultas sobre la Ley de Aguas. Juan Benet leyó su propio texto.

Con fecha 27 de enero Benet escribe a Javier Marías a Oxford y le comenta: «Realmente tengo poco tiempo que dedicar a esos ingratos comoquiera que he decidido ocuparlo casi todo en acumular (al fin) una ingente fortuna; y los ratos libres los relleno con la redacción de la 2.ª parte de las HL, que más o menos llevo por su mitad, con un excursus que se me ha ido un tanto de la mano llevado de una tendencia a la narración romántica que me ha aflorado últimamente, no sé muy bien por qué causa».[604]

Se empiezan a alzar las voces que reclaman una nueva utilización del reformado Hospital de Atocha. «Uno de los edificios más grandes, dignos y hermosos de España»,[605] salvado de la piqueta. Ante la inminente toma de decisiones sobre su futuro, un grupo de personas publica el «Manifiesto sobre el uso del Hospital General» encabezado por Juan Benet: «Proponemos que se reúnan en este lugar las colecciones del Museo de Arte Contemporáneo y del Museo de Reproducciones Artísticas, que se encuentran hoy desperdigadas e incompletas por falta de espacio en sus actuales emplazamientos. Así se facilitaría la posibilidad de mostrarlas íntegramente y la de seguir ampliándolas, respetando la integridad estructural y espacial del edificio».[606] Entre los firmantes están José Antonio Fernández Ordóñez, Juan García Hortelano, Francisco Nieva, Eduardo Chillida, Luis Gordillo, Guillermo Pérez Villalta...

Con membrete de «Juan Benet Goitia. Ingeniero», el 6 de febrero desde Madrid, escribe una carta a Francisco García Pérez: «Sabes muy bien que acerca de las *Herrumbrosas lanzas* yo sé todo lo que hay que saber». Sin embargo, le confiesa desconocer «hasta qué punto puede influir esta primera entrega en la determinación del interés, pues es la primera vez que publico una novela por partes y aun cuando yo pueda tener en la cabeza una visión más o menos perfilada del conjunto no está de más que trate de saber qué reacción suscita esta primera parte en cuanto elemento introductorio y prologal. Porque podría resultar que ya está bien así».[607]

A su editor Guelbenzu le dedica en inglés un ejemplar de *A Meditation*: «Querido Jose Mari. Nada en aquel velo de la memoria –pobremente tejido por la esperanza que bordaba la alegoría de la muerte en él– mantiene su valor durante mucho tiempo, y si la realidad de cada momento exige que se tome así, nada que sea verdad puede ser estable, salvo nuestra amistad. Juan. 1.º de febrero 1984».[608]

A las noches de exceso y vértigo les suceden los actos culturales. El 8 de marzo en el salón Neptuno del hotel Palace se celebra el número mil del *Libro de Bolsillo* de Alianza. Rodean a Javier Pradera sus incondicionales Jaime Salinas, Juan García Hortelano, Elías Querejeta, Juan Benet y Sancho Gracia. Abarrotan el recinto personalidades de la política como el ministro de Cultura Javier Solana, Adolfo Suárez, Leopoldo Calvo-Sotelo, Francisco Fernández Ordóñez, Miguel Boyer, Narcís Serra,

604. «Esos fragmentos», Javier Marías. *Herrumbrosas lanzas*, Juan Benet. Alfaguara, Madrid, 1998.
605. «Manifiesto sobre el uso del Hospital General», *El País*, 29 de enero de 1984.
606. *Ibíd.*
607. Prólogo de Francisco García Pérez. *Herrumbrosas lanzas*, Juan Benet. Alfaguara, Madrid, 1998.
608. Traducción.

Manuel Fraga Iribarne, Santiago Carrillo, Marcelino Camacho, Fernando Claudín... Notables de las letras como Julio Caro Baroja, Luis Goytisolo, Álvaro Pombo, Manuel Vicent, Francisco Umbral... Una verdadera exhibición, una mezcolanza de poder y cultura.

Durante tres días consecutivos *El País* publica en tres entregas el texto «La búsqueda del equilibrio hidráulico»,[609] expuesto por Juan Benet en el Senado. Desde Argel escribe a Sarrión una tarjeta postal de la ciudad: «Me encuentro en situación de poder afirmar: eres un ingrato. Qué no daría yo por recuperar el cariño que tan graciosamente te entregué un día y que vete a saber dónde estará hoy, en qué manos, en qué almonedas, en qué Caja de Ahorros. Juan». Y la fecha del 14, desde Madrid, el ingeniero se dirige a Virginia Careaga:

> Querida Virgo
>
> Inesperada esa apelación a la nostalgia. Debe ser que nos hacemos sabios y moderados. No tengo más remedio que confesar que empiezan a ser los sentimientos que más me emocionan (o embargan) [...] Haz el favor por una vez de ser un poco previsora y comunicar (sin suficiente antelación) tus planes de viaje a esta gran capital y por supuesto tus propósitos generales para la Gran Pascua Rusa. Nosotros por supuesto la celebraremos (con suelta de palomas y barbas) en tu amado y añorado Zarzalejo, donde caerán saunas y vodkas en cantidades eslavas.
>
> No lo dude, madame, el tiempo del afán ha pasado. Lo suyo, madame, será la reconversión sentimental a fin de afrontar el futuro con una economía limpia.
>
> Mil *kisses*. Juan.[610]

Juan Benet es el protagonista del programa *Autorretrato*, dirigido por José Luis Jover. La tarde del martes 20 de marzo la primera cadena de TVE emite el espacio grabado en Pisuerga. Procedente de la planta superior, el escritor baja la escalera y hace su presentación. Luego charla con Pablo Lizcano, el entrevistador, durante casi cuarenta y seis minutos frente a frente en los sofás del salón, con una mesa baja de por medio sobre la que posan dos whiskys y un cenicero que los dos personajes se encargan de colmar. Los últimos instantes, el novelista es sometido a un formulario tipo en el jardín de su casa.

Reunido el jurado del premio de la Crítica en el Círculo de Bellas Artes, el 7 de abril, se le otorga a Juan Benet el galardón de narrativa en lengua castellana por

609. 12, 13 y 14 de marzo de 1984.
610. Cuartilla con el membrete «Juan Benet Goitia. Ingeniero», manuscrita por ambas caras.

Herrumbrosas lanzas. Poco después, el premiado presenta en el restaurante Lhardy la novela *Lluvias de hierba*, de Eduardo Garrigues. «Yo creo que nos costó la amistad. Cuando iba camino del aeropuerto en mi coche para la presentación al día siguiente en Barcelona, puse la radio y escuché casualmente una entrevista con Juan. Le preguntaron si había presentado la obra por amistad o por su calidad literaria. Estuvo quince segundos en silencio y dijo a toda velocidad: Por amistad. Y reiteraron: Perdón, no le hemos entendido bien. Y repitió: Por amistad. A mí nunca me interesó su obra. Imagínte lo bien que me sentó. Era el beso de Judas».[611]

El ministro de Cultura Javier Solana solicita de Jaime Salinas una cena con Juan Benet, a la que también asistirá su esposa Concha Giménez Díaz. «Cena dominada por el *enfant terrible*, que despliega todos sus talentos para *épater M. le Ministre*. Por lo menos consigue distraer al ministro, que me acompaña hasta casa al terminar la cena. Esos viajes en el coche del ministro, ese parar del coche y verme rodeado de sus escoltas que nos siguen detrás siempre me infunde pánico. Tanta medida de seguridad me hace sentirme totalmente vulnerable y a medida que subí la calle (nos han cerrado el acceso al tráfico por Puerta de Moros) tengo la impresión de que alguien me va a disparar por la espalda»,[612] escribe Salinas a Bergsson.

Acompañado de su amada Blanca, Benet asiste invitado a un almuerzo en la Casa de León en Madrid (Pez 6) con Ricardo Gullón, como maestro de ceremonias. Se sientan a la mesa de un reservado del restaurante con Luis Mateo Díez, José María Merino y Juan Pedro Aparicio. Charlaron distendidamente sobre los años de Ponferrada, Oviedo, el Porma y el origen de Región. Benet, encantado, propuso volver a repetir después del verano y les prometió un lienzo suyo de la catedral de León con un aire cubista, pero dañado por un agujero, advirtió. Se trata de un óleo (81 × 65 cm), firmado, sin título y fechado en 1952. Posteriormente la conversación se publicó en forma de entrevista en *Revista de la Casa de León en Madrid*.[613]

El 7 de mayo Benet escribe a Javier Marías, en Oxford, para que le busque una serie de obras relativas a la Guerra de la Independencia (*The Peninsular War*) y le envía una lista:

«M. Glover: *The Peninsular War 1807-1814*. London 1974.
Corbett: *The Trafalgar Campaign*. London 1910.

611. Declaraciones de Eduardo Garrigues registradas en magnetófono el 10 de mayo de 2015.

612. *Cuando editar era una fiesta. Correspondencia privada*, Jaime Salinas. Edición de Enric Bou. Tusquets, Barcelona, 2020.

613. Primavera, n.º 337, «Botillos y pizpiernos (Sobremesas en la Casa)»; como entrevistador figura Sabino Ordás, apócrifo conjunto de Luis Mateo Díez, José María Merino y Juan Pedro Aparicio.

P.M. Kennedy: *The Rise & Fall of British Naval Mastery*. London 1976.
Lawford and Young: *Wellington's Masterpiece: Salamanca*. London 1974.
H. Leith: *A narrative of the Peninsular War*. 2 vols. London 1934.
Londonderry: *A Narrative of the Peninsular War*. London 1829.
Sir C. Oman: *A History of the Peninsular War*. 7 vols. London.
Parkinson: *The Peninsular War*. London 1974».

Lo que encuentres de esa lista», apostillaba, «adquiérelos, por favor, y serás recompensado». Más adelante, le explica: «Yo ahora termino el borrador de la 2.ª parte de HL que, como te dije, es un poco distinta de la 1.ª aunque he procurado no apartarme un ápice del estilo ensayado en ésta. En cierto modo es un paréntesis, antes del volumen III que será el de más cuerpo bélico y dramático.[614]

El ingeniero viaja a La Coruña para ver a Blanca y se hospeda en el hotel Atlántico. Darío Villanueva, que se había citado allí para un almuerzo, lo encontró de espaldas, sentado en la barra de la cafetería. «Me contó que había intervenido en la construcción del puente de Rande, en Vigo. Y que cuando estuvo en el embalse del Porma, tenía capataces gallegos, que eran muy brutos pero especialmente eficaces. Él ya daba por hecho que yo sabía que era pareja de Blanca».[615] La mujer de Darío, María Ermitas, profesora de Literatura española de la Universidad de Santiago de Compostela, es familia de Blanca Andreu.

El 25 de mayo Artur Lundkvist, miembro de la Academia Sueca, repasa *Volverás a Región*, *Una meditación* y *Herrumbrosas lanzas* en el periódico *Svenska Dagbladet* de Estocolmo y escribe «Juan Benet, el más difícil de leer». En España, Juan Cueto publica «Sobre la necesidad de la traición»,[616] la conferencia de Juan Benet en la UIMP de Sitges.

El genio tutelar de Javier Marías, el 4 de junio, le vuelve a insistir: «Pero no me olvides: toda Peninsular War que caiga bajo tus ojos (siempre dentro de un orden) hazte con ella». Al tiempo, Benet le anuncia: «He terminado las HL2; creo que ha quedado bien; incluso con algún tímido toque erótico, para que el público se regocije».[617] Dos días después, a las ocho de la tarde, junto a José María de Areilza y Emilio García Gómez, Benet presenta en la Biblioteca Nacional (salón de la

614. «Esos fragmentos», Javier Marías. *Herrumbrosas lanzas*, Juan Benet. Alfaguara, Madrid, 1998.
615. Conversación con Darío Villanueva, registrada en casete el 27 de febrero de 2018.
616. *Los Cuadernos del Norte*, n.º 25, mayo-junio de 1984.
617. «Esos fragmentos», Javier Marías. *Herrumbrosas lanzas*, Juan Benet. Alfaguara, Madrid, 1998.

Fonoteca) una nueva edición de *Museo de cera*, del Poeta Cantonal. Álvarez se hace acompañar de Areilza porque le tiene mucho respeto y afecto, le parece todo un señor de la política y de las letras. Entre el escaso público se encuentra Jaime Gil de Biedma.

El tórrido 4 de julio Antonio Martínez Sarrión y Graciela Paoletti contraen matrimonio y celebran un festejo en la casa de Ramón Buenaventura en Pozuelo de Alarcón. Benet está en Buenos Aires, desde donde envía el 16 de julio una tarjeta postal a los desposados, con la avenida de Mayo como motivo: «He visitado a Borges, a Hugo del Carril, a Rivero y a Troilo. La tumba de Evita, el Tigre, la Boca, Caminito y la Confitería Ideal. Incluso Corrientes 348. Ya soy un experto y se me nota en el acento. J.».

Avanzado julio Fernando Castedo, dirigente del Centro Democrático y Social (CDS), le pide a Juancho Armas Marcelo que convoque a algunos ilustres escritores a una cena a la que asistirá Adolfo Suárez. Juancho llama a Marisa Torrente para que logre la presencia de Juan Benet. En la casa de Juancho, en la Urbanización El Reloj (Las Rozas), se sentaron a la mesa Jorge Edwards, Juan Benet, Blanca Andreu, Daniel Sueiro, Juan García Hortelano, José Hierro, el venezolano Salvador Garmendia, Eduardo Chamorro, Rafael Conte, Marisa Torrente, Fernando Castedo y Adolfo Suárez, además del anfitrión. Cuatro horas de conversación entre un impecable Suárez y, a veces, un impertinente Benet. El seductor Suárez le explicó al Benet absorto y preguntón la España de las autonomías. El escritor le dijo: «Adolfo, creo que has venido al mundo no sólo para arreglar problemas de España, sino para provocar nuevos problemas».[618] La velada se prolongó hasta casi las seis de la mañana.

Del 20 al 24 de agosto tiene lugar en el palacio de La Magdalena de Santander (UIMP), un seminario dirigido por «el profesor, humanista y sabelotodo Francisco Rico [...] más conocido como el Pico de la Mirandola español»,[619] dedicado a «Literatura medieval y literatura contemporánea». Benet fue el encargado de la clausura del curso con la conferencia titulada «Los límites de la literatura medieval», donde entrelaza discurso histórico y discurso literario y confiesa que *La caída de Constantinopla*, de Steven Runciman, es el libro que le habría gustado escribir, por su erudición, por su estilo brillante y escueto, por la calidad de la reconstrucción de aquel hecho, por esa tan británica imparcialidad y firmeza en el relato de las causas y los antecedentes, por la serenidad con que destila toda la tragedia.

---

618. «Suárez y la desmemoria», J.J. Armas Marcelo. *El Cultural*, 4 de abril de 2014.
619. «Sylva XLI», en *Infidelidad del regreso*, Juan Benet. Cuatro, Valladolid, 2007.

El viernes 14 de septiembre Ignacio Cardenal, director gerente de Taurus, Altea y Alfaguara, da un almuerzo en su casa. «Vive en La Moraleja, barrio suburbano para gente bien; una zona desconocida para mí. Un alarde de arquitectura boffilesca en un distrito con piscinas, canchas de tenis y los inevitables céspedes que son aquí símbolo de status [...] Son un matrimonio 'bien' a la moderna»,[620] describe Salinas. Además de la señora de Cardenal, Ana Gortázar, asisten Benet y Salinas, entre otros. «Dieron la salmonada; me alegro de habérmela quitado de encima. Es uno de esos ritos que forman parte de la '*rentrée*' y que me conozco de memoria. Por lo menos este año se acordó que no habría ministros; éramos pocos. Se celebró mucho el salmón, se afirmó que era mejor que el del año pasado (forma parte del rito); se consumió un salmón y medio regado con cerveza y akuavit danés. Yo me pasé casi toda la noche con Benet, viendo cómo en solitario –yo le ayudé en lo que pude– se pimplaba una botella de elixir de vuestros colonizadores. Lo pasé bien con Juan; ya sé que es una persona ensimismada, pero creo que entre los dos hemos conseguido establecer una relación que se sale de los esquemas que esta sociedad en la que vivimos impone»,[621] le escribe Salinas a su pareja.

Poco después el ingeniero participa en el curso «Política hidráulica, agricultura de regadío y desequilibrios hídricos en España» en la UIMP de Santander, con la conferencia «Los desequilibrios hídricos en España: características actuales y posibilidades de actuación». También interviene en la mesa redonda sobre la Ley de Aguas junto a Eduardo Martínez de Pisón, catedrático emérito de Geografía Física, Josefina Gómez Mendoza, catedrática de Geografía, y Nicolás Ortega Cantero, catedrático de Geografía Humana; todos de la Universidad Autónoma de Madrid.

En la capital, Elías Querejeta lleva al director de cine Montxo Armendáriz a la tertulia de José Luis. Durante la comida alguien le pregunta sobre su película *Tasio*, estrenada recientemente, y Benet, «con su habitual ironía mirándonos a Elías y a mí, dijo: Están locos, en plena época de expansión tecnológica, han hecho una película de pastorcillos en el monte. La carcajada fue general, pero la profundidad y el sentido que encerraban sus palabras caló tan hondo en todos nosotros, que se convirtieron en referencia obligada cuando hablábamos de cine».[622]

620. Carta de Jaime Salinas a Gðudbergur Bergsson, 19 de julio de 1980.

621. *Cuando editar era una fiesta. Correspondencia privada*, Jaime Salinas. Edición de Enric Bou. Tusquets, Barcelona, 2020.

622. Conversación con Montxo Armendáriz, registrada en magnetófono el 2 de junio de 2015, y correo electrónico del 12 de abril de 2015.

La pareja Benet Andreu se cita en Ponferrada con Francisco García Pérez, quien pasa parte del verano en Villafranca del Bierzo y atraviesa un momento difícil. Tras conocer a Blanca, El Tesinando les lleva al castillo palacio del compositor y director de orquesta Cristóbal Halffter y su esposa la pianista María Caro; luego toman vinos y picotean en la tasca El Senado, en la calle del Agua. A la mañana siguiente, en el Daimler llevan a Blanca a La Coruña. De regreso, Juan y Francisco –éste con algún que otro susto por la conducción temeraria de su amigo–, pernoctan en el parador de Villafranca, donde comparten habitación. Una vez en pie, ambos se afean los ronquidos y luego del desayuno cada uno toma su camino. Juan a Madrid y Francisco a Oviedo.

Nicolás Benet, su mujer Charo y su hijo Guillermo abandonan Pisuerga 7 y se marchan a vivir a Salamanca, de donde ella es natural. Desde Suecia, el 17 de octubre, el ingeniero escribe una postal del puerto de Norrtälje a Virginia Careaga, en San Sebastián: «Querida mía, aquí me tienes un poco al norte de las tierras de tu tío Severo, a donde he sido llamado para inspeccionar los transportes y señales marítimas que dejan mucho que desear. Pero ya vuelvo, no temas. Abrazo. Juan».[623] Y otra a Sarrión, con un barco abarrotado de gente listo para zarpar: «Aunque viajo de incognito me podrás reconocer en la cubierta, protegido por la sombra y tomando un helado. Pues has de saber que ya para estas fechas aquí la gente se para a tomar un helado como quien en Madrid se reconforta con un caldito caliente. Abrazos. Juan».

El 1 de diciembre una nueva publicación, *Las Nuevas Letras,* recoge el pequeño ensayo «Infidelidad del regreso», de Juan Benet, en el apartado «Volverás a provincias».[624] «Si el regreso es una infidelidad será porque muda el que vuelve mientras aquello que abandonó permanece siendo lo que era. Las cosas no son ni mucho menos inmutables; nada ni nadie son absolutamente fieles a sí mismos».[625]

La pintora Marga Suárez-Carreño solicita de Benet otro texto para un catálogo de doce páginas, con motivo de la exposición de veinte pinturas acrílicas sobre papel, en la que todo es trazo. La muestra «La central nuclear de Trillo» tendrá lugar el año próximo en el Colegio de Ingenieros de Caminos de Madrid.

Juan Benet descarga contra la Real Academia. El 14 de diciembre en *El País* publica «La marca de los trece», homenaje y reivindicación de Julio Caro Baroja: «La

623. El tío Severo es Søren Kierkegaard.

624. *Revista de Arte y Pensamiento* n.º 1, editada por el Servicio de Publicaciones de la Diputación Provincial de Almería.

625. *Infidelidad del regreso*, Juan Benet. Cuatro, Valladolid,2007.

reciente repulsión –creo que es como se debe llamar– a Julio Caro Baroja para ocupar un sillón en la Real Academia Española es un incidente que hasta ahora sólo ha suscitado comentarios privados que no han trascendido a los medios de comunicación. Tan sólo el propio interesado se ha permitido calificarlo de desaire y ha respondido con su decisión –que conociéndole cabe reputar como inapelable– de no presentarse más a ser designado como candidato a ocupar una plaza de número de esa Academia». Quién también fuera repelido se pregunta: «Si la Real Academia Española no sabe elegir sus miembros, ¿cómo va a saber elegir a los representantes más notorios de la cultura española?».

Ya está en la calle la tercera edición de *Cuentos completos 1* y *2*, en Alianza LB y el *Catálogo de noventa presas y azudes españoles anteriores a 1900*, con prólogo de Juan Benet, quien mantiene la actividad de los *collages.*

El 1 de enero de 1985 Benet escribe a Manuel de Lope, en Aix-en-Provence:

> Querido Manuel:
>
> No creo que pueda hacerme con aquella foto común que, supongo, quedará sepultada para siempre en los archivos de la revista. Pero espero que se pueda repetir, en algún local más fresco, y no a manos de un profesional. Es bastante probable que en la próxima primavera me traslade a vivir a Estrasburgo por una no corta temporada. No hay nada en firme todavía pero las posibilidades de que acepte ese ya extemporáneo exilio son bastante elevadas. Y en tal caso nada más oportuno que cubrir con cualquier pretexto la distancia Estrasburgo-Aix. Pero ya te lo comunicaré en su día, aunque supongo que a una nueva dirección [...] No puedo corresponder con una información muy completa sobre lo que me pides: Dimitri Merejkowski fue un escritor ruso exiliado, bastante conocido en la época de entreguerras. Cultivaba la biografía y dedicó algunos títulos al reinado de Alejandro I; creo que también a Napoleón. Quiero recordar que Austral publicó algunos volúmenes suyos. Cuando yo era muy joven (17 o 18) leí un libro de él, probablemente editado en Argentina, sobre el mito de la Atlántida; un libro carente de todo rigor pero lleno de unas sugerencias que fascinan al joven lector. Me hizo gracia que en un diario, Mann confiesa el temor que le produjo la confidencia del ruso que pretendía anticiparse a él con una novela sobre José. Luego Mann se reassure con una serie de reflexiones sobre el valor no comparable de su propia obra muy dignas de su vanidad. No te preocupes por buscar y adquirir Sub-rosa; es una colección de narraciones breves, todas las cuales están recogidas en la edición de Alianza titulada Cuentos completos. En cambio, Un viaje de invierno es

una novela (la tercera que escribí) integra, bastante enlazada con las que escribí por aquel entonces.

Y poco más. Feliz Año [...] Juan.[626]

La tragedia se ensaña con la familia Oliart. A las siete y media de la tarde del 9 de enero muere su hijo Antonio, de veintinueve años, casado, tras sufrir un accidente con un arma de fuego en el hemitórax izquierdo, en su domicilio de la calle de Víctor Andrés Belaunde. Se dio una escueta nota de prensa en la que se indicaba que murió «después de un accidente, y posteriormente víctima de un paro cardiaco». Luego de acudir al domicilio paterno, Benet acompañó a los deudos al sepelio de los restos mortales en el cementerio de San Justo.

Este mes se termina de imprimir la segunda entrega de la novela guerracivilista *Herrumbrosas lanzas II. Libro VII*. Benet le dedica un ejemplar a Manuel de Lope: «Para Manuel, con todo mi afecto, mi amistad y mis lamentables fallos. Juan. Madrid. 85». El ingeniero comienza a publicar en *El País* «El Madrid de Eloy»,[627] sus memorias juveniles.

El 12 de febrero, en el Ateneo, el escritor y periodista de origen polaco K.S. Karol presenta su libro autobiográfico *La nieve roja*. Acompañan al autor en la mesa Javier Solana, ministro de Cultura, Fernando Claudín, Juan Benet y Diego Hidalgo, consejero delegado de Alianza Editorial. Cuatro días después Blanca Berasategui entrevista a Juan Benet en *Abc* y le pregunta si está dispuesto a irse a Estrasburgo de agregado cultural en el Consejo de Europa. «Por eso sí me gustaría marcharme. Pero no hay nada decidido todavía. Es un puesto que tiene muchos novios. Un trabajo bonito que un buen día, en una cafetería, me propuso Fernando Baeza, embajador español en el Consejo de Europa. Una oferta que naturalmente no me esperaba, pero que dado el vacío profesional en que me encuentro me atrajo y dije que sí. En estos momentos, la plaza de director de una sección de educación y cultura del Consejo de Europa está vacante y creo que la última decisión la tiene el ministro Morán. Tomaría plaza, si es que soy nombrado, esta misma primavera».[628]

Benet sigue codeándose con la dirigencia socialista. El 17 de febrero TVE emite el programa *Dos en raya*, dedicado a «Cultura por decreto», con la participación del ministro del ramo, Javier Solana, y Juan Benet. Durante media hora Mireia Sentís les entrevista en los estudios de Barcelona. Entre los amigos, Benet llama a Solana

626. Un folio manuscrito por ambas caras, con el membrete «Juan Benet Goitia. Ingeniero».

627. *El País*, 12 de enero de 1985.

628. «Juan Benet, una historia del siglo XIX y Europa al fondo». *Abc. Sábado Cultural*, 16 de febrero de 1985.

El Ministrín. Con su actitud antipática, el ingeniero se lo hace pasar mal a la entrevistadora. Como complemento a la entrevista de estudio, Mireia grabó un reportaje de quince minutos en Pisuerga, en presencia de su compañero de trabajo José Luis Giménez-Frontín y Blanca Andreu, tras la cámara. Ante su compostura, Blanca hubo de llamar al orden a don Juan. Cuando Mireia vio en la estantería el retrato que Mario Pacheco le hizo a Antonio Martínez Sarrión, preguntó: ¿Es Umbral?, a lo que un desdeñoso Benet respondió: «Espero que no».

El viernes 22 de marzo Maruja Torres, Mario Onaindía, Clemente Auger y Félix de Azúa dan a conocer en Madrid *Herrumbrosas lanzas II. Libro VII.* «En un primer momento, pensé en escribir la verdadera historia de los proyectos militares de la guerra civil, pero, como no soy historiador, lo abandoné. Con los desechos empecé luego a estructurar esta novela y decidí satisfacer mi inquietud en un campo en el que me siento dueño: la ficción. Para la gente de mi generación, que vivió la guerra civil de muy niño, esta etapa sigue estando viva».[629] Recuerda Salinas: «El viernes me tocó ir a la presentación del segundo volumen de *Las lanzas* de Juan Benet. La montaron en el viejo edificio de Alfaguara, Torres Blancas, en los salones del último piso que, en mis tiempos, se utilizaban para las reuniones del comité de lectura. Quise ir para poner a prueba la magdalena proustiana. Experiencia defraudante; ni se despertó una búsqueda del tiempo perdido ni me encontré con nada que se pareciera al tiempo reencontrado. Imposibilidad de hablar pausadamente con nadie; encuentro con el Hortelano: hicimos una escena de "reconciliación" a gusto del patio a base de besos y abrazos. Luego la inevitable cena "íntima" en la que se colaron más de treinta personas. Me aburrí soberanamente, y siguiendo las normas de la vida madrileña, de allí se trataba de seguir en casa de Benet. Yo a la salida de restaurante –era Lhardy– doblé a la izquierda y me vine andando a casa».[630]

Un día después, Leopoldo Azancot arrea un varapalo a la nueva novela benetiana. Entresacamos tres fragmentos: «Benet parece reducir las causas de la guerra civil del 36 a conflictos personales, familiares, o dicho de una manera matizada, no ve en el origen de la citada contienda motivos económicos, políticos y sociales, sino, todo lo más, razones ideológicas absolutamente desconceptualizadas y que sólo se actualizan encarnadas en actitudes contrapuestas, antagónicas [...] La evolución de los personajes a lo largo del libro, sin coherencia psicológica alguna se convierten en fantoches, recuperan por poco tiempo entidad dramática, adoptan actitudes esperpénticas,

629. *El País*, 23 de marzo de 1985.

630. *Cuando editar era una fiesta. Correspondencia privada*, Jaime Salinas. Edición de Enric Bou. Tusquets, Barcelona, 2020.

según al autor le viene en gana, sin que en ningún momento éste parezca tomarlos en serio, considerarlos autónomos y dotados de vida propia [...] Benet se cree autorizado a hacer lo que le parece, sin tener en cuenta al lector ni, en último término, a su obra misma considerada globalmente. ¿Se ha creído autorizado a obrar así por el recuerdo de la obra de Sterne?».[631] El autor continúa con la promoción: entrevista en TVE el 24 de marzo y en la misma fecha en el suplemento *Culturas* de *Diario 16* aparece otra entrevista de Joaquín Arnaiz: «La mediocridad me parece una pérdida de tiempo», sostiene Benet. Rafael Conte colma la obra de elogios.[632]

El lunes 8 de abril, víctima de sida, muere la hija de Ferlosio y Calila, Marta Sánchez Martín, la *Torci*, en la clínica Puerta de Hierro, donde se persona Benet para acompañar a los padres. Por la tarde, los amigos y la familia se reúnen en la casa de doña Liliana Ferlosio, en Serrano 167, un hotelito de El Viso. Rafael es la viva imagen de la desolación. Tras la incineración en La Almudena, el jueves 11 depositaron las cenizas en cementerio de El Boalo, localidad de la sierra madrileña a donde Benet se desplazó en su Daimler, conducido por Pablo Segovia. De vuelta a Madrid se sumaron el profesor de Filosofía Tomás Pollán y el antropólogo Juan Aranzadi. Benet le pidió al chófer que pasara por el embalse de Santillana para ver si estaba cebado. A Pollán le gustó la expresión empleada por Benet, «cebado», en alusión al llenado de agua.

Cristóbal Halffter presenta concierto en el Teatro Real los días 19, 20 y 21 de abril. Pese a que a Benet prefería el intenso placer de la música escuchada en soledad y en disco, dado el grado de perfección alcanzado por grabaciones y equipos reproductores de sonido, uno de los días asiste a escuchar a la Orquesta de Jóvenes de la República Federal de Alemania (Bundesjugendorchester) bajo la batuta del maestro madrileño: «Sinfonía número 1 de Mahler» y «Elegías a la muerte de tres poetas españoles». Inmediatamente después, Benet viaja a Berlín.

El 26 de abril Jaime Salinas, alega cansancio y renuncia a su cargo de director general del Libro y Bibliotecas. Su radical independencia le resulta problemática al ministro. Durante su breve mandato, Salinas promovió la ley de bibliotecas, inició la transformación de la Biblioteca Nacional, lanzó una campaña de apoyo a la lectura pública, reformó el premio Cervantes, creó el Premio Nacional de las Letras Españolas, abrió a todas las lenguas los premios nacionales de literatura y estableció las ayudas a la traducción.

631. «Herrumbrosas lanzas. Libro VII», Leopoldo Azancot. *Abc. Sábado Cultural*, 23 de marzo de 1985.
632. «Juan Benet pone la historia patas arriba», *El País. Libros*, 7 de abril de 1985.

Tres días después se inaugura una exposición pictórica sobre abanicos que organiza la Fundación Banco Exterior. Natacha Seseña es la coordinadora de la sección de artes plásticas de la entidad y dirige la muestra, que fue presentada por Jesús Aguirre, duque de Alba. Artistas como Carlos Alcolea, Marga Suárez-Carreño, Luis Gordillo o José Manuel Broto son algunos de los veintiocho elegidos. Se edita un catálogo con una serie de textos firmados por veintiocho autores, entre los que están Juan Benet, Juan García Hortelano, Ángel González, Fernando Savater o Fernando Sánchez Dragó. Rafael Sánchez Ferlosio, indignado, rechazó la oferta y publicó un artículo en *El País* titulado «La cultura, ese invento del Gobierno».[633]

El Moderno recibe su ejemplar de la nueva entrega de *Herrumbrosas lanzas*: «Para el poeta Sarrión/ esta novela de cajón. Juan. Mayo 85». Y aparece el libro colectivo *Edad Media y Literatura Contemporánea (Ensayos sobre Tradición y Modernidad)*, de Juan Benet, Fernando Fernán Gómez, Jaime Gil de Biedma, Juan Goytisolo y Francisco Rico.

El día 23, Benet escribe a Javier Marías una carta en la que se muestra perjudicado por el zarpazo de Azancot: «Me complace mucho comprobar que tu ojo crítico sigue despierto: en tu carta has señalado lo que sin duda es el mejor párrafo de HL2, el que se refiere al punto de luz de la noche. Es curioso: hace cosa de un mes le envié una breve nota a Savater para comunicarle que de su último libro lo que más me gustaba era una imagen (relativa a la superficie rizada de un lago escocés) y le sugería que le pusiera precio si era su intención venderla. Bien mirado lo de Barbara Stanwyck tampoco me parece demasiado mal. Aquí los enterados han coincidido en que no sé trazar caracteres y que he simplificado las causas de la guerra al reducirlas a querellas familiares. Es evidente que el primer principio que tiene el crítico es el de afianzar su personalidad y convencer al lector de que para algo es crítico: un vigía de la sociedad que atento sobre todo a los peligros que le amenazan, casi siempre se siente en la necesidad de comenzar con un: ojo, que yo no me chupo el dedo. Pues bien, cuando empiezan así –y las variaciones de tal fórmula pueden ser infinitas– es mejor no seguir adelante».[634]

El novelista continúa la promoción y se vuelve a ver con Julio Llamazares. El 28 de mayo TVE emite el programa *Tiempos modernos*, donde el autor leonés entrevista al ingeniero. Dirigido por Miguel Rubio, el equipo de redacción lo forman Juan Manuel Bonet, Agustín Tena y Blanca Andreu. «Agustín y Blanca eran amigos. A

633. 22 de noviembre de 1984.

634. «Esos fragmentos», Javier Marías. *Herrumbrosas lanzas*, Juan Benet. Alfaguara, Madrid, 1998.

Benet le pregunté: ¿Usted revive como escritor por las noches lo que destruye como ingeniero por el día? Me miró así con ese flequillo, pero me contestó bien».[635]

El miércoles 5 de junio a las ocho de la tarde en el Centro Cultural de la Villa, se celebra un acto sobre Dionisio Ridruejo, con motivo de los diez años de su muerte. «En una sala hablaban los dos Juanes (Benet y Hortelano) y en otra Jorge Luis Borges, que presentaba su última obra *Los conjurados*. Le acompañaba su mujer María Kodama. Después de Hortelano habló Benet para trazar una semblanza y empezó trabucado, algo achispado. Entonces comenzó cierto trasvase de público a la sala de Borges»,[636] rememora Fernando Sáenz Ridruejo.

Dos días después, dentro de las actividades de la I Semana del Libro Alemán, se celebra la mesa redonda «El escritor bajo la dictadura y en la democracia». Participan Hans Christoph Buch, Günter Grass, Peter Schneider, Álvaro Pombo y Juan Benet. Modera Antonio Tovar. Grass invocó el compromiso político del escritor. Benet, que reprochó a los alemanes no traer temas más modernos que el de la literatura comprometida, defendió como único compromiso el que existe con la propia escritura. Schneider se sintió molesto con las palabras del ingeniero: «Usted será un buen escritor pero como ciudadano no me gusta». Benet retrucó: «El señor Schneider seguramente será tan buen ciudadano como pésimo escritor». El autor de *Saúl ante Samuel* dijo que le parecía anticuado e insolente que alguien se subiera a un estrado para redactar un código. Con posterioridad, por escrito, reprochó a sus tres interlocutores germanos «sus maneras catequísticas».[637] «Ahí estuvimos impertinentes con los alemanes. Casi estuve más impertinente yo que él», refresca Pombo. «Sí, es verdad que el compromiso en la literatura estaba muy de actualidad. Los dos con una postura escéptica y absurda llevamos la contraria a los dignísimos alemanes, que tenían toda la razón. Fue divertido y tuvo su gracia».[638] Miguel Sáenz estaba en la sala del Instituto Alemán. «Al salir me llevé en mi Renault 12 gris plateado a mi mujer Grita Loebsack, Grass y Benet al castillo de Manzanares el Real. Fuimos todos a cenar. En el camino se reconciliaron, al comprender que básicamente pensaban lo mismo. Luego el excelente tinto de la Comunidad de Madrid hizo el resto. Había un bedel de impecable uniforme que nos dijo: El señor presidente, les recibirá en breve. Tanto mi mujer como yo no sabíamos a quién se refería. ¿Presidente de qué?, nos preguntábamos. Nos recibió Joaquín Leguina,

635. Declaraciones de Julio Llamazares, registradas en casete el 26 de junio de 2015.

636. Conversación grabada en magnetófono el 16 de octubre de 2014.

637. «Otra vez el compromiso», Juan Benet. *El País*, 17 de junio de 1985.

638. Declaraciones de Álvaro Pombo, recogidas en magnetófono el 12 de noviembre de 2014.

presidente de la Comunidad Autónoma de Madrid. Cenamos y bebimos mucho vino».[639]

El martes 25 Benet vuelve a participar en otra mesa redonda, «Las obras públicas en su entorno», junto a José Antonio Fernández Ordóñez, José Luis Elvira Muñoz y Luis López Peláez, dentro del curso de la UIMP «Ingeniería, obras públicas y sociedad», impartido en el palacio de La Magdalena de Santander. A las librerías llega *Faulkner en España. Perspectivas de la narrativa de postguerra*, de María-Elena Bravo, con nota prologal de Juan Benet.

Andreu y Benet pasan un fin de semana en el parador nacional Fuentes Carrionas, de Cervera de Pisuerga, junto al embalse de Ruesga en las montañas palentinas, lugar que visitan con cierta frecuencia. Él telefoneó a Francisco García Pérez para encontrarse en San Juan de Beleño. Desayunaron en la mítica Fonda Ponga, restaurante y hospedería, y conversaron sobre el nuevo volumen de *Herrumbrosas lanzas*. El día después partieron para León y se alojaron en el céntrico hotel Conde Luna. La mañana siguiente almorzaron en el café Novelty.

A la vuelta de un viaje de Sevilla, el 6 de julio, Benet, que sigue ilusionado a la espera de la oferta del Consejo de Europa, se detiene en un bar de carretera en torno a las nueve de la noche para ver el *Telediario* y tener noticias sobre el cambio de Gobierno: han sido destituidos los ministros de Economía y Hacienda, Miguel Boyer, y de Asuntos Exteriores, Fernando Morán.[640] Queda truncado el proyecto de ir de agregado cultural a Estrasburgo. En Madrid regresa a la escritura. Mecanografía y corrige a mano «Acerca del Siglo de Oro», con el subtítulo «Y para el catálogo de la exposición en la *Public Library* de Nueva York», y el texto «Picaresca y sinsentido» para una próxima conferencia. En agosto Benet participa en un curso en Salamanca. Según el recuerdo de Germán Gullón: «Organizaba Víctor García de la Concha, creo que era 'La mujer en la novela española'. A Benet le adoraba Paco Rico, un mentiroso nato. Una noche estaba yo sentado en una mesa con Javier Blasco, catedrático de Literatura en Valladolid, y pasaron Rico, Benet y De la Concha; dijeron: nos sentamos con estos caballeros. ¿Dónde estáis hospedados?, preguntó Benet. En el Gran Hotel, dije. Joder Paco, no sabía yo que dejaban entrar a gentuza al Gran Hotel. ¿Veis esas dos que vienen por ahí?, siguió Benet. Esas, éste y yo las tenemos esta noche. [Se referían a dos estudiantes que estaban en el curso de Gullón y Blasco]. Luego Benet y Rico se fueron en coche a Santander, a la UIMP. Yo tenía que dar una charla sobre *La Regenta*, pero no hago viajes con borrachos, nunca los he

639. Testimonio de Miguel Sáenz registrado en casete el 16 de septiembre de 2015.
640. «Los Pedroches», Juan Benet. *El País*, 13 de julio de 1985.

querido hacer, porque son muy tristes. El asunto de Rico con Benet es muy sencillo: Paco sacaba lo peor de Juan a relucir, su gilipollez. Él era un tío normal, hasta el momento en que aparecía Rico. A mí en una ocasión me dijo mi padre: Este Juan Benet es un tío muy raro».[641] El 19 de agosto el novelista imparte una conferencia sobre *Guzmán de Alfarache*, de Mateo Alemán, en el seminario «Siglo de Oro y literatura contemporánea». Con cubierta de Enric Satué, en la colección azul de Alfaguara se edita *Una meditación*, donde Benet introduce ligeros cambios en el texto. En la primera página suprimió una coma detrás de «hectáreas» y el término «defendida», concerniente a la cerca de la quinta. «El comienzo de *Una meditación* es uno de los más bellos comienzos de la literatura española, de las frases más perfectas que se hayan escrito en castellano. Cuando se reeditó en Alfaguara corrigió ese comienzo. Me cabreé y se lo dije a él. Me decepcionó muchísimo»,[642] revive Manuel de Lope.

La profesora de Literatura Española en la Universidad de Poitiers, Claude Murcia, invita a Alain Robbe-Grillet a su curso y tras mucho conversar, él le pregunta qué hay que leer en novela española actual. Ella le recomienda a Juan Benet. Ah, lo conozco, he cenado con él en Madrid hace poco tiempo, pero no he leído nada porque no sé español. ¿Está traducido?, vuelve a preguntar el teórico del *nouveau roman*. No, porque es difícil. Nadie se ha atrevido todavía. Como ejercicio, yo traduje hace años unos textitos breves suyos (*5 narraciones y 2 fábulas*), le explica ella. Interesado, interroga: ¿Y dónde están? En un cajón, supongo, responde Claude. Bueno, pues no tienen que quedarse ahí. Sáquelos y al volver a París llame a Les Éditions de Minuit y pida una cita con el director, Jérôme Lindon. Como yo llegaré antes, hablaré con él y le anunciaré su llamada, remata Alain.

Lindon es un editor exigente y de prestigio, con un catálogo muy coherente; persigue, por encima de todo, la calidad de los libros que publica. De joven participó en la resistencia contra la ocupación de las fuerzas del Tercer Reich en Francia. Editó a Beckett, Butor, Simon, Sarraute... y Robbe-Grillet fue asesor literario durante treinta años.

«Pido cita a Minuit, me la dan enseguida. Voy con mi manuscrito pasado a máquina (no había ordenador). Lindon, a la vez cortés y frío, me dice: Minuit nunca publica autores extranjeros. Y añade: Y si lo hiciera no empezaría por novelas cortas ni cuentos. Charlamos un poco más y al final cuando iba a recoger el manuscrito: No, no. Me lo deja, le echaré un vistazo. Al cabo de dos días (Lindon, famoso por sus reacciones inmediatas, era muy eficaz) recibo una tarjeta pequeña con dos líneas

641. Testimonio de Germán Gullón, grabado en magnetófono el 19 de septiembre de 2014.

642. Declaraciones de Manuel de Lope, recogidas en casete el 17 de febrero de 2015.

manuscritas: 'Esta muy bien lo que ha hecho usted. Me gustaría hablar. ¿Cuándo nos podemos ver?'. Le llamo y me cita para la mañana siguiente. Me hace hablar de Juan Benet, de sus libros, y al final me dice: vamos a publicar una novela. Con la inconsciencia de la juventud, dije que sí y me puse al trabajo. Escogimos lo que me pareció a mí, porque él no conocía su obra; elegimos *El aire de un crimen* porque era la más reciente de Juan y la más asequible por su estructura policiaca. Fue un trabajo duro porque era algo muy difícil para alguien que empieza».[643]

Columbia University Press publica *Return to Region*, traducido por Gregory Rabassa, quien asegura sin pruebas fehacientes que Benet incrusta frases enteras de Faulkner. Rabassa, hijo de un cubano y una estadounidense, es quien dio a conocer a algunos autores del *boom* de las letras latinoamericanas en la lengua de Shakespeare. La edición destaca como reclamo la siguiente frase de Octavio Paz: «La obra de Benet es un triunfo del lenguaje sobre la geografía». Lo que no logró arrancarle a García Márquez, a través de Rosa Regás, lo ha conseguido del mexicano.

En una de sus visitas a la galería Juana Mordó (Villanueva 7), el novelista coincide con el fotógrafo Alberto Schommer, quien, tras una conversación le propone un retrato. Al cabo de unos días Benet pasó por su estudio (Zurbano 84), y en aquel fortín de archivadores, contactos, bandejas, líquidos reveladores, ácidos, pinzas... quedó inmortalizado por la mirada y la mano de Schommer. «Ese rostro merecía un retrato», aseguró el artista. En un blanco y negro muy contrastado y marcadas geometrías de luces, fijó la máscara del escritor estrangulada por la corbata; un deslumbrante flequillo níveo adorna un rostro muy austero, lleno de pliegues, como una roca.

Manuel de Lope, que ha leído *El Nilo Blanco* y *El Nilo Azul* de Alan Moorehead, escribe un libro para Alfaguara sobre un viaje que hizo en los años setenta a las fuentes del Nilo, recién derrocado el Negus Haile Selassie. Juan sabía de las anécdotas de aquel periplo porque se las contó Manuel y le alentó a escribirlas. Sin más argumento que la progresión del viaje, a medida que finaliza los capítulos se los remite a Benet, quien le hace comentarios críticos y le envía estímulos: «Esto va a más».[644] También Blanca le consigna sus apreciaciones.

El 2 de septiembre Jaime Salinas se incorpora como director de la editorial Aguilar, propiedad de Jesús de Polanco. Dos fechas más adelante Juan Benet publica la octava y última entrega en *El País* de «El Madrid de Eloy», fragmentos de ingeniosa

643. Testimonio de Claude Murcia recogido en magnetófono el 29 de mayo de 2014.
644. Declaraciones de Manuel de Lope, grabadas en casete el 17 de febrero de 2015.

prosa memorística sobre sus años de prácticas ingenieriles en Finlandia. Juan y Blanca continúan con las salidas de fin de semana. El 19 de septiembre desde Cervera de Pisuerga, los amartelados le escriben unas letras al Tesinando en papel con membrete del parador.

En su domicilio, Benet recibe de Nueva York una carta de Carmen Martín Gaite, fechada el 21 del corriente:

> Querido Juan:
>
> Ayer por la noche estaba sentada en un banco del parque, llevaba un rato mirándolo todo como en sueños, porque es que este lugar parece tan irreal, y de repente me acordé de ti, de que estarías estudiando aquel libro tan difícil para que los que dicen que eres ingeniero se lo crean de verdad, una especie de reválida. Y te mandé muchos ánimos. Y me di cuenta de que si hubieras aparecido de pronto cruzando el parque en dirección a mí te habría reconocido desde lejos y hubiera tenido una de las alegrías más grandes que en aquel momento me cabía imaginar. Precisamente me estaba preguntando eso: ¿qué me haría ilusión en este momento, qué podría darme un poco de alegría? Y me dije, que apareciera Juan Benet y se sentara aquí un rato conmigo. Aunque no dijera nada.
>
> Hace poco me mandó Anita un recorte de *El País*[645] con un artículo tuyo donde hablabas de la prensa del corazón. Me gustó mucho.
>
> Yo no tengo ganas de contar nada. Pero agradecería inmensamente recibir una carta tuya. *Please, drop me a word.*
>
> Y a ver qué tal preparas ese examen, hombre.
>
> Te quiere mucho
>
> Calila.[646]

El 14 de octubre, desde Madrid, Benet escribe a Claude Murcia, interesada en traducir *El aire de un crimen* para Editions du Minuit:

> Mi querida amiga [...] Como es natural yo también estoy interesado en que su publicación se lleve a cabo y por mi parte le daré todo género de facilidades para hacerla posible. Mi contrato con la editora española –Planeta– estipula que cedo

645. Su hermana Ana María Martín Gaite le envió el artículo de Benet titulado «El corazón socializado», *El País*, 28 de agosto de 1985.

646. Folio con el membrete «Vassar College. Poughkeepsie-New York 12601. Department of Hispanic Studies. Box 557». Carmen está de Visiting Professor para impartir un curso de cuatro meses sobre el cuento español contemporáneo. *Correspondencia, Carmen Martín Gaite-Juan Benet*, edición de José Teruel. Galaxia Gutenberg/Círculo de Lectores, Barcelona, 2011.

mi «derecho de opción para la venta a terceros de los derechos de traducción a idiomas extranjeros» lo que quiere decir, a mi entender, que tal derecho se puede ejercer en caso de que haya otra opción, cosa que por el momento no existe. Aparte de eso, no creo que Planeta se oponga a esta opción, sino que, antes al contrario, hará lo posible para fomentarla.

Pero antes de ponerse a traducir la obra yo le recomiendo que espere a que el interés de Minuit se traduzca en un compromiso firme y un contrato. Yo tengo en mi haber el caso de dos traductores que estaban muy convencidos de lograr la publicación y tras consumir mucho esfuerzo en la traducción se encontraron con una negativa.

Puede Vd sugerir a la gente de Minuit que se ponga en contacto directo conmigo, ya que carezco de agente literario, y ya me ocuparé yo de arreglarlo con Planeta.

Reciba un cordial y agradecido saludo de su buen amigo. Benet.[647]

El día 17 Víctor Márquez Reviriego presenta en el Cuartel del Conde Duque *Cien españoles y la OTAN*, un libro encuesta encargado por Plaza & Janés. Además del testimonio de Cela, Pombo, Vicent, Dragó, Cueto, Vázquez Montalbán, Vidal-Beneyto, Julio Caro Baroja, Fernando Morán, Jaime García Añoveros y otros, a la pregunta ¿Hay alguna razón para votar por la adhesión?, Benet responde: «La única razón que se me ocurre para votar por esa adhesión (cosa que yo no haré) es casi de carácter metafísico: el abandono de la neutralidad que –a diferencia de la de otros países– ha sido en lo que va de siglo estúpida, nociva y contraproducente».[648]

Don Pablo García-Arenal queda viudo el 28 de octubre. Su esposa Teresa Rodríguez Mellado, madrina de Juana, muere a los sesenta y cuatro años. Los Benet arropan a los Arenales.

Eduardo Chamorro y su pareja Rocío Martínez acompañan a Juan Benet en viaje a Orihuela para conocer a su futura suegra. Allí le espera Blanca. «Nosotros íbamos a pasar unos días a Cartagena, en la casa de José María Álvarez. A partir de Albacete, don Juan empezó a tratar de convencernos para que fuéramos con él a Orihuela. En un momento dado vi que Eduardo podía flaquear, yo ni loca. Imagínate el planazo. Se casaban en breve. Sin tratar de convencernos, nos fue contando el plan hidrológico de una manera muy entretenida, cómo llevar el agua del norte al sur».[649]

647. Cuartilla con el membrete «Juan Benet Goitia. Ingeniero», manuscrita por ambas caras.
648. *Cien españoles y la OTAN*, Víctor Márquez Reviriego. Plaza & Janés, Barcelona, 1985.
649. Conversación con Rocío Martínez, grabada en casete el 21 de octubre de 2015.

En noviembre, Sánchez Ferlosio, es intervenido quirúrgicamente en la clínica madrileña Los Nardos, donde recibe la visita de sus amigos. En uno de los días de internamiento se personan Tomás Pollán y Juan Benet. Luego llegó Agustín García Calvo con sus lamentos. Benet, muy socarrón, trata de provocar a Agustín y acaban debatiendo junto al lecho del convaleciente acerca de la jerarquía taurina, entre el grado de maestro y la cuadrilla. Benet habla desde la experiencia, por su mocedad junto a Rafael Ortega.

El ingeniero trabaja en el proyecto de una presa de gravedad de hormigón compactado con rodillo, en Ézaro, cerca de Corcubión (La Coruña). Desde la Universidad de Vassar, en Poughkeepsie (Nueva York), Carmiña, más sola que nunca, le escribe a Benet el 20 de noviembre:

> Querido Juan:
>
> Aunque me tengo prohibido mirar para atrás por miedo a convertirme en estatua de sal, hoy, con motivo del décimo aniversario de aquello [muerte de Franco], viene a mi memoria una frase que, según creo, dijo tu hermano Paco: «Si vuelvo a ver un perrito retratado en el *Abc* con una hucha petitoria en la boca en recaudación de fondos para la Cruz Roja, me voy al extranjero».
>
> A mí me parece –no sé lo que pensarás tú– que seguiremos viendo los mismos perritos con diferentes collares. Por eso me parece muy bien que te escapes a Corcubión, a ver si restauras tu mente un tanto enmohecida y recoges fondos para poder invitarme a algún *scotch* cuando vuelva de Vassar. *By the way* «Cuando vuelvas de Vassar» era y sigue siendo la primera estrofa de esa cuarteta nuestra que sigue en el telar. No soy tan ilusa como para soñar elaborar la segunda hasta que se derritan las nieves que aquí ya nos amenazan.
>
> Dale un abrazo muy fuerte a don Pablo [por la muerte de su esposa] de mi parte. Le llamaré a mi vuelta.
>
> Me gusta muchísimo ver tu letra. Jamás he sido amiga de halagar tus bajos instintos, pero me veo precisada a decirte que tu caligrafía es la única emanación de tu ser que no ha sufrido deterioro alguno y hace concebir esperanzas acerca de tu restablecimiento espiritual.
>
> Deberías de dar tus obras siempre escritas a mano. Tal vez ganaran en estilo y transparencia.
>
> Love
>
> C.[650]

---

650. *Correspondencia, Carmen Martín Gaite-Juan Benet*, edición de José Teruel. Galaxia Gutenberg/Círculo de Lectores, Barcelona, 2011.

El 4 de diciembre Juan Benet le escribe a Manuel de Lope y le comunica que se casa: «Mañana cometo el error en El Escorial». A lo que Manuel le contesta: «Más vale Blanca en la mano que cien golondrinas volando».[651] En efecto. A la una de la tarde del 5 de diciembre Juan Benet Goitia contrae nupcias con María Blanca Andreu y Fernández-Albalat (La Coruña, 4 de agosto de 1958) en el juzgado de San Lorenzo del Escorial, a donde llegan en coche con Pablo Segovia. Al no poder asistir Pablo García-Arenal, Benet llamó a su hijo homónimo y reclamó su presencia para que fuese testigo, junto a Fernando, hermano de la novia. El matrimonio quedó sujeto al régimen económico de absoluta separación de bienes. Luego se desplazaron a Navalcarnero para celebrar el convite; don Juan le dijo a su chófer que se podía retirar, sin siquiera ofrecerle una copa, lo que extrañó a Segovia. Comieron en la plaza del pueblo, en el asador La Terraza con los hijos Ramón, Eugenio y Juana con su marido Trifón, la abuela Teresa Goitia y las amigas comunes Marisa Torrente y Marta Moriarty. Según Blanca,[652] habían hecho un pacto para invitar cada uno a dos amigos solteros, pero a última hora Benet decidió ampliar el convite a Eduardo Chamorro, Rocío Martínez, Pedro Moreno y Pilar Gutiérrez.

Transcurridos diez días, por la tarde Pere Gimferrer lee su discurso de ingreso en la RAE, con el título «Perfil de Vicente Aleixandre». El catalán recuerda: «Nunca se me ocurrió que fuera oportuno invitar a Juan a mi toma de posesión».[653] Avanzada la jornada, Benet, Salinas y Millás fueron a cenar al exquisito restaurante Ruperto de Nola, en el vigésimo segundo piso de Torres Blancas.

En Valladolid, Consuelo Giménez Sánchez, esposa de Rafael López, lee la noticia en *Cambio16*: «Benet y Andreu. Romance y boda literaria»,[654] acompañada de una foto en color, en la que él, de pie y con una bufanda colgando del hombro, se coloca un sombrero a la vez que se lleva un cigarrillo a la boca; ella, sentada ante una mesa atestada de vasos con restos de alcohol, le agarra su brazo derecho. Consuelo inmediatamente descuelga el teléfono para soltarle de sopetón: «¿Cómo no me has llamado para decirme que te casabas?». Benet le contesta: «Porque ésta se ha empeñado en hacer un papel. Es como si te llamara cada vez que renuevo el carné de identidad. La próxima vez que lo renueve, te llamaré».[655]

651. Según el relato de Manuel de Lope, grabado en magnetófono el 17 de febrero de 2015.
652. En charla por teléfono el 3 de abril de 2014.
653. Conversación telefónica con Pere Gimferrer el 4 de diciembre de 2015.
654. *Cambio16*, n.º 734, correspondiente a 23 de diciembre de 1985.
655. Conversación telefónica con Consuelo Giménez Sánchez el 15 de abril de 2015.

Juan Benet ante el monumento de las Brigadas Internacionales (Budapest, 1988). Autora: Beatriz de Laiglesia

21

OTAN, DE ENTRADA...

EL 14 de enero de 1986 Juan Benet es el único autor español que participa en el 48.º congreso de escritores organizado en Nueva York por el Pen Club Internacional, celebrado en el lujoso hotel Essex House de Manhattan. El segundo día de conferencias, centrado en «El Estado como adversario», Benet disertó sobre la influencia del Estado en la imaginación del escritor. Allí conoce a la escritora y periodista Martha Gellhorn, tercera mujer de Hemingway con la que compartió la cobertura de la Guerra Civil española. Después de un encuentro con Barbara Probst, el 23 Benet se desplaza a Toronto y se recrea ante las cataratas del Niagara. Dos fechas más tarde regresa a Madrid.

El viernes 7 de febrero Benet almuerza con Salinas y le cuenta los pormenores de su nueva obra en La Coruña, la presa de Santa Eugenia, en el río Jallas. «Es uno de los pocos españoles con los que me siento a gusto»,[656] le dice Jaime a su pareja.

En el domicilio de los Oliart se celebra una comida con Felipe González, Carmen Romero, el doctor Manuel Varela, Cruz Entrecanales, Juan Benet, Blanca Andreu y Pablo García Arenal. Las hijas Isabel y Carmen Oliart e Isabel Varela son las encargadas de servir en la mesa. Aunque la conversación es muy miscelánea, se habla indefectiblemente de política. Y de la OTAN, de apoyar el *sí* a la permanencia de España. Alberto critica con dureza la abstención, Benet se muestra de acuerdo con él, González dice haberse equivocado en la convocatoria del referéndum.[657]

El ingeniero no tarda en sentarse ante la máquina y el miércoles 12 de febrero publica en *El País* «Consideraciones acerca del referéndum»: «Al presidente del Gobierno le he escuchado, a lo largo de una sobremesa, una serie de aseveraciones dirigidas a unos pocos comensales con los que se podía permitir un tono del que con frecuencia ha de renunciar. De ellas, si la memoria no me falla, entresaco unas

656. Carta de Jaime Salinas a Gðudbergur Bergsson, 9 de febrero de 1986.

657. Así lo contó Víctor Márquez Reviriego, cuyo informador fue su buen amigo Jaime García Añoveros, en *Cambio16*, n.º 744, del 3 de marzo de 1986.

pocas: *a)* Que una respuesta negativa del pueblo al referéndum supondría un desastre para España y, por supuesto, para su partido; *b)* Que la información (se supone, de carácter reservado) que llega al Ejecutivo es determinante (se supone, en mayor medida que las actitudes previas) de los actos de gobierno; *c)* Que la política exterior de un país como España viene en su mayor parte dada desde fuera, salvo para problemas circunstanciales y de área; *d)* (matizado) Que cualquiera que sea el riesgo derivado de la celebración del referéndum, su partido se habría visto a la postre obligado a pagar un mayor precio si hubiera decidido no convocarlo», consigna.

En su finca de Zarzalejo, Benet incrementa el vergel y planta cien árboles variados. Luego asiste a una cena en La Ancha (Príncipe de Vergara 204), donde, por iniciativa de Javier Pradera, surge el manifiesto pro OTAN. Fue redactado y promovido por el ingeniero, que aun siendo crítico rechaza el voto de castigo al Ejecutivo en el referéndum por considerarlo «impropio de quien tenga un recto sentido de las responsabilidades ciudadanas».[658] Benet, apasionado de las palabras en uso o en desuso, vivas o muertas, está pletórico por haber incluido el término «torticeras», que tanto le gusta. «En principio, cualquier respuesta que proceda de ideas o convicciones acerca de la política exterior española es pertinente. Por el contrario, nada censurable, como los intentos de adecuar esa respuesta a las torticeras maniobras de algunos grupos resueltos a utilizarla para fines espurios a costa de los intereses de la ciudadanía».[659] Tanto Pradera como Benet, hijos de padres asesinados, saben bien de la inutilidad de esa sangre derramada. Por eso Pradera sostiene el adagio jurídico de que «es preferible un mal acuerdo que un buen pleito».[660]

El 17 de febrero Benet sube al tren en Madrid con dirección a Oviedo para ofrecer una conferencia en el Instituto Bernaldo de Quirós de Mieres, invitado por la directora y catedrática de secundaria en Lengua y Literatura Carmen Díaz Castañón. Se ha citado con Francisco García Pérez en el hotel Reconquista para tomar el aperitivo, almorzar y luego viajar juntos a Mieres. Camino del hotel, Francisco compra el periódico y lee con estupefacción que Benet y otros intelectuales han firmado un documento en apoyo de que España entre en la Alianza Atlántica, pues todavía guarda en la memoria la aseveración de Benet meses atrás sobre su negativa a votar la adhesión. Durante el trayecto Oviedo-Mieres, en el Seat Ritmo de color rojo de Francisco, el novelista le confiesa estar preocupado con la cuestión OTAN y le

658. *Nosotros los abajo firmantes. Una historia de España a través de manifiestos y protestas (1896-2013)*, Santos Juliá. Galaxia Gutenberg/Círculo de Lectores. Barcelona, 2014.

659. *Ibíd.*

660. *Javier Pradera o el poder de la izquierda. Medio siglo de cultura democrática*, Jordi Gracia. Anagrama, Barcelona, 2019.

propone que intervenga en el acto con una pregunta para así desviar la atención y golpear antes de que le golpeen. Así lo hicieron, pero Benet aprovechó la actuación de su amigo para ponerse impertinente con él, desviar el asunto y provocar las carcajadas del público. Luego de la charla, camino del aeropuerto de Asturias, El Tesinando paró a echar gasolina en una estación de La Tenderina, popular barrio del noroeste ovetense. Mientras llenaba el depósito de combustible, el operario de la gasolinera y Francisco se quedaron atónitos cuando vieron que por la ventanilla del copiloto salía disparado un libro. Entre la multitud de papeles que el propietario del vehículo llevaba en el asiento de atrás, Benet había agarrado *Miau* de Galdós, texto en el que Francisco trabajaba para sus tareas docentes, y lo había lanzado a la calle. Una vez recuperada la novela, Francisco tomó asiento y antes de preguntarle por su acción, Benet le dijo: «¡No llevas más que porquería en este coche!».[661]

En Madrid, el 20 de febrero, al ingeniero le recibe el ministro de Obras Públicas y Urbanismo, Javier Sáenz de Cosculluela, a quien entrega la «Memoria preliminar para un proyecto de comunicación hidráulica de las cuencas de los ríos Tajo y Guadiana». Un día después *El País* inserta como publicidad «Ante el Referéndum», un manifiesto en el que se solicita el *sí*: «Por cuanto la abstención ha quedado adulterada por el burdo oportunismo de cierta derecha, solicitamos de la ciudadanía un voto afirmativo en el próximo referéndum convocado para el 12 de marzo».[662] Cisma en la cúpula de *El País*: Pradera dimite como editorialista y responsable de opinión.

El 6 de marzo Alberto Oliart se suma a la campaña sobre la Alianza Atlántica y publica una tercera en *Abc* titulada «Mis razones para votar sí». La jornada posterior el Boletín Oficial del Estado publica el nombramiento de Juan Benet como vocal del Consejo de Social de la Universidad de Alcalá de Henares, designado por el Consejo de Gobierno de la Comunidad Autónoma de Madrid. Por la tarde asiste a una reunión en *El País* sobre la OTAN y el controvertido referéndum.

Juan García Hortelano hace público su rechazo al ingreso de España en la OTAN y participa en diversas actos y manifestaciones.

Al volante del Daimler, el novelista se escapa a El Cardoso de la Sierra, provincia de Guadalajara, la zona más alta de las cumbres de Ayllón, donde su amigo Agapito Ramos Cuenca, Consejero de Trabajo, Industria y Comercio de la Comunidad de Madrid, dispone de una casa. Benet, como no le gusta llegar con las manos vacías, antes compra una botella de Laphroaig, whisky escocés de malta producido en una

661. En conversación telefónica y correo de Francisco González Pérez, del 12 de marzo de 2014.

662. *Nosotros los abajo firmantes. Una historia de España a través de manifiestos y protestas (1896-2013)*, Santos Juliá. Galaxia Gutenberg/Círculo de Lectores. Barcelona, 2014.

única destilería, muy apreciado por su peculiar densidad y su intenso sabor a humo y turba.

El miércoles 12 de marzo, finalizada la celebración del referéndum, Blanca y Juan, con por Marías y Molina, salen a beberse la noche y aparecen en el Salón España (Infantas 27). En Madrid han proliferado los garitos y éste es uno de moda, cuya peculiaridad radica que en sus cristaleras exhibe dos llamativos maniquíes de toreros vestidos de rojo y gualda. En el local está Julio Llamazares en compañía de unos amigotes. Benet entró con los brazos en alto y los dedos índice y medio formando el signo de la victoria. «Yo no sé por qué daba por hecho que el resto éramos opositores a la OTAN. Y acercándose a nuestro grupo dijo: Hemos aplastado vuestras miserables inteligencias».[663]

El mismo día que *El País* reproduce el manifiesto «Por la paz y la democracia»,[664] firmado por ciudadanos que han votado de forma diferente en el referéndum, entre ellos Juan Benet, el profesor Francisco Rico es elegido miembro de la RAE para ocupar la silla «p».

Claude Murcia escribe a Benet para comunicarle que ya ha firmado con Minuit. Y Carmen Martín Gaite, desde Madrid, envía una misiva a Benet el 17 de marzo:

> Querido Juan:
>
> Esta mañana venían a empapelar el cuarto de la Torci y había que madrugar para quitar los trastos, así que anoche me acosté temprano. Te escribo para contarte el sueño que he tenido. Mi casa tenía otras habitaciones adosadas y algo raras, yo sabía que eran de mi casa pero por otra parte me extrañaba y entraba por ellas con una cierta aprensión. Una era un comedor y a la otra se salía por unas escaleritas. Estaba partida por la mitad con un medio muro y en la parte de la izquierda estabas tú con don Pablo Arenal. Yo me senté en un sillón que había en la parte derecha, donde parece que iba a estar mi despacho. Tenía unos muebles como de Gaudí y me encontraba a gusto mirándolos, porque no me recordaban nada y por otra parte sabía que iban a ser míos. Tú viniste y me dijiste que si me gustaba el cuarto, y entendí que lo habías puesto para mí, que me lo alquilabas o algo. Te quitaste la chaqueta y te pusiste a ordenar libros y papeles, después de poner en un tocadiscos antiguo música como de Amfortas, que ibas acompañando con un tarareo. O sea que tu despacho y el mío iban a estar casi juntos, separados por aquella media pared. Ibas llevando cosas de mi espacio al tuyo y hablabas con

663. Testimonio de Julio Llamazares, grabado en magnetófono el 26 de junio de 2015.

664. 13 de marzo de 1986. *Nosotros los abajo firmantes. Una historia de España a través de manifiestos y protestas (1896-2013)*, Santos Juliá. Galaxia Gutenberg/Círculo de Lectores. Barcelona, 2014.

don Pablo Arenal de política o de no sé qué, pero notaba que estabas pendiente de si yo me encontraba bien o no. «Toma esto, te lo regalo», me dijiste. Y era un cenicero con un angelito.

Pasaban más cosas pero no me acuerdo. Ahora es por la mañana y el empapelador está arrancando sin piedad el papel rojo del cuarto de la Torci, donde voy a poner el mío de trabajo. Ha aparecido, al quitar los trastos, aquella porcelana con una japonesita que me regalasteis Nuria y tú cuando cumplí cuarenta años.

Me gusta contarte este sueño, ahora que lo tengo aún tan fresco y vivo, para huir del trastorno de la casa patas arriba y a cuenta de la cuarteta que nunca escribiré.

Que te cuides. Un beso

Calila.[665]

En la capital comienzan las obras de la avenida de la Ilustración que unirá la carretera de Colmenar Viejo con la de El Pardo. Para el primer tramo Juan Benet ha proyectado una fuente que se elevará en medio de un estanque artificial de unos cincuenta centímetros de profundidad y de forma rectangular, circular o elíptica y, según recomendaciones del autor, tendría que tener al menos una superficie de veinte por ocho metros. La fuente, de hormigón armado, acero empavonado y cristal oscuro traslúcido y transparente, de unos ocho metros de altura, se llamará El Verraco, porque recordará a esos animales de granito.

Invitado por la Casa Municipal de Cultura Revilla de Valladolid, Benet asiste el 21 de marzo para dar una charla sobre el «Distanciamiento del escritor con el Estado». Presentado por el profesor Mauricio Jalón, de la Facultad de Ciencias, el conferenciante habló de la vida literaria neoyorquina. La sala estaba repleta y alguien le afeó su posicionamiento respecto a la OTAN. Luego fueron a cenar al restaurante La Cueva, en la calle Correos, Juan González-Posada, director de la entidad organizadora, Mauricio Jalón, Consuelo Giménez Sánchez... «Yo fui con mi hermano Enrique, ingeniero de caminos de la Confederación Hidrográfica del Duero. Cuando coincidían, recordaban los años de pilaristas y Juan le decía: Nosotros venga rezar al padre Chaminade y no subió ni al primer peldaño de la beatificación. Mi marido no estaba ese día en Valladolid. A Benet le gustaba mucho una tasca de Valladolid llamada Suazo, cuya especialidad eran los huevos fritos con puntillas».[666]

Dos fechas más adelante, desde Madrid, Benet escribe a Claude Murcia:

665. *Correspondencia, Carmen Martín Gaite-Juan Benet*, edición de José Teruel. Galaxia Gutenberg/Círculo de Lectores, Barcelona, 2011.

666. Conversación telefónica con Consuelo Giménez Sánchez, el 15 de abril de 2015.

Mi querida amiga

He recibido su carta del 15 de este mes y celebro por partida doble que haya Vd al fin firmado el contrato con Minuit. Estaré en Madrid en mayo; es posible que esté fuera por un par de días pero sin duda coincidiré con Vd en cualquiera de los 5 que va a estar aquí [...] Reciba Vd todo mi afecto. Benet.[667]

El 4 de abril a las siete y media de la tarde, en el Centro Pignatelli de Zaragoza, Juan Benet Goitia y Clemente Sáenz Ridruejo, consejero de Obras Públicas, dan una conferencia sobre «Obras de regulación», dentro del ciclo «El agua y la técnica». Modera el acto Ignacio Bodega Echaurre, vicedecano del CICCP. Clemente diserta sobre Los Monegros y las Bardenas Reales, la escasa pluviosidad, los eriales, la desertización... Juan elogia las excelencias de los trasvases; mal comienzo en la cuna de los *trasvasófobos*. Pues aun así se hizo con el auditorio y remataron en una cena con Santiago Marraco Solana, presidente de la Diputación General de Aragón.

Nueva charla seis días después. Invitado por la Consejería de Cultura de la Junta de Extremadura, a las ocho de la tarde, Juan Benet platica sobre «La obra propia» en el salón de actos de la Biblioteca Pública de Cáceres, dentro del ciclo «Encuentros en Extremadura. Otras voces, otros ámbitos». Presentado por Manuel Ariza, profesor de la Universidad, un Benet parsimonioso confesó una vez más su pasión por Faulkner y remarcó su desprecio por la literatura gala: «Con los escritores franceses todos los defectos se incrementan».[668] En el auditorio están los profesores de instituto Gonzalo Hidalgo Bayal y María José García Serrano, quienes una vez finalizada la charla se acercan a saludar a Ariza y éste les presenta al novelista: Han venido desde Coria para verte, dijo. «Mal hecho», contestó Benet, «en Coria ya tienen al mejor escritor español actual»,[669] en clara referencia a Rafael Sánchez Ferlosio.

El tiempo transcurre entre reuniones de trabajo, conferencias, visitas a presas y asistencia a algunas jornadas ingenieriles.

Claude Murcia es recibida por Benet. »Estaba impresionado y encantado. No se lo creía. Primero estar traducido al francés, ya era algo importante para él, estar en Minuit al lado de Becket, que era uno de sus escritores...».[670] También le gustaron las primeras novelas de Robbe-Grillet, como *Le voyeur*. En el encuentro le dedica un

---

667. Manuscrito en una cuartilla por una cara con el membrete «Juan Benet Goitia. Ingeniero», el 24 de marzo de 1986.

668. «Juan Benet, un novelista de ratos libres», Juan Domingo Fernández. *Hoy*, 12 de abril de 1986.

669. Correo electrónico del narrador Gonzalo Hidalgo Bayal, del 7 de abril de 2015.

670. Declaraciones de Claude Murcia registradas en magnetófono el 29 de mayo de 2014.

ejemplar de *El ángel de señor abandona a Tobías*, en la edición de La Gaya Ciencia de 1976: «Para Claude, con todo mi afecto y agradecimiento! Juan. Madrid, 86».

En una ceremonia celebrada en el Ministerio de Defensa el 3 de junio, el titular Narcís Serra le impone de la gran cruz del mérito con distintivo blanco a Alberto Oliart, momento que presencia Juan Benet, al lado de los miembros de la Junta de Jefes de Estado Mayor, el ex vicepresidente del Gobierno para asuntos de la Defensa, Manuel Gutiérrez Mellado y otros altos cargos. »Le presenté a varios generales. Estaba feliz»,[671] revive Oliart.

El día siguiente, el novelista viaja a Barcelona porque está invitado a la presentación del segundo número de la revista trimestral *Letra Internacional*, dirigida por el profesor checo residente en París Antonin J. Liehm y el sociólogo Ludolfo Paramio y editada por la Fundación Pablo Iglesias. En el primer número se incluyó el artículo de Benet «Picaresca y sinsentido»,[672] en el que ponía en duda la existencia de la novela picaresca con entidad propia. Celebrado en el Bar Universal (Marià Cubí 182), en el acto intervinieron Salvador Clotas, Josep Ramoneda y Juan Benet. La jornada después el ingeniero almuerza con Félix de Azúa y Eduardo Mendoza.

En su ciudad, el 10 de junio a las ocho de la tarde Benet asiste a la galería Oliva Mara (Claudio Coello 19), por la inauguración de la exposición «El Ritz de Madrid», de Marga Suárez-Carreño. «Estuvo muy cariñoso y nada más entrar me preguntó: ¿Dónde está el ángulo recto. Qué ha pasado? Esto es la decadencia. Y le contesté: Sí, Juan, es la decadencia. Como siempre, con perspicacia monstruosa, te has dado cuenta de que esto es la decadencia. A Juan le gustó mucho mi obra 'Dibujos de una Málaga dormida', de 1975, muy espacial, de ángulo recto, de estructura poética. Debí enseñársela en la única visita a mi casa, en Maldonado 41. En la galería me iba a comprar un cuadro pero me dijo: Ahora yo no decido. Estoy casado».[673]

El novelista almuerza con el presidente de Iberia, Narcís Andreu, en la sede de Velázquez 130. Con motivo del sesenta aniversario, la compañía proyecta una colección de libros para regalar a sus clientes y así amenizar los vuelos; a Benet le proponen incluir una obra suya.

Pilar del Río ha quedado entusiasmada con la lectura de *Memorial del convento* y *El año de la muerte de Ricardo Reis*, de José Saramago. Tras localizar al autor, se cita con él en el Hotel Mundial de Lisboa el 16 de junio. Pilar tiene mucho interés en conocer al hombre que había escrito aquellas novelas. En pos de los pasos de

671. Testimonio de Alberto Oliart recogido en casete el 18 de junio de 2014.

672. *Letra Internacional*, n.º 1, enero-marzo de 1986.

673. Declaraciones de Marga Suárez-Carreño, registradas en magnetófono el 4 de noviembre de 2014.

Fernando Pessoa, sin ninguna prisa, pasearon por el Cementerio de los Placeres y recorrieron el monasterio de los Jerónimos de Belém. Calle arriba, calle abajo recorrieron la Baixa, el Barrio Alto y el Chiado. Después iniciaron una relación epistolar.

En Madrid, el 17 de junio en el restaurante Al-Mounia (Recoletos 5), de techos y paredes decorados con artesanía marroquí, Benet cena con Marisa Torrente, Marta Moriarty, Francisco Rico y Eduardo Mendoza, que tiene novela reciente en la calle, *La ciudad de los prodigios*. Acabada la cena, Benet le dice a Mendoza a propósito de su obra: «Esto es una tontería; parece mentira, tendría que darte vergüenza haber publicado eso». El madrileño le pide que haga una literatura de mayor grosor intelectual. «¡Qué asco de novela! Es una serie de chistes mal cosidos».[674] Y Mendoza, desplomado, se pasó toda la noche sin dormir.

En julio Juan y Blanca reciben en la finca de Zarzalejo a Marta Moriarty, con casa alquilada en El Escorial, su pareja Michi Panero y Marisa Torrente. De la capital llegan Lola Moriarty y Borja Casani.[675] «Cuando estábamos en la piscina, donde Blanca era la única que se bañaba desnuda, Benet me invitó a la sauna. Yo le dije que nunca había estado en una sauna. Me convenció de sus propiedades y del placer que suponía luego meternos en el agua. Acepté. Yo era muy recatado y me negaba a hacer cualquier tipo de demostración pública, como salir en bolas y que aquello se convirtiera en una juerga. Aguanté como pude. Él me hablaba y yo casi no podía contestar. Fue un acto espartano por mi parte. Me dije: no salgo de aquí así me abrase. Esa era una de sus características, ese humor sardónico, con un punto de crueldad, donde el dolor forma parte del cariño y del espectáculo. Recuerdo su cara mirándome como diciendo a ver cuánto aguantas, cabrón».[676] Luego, en el jardín –donde Blanca seguía desvestida–, tomaron un aperitivo acompañado de chistorra. A Michi, que era un viperino, le encantaba la comidilla, el hablar constantemente de la gente. Y a Benet le entusiasmaban los chismes de Michi.

Del 1 al 5 de septiembre en el palacio de la Magdalena de Santander (UIMP), tiene lugar el curso «Romanticismo y literatura contemporánea», dirigido por Francisco Rico y auxiliado por Marta Moriarty como secretaria. Participan Octavio Paz, Álvaro Pombo, Blanca Andreu, Francisco Nieva. Ante la inasistencia de Pombo, Marta es la encargada de leer un texto de él sobre la máscara funeraria de Goethe.

---

674. En conversación telefónica con Eduardo Mendoza, el 25 de junio de 2015.

675. El padre de Borja, José Antonio Casani Ruano, coincidió con Juan Benet en el colegio El Pilar (1939-1944). Abogado de empresas, fue secretario general de Energía e Industrias Aragonesas. Admirador del novelista, a su hijo le dio a leer *Volverás a Región*.

676. Testimonio de Borja Casani, registrado en magnetófono el 12 de enero de 2016.

También participa Benet, pero como consorte, sin intervenir. Juguetón, el ingeniero presenta a Marta como Blanca a Octavio y el mexicano estuvo largas horas de «la noche de su llegada en la creencia de que yo era Blanca».[677]

En la colección *Libro de a bordo*, de la compañía Iberia, aparece una edición no venal de *Nunca llegarás a nada*, de Juan Benet. El día 20 el sagaz prosista viaja a Hamburgo para asistir al Festival de Cultura Iberoamericana, organizado por el ayuntamiento de la ciudad. En el debate, presentado por Michi Strausfeld de la editorial Alfaguara, participan también Rosa Montero, Montserrat Roig y José María Guelbenzu. La Montero, que disertó sobre la literatura femenina, despertó cierta expectación entre el público al tener conocimiento de que era hija de Pascual Montero, banderillero de las cuadrillas de Luis Miguel Dominguín o Antonio Ordóñez. «Estaba Benet entre un grupo de lectores de Marta Harnecker, autora de *Los conceptos elementales del materialismo histórico*, y los intelectuales iberoamericanos hablaban de las raíces y de la necesidad de la identidad, hasta que le dan la palabra a Benet y les dice que ha estado escuchándoles atentamente pero se hace una pregunta: Están ustedes venga hablar del hallazgo de su identidad y cuando la encuentren, ¿qué van a hacer con ella?».[678] Benet aprovechó la estancia alemana para presentar la traducción de *Herrumbrosas lanzas*, *Rostige lanzen*, de la editorial Suhrkamp de Fráncfort.

Recién llegado, el novelista concurre a un encuentro en la Universidad de Salamanca sobre la Guerra Civil española, organizado por Julio Aróstegui Sánchez, catedrático de Historia. Luis Suñén es el moderador de la mesa redonda sobre «Literatura y Guerra Civil», integrada por Jaime Siles, Domingo García-Sabell y Juan Benet, quien se dedicó a hablar no de literatura sino de estrategia militar, de los errores de Franco a la hora de atacar Madrid, lo que provocó cierto malestar entre el auditorio, donde había algunos viejos comunistas. Unos se quejan de haber pagado una matrícula para esto, otros quieren escuchar hablar de literatura... Suñén le recrimina su deriva, Benet está encantado porque se ha convertido en la estrella del encuentro. Un espectador levanta la mano y dice: «La culpa de todo la tiene usted, el moderador, que el debate se le ha ido de las manos. Le dije que tenía toda la razón del mundo. Luego nos fuimos a cenar con su hijo Nicolás. Juan iba encantado, iba feliz porque había montado el número».[679]

677. Conversación con Marta Moriarty, grabada en casete el 16 de septiembre de 2015.
678. Declaraciones de José María Guelbenzu recogidas en magnetófono el 22 de enero de 2016.
679. Testimonio de Luis Suñén, grabado en casete el 29 de mayo de 2015.

Sin apenas respiro, el 17 de octubre el ingeniero vuela de Madrid a Argel, donde la compañía va a construir una autopista desde la capital al aeropuerto. Hace noche en el hotel Al Djazair y al día siguiente con su compañero Rafael Vilar Zanón se desplazan a Laghouat, a cuatrocientos kilómetros al sur, en los montes Atlas, un oasis limítrofe con el Sahara, donde pernoctan en un campamento. Visitan la amurallada Ghardaïa y se alojan en el hotel El Mari de Uargla. Tras pasar por Tuggurt, y Bou Saâda, el 21 de octubre, desde Argel, regresan a Madrid. Sin tiempo ni para deshacer la maleta, al día siguiente Benet participa en una lectura en el Instituto Alemán con Álvaro Pombo, Javier Tomeo, Esther Tusquets y Rosa Montero.

Se ha acabado de imprimir *Juan Benet* (Edición de Kathleen M. Vernon), una antología de varios autores en la colección *El escritor y la crítica*, dirigida por Ricardo y Germán Gullón, de la editorial Taurus.

El 29 de octubre el ingeniero incesante vuela desde Madrid a Santiago de Compostela para el seguimiento de los trabajos de construcción de la presa de Santa Eugenia. El Jallas es el único río europeo que vierte al mar por una insólita cascada en negro granito de treinta metros. Es la primera obra de una presa de ochenta metros de altura en hormigón compactado que se hace en España y Europa. El hormigón es pobre en cemento pero gana en resistencia compactándolo, además resulta más económico, algo inédito en una gran presa española. De planta ligeramente curva, la presa –propiedad de Carburos Metálicos– será utilizada para el aprovechamiento hidroeléctrico aguas arriba. En las inmediaciones, en una central hidroeléctrica en ruinas destinada a ser demolida, Benet encuentra entre tojos una escalera de caracol de hierro forjado por la que muestra interés. Le dice a Ignacio Pérez de Juan, jefe de obra e ingeniero de su confianza, de ir a buscarla. Una noche, con un viejo camión fueron cinco o seis operarios a desmontar la escalera, pero el vehículo no pudo acercarse por falta de acceso y tuvieron que ir en fila india transportando las piezas hasta el camión. Una vez embalada en cajas de madera fue guardada en la finca de Zarzalejo. Benet y sus colegas acostumbran a comer y cenar en el restaurante del antiguo camping Las Hortensias, con vistas a la ría y al monte Pindo, donde hay un billar americano en el que echan largas partidas. Los propietarios, Jaime Lago y Pepita Rodríguez, pronto se encariñan con el escritor y le piden una dedicatoria en el libro de firmas relevantes: «Por el momento no se me ocurren más que elogios. Con el tiempo, y como futuro vecino de Corcubión, espero que se incrementen a tenor de las atenciones y artes culinarias de la casa. Corcubión, octubre de 1986. Benet». El 30 de octubre, desde La Coruña, regresa a Madrid en ferrocarril, en coche cama.

Iniciado noviembre el novelista viaja a Nueva York y se hospeda en el hotel Gramercy Park (2 Lexington Avenue 21 St.). Tras impartir una conferencia en la

Universidad se desplaza a Washington para visitar un par de días la Librería del Congreso y compartir almuerzo y cena con el embajador español, Gabriel Mañueco de Lecea.

En su domicilio el autor comienza a escribir el *Libro XV* de la novela por entregas y el 26 de noviembre presenta en Lhardy el volumen *Herrumbrosas lanzas III. Libros VIII-XII*. Una dedicatoria manuscrita: «Para el joven Javier Marías,/ de la novela un titán,/ del amor,/ un galimatías./ Juan/ Madrid, 1986». El 27 de noviembre a las siete y media de la tarde Benet da una conferencia en la Cámara Oficial de Comercio e Industria de Madrid (plaza de la Independencia 1) con el título «El Madrid de 'Tiempo de silencio'», dentro del ciclo «Temas de Madrid». Presentado por Miguel Cachot, vicepresidente de la corporación, las palabras del orador transportaron al auditorio a los años cuarenta de la capital de la mano de los personajes de la novela. Entre el público le siguen Guelbenzu, Pradera y Carandell.

Benet acaba de escribir «La construcción de la torre», un artículo sobre el famoso cuadro de Pieter Brueghel El Viejo, *La Torre de Babel*, que se exhibe en el Kunsthistorische Museum de Viena, pero desde hace años tiene en las mientes un posible ensayo. En otoño el texto aparece en el número 4 de la lujosa revista trimestral *El Paseante*, dirigida por Jacobo F. J. Stuart, editor de Siruela.

El 1 de diciembre Juan Benet se entrevista con el director general de Obras Hidráulicas, Juan Rodríguez de la Rúa, en el Ministerio de Obras Públicas y Urbanismo (MOPU). El día después cena con el presidente Joaquín Leguina en El Señorío de Alcocer.

Benet, que no cree en la naturaleza benéfica de los románticos y los ecologistas, publica el artículo «Caín en Riaño»[680] acerca de la polémica levantada por determinados grupos por la construcción de un embalse. Sánchez Dragó toma partido virulentamente por los enemigos de la presa y también polemiza con Benet. Se zahieren el uno al otro. Para el ingeniero resulta doloroso «inundar con las aguas de un embalse la vega de la que vive una pequeña comunidad; pero más doloroso puede resultar el tácito consentimiento de las condiciones de vida de esa comunidad, esclavizada y poco menos que encadenada por la fertilidad de su pequeña vega, y que por una falta de generosidad estatal no tiene más horizonte que los límites de su término municipal».[681] Así mismo sostiene: «Buena parte de la opinión todavía cree que la política hidráulica es, en gran medida, una herencia del franquismo, primer

680. *El País*, 4 de diciembre de 1986.

681. «Fragmentos para una ponencia de una política hidráulica», en *Prosas civiles*, Juan Benet. CICCP, Madrid, 2008.

promotor de aquellos embalses faraónicos que sólo sirvieron como propaganda del régimen y cuya inutilidad se demuestra palmariamente en los años de sequía».[682]

Después de más de treinta años de silencio, el 10 de diciembre en un almuerzo con mesa dispuesta en forma de herradura en el salón chino del restaurante Lhardy, se presentan cuatro libros de Rafael Sánchez Ferlosio: los ensayos *Mientras no cambien los dioses, nada ha cambiado* y *Campo de Marte 1. El Ejército nacional*, la narración *El testimonio de Yarfoz* y la recopilación de artículos *La homilía del ratón*. El presentador es Rafael Conte, en presencia de Pollán, Pradera, Guelbenzu, Hortelano, Querejeta y Benet, quien intervino para preguntarle al autor por la rueda hidráulica, a lo que Rafael le contestó: «Sabía que me lo preguntarías». Y cinco fechas más tarde, con motivo de su desposorio con Demetria Chamorro Corbacho, invita a comer a los contertulios de José Luis. El 15 de diciembre, en el primer piso del restaurante se reunieron el actor Sancho Gracia, Jesús Aguirre, duque de Alba, el periodista Patxo Unzueta, el hostelero José Luis Ruiz Solaguren, Pedro Moreno, Juan Benet, Javier Pradera, Miguel Ángel Aguilar, Manuel Matji, Clemente Auger, Elías Querejeta, Juby Bustamante, Natalia Rodríguez-Salmones, Demetria y Rafael.

En respuesta a su carta sobre la tercera entrega de *Herrumbrosas lanzas*, Benet escribe a Javier Marías el 25 de diciembre una misiva esclarecedora sobre su arte:

> «... reparas en todos los pasajes sobresalientes», le dice, «y silencias los menos afortunados. Ahora bien, como creo que ya te decía días atrás, cada día creo menos en la estética del todo o, por decirlo de una manera muy tradicional, en la armonía del conjunto. Me permito, incurriendo en una manía muy poco recomendable, citarte un párrafo de un artículo que [...] supongo que no habrás leído ni leerás y en el que he querido resumir esta innegable aprensión hacia el conjunto que tal vez me invade como consecuencia de estar metido desde hace cuatro años en una aventura –las HL– que lo puede tener todo menos, por ahora, conjunto: «El asunto –o el argumento o el tema– es siempre un pretexto y si no creo en él como primera pieza jerárquica dentro de la composición narrativa es porque, cualquiera que sea, carece de expresión literaria y se formulará siempre en la modalidad del resumen. Definir la narración como "el arte de contar una historia" me parece una banalidad incalificable; ni siquiera es una tautología [...] Pienso a veces que todas las teorías sobre el arte de la novela se tambalean cuando uno considera que lo mejor de ellas son, pura y simplemente, algunos fragmentos». Y si HL1, HL2,

682. «Sequía y crisis», en *Prosas civiles*, Juan Benet. CICCP, Madrid, 2008.

HL3, etc., han de servir tan sólo como piezas de sustentación de unos cuantos fragmentos agradables de leer ¿a qué más puedo aspirar de acuerdo con lo anteriormente expuesto?

Cuando te decía anoche, un tanto desordenadamente, que me parecía que habías cruzado una frontera que es difícil atravesar de vuelta para residir de nuevo en el antiguo territorio, me estaba refiriendo a ese magnetismo que ejerce un fragmento satisfactorio –que en sí mismo es perfecto, en contraste con una novela que no lo puede ser nunca, por su propia constitución– gracias al cual está permitida cualquier cosa y sin el cual cualquier cosa pasa a ser de segundo orden [...] Muchos poetas creen –y en eso oscuramente justifican la brevedad de sus composiciones– que todo o casi todo lo que escriben es de esa condición. Pero es una tontería o una falacia permanente, como la fe de un creyente. Y precisamente la confianza en que todo sea de la misma altura es lo que aborta el fragmento. Por consiguiente, creo que los fragmentos configuran el non plus ultra del pensamiento, una especie de ionosfera con un límite constante, con todo lo mejor de la mente humana situado a la misma cota. Por eso te hablaba antes del magnetismo que ejerce esa cota y que sólo el propio autor puede saber si la ha alcanzado o no, siempre que se haya propuesto pues es evidente que hay gente que aspira, sin más ni más, a conseguir la armonía del conjunto.[683]

La editorial Lunwerg ha publicado *El agua en España*, con fotografías de Andreu Masagué y el texto «Breve noticia sobre los ríos españoles», de Juan Benet. El perseverante Borja Casani saca una nueva publicación, *Sur Exprés*; para arrancar, en la redacción de la revista y sede de la galería Moriarty (Almirante 5), celebra una mesa redonda sobre el rumor,[684] cuyos participantes son Juan Pablo Fusi, Gonzalo Abril, Jorge Lozano, Zush, Marisa Blanco y Juan Benet. Su director, recuerda que Benet llegó muy preparado. «Le llamé y me acuerdo que me dijo: Pero Borja, ¿a tu edad y sigues haciendo revistas? Yo tenía treinta y cuatro años».[685] En otra publicación, el ingeniero firma un elogioso artículo, «La novela de los prodigios», sobre la última obra de Eduardo Mendoza: «Una de las novelas que más me ha complacido en los últimos años, tal vez decenios»,[686] lo que prueba que los reproches al autor

683. «Esos fragmentos», Javier Marías. *Herrumbrosas lanzas*, Juan Benet. Alfaguara, Madrid, 1998.

684. «Entra el rumor pintado de numerosas lenguas», *Sur Exprés*, n.º 0, diciembre de 1986.

685. Declaraciones de Borja Casani, recogidas en casete el 12 de enero de 2016.

686. *Saber Leer*, n.º 1, 1 de enero de 1987. Revista de la Fundación Juan March.

barcelonés al término de una cena en Madrid fueron toda una desalmada broma. Cuando Mendoza lo leyó se dijo: «¡Qué cabrón! ¿Por qué me hace esto?».[687]

De vuelta de Zarzalejo, el 4 de enero de 1987 Benet viaja el día de Reyes con destino Portugal y Corcubión. Hace noche en Lamego, región de Tras-os-Montes, y sube hasta Valença do Minho, localidad fronteriza en la que pernocta. El 8 de enero duerme en Corcubión, donde ha alquilado una casita antigua, de piedra, frente al puerto (La Marina 13). La vivienda es de una planta, con un patín y una galería blanca, además de un pequeño jardín de espectaculares hortensias azules, rosas y blancas. En el bajo hay una tienda de artesanía regentada por Pía Lago, cocinera e hija de los propietarios del restaurante Las Hortensias y concejala de Cultura en el Ayuntamiento. Tras supervisar la marcha de las obras de la presa, el 13 de enero, en medio de una ola de frío que afecta a toda Europa, Benet regresa a Madrid. Despide a Blanca, que viaja a Orihuela para ver a sus padres y él vuelve en tren Talgo a Corcubión, hace noche en La Coruña y regresa a Madrid el 16 de enero. Una fecha después pasa una larga velada con Elías Querejeta, a quien le cuenta apasionadamente lo fascinante del paisaje en el que se desarrolla su actual trabajo.

El día 23 TVE emite el programa *Tiempos modernos*, en el que Alejandro Gándara entrevista a Juan Benet. Y en el mismo espacio, pocas fechas después, le tocó el turno a Rafael Sánchez Ferlosio, sometido a las preguntas de Llamazares. Pradera y Benet acompañaron al estudio al padre de Alfanhuí. «Me lo emplumaron a mí, porque se acojonaron Blanca Andreu y Agustín Tena, que imitaba a Benet en el flequillo y en las maneras. Era de mañana, estaba todo el mundo en alerta por si de repente se volvía atrás; le dedicamos todo el programa a él. Con imágenes del río Jarama y de la película *Ran* de Kurosawa. Yo no estaba menos asustado por esa fama que tenía Ferlosio; pensé: igual le pregunto algo y me manda a la mierda, porque yo era un chaval. Cuando llegó fuimos al bar y se tomó dos o tres ponches. Entre copa y copa, de repente decía: Yo no hago la entrevista. ¿Para qué me traéis aquí? Pradera y Benet le agarraban cada uno por lado: ¡Rafael, joder. Que ya están las cámaras preparadas! Hicimos la entrevista sin problemas. Al principio un poco reticente, pero al ver que yo no mordía...».[688]

Además del seguimiento de las obras y la estancia en Corcubión, el 16 de febrero, con una tarde lluviosa, Benet asiste a la fiesta y presentación de la colección *Libro de*

687. Conversación telefónica con Eduardo Mendoza, el 25 de junio de 2015.

688. Declaraciones de Julio Llamazares grabadas en magnetófono el 18 de septiembre de 2015. El programa se emitió el 6 de febrero de 1986.

a bordo en un hangar del aeropuerto de Barajas con Blanca Andreu, Marisa Torrente y Marcos Giralt Torrente. La compañía Iberia, cuyo jefe de prensa es Juan José Millás, seleccionó *Don Juan*, de Torrente Ballester, también presente en el acto con otro grupo de personas. «Benet cogió el libro y se lo dedicó a mi madre como si fuese mi abuelo: 'Para Marisa, del autor de sus días' Y firmó: 'Papá (preste Juan)'. Y a mí, en *Nunca llegarás a nada* me puso: 'Para Marcos, que no sabemos si ha llegado ya. Con todo mi cariño. Juan'. La broma consistía en que al regreso de mis salidas, en ausencia de mi madre, la llamaba para decirle que había llegado a casa. Cuando no lo hacía, estaba inquieta y contagiaba a don Juan, estando en Pisuerga».[689]

Al día siguiente el novelista es entrevistado en directo por Ángeles Caso, en el programa *La Tarde*, de la primera cadena de TVE. La presentadora, que ya había coincidido con él por amigos comunes, mostró una paciencia infinita ante un impertinente Benet. Empezó malhumorado con protestas por la espera y continuó desganado durante la conversación. A la pregunta de si le costaba mucho escribir, él interpeló: ¿Y a usted le cuesta mucho trabajo interrogar? Al final Ángeles, risueña, le dio las gracias y le emplazó hasta la próxima, a lo que Benet respondió: Que no se repita. Al llegar a la redacción, la presentadora se encontró al equipo indignado ante el aluvión de llamadas de telespectadores quejándose del invitado. Ella le restó importancia.

El mismo 23 de febrero que Juan viaja con Blanca a La Coruña en coche cama, su colega y leal Rafael Vilar Zanón se desplaza a Argel. Durante su estancia en Corcubión, Benet recibe a Montxo Armendáriz y Primitivo Álvaro, director de producción de Elías Querejeta, a quienes había invitado porque está interesado en escribir un guion con Montxo. Recorren los alrededores y visitan las obras de la presa de Santa Eugenia para estudiar la posibilidad de recrear una historia en aquel paraje cuya geografía se ve alterada por la construcción. En casa, Blanca pone algunos discos de jazz que ha llevado desde Madrid. Cuando el ingeniero regresa del trabajo decreta enfáticamente quitar el disco, porque sostiene que todo lo posterior al siglo XVI es esperpento, lo que deja perplejo a Montxo, amante del jazz. En las sesiones de trabajo nocturno esbozan personajes y tratan de perfilar el relato. Montxo le informa a Juan que para el rodaje hay que paralizar la obra, despejar de trabajadores, trastocar horarios... lo que para el ingeniero resulta del todo inviable. Al habla con Querejeta, deciden desistir de la idea.

689. Testimonio de Marcos Giralt Torrente, registrado en casete el 1 de febrero de 2016.

El 10 de marzo Benet asiste a un almuerzo en Lhardy para presentar *Balada de Caín*, de Manuel Vicent, novela con la que logró el premio Nadal. Al día siguiente Benet recibe malas noticias. Autorizado por Cubiertas y MZOV, el ingeniero Rafael Vilar Zanón, delegado de la empresa, empleó unos modos que las autoridades argelinas consideraron poco lícitos y le acusaron de soborno, con el posterior ingresó en prisión. Fue detenido por la policía a su llegada al aeropuerto de Argel, en Dar El Bëida. Lo estaban esperando. Según algunos testimonios, Rafael sobornó a una autoridad a fin de conseguir un trámite administrativo para continuar la obra, pero lo hizo a la persona menos indicada. Juan Benet se movilizó apresuradamente y pidió ayuda al ministro Javier Solana, quien le recomendó ver al vicepresidente del Gobierno, Alfonso Guerra, de muy buenas relaciones con los dirigentes del Frente de Liberación Nacional argelino. El 12 de marzo, después de asistir a las nueve y media de la mañana a la reunión del Consejo Social en la Universidad de Alcalá de Henares, Benet fue recibido por Guerra en su despacho del edificio Semillas, del complejo de La Moncloa. Un día más tarde Benet le puso unas letras al vicepresidente:

> Querido Alfonso
>
> Mucho te agradezco la diligencia con que me recibiste ayer y todo el interés que me demostraste por solucionar el affaire de Argel. Al volver a casa tras tu entrevista tuve una llamada al respecto por la que me comunicaron que un personaje todopoderoso y clave es el general Larbi Belkheir, jefe del Gabinete de la Presidencia.
>
> Un gran abrazo
>
> Juan.[690]

Fechado en marzo, Benet escribe el prefacio a una nueva edición de *El hombre sentimental*, de Javier Marías. La pareja vuelve a Corcubión. El 20 de marzo llegan a Santiago de Compostela Pilar Gutiérrez y Pedro Moreno y juntos van de excursión al impresionante Cabo Vilán (Camariñas) y Muxía, en la Costa de la Muerte. El día 23, en Corcubión, Benet recibe una llamada de Alfonso Guerra y le pone al corriente sobre las conversaciones con las autoridades argelinas.

Tras varios días de trabajo en Madrid, el 29 de marzo el ingeniero vuela a Santa Cruz de Tenerife para participar en el curso de la UIMP «Novela española actual: realidad, historia o intimismo», dirigido por Domingo Ynduráin y Santos Sanz Villanueva de secretario. Juan Benet y Manuel Vicent intervienen en el seminario «El

690. Carta manuscrita en cuartilla con membrete Juan Benet Goitia, en Madrid el 13 de marzo de 1987. Cortesía de Alfonso Guerra.

escritor y su obra». Luego formaron mesa redonda con Luis Mateo Díez. El 1 de abril regresa a Madrid.

Luego de pasar unos días solo en Corcubión porque Blanca está en Orihuela, Benet recibe una nueva llamada de Alfonso Guerra para informarle. De vuelta decide pasar la Semana Santa en Zarzalejo, expectante por la falta de noticias sobre su amigo Rafael Vilar. El 21 de abril anota en su agenda: «Constante espera infructuosa de la llamada de A.G.». El día después Benet telefonea al vicepresidente del Gobierno y visita al magistrado Clemente Auger, presidente de la Audiencia Territorial de Madrid. Nuevo desplazamiento a Corcubión.

Con motivo del VII Salón de los 16, Benet publica «Caneja sigue igual»,[691] texto evocador de los años cuarenta en que ambos se conocieron; el pintor ha sido seleccionado como destacado en la temporada 86-87. El próximo 11 de mayo, durante todo un mes, los 16 expondrán en el Museo Español de Arte Contemporáneo (MEAC).

Después de dos meses encarcelado, el 6 de mayo es liberado en Argelia, con la promesa de volver a juicio, el ingeniero Rafael Vilar Zanón, gracias a las gestiones de Benet con el vicepresidente del Gobierno, Alfonso Guerra. Cinco días más tarde, ante el ministro Javier Sáenz de Cosculluela y el presidente del Colegio de Ingenieros de Caminos, a Juan Benet se le entrega la distinción de Colegiado de Honor del CICCP por haber destacado de forma relevante con carácter público y notorio, por haber realizado actuaciones profesionales de incuestionable mérito y por haber prestado servicios relevantes a la profesión. La *laudatio* corre a cargo de Clemente Sáenz Ridruejo, quien glosa la faceta viajera del premiado y lee una sucinta biografía de su incondicional. Después de la intervención del ministro, Benet leyó el discurso de agradecimiento. Para él es una gran satisfacción porque ejerce la profesión con mucho orgullo, a diferencia de la mayoría de los escritores que tienen otro oficio distinto a la literatura y casi siempre lo ejercen a regañadientes. Él es un ingeniero que escribe. Sus colegas literatos le acompañaron en el acto, por el empeño de Benet.

De nuevo en Corcubión, vía La Coruña. El 16 de mayo Benet se desplaza a treinta kilómetros, al pazo de Baio en Daneiro, propiedad forestal de Manuel Varela. Invitado por la familia, pasa el día con ellos y van de excursión a Noia y Corrubedo para volver al pazo a dormir. Cuatro días después, Ramón Benet se incorpora como geólogo a las obras de Santa Eugenia. El 21 de mayo Juan recoge a Blanca en La Coruña y regresan a Madrid, para volver solo a Corcubión el 2 de junio. La jornada posterior, luego de una reunión de obra en la presa, Juan y Ramón Benet viajan a Salamanca en el Ford Escort. Pernoctan en el parador y temprano parten camino de Sevilla y Puebla

691. *Diario16*, 28 de abril de 1987.

de Cazalla vía Béjar y Villafranca de los Barros. En una parada para almorzar, el ingeniero telefonea a Alberto Machimbarrena para preguntar por su estado, pues sufre un cáncer. Su gran amigo ha muerto el 4 de junio en Aravaca a los setenta años. Fuerte varapalo para Juan. El mismo día Francisco Rico, de cuarenta y cuatro años, toma posesión de la silla «p» de la RAE. Alfonso Guerra preside la sesión.

El día después, desde la sevillana Osuna, Benet regresa a Madrid con Pablo Segovia, que se ha desplazado para recogerle. Y desde Madrid sale con destino a San Sebastián, al entierro de Machimbarrena. Sin mayor demora vuelve a Zarzalejo, donde un flemón le trae de cabeza. Tiene una boca bastante calamitosa. Después de dos días se le interviene la inflamación y le visitan en casa algunos amigos.

El 13 de junio, acompañado de Pérez de Juan, Benet vuela con algunos directivos de Carburos Metálicos a Estados Unidos vía Londres, para ver la presa de gravedad de hormigón Upper Stilwater Dam, en Utah, toda una atracción para los ingenieros. Desde Salk Lake City, Benet le envía una postal a Manuel de Lope, en Aix-en-Provence, que reproduce un granjero y su caballo del que cuelga sobre el lomo una trucha clarkii o de garganta cortada, símbolo del estado de Utah: «Ahora me encuentro entre mormones, tratando de sacarles secretos técnicos. Lo último que supe de ti, la historia del Tigre, me hizo añorar otros tiempos. Besos a Monique. Juan».

Cinco jornadas más adelante el ingeniero viaja de Denver a Londres para encontrarse con Blanca; juntos visitan Kew Gardens, gran jardín botánico al suroeste de la ciudad, con enormes invernaderos y la Gran Pagoda, de imitación a la arquitectura china. La pareja está en la capital británica hasta el 23, fecha que sale a la venta el número que inicia una nueva etapa de la revista satírica *Sal y Pimienta*, en donde se publica un epigrama anónimo bajo una fotografía de Juan Benet con el titular «Cuarteta hallada en un bote de tomate que flotaba en el río Orbigo»: «Pides que palos le dé/ porque al Guelbenzu leía/ ¡Ira de Dios, qué sería/ si leyera a Juan Benet!». El autor fue Pepe Esteban. Tras un descanso de un par de días, el 25 de junio se presenta *Otoño en Madrid hacia 1950* en el restaurante El Balneario (Juan Ramón Jiménez 37). Dedicado a Alberto Machimbarrena (AM), Alianza Tres recoge los textos que Benet ha venido publicando en los últimos años: «Barojiana», «Caneja, Juan Manuel», «El Madrid de Eloy», «Luis Martín-Santos, un memento». El acto fue conducido por Joaquín Leguina. Erróneamente considerado un libro menor, estamos ante un conjunto de retratos-relatos basados en la recuperación de la memoria de los años grisáceos del franquismo en la ciudad natal del autor. Para algunos es su obra más galdosiana, puro costumbrismo. Benet le regaló un ejemplar a su entrañable Alfio Martín Olarte y le dijo: «Espero que comprendas que este libro no te lo quiero dedicar, porque estoy seguro de que lo vas a leer, no como los otros; y es que la literatura no puede ser abordada por todo el mundo como no lo es, por ejemplo, la medicina nuclear. Hay que entender de...» Alfio le contestó: «Juan, yo abordo *El Quijote* a retazos con cierta frecuencia y disfruto de su literatura. También es verdad que Tàpies, por ejemplo, me resulta inabordable».[692]

En una escapada relámpago a Sevilla el 27 de junio, Benet visita a un colega y, entre chacotas, almuerza con su siempre inolvidada Pilar del Río, quien le regala un libro que a ella le encandiló, *El año de la muerte de Ricardo Reis*, "de ese escritor portugués con quien te ha dado por salir", puntualizó el madrileño, que no ha leído a José Saramago"»,[693] puntualizó el madrileño, que no ha leído a José Saramago.

Una vez comenzado el hormigonado de la presa de Santa Eugenia, el 5 de julio Benet recibe a Rafael Vilar, a quien ha invitado a pasar unos días en Corcubión para que trate de olvidar su pesadilla. En una primera comida mantienen una larga conversación sobre la amarga estancia sufrida en las difíciles condiciones de la prisión argelina. El último mes fue algo más llevadero porque le cambiaron de planta, según confesión de Vilar. Quizá coincidiendo con las gestiones de Alfonso Guerra.

El día 26 en el restaurante Las Hortensias de Corcubión, se celebra una comida entre Camilo José Cela, Rosario Conde, Juan Benet y Blanca Andreu. A Cela la familia Rivas, comerciantes de pescado, le presta un chalé en Calcoba, cerca de Finisterre, y el novelista acostumbra a tomar el aperitivo en Las Hortensias.

Agapito Ramos es nombrado consejero de la Presidencia de la Comunidad de Madrid y presidente del Canal de Isabel II; en sus coincidencias con el ingeniero recaba su opinión sobre algunos asuntos, como la posibilidad de lograr y almacenar más agua para la comunidad.

Benet y Azúa visitan a un deprimido Ferlosio para reanimarle y sacarlo de casa, en la glorieta de Bilbao 5. No logra reponerse de la muerte de su hija. En una ocasión lo encuentran bajo la cama metido en un saco de arpillera, aislado del mundo que le es adverso.

El 16 de julio Jérôme Lindon, de Les Éditions de Minuit, escribe a Juan Benet:

> Apreciado señor,
>
> Claude Murcia acaba de remitirnos el manuscrito definitivo de la traducción 'El aire de un crimen'. Es un libro soberbio, y no podría decirle lo orgulloso que estoy de ser el editor en Francia.

692. Conversación con Alfio Martín Olarte, grabada en casete el 16 de mayo de 2014.
693. Correo electrónico de Pilar del Río, del 26 de marzo de 2014.

Mi entusiasmo es tal que vamos a intentar publicar la obra a principios de octubre –lo que, teniendo en cuenta las vacaciones de la imprenta en agosto, es una especie de desafío.

Me gustaría poder proporcionar a la prensa un pequeño dossier de información. Le he pedido a Claude Murcia que nos ayude a confeccionarlo. Pero está de vacaciones y allí no dispone de todos los elementos necesarios. Razón por la cual me permito su ayuda: ¿podría usted hacernos llegar una o dos fotos suyas, si es posible libres de derechos, que podamos enviar a los periódicos?

Hoy escribo a algunos de sus editores españoles pidiéndoles que nos indiquen la preferencia sobre otros libros suyos: Volverás a Región, Una meditación, Una tumba y otros relatos, Un viaje de invierno. De verdad espero que podamos seguir dando a conocer su obra aquí.

Me gustaría, por último, volver a reiterar mi alegría: la primera vez que hacemos una excepción a nuestra regla de no publicar jamás más que a escritores francófonos es, gracias a usted, una obra maestra.

Le ruego acepte el testimonio de mis mejores deseos.

Jérôme Lindon.[694]

El 5 de septiembre Salinas escribe a Bergsson y le comunica que: «Benet quiere que vaya a verle a Galicia; será cuestión de tomar el tren el viernes por la noche, un coche me vendrá a buscar a la estación. El domingo, vuelta a tomar el tren; pero me hace ilusión el volver a ver el mar, y pasarme cuarenta y ocho horas con Juan y Blanca».[695] Cuatro jornadas más adelante, desde Madrid, Benet escribe a Claude Murcia:

Querida Claude: [...] Mucho celebro que tanto tú como Lindon estéis satisfechos del resultado, sin duda más fruto de tu trabajo que del mío. A petición de Lindon he enviado a Minuit un buen número de mis novelas y cuentos, entre ellos 'Saúl ante Samuel' que supongo que te remitirá para recabar tu opinión. Yo no tengo preferencias y si Lindon tiene un cierto éxito y quiere proseguir la aventura puede optar por el título que desee pero preferiría cualquiera antes de 'Volverás a Región' por razones muy distintas a las literarias. He sido invitado a un festival en Estrasburgo del 15 al 18 de octubre y pienso estar en París del 18 al 21.

694. Un folio con membrete editorial, mecanografiado en francés y firmado a mano en París, el 16 de julio de 1987.

695. *Cuando editar era una fiesta. Correspondencia privada, Jaime Salinas.* Edición de Enric Bou. Tusquets, Barcelona, 2020.

Será una buena ocasión para vernos, conocer a Lindon y discutir acerca del futuro para lo cual estaría muy bien que tuvieras alguna opinión formada al respecto [...] Lamento no haberte visto en tu estancia en Madrid pero espero poder remediar el desaire en París.

Un abrazo muy fuerte

Juan.[696]

José María Guelbenzu publica en Alfaguara *Una tumba. Numa*, de Benet. «Le pregunté: ¿Te parece que juntemos esas dos piezas en un volumen? Sí, sí lo que quieras. Y ahí fue donde él me llamó para decirme: ¿Te importaría borrar de la dedicatoria a Gimferrer?. Yo soy el que la elimina. Gimferrer me preguntó si sabía qué había pasado y le dije que debía de ser una errata. Fue una petición expresa de Juan. Debió de tener un encontronazo con Pedro. Me lo dijo muy discretamente y nada dispuesto a dar explicaciones. Si no te importa... con esta sencillez expresiva».[697]

Del 18 al 20 de septiembre Salinas y Molina están en Corcubión. Así se lo cuenta Jaime a su compañero: «El fin de semana fue una delicia; el paisaje, ese mar Atlántico frío como un glaciar me dio una buena sacudida después de la suave temperatura de las aguas de Barónsstígur. Me hospedé en el hotel del pueblo ya que Molina Foix se había presentado inesperadamente y no cabíamos en la casita de Benet. Hice bien porque así estuve más tranquilo y pude librarme de las sesiones de TV que aparentemente apasionaban a los dos escritores. Vicente, como buen levantino, se echaba sus siestas y ello me dio ocasión para hablar con Juan, de la vida, de la escritura y de la lengua española. Galicia es una de las pocas regiones de España que guarda su personalidad tanto en sus gentes como en sus pueblos y paisaje. La gente es tranquila, dulce, con una picaresca propia que nada tiene que ver con la andaluza o la castellana. Es un pequeño mundo aparte, marginado por el resto de España y como única salida ese impresionante mar. Me sentí cómodo y me acorde mucho de ti pues creo que te hubiera gustado. Benet sigue siendo la única persona con la que consigo comunicar en mi tierra; Vicente, en pequeñas dosis, resulta llevadero».[698]

El jueves 24 de septiembre Susan Sontag pronuncia una conferencia en el Círculo de Bellas Artes sobre la enfermedad como metáfora, dentro del ciclo «El cuerpo:

696. Una cuartilla manuscrita por ambas caras con membrete Juan Benet Goitia. Ingeniero, con fecha 9 de septiembre de 1987.

697. Testimonio de José María Guelbenzu, grabado en casete el 22 de enero de 2016.

698. Carta de Jaime Salinas a Gðudbergur Bergsson, 25 de septiembre de 1987.

escenarios para la libertad». Posteriormente Vicente Molina celebra una fiesta en su casa (Avenida de América 2) en honor a la autora, que conoce hace algunos años. Asiste un reducido elenco de representantes de la cultura aprobado de antemano por la neoyorquina: Juan Benet, Blanca Andreu, Javier Marías, Jaime Salinas, Pedro Almódovar, el compositor Luis de Pablo y su mujer la pintora y grabadora Marta Cárdenas, el artista visual Frederic Amat, etcétera. La Sontag está acompañada de su hijo David Rieff. «Benet soltó su retahíla de desprecios empezando por Dostoievski, que le aburría. Indignó a Susan Sontag, aunque acabaron siendo amigos»,[699] recuerda De Pablo. «Habían tenido dos o tres primeros encontronazos dialécticos sobre Borges (a quien el escritor madrileño despreciaba) y algún novelista norteamericano contemporáneo, pero la disputa capital se produjo en torno a *La princesa de Clèves* de Madame de Lafayette, que, para sorpresa de todos, fue fogosamente defendida por Sontag y tachada de novela rosa por Benet».[700] Frederic Amat evoca la conversación que tuvo con Benet sobre pintura y *collages*, para acabar charlando sobre el italiano Filippo de Pisis, de quien Benet guarda una obra en su domicilio de Pisuerga.

Entre el 16 y el 19 se celebra el primer Festival Europeo de escritores en Estrasburgo, en el que participan Carmen Martín Gaite, Manuel Vázquez Montalbán, Monserrat Roig y Carlos Casares. Ni Juan Benet ni Juan Goytisolo asistieron aunque estaban invitados. Marguerite Yourcenar fue elegida escritora europea del año. Benet llega a París el día 18 en coche cama y el 19 cena con el matrimonio Claude y Juan Murcia. La jornada posterior tiene un almuerzo con Jérôme Lindon.

El 21 de octubre se presenta la primera traducción francesa de *L'Air d'un crime*, editada en Minuit, en la Libraire Compagnie (58 Rue des Écoles) y allí la crítica literaria Pascale Casanova le propone al autor una entrevista y se citan frente al Sena, en la Casa de la Radio, que alberga a Radio France. El mismo día de su llegada a Madrid, 23 de octubre, pronuncia una conferencia en el CICCP para después marcharse con Blanca a Corcubión, donde tito Jaime les visita el fin de semana.

Citado por el anfitrión, Frederic Amat llega por vez primera a Pisuerga. El escritor le muestra el cuadro *Vaso di fiori*, del italiano Filippo de Pisis, y Amat le desaconseja su venta. Benet le enseña sus *collages* y ante el entusiasmo del pintor, le regala uno donde aparecen unos enanos; por prudencia, Amat lo dejó sobre uno de los anaqueles de la estantería de don Juan y salieron de copas. Allí quedó.[701]

---

699. Conversación telefónica con Luis de Pablo, el 2 de julio de 2015.

700. *Enemigos de lo real (Escritos sobre escritores)*, Vicente Molina Foix. Galaxia Gutenberg, Barcelona, 2016.

701. «A su muerte, con bonita generosidad, su hijo Eugenio me entregó el *collage* de título muy benetiano *Una tras otra* (1981, 256 × 114 mm); no era el mismo, era incluso mejor». Correo electrónico de Frederic Amat del

Después de un breve viaje a Nueva York, el sábado 28 de noviembre Benet asiste a la tertulia de José Luis, donde Felipe González y Carmen Romero concurren como invitados al almuerzo en el restaurante. Larga sobremesa hasta bien entrada la tarde, donde corren los brebajes, el tabaco y la plática. Benet no deja de conversar con el presidente del Gobierno, y, con su insolencia habitual y unas copas encima, le pregunta: «¿Pero tú, aparte de economía, qué sabes?».[702]

Dos días después, Benet comparte mantel con Pedro J. Ramírez, director de *Diario16*, la misma fecha en que el ingeniero publica en ese periódico un artículo de opinión titulado «El señor juez», donde incluye «Ese golpe de Estado tan temido», fino juego que mantiene con Manuel de Lope: meter algún endecasílabo en los artículos.

Tras un infructuoso viaje a Barcelona, el 3 de diciembre, Benet almuerza de nuevo en José Luis con Soledad Gallego-Díaz y Joaquín Estefanía, dos pesos pesados de *El País*, diario con el que el novelista anda molesto porque no le publican a Blanca Andreu.

El 5 de diciembre, desde la presa de Santa Eugenia, Ignacio Pérez de Juan le comunica a Benet que Ramón Cachafeiro Varela se ha suicidado en su domicilio de Las Lomas. Don Ramón, jubilado y con permiso de armas, guardaba en su mesilla de noche un revolver en el que quizá albergaba oscuras esperanzas. La noticia causa un gran impacto en la profesión. El día siguiente Pedro J. Ramírez, en su oceánica homilía dominical de *Diario16* de título «Un presidente que no nos merecemos», airea la participación de Felipe González en la tertulia de José Luis. Entre los tertulianos eso molestó muchísimo y comenzaron los interrogantes y los barruntos. «Empezó a haber marejadilla de fondo y se sospechó injustamente de Chamorro. Él no volvió a la tertulia»,[703] relata Lozano. «Yo entonces era editorialista de *Diario16*. En el consejo editorial del periódico mencioné que se había producido esa comida sin dar absolutamente ningún detalle (no sabía que era secreta) y Pedro J. fue adivinando quiénes habían estado y fue juntando información, algo bastante profesional por su parte y bastante inocente por parte de quienes aportaron información. Se produjo una especie de investigación, me molestó y dejé de ir. Cometí la ingenuidad de decir que esa comida se había producido y no aporté absolutamente nada. Yo estuve en el almuerzo y no tuvo ningún interés»,[704] explica Delgado-Gal.

---

23 de junio de 2016.

702. Testimonio de Jorge Lozano, registrado en casete el 22 de octubre de 2018.

703. *Ibíd.*

704. Testimonio de Álvaro Delgado-Gal, grabado en magnetófono el 5 de octubre de 2015.

Ramón Cachafeiro es enterrado el 7 de diciembre en el cementerio de Boadilla del Monte. Al sepelio asisten Juan Benet, Pablo García-Arenal, Francisco González Gamallo, Javier Rodríguez Ibrán y muchos otros amigos y gente de la profesión. A la noche Benet cena en casa de don Pablo con Oliart y los Varela.

La editorial Siruela celebra su quinto aniversario en la coctelería Chicote (Gran Vía 12). El 16 de diciembre, se presenta a modo de brindis el libro *La ley mojada*, que recoge la totalidad de combinaciones digeribles salidas de la coctelera del barman Pedro Chicote. Invitado por Jacobo Martínez de Irujo y su esposa Eugenia Fernández de Castro, Benet asiste al festejo. También están en el local Jorge Lozano, Carmen Martín Gaite, Michi Panero y su mujer Paula Molina, los duques de Alba, Pitita Ridruejo, entre otros.

La fecha siguiente, a las diez y cuarto de la noche la primera cadena de TVE emite el programa *Debate*, dirigido y presentado por Victoria Prego, con Ludolfo Paramio, Carlos Luis Álvarez, Manuel Vicent, José Luis Coll, Mingote y Juan Benet, como invitados al coloquio. Es el último espacio del programa y se trata de debatir sobre los acontecimientos sociopolíticos acaecidos a lo largo del año que acaba.

Eugenio Benet recibe el encargo de los tertulianos amigos de su padre para que retrate a cada uno e inmortalice al grupo en un cuadro.[705]

705. *La tertulia de los Juanes en José Luis*, de Eugenio Benet (óleo sobre tabla, 225 × 130 cm), vio la luz diez años después, en 1997.

Juan Benet y Blanca Andreu junto al Danubio, en Budapest (agosto, 1988). Autora: Beatriz de Laiglesia

Juan Benet y Blanca Andreu en Karlovi Vary (antigua Checoslovaquia, agosto, 1988)
Autora: Beatriz de Laiglesia

22

COMPAÑÍA HIDROCINÉTICA REGIONAL

COMO ya es costumbre, Juan Benet inicia el nuevo año en la finca de Zarzalejo. El 12 de enero de 1988 el novelista viaja a París en Air France, visita a su editor Lindon y cena con los Murcia. Al día siguiente participa en el simposio sobre la identidad europea que ha organizado el Ministerio de Asuntos Exteriores francés. Completan la delegación española Miguel Artola, historiador, Alfonso Pérez Sánchez, director del Museo del Prado, Josep Ramoneda, filósofo, José Vidal-Beneyto, director de Enseñanza, Cultura y Deporte en el Consejo de Europa, y los escritores Marta Pessarrodona y Manuel Vazquez Montalbán.

Sin perderse la ambiciosa exposición monográfica de Zurbarán en las Galeries Nationales del Grand Palais, inaugurada el pasado año en Nueva York, el 15 de enero Benet vuela a Madrid en Iberia.

Cinco días más adelante, desde Barcelona, Esther Tusquets escribe al novelista porque está interesada en volver a editar *Una tumba*. Invitado por su amigo y colega Rafael López González, Benet visita la presa de Castro de las Cogotas (Ávila), en las proximidades de Mingorría, municipio de Cardeñosa. Se trata de una presa de bóveda proyectada por Rafael. Con posterioridad a la inspección, almuerzan los cuatro ingenieros presentes: Guillermo López Laa, Benet, Rafael y su cuñado Enrique Giménez Sánchez.

El sábado 23 de enero el matrimonio Benet asiste a una cena en casa de Marisa Torrente (Colmenares 5). Los comensales son el editor Fernando Baeza, su mujer María Giralt, prima del pintor Juan Giralt, ex marido de Marisa, su hijo Marcos, Juan, Blanca y la anfitriona.

El escritor atiende todos los frentes. No hay actividad cultural para la que no sea reclamado. El 25 de enero la firma de lujo Loewe le propone como patrono de honor de la fundación en ciernes, cuyo objetivo es promover la creatividad en poesía, danza, diseño, artesanía, fotografía y arquitectura. Con anterioridad y de parte de Enrique Loewe, le telefoneó el poeta Luis Antonio de Villena para saber si aceptaría;

cuando se enteró de que también estaba Octavio Paz como patrono, Benet asintió inmediatamente. Tres fechas después Enrique Loewe le cita a un almuerzo en Lhardy, al que asiste De Villena, para hablar de la futura fundación. El novelista comenzó con socarronerías sutiles como: Vosotros os dedicáis a la moda... Pero no tardó en plegar velas.

El 3 de febrero Benet responde a la editora Esther Tusquets:

> Querida Esther [...] nadie mejor que tú para decidir el formato de la edición de *Una tumba* que pretendes hacer. Así que decide tú y edítalo con fotos o sin ellas, según tu parecer. Si es necesario mándame un contrato pues el antiguo voló, según creo. Espero tus noticias y te envío un abrazo
>
> Juan.[706]

El domingo 14 de febrero *El País* inicia la publicación de la serie «Mitológicas», de Juan Benet. Tendrá periodicidad bisemanal. Al tiempo, el autor decide revisar y alargar «En la penumbra».

Vía Salamanca, con comida en Ciudad Rodrigo, el matrimonio Benet-Andreu viaja a Corcubión. El 24 de febrero llegan a la portuguesa Guimarães, pasan por Ponte de Lima y el 26 alcanzan la villa coruñesa. Tres días más tarde se hospedan en el Gran Hotel Lugo y el 1 de marzo, tras almorzar en Astorga, llegan a Madrid.

Nueva colaboración en *Letra Internacional*: «La estrategia en la guerra civil».[707] Benet, el 6 de marzo anota en su agenda que lleva escritas ciento diez páginas de «En la penumbra». Pero vuelve a ser reclamado para unas conferencias en la capital belga, en la Feria del Libro y en la Universidad Libre. Viaja en Sabena, visita Brujas, donde adquiere una jarra de cerveza flamenca, y entra en el Museo de la Ciudad de Bruselas para plantarse delante del óleo sobre lámina de cobre, *La construcción de la Torre de Babel*, de Frans Francken II (sigue madurando la idea del ensayo). Como también se detiene frente a *La revue des écoles en 1878*, de Jan Verhas.

A su regreso a Madrid, el novelista almuerza con Luis Suñén, quien ha sido nombrado director editorial de Alfaguara y le pone al corriente sobre su obra en curso. Tras viajar con Blanca a Corcubión para una nueva inspección de la presa, el 22 de marzo el ingeniero vuela en la compañía Viasa a Caracas. Desde la capital venezolana, en compañía de los colegas Silvio Requena, Domingo Vegas y Manuel Melis, se desplaza a las presas de Macagua II y Guri, del río Caroní, en el estado de Bolivar.

706. Cuartilla con el membrete «Juan Benet Goitia. Ingeniero», manuscrita por una cara, en Madrid el 3 de febrero de 1988. Biblioteca de Catalunya. Fondo Esther Tusquets.

707. *Letra Internacional*, n.º 9, correspondiente a marzo-abril-mayo (Primavera) 1988.

Durante el trayecto en avioneta, Requena le reprocha a Benet, de vocabulario muy preciso, la redacción de la memoria y le pide eliminar el término feraz. Benet le responde con inapetencia, la misma con que advertiría a un transeúnte de la caída de su encendedor al suelo. El día 27, tras veintidós horas de viaje, llega a Madrid vía Oporto y Lisboa.

A su incondicional Sarrión le obsequia con un ejemplar de *Una tumba*: «Mientras se escucha/ cómo en el profundo Sur/ barre su porche/ una enana/ Te dedico con pasión mucha/ el texto de Una Tumba. Juan. Madrid, 89». Acompañado de Blanca, en Zarzalejo Benet retoma la escritura. Y el 1 de abril, en medio de una nevada insólita, «queda resuelto en la sauna el escollo argumental de En la penumbra»,[708] consigna el novelista. En la finca hacen acto de presencia Javier Marías y Daniella Pittarello, también llamada Elide y Lella, catedrática de Literatura Española en la Universidad de Udine.

Desde Barcelona, el 14 de abril, Juan y Blanca viajan a París y se alojan en el hotel Le Bréa. Asisten a una recepción en la Embajada española y él participa con Manuel Vázquez Montalbán en el encuentro «Les Belles étrangères», dedicado a España y celebrado en el Centro Pompidou; fueron presentados por Claude Murcia. El matrimonio visita el camposanto de Père Lachaise y cena con la cuñada Leila Farmam-Farmaian y sus hijos Juan Manuel y Alejandro. El 20 de abril tiene lugar una nueva charla en el gran anfiteatro de La Sorbona, en el que participan Benet, Vázquez Montalbán, Ana María Matute, Juan Marsé, Félix de Azúa, Jorge Herralde, Gonzalo Torrente Ballester, Adelaida García Morales, José María Guelbenzu, Soledad Puértolas.

En Montpellier Benet interviene en un debate en la Bibliothèque Municipale y vía Avignon la pareja llega a Aix-en-Provence el 23 de abril, donde se reúnen con Manuel de Lope y Monique, para volver a Madrid la jornada posterior. El día 26 la embajada francesa invita a Benet a una cena en honor de Máximo Cajal y Beatriz de Laiglesia.

El 1 de mayo, Benet da por concluida la novela «En la penumbra», obra que a Blanca le entusiasma porque las protagonistas son mujeres: una señora de mucho carácter perteneciente a la nobleza local, con administrador y mayoral a su disposición, y su sobrina, quien tiene el deseo intempestivo de ser perseguida por un hombre. Un diálogo apasionado de mujeres o un monólogo femenino; el personaje fantasmal de la tía, pese a no estar descrito detalladamente con virtudes y defectos, resulta fascinante. El autor es capaz de penetrar el alma humana y diseccionarla.

708. Agenda 1988. Arch. JB/1/19, BNE.

Después de los devaneos con Pedro J. Ramírez y *Diario 16*, el 6 de mayo el novelista almuerza con Juan Cruz en Il Salotto (Velázquez 61) y le transmite su preocupación por si le quieren o no en el periódico. Según Cruz, Benet sólo quería «mimoserías, pues era tierno y mimoso, aunque pareciera lo contrario».[709] Luego viajó a Lisboa para participar en la conferencia internacional sobre literatura organizada por la fundación Wheatland, a la que asistieron setecientos escritores de Europa y Estados Unidos. La delegación española la forman Jaime Salinas, Montserrat Roig, Gonzalo Torrente Ballester, Juan Benet, Vicente Molina Foix y Luis Suñén. El encuentro tuvo lugar en el Grémio Literário y en el hotel Ritz. «Durante esos días, sobre las dos de la madrugada, en el hotel me dijo Benet: He traído la novela ['En la penumbra']. Como eres tan buen editor, buen amigo y un buen lector, pásate por mi habitación, te la doy y mañana en el desayuno me dices qué te parece. Evidentemente, la leí en una noche y por la mañana le dije: Juan, la novela es magnífica y por supuesto, te la vamos a publicar. Me llamó la atención la curiosa amistad entre Torrente Ballester y Benet. Se llevaban muy bien. Gonzalo le llamaba Juanito».[710]

El 30 de mayo se inaugura en Roma el seminario coordinado por Domingo Ynduráin «Panorama de la Literatura Iberoamericana» en la Academia Española de Bellas Artes, dirigida por Trinidad Sánchez Pacheco. Están presentes Benet, Vicent, Mendoza, Saramago, Vázquez Montalbán, Bryce Echenique y Santiago Roldán, como rector de la UIMP. Entre el público están los poetas Jacobo Cortines y Blanca Andreu. «Cena y bronca en Piazza Navona»,[711] apunta Benet. El día después de su conferencia, el novelista pasea con Eduardo Mendoza por Piazza di Popolo y hacen un receso en el Caffè Greco. Luego de comer visita a Pietro Citati, crítico italiano con quien tuvo en Lisboa una agria discusión sobre Kafka. Largos paseos por el Panteón y Trastévere. En España *El Independiente*,[712] azote del socialismo gobernante, publica el organigrama del PSOE donde incluyen a Benet entre la *intelligentsia* afín y bajo la influencia de González. Otros son Pradera, Auger, Moscoso, Semprún, Claudín y Paramio. *El País* lo reproduce un día más tarde, cuando Benet y Blanca aterrizan en Madrid.

La relación conyugal no pasa por su mejor momento. Según Blanca, él la ignora y ni la mira a la cara. Pocos días después, el ingeniero viaja a Corcubión. Cuando se despide, ella le dice que a su vuelta ya no estará en casa.[713] Astorga, Castrillo de los

709. Correo electrónico de Juan Cruz, el 5 de abril de 2021.
710. Testimonio de Luis Suñén, grabada en casete el 29 de mayo de 2015.
711. Entrada del 31 de mayo, *op. cit.*
712. *El Independiente*, n.º 51, 3-9 de junio de 1988.
713. Conversación telefónica con Blanca Andreu el 3 de abril de 2014.

Polvazares, Santa Colomba de Somoza, Sierra del Teleno. De Villafranca del Bierzo a Samos, Sarria, Portomarín, Chantada, Lalín. En Madrid, el 9 de junio Javier Marías telefonea a Blanca y la invita a un acto en el Palacio Longoria, sede de la SGAE, donde participará él y el italiano Roberto Calasso, escritor y editor de Adelphi. Finalizada la charla, fueron a echar unos tragos en Bocaccio.

La parca llama de nuevo a la puerta. El 24 de junio muere en su domicilio el pintor Juan Manuel Díaz-Caneja. Estaba convaleciente de una intervención quirúrgica a causa de una caída sufrida dos meses atrás, que le produjo la fractura de una cadera. Al día siguiente a las nueve de la mañana lo enterraron en el cementerio civil de Madrid. Juan Benet y Pablo García-Arenal asistieron al sepelio; como su íntimo colega Luis Gutiérrez-Solana, casi ciego; también José Esteban acompañado de los pintores Pepe Díaz y Joaquín Pacheco.

El 1 de julio tiene lugar una cena en Pisuerga, en la que, además de los anfitriones, están Javier Solana, Concha Giménez, Máximo Cajal y Bea de Laiglesia. En la prolongada sobremesa surge la idea de hacer un viaje a Europa del Este.

La familia crece. En Salamanca, el 9 de julio, nace Álvaro, otro nieto, hijo de Nicolás y Charo. El abuelo trabaja en un encargo de Rafael Borrás, que ha ideado una colección sobre distintas ciudades en un momento clave de su historia. A Benet le ha requerido Londres.

El 30 de julio los tres matrimonios Benet, Cajal y Solana viajan de Madrid a Budapest y se alojan en el hotel Hilton. El 2 de agosto hacen el trayecto Budapest-Praga. «Alquilamos una furgoneta de seis plazas, hacíamos el gamberro y lo pasamos maravillosamente bien. Fue un golpe de convivencia interna estupenda, fantástica»,[714] refresca Solana. «A Praga llegaba de embajador de España José Luis Dicenta, *Pipo*, y nos quedamos a dormir en su casa el día de su llegada. Visitamos todo, Juan tenía una cultura tan estupenda... Dibujaba todo lo que veía en un cuaderno».[715] Solana guarda un grato recuerdo de su paso por los balnearios Marianské Lazne y Karlovy Vary y de alguna que otra astracanada del ingeniero. El 8 de agosto regresan a Madrid. Producto del viaje, el novelista escribe para *El País* cinco entregas bajo el título «Viajeros de Verano», con fotografías de Beatriz de Laiglesia.

El 13 de septiembre en pase privado Benet ve la película *El aire de un crimen*, dirigida por Antonio Isasi-Isasmendi. Isasi leyó la novela y, prendado de la obra, quiso llevarla al cine. A través de Querejeta, localizó al autor. Almorazaron en El Mesón

714. Charla con Javier Solana, grabada en magnetófono el 10 de febrero de 2015.
715. *Ibíd.*

de Fuencarral, Blanca, Elías, Juan y Antonio. Isasi adquirió los derechos e hizo su última película estrictamente española: guion, actores y capital. Rodó con los protagonistas Fernando Rey, Francisco Rabal y Maribel Verdú. Durante la proyección «no tuve tiempo de recordar nada de lo que yo había escrito con el mismo título hace ocho años»,[716] escribió el novelista, indicio de que la cinta le atrapó, sin tiempo para reflexionar.

Posteriormente el autor asiste al pase de *El aire de un crimen* en el 36.º Festival de Cine de San Sebastián. Se presentó en la sección oficial, pero ganó la concha de oro *Remando al viento*, de Gonzalo Suárez. Fernando Rey logró el galardón al mejor actor. «Fuimos todos por ver a Maribel Verdú. Mientras daban copas, que nosotros bebíamos como fieras, había un tipo tocando la txalaparta. Como a Juan todas las cosas raras que sonaran a rurales le interesaban, pues fue; y después de observarle detenidamente, le preguntó: Este tipo de instrumento será muy antiguo, ¿no? El tipo le contestó: Uy, ya mi abuelo, ya mi abuelo. Nos lo contaba Juan partido de risa. Luego cada vez que alguien anunciaba: Eso tiene que ser muy antiguo, decíamos: Ya mi abuelo, ya mi abuelo».[717]

Ese mismo día Inka Martí entrevista a Benet en el programa *Tal cual* de la primera cadena de TVE. A quien se le ha tachado de huraño, impertinente, distante, agresivo, asocial, cáustico, discutidor, erizante, cascarrabias, la entrevistadora le recuerda una de sus particularidades y él le contesta: «Se está más a gusto siendo cascarrabias. Da mucha tranquilidad [...] Me gusta ser cascarrabias porque el día está más lleno». Por la noche, el escritor cena con Elías Querejeta y su compañera Rosa Barceló, *Chiruca*. A la mañana siguiente regresa a Madrid.

Finalizada la obra de la presa de Santa Eugenia, el 25 de septiembre Benet viaja a Corcubión para levantar la casa de alquiler. Ha intentado adquirirla pero los propietarios no la venden. De vuelta a Madrid, duerme en Puebla de Sanabria. Luego emprende camino de Zamora, Fuentesaúco y Ávila.

Ana Rosa Semprún, compañera de José María Guelbenzu, celebra una cena en su domicilio, en la calle de Marceliano Santamaría, a la que asisten Benet, José Miguel Ullán, Manuel Ferro, Javier Pradera y Natalia Rodríguez-Salmones. A la mesa surge cierta discusión con motivo del artículo «Monaguillos 2000»[718] de José Ángel Valente, sobre la independencia y el pensamiento crítico del estamento intelectual ante el poder político. El poeta orensano afirmaba que «en el socialismo español la

716. «El aire del aire de un crimen», Juan Benet. *El País*, 19 de septiembre de 1988.
717. Testimonio de Fernando Savater, recogido en casete el 20 de octubre de 2015.
718. *El País*, 3 de septiembre de 1988.

crítica es anémica», calificaba a ciertos intelectuales de «concelebrantes» y propinaba un cariñoso coscorrón a Francisco Ayala por unas declaraciones veraniegas y a su amigo Luis Goytisolo por un artículo reciente. Pradera y Benet parecen aludidos y discuten con Ullán y Ferro, abogados del diablo.

Por los quehaceres ingenieriles, el 18 de octubre Benet se persona en el Ministerio de Obras Públicas y Urbanismo para entrevistarse con su titular, Javier Sáenz de Cosculluela. Y respecto a su otra labor, prosigue con el encargo sobre Londres.

El embajador José Luis Dicenta, *Pipo*, se encuentra en la capital y el 3 de noviembre cenan con él los matrimonios Benet y Cajal, en el restaurante Al-Mounia. El día después Máximo y Juan viajan a Salamanca para participar en la primera edición de las Tertulias Hispano-Británicas celebradas en el colegio mayor Arzobispo Fonseca y alentadas por Hugh Thomas y Alberto Oliart, entre otros. Por representación española fueron el duque de Alba, Benet, Torrente Ballester, Cajal, Morán, Gil de Biedma y algunos más. Por parte británica el historiador e hispanista lord Thomas, la novelista Iris Murdoch, además de otros destacados representantes de la política y la cultura. En los debates, exquisitamente moderados por Nuria Espert y celebrados a puerta cerrada, Juan Benet montó la trapatiesta: confesó detestar a los clásicos, aseveró que la cultura española se agotó hace cinco siglos y si en Inglaterra no se lee a Galdós, tanto mejor para los ingleses. Al soberbio Benet le respondió el no menos soberbio y vanidoso Jesús Aguirre: «Por boca del señor Benet habla el resentimiento; don Benito agotaba ediciones y más ediciones de todos y cada uno de sus libros, y nuestro hidráulico ingeniero apenas sí logra que se vendan diez ejemplares de cada uno de sus tochos».[719] Luego tomaron vinos en el abrevadero del hotel Monterrey.

TVE emite el programa *Cine Club* con un ciclo dedicado a Elías Querejeta. En el plató, Benet comenta la película *De cuerpo presente* (1967), dirigida por Antonio Eceiza, producida por Querejeta y basada en la novela homónima de Gonzalo Suárez. El día después, 8 de noviembre, el novelista finaliza «Londres victoriano». La Andreu publica el poemario *Elphistone* (Visor), dedicado a Juan Benet. Sale a la calle el volumen colectivo *Vistas de las obras del Canal de Isabel II*, con fotografías de Charles Clifford. Juan Benet firma el prólogo «Un punto de vista extranjero» y el artículo «Sifón del Bodonal».

Todavía con la resonancia de una exitosa huelga general contra la política económica del Gobierno, a mediados de diciembre Juan García Hortelano entrevista a Benet en Pisuerga, en presencia de Mercedes Soriano, para la revista *El Urogallo*.

719. «El ingeniero», por el duque de Alba. *Abc*, 26 de enero de 1993.

Con posterioridad, los facultativos diagnostican a Hortelano principios de un cáncer de pulmón.

España soporta un invierno de temperaturas elevadas y una sequía sin precedentes en los últimos decenios. El 4 de enero de 1989 desde Madrid, Benet escribe a Frederic Amat, con quien se ha comprometido en unos textos para unas serigrafías del artista.

> Querido Federico:
>
> Ya está; sólo me queda corregir unos pocos detalles y pasarlo a limpio. Así que la semana que viene lo tienes en tus manos para que hagas con ello lo que mejor o peor proceda [...] un abrazo muy fuerte y feliz ochenta y nueve.
>
> Juan.[720]

El 11 de enero vuelve a escribir a Amat.

> Querido Federico: Aquí está como te anuncié el resultado de mis profundas investigaciones. El número de hojas corresponde al n.º de láminas pero no hay la menor relación uno a uno entre el texto y la colección gráfica. En el extremo superior con lápiz he señalado el orden en que fue escrita cada cuartilla pero no tiene por qué ser el orden de la lectura. Observarás que barajándolas se obtienen lecturas diferentes respecto a un módulo único [...] Espero tus noticias y te envío un abrazo consolidado
>
> Juan.[721]

En la empresa a la que tantos años le ha dedicado, a Benet le imputan unas cuentas negativas que no eran suyas, lo que provoca su salida a petición propia; parece una invitación a marcharse. Cubiertas y MZOV le ofrece una indemnización y ayuda, pues va a crear su propia sociedad de ingeniería. El 20 de enero nace su nieto Alejandro, hijo de Juana, y el 27 de enero, ante el notario José Aristónico García, don Juan constituye la Compañía Hidrocinética Regional, S.A., destinada a proyectos y estudios de hidráulica, con una pequeña oficina en el número 152 del paseo de La Habana esquina con la avenida de Alberto Alcocer. Incondicional de las palabras, bien provenientes del derecho, de la ciencia, de la medicina, de la filosofía, de la tecnología, a Benet siempre le llamó la atención la expresión homocinética, así se lo

720. Cuartilla con el membrete «Juan Benet Goitia. Ingeniero», manuscrita por una cara.

721. Folio con el membrete «Juan Benet Goitia. Ingeniero. Pisuerga 7, Madrid-2», manuscrito por una cara.

comentó a su colega Joaquín Díez-Cascón;[722] en automoción, la junta homocinética es la pieza que unida al palier de transmisión, tiene como finalidad conectar los ejes discontinuos dispuestos longitudinalmente, de modo que la velocidad de giro entre ellos sea igual en todo momento. Con el término Regional, el ingeniero prolonga su creación del territorio imaginario. En la empresa participan Rafael Vilar, Pedro Moreno y su hermano Roberto y don Pablo García-Arenal. Ramón Benet, geólogo, colabora en los estudios del terreno, su primo Alejandro, es el arquitecto; Gumersindo Triviño, el delineante, y Pablo Segovia el chófer.

Alfaguara publica *En la penumbra*, novela corregida y aumentada respecto a la edición de 1982: tiene ciento ochenta y dos páginas; trabajada por Luis Suñén y Manuel Rodríguez Rivero, la presentan en una cena en el Centro Asturiano (Farmacia 2). Además, la editorial estrena nuevo diseño de las cubiertas, aunque Benet dice preferir las antiguas moradas con el lomo gris de Enric Satué. El autor está flanqueado por Jesús de Polanco y Blanca Andreu. Luego alargaron la noche en Chicote. Novela corta de gran éxito de ventas, a Sarrión le dedica un ejemplar: «De los Condes de Carrión/ y de los poetas Sarrión. Juan. Madrid 89». Y a Margarita Suárez-Carreño otro: «Para Marga, para que le ayude a tomar una decisión radical. Con todo mi cariño de siempre. Juan. Madrid 89». A la pintora le chocó la nota, pues era consecuencia de una confesión que le hizo tiempo atrás porque andaba algo torturada. Un día Marga se presentó en la nueva empresa y le regaló dos dibujos pequeñitos que había hecho con rotulador en la estación de Irún en 1965, su estilo en estado puro. «Luego le presenté a una chica que conocí en el Ritz, Mercedes López-Ballesteros, muy seria, muy trabajadora inteligente, discreta, exquisita y muy sensible. La habían despedido del hotel, era relaciones públicas. A Juan le dije: no soy psicóloga, la conocí cuando yo estaba a pie de obra en el hotel, me parece una persona muy eficaz, prudente y discreta».[723] Mercedes se quedó de secretaria en Hidrocinética Regional.

En el Juzgado de Paz de la calle de Pradillo 66 de Madrid, se unen en matrimonio Javier Pradera (divorciado de Gabriela Sánchez Ferlosio) y Natalia Rodríguez-Salmones (separada del sociólogo Carlos Moya). Pocos les acompañan; uno de ellos, el actor Sancho Gracia, intenta romper la frialdad del lugar y anima el acontecimiento en la puerta lanzando arroz y vítores a los desposados. De ahí parten a La Ancha, donde esperan otros invitados. Juan Benet, Blanca Andreu y Jaime Salinas llegan juntos «Me encontré con todos los estamentos del poder. Varios ministros, exministros; esposa del presidente; Polanco, Cebrián. No me extrañaría nada que Mario

722. Testimonio grabado en casete el 17 de abril de 2015.
723. Declaraciones de Marga Suárez-Carreño, registradas en magnetófono el 4 de noviembre de 2014.

Conde estuviese por algún rincón y estoy seguro de que alguien ostentaba la representación de la Casa Real. Eso sí que es el *establishment* [...] Fui uno de los primeros en marcharme, no porque me sintiera a disgusto, sino porque tras tres horas de estar de pie a base de canapés y whiskys, el espectro de una posible resaca me indujo a que prudentemente me retirase. Seguramente me perdí el plato gordo: la entrada de nuestro presidente»,[724] le escribe Salinas a Bergsson.

Más celebraciones. El 3 de febrero a las nueve y media de la noche Benet y Andreu participan en la fiesta que Graciela Paoletti ha organizado a su marido Antonio Martínez Sarrión, en el local de Libertad 8 por su cincuenta cumpleaños. Sin ministros ni altos cargos, para alivio de Salinas, un centenar de amigos abarrotaban el local: Ángel González, José Caballero Bonald, Rafael Conte, Carmen Martín Gaite, María, Sofía y Juan García Hortelano, Jaime Salinas, Natacha Seseña con número de cupletista incluido, Álvaro Pombo bailón y fogoso, Jenaro Talens de cháchara con Benet sobre Hölderlin...

Una semana después, el 10 de febrero, Juan y Blanca reciben a Felipe González y Carmen Romero en Pisuerga. Don Juan, atento y brillante anfitrión, organiza una cena con el presidente como invitado estrella. Los convidados son Ramón Benet, María Antonia Cuñado, Alberto Oliart, Carmen Delgado de Torres, Pablo García-Arenal, Elías Querejeta, Perico Moreno, Pilar Gutiérrez, Clemente Auger e Isabel Pérez. Al final acabó siendo el protagonista Benet, quien, achispado, desvió la atención de la política y derivó a la zumba y el pitorreo. En la sobremesa, el presidente ofreció habanos Cohiba provenientes de Cuba y Ramón aceptó uno. Al llegar Eugenio a casa, a altas horas, encontró a su padre dormido en el sillón del salón.

El viernes 24 de febrero en un almuerzo entre Benet y Salinas, el novelista le comenta que tiene convencidos a Joaquín Leguina y Agapito Ramos, presidente y consejero de la presidencia de la Comunidad de Madrid, que coloquen una estatua en honor a don Pedro Salinas en algún lugar de la ciudad, pero Jaime no quiere estatuas. Y es precisamente un buen amigo de Agapito, José Antonio Gabriel y Galán, director de *El Urogallo*, quien dedica al novelista el Cuaderno titulado «Volverás a Benet»,[725] que incluye la extensa entrevista de Hortelano «El valor del singular» y artículos del mismo Hortelano, Chamorro, Sarrión, Oliart, Silvia Llopis, Ángel González, Javier Goñi, Gonzalo Sobejano, Azúa, Guelbenzu, Marías, Millás, Molina, Pombo y Blanca Andreu. Incluye un fragmento inédito del libro XV de

---

724. *Cuando editar era una fiesta. Correspondencia privada*, Jaime Salinas. Edición de Enric Bou. Tusquets, Barcelona, 2020.

725. *El Urogallo*, n.º 35, marzo de 1989.

Herrumbrosas lanzas, la crítica de *En la penumbra*, de Constantino Bértolo, un álbum de fotos, su cronología y su bibliografía.

De promoción con *En la penumbra*, Benet durante el mes de marzo asiste al programa de TVE *El nuevo espectador*, dirigido y presentado por Eduardo Sotillos, para ser entrevistado por Blanca Berasategui y Mauro Armiño. Sol Alameda lo hace en *El País Semanal* –«El talento entre tinieblas»–, Jesús Hermida en el espacio *Por la mañana*, de TVE. Además se acabó de imprimir una nueva edición de *Nunca llegarás a nada*, en la colección *Libro de a bordo*, de la compañía Iberia. Ve la luz *Londres victoriano*, un ensayo literario sobre el periodo decadente de una de las ciudades predilectas de Benet, de innegable propensión anglosajona; escrito en seis meses, lo más destacable son las virtudes de su cautivadora prosa. Le regala un ejemplar a doña Teresa Goitia con la siguiente dedicatoria: «A la madre con el impagable amor de siempre. Juan».

El día 7 de abril Benet asiste a la presentación de *Todas las almas*, la nueva novela de Javier Marías, que tiene lugar en el madrileño bar Chicote. El editor Jorge Herralde abrió el acto, Eduardo Mendoza presentó la obra y proclamó que Marías «es el mejor narrador que hay en estos momentos en España». De madrugada cerró la fiesta el propio Marías, quien bromeó sobre lo que había tenido que pelear para que Herralde abonase los gastos de la celebración.

Borja Casani ha emprendido un nuevo proyecto, *El Europeo*, y publica «La guerra sin plan»,[726] artículo de Juan Benet. El 13 de abril a las ocho y media de la tarde, en la madrileña galería Nieves Fernández-Yerba (Monte Esquinza 25), se presenta «Visitas de 1 a 12», doce serigrafías estampadas a mano (56 × 76 cm), originales de Frederic Amat con doce textos de Juan Benet en pliegos sueltos del mismo tamaño. Se imprimieron cincuenta carpetas. En el local están Juan y Blanca, además de Lucio Muñoz, Amalia Avia, Antonio López, Molina, Marías... Luego Amat, Benet, Andreu y Marías cenan en un restaurante próximo.

El día después el matrimonio viaja a Sevilla y Parque Nacional de Doñana. Con motivo de la Feria de Sevilla, que comenzó el 10 de abril, Felipe González y Carmen Romero han invitado a pasar un fin de semana en el Coto de Doñana a Juan Benet, Clemente Auger y Javier Pradera con sus respectivas parejas. Carmen Romero también invitó al italiano Roberto Calasso, según Blanca.[727] González y su familia ocupan el palacio de las Marismillas, situado en el extremo sur del parque, su residencia vacacional en el municipio de Almonte (Huelva). Carmen Romero y Blanca Andreu lucen trajes de faralaes.

726. *El Europeo*, n.º 11, abril de 1989.
727. Conversación telefónica del 3 de abril de 2014.

En la tarde primaveral del sábado 22 de abril se celebra la misa funeral por Matilde Saussol Palomo, madre de Alberto Oliart, fallecida el día 19. A la parroquia del Buen Suceso, en la calle de la Princesa, acudieron Juan Benet y Pablo García-Arenal. Y cinco días después don Pablo muere repentinamente, a la edad de sesenta y siete años, a causa de una fulminante embolia pulmonar que sufrió en su despacho de Cubiertas y MZOV, donde era consejero director general, a la vez que vicepresidente del Colegio de Ingenieros de Caminos, Canales y Puertos. A las pocas horas le llegó la defunción en la clínica Ruber (Juan Bravo 49). Benet, acompañado de sus hijos Eugenio y Ramón, está completamente roto. Llora sin consuelo, derrama lágrimas como garbanzos; su gran amigo del alma es enterrado el día 28 a las dos de la tarde el cementerio de Boadilla del Monte. A la salida del camposanto, Jesús Méndez se acercó a Benet y le dijo: «Hombre, don Juan, cálmese. La vida es una mierda». A lo que el ingeniero respondió: «Sí, sí. Y luego, como premio nos morimos»,[728] abatió la cabeza y emprendió la marcha. A Pablo García-Arenal Rubio le sustituye en la empresa Vicente Soto Ibáñez.

En Madrid, Manuel de Lope le anuncia a Benet que en mayo y junio se marcha a Nueva Orleans, porque un amigo le presta una casa. «Dentro de unas semanas me voy al Sur profundo. ¿Irás a ver la tumba de Faulkner, en Mississippi?, me preguntó. Sí, ya lo tenía previsto, dije. Hazme un favor, si vas a la casa de Faulkner, Rowan Oak, mira en su biblioteca a ver si hay un libro mío que le mandé, *Nunca llegarás a nada*. Fui a la casa de Faulkner, bastante destartalada y de abandono total, y no había ningún libro de Benet. Desde Nueva Orleans le escribí una postal. La biblioteca de Faulkner se la habían llevado a la Universidad de Oxford (Mississippi) y entre los que quedaban en la casa no estaba el de Benet».[729]

Nueva aparición en TVE. El 9 de mayo se emite el espacio *Entre líneas*, con una entrevista de Fanny Rubio a Juan Benet. El 24 de mayo Benet y Andreu están invitados al palacio de La Moncloa. El matrimonio llega algo apresurado y, según Blanca, él se presentó hecho unos zorros por haber bebido. En la Bodeguilla, una estancia creada en los sótanos del palacio al estilo de una taberna andaluza donde el matrimonio González tiene encuentros informales con personajes de la cultura, se celebra una cena en la que los comensales se rieron mucho con las ocurrencias del novelista.

El 28 de mayo la pareja va a pasar unos días a las Baleares. En Ibiza visitan al director de cine Antonio Isasi-Isasmendi, avecindado en la isla, entre San Jorge y la playa de Las Salinas. Luego volaron a Palma y de allí a Madrid.

728. Conversaciones por teléfono con Jesús Méndez Sáez los días 15, 18 y 20 de septiembre de 2014.
729. Testimonio de Manuel de Lope, recogido en casete el 17 de febrero de 2015.

Con motivo de la nueva andadura de la consultoría, el 14 de junio Benet celebra una fiesta en el domicilio de la Compañía Hidrocinética Regional. En medio de copas y canapés andan Joaquín Leguina, Agapito Ramos, Carmen Romero, Blanca Andreu, Ramón y Juan Benet, además de otros invitados. Y entre los quehaceres inmediatos, el ingeniero anota «Cena en Moncloa con Felipe»[730] y «Cena con Solanas».[731]

Tras la muerte de don Pablo, los directivos de Cubiertas y Tejados se hacen con el control de la empresa; Benet les llama *Los sarracenos*, según Jesús Méndez. Empujado por Javier Pradera, el ingeniero asume la presidencia del consejo de administración de la editorial Siglo Veintiuno.

La noche del 6 de julio tiene lugar en el Patio del Príncipe del Palacio Real un recital poético, presidido por los Reyes, con Rafael Alberti, Luis Rosales, Francisco Brines, José Hierro, Clara Janés, Luis Antonio de Villena y Blanca Andreu. Benet, que se emociona con pocos versos, está acompañado de Marta Moriarty y su marido Jesús Huarte. «A Blanca le temblaban las manos, empezó a leer muy bajito, con voz temblorosa pero de un modo apasionante. Le dije a Benet: Es distinta a todos, y él me contestó: Es que es la única verdaderamente poeta».[732]

Revista de Occidente publica las respuestas de Juan Benet a un cuestionario sobre la narrativa española actual, contestado por escrito en el mes de abril; a la pregunta ¿qué escritores del momento le interesan más?, el madrileño indica: «Los que más me interesan son Marías, Marsé, Mendoza, Merino, Millás, Molina Foix –entre aquellos cuyos apellidos empieza por M, los más numerosos– y Ferlosio, Gándara, Guelbenzu, Lope y Pombo. Tomeo no está mal, pero no cambia de sabor: su obra es como un plato de croquetas [...] *La ciudad de los prodigios*, de Mendoza, y *Todas las almas*, de Marías, son dos novelas de una vez, insuperables, lo que más me ha complacido de la narrativa castellana en muchos años y tal vez decenios».[733]

En Francia se publica *L'Automme à Madrid vers 1950* y *Tu reviendras à Région*. A su traductora le dedica *En la penumbra*: «Para Claude, con cariño y temblor (por la inevitable traducción). Juan. Madrid, 1989». Agapito Ramos adquirió en París un ejemplar de *Tu reviendras à Région*, que Benet le brinda: «Pour Agapito, avec les désirs des futurs plaisirs. Juan. Sept.89». En alemán aparece *Ein Grabmal. Numa*, Bibliothek Suhrkamp, Fráncfort, traducida por Gerhard Poppenberg.

730. Entrada del 16 de junio, *op. cit.*

731. Anotación del 17 de junio, *op. cit.*

732. Testimonio de Marta Moriarty, grabado en magnetófono el 16 de septiembre de 2015.

733. «Cinco respuestas de Juan Benet». *Revista de Occidente*, n.º 98-99, julio-agosto 1989.

Tanto Benet como Andreu están en el punto de mira del *El Independiente*; Aurora Pavón, seudónimo de Pablo Sebastián, de todos conocido, en su columna de la última página no pierde ocasión para hacer chanzas y dar zarpazos a la poeta y al novelista, todo por sus buenas relaciones con los socialistas en el poder.

El domingo 17 de septiembre en Zarzalejo, Benet apunta «Confesión de Blanca».[734] Don Juan, acostumbrado a herir más que a ser herido, se entera de una infidelidad de Blanca, quien en principio se lo ocultó por recomendación de Javier Marías. Benet le contesta que el incidente ha de resolverlo ella. Destrozado por lo inesperado, el escritor acude al despacho de Pedro Moreno (Zurbano 96) para preguntarle si era conocedor del asunto y el letrado le da una negativa por respuesta. Entonces éste hace personarse a su pareja y colega de bufete Pilar Gutiérrez –muy vinculada a Blanca– quien admite ser sabedora de la relación puntual. Benet se enoja bruscamente con todos aquellos que conocían el hecho y se lo ocultaron: Marisa Torrente, Francisco Rico, Javier Marías... Acude a casa de los amigos a cenar y a desahogarse. «Yo recibí los llantos, estuve con él en su casa. Una llorera, como una Magdalena, como un Magdaleno. Si has tenido algo de sobra han sido mujeres, todas las que has querido y las que no has querido. ¿Por qué te pones así? No puedo, no puedo, la quiero, la quiero. La he perdido. Es el amor de mi vida, decía»,[735] recuerda Alberto Oliart. «Benet en plena crisis matrimonial. Me llamó para que comiera con él y, con lágrimas, me contó que Blanca se ha enamorado del Calasso (!!!). Que le prometió piso y pensión completa en Roma, matrimonio (antes él tiene que divorciarse). Naturalmente en cuanto la poetisa le anunció que tomaba el primer avión, el italiano ha empezado a recoger velas. Juan se ha puesto carpetovetónico, ha iniciado los trámites de separación y divorcio. En resumidas cuentas, que el uno y el otro se han metido en un buen lío. Como suele ocurrir en esta ciudad, los Tusquets, Anagramas y Marías estaban al corriente de todo, lo propiciaban y lo convertían en una operación editorial (Calasso es el director de Adelphi) para colocarse y colocar a sus autores. Comprenderás que Juan me dé lástima y que este mundillo me da asco»,[736] le escribe Salinas a su compañero el 23 de septiembre.

Tras sendos viajes a Santo Domingo de la Calzada y a Guadalupe, el novelista prosigue la redacción del cuarto volumen de *Herrumbrosas lanzas*. Pero el 12 de octubre viaja con Blanca a Cervera de Pisuerga, donde pasan un par de días en el

734. *Op. cit.*

735. Testimonio registrado en magnetófono el 18 de junio de 2014.

736. *Cuando editar era una fiesta. Correspondencia privada*, Jaime Salinas. Edición de Enric Bou. Tusquets, Barcelona, 2020.

parador. A su regreso a Madrid, Manuel Andreu, hermano de Blanca, es sometido a una grave intervención quirúrgica. Benet vuela el 23 de octubre a Londres para participar en las Tertulias Hispano-Británicas en Bath, ciudad al suroeste de Inglaterra. Al frente de la representación española está Alberto Oliart. Algunos de los miembros son Clemente Auger, Jorge Lozano, Juan Pablo Fusi, Alicia Gómez Navarro, Salador Giner, Luis Ángel Rojo, Ángel Martín Municio, José María Entrecanales, Eduardo Serra... En la mesa de Cultura coinciden Lozano y Benet. «En un momento dado le dan la palabra a Juan (sobre ecología): Yo, en tanto que ingeniero, me he pasado la vida agrediendo la naturaleza, anunció. Se empezaron a oír carraspeos y toses entre el auditorio de aristócratas de trajes raídos. Yo recuerdo estar hablando con el historiador y conde Conrad Russell, hijo de Bertrand Russell, y Benet me dijo: No, no te deprimas por tu inglés. No, si no lo hago, le contesté. Aparte de ejercer de Earl y oxeniense, es sopas, remató».[737] El 30 de octubre, desde Londres Benet vuela a París y luego a Blois para aterrizar en Madrid el 5 de noviembre. Según le confiesa a su agenda, se produce el «Rifirrafe definitivo con Blanca».[738]

La noche del 15 de noviembre, en un cóctel de presentación que a la vez es el acto de clausura del Festival de Otoño presidido por Joaquín Leguina, se anuncia el premio a la creación literaria de la Comunidad de Madrid a Juan Benet, dotado con dos millones y medio de pesetas. El novelista no asiste al acto. Su ánimo está ligeramente mermado.

En el despacho de Pedro Moreno se tramita la demanda de separación del matrimonio y se presenta en el Juzgado de Primera Instancia número 12 de Madrid, en la plaza de Castilla. El día después muere Manuel Andreu y Benet vuela a Oviedo para asistir a Tribuna Ciudadana, donde mantendrá una charla con Francisco García Pérez.

Hortelano, que lleva con discreción su enfermedad, ese 17 de noviembre se empeña en asistir con María y su hija Sofía al entierro de Dolores Ibárruri. «Ya estaba francamente mal cuando enterramos a *Pasionaria*. ¿Cómo no voy a enterrar a Dolores? Tú no entierras a nadie y te quedas aquí, que ya vamos tu hija y yo. No, yo voy a ir lo que pueda. No vas a ir. Te llevamos en un taxi adonde quieras para hacer un tramo. Todavía puedo moverme. Fuimos hasta la plaza de Colón y allí dijo: Ya no puedo más».[739]

Benet llegó de mañana al aeropuerto asturiano, donde lo recogió El Tesinando; no sin cierta pesadumbre le comunicó que acababa de firmar la separación con

737. Conversación con Jorge Lozano, grabada en casete el 22 de octubre de 2018.
738. Entrada del 6 de noviembre, *op. cit.*
739. Testimonio de María Jesús Martín-Ampudia, registrado en magnetófono el 19 de febrero de 2014.

Blanca. Hasta pasadas las siete de la tarde no aparecieron en Oviedo, bien servidos de whisky. Como el escritor era un amante de las tascas decrépitas, como la sidrería El Gato Negro de Oviedo o El Senado de Villafranca del Bierzo, le pidió a Francisco que le llevara a un chigre muy pobre en Soto del Barco, «aquel templo de la gastronomía», le dijo, donde ya habían estado en otra ocasión comiendo gambas y lacón. Pero llegaron justo en el momento en que la piqueta lo derribaba. Benet comentó: «Aquí lo tienes: ¡La ruina, la ruina!». De ahí partieron a Grado, a una popular sidrería llamada El Infierno.

Durante el diálogo en el club Tribuna Ciudadana el novelista explicó que de momento no escribía nada. «No tengo nada que escribir ahora mismo. La literatura no es una corriente continua, sino una fuente intermitente, con períodos de estiaje. No vivo de la pluma y hasta la idea me repugna de vivir de una actividad así. Por lo tanto no me hago preguntas acerca del deber literario. No hay deber. Las cosas se hacen o se dejan de hacer por compulsión propia. Sólo yo me puedo pedir explicaciones».[740] A la mañana siguiente, Benet, recién duchado y repeinado, en la cafetería JL de la calle de Ramón y Cajal, le regala a Francisco un ejemplar de *Todas las almas*, de Javier Marías, que acaba de adquirir en la librería Ojanguren. «Le ha salido redonda»,[741] declaró Benet.

De regreso a Madrid viajó a Orihuela a ver a la familia Andreu. Y el 20 de noviembre sube al tren para ir a París en coche cama. Alojado en el hotel des Deux Continents, en el 25 de *rue* Jacob, el ingeniero asiste al Comité de Grandes Presas a las once de la mañana. El día 22 se desplaza a Poitiers para asistir al acto «Escritores presentes», organizado por Claude Murcia en la Universidad; a Benet le acompaña Vázquez Montalbán, que viajan juntos en tren.

«Expulsión»,[742] así de lacónico y rotundo se expresa el novelista en su agenda. Benet llama inmediatamente a Sarrión y le dice: «¡La he echado! Porque un hombre no puede consentir ciertos comportamientos». A lo que el poeta le contestó: «Juan, piénsatelo».[743] Blanca Andreu sale de Pisuerga 7 y se aloja primero en el piso de Marisa Torrente y luego en la vivienda de Marta Moriarty y Jesús Huarte, en Puerta de Hierro. Según Marta, Blanca tuvo dos encuentros con Calasso en un hotel de Madrid, uno en Estambul, otro en París y en un último en Milán, cuando la poeta salió de su domicilio para ir a verle. «Se vino a vivir con nosotros unos meses. Teníamos

740. *La Nueva España*, 18 de noviembre de 1989. Crónica de Eugenio Fuentes.

741. Correo electrónico de Francisco García Pérez, del 28 de septiembre de 2018.

742. Entrada del 8 de diciembre, *op. cit.*

743. Testimonio de Antonio Martínez Sarrión, en conversación telefónica el 15 de abril de 2021.

un pequeño apartamento separado de la casa. Juan venía clandestinamente por Blanca. Como no le gustaba esa situación, se creó cierta tensión; le molestaba que supiéramos que venía, y llegaba mucho por la noche. A veces yo iba a verla y me encontraba a Juan, no le gustaba nada. Me quemaba las sábanas. Yo reconocía el coche, pero si cometía el error de verle, le sentaba fatal».[744]

El 12 de diciembre el aguzado prosista decide recoger el premio otorgado a la creación literaria por la Comunidad de Madrid. A Leguina le dedica *Saúl ante Samuel*: «Para Joaquín, de su devoto súbdito. Juan. Madrid 89». Y la misma fecha muere Carlos Barral. Un compungido Benet se lo comunica a Sarrión. Ante tan lamentable muerte, el novelista llama a algunos amigos de *El País* y se da cita en el restaurante Casa Domingo con Juan Cruz, José Miguel Larraya y Eduardo San Martín. Benet entró en una pendiente melancólica y rememoró a Juan García Hortelano, Jaime Salinas, Jaime Gil de Biedma, Ángel González, Carlos Barral. A los vivos y a los muertos. Y concluyó: «Nada ha servido para nada»;[745] sin poder contener el sollozo, rompió a llorar.

744. Testimonio de Marta Moriarty, grabado en magnetófono el 16 de septiembre de 2015.
745. *Una memoria de 'El País'.20 años de vida en una redacción,* Juan Cruz Ruiz. Plaza & Janés, Barcelona, 1996.

Foto humorística de Juan Benet en Praga (agosto, 1988) teatralizando su abrazo a una farola. Autora: Beatriz de Laiglesia

23

ACOSO MEDIÁTICO

EL 3 de enero de 1990 Juan Benet cena con Elías Querejeta y Agapito Ramos en el restaurante vasco-navarro El Frontón II (Pedro Muguruza 8) para hablar de la «estrategia doméstica».[746] Elías desaprueba su vuelta con Blanca, pero Juan sigue enamorado de ella.

Después de pasar el fin de semana en Zarzalejo con sauna incluida, el ingeniero viaja a Barcelona para desplazarse a Rialp, en el Pirineo leridano, donde Hidrocinética Regional proyecta una presa de hormigón compactado, de las mayores del mundo, para ser construida por CMZV. El 9 de enero vuela en Iberia a Madrid y cena con Blanca. Mantienen contacto con comidas y cenas en distintos restaurantes de la capital, incluso en Pisuerga celebran con caviar, exquisitez muy del gusto de Benet. Pero él continúa desolado, le pesa el vacío doméstico. Sigue con sus desplazamientos por motivos profesionales y concediendo entrevistas. El 22 de enero Jesús Hermida le recibe en el programa *A mi manera*, de TVE.

El viernes 26 de enero Benet y Andreu viajan a Sigüenza y coinciden con Joaquín Leguina y su ex mujer Ana Amorós, catedrática de Literatura. El presidente de la Comunidad baja de un Opel de segunda mano recién adquirido (sólo compra coches usados) y descubre que no tiene cuatro puertas sino dos. Qué gilipollas soy, le indica a su acompañante, compro un coche que no tiene... «Y de pronto oigo una voz detrás, que dice: Pero hombre, antes de comprar cualquier cosa conviene mirar y luego robarla. Era Benet que estaba con Blanca Andreu».[747] Los cuatro callejean por la localidad y visitan la catedral. Según Leguina, cada casa que veían con cierto atractivo, la poeta le sugería al ingeniero su compra. Tras haber pernoctado en el parador, el domingo Juan y Blanca regresan a Madrid con paradas en Atienza y Cogolludo.

746. Entrada del 3 de enero. Agenda 1990. Arch. JB/1/21, BNE.
747. Testimonio de Joaquín Leguina, registrado en casete el 21 de octubre de 2014.

El 31 de enero el novelista vuela a Las Palmas y a su regreso, un día después a las once de la noche, cena con Blanca en Fass. El sábado, luego de la tertulia, la pareja y Molina van de compras a las tiendas de moda de la calle del Almirante y a la noche cenan en el restaurante japonés Suntory (Castellana 36).

«Ignoro lo que es el poder. Ignoro dónde nace, cuáles son sus centros neurálgicos, sus límites y, por ignorarlo todo y utilizar una redundancia, ignoro incluso cuál es el poder del poder».[748] Quien hiciera esta confesión, el articulista Benet, el 8 de febrero a la hora del almuerzo comparte mantel con Joaquín Leguina y el banquero de carrera vertiginosa, Mario Conde, entonces presidente de Banesto.[749] Leguina recuerda a Conde como un hombre original en sus opiniones, con un cierto gesto de superioridad académica, quizá huella indeleble de su paso por Deusto, donde cursó Derecho.

En *El Independiente* Aurora Pavón inicia la publicación de seis entregas con el título «El culebrón de Moncloa», donde airea el encuentro en el Coto de Doñana y sostiene que Blanca Andreu fue víctima de una encerrona de Carmen Romero.[750] Días después Juan y Blanca vuelven a cenar en otro japonés: «Aclaración»,[751] anota el novelista. Jaime Salinas ha sufrido un infarto de miocardio y queda internado en la Clínica Ruber, donde le visita Juan Benet. El día 22 la maltrecha pareja cena en el restaurante Sacha. La jornada siguiente el ingeniero se suma a un viaje a Santiago de Compostela con Manuel Varela y Alberto Oliart para pasar el fin de semana en Daneiro. Hacen excursiones a Laxe y Cabo Vilán, almuerzan en El Pindo y visitan la presa de Santa Eugenia. El domingo regresan a Madrid.

En Hidrocinética Benet está entregado al proyecto de la presa de Rialp cuando el 2 de marzo le llega la noticia de que el editor Ignacio Cardenal ha sufrido un irreversible derrame cerebral, lo que a última hora motiva una reunión a la mesa con los Pradera en La Ancha. El sábado, tras la tertulia el novelista visita al convaleciente tito Jaime, trasladado al hospital Gregorio Marañón para ser sometido a una compleja operación. Por la noche cena en casa de Beatriz de Laiglesia con los Solana.

En Francia ve la luz *Une tombe*. Benet ha emprendido la escritura de «La construcción de la Torre de Babel». Ignacio Cardenal ha muerto dos días antes de cumplir cuarenta y ocho años y el 7 de marzo Benet viaja en coche cama a Bilbao con Javier Pradera, Natalia Rodríguez-Salmones y Juby Bustamante para asistir al

748. «La fisiología del pasillo (1)», en *Páginas impares*, Juan Benet. Alfaguara, Madrid, 1996.

749. Conde no recuerda este encuentro, que pudo haber tenido lugar en el comedor privado de la sede del banco, en la cuarta planta de la calle de Alcalá 14.

750. *El Independiente*, 13 y 14 de febrero de 1990.

751. Entrada del 16 de febrero, *op. cit.*

entierro. De vuelta, el escritor no tarda en presenciar otro funeral en Majadahonda, por Miguel Machimbarrena, hijo de Alberto, fallecido en accidente automovilístico. La muerte parece cercar a Benet.

La revista *Tribuna*, en firma de su director Julián Lago, publica «Mi almuerzo íntimo con la novia de Felipe», donde manifiesta que a Beatriz de Laiglesia la «han pillado en el chalé de Juan Benet haciendo manitas con Felipe González. Un escolta. Seguro que ha sido un escolta que se ha ido de la lengua. Pero poco me importa, porque estoy tan enamorada de él [...] Jo, mamá, cómo te lo has montado. Nos hemos tenido que enterar por los periódicos que eres la novia de Felipe, te han llegado a comentar entre carcajadas tus hijos Ignacio y Gonzalo, 21 y 19 años, respectivamente, mientras desayunabais la otra mañana. Aunque a tu marido, Máximo Cajal, ya con las maletas preparadas para trasladaros a Bruselas, toda esta historia le haga mucha menos gracia que a ellos. "Tranquilo Cajal, tranquilo. Tómatelo a risa, que es lo mejor", le aconsejas tú cada vez que, sutilmente insinuado, publican tu falso idilio monclovita» y añade: «Por lo visto, todos parecen estar al cabo de la calle de tu sonado idilio. A mí, lo reconozco, me lo han contado con todo lujo de detalles. Que si os veíais clandestinamente en el chalé de Juan Benet en El Viso, cuando no en la otra casa que el novelista tiene en Zarzalejos [sic]. Que si quien conoce la intrahistoria es Blanca Andreu».[752] Ante el acoso mediático al que se ve sometido, Juan Benet escribe una carta que publica el diario *Abc*: «Muy señor mío: Las informaciones contenidas en el artículo 'Mi almuerzo íntimo con la novia de Felipe', firmado por usted y publicado en el número 100 de la revista *Tribuna* en lo que a mí atañen son absolutamente falsas. Por ello induzco que todas las insinuaciones vertidas en tal artículo carecen asimismo de veracidad. De ahí a sospechar que en general el contenido de la revista que usted dirige no es veraz no hay más que un paso. Pero me temo también que esta aclaración a usted le es indiferente, por cuanto para dirigir y publicar tal revista usted no necesita ni le conviene distinguir entre lo verdadero y lo falso.- Juan Benet Goitia, ingeniero».[753] El diario acompaña la respuesta de Lago: «Por lo visto, el ingeniero Benet desmiente, en términos de descalificación profesional algo que yo nunca he escrito: la confirmación de un romance entre el Presidente González y Beatriz de Laiglesia, mujer del embajador Máximo Cajal, quien por cierto asistió a la reciente fiesta de nuestro semanario. Por su parte, la propia Beatriz de Laiglesia excusó su asistencia con un telegrama que dice: 'lamento no poder llegar a

752. *Tribuna*, n.º 100, 26 de marzo de 1990.
753. *Abc*, 24 de marzo de 1990.

tiempo a vuestro cumpleaños y darte un abrazo'. ¿Qué mejor argumento que tales testimonios para echar por tierra el dislate epistolar de Juan Benet?

Resulta incomprensible que todo un señor ingeniero, que además se dedica a narrar fantasías literarias, no haya captado la elocuente ironía que se desprende de mi artículo, en el que califico textualmente de 'falso idilio monclovita' el bulo sobre las inexistentes relaciones sentimentales aludidas. A lo peor, el ingeniero Benet tampoco sabe leer. Julián Lago, director de *Tribuna*».[754] Y continúan los mandobles de Aurora Pavón en *El Independiente*.

Nuevo batacazo. A las dos de la madrugada del 26 de marzo muere doña Teresa Goitia. Benet, que está inmerso en el proyecto de Rialp en la Compañía Hidrocinética Regional, el día 27 recibe la visita de Peche, Hortelano y Oliart, quienes le muestran sus condolencias. A las once y media de la mañana dan sepultura a la madre en el cementerio del Este. Luego, el ingeniero almuerza con su cuñada Leila y sus hijos en Jai Alai y cenan en Pisuerga. El día después come con Augusto Roa Bastos,[755] Ángel S. Harguindey y Javier Pradera. El autor paraguayo, a quien Benet no ha leído, se encuentra en Madrid para recibir el premio Cervantes. Vuelve a cenar con Blanca.

Cada miércoles su hermana Marisol va a comer a Pisuerga 7 con Juan y Eugenio. Cielo, la asistenta suramericana, les prepara la comida. Blanca vive en un apartamento de la calle de la Palma, que costea Benet y frecuenta con asiduidad, llevado por su chófer.

El 2 de abril se reúnen los herederos y se oficia el funeral por la madre. El día después el ingeniero finaliza y entrega el proyecto de Rialp. Benet escribe a Virginia Careaga a San Sebastián, donde prepara oposiciones para la Facultad de Filosofía del País Vasco (Zorroaga):

> Querida Virginia
>
> He recibido tu carta del 25.3.90 con tu informal proposición. A partir de hoy ya soy un hombre más libre; he entregado el proyecto de la presa de Rialp y me he quedado desoeuvré. En efecto, después de la Semana Santa estaré en disposición de atender tus súplicas y tal vez de añadir alguna coma a tus párrafos. Tendrás que ser más precisa en cuanto a las fechas [...] En la parte alta de Pisuerga hay un

754. *Ibíd.*

755. «No lo he leído. Estos autores latinoamericanos de novelas fundacionales son unos morcillones», *La Nueva España, suplemento Cultura*, n.º 52. Entrevista de Eugenio Fuentes, 24 de noviembre de 1989. En *Cartografía personal*, Juan Benet. Cuatro, Valladolid, 1997.

estudio que puede dar cobijo al estudioso, hasta las 8 de la tarde, por un precio realmente módico. Un abrazo.

Juan.[756]

Acompañado por Juan García Hortelano, el 9 de abril Benet visita a Jaime Salinas en el hospital; no les permiten estar más de media hora y se muestran horrorizados al ver a su amigo en una habitación con cinco personas más y sin una silla para sentarse. Después de un par de cenas con Blanca en Rasputín y Suntory, Alberto Oliart les invita a casa. El 11 de abril la pareja viaja a Múnich en Iberia. Se alojan en el hotel Vier Jahreszeiten Kempinski y cenan en la cervecería Hofbräuhaus. En un momento de solaz se dan un baño de pintura antigua en Alte Pinakothek y se recrean en el Valhalla, templo neoclásico a orillas del Danubio. De Múnich van a Landshut, Straubing y Ratisbona. Hacen noche en el Maximilians. Pasean en Kelheim y pernoctan en Ambasch. Visitan Rotemburgo y descansan en Ulm, en el hotel Neuthor. Luego de trasladarse a Augsburgo y Aquisgran regresan a Múnich para volar a Madrid el 17 de abril.

Dos días después Benet vuelve a ver a Salinas en el hospital; se encuentra bien de ánimos y a la espera de la intervención, pero el encuentro es muy breve porque Jaime se fatiga.

En el primer aniversario de la muerte de Pablo García-Arenal, Benet publica en *El País* un texto elegíaco sobre quien fuera gran amigo durante muchos años: »No he conocido una persona que concitara tanto respeto en medios y entre personas muy diversas, lo mismo en una reunión de empresarios que en una tertulia de trasnochadores. No sé de nadie que intentara levantarle la voz; lo que decía don Pablo iba a misa y sus órdenes se ejecutaban al instante».[757] El mismo día asiste al funeral.

En Zarzalejo, aprovechando el buen tiempo, el novelista se dedica a dar una capa de pintura a la piscina; procedente de la capital, en la finca se deja ver Pabluco, el hijo de don Pablo. Y el 1 de mayo también llegan Javier Solana, su mujer Concha Giménez y Peche García-Arenal para pasar la jornada festiva.

En Barcelona el editor Rafael Borrás y su esposa Isabel Blancafort invitan a cenar en su domicilio a Juan Benet. El 11 de mayo, tras echar un vistazo a las obras del Cinturón del Litoral y la Villa Olímpica, el madrileño va al Colegio de Ingenieros de Caminos, Canales y Puertos de Cataluña, donde recibe su máxima distinción, la

756. Cuartilla con el membrete «Juan Benet Goitia. Ingeniero», manuscrita por una cara y fechada a 4 de abril de 1990.

757. «Un hombre y una época», Juan Benet. *El País*, 27 de abril de 1990.

medalla de Ildefons Cerdá. De regreso a su ciudad, vuelve a Zarzalejo con Blanca, pero surgen nuevos disgustos entre ellos. La relación es difícil de restaurar.

En mayo Alfaguara hace la primera reimpresión de *Una meditación*, con nueva cubierta a todo color: «Jeremías lamentando la destrucción de Jerusalén», de Rembrandt. Javier Marías publica en la editorial Anagrama un conjunto de relatos titulado *Mientras ellas duermen*. El cuento «La dimisión de Santiesteban» lleva una nota en letra de molde: «Para Juan Benet, con quince años de retraso».

El 24 de mayo el ingeniero cena con Jacobo Siruela y su mujer María Eugenia Fernández de Castro y les entrega el original de «La construcción de la torre de Babel». Antes se lo había pasado a Rafael Sánchez Ferlosio y cuando lo leyó se le ocurrieron tantos comentarios como los que hizo en *Lucien Malson: los niños selváticos; Jean Itard: memoria sobre Víctor de L'Aveyron* (1973), que casi doblaron la extensión del texto comentado y tuvo que ser retirada la edición por expreso deseo de Malson, que consideró excesiva la aportación y Rafael tuvo que rehacer las notas.

Tras un viaje de trabajo con Rafael Vilar a Casablanca, Rabat, Mequinez, Fez y Volubilis, el 29 de mayo, de retorno a Madrid, Benet invita a cenar a Blanca en Fass. Un día más tarde Pablo Segovia le lleva a Santander y regresan con Vilar. Al escritor le vuelve a aparecer el flemón, que le tiene malhumorado, y con molestias se marcha a Zarzalejo.

Con motivo de las III Jornadas de Grandes Presas, el ingeniero viaja con Blanca a Barcelona en coche cama. De vuelta, tiene lugar una «cena tormentosa en La Ancha»,[758] anota Benet. Después de pasar su onomástica con los amigos en la finca, el novelista asiste a una «fiesta monstruo»[759] en casa de Santiago Roldán, *El Curri*, ex rector de la UIMP.

El 6 de julio el Boletín Oficial del Estado hace público el cese de Juan Benet Goitia como vocal del Consejo Social de la Universidad de Alcalá de Henares. Blanca ha volado a Buenos Aires en un viaje organizado por el Ministerio de Cultura acompañada de Juan Luis Panero y Jon Juaristi para ofrecer varias lecturas de poemas en la Universidad, en el Teatro Nacional y en el Instituto de Cooperación Iberoamericana. También pasarán un fin de semana en Montevideo para impartir otros recitales. Fechas después el novelista emprende viaje a San Sebastián. Con Virginia Careaga, oculta de todo ruido en un caserío, pasea por el Valle de Baztán, entre hayas, robles, fresnos, castaños y arroyos cristalinos, «intentando liberar demonios.

758. Entrada del 21 de junio, *op. cit.*
759. Anotación del 29 de junio, *op. cit.*

Pero no conseguí cambiarle el ánimo».[760] A Benet le entusiasma ese paraje montañoso y fronterizo. En Errazu Virginia le alienta a adquirir una propiedad.

En la jungla urbana, el 15 de julio, *El Independiente* publica un reportaje a doble página sobre el PSOE y un organigrama donde incluyen a Juan Benet en el área de influencia de Felipe González. Continúa el hostigamiento. Blanca vuelve de Argentina el 22 de julio. Seis días después la pareja se desplaza a Ávila y pasan una noche en el hotel Palacio Valderrábanos, en la plaza de la Catedral, y otra en el parador de Gredos, rodeado de verdes pinares.

Dirigida por Jorge Lozano, *Revista de Occidente* dedica un número doble a Carlos Barral y Jaime Gil de Biedma.[761] Juan Benet aporta «El efecto Barral», texto en el que recuerda sus primeros tratos con el editor, poeta y memorialista, con motivo de *Una meditación* y el premio Biblioteca Breve.

Fascinado con el Valle de Baztán, el 5 de agosto Benet vuelve con Blanca a Errazu y Arizcun. Hacen una excursión a Ainhoa y Saint-Jean-Pied-de Port. El día 8 en Errazu el ingeniero descubre una propiedad que le resulta atractiva: tres fincas rústicas y una de ellas incluye una solitaria borda, en una frondosa colina del valle, completamente aisladas. La borda es una construcción pirenaica empleada para resguardar el ganado o almacenar productos agrícolas. Pasan unos días en Arizcun y el día 13 viajan a San Juan de Luz para ver a los Behn, William Charles y Conchita, antigua amante de don Juan. Luego, la pareja parte a Vitoria y, vía Frías, a Cervera de Pisuerga, su refugio amoroso en el parador.

El novelista se recluye en Zarzalejo y en su casa de El Viso. Atiende los asuntos profesionales de la empresa, pero la relación con Blanca le inquieta y dedica tiempo a la «meditación».[762] Celebra cena en Pisuerga con Andreu, Molina y Marías, con quien ha restituido el vínculo amistoso. Al tiempo escucha los consejos de Elías Querejeta respecto a los lazos con Blanca. El 5 de septiembre viaja a Barcelona en Talgo y hace la primera entrega por la adquisición de un piso en la Villa Olímpica, a nombre de su empresa. Embarca a Palma de Mallorca, donde asistirá a la boda de su sobrino Alejandro. En la villa de los Brady, suegros de Alejandro, se celebra una fiesta y otra más en la localidad Alquería Blanca. El día 9 Benet regresa a Madrid.

En Hidrocinética trabaja la memoria de una presa en el curso alto del Jarama, en el embalse de El Vado (Guadalajara), sierra de Ayllón. En la tertulia sabatina coincide con Ferlosio, que acude ocasionalmente porque asegura que hay demasiados egos.

760. Correo electrónico de Virginia Careaga del 4 de febrero de 2016.
761. *Revista de Occidente*, n.º 110-111 (extraordinario) julio-agosto de 1990.
762. Entrada del 21 de agosto, *op. cit.*

«¡Duelo de titanes!», anunciaba Javier Pradera cuando se enzarzaban Benet y Ferlosio. Se trataban los asuntos políticos y echaban las bases dialécticas de la vida de la nación. Cena con Blanca en el japonés Suntory y «Noche de torbellino»,[763] apunta Benet.

Con Pablo Segovia al volante viajan a Rialp Juan, su hijo Ramón y Joaquín Díez-Cascón, contratado por CMZV para trabajar en la Compañía Hidrocinética Regional en la oferta técnica de la presa. De regreso con Rafael Vilar cenan en Medinaceli y al día siguiente, después de la tertulia, llega «a casa enfermo ¿seriamente?»[764], anota. El domingo reposa sus alifafes en el domicilio sumergido en la lectura de *La montaña mágica*, de Thomas Mann. El lunes celebra cena doméstica con Blanca, Daniella Pittarello y Javier Marías. El 27 de septiembre Benet se acerca a la Galería Estudio Regueros, donde se exponen las obras sobre papel de Frederic Amat. Y hace un viaje fugaz con Blanca a Almagro.

Pocos días más adelante se estrena en la sala Roxy B, en la madrileña calle de Fuencarral, la película *Las cartas de Alou*, de Montxo Armendáriz. Asiste un concurrido público del mundo de la cultura y tres ministros: Javier Solana, Claudio Aranzadi y Joaquín Almunia. Juan Benet está acompañado de Marías y Molina; antes de comenzar la proyección, el ingeniero, con un gesto de satisfacción, le comenta a Montxo: «Esta vez me lo has puesto fácil. Sin verla te puedo decir que va de pastorcillos senegaleses».[765] La cinta cuenta las dramáticas vivencias de los inmigrantes negros en España.

La editorial Suhrkamp publica *Du wirst es zu nichts bringen* (*Nunca llegarás a nada*). El autor le dedica un ejemplar a Virginia Careaga: «Für gnädige Vir, mit Verlossungheit. J.» (Misericordiosa Vir, con abandono, J.).

Acompañado de todos los hijos, en Zarzalejo celebran una cena con caviar. Al día siguiente, Juan y Blanca parten a Manzanares el Real, al embalse de Santillana, donde el Canal de Isabel II dispone de una casita con guardeses. Se han citado para un almuerzo con Agapito Ramos, su mujer Maribel González, Javier Solana y Concha Giménez.

El 10 de octubre Benet viaja con su sobrino Alejandro a Elizondo para enseñarle la borda, ya que, como arquitecto, será el encargado de su rehabilitación. Tras inspeccionar la propiedad y hacer la primera entrega económica por su compra, regresan a Madrid desde la localidad francesa Saint-Jean-Pied-de Port, pasando por Logroño y Pamplona.

763. Anotación del 15 de septiembre, *op. cit.*

764. Entrada del 22 de septiembre, *op. cit.*

765. Correo electrónico de Montxo Armendáriz 12 de abril de 2015.

Octavio Paz es el primer mexicano que ha logrado el Premio Nobel de Literatura; al poeta le sorprendió la noticia el día 11 en el hotel Drake, de Nueva York. Benet recibe la nueva con alegría.

El novelista asiste durante dos días a las Tertulias Hispano-Británicas celebradas en Toledo, donde a su leal Jorge Lozano le informan de su nombramiento como director de la Academia de Historia, Arqueología y Bellas Artes de Roma, lo que no es del gusto de Benet que le ve como un miembro importante en la tertulia y, socarrón, cree que en Roma se va a echar a perder porque en el cargo se va a limitar a hacer de recepcionista y dar órdenes del tipo «Sábanas a la veintidós».[766]

El 25 de octubre Andreu y Benet viajan a Berlín. Visitan el Pergamon Museum y el novelista participa en el encuentro «Literatura española hoy» en la Academie der Künste (de las Artes), presentado por su traductor Gerhard Poppenberg. También están sus apreciados Eduardo Mendoza, Ángel González, José Ángel Valente, etcétera. Luego de su lectura, la pareja se encamina a la Nueva Galería Nacional para ver obra del pintor alemán Carl Blechen, de paisajes fantásticos y ruinosos. Así mismo visitan la primera gran exposición dedicada a Otto von Bismark, el Canciller de Hierro, en el Museo de Historia Alemana. El 29 de octubre vuelan de Berlín a Madrid.

En cierta ocasión Pablo Segovia lleva a Pisuerga a Juan y Marisol Benet. En el trayecto el ingeniero le comenta a su hermana que, pese a las dificultades, va a volver con Blanca. Ella le pregunta si lo ha pensado bien. Dice él: Mejor no pensarlo. «Cuando le dejamos, el chófer me llevó a casa y me dijo: Qué cosas hace don Juan por esa mujer».[767] El escritor anota: «Se inicia algo parecido a una ida y vuelta».[768] A pesar de los consejos de los incondicionales, don Juan persevera, no lo da todo por perdido.

A la tertulia y posterior comida del sábado asiste un Benet expectante por la presencia del ministro de Economía y Hacienda, Carlos Solchaga. Pocos días más tarde, el prosista cena con su editor Jacobo Siruela quien le entrega varios ejemplares del libro de ensayos *La construcción de la torre de Babel*, recién acabado de imprimir. Luego, a su dilecto Sarrión le dedica uno: «Para Antonio y para la Goggy/ que son más ricos que Kashogi. Juan. Madrid 90».

Acompañado de Blanca, el 23 de noviembre viaja a Sevilla en coche cama. Han sido invitados a ver el puente del Centenario que construye CMZV y Dragados y Construcciones, proyectado por José Antonio Fernández Ordóñez y Julio Martínez Calzón. También se desplazan a la capital andaluza el exministro Jaime García

766. Conversación con Jorge Lozano grabada en magnetófono el 22 de octubre de 2018.
767. Testimonio de Marisol Benet, recogidas en casete el 17 de junio de 2014.
768. Entrada del 9 de noviembre, *op. cit.*

Añoveros y su mujer, Elisa Escriña de Salas, el jurista Francisco Rubio Llorente y su esposa Felicia de Casas, Julio Martínez Calzón y María Corral, Manuel Vicent y Pilar Mullet, Enrique Pérez-Galdós y Rita Enríquez de Salamanca, José Antonio Fernández Ordóñez y María Luisa Hernández Freixa. Todos se alojaron en el hotel Doña María y García Añoveros invitó al grupo a una cena en su casa sevillana. El día 25 regresan a Madrid.

Al poco de iniciarse diciembre Benet asiste a la exposición de Eduardo Úrculo que acoge la galería Sen (Barquillo 43). Piernas sin rostro, lujuriosas curvas, piernas con medias. Las medias de las mujeres de memorables nalgas, de los cuerpos femeninos que pinta Úrculo, llaman la atención del escritor. «¿Por qué no se las quitan?»,[769] se pregunta el novelista

Sarrión, Guelbenzu, Carmiña, Blanca y Benet suben al tren en coche cama el 11 de diciembre con destino París. Van invitados por el Instituto España y se hospedan en el hotel Lutetia (boulevard Raspail 45), en Saint-Germain-des-Prés. Fueron recibidos en la Embajada y tras la sesión en la Biblioteca española, donde Sarrión presentó a los tres novelistas («¡La Parrala!»)[770] anota Benet, los cuatro visitan el Musée d'Orsay; Blanca no asiste. El ingeniero echa pestes de los impresionistas por amanerados y monótonos y arrastra al Moderno a ver las salas de los realistas, mientras Carmiña y Guelbenzu optan por los impresionistas. En aquellas estancias vacías, sin apenas público, Sarrión abre bien los ojos ante *El ángelus*, de Jean-François Millet, *El Origen del mundo*, de Gustave Courbet... porque aquellos lienzos tienen alma. Posteriormente el narrador se acercó a Minuit para ver a su editor Lindon. El día 16 regresan a Madrid en coche cama.

Benet tiene noticias de México: *Vuelta* ha publicado el pequeño ensayo «Los límites de la literatura medieval».[771] El fin de año lo pasa en su retiro de Zarzalejo.

Reincorporado a la actividad profesional, el 16 de enero de 1991 se inaugura el salón de actos del Colegio de Ingenieros Caminos, Canales y Puertos, presidido por José Antonio Torroja, y Juan Benet pronuncia el distendido discurso «Nuevos salones»; entre la concurrencia de colegas, le sigue Agapito Ramos.

Luego de varios viajes a Rialp, el ingeniero regresa al teatro, aunque en este caso como traductor, por encargo de Vicente Molina, director literario del Centro Dramático Nacional, al mando de José Carlos Plaza. El 30 de enero se estrena

769. «Eduardo (Urano) Úrculo», José Ignacio Noriega. *Los Cuadernos del Norte*, n.º 15, septiembre-octubre de 1982.

770. Entrada del 12 de diciembre, *op. cit.*

771. *Vuelta*, n.º 169, 20 de diciembre de 1990.

Beckettiana, cuatro piezas breves («Nana», «Monólogo», «Impromptu de Ohio» y «Yo no»), de su admirado Samuel Beckett, dirigida por Álvaro del Amo e interpretada por Marisa Paredes y Joaquín Hinojosa. A la par se editan las traducciones correspondientes. «Me había pedido un encuentro con Beckett, que era uno de sus sueños, la figura tutelar del *nouveau roman*. Becket murió [22 de diciembre de 1989] antes de que pudiera organizarle el encuentro, porque yo había hablado con Jérôme Lindon. Una lástima para Juan, pero también para mí».[772] Después de la representación celebran una «Cena en multitud», en palabras de Benet. Un día más tarde por la noche el novelista en casa del doctor Varela Uña comparte mantel con el Gobernador del Banco de España, Mariano Rubio.

Tras unos desplazamientos a Rialp, el 17 de febrero Juan Benet participa en un coloquio con el escritor libanés Amin Maalouf en el espacio *Mira 2*, de TVE, presentado por Concha García Campoy. Viaja a Zaragoza, almuerza en la Confederación Hidrográfica del Ebro y, vía Pamplona, el día 26 llega a Errazu para abonar la tercera cuota de las propiedades adquiridas.

En traducción de Claude Murcia, en marzo se publica *Dans la pènombre*, mientras su autor termina de escribir «El camino del Guadiana», que editará la Confederación Hidrográfica y el Ministerio de Obras Públicas con una recopilación de fotografías. Se vierte al francés *La construction de la tour de Babel*, en edición de Noël Blandin, y al alemán *Im Halbschatten* (*En la penumbra*), editado por Suhrkamp.

Después de quince meses de trabajo, el 22 de marzo se culmina el proyecto de Rialp y se le entrega a CMZV cuatro días más tarde. El ingeniero ha decidido abandonar el territorio de Región y, por encargo de Rafael Borrás, ha comenzado una nueva novela sobre el reformador Martín Lutero; en principio iba a ser una biografía, pero optó por la ficción con apoyatura en la vida real del clérigo. El 12 de abril, con necesidad de airearse, de evadirse, de alejarse de las presiones y las obligaciones, en definitiva, de huir, emprende una excursión en solitario de un par de jornadas a La Mancha: Ciudad Real, Corral de Calatrava, Puebla de Don Rodrigo, Almagro, Valdepeñas, S. Carlos del Valle, La Solana, Alcázar de San Juan.

Una nueva muerte en su entorno vuelve a sacudir a Benet. El 20 de abril fallece el tío Luis, como llamaba al pintor Luis G. Solana. Con los hijos Ramón y Eugenio se desplaza a Espinosa de los Monteros (Burgos) a su entierro.

772. Declaraciones de Claude Murcia, registradas en magnetófono el 29 de mayo de 2014.

Acabado el primer borrador de la novela de Lutero, el 1 de mayo Benet viaja a Pamplona con Blanca. Telefonea a Ignacio Pérez de Juan y se dan cita en la cafetería Hemingway, en la plaza del Castillo. Cenan en Las Pocholas (paseo de Sarasate 6) y la mañana siguiente la pareja toma camino de Elizondo. En Errazu prosigue la rehabilitación de la borda; se ha demolido el interior y dejado a salvo las cuatro paredes. Juan y Blanca se alojan en Sare, visitan Bayona y Biarritz, hacen picnic en Olozon-Sainte-Marie y pernoctan en Lescun, desde donde viajan al parador de Veruela. El 5 de mayo desde Soria llegan a Madrid.

Tres días después Benet vuela a Santander para dar una charla en la Escuela de Ingenieros de Caminos, donde Joaquín Díaz-Cascón ejerce de profesor. Cena en el restaurante El Molino y se desplaza a Torrelavega; almuerza con Joaquín y tras la conferencia regresa a Madrid en coche cama. Pero es requerido nuevamente en Sevilla para pronunciar el discurso inaugural de la XVIII Semana de la Carretera del 13 al 17 de mayo, que titula «Carreteras metropolitanas en el siglo XXI». El mismo día retorna a su ciudad.

Fechas de desconcierto en la relación con Blanca. Nuevas reflexiones. El domingo 19, Benet de Zarzalejo parte a Olite y de allí a Errazu para hacer la última entrega económica por la propiedad; continúan las obras en la borda. De vuelta pasa el fin de semana en Zarzalejo, cena con Sarrión y almuerza con Agapito Ramos. Llama Blanca y la noche del 28 se sientan a la mesa del restaurante japonés habitual. Benet se pregunta si será ésta la última cena. El día después Fernando Chueca y su colega Rafael Manzano se topan con Juan Benet en el paseo de la Castellana, día del cumpleaños de Chueca. Los dos arquitectos se dirigen al Casino para celebrarlo con un almuerzo. «Juan estuvo muy displicente con Fernando. Oye, ochenta años cumples. Qué barbaridad, no sabía que fueras tan mayor. Bueno claro, si hago las cuentas, me salen. Si lo hubiera sabido, me hubiera gustado invitarte a comer, le dijo. Pero muy distante».[773] Por la noche invita a cenar a Pisuerga a Marías, Molina y Martha Gellhron, que está de visita en Madrid. Luego de la sobremesa, pasada la medianoche, Martha, de 82 años, se resiste a recogerse y les acompaña a tomar unas copas a Chicote, que le trae indelebles recuerdos de Hemingway; la venerable anciana derrota a sus acompañantes, que tratan prudentemente de retirarla a su hotel, pero ella aguanta hasta la hora de cierre acompañada de su bebedizo. El 3 de junio Juan y su hijo Eugenio llevan a Martha Gellhorn a Ávila, Salamanca y Ciudad Rodrigo y se alojan en el parador. Se les suma Nicolás Benet y el día 4 visitan la presa de Irueña y Fuentes Carrionas, en las montañas palentinas, donde hacen picnic. La siguiente jornada

773. Declaraciones de Rafael Manzano Martos, grabadas en casete el 12 de enero de 2015.

llegan al pantano del Porma, siguen a Riaño y vuelven a Fuentes Carrionas. Tras hacer noche en Cervera de Pisuerga visitan Carrión de los Condes, continúan a Olmedo y regresan a Madrid el día 6.

Las dos jornadas posteriores Benet participa como miembro del jurado en la selección de veintidós edificios representativos de la última década, para la primera bienal de arquitectura española, que se presentará el próximo agosto en el antiguo seminario de Comillas (Cantabria), en los cursos de la UIMP. Acabada la labor cena con Jaime Salinas, Blanca Andreu y Martha Gellhorn.

A las diez de la noche del 10 de junio, Blanca acompaña a Juan a la inauguración de la exposición de su hijo Eugenio, «Cuatro bares y varios monstruos», en El Cielo de Madrid, una discoteca al aire libre con diferentes espacios en la carretera de Húmera. Bajo una carpa se exponen veinte piezas en óleo, técnica mixta y acrílico. También están otros miembros de la familia como Alejandro, Ramón y su pareja María Antonia.

Después de participar en el III Congreso Nacional de Ingeniería de España, con la ponencia «Ingeniería y conducta social», Benet vuelve a cenar con Blanca en el japonés y él acaba con una gran incertidumbre. El día después tienen otra discusion y se pregunta «¿Penúltimo incidente?».[774]

El 22 de junio Juan Benet es testigo del matrimonio de su primogénito Ramón y María Antonia Cuñado en los juzgados de San Lorenzo de El Escorial. Toman el aperitivo en el hotel Miranda & Suizo y luego se desplazan para el almuerzo en la plaza de Navalcarnero, en el asador La Terraza, donde degustan cordero asado al estilo de Aranda de Duero. Con posterioridad celebran la fiesta en una sala que han alquilado en la calle de Castelló.

Tras pasar el día de su onomástica en Zarzalejo, la jornada siguiente Benet termina la novela «El caballero de Sajonia». Y un día después Blanca Andreu regresa al chalet de la calle Pisuerga. Se reinicia la convivencia y juntos van a un cóctel en casa de Vicente Soto Ibáñez, director general de CMZV. Al poco, Blanca telefonea a la letrada Pilar Gutiérrez, que ya no trabaja en el bufete de Pedro Moreno, para decirle: «Hemos vuelto y de hecho queremos anular la separación. Y yo le dije: Blanca, eso es hacer un simple escrito. La carpeta está en el despacho de Perico y además es un caso que entró por él, así que llámale y que os haga el escrito».[775] Las separaciones entonces se deshacían enviando un documento al juzgado en el que se declaraba la reconciliación. Pero nunca se hizo.

774. Entrada del 14 de junio., *op. cit.*

775. Declaraciones de Pilar Gutiérrez Sánchez, recogidas en casete el 14 de octubre de 2014.

El 1 de julio nuevo viaje a París en coche cama. A su llegada, Benet tiene un encuentro con Lindon y Murcia, para luego recibir el premio France Culture en la Casa de la Radio, por su novela *Dans la pènombre*; en su discurso, el autor declaró: «No hay que olvidar que el premio lo logró la traducción francesa»,[776] en expreso reconocimiento a la señora Murcia, como él la llama, presente en el acto. Luego se sometió a una entrevista radiofónica de varios críticos y después de pasar por la Biblioteca Mazarino y la Casa de la Moneda, el 5 de julio el escritor regresa a Madrid en coche cama.

Con Blanca viaja a Valencia y Santiago de Compostela, desde donde van a Daneiro al encuentro con el doctor Manuel Varela y el ministro Javier Solana. El 13 de julio hacen una excursión a Cabo Vilán, pasan por la presa de Santa Eugenia y almuerzan en Las Hortensias, en Corcubión; Benet se muestra firmemente interesado en la compra de un apartamento que han construido en los terrenos del camping, en la playa de Quenxe número 4, junto al restaurante.

Días de julio en Zarzalejo. A la hora del aperitivo, Benet se lleva a sus nietos Álvaro y Alejandro al pueblo a tomar una naranjada, aunque «yo sólo puedo tener relación con los niños desde el momento en que sean capaces de enunciar un universal», le confesó una vez a Sarrión. Lo que no soporta el novelista son «los plásticos», los trastos de colorines que llenan la casa de campo: «La vista de tanta explosión colorista de juguetes de plástico por todos sitios me enferma, no lo puedo resistir».[777]

La pareja viaja al Baztán para ver el transcurso de las obras en la borda de Errazu. Estancia de dos días en Arizcun y partida a La Coruña; atraviesan el puerto de Velate, Villoldo (Palencia) y el 1 de agosto, luego de comer en Astorga, duermen en Finisterre. Pasan una jornada en La Coruña, de regreso visitan a Rafael López y Consuelo Giménez en Traspinedo (Valladolid) y llegan a Zarzalejo el 3 de agosto, donde él se entrega a la lectura de *The History of the Decline and Fall of the Roman Empire*, vol. III, de Edward Gibbon.

Con Blanca y Rafael Vilar, Benet se desplaza a Cardoso de la Sierra, a casa de Agapito Ramos para pasar unas horas de holganza campestre. Y dos días más tarde, el 19 de agosto, la pareja sale de Madrid, con almuerzo en Mota del Cuervo, hacia Torre de la Horadada, en la costa alicantina, donde Blanca suele ir a la playa en sus días de Orihuela. El día 23 Benet regresa solo a su ciudad y come en el restaurante Rincón de Pepe, en el centro de Murcia; luego, pasa por Cohegín, Caravaca de la Cruz y Moratalla. Tras el fin de semana alejado del bullicio en Zarzalejo, el lunes

776. Según Claude Murcia, en conversación registrada en casete el 29 de mayo de 2014.
777. *Jazz y días de lluvia. Memorias (y III)*, Antonio Martínez Sarrión. Alfaguara, Madrid, 2002.

con su secretaria Mercedes López-Ballesteros comienza a elaborar una oferta de obras de renovación en el Porma, por encargo de CMZV.

Con motivo de la Feria de Frankfurt, que tiene a España como protagonista destacada, la revista *Quimera* (n.º 106-107 correspondiente a septiembre) publica una encuesta entre dieciocho críticos sobre «Los diez mejores libros españoles de la transición democrática», en cualquier género literario; en ella se incluye *Saúl ante Samuel* (Rafael Conte y Juan Bonilla), *Herrumbrosas lanzas* (Constantino Bértolo e Ignacio Echevarría) y *Una meditación* (Valentí Puig). En el número doble 18-19 de *El Paseante* aparece «Fábula decimocuarta», inédito de Juan Benet fechado en julio. Y en Italia la editorial Adelphi, dirigida por Roberto Calasso, publica *Nella penombra*.

El 2 de septiembre, terminada la oferta del Porma, el ingeniero parte a buscar a Blanca a Torre de la Horadada. Dos días más tarde regresan a Madrid, con parada en el Rincón de Pepe. Después de la tertulia pasan el fin de semana de asueto en Zarzalejo, pues el lunes 9 de septiembre el ingeniero participa en el XXIV Congreso de la Asociación Internacional de Recursos Hidráulicos, celebrado en Madrid. Pronuncia el discurso inaugural y atrapa la atención de los participantes con el relato de la pérdida de recursos hidráulicos en la civilización sábea, reinada por Saba, en la península de Arabia. El auditorio le dedica una ovación calurosa. *Claves de Razón Práctica*, revista que dirigen sus estimados Javier Pradera y Fernando Savater, en su número 15 publica «Ingeniería y conducta social», ponencia que Juan Benet leyó en el III Congreso Nacional de Ingeniería.

El 12 de septiembre Benet llega a Errazu para examinar las obras en la borda. Después se desplaza a Albalate de Cinca (Huesca), para inspeccionar sobre el terreno la ubicación de la presa del embalse Saso Cubota, en Belver de Cinca, adjudicada a Hidrocinética. Tras sucesivos viajes, el 4 de octubre el ingeniero visita a Adrián Baltanás, director general de Obras Públicas, para la aprobación del proyecto de la presa de Rialp. El día de su cumpleaños, Benet almuerza en el Palacio de Viana, sede del Ministerio de Asuntos Exteriores, con el titular Francisco Fernández Ordóñez.

Ya en la calle *El caballero de Sajonia*, editado por Planeta, el autor celebra una comida con los amigos en San Agustín de Guadalix, en el Caserón de Araceli. El munificente Benet y el decoroso Ferlosio, mientras fuman sus cigarrillos parsimoniosamente, platican con todo detalle sobre el *Mayflower*, barco que en 1620 transportó a unos *peregrinos* desde Inglaterra hasta un punto de la costa este de América del Norte. El resto de los comensales está asombrado y abrumado por la erudición de los literatos. Ante ciertos elogios, Rafael se dirige a ellos y les dice: «No os equivoquéis, el que escribe bien es éste»,[778] señalando a Juan. El ingeniero dedica ejemplares de la única novela que no se desarrolla en su ya universal Región: «Para Agapo, sin más. Juan» (Agapito Ramos) «Para Pablo, con todo afecto y causa natural. Juan» (Pablo Lizcano) «No hay verso bueno,/ amigo mío. Juan» (Sarrión). Y en otra ocasión a su traductora francesa: «Para Claude, con todo mi cariño. Juan. Madrid, 91». Como está de promoción por el nuevo libro, *El Independiente*, que tantos sinsabores le causa, publica una entrevista con Juan Benet, en la que anuncia: »Dentro de poco acabaré una novela, iniciada hace ocho años»,[779] lo que será el volumen IV de *Herrumbrosas lanzas*.

El 1 de noviembre, Benet viaja con Blanca y tito Jaime a Errazu, vía Pamplona. A continuación de un reconocimiento ocular de las posesiones, pernoctan en Sare y de allí parten para Saint-Étienne-de-Baïgorry. Regresan a Madrid con comida en Tafalla. La escalera de caracol rescatada de la vieja central hidroeléctrica de Santa Eugenia y guardada en Zarzalejo, será instalada en la borda, no sin antes eliminar el óxido acumulado tras años a la intemperie. De su lustrado con sosa cáustica y cepillo se encarga su hijo Eugenio, a cambio de un viaje a la India prometido por su padre. Luego de unas fechas, el ingeniero cena con Rafael Borrás y Elías Querejeta, que tiene seria intención en llevar al cine *El caballero de Sajonia*. Días más tarde, el 27 de noviembre, nace su nieto Lucas, hijo de María Antonia y Ramón, a la vez que el abuelo sufre una terrible sesión con su dentista.

Un frío pero despejado 5 de diciembre, la pareja enfila la carretera de La Coruña con destino a Corcubión para inaugurar el recién adquirido apartamento. Hacen un alto en Tordesillas para comer y a media tarde llegan a Villafranca del Bierzo; se presentan en la puerta del castillo palacio de Cristóbal Halffter. Con una llamada al timbre anuncia: «Soy Juan Benet».[780] Tras los saludos de ritual con la inesperada visita, comienza una velada inolvidable, según el compositor. Después de la cena y un paseo por la localidad, Juan y Blanca se fueron a descansar al albergue municipal, para la mañana siguiente continuar a Corcubión. El día 6 pasan la primera noche en el apartamento de Las Hortensias. Benet ha personalizado la vivienda y le pidió al constructor que en vez de terrazo le pusiera los suelos de madera de roble, material que le proporcionó generosamente Manuel Varela; en el baño mandó instalar una ducha escocesa con dos surtidores de agua.

778. «Un hombre del Renacimiento», Agapito Ramos Cuenca. *Juan Benet. Rutas*, CICCP, Madrid, 2008.

779. «El descrédito de las doctrinas ha hecho desaparecer a los santones de la cultura»; entrevista de Helena Molero. *El Independiente*, 31 de octubre de 1991.

780. «Recordando a Juan Benet en Villafranca del Bierzo», Cristóbal Halffter. *Abc*, 26 de marzo de 1993.

El 24 de diciembre en Pisuerga se celebra «una complicada cena de Huerfanitos», escribe el literato en su agenda. En terminología doméstica, padre e hijos se hacen llamar así e incluyen a los amigos sin pareja en esas fechas, quienes siempre tienen un lugar a la mesa. El día de Navidad toda la familia come con Marisol Benet, tía Mary. Y Juan cena en casa de Alberto Oliart, como ya es costumbre.

La mañana del 27 de diciembre el ingeniero tiene una reunión con Adrián Baltanás y le dedica *El agua en España*: «Para Adrián,/ sin ninguna clase de compromiso/ con toda amistad. Juan./ Madrid, 91». Por la noche la pareja cena con Octavio Paz y Marie Jo, que se encuentran en la capital. El día después Juan y Blanca se marchan a Orihuela. El 29 vía Murcia y Albacete, él regresa a Madrid para pasar el fin de año en Zarzalejo, alejado de la algazara.

Presa del embalse del Porma. En la actualidad embalse Juan Benet. Autora: Nuria Carballo

24

ÚLTIMO VIAJE

A PRINCIPIOS de 1992 Benet rastrea en su bien surtida biblioteca de Zarzalejo el apartado de la Guerra Civil, en busca de algún libro sobre el piloto Hugh Oloff de Wet, por encargo de Javier Marías, y le envía un informe escrito a mano bajo el burlón epígrafe «Nota para el licenciado Marías»:

> Acerca de Oloff de Wet he encontrado algunas referencias en la bibliografía de la Guerra Civil. Jesús Salas Larrazábal lo menciona en dos de sus obras, en *La guerra de España desde el aire*, Ariel, Barcelona, 1972, y en *Intervención extranjera en la guerra de España*, Editora Nacional, Madrid, 1974. En la primera se menciona a De Wet en relación con la creación, por la nueva Subsecretaría del Aire, de al menos quince grupos de caza y bombardeo que empiezan a operar con material importado en septiembre de 1936. Según Salas, De Wet pilotaba un Nieuport 52 en esas fechas. También existe alguna referencia aislada a De Wet en Alcofar Nassaes, *La aviación legionaria en la guerra española*, Euros, Barcelona, 1975 [...] Estas referencias se deben, sobre todo, a la publicación por Oloff de Wet de *Cardboard Crucifix*, Blackwood, Londres, 1938, que no he logrado encontrar y creo que no se ha traducido ni publicado en castellano. Un excelente caso de recherche, veamos una vez más de qué eres capaz, veamos tus habilidades. Por lo que deduzco, se trata de un relato autobiográfico de su experiencia en España como piloto de guerra y testigo bien situado del nacimiento del arma aérea republicana. Un fragmento bastante extenso (catorce páginas) de Cardboard Crucifix se incluye en *The Civil War in Spain* de Robert Payne (no confundir con Stanley G Payne, historiador del fascismo español), Secker & Warburg, Londres, 1962. Ese fragmento no es gran cosa: una estampa periodística del Madrid en el revolucionario otoño del 36, unas

impresiones acerca de su vuelo en Nieuport y unos rápidos perfiles de figuras destacadas de las Brigadas Internacionales.

Zarzalejo, enero de 1992.[781]

El 8 de febrero Juan Benet acompaña al ministro de Obras Públicas y Transportes José Borrell, ingeniero aeronáutico de formación, en la ceremonia del inicio de las obras de la presa de Rialp en el curso del río Segre (Lérida), cuya población de referencia es Ponts. Borrell y Benet están muy compenetrados, con discursos hidráulicos muy parejos. De hecho, Borrell, con voluntad de lanzar el Plan Hidrológico Nacional como remate de la planificación hidrológica e iniciativa complementaria, decide publicar el Plan Nacional de Obras Hidráulicas de 1933, con Indalecio Prieto en el Ministerio de Obras Públicas, cuyo autor fue Manuel Lorenzo Pardo, director del Centro de Estudios Hidrográficos durante la República. Al llegar la guerra, a Lorenzo Pardo le arrinconaron y su plan fue retirado de los despachos oficiales en 1939 para ser presentado como una conquista social de la dictadura. En la dirección general de Obras Hidráulicas, que gobierna Adrián Baltanás, hay algún ejemplar y deciden hacer una nueva edición para que sirva en la etapa democrática, en el marco de los trabajos del nuevo Plan Hidrológico Nacional. Le encargan a Benet el prólogo a la edición comentada y Baltanás se reúne con los colaboradores en el bar Hispano (Castellana 78) para debatir el enfoque del trabajo y el reparto de tareas.

El infatigable Juan Benet, que a lo largo de su vida acumula miles de kilómetros a sus espaldas, decide hacer un viaje intercontinental con el también ingeniero de caminos Miguel Aguiló Alonso, presidente del Grupo Iberia. La misma fecha de su partida, Marías le hace llegar un ejemplar de su nueva novela *Corazón tan blanco*. El 17 de febrero un Benet embutido en una fibra polar de dos piezas y calzando unas botas con unos crampones en las suelas, pisa la masa de hielo del glaciar Perito Moreno, en la Patagonia. Tres días más tarde le escribe una carta en papel del Huka Lodge (Nueva Zelanda) a Blanca Andreu con destino a Pisuerga 7:

> Querida,
> Por primera vez en una semana tengo la oportunidad de sentarme ante una mesa y escribir, antes de meterme en la cama. Ya verás cómo procuraré que este viaje haga historia en mi vida, como el de China hace 15 años. He decidido aprovechar esa oportunidad para saldar las cuentas epistolares

781. *Negra espalda del tiempo*, Javier Marías. Alfaguara, Madrid, 1998.

contigo, con esa carta que tantas veces me has pedido y que hasta ahora no me he decidido a escribir, no sé por qué. Sí es cierto que con distancia se ven las cosas claras y si hay una cierta ley de proporcionalidad en esa afirmación, nunca las veré tan claras como ahora pues nunca estaré tan alejado como ahora de mi domicilio natural que, espero compartir contigo por mucho tiempo o acaso para mí siempre. Esta es la esencia del asunto: vivir junto a ti para el resto de mis días. Si algo tengo claro es eso y si la distancia no ha servido para despejarlo al menos ha servido para sentir la necesidad de declararlo y a continuación ponerlo por escrito. No sólo te quiero sino que quiero seguir queriéndote así y es tal la satisfacción que derivo de ese sentimiento que sólo aspiro a que todo siga siendo como es hoy, no deseo ninguna evolución y recelo de cualquier cambio en el sentido que sea. Me pregunto a veces –y nunca te hago partícipe de esas cogitaciones– cómo hemos llegado a esta situación y si el tortuoso camino que nos ha conducido a ella no era sino el trayecto obligado que de no haberlo tomado nos habría llevado a una meta muy diferente. Si eso es así menester será confesar que hay que dar por bueno todo lo ocurrido hasta ahora pese a los malos ratos que hemos tenido que pasar tanto tú como yo para atravesar ese trayecto. Todo ello es un misterio porque no sé creer en la destinación y me resisto a pensar que lo que un día estuvo a punto de romper nuestra unión haya venido a concluir en su fortalecimiento. Prefiero pensar que cuando se produjo el incidente italiano ninguno de los dos –y sobre todo en los momentos más agudos– perdió la confianza en el otro y lejos de dar el caso por perdido buscamos a tientas la manera de restablecer un vínculo que en apariencia se habría roto de la manera más brusca y definitiva. Fue como pasar una prueba, como someter la estructura a la carga de tortura que si es capaz de superarla demuestra que es con holgura capaz de soportar las tensiones cotidianas.

Sabrás muy bien hasta qué punto se me traba la lengua al hablar del amor. Como decía la duquesa de Guermantes –creo recordar– mejor prefiero hacerlo que hablar de él pero tú en eso eres tan adolescente que crees que si no se expresa, sobre todo con palabras, no se siente. Pero el amor es, ciertamente, anterior a la declaración verbal que viene a ser como una ratificación y una regulación administrativa de una actividad ilegal. Porque una declaración que los amantes piden, exigen y conceden viene a ser como el blanqueo de un capital que ambos han acumulado en la sombra. Pero antes de esas palabras hay una visión y todas las instancias del amor están alimentadas por ella; y por lo mismo se extingue en cuanto la unión no sea capaz de sostener, alimentar y renovar esa visión, por más que aquella venga apoyada por las palabras. Estas pueden ser sinceras, engañosas o hipócritas pero la visión no, no hay manera de desvirtuarla.

Pues bien, mi visión de ti ha dejado de ser contingente y tan sólo puede ser alterada o trastornada por algo semejante a la muerte o la aniquilación. En cierto modo, por consiguiente, nada tienes que temer o recelar de mí porque tu única rival es la muerte. A poco que se piensa, ese proceso de sublimación amorosa no puede ser más raro: de una visión puramente sensual pronto se pasa a una composición teleológica que no es capaz de sustentarse un solo día si no viene en su ayuda la rectificación de los sentidos; y vuelve a comenzar cada mañana: la fundamentación teleológica es eterna, como una ecuación algebraica, pero su temporalidad está confiada a otra instancia, como si el álgebra no tuviera realidad sin lápiz, papel y formulas escritas. Esa fórmula cotidiana e intemporal que sólo está expresada en tu cuerpo y de la que arrancan todas mis visiones.

Te quiero de una vez para siempre

Juan.[782]

De tan conmovedora y apasionada confesión, toda una reflexión sobre el amor, se infiere que el sufrimiento por una mujer proviene de haber tenido completa fe en ella. Benet no puede dejar de amar ni dejar de ser amado.

En Canberra, capital de Australia, el 24 de febrero le escribe a Javier Marías, nada más acabar la lectura de *Corazón tan blanco*:

Querido Javier:

Cuando con tu bondadosa diligencia me hiciste llegar tu última novela el mismo día de mi partida, pretendías sin duda amenizar mis escasos descansos en tan zarandeado viaje [...] Me prometí leerla en el vuelo Madrid-Bs As [Buenos Aires] que dura diez horas pero he aquí que en el último momento olvidé las gafas en casa –Iberia fletó un avión para hacérmelas llegar al día siguiente– y tuve que soportar el vuelo pensando en las musarañas. Luego el viaje por Patagonia (una tierra emocionante *beyond every description, even Chatwin one*) fue tan vertiginoso que sólo pude abrir el libro en el vuelo Río Gallegos-Auckland. La terminé por fin en Huka Lodge, un lugar también beyond description junto al río Waikato donde me di un reconfortante baño de partes que disipó todos los lags acumulados.

782. Dos hojas manuscritas por tres caras, con fecha 20 de febrero de 1992. Cortesía de Blanca Andreu.

La novela me ha gustado mucho, verdaderamente mucho, y más cuando considero (un comentario que debería silenciar y tú no debes repetir) lo poco que me satisfacen las de tu generación. Ciertamente no soy capaz de dejar de lado toda comparación y por eso me atrevo a decir que nadie en España –y probablemente en castellano– tiene hoy el oficio necesario para escribir unas páginas como las tuyas. Observa que he dicho páginas, cuando podría decir una novela, porque quiero insistir sobre algo que ya hemos tocado en otras ocasiones: que dejando de lado la totalidad, lo mejor que puede ofrecer una novela se reduce con frecuencia a unos fragmentos y que aun cuando esa totalidad sea excelente, lo sería más si cuenta con unos pasajes, unas páginas o unos párrafos descollantes. Y a veces me pregunto si una novela toda ella buena, sin un momento excelente, ¿será tan sólo un espejismo?, ¿una manera de exaltar la mediocridad? Para mí en el Corazón tan blanco esas páginas o párrafos son los que corren entre «Era ese canto inconsciente que no tiene destinatario...» (p. 51) y el final de esa consideración en la p. 53. Y sobre todas, y por encima de todas, las que van de la p. 90, cuando el padre formula la inquietante cuestión, hasta la 96.[783] Porque además estas últimas no son incidentales sino que condensan todo el pensamiento de la novela y constituyen todo el núcleo argumental; no en balde es una novela que exalta el matrimonio como la forma más depurada del amor y no en balde se dice allí que el matrimonio es una institución narrativa; no en balde a lo largo de todo el relato se contrasta la exquisitez matrimonial del narrador –al que, un tanto pedante, de nada le sirve su falsa humildad y sus falsas protestas de hombre alejado de la pluma– con la grosería de su pensamiento rival. Por lo mismo que me gustan esas páginas, me complacen mucho menos las diversas sátiras que has incluido, como la conferencia de los adalides –que eso sí me parece incidental, overdesigned y hasta un tanto fácil– a la cena con el profesor Rico.[784]

Apurando la opinión te diré que incluso la composición un tanto novelesca del conjunto, esto es, la involuntaria búsqueda del pasado de Ranz (y me parece un error llamarlo así, mi «mi padre» sencillamente habría sido más permanentemente patético), introduce un cierto olor a intriga que sólo sirve como lubricante de la lectura pero a cambio no aporta ninguna página de la calidad de aquellas inspiradas por un pathos más emotivo que narrativo. A la postre Ranz se resuelve como un hombre sin emociones –pese a haber matado por amor– y es tanta la insistencia sobre los efectos del tiempo y la vulnerabilidad de la memoria que más que una persona parece un actor o una picture, en contraste

783. En la edición de Anagrama. Cuando el protagonista rememora su infancia.
784. En la novela, profesor Villalobos.

con su hijo que tal vez por no ocultar un pasado tenebroso e inquietante puede permitirse toda la licencia narrativa y dar expresión a un catálogo de emociones privadas de las que carece, al parecer todo hombre enigmático.

Y en cuanto a la forma, hay algunos detalles que no me convencen: determinadas reiteraciones parentéticas, algunos latiguillos (como llamar contraída a la mujer, por fortuna ese apelativo se pierde pronto) o la construcción paratáctica que emparenta algunos párrafos con el stream of consciousness, tan poco recomendable.

Para terminar, algo personal que me halaga mucho. En la dedicatoria me dices que has robado alguna idea mía. En verdad, no la he sabido encontrar, no sé a qué te refieres y te diré que prefiero no saberlo. Si la hubiera identificado no habría podido por menos que reprochártelo, aunque fuera para mis adentros, y por consiguiente cargarlo a tu cuenta como una falta de maneras y una prueba de escasez de recursos. Bien es verdad que también podría interpretarlo como un homenaje codificado pero –reconócelo conmigo– es muy preferible presumir que las ideas al pasar de unos a otros sólo son fructíferas y evolutivas si en cada paso pierden la paternidad.

Por lo demás, enhorabuena. Mañana salgo para el outback, Ayer's Rock [sic] y Darwin. Si lo miras en el mapa comprenderás en qué terrible situación me encuentro. Pero, aun así, creo que llegaré antes que esta carta.

Juan.[785]

Después de viajar al parque nacional Uluru-Katu Tjuta y ver Ayers Rock, en el centro de Australia, Aguiló y Benet pasan por Singapur y aterrizan en Madrid.

Al poco, el ingeniero cena con Agapito Ramos y, en animada conversación, «le dije que íbamos a fichar a Agustín Tena, que le llamábamos El Langostino y había sido novio de Blanca. Me dijo: Necesito un favor. Llama a Blanca y dile: Me ha pedido Juan que coloque a Agustín por cojones en la Comunidad. Y así me apunto un tanto».[786] Avanzado el tiempo, tras la desintegración de la URSS, Benet, acompañado de unos destilados en el bar Cock, le propone a Tena, director del Centro de Estudios y Actividades Culturales, llenar el paseo de la Castellana con estatuas originales de los dirigentes soviéticos, para lo que habría que importarlas de los distintos países; Tena, de similar porte y flequillo que Benet, le disuade de la idea por parecerle un proyecto costosísimo.

785. *No he podido saber,* Javier Marías, volumen anexo a la edición conmemorativa.

786. Declaraciones de Agapito Ramos, grabadas en magnetófono el 3 de febrero de 2015.

A las seis de la tarde del 3 de abril Juan García Hortelano, con sesenta y cuatro años, muere de cáncer de pulmón en su piso de la calle de Gaztambide 4. No quiso ir a ningún hospital, estuvo al cuidado de su mujer y su hija. «Estaba sentado en el sillón y cuando le vi muy mal llamé al portero para que me ayudara. Tenía la cama preparada para extenderle. Lo llevó en brazos, porque estaba delgadísimo, y murió en nuestra cama. El que venía cada dos o tres días era el ex ministro de Hacienda, Jaime García Añoveros. Yo estaba cogiéndole una mano y su sobrina la otra, y se nos quedó. Ella, que es médico, me confirmó: Tía, en este momento acaba de morir. Al salir de la habitación me encontré en el salón al cura Aguirre y a Juan Benet. Benet dijo: Tengo que ir a darle un beso; si está muerto como si está vivo, porque tengo que coger un avión para la India».[787]

En efecto, el día 5 Juan Benet, con lágrimas que le corren por las mejillas, emprende un vuelo a la India con su hijo Eugenio, Blanca –muy sensibilizada con ese país–, Enrique Pérez-Galdós, Rita Enríquez de Salamanca, Julio Martínez Calzón y algunas personas más. Trascurren fatigosas jornadas en Bombai, Grutas de Elefanta, Hyderabad, con visita a Charminar, la mezquita de las cuatro columnas– monumento icónico de la ciudad–, las ruinas arqueológicas de la fortaleza de Golconda; viajan a Hampi una noche en tren, donde ven cómo algún viajero es capaz de lanzar deposiciones por la ventanilla, aun con el tren parado en la estación. Vijanagar, Bangalore, Cochín, Trivandrum y viaje en avión a Maldivas del 14 al 18, de relax en el paraíso de coral. Tras una noche en Bombai embarcan y el 20 de abril aterrizan en el aeropuerto de Madrid-Barajas. Poco tiempo después Julio Martínez Calzón y su mujer María de Corral celebran una cena en su casa (Balbina Valverde 19) con los participantes en el viaje, aunque ella no asistió. Luego hicieron un visionado de las diapositivas del recorrido y entre el anfitrión y un aliado suyo, sentados sobre una alfombra, amenizaron la velada con un sítar y una tablá.

El domingo 3 de mayo Benet publica en *El País* el bellísimo e ingenioso «Juan en Hyderabad», donde repasa las localidades visitadas en India y rinde homenaje al amigo muerto, Hortelano, «una bondad a prueba de todas las zancadillas». Días más tarde el columnista Manuel Vicent traza un retrato de «Juan Benet»[788] en la última página: «Ningún escritor, siendo tan afable, ha hecho nunca tantos esfuerzos para parecer malvado sin conseguirlo ni ha sacado tanto partido del cinismo habiéndose nutrido con tanto vigor de la ética. Esa es la contradicción de Benet: por fuera, su diseño británico con un toque de señorito perdulario le obliga siempre a estar a la

787. Testimonio de María Jesús Martín-Ampudia, registrado en casete el 19 de febrero de 2014.
788. *El País*, 15 de mayo de 1992.

altura del desdén; éste consiste en sostener con la máxima elegancia el whisky mientras la lengua se va transformando en un hacha, aunque, por dentro es un moralista con un fondo muy barojiano al que sólo le falta más prosa para ser un castizo. Si escribes con claridad, corres el riesgo de tener lectores; en cambio, expresarse con hermetismo genera exégetas y discípulos. Juan Benet, que sólo en apariencia desprecia la fama, adora el éxito, que estriba en ser oscuro y por eso mismo admirado sin ser leído. Sus libros obligan a escalar arduamente una pared norte hacia una explanada donde hay una verbena popular a la que se puede subir por detrás en coche».

Recién llegado de París, el 21 de mayo Benet asiste al restaurante La Ancha, donde la editorial Destino presenta *Ensayos y artículos*, de su admirado Ferlosio; dos gruesos volúmenes que recogen la mayor parte de su obra no literaria. Fernando Savater saluda la aparición de los textos como «las lecciones más conmovedoras e inteligentes que se han dado en la prosa ensayística en los últimos 30 años».[789] Además del ingeniero, al autor le arropan leales como Javier Pradera, Ángel Sánchez Harguindey o Manuel Vicent. El siempre airado Rafael, un pensador que procura agitar las adormiladas conciencias, asegura: »Mi experiencia me dice que la influencia del intelectual en España es hoy cercana a cero. A mí no me ha hecho nadie ni puto caso».[790]

El 18 de junio Benet presenta los segundos cursos de verano de la Fundación Ingeniería y Sociedad, presidida por Miguel Aguiló. En su discurso, el novelista reivindicó la función del ingeniero como hacedor de aquello invisible pero que ayuda a la felicidad de los ciudadanos. El día de la festividad de San Juan, su tocayo Juan Cruz, como editor de Alfaguara, telefonea a Benet para comunicarle que quiere publicar un libro suyo. «¿Tú quieres arruinar a Polanco?», le contesta el novelista.[791] Cruz invita a cenar a La Ancha a Benet y Andreu y les cuenta sus propósitos en Alfaguara; pretende que Juan sea miembro del consejo editorial, pero como él no se ve con fuerzas, le sugiere algunos nombres. Luego prolongan la conversación con unos whiskys en el Cock.

En el japonés Suntory, un apesadumbrado Juan Benet cena con Alicia Gimeno, con quien mantiene estrecha amistad, y le confiesa que está mal con Blanca, que tienen sucesivos disgustos.

789. *El Mundo*, 22 de mayo de 1992. Crónica de Emma Rodríguez.

790. *Ibíd.*

791. *Egos revueltos. Una memoria personal de la vida literaria*, Juan Cruz. Tusquets, Barcelona, 2010.

Después de casi un año de sequía en el centro y el sur, junio se presenta en España con lluvias torrenciales. Las precipitaciones han causado muertos y heridos, cortes de carreteras y descarrilamientos de trenes. Hay pueblos en alerta roja, se ha malogrado la cosecha de secano y hay pérdidas cuantiosas. El agua se convierte en un problema inquietante. Los ingenieros Juan Benet y José Sáenz de Oiza presentan al ministerio de Obras Públicas el proyecto de unos cursos de política hidráulica. Benet ha escrito el texto «El agua y el paisaje» para el catálogo de la exposición «Salamanca y la cultura universal» que se celebra en el Palacio Regional de Congresos y Exposiciones de Castilla y León de la ciudad del Tormes. Y hace acto de presencia el 15 de julio en el Círculo de Bellas Artes, donde la editorial Alfaguara celebra una fiesta para presentar a su nuevo director literario, Juan Cruz. Benet charla con Sarrión y le describe con embeleso la borda de Errazu, hasta que la turba literaria empieza a invadir el bar de la entidad de la calle de Alcalá.

Benet y Andreu pasan unos días en el apartamento de Corcubión. El novelista dedica *El caballero de Sajonia* a los dueños de Las Hortensias: «Para Pepita y Jaime, de su vecino más próximo y más ecuánime. Con todo mi cariño. Juan. Corcubión, 92». En la segunda quincena de agosto aparece el navegante Alberto Oliart, que veranea en Nigrán y atraca su velero Por fin en el puerto de Bayona. Ese día decidió hacer la travesía de las Rías Bajas y le acompañaban su mujer Carmen, sus hijos Soledad y Pablo, más una amiga de la hija. En la sobretarde, Alberto, una vez fondeada la embarcación, desde el pantalán flotante se dirige a Las Hortensias y en la entrada se topa sorpresivamente con Blanca, quien, jovial, en breve charloteo le comunica que Juan está en el piso. Oliart se acerca y, a través del ventanal del salón, le ve leyendo *El País*, sentado en un sillón. Lanza unas chinas al cristal, Benet por encima de las gafas repara en su amigo, tira el periódico, se levanta, alza los brazos y agita las manos. Le hace señas para que entre. Abrazos. Más adelante cenan todos en Las Hortensias. Acabada la cena, en la que mucho se trasegó, Juan los acompaña al barco para tomarse un whisky a bordo. De madrugada, entre Soledad y Alberto, llevan a Benet al apartamento, no sin hacer equilibrios sobre el pantalán. Lo dejan en manos de Blanca. «Tan bebido, sólo le había visto unos meses antes en una cena en su casa con Felipe González y Carmen Romero».[792]

A finales de agosto, en el palacio de la Magdalena de Santander (UIMP), Benet inaugura el seminario sobre política hidráulica, auspiciado por la dirección general de Obras Hidráulicas y codirigido con José Sáenz de Oiza, con la disertación

792. «Mis vivencias de Juan Benet», Alberto Oliart. En *Juan Benet. Rutas*, CICCP, Madrid, 2008.

«Fragmentos para una ponencia sobre política hidráulica». Por vez primera vez en un recinto universitario se debatirá, durante cinco días, sobre la gestión del agua.

Benet sufre unas molestias faciales, del trigémino. Se cansa, tiene una sed permanente, está muy desmejorado; arrostra su sufrimiento. A la salida de una comida en Fass (una botella de barro de ginebra, cerveza y unos ahumados de arenques y mejillones) con Joaquín Díez-Cascón, Juan le dijo: «Estoy preocupado. Llevo unos días que al afeitarme no noto la cara. Paso la cuchilla y no la siento».[793] El 27 de septiembre le detectan un brote canceroso. Con anterioridad le habían quitado una mancha del rostro, que era cáncer de piel y no dijo absolutamente nada; se lo cayó. Cuando el médico le pregunta a Benet si ha bebido, éste le contesta: «Media Escocia». No en vano entre sus whiskys favoritos está el Passport Schoth.

Eugenio ha logrado una beca en la Academia de Historia, Arqueología y Bellas Artes, que dirige Jorge Lozano en Roma, y tiene que presentarse el 1 de octubre. Su padre le despide a pie de calle en Pisuerga 7. Días después, Ramón lleva a don Juan al neurólogo Alberto Portera, en la clínica Ruber; le hacen pruebas y detectan que no sólo el trigémino, sino que hay metástasis, un cáncer... Luego se pone en manos de su buen amigo Rafael Lozano, médico internista sobrino de Jorge Guillén. Tratamiento severo.

La Compañía Hidrocinética Regional presenta a concurso el proyecto de la presa de Castrovido, en Salas de los Infantes, al suroeste de la provincia de Burgos. Una vez abiertas las plicas logra el primer puesto. Ramón Benet negocia con el Ministerio de Obras Públicas la adjudicación del proyecto, pero ya sin el magisterio de su padre.

Eduardo Mendoza recorre la exposición *La pintura de Historia del XIX*, en el Museo Español de Arte Contemporáneo, en Madrid. Son cincuenta y dos obras de la pintura española decimonónica, algunas de gran tamaño. «Compré el catálogo y se lo llevé a Pisuerga, porque él no pudo ir. Le hizo una gran ilusión. Ya estaba enfermo y me dijo: Esto va para largo. Me despedí con un abrazo y le noté los huesos a flor de piel».[794]

Fernando Sánchez Dragó logra el premio Planeta con la novela *La prueba del laberinto*, donde el autor aparece como la reencarnación de san Pedro. Eduardo Chamorro queda finalista con *La cruz de Santiago*. Y Leguina publica su segunda novela, *Tu nombre envenena mis sueños*, que se la envía a Benet.

---

793. Testimonio de Joaquín Díez-Cascón, grabado en casete el 17 de abril de 2015.

794. Conversación telefónica de Eduardo Mendoza el 25 de junio de 2015.

En noviembre Juan Benet queda finalista del Premio Nacional de las Letras Españolas. Javier Marías estaba en el jurado y propuso su candidatura como el mayor escritor en prosa del siglo XX. Tras las deliberaciones del jurado, Marías llegó desencajado a Pisuerga. Benet, acompañado de Andreu y Molina, descansa en su otomana de una sesión de radioterapia: «Esto no sé si me sanará pero tiene una gran ventaja, que elimina de cuajo el deseo carnal», comentó.[795] Benet no entendía la pulsión sexual, sostenía que la vida se complica con el sexo, según le confesó en más de una ocasión a un amigo que prefiere mantenerse en el anonimato. Marías trae la mala noticia de que su mentor no ha ganado el premio. El crítico Rafael Conte, que en principio se mostró favorable a la propuesta de Marías, tras una votación muy reñida apoyó al candidato José Jiménez Lozano. *El Joven* Marías reordenó nombre y apellido del crítico y le motejó como Careta Felón. Benet no pudo evitar una sonrisa.

El 12 de noviembre en los madrileños cines Renoir de Cuatro Caminos se estrena la primera película de Gracia Querejeta, *Una estación de paso*, de la que su padre es productor y coguionista. Entre los asistentes, está un más que diezmado Juan Benet, muy delgado y muy callado, con su hijo Ramón, Blanca Andreu, Javier Marías, Emilio Martínez-Lázaro, Montxo Armendáriz, la ministra portavoz del Gobierno Rosa Conde... Todos quisieron acompañar a Gracia y a Elías durante la proyección. El productor logró reunir a los miembros de la tertulia y luego celebraron un cóctel en Mayte Commodore.

Juan Benet tiene consulta con su médico y no puede participar el 23 de noviembre en el homenaje que siete editoriales brindan a Juan García Hortelano en el Círculo de Bellas Artes. Moderado por Antonio Martínez Sarrión, en el acto intervienen Juan Marsé, Jaime Salinas, Alberto Oliart, Jaime García Añoveros, José Manuel Caballero Bonald... pero en la sala están muchos amigos y colegas: Javier Marías, Jesús Aguirre, Francisco Ayala, José María Merino, Luis Mateo Díez, Julio Llamazares, Vicente Molina Foix, Soledad Puértolas, los periodistas Joaquín Estefanía, Eduardo Haro Tecglen, Pedro Altares, los ministros de Exteriores y Cultura, Javier Solana y Jordi Solé Tura.

El domingo 29 de noviembre Benet, pese a las circunstancias en que se encuentra, publica su último artículo en *El País*, «Wojtysolo», donde Sánchez Dragó es motivo de sarcasmo por su novela premiada. Pero también, y sobre todo, es un auténtico rejonazo a Juan Goytisolo: «Me resulta más que difícil comprender a un español de hoy que sangre por la expulsión de judíos o moriscos o por el genocidio de unos indios genocidas, y más que estomagante la añoranza de aquella civilización

795. *El invitado amargo*, Vicente Molina Foix y Luis Cremades. Anagrama, Barcelona, 2014.

de las tres culturas por la que suspiran algunos profesores y abundantes dramaturgos. Desde luego, quien tenga la mala fortuna de hacer una excursión a Toledo y despachar media docena de monumentos en compañía de un guía oficial no volverá a casa sin la sensación de hartazgo que provoca el crisol de las tres culturas y de alivio por el triunfo de una de ellas sobre las otras dos». El artículo nunca se reproducirá en libro alguno.

El matrimonio Consuelo Giménez Sánchez y Rafael López González visita a Benet en Pisuerga, donde pasan la tarde. Blanca se ha retirado a otra estancia. Juan le dice a Consuelo: «No sé si ir a Suecia a operarme del trigémino».[796] A última hora llega el hijo de Dionisio Ridruejo, que pretende de Juan un prólogo para un libro de su padre, con material encontrado: textos y poemas escritos durante su estancia en la cárcel, «Memorias de una imaginación. Papeles escogidos». Dionisio desconocía el estado de salud de Juan. «Le dejé el original reiterándole la inconveniencia de mi presencia allí y liberándole de cualquier compromiso y así nos despedimos».[797]

Los doctores Alberto Portera, Rafael Lozano y Manuel Varela en contacto con Ramón Benet y Blanca Andreu, les preguntan si pueden citar a su hermana Marisol para un encuentro con la familia en la clínica Ruber. Una vez todos reunidos, los galenos les comunican que el proceso de Benet es irreversible, sin remedio. Blanca decide darle unas vacaciones a Cielo, la doméstica de origen suramericano que trabaja en Pisuerga, acto que Marisol no comprende. La idea de Blanca es hacerse cargo del cuidado completo de Juan.

A primeros de diciembre, con la festividad del día de la Constitución, Juan, Blanca, Ramón y María Antonia, Nicolás y Charo, Juana y Trifón (a quien Benet cariñosamente llama Triki o el Cristalero, porque tiene un taller de cerramientos de aluminio) y los cinco nietos (Lucas, Guillermo, Álvaro, Nuria y Alejandro) viajan a Errazu para inaugurar la borda. Juan y Blanca van con Ramón, María Antonia y el bebé Lucas en un Audi 80. La pareja se hospeda en un hotel a orilla del río en Cherchebruit, una pedanía de Saint-Pée-sur-Nivelle, y el resto en un hotelito de Elizondo, donde abunda el comercio; allí compran muebles para la casa, que todavía está sin rematar. Aun así, celebran una cena. Ramón es el encargado de trasladar a la pareja cada mañana y cada noche.

Desde Madrid, Benet llama por teléfono a su hijo Eugenio para advertirle que al llegar en navidades quizá tenga que quedarse un tiempo más del previsto porque tiene la salud bastante menoscabada. Pero sigue trabajando en la segunda edición de

796. Consuelo Giménez Sánchez, en conversación telefónica el 15 de abril de 2015.

797. Correo electrónico de Dioniso Ridruejo, del 24 de febrero de 2016.

Saúl ante Samuel y redacta el proyecto variante de hormigón compactado con rodillo de la presa de El Atance (Guadalajara), en el cauce del río Salado.

Marisol, a través de una esquela en el periódico, se entera de la defunción de quien fuera un gran amor juvenil de su hermano, Solange Laffon Bayo (Málaga, 20 de marzo de 1932); el 3 de diciembre ha muerto a los sesenta años en la ciudad inglesa de Shrewsbury, muy cerca de la frontera con Gales, en la casa de su hermana Nadine. Cuando va a Pisuerga se lo dice a Blanca y entre ellas acuerdan no contárselo a Juan.

La noche del sábado 12 de diciembre Javier Marías y Mercedes López-Ballesteros, secretaria de don Juan hasta el pasado junio, le visitan en Pisuerga. Marías, que había viajado recientemente a Londres, le cuenta anécdotas de los Cabrera Infante con imitación del habla cubana. Son tales disparates, que a Benet le hacen carcajearse con ganas, pero no puede. «Ay, no me hagas reír tanto, que me duele aquí», señalándose alguna parte del cuerpo.[798] Dos días más tarde, Rosa Regás, que en Nueva York ha tenido noticias de la enfermedad de Juan, ha volado a Madrid para verle. Ha llegado a las diez de la mañana y a las cuatro de la tarde se presenta en Pisuerga. La recibe Blanca, es la primera vez que se encuentran cara a cara. Rosa exclama: «¡Qué joven eres!».[799] Blanca responde: «Qué contento estará cuando te vea».[800] Parsimonioso, Juan baja la escalera. Se abrazan. Desde agosto de 1983 hasta este encuentro Rosa ha recibido de Benet «frases perdidas en hojas de papel».[801] A partir de este día Rosa y Juan hablan por teléfono a diario.

En Hidrocinética, con Joaquín Díez-Cascón, Benet sigue trabajando en el proyecto de El Atance. Aunque Juan no ve bien porque padece un nistagmo ocular –un ojo se le mueve de forma incontrolada–, con la mano se tapa el otro y dibuja sobre el papel. Joaquín se despide porque va a pasar las navidades a Santander. Benet le besa en la mejilla y Díez-Cascón no puede impedir el lagrimeo.

El 16 de diciembre, Benet, que pese al tónico de los años se tiene prohibido quejarse, cena en Fass con Blanca y los matrimonios Enrique Pérez-Galdós y Rita Enríquez de Salamanca y José Antonio Fernández Ordóñez y María Luisa Hernández. Al día siguiente Eugenio llega a Madrid. Su padre quiere como ilustración *The two majesties*, de Jean-Léon Gérôme, para la cubierta de *Saúl ante Samuel* en edición de bolsillo de Alfaguara. Eugenio le indica que es un cuadro apaisado y que en el formato vertical de la cubierta quedará diminuto. Eugenio se ofrece a adaptarlo a la

798. *Negra espalda del tiempo*, Javier Marías. Alfaguara, Madrid, 1998.
799. Testimonio de Blanca Andreu, en conversación telefónica el 3 de abril de 2014.
800. «Algunas respuestas», Rosa Regás. *Artes del Ensayo*, n.º 3, 2019.
801. Correo electrónico de Rosa Regás, del 3 de marzo de 2018.

portada. Benet corrige el texto durante el día, por la noche el hijo trabaja el cuadro a la acuarela. Cada mañana Benet supervisa los avances, siempre insistiendo en el dramatismo que había de reflejar el colorido del cielo. La tarde del sábado 26, Juan Cruz recoge las pruebas en Pisuerga: «Ese momento fue muy emocionante: estaba francamente enfermo, el pelo blanco, pálido, elegante, ya el Juan Benet final, tan rápidamente desmejorado».[802]

También va a verle Manuel de Lope: hacen proyectos para la primavera ir a Errazu y enseñarle la borda. Y Virginia Careaga, que recién llegada de un viaje de África le ha traído una rama de dátiles pero los olvidó en casa. Ella le dice que se pondrá bueno e irán a Errazu, a lo que Juan jocoso le pregunta si le cortará las uñas de los pies, a lo que Virginia asiente. Le regala y dedica *El caballero de Sajonia*: «Para la mortal y viril Virginia, en uno de sus postreros momentos de lucidez. J. Madrid, 92». Benet le devuelve el cuadro de Miguel Parra, que lleva años en Pisuerga. Virginia llama a Txaro Santoro para informarle que Juan está muy mal y advertirle que no quiere ver a nadie. No le llames, le dice.

Un día que Benet está solo, recibe la visita de Alberto Oliart. «No sabía si irme o no. No sabía qué hacer, hablamos un poco. Fue entonces cuando me dijo que el novelista español que más admiraba era Eduardo Mendoza. Esa fue la última vez que le vi. Luego Blanca me abroncó porque decía que no quería que le viera nadie».[803] La hija de Alberto, la doctora Soledad Oliart Delgado de Torres, muy interesada en las técnicas de cuidados paliativos, asiste al domicilio para, por prescripción facultativa, ponerle a Benet la inyección de morfina contra los dolores. Cada doce horas las combina con cápsulas.

Su hermana Marisol y su hija Juana llaman a la puerta de Pisuerga y Blanca no les abre, no quiere recibir a nadie. Como Juana tiene llave de la casa, entran por la parte de abajo. Marisol encontró a Juan leyendo el capítulo dedicado a su hermano Paco «Un extempore», de su ensayo *Puerta de tierra*.

El 22 de diciembre, Frederic Amat, desde Madrid telefonea a Benet porque sabe de su delicada salud. El artista ha llegado a la ciudad para inaugurar la exposición «Amat», a las ocho de la tarde en la galería Gamarra & Garrigues (Doctor Fourquet 12). También llama Claude Murcia, que pasa las navidades en la capital, y habla con Blanca. «Qué puedo hacer, le dije. Escríbele una carta de amor, me dijo. Es lo que hice: una carta que escribí llorando y diciéndole cosas que nunca le había dicho, porque era un hombre que impresionaba y difícil de hablar íntimamente con él. Lo

802. Correo electrónico de Juan Cruz, del 22 de diciembre de 2015.
803. Testimonio de Alberto Oliart, grabado en casete, el 18 de junio de 2014.

que nunca le dije sobre él y su obra. Se la leyó Blanca».[804] Desde Lanzarote le telefonea Pilar del Río y quedan en verse pronto en Madrid.

Nicolás Benet y Rosario Pérez llegan de Salamanca y se instalan en Pisuerga. Juan Benet tan sólo ha podido escribir once líneas –con tachaduras y correcciones– del prólogo para el libro póstumo de Dionisio Ridruejo. El 29 *El País* celebra los veinticinco años de *Volverás a Región* con la opinión de ocho literatos y Javier Marías publica: «Volveremos», donde destaca el pensamiento literario y selecciona sentencias de la novela.

Todos los hijos están en el domicilio familiar; hay tensión entre ellos y Blanca. Aparecen Javier Marías y Vicente Molina; sacan a Blanca a la calle. Cuando vuelven, ella ya no escucha los gemidos del doliente. A las doce y media de la madrugada del 5 de enero de 1993, en Pisuerga 7 –se negó a abandonar su casa por un hospital–, ha muerto el obstinado vitalista Juan Benet a los sesenta y cinco años –a la misma edad que Faulkner, su maestro literario–, a causa de un carcinoma de pulmón con metástasis múltiples. Le venció el tiempo, se convirtió en su enemigo. Molina llama a Savater. Andreu a Chamorro. Marcos Ricardo Barnatán telefonea a Blanca. Molina va a buscar unos gemelos a su casa para enterrarle con ellos, porque ni Blanca ni los hijos logran encontrar los suyos. Alicia Gimeno se entera del suceso por televisión. A los pocos minutos la telefonea Peche y le propone pasar a recogerla para ir a Pisuerga. Eugenio llevó a Alicia al piso de arriba y le mostró a don Juan cadáver. Blanca se disculpó por no haberla llamado. Txaro Santoro, en Uruguay, sabe de la noticia frente al televisor.

Tendido en su lecho, vestido de traje y corbata y calzado, todos pueden ver su larga figura con las manos cruzadas. Eduardo Chamorro, Vicente Molina Foix, Javier Marías, Antonio Martínez Sarrión, Luis Carandell, Rafael Conte, Pedro Altares, Manuel Vicent, Víctor Márquez Reviriego, Elías Querejeta, José Esteban, Francisco García Pérez, Carmen Martín Gaite, Lola Salvador, Manuel Matji, Fernando Savater, Sara Torres, Joaquín Leguina, Agapito Ramos, Felipe González, Alberto Oliart, Cayetana Martínez de Irujo, Vicente Soto, Manuel Melis, Javier Rodríguez Ibrán, Eduardo Sánchez Várez y muchos otros.

«Nosotros le quitamos el crucifijo al ataúd porque no había un modelo sin él. Como el barniz lo ponen después, pues se quedó la marca de la cruz», recuerda Eugenio Benet.[805] Para el difunto, la cruz –lo mismo que la hoz y el martillo, el yugo y las flechas, etcétera– «lleva la agresión en su ser».[806] A Blanca no le gustó nada el acto

804. Declaraciones de Claude Murcia, registradas en magnetófono el 29 de mayo de 2014.

805. Declaraciones de Eugenio Benet, grabadas en casete el 13 de marzo de 2014.

806. «La guerra de los símbolos», en *Artículos. Volumen 1 (1962-1977)*, Juan Benet. Libertarias, Madrid, 1983.

heresiarca; a su llamada acudieron a Pisuerga dos religiosas de una casa vecina en la calle del Jarama, pero los hijos les dijeron no necesitar de sus servicios.

A las diez de la mañana del miércoles 6, aunque un día frío luce el sol, a Juan Benet le dan sepultura junto a los restos de sus padres y hermano en La Almudena, una de las mayores necrópolis de Europa. Todos los familiares están en torno a la tumba. Todos de pie alrededor del ataúd miran fijamente la fosa con una mirada vacía, falta de expresión. Algunos lloran calladamente. Cerca de cuatrocientas personas acudieron a la despedida. Carmen Romero, Rosa Conde, Clemente Auger, Fernando Morán, Alberto Oliart, Carmen Delgado de Torres, Joaquín Leguina, Máximo Cajal, Elías Querejeta, Álvaro de Luna, Manuel Matji, Miguel Ángel Aguilar, Luis Carandell, Pedro Altares, Rafael Sánchez Ferlosio, Javier Pradera, Carmen Martín Gaite, Jaime Salinas, Vicente Molina Foix, Javier Marías, Manuel de Lope, Juan Cruz, Rafael Borrás, Antonio Martínez Sarrión, Eduardo Chamorro, Rocío Martínez, Mariano Antolín Rato, Marisa Torrente, Marcos Giralt Torrente, Gonzalo Torrente Ballester, Silvia Llopis, José Esteban, Jesús Aguirre, Francisco Rico, Enrique Pérez-Galdós, Peche y Pablo García-Arenal, Jesús Méndez Sáez, Ignacio Pérez de Juan, Joaquín Díez-Cascón, Pilar Gutiérrez, Arturo de Castro, Javier Rodríguez Ibrán, Eduardo Sánchez Várez, Consuelo Giménez Sánchez, María Jesús Martín-Ampudia, etcétera. Una vez tapada la huesa, se deshace el apiñamiento.

Por la tarde, Jaime Salinas telefonea a la poeta y traductora Julia Escobar Moreno para convenir una sesión de trabajo en sus memorias. Julia cree que Jaime prefiere aplazar la cita, pero no. Con una voz de infinito pesar, él le comunica que se ha quedado totalmente huérfano de amigos íntimos y que esta pérdida es la que más le ha dolido. Al final, se emplazan para almorzar juntos el día siguiente cerca del domicilio de Jaime. En torno al mantel, consternado a la vez que burlón, le confesó a Julia que en el entierro de Juan Benet había tanta *prima donna*, que ya no se sabía muy bien quién era el muerto.

El Colegio de Ingenieros de Caminos, Canales y Puertos celebra el 21 de enero un funeral y concierto a las seis y media en la iglesia de San Manuel y San Benito (Alcalá 83) en memoria de Juan Benet Goitia. Aunque de enorme influencia intelectual, Benet dejó escasa huella literaria –sería ridículo intentar imitarle–, pero sí discípulos. Solamente la gloria sobrevive a la muerte.

BIBLIOGRAFÍA

Alvárez, José María, *Los decorados del olvido*, Renacimiento, Sevilla, 2018.

Aub, Max, *La gallina ciega. Diario español.* Edición de Manuel Aznar Soler. Alba, Barcelona, 1995.

–, *Diarios (1939-1972).* Edición de Manuel Alvar Soler. Alba, Barcelona, 1998.

Azúa, Felix, *Lecturas compulsivas. Una invitación.* Edición de Ana Dexeus. Anagrama, Barcelona, 1998.

–, *Autobiografía de papel*, Literatura Mondadori, Barcelona, 2013.

Benet, Juan, *Teatro civil 1949-1959*, Orden de Caballeros de Don Juan Tenorio. Madrid, Valladolid, Toledo, 1960.

–, *Puerta de tierra*, Seix Barral, Barcelona, 1969.

–, *Una meditación*, Seix Barral, Barcelona, 1970.

–, *Una tumba.* Fotos Colita. Lumen, Barcelona, 1971.

–, *5 narraciones y 2 fábulas*, La Gaya Ciencia, Barcelona, 1972.

–, *Un viaje de invierno*, La Gaya Ciencia, Barcelona, 1973.

–, *Volverás a Región*, Alianza, Madrid, 1974.

–, *En ciernes*, Taurus, Madrid, 1976.

–, *El ángel del Señor abandona a Tobías*, La Gaya Ciencia, Barcelona, 1976.

–, *En el estado*, Alfaguara, Madrid, 1977.

–, *Cuentos completos 1 y 2.* Alianza, Madrid, 1977.

–, *Del pozo y del Numa*, La Gaya Ciencia, Barcelona, 1978.

–, *Saúl ante Samuel*, La Gaya Ciencia, Barcelona, 1980.

–, *El aire de un crimen*, Planeta, Barcelona, 1980.

–, *Un viaje de invierno.* Edición de Diego Martínez Torrón. Cátedra, Madrid, 1980.

–, *Max*, Margen, León, 1981.

–, *Sobre la incertidumbre*, Ariel, Barcelona, 1982.

–, *La moviola de Eurípides*, Taurus, Madrid, 1982.

–, *Artículos. Volumen 1 (1962-1977)*, Libertarias, Madrid, 1983.

–, *Ingeniería en la época romántica. Las obras públicas en España alrededor de 1860*, Secretaría General Técnica del Ministerio de Obras Públicas, Madrid, 1983.

–, *Cuentos completos 1 y 2*, Alianza, Madrid, 1984.

–, *El agua en España.* Fotografía de Andreu Masagué. Lunwerg, Barcelona, 1986.

–, *Otoño en Madrid hacia 1950*, Alianza, Madrid, 1987.

–, *Una tumba. Numa*, Alfaguara, Madrid, 1987.

–, *Una meditación*, Alfaguara, Madrid, 1990.

–, *La construcción de la torre de Babel*, Siruela, Madrid, 1990.

–, *El caballero de Sajonia*, Planeta, Barcelona, 1991.

–, *El camino del Guadiana*, Confederación Hidrográfica del Guadiana y el Ministerio de Obras Públicas y Transportes, Madrid, 1991.

–, *Volverás a Región*, Destino, Barcelona, 1993.

–, *En el estado.* Prólogo de Vicente Molina Foix y epílogo de Javier Marías. Alfaguara, Madrid, 1993.

–, *En la penumbra*, Alfaguara, Madrid, 1994.

–, *El aire de un crimen.* Prólogo de Félix de Azúa. Espasa Calpe, Madrid, 1994.

–, *Páginas impares.* Prólogo de Manuel de Lope. Alfaguara, Madrid, 1996.

–, *Cartografía personal*, Cuatro, Valladolid, 1997.

–, *Trece fábulas y media y Fábula decimocuarta*, Alfaguara, Madrid, 1998.

–, *Herrumbrosas lanzas*, Alfaguara, 1998.

–, *Cuentos completos.* Prólogo de Manuel Vicent. Alfaguara, Madrid, 1998.

–, *Una tumba y otros relatos.* Edición de Ricardo Gullón. Taurus, Madrid, 1998.

–, *La sombra de la guerra. Escritos sobre la Guerra Civil española*. Prólogo de Gabriel Jackson. Taurus, Madrid, 1999.
–, *La inspiración y el estilo*. Con dos textos de Carmen Martín Gaite. Alfaguara, Madrid, 1999.
–, *Puerta de tierra*, Cuatro, Valladolid, 2003.
–, *La otra casa de Mazón*, Alfaguara, Madrid, 2004.
–, *Una biografía literaria*, Cuatro, Valladolid, 2007.
–, *Infidelidad del regreso*, Cuatro, Valladolid, 2007.
–, *Londres victoriano*, Herce, Madrid, 2008.
–, *Prosas civiles*, Colegio de Ingenieros de Caminos, Canales y Puertos, Madrid, 2008.
–, *Si yo fuera presidente. La Hidráulica como solución a las necesidades hídricas*, CICCP de Murcia, 2009.
–, *Una meditación*. Edición de Ignacio Echevarría. Epílogo de Ricardo Gullón. Randon House Mondadori, Barcelona, 2009.
–, *Teatro completo*. Prólogo de Vicente Molina Foix. Siglo XXI de España, Madrid, 2010.
–, *Ensayos de incertidumbre*. Edición de Ignacio Echevarría. Lumen, Barcelona, 2011.
–, *Variaciones sobre un tema romántico*, Lumen, Barcelona, 2011.
–, *Correspondencia*. Con Carmen Martín Gaite. Galaxia Gutenberg/Círculo de Lectores, Barcelona, 2011.
–, *El amanecer podrido*. Con Luis Martín-Santos. Edición de Mauricio Jalón. Galaxia Gutenberg, Barcelona, 2020.
–, *Collages*, Servicio de Actividades Culturales de la Universidad de Salamanca con la colaboración de la Junta de Castilla y León, 1996.
–, *Benetiana. Retratos de Juan y obra gráfica de Benet*, CICCP y Alfaguara, Madrid, 1997.
Beckett, Samuel, *Beckettiana (Nana, Monólogo, Impromptu de Ohio, Yo no)*. Traducción de Juan Benet. Centro Dramático Nacional, 1991.
Blotner, Joseph, *Faulkner. Una biografía*. Traducción de José Manuel Álvarez Flórez. Destino, Barcelona 1994.
Bravo, María-Elena, *Faulkner en España. Perspectivas de la narrativa de posguerra*. Prólogo de Juan Benet. Península, Barcelona, 1985.
Broch, Hermann, *La muerte de Virgilio*, Alianza, Madrid, 1981.
Caballero Bonald, José Manuel, *La costumbre de vivir. La novela de la memoria, II*, Alfaguara, Madrid, 2001.
Campbell, Federico, *Infame turba. Entrevistas a pensadores, poetas y novelistas en la España de 1970*. Fotografías de César Malet. Lumen, Barcelona, 1994.
Campo y Francés, Ángel del, *José Torán. Un ingeniero insólito*, CICCP, Madrid, 1992.
Carandell, Luis, *El día más feliz de mi vida. Memorias*, Espasa Calpe, Madrid, 2000.
Caro, Julio, *Los Baroja*, Caro Raggio, Madrid, 1997.
Casanova, Pascale, *La República mundial de las Letras*. Traducción de Jaime Zulaika. Anagrama, Barcelona, 2001.
Castilla del Pino, Carlos, *Pretérito imperfecto. Autobiografía*, Tusquets, Barcelona, 1997.
–, *Casa del olivo. Autobiografía (1949-2003)*, Tusquets, Barcelona, 2004.
Castillo, David y Marc Sardá, *Conversaciones con José 'Pepín' Bello*, Anagrama, Barcelona, 2007.
Catelli, Nora, *Juan Benet. Guerra y Literatura*, Libros de la Resistencia, Madrid, 2015.
Coleridge, Samuel Taylor, *La oda del viejo marinero*. Prólogo de Juan Benet. Bocaccio y La Gaya Ciencia, Barcelona, 1975.
Conrad, Joseph, *El espejo del mar*. Prólogo de Juan Benet. Hiperión, Madrid, 1981.
Conte, Rafael, *El pasado imperfecto*, Espasa Calpe, Madrid, 1998.
Cruz Ruiz, Juan, *Una memoria de 'El País'. 20 años de vida de una redacción*, Plaza & Janés, Barcelona, 1996.
–, *Egos revueltos*, Tusquets, Barcelona, 2010.
Chamorro, Eduardo, *Juan Benet y el aliento del espíritu sobre las aguas*, Muchnik, Barcelona 2001.
Chueca Goitia, Fernando, *Materia de recuerdos*, Revista de Occidente, Madrid, 1967.

–, *Retazos de una vida. Recuerdos de la Guerra*, C.I.E. Dossat 2000, Madrid, 1996.
David Ley, Charles, *La Costanilla de los diablos (memorias literarias 1943-1952)*, José Esteban, Madrid, 1981.
Faulkner, William, *Mientras agonizo.* Traducción de Jesús Zulaika. Anagrama, Barcelona, 2000.
–, *Las palmeras salvajes.* Traducción de Jorge Luis Borges. Prólogo de Juan Benet. Edhasa, Barcelona, 1983.
Fernández, J. Benito, *El contorno del abismo. Vida y leyenda de Leopoldo María Panero*, Anagrama, Barcelona, 2023.
–, *El incógnito Rafael Sánchez Ferlosio. Apuntes para una biografía*, Árdora, Madrid, 2017.
Fernández Lucio, Lola, *De Tigres, Tribunas y Círculos*, Nobel, Oviedo, 2003.
Frazer, James George, *La rama dorada. Magia y religión.* Traducción de Óscar Figueroa Castro. Fondo de Cultura Económica, Madrid, 2014.
García Pérez, Francisco, *Una meditación sobre Juan Benet*, Alfaguara, Madrid, 1998.
Gilbert Stuart, *El 'Ulises' de James Joyce.* Prólogo de Juan Benet. Siglo Veintiuno de España, Madrid, 1971.
Gimferrer, Pere, *Segundo dietario (1980-1982).* Traducción de Basilio Losada. Seix Barral, Barcelona, 1985.
–, *Radicalidades*, Península, Barcelona, 2000.
Goitia, Teresa, *Recordando mi vida*, La Gaya Ciencia, Barcelona, 1979.
Gómez de Liaño, Ignacio, *En la red del tiempo 1972 1977. Diario personal*, Siruela, Madrid, 2013.
Gracia, Jordi, *La vida rescatada de Dionisio Ridruejo*, Anagrama, Barcelona, 2008.
–, *Javier Pradera o el poder de la izquierda. Medio siglo de cultura democrática*, Anagrama, Barcelona, 2019.
–, *Los papeles de Herralde. Una historia de Anagrama 1968-2000.* Jordi Gracia, ed. Anagrama, Barcelona, 2021.
Guerra, Alfonso, *Dejando atrás los vientos. Memorias 1982-1991*, Espasa Calpe, Madrid, 2007.
Herralde, Jorge, *Opiniones mohicanas.* Prólogo de Sergio Pitol. El Acantilado, Barcelona, 2001.
Jordana, C.A., *El mundo de Joan Ferrer.* Traducción de Palmira Freixas, Entreambos, Barcelona, 2015.
Juliá, Santos, *Nosotros, los abajo firmantes. Una historia de España a través de manifiestos y protestas (1896-2013)*, Galaxia Gutenberg/ Círculo de Lectores, Barcelona, 2014.
Lázaro, José, *Vidas y muertes de Luis Martín-Santos*, Tusquets, Barcelona, 2009.
Lope, Manuel de, *Jardines de África*, Alfaguara, Madrid, 1987.
Marías, Javier, *El hombre sentimental.* Epílogo de Juan Benet. Círculo de Lectores, Barcelona, 1987.
–, *Literatura y fantasma*, Siruela, Madrid, 1993.
–, *Negra espalda del tiempo*, Alfaguara, Madrid, 1998.
–, *Así empieza lo malo*, Alfaguara, Madrid, 2014.
–, *Corazón tan blanco.* Edición conmemorativa 25.º aniversario. Alfaguara, Madrid, 2017.
Márquez Reviriego, Víctor, *Cien españoles y la OTAN*, Plaza & Janés, Barcelona, 1985.
Martín Gaite, Carmen, *Cuadernos y cartas, Obras completas VII.* Edición de José Teruel. Prólogo de María Vittoria Calvi. Espasa/ Círculo de Lectores, Barcelona, 2019.
Martín-Santos, Luis, *Tiempo de silencio*, Seix Barral, Barcelona, 1983.
Martínez Sarrión, Antonio, *Esquirlas (Dietario 1993-1999)*, Alfaguara, Madrid, 2000.
–, *Jazz y días de lluvia. Memorias (y III)*, Alfaguara, 2002.
Melville Herman, *Benito Cereno.* Prólogo de Juan Benet. Salvat y Alianza, Madrid, 1970.
Merino, José María, *Cuentos del reino secreto*, Alfaguara, Madrid, 1982.
Molina Foix, Vicente, *El invitado amargo.* Con Luis Cremades. Anagrama, Barcelona, 2014.
–, *Enemigos de lo real (Escritos sobre escritores)*, Galaxia Gutenberg, Barcelona, 2016.
Muchnik, Mario, *Lo peor no son los autores. Autobiografía editorial*, Del Taller de Mario Muchnik, Madrid, 1999.

Muñoz Álvarez, Javier, *Juan Benet. A veces un ingeniero extraño*, Fundación Esteyco, Madrid, 2019.

Oliart, Alberto, *Contra el olvido*, Tusquets, Barcelona, 1998.

Pascual Gay, Juan, *La mansedumbre de Job*, Devenir, Madrid, 2016.

Paz, Octavio, *Memorias y palabras. Cartas a Pere Gimferrer 1966-1997*, Seix Barral, Barcelona, 1999.

Pla, Josep, *Madrid-El advenimiento de la República*, Alianza, 1986.

Probst Solomon, Barbara, *Vuelos cortos*, Anagrama, Barcelona, 1984.

–, *Los felices cuarenta. Una educación sentimental*, Seix Barral, Barcelona, 1999.

Quiñonero, Juan Pedro, *Retrato del artista en el desierto*, Cort, Palma de Mallorca, 2003.

Regueiro Bravo, Francisco, *Ven, ven, Lucifer y una cosa de Benet*, Siglo Veintiuno de España, Madrid, 1971.

Riva Careaga, Álvaro de la, *Vivencias (Cuentos que no lo son)*, Producciones, Madrid, 2001.

Ridruejo, Dionisio, *El valor de la disidencia. Epistolario inédito. 1933-1975*. Jordi Gracia, ed. Planeta, Barcelona, 2007.

–, *Memorias de una imaginación. Papeles escogidos e inéditos*. Prólogo (inacabado) de Juan Benet. Clan, Madrid, 1993.

Rimbaud, Arthur, *Una temporada en el infierno. Iluminaciones*. Edición bilingüe. Versión española y presentación de Julia Escobar. Alianza, Madrid, 2019.

Romero Cuesta, Armando, *Objetivo: matar a Franco (La Falange contra el Caudillo)*, Ediciones 99, Madrid, 1976.

Runciman, Steven, *La caída de Constantinopla 1453*. Nota previa de Antony Beevor. Epílogo de Javier Marías. Traducción de Panteleimón Zarín. Reino de Redonda, Barcelona, 2017.

Sáenz Ridruejo, Fernando, *Ni pedir ni rehusar. Artículos sobre Ingeniería e Ingenieros*, CICCP, Madrid, 2017.

Salinas, Jaime, *Travesías. Memorias (1925-1955)*, Tusquets, Barcelona, 2003.

–, *El oficio de editor. Una conversación con Juan Cruz*, Alfaguara, Madrid, 2013.

–, *Cuando editar era una fiesta. Correspondencia privada*. Edición de Eric Bou. Tusquets, Barcelona, 2020.

Sánchez Dragó, Fernando, *En el alambre de Shiva. La Dragontea 2*, Planeta, Barcelona, 1997.

Serrano, Secundino, *Maquis. Historia de la guerrilla antifranquista*, Temas de Hoy, Madrid, 2001.

Semprún, Jorge, *Veinte años y un día*, Tusquets, Barcelona, 2003.

Torres Fierro, Danubio, *Los territorios del exilio*, La Gaya Ciencia, Barcelona, 1979.

–, *Estrategias sagradas. La España catalana (1976-1980)*, Seix Barral, Barcelona, 2001.

Varios, *Barojiana*, Taurus, Madrid, 1972.

–, *Dionisio Ridruejo, de la Falange a la oposición*, Taurus, Madrid, 1976.

–, *Las narraciones de Juan Benet* (Del libro colectivo *Novela española actual*), Fundación Juan March, Madrid, 1976.

–, *Madrid, Metro a Metro*, Compañía Metropolitana de Madrid, 1983.

–, *Edad Media y Literatura contemporánea*, Trieste, Madrid, 1985.

–, *Juan Benet. El escritor y la crítica*. Edición de Katheleen M. Vernon. Taurus, Madrid, 1986.

–, *Vistas de las obras del Canal de Isabel II*. Fotografiadas por Charles Clifford. Prólogo de Juan Benet. Madrid, 1988.

–, *Medio siglo de anécdotas de la construcción contadas por sus protagonistas*, Necso Entrecanales Cubiertas, Madrid, 1998.

–, *Víctimas de la guerra civil*. Coordinador Santos Juliá. Temas de Hoy, Madrid, 1999.

–, *Juan Benet. Rutas*, CICCP, Madrid, 2008.

ÍNDICE ONOMÁSTICO

ARBOL GENEALÓGICO DE JUAN BENET GOITIA

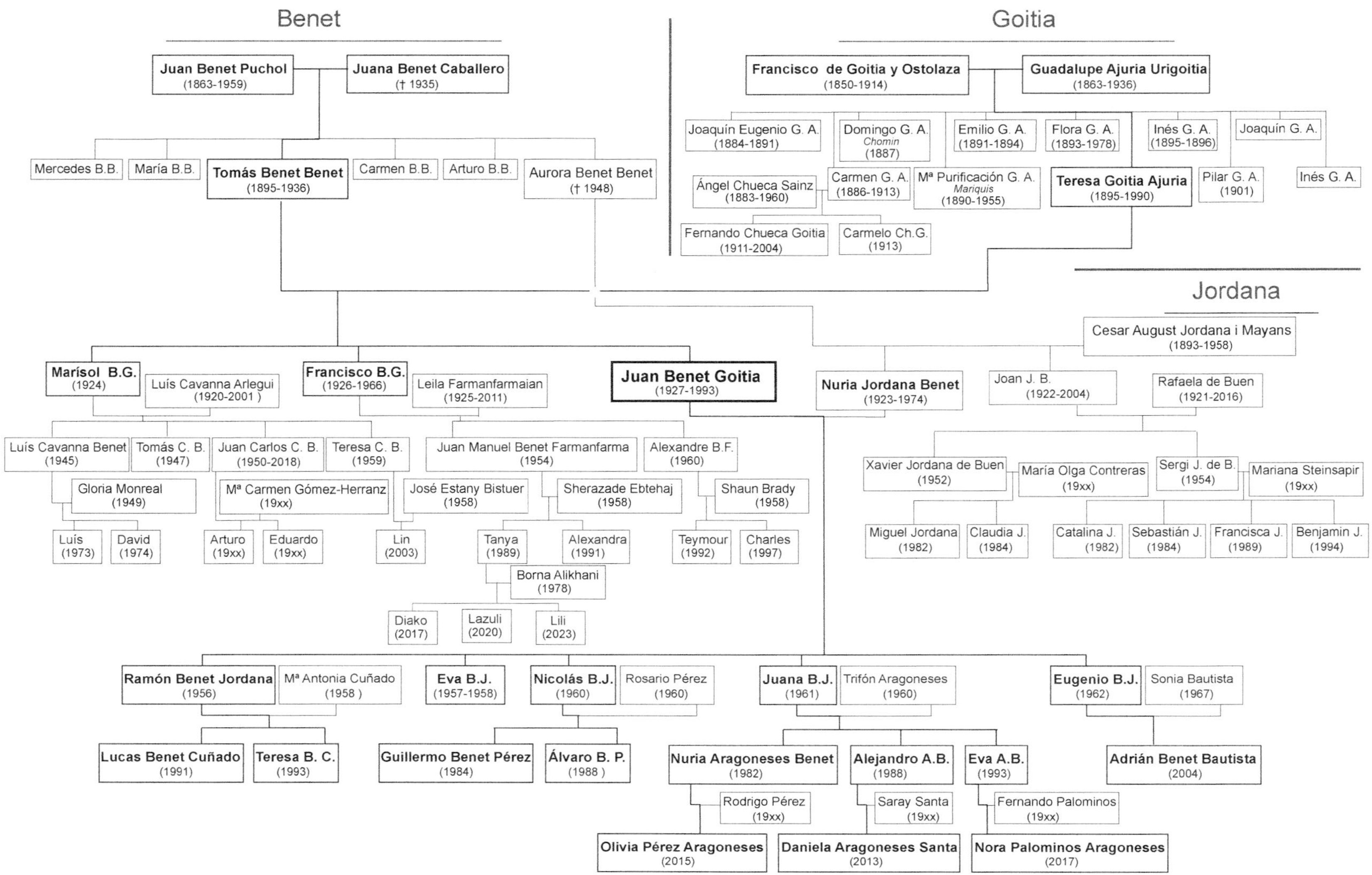

ÍNDICE

SE TERMINÓ DE IMPRIMIR ESTE

EL PLURAL ES UNA LATA

DE J. BENITO FERNÁNDEZ

EL 20 DE MAYO DE 2024